中国的一切过去的文化历史，都是我们的"国故"。

——胡适

⊙ 品读国学　汲取智慧 ⊙

图解
国学知识

梦　华　主编

中国华侨出版社
北京

图书在版编目(CIP)数据

图解国学知识 / 梦华主编 .—北京：中国华侨出版社，2016.10（2020.6重印）
ISBN 978-7-5113-6390-9

Ⅰ.①图… Ⅱ.①梦… Ⅲ.①国学—通俗读物 Ⅳ.① Z126-49

中国版本图书馆 CIP 数据核字（2016）第 247830 号

图解国学知识

主　　编：	梦　华
责任编辑：	子　衿
封面设计：	韩立强
文字编辑：	杨　君　黎　娜
美术编辑：	吴秀侠
插图绘制：	孔文鹏
经　　销：	新华书店
开　　本：	720mm×1020mm　1/16　印张：29　字数：700千字
印　　刷：	鑫海达（天津）印务有限公司
版　　次：	2017年3月第1版　2020年6月第2次印刷
书　　号：	ISBN 978-7-5113-6390-9
定　　价：	68.00元

中国华侨出版社　北京市朝阳区西坝河东里 77 号楼底商 5 号　邮编：100028
法律顾问：陈鹰律师事务所
发行部：（010）58815874　　　传　　真：（010）58815857
网　　址：www.oveaschin.com　　E-mail：oveaschin@sina.com

如果发现印装质量问题，影响阅读，请与印刷厂联系调换。

前言

"国学"一说,最早见于近代思想家章太炎的《国故论衡》。顾名思义,"国学"就是中国之学,是中华民族在数千年历史中创造的文化。国学堪称中国人的性命之学,中华文化的学术基础、固本之学,是全面提升文化素养的学问。已故著名国学大师季羡林曾提出"大国学"的概念,他说:"国学应该是'大国学'的范围,不是狭义的国学。国内各地域文化和56个民族的文化,都包括在'国学'的范围之内。"也就是说,广义的"国学",就是中国之学、中华之学,是中华各民族优秀传统文化学术的总称。

国学汇通思想学术、典籍制度、百行百艺、礼仪民俗,蕴含国脉、国魂、国本,是中国人的根基所在、尊严所在。我们的国家,历史悠久,文化灿烂,我们的祖先留下了5000年文化遗产,国学知识博大精深、包罗万象,可以分为天文、历法、地理、历史、官职、教育、器物、图腾、文学、艺术、戏剧、书法、绘画、科技、民俗、礼仪、医学等方面。国学以学科分,可分为哲学、史学、宗教学、文学、民俗学、伦理学、考据学、版本学等;以传统图书类别分,可分为经、史、子、集四部。国学知识中蕴藏着中华5000年的文明和智慧的精髓,它构成了中华民族精神生活的客观环境,维系着中华文化之根。学习国学,品读博大的知识,不仅可以帮助我们了解中华民族的优秀文化传统,丰富自身内涵,更能修身养性,领悟历史智慧。

国学的复兴,是时代的呼唤与要求。今天,随着国势上升,我们自然要大力弘扬国学,也要让世界了解国学。了解国学也就是了解我们的历史和现在,也就是了解我们中国人。我们知道,成为文化大国才是真正的强国。在经济全球化背景下,作为一个中国人,我们更应该深入全面地了解我们自己的国学,绝对不能数典忘祖。

千百年来,国学已渗透到社会的方方面面,直接影响着国人的思想、意识、伦理、道德和行为。国学不仅是中国悠久传统文化的明证,也是每一个中国人的立身处世之本，更是我们不可或缺的精神力量。学习国学，了解国学，继承和弘扬中国文化，是每个中国人义不容辞的责任。作为一个现代人，不能不知道传统；作为一个中国人，不能不了解国学。然而，国学典籍汗牛充栋，国学内容庞杂浩繁，即使穷尽毕生之力，也难通万一。

为了帮助读者更方便、更轻松、更快捷地了解和掌握必要的国学知识，开阔文化视野、丰富知识储备、提高人文修养，编者对浩如烟海的国学知识进行了适当的取舍，选取了具有代表性的、读者感兴趣的内容，辑成本书。书中介绍了国学经典、古代哲学、天人之学、文学、史学、文化艺术等各个方面的内容，涵盖了国学各领域的重要内容和基本常识，为读者轻松掌握国学知识提供了一条捷径。书中既有分门别类的严谨解释，又有引人入胜的传略和逸事，可帮助你登堂入室，领略国学的无穷魅力。

本书在广泛收集资料的基础上，力求在"新、奇、趣"上下功夫。"新"就是鲜为人知的，很少被其他书籍提到的知识；"奇"就是不一般，能让人的精神为之一振的事物；"趣"即是兴趣，也是趣味，是人们想看、愿意看的东西。同时，书中还选配了与正文相辅相成的精美图片，对相关内容加以图解，使读者身临其境，对国学产生浓厚的兴趣，从中体味到中国文化的博大精深。书中内容丰富、文史兼备、资料翔实，具有超强的参考性和指导性，既是一部容纳中国文化百科知识的实用工具书，又是休闲生活中不可或缺的文化快餐。一书在手，让你尽览国学全貌；一卷在手，让你轻松掌握中国文化精华。

在走向世界的今天，每一个中国人都应该有良好的国学素养。请翻开本书，走进博大精深的国学长廊，领悟国学的精髓，感受国学的智慧，把握传统文化的脉搏，丰富自身的内涵，成为文化达人。

目录

总说

国学的定义是什么……………… 2
国学应该如何分类……………… 3
整理国故有哪些来龙去脉……………… 4

国学经典

经部……………………………… 6
《周易》……………………………… 6
《尚书》……………………………… 9
《诗经》…………………………… 12
《周礼》…………………………… 16
《仪礼》…………………………… 17
《礼记》…………………………… 18
《左传》…………………………… 23
《公羊传》………………………… 23
《谷梁传》………………………… 24
《论语》…………………………… 24
《孟子》…………………………… 26
《孝经》…………………………… 29
《大学》…………………………… 30
《中庸》…………………………… 34
《尔雅》…………………………… 37
《方言》…………………………… 37
《说文解字》……………………… 38

《春秋繁露》……………………… 38
《四书集注》……………………… 39
《皇清经解》……………………… 39

史部……………………………… 41
三通四史………………………… 41
二十四史………………………… 41
《国语》…………………………… 42
《战国策》………………………… 43
《史记》…………………………… 43
《汉书》…………………………… 46
《后汉书》………………………… 46
《三国志》………………………… 47
《晋书》…………………………… 47
《宋书》…………………………… 48
《南齐书》………………………… 48
《梁书》…………………………… 48
《陈书》…………………………… 49
《魏书》…………………………… 49

《北齐书》	50	《通志》	65
《周书》	50	《文献通考》	66
《南史》	51	《列女传》	66
《北史》	51	《蒙古秘史》	67
《隋书》	52	《东华录》	67
《旧唐书》	52	《大唐创业起居注》	68
《新唐书》	53	《华阳国志》	68
《旧五代史》	53		
《新五代史》	54	**子部**	**69**
《宋史》	54	《老子》	69
《辽史》	55	《庄子》	69
《金史》	55	《管子》	70
《元史》	56	《墨子》	70
《明史》	56	《荀子》	71
《清史稿》	57	《韩非子》	71
《竹书纪年》	57	《列子》	72
《汉纪》	58	《吕氏春秋》	72
《后汉纪》	58	《鬼谷子》	73
《资治通鉴》	58	《公孙龙子》	73
《续资治通鉴》	59	《孙子兵法》	74
《明实录》	59	《孙膑兵法》	74
《清实录》	60	《黄石公三略》	75
《通鉴纪事本末》	60	《淮南子》	75
《唐会要》	61	《盐铁论》	76
《明会典》	61	《论衡》	76
《大清会典》	61	《神灭论》	77
《山海经》	62	《颜氏家训》	77
《水经注》	62	《朱子语类》	78
《大唐西域记》	63	《明儒学案》	78
《徐霞客游记》	63	《传习录》	79
《洛阳伽蓝记》	64	《艺文类聚》	79
《贞观政要》	64	《太平御览》	80
《史通》	64	《永乐大典》	80
《通典》	65	《菜根谭》	80
		《齐民要术》	81

《考工记》……81
《农政全书》……82
《九章算术》……83
《茶经》……83
《梦溪笔谈》……84
《天工开物》……84
《商君书》……85
《鹖冠子》……85
《新书》……85
《潜夫论》……86
《法言》……86
《皇极经世》……87
《正蒙》……87
《二程集》……87
《象山全集》……88
《册府元龟》……88
《宋元学案》……89
《针灸甲乙经》……89
《毛诗草木鸟兽虫鱼疏》……90
《救荒本草》……90
《植物名实图考》……91

集部 …… 92

《古诗十九首》……92
《玉台新咏》……92
《文选》……93
《文心雕龙》……93
《诗品》……94
《乐府诗集》……94
《全唐诗》……95
《唐诗别裁》……95
《唐诗三百首》……95
《明诗别裁》……98
《花间集》……98
《全宋词》……98

《宋词三百首》……99
《元曲选》……99
《全唐文》……100
《古文观止》……100
《骈体文钞》……100
《随园诗话》……100
《文苑英华》……101
《古今图书集成》……101
《四库全书》……102
《绝妙好词》……102
《元曲三百首》……102
《古文辞类纂》……103
《全上古三代秦汉三国六朝文》……103
《六十种曲》……104
《书目答问》……104

说部 …… 105

《穆天子传》……105
《博物志》……105
《搜神记》……106
《世说新语》……106
《太平广记》……107
《容斋随笔》……107
《三国演义》……107
《水浒传》……108
《西游记》……109
《金瓶梅》……109
三言二拍……110
《红楼梦》……111
《聊斋志异》……111
《儿女英雄传》……112
《儒林外史》……112
《镜花缘》……113
《官场现形记》……113
《老残游记》……114

蒙学	115
《三字经》	115
《百家姓》	116
《千字文》	116
《千家诗》	116
《弟子规》	117
《增广贤文》	117
《童蒙须知》	117
《幼学琼林》	118

古代哲学

古代哲学命题	120
气	120
道	120
太极	121
阴阳	122
五行	122
八卦	123
万物类象	124
有与无	124
名与实	125
动与静	126
天理人欲	126
天命	127
天人合一	127
天人感应	128
心外无物	129
性善论	129
性恶论	129
性三品说	130
道法自然	131
齐善恶	131
格物致知	131

伦理与修养	132
人伦	132
礼义廉耻	132
五伦	133
三纲	133
五常	134
主敬	134
孝	135
父慈子孝	135
身体发肤，受之父母	136
不孝有三，无后为大	136
亲属关系	136
出则悌	137
忠	138
仁者爱人	138
克己复礼	139
义	140
礼	140
智	141
信	141
勇	141
内省	142
寡欲	142

儒家	144
大同	144
小康	144
天命无常，敬德保民	145
礼乐征伐自天子出	145
"尊尊"与"亲亲"	146
穷则变，变则通	147

得民心者得天下 …………………… 147
礼治 …………………………………… 147
中和 …………………………………… 148
君君，臣臣，父父，子子 …………… 148
名不正则言不顺 …………………… 149
为政以德 …………………………… 149
宽政安民为上 ……………………… 149
上行下效 …………………………… 150
子不语怪、力、乱、神 ……………… 150
不知生，焉知死 …………………… 151
和同之辨 …………………………… 151
民为贵，君为轻 …………………… 151
王道与仁政 ………………………… 152
劳心者治人，劳力者治于人 ……… 152
使民不饥不寒 ……………………… 153
心之四端 …………………………… 153
君子重义，小人重利 ……………… 153
忠孝如何两全 ……………………… 154
移风易俗 …………………………… 155
制天命而用之 ……………………… 156
制名以指实 ………………………… 156
君权神授 …………………………… 156
罢黜百家，独尊儒术 ……………… 157
变道和改制 ………………………… 157
大一统 ……………………………… 158
清议 ………………………………… 158
正始之音与清谈 …………………… 159
魏晋风度 …………………………… 159
道统论 ……………………………… 160
复性论 ……………………………… 160
太极图说 …………………………… 161
太虚即气 …………………………… 161
民胞物与 …………………………… 162
万物皆是一个天理 ………………… 162
理气论 ……………………………… 162

明心见性 …………………………… 163
存天理，灭人欲 …………………… 163
陈朱之辩 …………………………… 164
知行合一 …………………………… 164
王守仁格竹 ………………………… 165
经世致用思潮 ……………………… 165

道家 …………………………… 166

老子之道 …………………………… 166
道生一，一生二，二生三，三生万物 … 166
天地不仁 …………………………… 167
柔弱胜刚强 ………………………… 167
无为而治 …………………………… 167
治大国若烹小鲜 …………………… 168
绝圣去智 …………………………… 168
小国寡民 …………………………… 169
民不畏死 …………………………… 169
祸福相倚 …………………………… 170
上善若水 …………………………… 170
慎始慎终 …………………………… 171
功成身退 …………………………… 171
庄子的齐物论 ……………………… 171
逍遥游 ……………………………… 172
庄子鼓盆而歌 ……………………… 172
螳螂捕蝉 …………………………… 173
浑沌之死 …………………………… 173
材与不材之间 ……………………… 174
忘适之适 …………………………… 174
白驹过隙 …………………………… 175
庖丁解牛与养生 …………………… 175
只可意会 …………………………… 176
外化而内不化 ……………………… 176
庄周梦蝶 …………………………… 177
井底之蛙与东海之鳖 ……………… 180
濠梁观鱼之乐 ……………………… 181

窃钩者诛，窃国者侯 …… 182

法家、墨家和其他 …… 183

法先王 …… 183
法治 …… 183
公私之交，存亡之本 …… 184
王霸 …… 184
法、术、势 …… 185
法后王 …… 186
法教 …… 186
自相矛盾 …… 187
明故、辨类、是非之理 …… 187
兼相爱，交相利 …… 188
非攻 …… 188
尚贤与尚同 …… 188
节用、节葬 …… 189
非命论 …… 189
慎战 …… 190
不战而屈人之兵 …… 190
五事七计 …… 191
贤者与民并耕 …… 191
白马非马 …… 192
离坚白 …… 193
五德终始 …… 193
合纵与连横 …… 193
华夷之辨 …… 194

天人之学

天文历算 …… 196

观象授时 …… 196
受天命，改正朔 …… 196
日、气、朔 …… 197
干支计时纪年 …… 197
"天文志"与"五行志" …… 198
三垣与四象 …… 198
二十八宿 …… 199
星野 …… 200
古代的星图 …… 200
彗星、行星的运行记载 …… 201
黄道与黄道吉日 …… 201
朔望 …… 202
二十四节气 …… 202
黄历 …… 203
阴历与阳历 …… 203
夏历、周历和秦历 …… 204
太初历 …… 204
授时历 …… 205
浑天仪 …… 205
北斗的作用 …… 205
闰年 …… 206
季节与十二次 …… 206
纪日法 …… 208
纪月法 …… 209
纪年法 …… 209
三正 …… 210
漏刻、日晷和圭表 …… 211
一行测算子午线 …… 212
张衡 …… 212
祖冲之与圆周率 …… 213
沈括 …… 213
郭守敬 …… 214
七月流火 …… 214
闰月 …… 215
星期分法 …… 216

独特的中医学 217

中医 217
中医的起源 217
中医的理论基础 218
四诊八纲 218
辨证施治 219
邪从外来，病由内起 219
望闻问切 220
辨证与辨病 220
未病先防，有病防变 221
扶正祛邪 221
中药与方剂 221
人体的经络网 222
穴位 223
针灸疗法 223
中医推拿术 224
药膳 224
中医十大流派 225
扁鹊 226
张仲景 227
华佗 227
陶弘景 228
孙思邈 228
金元四大家 229
李时珍 229
《灵枢经》 230
《黄帝内经·素问》 230
《神农本草经》 231
《肘后备急方》 231
《千金方》 232
《本草纲目》 232
《黄帝八十一难经》 233
《伤寒杂病论》 233
《温病条辨》 236
十二段锦 237
奇经八脉 237
拔罐 238
导引 238
子午流注 239
正骨 239
中药店 240
行医的代名词 240
医生的各种称呼 241
定心丸 242
蒙汗药 242
铃医 243
龙涎香 244
古人验尸 244
古代女医生 245
古代人体解剖 246
何首乌 246
种痘 247
五毒 248
医学界的代称 249
灵芝 249
稳婆 250

文 学

古代文体 252

神话传说 252
诗 253
楚辞 253
乐府诗 254
南北朝民歌 254

古体诗 ⋯⋯⋯⋯⋯⋯⋯⋯⋯⋯ 255	江西诗派 ⋯⋯⋯⋯⋯⋯⋯⋯⋯ 275
近体诗 ⋯⋯⋯⋯⋯⋯⋯⋯⋯⋯ 256	婉约派 ⋯⋯⋯⋯⋯⋯⋯⋯⋯⋯ 276
词 ⋯⋯⋯⋯⋯⋯⋯⋯⋯⋯⋯⋯ 256	豪放派 ⋯⋯⋯⋯⋯⋯⋯⋯⋯⋯ 276
曲 ⋯⋯⋯⋯⋯⋯⋯⋯⋯⋯⋯⋯ 257	永嘉四灵 ⋯⋯⋯⋯⋯⋯⋯⋯⋯ 277
文 ⋯⋯⋯⋯⋯⋯⋯⋯⋯⋯⋯⋯ 258	台阁体 ⋯⋯⋯⋯⋯⋯⋯⋯⋯⋯ 277
赋 ⋯⋯⋯⋯⋯⋯⋯⋯⋯⋯⋯⋯ 258	公安派和竟陵派 ⋯⋯⋯⋯⋯⋯ 278
骈文 ⋯⋯⋯⋯⋯⋯⋯⋯⋯⋯⋯ 259	江左三大家 ⋯⋯⋯⋯⋯⋯⋯⋯ 278
古文 ⋯⋯⋯⋯⋯⋯⋯⋯⋯⋯⋯ 260	唐诗派 ⋯⋯⋯⋯⋯⋯⋯⋯⋯⋯ 279
八股文 ⋯⋯⋯⋯⋯⋯⋯⋯⋯⋯ 260	宋诗派 ⋯⋯⋯⋯⋯⋯⋯⋯⋯⋯ 279
明代小品文 ⋯⋯⋯⋯⋯⋯⋯⋯ 261	常州词派 ⋯⋯⋯⋯⋯⋯⋯⋯⋯ 280
小说 ⋯⋯⋯⋯⋯⋯⋯⋯⋯⋯⋯ 261	桐城派 ⋯⋯⋯⋯⋯⋯⋯⋯⋯⋯ 280
变文 ⋯⋯⋯⋯⋯⋯⋯⋯⋯⋯⋯ 262	诗界革命 ⋯⋯⋯⋯⋯⋯⋯⋯⋯ 281
唐传奇 ⋯⋯⋯⋯⋯⋯⋯⋯⋯⋯ 262	
笔记小说 ⋯⋯⋯⋯⋯⋯⋯⋯⋯ 263	**文论** ⋯⋯⋯⋯⋯⋯⋯⋯⋯⋯ **282**
六朝志怪和志人小说 ⋯⋯⋯⋯ 264	诗言志 ⋯⋯⋯⋯⋯⋯⋯⋯⋯⋯ 282
话本小说 ⋯⋯⋯⋯⋯⋯⋯⋯⋯ 264	诗缘情 ⋯⋯⋯⋯⋯⋯⋯⋯⋯⋯ 282
章回小说 ⋯⋯⋯⋯⋯⋯⋯⋯⋯ 265	诗可以观 ⋯⋯⋯⋯⋯⋯⋯⋯⋯ 283
神魔小说 ⋯⋯⋯⋯⋯⋯⋯⋯⋯ 266	赋、比、兴 ⋯⋯⋯⋯⋯⋯⋯⋯ 283
世情小说 ⋯⋯⋯⋯⋯⋯⋯⋯⋯ 266	美刺 ⋯⋯⋯⋯⋯⋯⋯⋯⋯⋯⋯ 284
才子佳人小说 ⋯⋯⋯⋯⋯⋯⋯ 267	诗教 ⋯⋯⋯⋯⋯⋯⋯⋯⋯⋯⋯ 284
公案小说 ⋯⋯⋯⋯⋯⋯⋯⋯⋯ 267	温柔敦厚 ⋯⋯⋯⋯⋯⋯⋯⋯⋯ 285
诗话与词话 ⋯⋯⋯⋯⋯⋯⋯⋯ 268	知人论世 ⋯⋯⋯⋯⋯⋯⋯⋯⋯ 285
谴责小说 ⋯⋯⋯⋯⋯⋯⋯⋯⋯ 269	文以载道 ⋯⋯⋯⋯⋯⋯⋯⋯⋯ 285
评点 ⋯⋯⋯⋯⋯⋯⋯⋯⋯⋯⋯ 269	文气 ⋯⋯⋯⋯⋯⋯⋯⋯⋯⋯⋯ 286
	文质 ⋯⋯⋯⋯⋯⋯⋯⋯⋯⋯⋯ 286
文学流派 ⋯⋯⋯⋯⋯⋯⋯⋯ **270**	风骨 ⋯⋯⋯⋯⋯⋯⋯⋯⋯⋯⋯ 287
建安风骨 ⋯⋯⋯⋯⋯⋯⋯⋯⋯ 270	意境 ⋯⋯⋯⋯⋯⋯⋯⋯⋯⋯⋯ 287
玄言诗 ⋯⋯⋯⋯⋯⋯⋯⋯⋯⋯ 270	选学 ⋯⋯⋯⋯⋯⋯⋯⋯⋯⋯⋯ 288
田园诗 ⋯⋯⋯⋯⋯⋯⋯⋯⋯⋯ 271	红学 ⋯⋯⋯⋯⋯⋯⋯⋯⋯⋯⋯ 288
山水诗 ⋯⋯⋯⋯⋯⋯⋯⋯⋯⋯ 271	
宫体诗 ⋯⋯⋯⋯⋯⋯⋯⋯⋯⋯ 272	**杰出文学家** ⋯⋯⋯⋯⋯⋯⋯ **290**
边塞诗 ⋯⋯⋯⋯⋯⋯⋯⋯⋯⋯ 273	屈原 ⋯⋯⋯⋯⋯⋯⋯⋯⋯⋯⋯ 290
新乐府运动 ⋯⋯⋯⋯⋯⋯⋯⋯ 273	贾谊 ⋯⋯⋯⋯⋯⋯⋯⋯⋯⋯⋯ 291
花间派 ⋯⋯⋯⋯⋯⋯⋯⋯⋯⋯ 274	司马相如 ⋯⋯⋯⋯⋯⋯⋯⋯⋯ 291
西昆体 ⋯⋯⋯⋯⋯⋯⋯⋯⋯⋯ 275	扬雄 ⋯⋯⋯⋯⋯⋯⋯⋯⋯⋯⋯ 292
	曹操 ⋯⋯⋯⋯⋯⋯⋯⋯⋯⋯⋯ 292

曹植	293	晏殊、晏几道	306
阮籍	293	欧阳修	306
陶渊明	294	王安石	307
谢灵运	294	苏轼	307
陈子昂	295	周邦彦	308
初唐四杰	295	李清照	308
孟浩然	296	陆游	309
王维	296	辛弃疾	310
李白	297	姜夔	311
王昌龄与岑参	298	元好问	311
杜甫	298	元曲四大家	312
韩愈	299	前后七子	312
白居易	299	徐渭	313
刘禹锡	300	汤显祖	314
柳宗元	301	南洪北孔	314
郊寒岛瘦	301	李渔与《闲情偶寄》	315
李贺	302	蒲松龄	315
杜牧	302	吴敬梓	318
李商隐	303	曹雪芹	319
李煜	303	刘鹗	319
唐宋八大家	304	吴趼人	320
柳永	305		

史 学

史书的体裁 322

正史	322	会要体	325
别史	323	学案体	325
杂史	323	起居注	326
野史	323	方志	326
纪传体	323	实录	326
编年体	324	类书	327
纪事本末体	324	丛书	327
典志体	324		

史论 328

属辞比事 328

董狐笔和太史简	328	直书与曲笔	331
春秋笔法	329	史才三长	331
成一家之言	329	博采与善择	331
六家二体	330	史学三要	332
五志三科	330	六经皆史	332
彰善瘅恶	330		

文化艺术

音乐舞蹈	**334**	靡靡之音	347
古琴	334	三分损益法	348
编钟	334	十二平均律	348
磬	335	工尺谱	349
箜篌	336	李延年	350
古筝	336	赵飞燕	350
笛子	337	万宝常	351
琵琶	337	李龟年	351
二胡	338	唐玄宗	352
箫	338	杨贵妃	352
六代乐舞	339	《乐律全书》	353
诗乐	339	《高山流水》	353
雅乐	340	《阳关三叠》	354
楚声	340	《梅花三弄》	354
燕乐	341	《秦王破阵乐》	355
尽善尽美	342	《霓裳羽衣曲》	355
乐与政通	342	《春江花月夜》	356
声无哀乐	343	《胡笳十八拍》	357
二十四况	343	《汉宫秋月》	357
五声和七音	344	《渔樵问答》	357
六律	345	《广陵散》	358
乐调	345	《平沙落雁》	358
音乐	345	《十面埋伏》	359
《韶》乐	346	**戏曲**	**360**
知音	347	戏曲	360

诸宫调 360
南戏 361
杂剧 361
京剧 364
昆曲 364
四大徽班进京 365
同光十三绝 366
生旦净末丑 366
唱念做打 367
脸谱 368
梨园行 368
秦腔 369
川剧 370
豫剧 371
粤剧 371
古典十大悲剧 372
古典十大喜剧 372
《窦娥冤》 373
《琵琶记》 373
《西厢记》 374
《牡丹亭》 375
《长生殿》 375
《桃花扇》 376
冷板凳 376
跑龙套 377
戏曲角色 377
压轴戏 378
独角戏 379
叫板 379
砸锅 380

绘画与雕塑 381

传神论 381
气韵说 381
"外师造化,中得心源" 382
"诗中有画,画中有诗" 382
丹青 383
写真 384
中国画 385
人物画 386
山水画 386
花鸟画 387
文人画 387
笔法 388
墨法 389
水墨写意 389
工笔 390
白描 390
十八描 391
用色 391
构图与透视 392
题款与印章 393
虎头三绝顾恺之 393
阎立本兄弟 394
画圣吴道子 394
唐代仕女画 395
唐朝的青绿山水 396
展子虔和《游春图》 397
荆关北派山水 397
江南画派 398
黄家富贵 398
徐熙野逸 399
《韩熙载夜宴图》 400
书画皇帝 400
米氏云山 401
张择端和《清明上河图》 402
马一角、夏半边 402
赵孟頫 403
元四家 403
《富春山居图》 404

浙派	404
吴门画派	405
唐寅	406
《王蜀宫妓图》	406
青藤白阳	407
南陈北崔	407
松江派	408
四僧	408
八大山人	409
扬州八怪	410
赵之谦	410
吴昌硕	411
岭南画派	411
海上画派	412
最早的中国绘画	413
流丽的彩陶	414
青铜器之美	415
秦汉帛画	416
汉代画像石与画像砖	417
永乐宫壁画	417
大足石刻	418
秦始皇陵兵马俑	418

书法与篆刻 …………………… 420

中国书法	420
书体	421
章草	421
隶书和分书	422
魏碑	422
楷书	423
草书	423
宋体字	424
行书	424
王羲之与《兰亭序》	425
"平安三帖"	426
《伯远帖》	426
孙过庭与《书谱》	427
颠张醉素	427
颜筋柳骨	428
《玄秘塔碑》	429
宋四家	430
《黄州寒食诗帖》	430
董其昌	431
石鼓文	431
汉魏碑刻	432
大盂鼎	432
《墙盘铭》	433
《散氏盘铭》	433
《毛公鼎铭》	434
秦书八体	434
《琅琊台刻石》	434
《峄山刻石》	435
《泰山刻石》	435
秦诏版	435
礼器碑	436
史晨碑	436
曹全碑	437
张迁碑	437
乙瑛碑	438
张猛龙碑	438
《张玄墓志》	438
《淳化阁帖》	439
《三希堂法帖》	439
"永字八法"	440
中国印章	440
文房四宝	441
篆刻	441
篆刻家文彭	442
徽派篆刻	443
浙派篆刻	443

总说

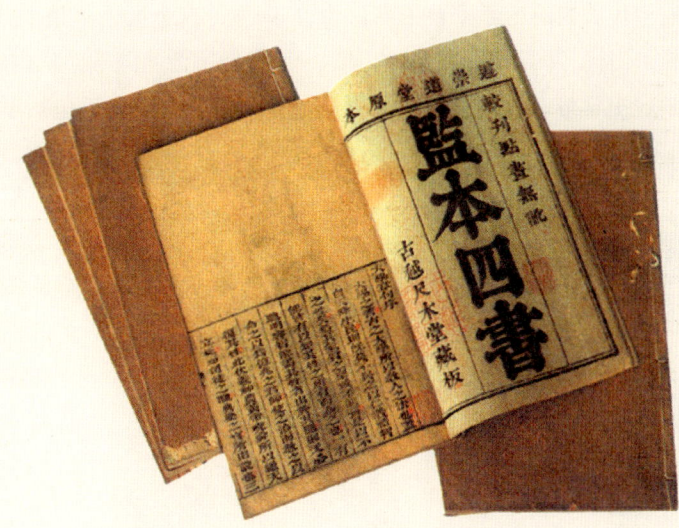

国学的定义是什么

"国学"这个词产生于清末西学东渐、文化转型的历史时期。至于是谁的"原创",现在还没有一个确切的答案。有人说,章炳麟(章太炎)在日本组织"国学讲习会",刘师培(刘申叔)也有"国学保存会"的发起,大概他们两个就是"国学"这个词的最先使用者。不过这个答案是不是正确的,尚待进一步考证。

关于国学的定义,从严格意义上说,到目前为止,学术界还没有做出统一明确的界定。名家众说纷纭,莫衷一是。普遍说法如"国粹派"邓实在1906年撰文说:"国学者何?一国所有之学也。有地而人生其上,因以成国焉,有其国者有其学。学也者,学其一国之学以为国用,而自治其一国也。"邓实的国学概念很广泛,但主要强调了国学的经世致用性。这种解释不能完美地诠释国学的定义。或许,我们需要借鉴一下其他类似词汇来理解"国学"这个词。

和国学差不多意思的名词还有国粹和国故。"国粹"两个字,似乎有点儿夸大中国学术乃完全精粹物的意思,又似乎有点儿为选择精粹而完全抛弃其他那么不太精粹部分的意思,所以人们觉得这个词不那么妥当,又将之改称为"国故"。胡适说,所谓"国故"是包含着过去中国的一切历史与文化,包含着"国粹",也包含着"国渣"。研究这些历史与文化的学问,就叫"国故学",简称"国学"。

不过已故当代著名语言学家曹伯韩认为,"国学"这个词还不是十分合理。因为学术没有国界,当代各国都没有特殊的国学,而我们所谓的国学,从内容上看,也就是哲学、文学、史学等东西。如果将其外延也算上,那么无疑也包括了医学、戏剧、书画、星相、数术等,都可以看作世界文化的一部分。而外国人研究中国文化的也不在少数。

所以,我们目前只能暂且给国学一个这样的定义:国学是指以儒学为主体的中华传统文化与学术。当然,即使是这个定义,我们目前还不能将之作为"国学"的

孔子讲学图

准确定义，一切还有待国学研究的进一步发展才能明朗。

国学应该如何分类

当前的主流认识是将国学以《四库全书》分类，分为经、史、子、集四部，后人又为之增添蒙学。其中以经、子部为重，尤倾向于经部。

《四库全书》是中国古代最大的丛书，编撰于乾隆年间，由当时的纪晓岚、王念孙、戴震等一流学者完成。

《四库全书》

《四库全书》编于清代，是中国传统国学的一部汇总之作，《四库全书》将国学分为经、史、子、集四部，并以不同颜色封面加以区分：经部绿色、史部红色、子部蓝色、集部灰色、总目黄色。

经部——经部分为"易类""书类""诗类""礼类""春秋类""孝经类""群经总义类""四书类""乐类""小学类""石经类""汇编类"，主要是儒家经典和注释研究儒家经典的名著。其中最重要的是儒学十三经：《周易》《尚书》《周礼》《礼记》《仪礼》《诗经》《春秋左传》《春秋公羊传》《春秋谷梁传》《论语》《孝经》《尔雅》《孟子》。

史部——史部分为"正史类""编年类""纪事本末类""别史类""杂史类""诏令奏议类""传记类""史抄类""载记类""时令类""地理类""职官类""政书类""目录类""史评类""汇编类"，重要书目如《史记》《汉书》《后汉书》《三国志》《资治通鉴》《战国策》《宋元明史纪事本末》等。

子部——子部分为"儒家类""兵家类""法家类""农家类""医家类""天文算法类""术数类""艺术类""谱录类""杂家类""类书类""丛书类""汇编类""小说家类""释家类""道家类""耶教类""西学格致类"等，重要书目如《老子》《墨子》《庄子》《荀子》《韩非子》《管子》《尹文子》《慎子》《公孙龙子》《淮南子》《抱朴子》《列子》《孙子》《山海经》《艺文类聚》《金刚经》《四十二章经》等。

集部——集部分为"楚辞类""别集类""总集类""词曲类""闺阁类"，重要书目如《楚辞》《全唐诗》《全宋词》《乐府诗集》《文选》《李太白集》《杜工部集》《韩昌黎集》《柳河东集》《白香山集》等。

整理国故有哪些来龙去脉

1919年,在新文化运动达到顶点、新思潮最为高涨之际,力主"反传统"的学者胡适突然提出要"整理国故"的号召。

此论一出,便引起争论。有人热烈响应,使"整理国故"运动取得了至今仍令人赞叹、堪称丰硕的学术成就,对文化的积累和学术的进步,无疑有着不容否定的巨大意义。

几年后,胡适在《〈国学季刊〉发刊宣言》中写道:"中国的一切过去的文化历史,都是我们的'国故'……'国故'包含'国粹';但他又包含'国渣'。我们若不了解'国渣',如何懂得'国粹'?"

这些可说是胡适提倡"整理国故"的本意,也可说是"整理国故"的纲领。也即要通过"整理国故"分清传统文化中的精粹与糟粕,去芜取菁,再造新的文明。

这一思路有存有去,有舍有取,重视传统,却意在创新。

具体来说,整理国故运动的意义主要体现在以下几个方面。

第一,整理国故运动促进了中国传统学术的现代转型,推动了新文化运动的启蒙事业,是新文化运动在学术文化领域的延续。

第二,整理国故运动基本打破了传统学术的"四部"分类,转而主张依照西方现代学术门类对国学进行分科研究,改变了以前学术研究偏重经学的倾向,宣告了传统经学的解体和终结,促进了史学的独立。

第三,整理国故运动促使众多学者冲破传统学术观念的束缚,普及了"经子平等""今古文平等"的治学观念,成功建立起一种"平等的眼光",大大拓展了国学研究的视野与范围,将国学的研究领域延伸到了一个更加广阔的天地。

第四,整理国故运动借鉴了西方现代学术研究成果,将自然科学的方法广泛运用到国学研究领域,如以考古学方法取代传统的金石研究,促成了民国初期殷墟考古的重大进展。

第五,整理国故运动也促使中国学者开始借鉴西方的学术研究体制,建立了许多现代学术研究机构和团体,如史语所等,这些团体开展"集团化研究",取得了令人瞩目的丰硕成果。

胡适

胡适(1891~1962年),安徽绩溪上庄村人。现代历史上著名的国学大家,新文化运动的领袖之一。他发起的"整理国故"运动对国学研究产生了巨大影响。

国学经典

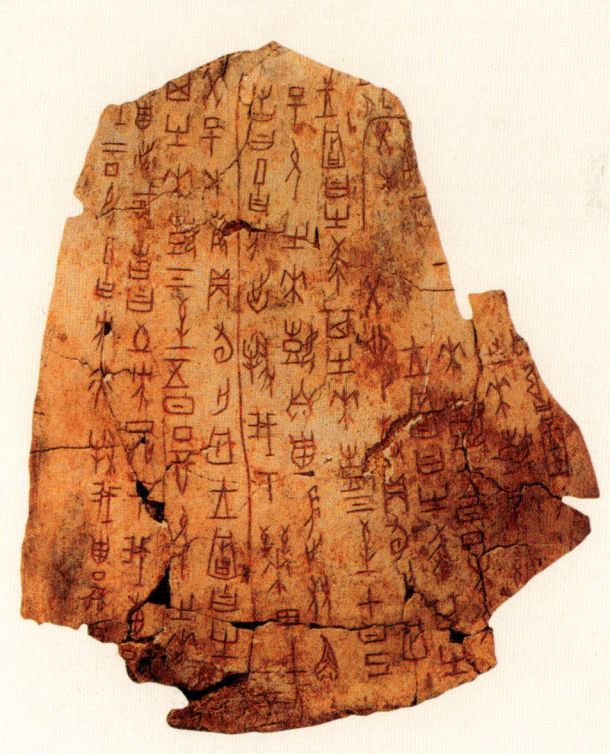

经 部

《周易》

《易》有三种。《周官·春官·太卜》云:"《太卜》掌三《易》之法。一曰《连山》,二曰《归藏》,三曰《周易》。"

《连山》,夏之《易》,以艮卦为首。

《归藏》,商之《易》,以坤卦为首。

《周易》,周之《易》,以乾卦为首。

《周易》

时代 商至春秋时期

《周易》的"周"指的是周朝,"易"指的是变化。《周易》就是一本产生于周朝的变化之书。本来《易》的内容成书更早,但文王为其定下更为具体的规范,后孔子为其做解释,我们只把成书定在这个时期。值得庆幸的是,由于李斯将《周易》列在医术占卜书一类,《周易》躲过了焚书的劫难,完整地保留了下来。

内容 变化之书

从表面上看,《周易》好像是专论阴阳八卦的著作,但实际上它论述的核心问题,是一个对立与统一的宇宙观,以及如何利用它来得到未来的信息。《周易》上论天文,下讲地理,中谈人事,包罗万象,无所不有。

易经:主要讲六十四卦,并分别加以解释和演说。

易传:"传"有七种十篇,古人把这十篇"传"叫作"十翼",就如同是附属于"经"的羽翼,即用来解说"经"的内容。但实际上,"传"是作者借解说经文来发挥自己的思想观点而写出来的。

- **彖**:专门对《易经》卦名和卦辞的注释。
- **象**:对《易经》卦名和爻辞的注释。
- **文言**:对《乾》《坤》两卦做进一步的解释。

《易》有三义

郑玄《易赞》云:"《易》之为名也,一名而含三义:易简一也,变易二也,不易三也。"

"易"的"三义",就是:(一)简易;(二)不易;(三)变易。这"三义"可以说包含了中国文化的全部智慧,也是人类文明中的大智慧。

我们先说"简易"。

我们研究宇宙万物的真理,就是要在纷繁错杂的万事万象中发现其中的基本规律。对于任何一件事物的研究都是要从复杂的现象中找出其最基本的规律。这就是智慧。《周易》用阴阳和六十四卦来象征宇宙的万事万物,以简驭繁。这种"简易",是大智慧。

再说"不易"。

"不易",就是永恒不变的道理。可以说,人类从有思想以来,就一直在寻求永恒不变的道理。《周易》就讲了很多永恒不变的道理,如天地乾坤的结构、宇宙的变化。

最后说"变易"。

宇宙万物,永远变动不居,世界一切都在变化之中。这也是《周易》告诉我们的一个大道理。

《周易》的内容

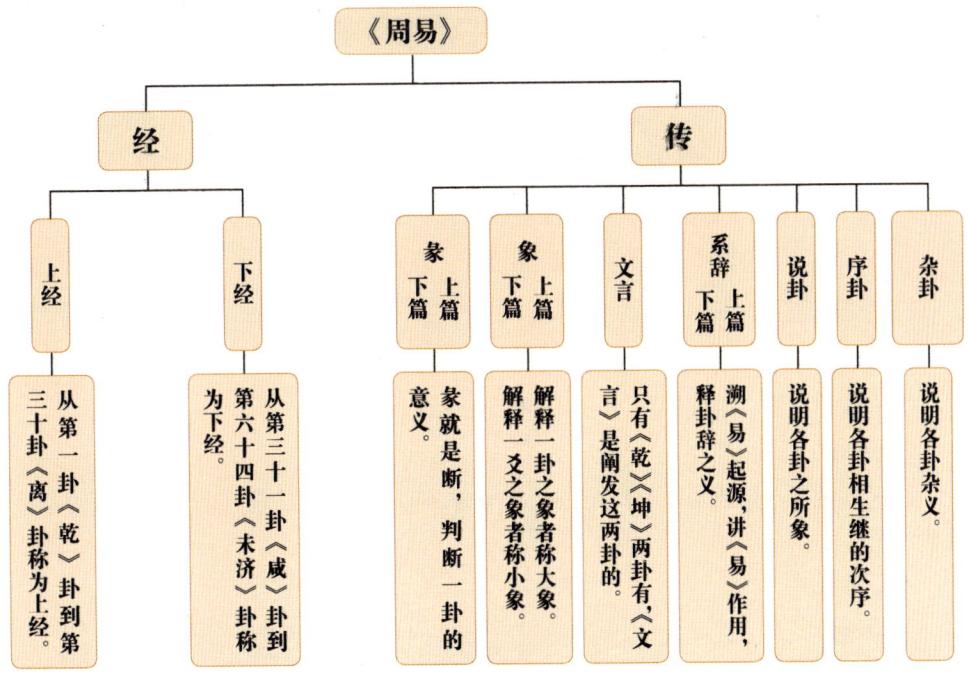

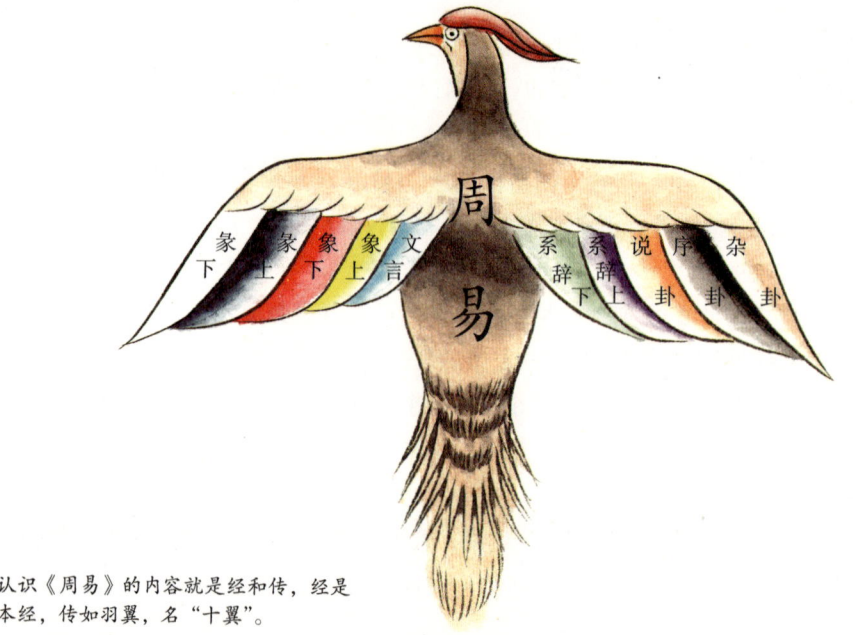

认识《周易》的内容就是经和传，经是本经，传如羽翼，名"十翼"。

八卦是以一、二、三这些数目为基础的。整画"—"是一；断画"--"是二；三画"—"和"--"按不同卦象以不同方式堆叠而成就是三。于是生出了八个卦，即乾、兑、离、震、艮、坎、巽、坤。到了后来，又有人就把这些卦中的任意两卦重作一个，然后再排列组合，组成了六十四个卦，这就出现了《周易》。据司马迁说："文王拘而演《周易》。"据传，商朝末年，商纣王怕西伯侯姬昌（也就是后来的周文王）造反，就把他囚禁在羑里的监狱中。姬昌担心自己身死牢中，就在自己的有生之年，穷一生智慧，把八卦演为六十四卦。据说卜法里有一百二十个兆象，每个兆象都有十条"颂"辞，这些"颂"辞是占卜吉凶用的。《周易》里的六十四卦，就相当于一百二十体的兆象。兆象上的辞，就是"爻"辞。《周易》的每一卦都是由六画组成，都是由下向上数，每一画叫作一爻。"爻"辞就是对整个卦以及各爻的解释，所以有卦辞和爻辞之分。

《周易》的派别

1. 术数派
三国魏的管辂、宋代的陈抟、邵雍都是术数派。
2. 象数派
西汉的孟喜、焦延寿、京房，东汉的马融、郑玄、荀爽，清代的胡煦、焦循都是象数派。
3. 义理派
三国魏的王弼（玄理）、宋代的程颐、朱熹（性理）都是义理派。

《周易》的价值

1. 《周易》是群经之首，中国哲学的源头。

《周易》是古代卜筮用书，它是据现象和事理以预测事物发展变化的大智慧之书，不能以"迷信的书"来看它。其中有深奥宏大的哲理可以推测宇宙自然的变化，也可以推知社会人事的治乱兴衰。对于人生境遇好坏、事功成败、吉祥凶衰都有深刻的启发价值。所以孔子说："五十以学《易》，可以无大过矣。"

2. 《周易》是研究古代历史的必备之书。

《周易》里面记载了很多古代的历史事实，都是迄今其他史书所未见的，如，"既济九三爻辞"：高宗伐鬼方；"泰六五爻辞"：帝乙归妹；"明夷六五爻辞"：箕子之明夷；"晋卦辞"：康侯用锡马蕃庶。

3. 《周易》是研究古代文学诗歌必备之书。

《周易》里面记有很多古代的诗歌谣谚，如，"中孚九二"："鹤鸣在阴，其子和之，我有好爵，吾与尔靡之"；"明夷初九爻辞"："明夷于飞，垂其翼。君子于行，三日不行"。

4. 《周易》的思想贯穿于中国古代科学、文化、艺术及诸子百家学说。

中国的天文、历法、算术都深受《周易》的影响。

在地理方面，中国的罗盘、方位、地理九州之说也与《周易》紧密相关。

在医学方面，医、《易》同源，《易》为理，医为表，《周易》实为中医的理论基础。

在武术、养生保健方面，《周易》也是其基础理论。

在书法、绘画、建筑、园林等方面，《周易》也是其指导思想。

总之，《周易》与中国历代人的生活息息相关。

老子、庄子的思想与《周易》密不可分，孙子的军事智慧也与《周易》相通。儒家的中庸、天命思想也由《周易》衍生出来。所以，研究中国古代思想和文化，必须读《周易》。

《尚书》

《尚书》是中国最古的记言的历史。这里的"尚"是上古的意思，也有崇尚之意，这里的"书"是公文的意思，它的性质相当于后世的档案，不是泛指图书。

《尚书》的内容和体例

《尚书》的内容包含虞、夏、商、周四代。

《尚书》的体例可以分为六种，称为六体，即典、谟、训、诰、誓、命。

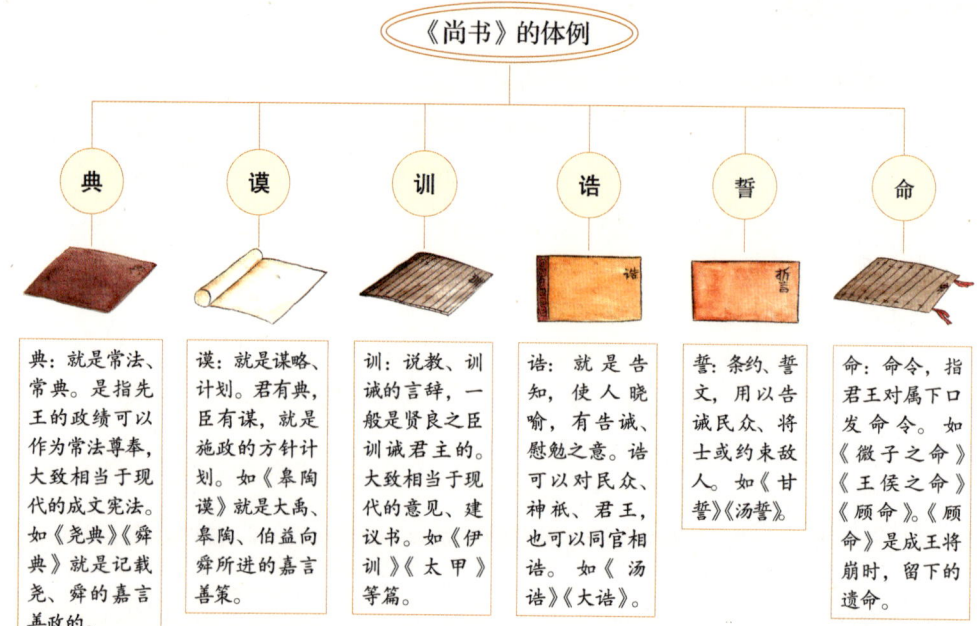

典：就是常法、常典。是指先王的政绩可以作为常法尊奉，大致相当于现代的成文宪法。如《尧典》《舜典》就是记载尧、舜的嘉言善政的。

谟：就是谋略、计划。君有典，臣有谟，就是施政的方针计划。如《皋陶谟》就是大禹、皋陶、伯益向舜所进的嘉言善策。

训：说教、训诫的言辞，一般是贤良之臣训诫君主的。大致相当于现代的意见、建议书。如《伊训》《太甲》等篇。

诰：就是告知，使人晓喻，有告诫、慰勉之意。诰可以对民众、神祇、君王，也可以同官相诰。如《汤诰》《大诰》。

誓：条约、誓文，用以告诫民众、将士或约束敌人。如《甘誓》《汤誓》。

命：命令，指君王对属下口发命令。如《微子之命》《王侯之命》《顾命》。《顾命》是成王将崩时，留下的遗命。

《尚书》的主要观点和价值

1.《尚书》记载了唐尧、虞舜、夏禹及皋陶、益稷四代圣贤君臣的嘉言懿行，成了中华民族品德文明的重要来源，为后世力求上进的人们修身、行事提供了理论基础和言行典范。

2.《尚书》记载了上古的历史资料，涉及周公摄政、成王即位、穆王改制等重要的历史事件、古代典制，还有上溯大禹治水、分述九州的古代地理，所以《尚书》成为治古代史的必读经典。

史官根据舜帝的言行事迹，写作了《舜典》。

3.《尚书》中记载了古代的政教合一、神权政权合一及民间风俗的情况。《洪范》有箕子告诫武王"天锡禹洪范、九畴之事"，《酒诰》记载殷商酗酒、周代严刑的情况。

4.《尚书·大禹谟》中有"人心惟危，道心惟微，惟精惟一，允执厥中"这十六字富有哲理的箴言，成为宋代理学的重要思想基础。

今古文《尚书》之争

今世所传的《尚书》，有很多残缺，这是因为它在流传中"多生变故"。《尚书》成书始于孔子，孔子把它当作了教授学生的"经典"。到了秦始皇的时候，朝廷烧天下诗书，还禁止民间私藏，许多书籍轻则残缺，重则散佚，《尚书》也难逃厄运。到西汉初年，朝廷解除书禁，号召人们向朝廷"献书"。这时，汉文帝听说山东有个90多岁的老头，名叫伏生，私授《尚书》于齐鲁之间，于是派晁错向他请教。这位伏生本是秦博士，他在焚书令下达后，把《尚书》藏在家里墙壁中。伏生所藏的《尚书》是用"古文"还是秦篆写的，现在已经不得而知。后人只知道他的弟子用隶书将他所授"尚书"整理并流传下来，共29篇，也就是后来的《今文尚书》。

汉景帝时，鲁恭王在孔子旧宅的墙壁中得"古文"经传数十篇。

到了汉景帝时候，鲁恭王在孔子旧宅的墙壁中得到"古文"经传数十篇，其中就包括《尚书》。鲁恭王本来是来拆孔子宅院、扩充自己宫殿的，这下发现了古文尚书，就停止拆房，还叫来孔门子弟孔安国，让他加以整理。孔安国整理完毕，得《尚书》45篇。到了武帝时，汉武帝刘彻将伏生所藏的《尚书》列为博士。孔安国于是把《古文尚书》也献出来，但这本《尚书》用古文写成，艰涩难懂，成了无人能懂的"逸书"，所以被朝廷束之高阁，直到成帝时，刘向、刘歆父子以《古文尚书》校勘《今文尚书》，这才有了用处。后来，刘歆还想将《古文尚书》立为博士，引起"五经

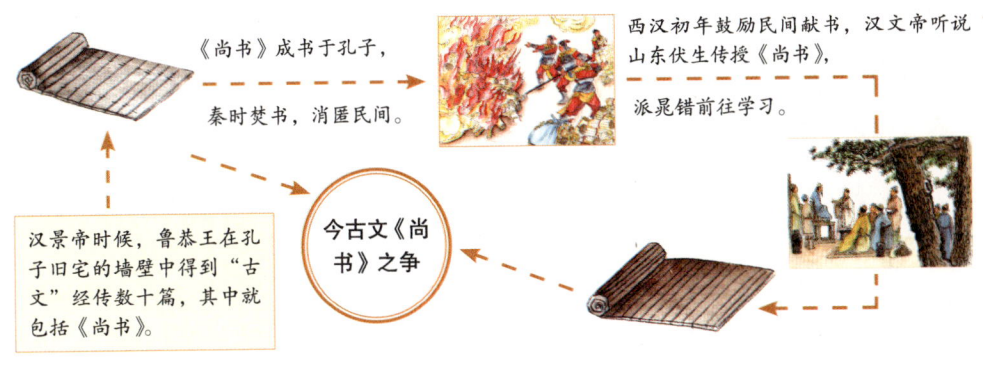

博士"反对，双方展开争辩，这便是后来所说的"今古文之争"。

由于关系"孔子之道"，今古文之争成了西汉经学的一大史迹。今古文两派有何不同呢？今文派主张通经致用，"思以其道易天下"，有很浓的先秦诸子风气。他们解经的时候只讲微言大义，也就是只说自己的历史和政治哲学。而古文派看重的是章句、训诂、典礼、名物。古文派也有不同分类，他们各得孔子一端，各有偏倚之处。

《诗经》

《诗经》是我国古代第一部诗歌总集，作品产生的时代，上起西周初年（约公元前11世纪），下迄春秋中叶（约公元前7世纪），是中国优秀传统文化中的核心经典之一。

《诗经》在我国文学史、经学史，以至在人类的文化史中，都占有重要的地位。如果想了解中国文化，《诗经》是不可不读的一部要籍，要做一个有文化的中国人，

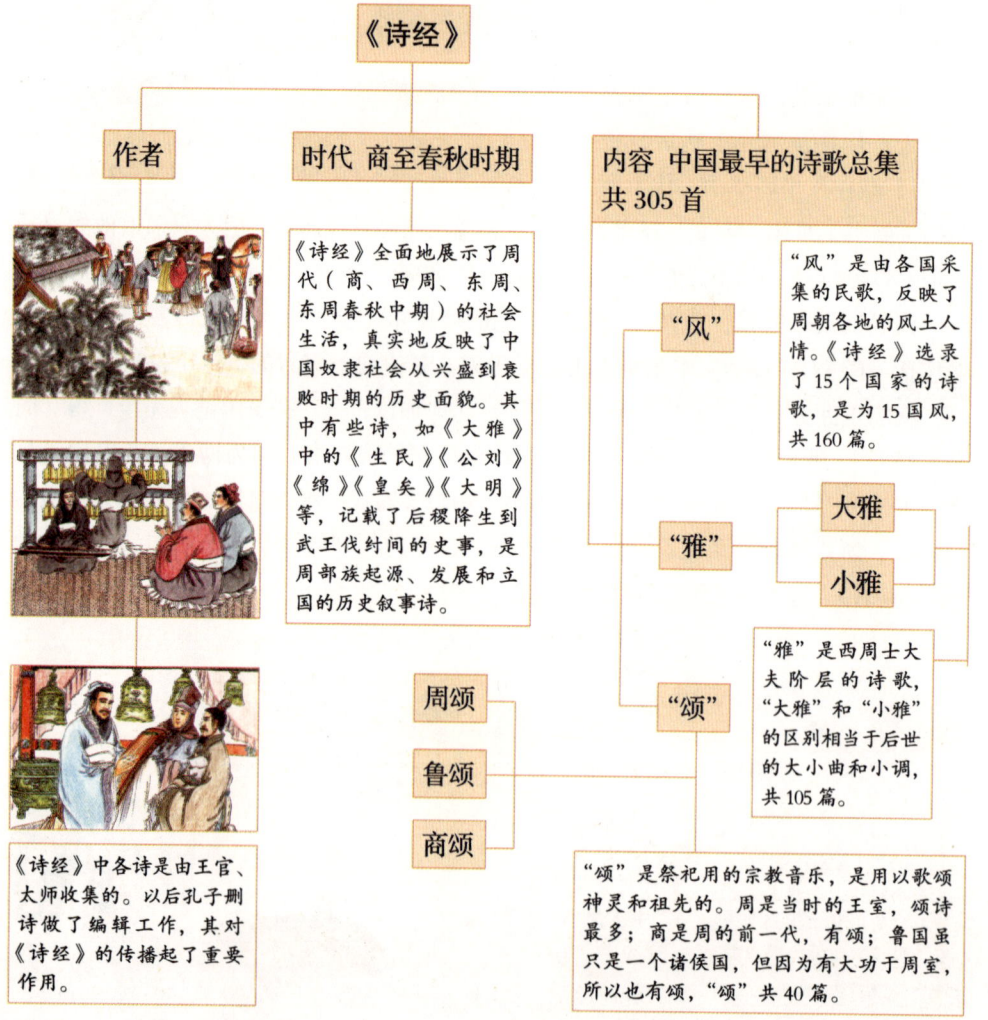

《诗经》更是必读的经典。著名历史学家顾颉刚说:"《诗经》这一部书,可以算作中国所有书籍当中最有价值的。"

这部2700多年的诗歌集,是奠定中国文化基础的重要基石。

《诗经》的来源

《诗经》原先称作《诗》或《诗三百》,到了汉代都把它当儒家的经典来读,才叫作《诗经》的。《诗经》来源于民间歌谣,上古的时候,没有文字,只有唱的歌谣,"一个人高兴的时候或悲哀的时候,常愿意将自己的心情诉说出来,给别人或自己听。日常的言语不够劲儿,便用歌唱;一唱三叹的叫别人回肠荡气"(朱自清语)。这就是《诗》中"国风"的来源了。《诗经》中的"雅""颂"是宴会、祭祀的乐章,出自贵族之手。

《诗经》来源于民间歌谣。

《诗经》在成书之前,早就在口头流传了。《诗经》的作者是谁呢?因为没有相关的文献记载,至今尚不得知。按照历代的说法,大概是西周前后的时候,官方有专门搜集诗歌的人到民间"采诗",然后记录下来;或是有宫廷乐师编写,再配上朝廷音乐,伴上舞蹈表演。

乐工收集记录诗歌进行奏乐歌唱。

最初的诗是在有了文字以后,有人将那些歌谣记录下来写成的。这些记录诗歌的人是乐工,他们记录诗歌不是出于研究的目的,而是出于他们的职责,因为他们就是奏乐唱歌的;这就得把歌词记下来,制成了唱本儿。到了春秋时,出现了太师这个官职,他们是乐工的头儿,负责为各国宴会使臣时奏乐唱歌。太师们整理本国和别国乐歌,搜集乐词和乐谱,把歌曲按照贵族的口味包装出来。太师搜得的歌谣有乐歌和徒歌之分,徒歌是需要合乐才能唱的,往往在合乐的时候要叠字或叠章,以增加歌曲的音乐美,所以歌词的原貌便有些改变了。除此之外,太师们对贵族祭祖、宴客、出兵、打猎时作的诗也有保存。这类诗的内容不外乎典礼、讽谏、颂美等。后来,周天子和各国诸侯又要求臣民向他们献

太师们按贵族口味包装诗歌,供贵族欣赏。

孔子删减、编订,遂成《诗经》。

诗,以供乐工演唱。太师们把所有搜集到的诗歌编辑起来,据说有三千多首。

到了春秋末年,"道德丧而礼乐崩",传说孔子有感于这些诗歌的教化意义,决定把它们编订成册,将三千多首诗删到三百篇,取名《诗三百》,遂成《诗经》。从此,

《诗经》做了"六书"之一，到了宋代还被选入了"四书五经"，成为读书人上进登科的必读之物。

《诗》言志

俗话说"诗言志"，其实"诗"这个字就是"言"和"志"的合体。古代所谓"言志"总是牵扯着政治或教化。春秋时很流行赋诗，各国使臣往往在外交宴会上要点一篇诗或几篇诗叫乐工唱。这跟今人在KTV点歌演唱一样，只不过前者点诗一定有政治的意味，以表达对某国或某人的愿望、感谢、责难等。而且，点诗时往往不管上下文的意义，只拉出一章中的一两句，这种断章取义只是为了暗示政治。如《左传》上说，晋使赵孟出访郑国，郑伯就在垂陇设宴款待他。席间子太叔为赵孟赋诗："邂逅相遇，适我愿兮。"子太叔取的是《野有蔓草》的末两句，借以表达对赵孟欢迎之至。其实这首诗原是男女私情之作，他这样做只是为了"言志"，所以不必在乎原诗的主旨了。

到了孔子时代，赋诗已经不常见了，孔子见它有教化意义，与儒家"温柔敦厚"的作风相似，就删诗成三百，称为"诗三百"，还教给学生学习，用诗来讨论修身的道理，成为"六经"之一。"如切如磋，如琢如磨"，他用玉比作人，教导学生做学问需下功夫才行；"巧笑倩兮，美目盼兮，素以为绚兮"，本来说的天生丽质的美人，他却比作画画，说做事情是要一步步进行的。后来《庄子》和《荀子》里都说到"诗言志"，这个"志"就是指的教化。到了以后，《诗三百》就称作《诗经》了。"诗"为何要"言志"？诗歌所要言的"志"到底是什么？闻一多认为，志有三义，即记忆、记录和怀抱；朱自清认为，到了"诗言志"和"诗以言志"这两句话，志已经指"怀抱"了。

但春秋时列国的赋诗只是用诗，并非解诗；那时诗的主要作用还在乐歌，因乐歌而加以借用，不过是一种方便罢了。至于诗篇本来的意义，那时原很明白，用不着讨论。到了孔子时代，诗已经不常歌唱了，诗篇本来的意义，经过了多年的借用，也渐渐含糊了。他就按着借用的办法，根据他教授学生的需要，断章取义地来解释这些诗篇。后来解释《诗经》的儒生都跟着他的脚步走。最有权威的毛氏《诗传》和郑玄《诗笺》差不多全是断章取义，甚至断句断义——断句取义是在一句、两句里拉出一个两个字来发挥，比起断章取义，真是变本加厉了。

以诗言志如同今天的点歌，可"断章取义"。

例：以歌颂邂逅的爱情之歌来表达对远道而来的国宾的欢迎之情。

《诗经》的六艺

《诗经》有305篇,内容有风、雅、颂,写法有赋、比、兴,这被称为"诗经六义"。风指"国风",写各国民间事、物,雅分"大雅""小雅",是朝廷正声雅乐,颂是宗庙祭祀的舞曲歌辞。《诗经》凭什么成为儒家经典?简单地说就是那三个字:思无邪。孔子读《关雎》时说:"乐而不淫,哀而不伤。"意思是它虽然写爱情,但能保持适度,能在"礼"的约束范围内,后人更是把这意思延伸为了"温柔敦厚"。除此之外,它还有很多写战事、写农民疾苦和贵族贪婪的诗,如《秦风·无衣》说的是边塞将士的艰苦生活,《硕鼠》篇借大老鼠的贪吃讥讽贵族的贪敛,这类针砭时弊的歌谣与儒家的"仁爱"不谋而合。

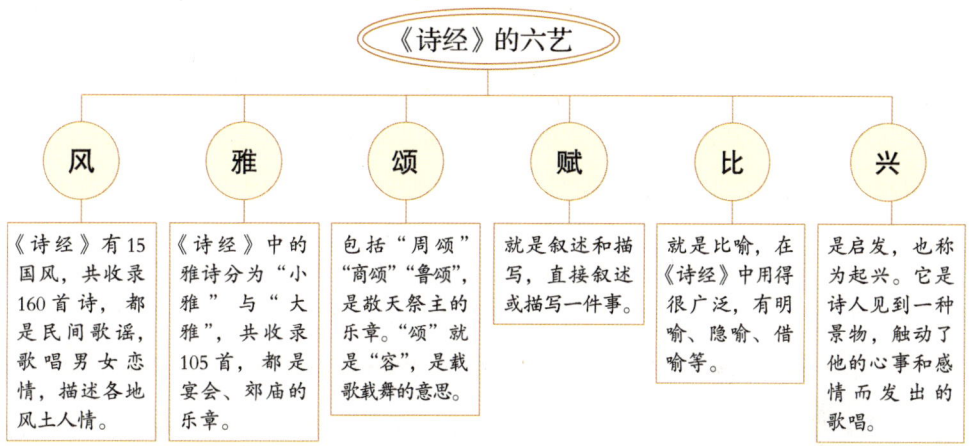

《诗经》还是文学史上的经典。它是中国第一部诗歌总集。《诗经》在写法上堪称后人写诗的圭臬。前面说了,它有三种写法:赋、比、兴。赋就是直接陈述,比是打比方,兴是"先言他物以引起所咏之词"。《诗经》句式整齐,基本上都是四言诗,读起来抑扬顿挫,错落有致,很有音乐感。有的诗歌重复使用相同的韵、字、句甚至篇章,叫作"重章、叠字、叠句、叠韵",也作为诗歌的文字技巧为后世所效仿。

古人所言《诗经》的作用

1. "《诗》言志。"(《书·舜典》)
2. "《诗》,可以兴,可以观,可以群,可以怨。迩之事父,远之事君,多识于鸟兽草木之名。"(《论语·阳货》)
3. "温柔敦厚,《诗》教也。"(《礼记·经解》)
4. "诵《诗》三百,授之以政,不达。使于四方,不能专对。虽多,亦奚以为?"(《论语·子路》)

《诗经》的价值

1. 《诗经》可以表达理想、志向，涵养性情，净化心灵（"诗三百，一言以蔽之，曰'思无邪'。"），可以使人的感情真实、善良、美好，人格厚道，就是温柔敦厚。其实，人们常说的个人素质修养，不应该光是指处世技巧，更应该是指人自身心灵——情感世界的升华。这才是人自身的完善。

2. 《诗经》教给人们通晓人情世态。这是人们做事、从政的基础。

3. 读《诗经》可以使人们文才博雅，辞令美善，很好地应对人生中发生的各种事情。

4. 《诗经》是中国文学之祖，学习中国文化的必读之书。是研究古代文字、历史、地理、政治、社会、经济、风土人情、爱情婚姻、宗教道德、名物名胜的重要资料。

三家《诗》及《毛诗》

大家都知道秦始皇焚书坑儒，包括《诗经》在内的先秦旧典，以及诸侯史记档案，大多都化为灰烬了。汉代以后，恢复文教，《诗经》开始又流行于社会。民间涌现了鲁人浮丘伯、申培和辕固、韩婴、毛亨、毛苌等《诗经》学大家。他们研治《诗经》形成了汉代四家《诗》。

《鲁诗》	《齐诗》	《韩诗》	《毛诗》
鲁申培作《诗训故》，号曰《鲁诗》（亡于晋）。	齐辕固写《诗传》，号曰《齐诗》（亡于魏）。	燕人韩婴作《内外传》数万言，号曰《韩诗》。（亡于北宋，仅存《韩诗外传》）。	由孔子弟子子夏，六传至鲁人毛亨（时人称为大毛公），作《诗训诂传》，传授赵人毛苌（时人称为小毛公），号曰《毛诗》。后汉郑玄为《毛诗》作笺，从此"毛诗郑笺"传布天下。

《周礼》

著名的"三礼"之一，儒教重要经典，世界上最早、最完整的官制记录，是了解先秦政治制度与早期儒家思想的重要资料。相传为周公所作，但是据专家考证，春秋之际，儒家学者依据周朝初年的典章制度和当时的官制体系，撰写了《周礼》的部分内容。战国时期，官制进一步完善，人们对《周礼》进行了补充，使之更加完整。到了汉代，当时的部分官制资料，如九服之制、南北郊之制、五岳之制等，补入《周礼》，该书最终定型。东汉末年，经学家郑玄为《周礼》作注，大大提高该书的学术地位，使其一跃而居《三礼》之首，成为儒家大典。

《周礼》原名《周官》，西汉末改称《周礼》，全面记录了周王朝的官制系统，论述了当时设官分职的状况。该书共六篇，分载天、地、春、夏、秋、冬六官：天官冢宰，管理朝廷及宫中事宜；地官司徒，管理土地方域及人民教养；春官宗伯，管理宗教及文化；夏官司马，管理军制和各诸侯有关事宜；秋官司寇，管理刑狱，兼掌礼宾等；冬官司空，管理工程建设兼及水利等。"冬官"部分汉代发现时已缺，以《考工记》抵充。这些官职各自都有不少属员，合计数万人。该书涉及内容极为丰富，所载的礼的体系最为系统完备，包括天文历象、祭祀礼仪、封国建制、巡狩制度、丧葬规制、礼乐制度、文化教育、调兵出兵、刑法狱讼、赋役征发、国家度支、宴饮膳食、车马服饰、寝庙礼制、农商医卜、工艺制作，等等，诸项典章、制度，无所不包，许多制度仅见于此书，尤其宝贵，堪称上古文化史之宝库。所以，清代经学大师孙诒让说《周礼》是"周公致太平之书，先王政教所自出，周代法制之总萃"。

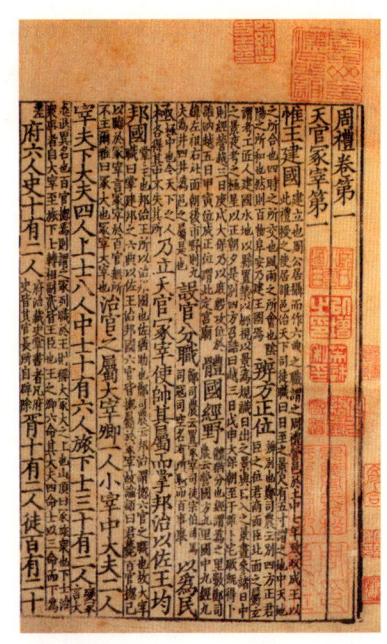

《周礼》书影

所谓周礼有两层意思：一是周代的礼法、政法制度，其中包括分封制、宗法制及与其相对应的政法、礼法制度，它们有力地维护了周的统治；二是礼俗，包括周代的各种文化制度、风俗，后代各种礼法制度的制定多参照周礼。

《周礼》作为中国古人设计的理想社会的蓝图，体大思精，学术与治术无所不包，受到历代学者的重视。它以人法天的理想治国纲领，是放之四海而皆准的经世大法，对后世政治制度有着深远的影响。其儒法兼容、德主刑辅的方针，显示了相当成熟的政治思想；其严密细致、相互制约的管理技巧，体现了高超的行政智慧。故而，西汉末年的王莽改制，西魏的宇文泰改革官制，北宋王安石变法，无不受《周礼》影响。而且，各个朝代的官制都直接或间接地受到《周礼》的影响。此外，中国古代"左祖右社、前朝后市"的都城格局，多以《周礼》为范本，其影响可谓至大至远。

《仪礼》

"三礼"之一，是古代记载典礼仪节的儒家经典，简称《礼》或《士礼》。《仪礼》是"三礼"中成书较早的一部，在汉武帝时期便被列入"五经"而备受推崇。根据古代文献的记载，参考相关考古材料可知，商、周统治者极为重视礼仪，制定了名目繁多的典礼，这就是所谓的"礼仪三百，威仪三千"。该书详细规定了贵族们冠礼、婚仪、丧祭、朝聘、射乡等诸多方面的基本礼仪，并形成繁缛复杂的典礼仪式，不要说军国大典，即便是士人相见，初见礼节、宾主客套、交谈话题、相互告别都有详细而严密的规定。利用这些烦琐的礼仪，明尊卑，别贵贱，规范维护相关社会秩序，其所传达的人分高低贵贱、行为遵循尊卑远近的思想，成为中国社会千年不移的道德原则。

如此烦琐细密的礼仪，非专业人士，根本不能经办这些典礼。以代人经办典礼为业的儒生，不仅熟习这些礼仪，而且可能把它们整理厘定成职业手册，以便传习演练，《礼仪》大概就是他们整理编订的仪节手册。这部经典现存17篇，分别是士冠礼第一、士昏礼第二、士相见礼第三、乡饮酒礼第四、乡射礼第五、燕礼第六、大射礼第七、聘礼第八、公食大夫礼第九、觐礼第十、丧服第十一、士丧礼第十二、既夕礼第十三、士虞礼第十四、特牲馈食礼第十五、少牢馈食礼第十六、有司彻第十七，详细规定了贵族士人应该遵守的规则以及应当遵循的行为规范。《仪礼》文字古奥，艰涩难懂，内容枯燥乏味，却是了解中国古代社会不可或缺的宝贵文献。

《礼记》

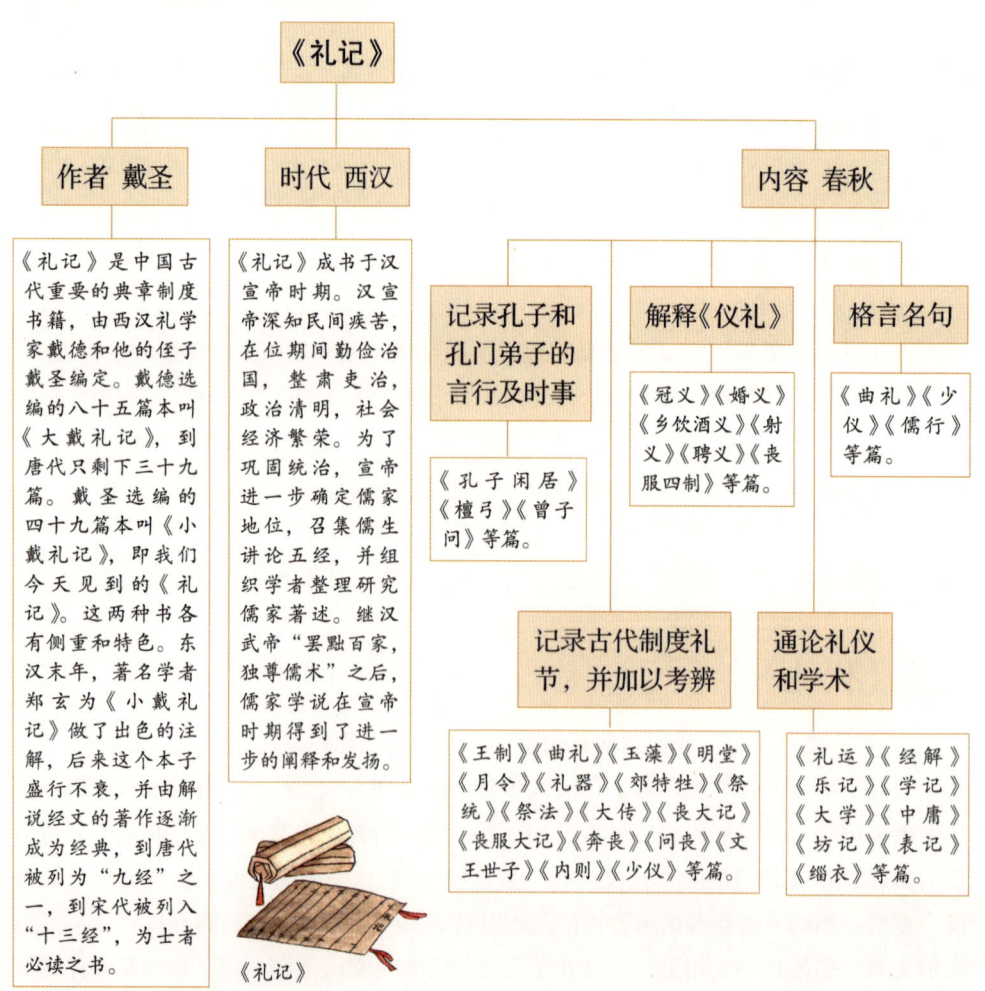

《礼记》

我们中华民族有着五千年灿烂的文化传统,其文化核心之一就是"礼",而"三礼"——《仪礼》《礼记》和《周礼》集中表述了"礼"的思想。

"三礼"是指《仪礼》《礼记》和《周礼》这三部儒家经典。

"礼"本来是指祭祀鬼神时的一种仪式,后来引申指社会上一切礼仪。

"礼",就是身体力行,是一种脚踏实地的实践活动。

《礼记》是这样解释"礼"的:"夫礼者,所以定亲疏,决嫌疑,别同异,明是非。"(《礼记·曲礼》)这是说"礼"可以区别人们不同的地位,当作是非的标准。也就是说,人在社会上要找到自己合适的坐标。《礼记》还说:"礼节民心","礼者,天地之序也","中正无邪,礼之质也。庄敬恭顺,礼之制也。过制则乱,胜质则伪"。(《礼记·乐记》)"礼"是节,节就是掌握一定的度,凡事过了度肯定不好。"礼"既要防止破坏秩序的祸乱,也要防止流于形式的虚伪。人都是有欲望的,欲望的需求是没有止境的。人的欲望,是社会向前发展的动力,如果失去节制,就会造成巨大的破坏力量。

中华自古就是"礼仪之邦"。"礼"是中国古代传统文化的主题内容,也是中国古代儒家思想的核心价值观念。"礼"是中国古代社会生活的规范、制度和思想观念。

《周礼》

《周礼》,是一部记述国家王室制度的书,通过对300多种职官掌管的具体事物的记述,阐明了社会制度的思想。

《周礼》共6篇,每篇一官,配以天、地、春、夏、秋、冬四时,分述周代六官的职守。它的内容是:

(1)天官:冢宰,掌邦治;
(2)地官:司徒,掌邦教;
(3)春官:宗伯,掌邦礼;
(4)夏官:司马,掌邦政;
(5)秋官:司寇,掌邦刑;
(6)冬官:司空,掌邦事。

《周礼》

《周礼》的出现

汉武帝时民间的一位姓李的人,从山岩屋壁中发现了古《周礼》,呈现给了河间献王,全书只缺少《冬官》一篇,于是悬赏千金,向民间征求,没有得到,只好取《考工记》补进去。河间献王将这部《周礼》献给了汉武帝,藏于秘府。

《仪礼》

《仪礼》17篇,先秦儒家所传授的六经《诗》《书》《礼》《乐》《易》《春秋》中的《礼》就是指《仪礼》。

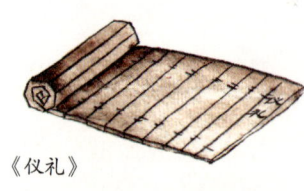

《仪礼》

冠礼

燕礼

士相见礼

士丧礼

　　《仪礼》是有关祭天、祀祖、区分尊卑上下、维护社会等级制度的礼节和行为规范。《仪礼》的内容有冠、婚、丧、祭、乡、射、朝、聘八种，它是记载古代宗教仪式和风俗习惯的礼仪之书，也是研究古代社会生活和文化的必读书。这在春秋以前，是"士"以上的贵族们必须学会的礼仪。

　　我们简单介绍一下《仪礼》的内容：

　　《士冠礼》第一：古时候，男子20岁就算成年人了，要加冠，加冠时要举行冠礼，这是成年礼，加冠命字。

　　《士昏礼》第二：士以上的贵族娶妻成婚的礼仪。昏（婚）礼有六项内容，所以也叫六礼：纳采、问名、纳吉、纳征、请期、亲迎。

　　《士相见礼》第三：是士初次相见的礼仪。

　　《乡饮酒礼》第四：记载乡（古代基层行政组织）定期举行酒会的仪式。

　　《乡射礼》第五：记载乡（古代基层行政组织）定期举行射箭比赛大会的礼仪。

　　《燕礼》第六：讲述诸侯与其大臣举行的宴饮之礼。宴会上有歌舞表演。

　　《大射礼》第七：是讲君王主持射箭比赛的礼仪。

　　《聘礼》第八：这是国君派遣使节到其他诸侯国进行友好访问的礼节。

　　《公食大夫礼》第九：这是讲国君举行宴会招待外国使节的礼仪。

　　《谨礼》第十：记述诸侯朝见天子的礼节。

　　《丧服》第十一：讲的是古代人们根据亲疏关系为去世的亲属穿不同丧服，服不同丧期的礼仪制度。

　　《士丧礼》第十二、《既夕礼》第十三：这两篇讲的是士死后的丧葬过程和礼仪。

　　《士虞礼》第十四：讲述士埋葬父母后回家为父母举行的安魂礼仪。

　　《特牲馈食礼》第十五：士定期在家庙中以豕（猪）祭祖的礼仪。

　　《少牢馈食礼》第十六、《有司彻》第十七：这两篇讲述诸侯的卿大夫定期在家庙中用少牢祭祖的礼仪（用羊和猪两牲为祭品称为"少牢"）。

《礼记》

《礼记》49 篇，共约 9 万字。内容主要是记述先秦的礼仪制度，阐释《仪礼》，记录孔子与弟子的言论等。

《礼记》流传到现在的有 38 篇《大戴记》和 49 篇《小戴记》，我们现在说的《礼记》就是《小戴记》。

《小戴礼记》

《礼记》中的《礼运》篇讲述了大同社会的政治原理。康有为著的《大同书》，理论渊源就在这里。孙中山曾亲笔书写《礼运》篇，三民主义也从《礼记》中吸取了合理成分。我们现在讲的"小康社会"这一概念也源于此。

《礼记》中的《学记》讲的是教育原理。《礼记》中的《大学》讲的是"修身、齐家、治国、平天下"这一套完整的社会政治原理。《礼记》中的《中庸》讲的是宇宙观和人生哲学。《大学》《中庸》两篇被宋代的朱熹从《礼记》中抽出来，与《论语》《孟子》合编为"四书"。

"三礼"及"大小戴记"比较

书名	周礼	仪礼	礼记	
			大戴记	小戴记
作者	相传为周公所作	古文家认为是周公，今文家认为是孔子	秦汉儒者（孔子弟子及其后辈）	
选编			戴德	戴圣
篇数	6 篇	古文亡佚，今存 17 篇	85 篇，今存 38	49 篇
内容	记述周代官制和社会规范	记载礼仪规范	解释仪礼，含哲理、政治，及礼乐器物、生活礼节	

中国的礼乐文化

孔子说："绘事后素。"画画要有素净的底子。一切的"礼"，都是以真实、质朴为基础的。真挚的"礼"是对人的尊重。由于有了"礼"，人们互相尊重。有尊重才可能有爱，大家才能和谐相处。

礼乐文化是古人将"礼教"与"乐教"并提而形成的教化体系。它们的本义，是

礼，履也。所以事神致福也（《说文解字》）。

礼，务国家、定社稷、序人民、利后嗣者也（《左传》）。

《礼》以节人，《乐》以发和（《史记》）。

以礼、乐为教，来教化民众。

远古时代，人与禽兽为伍，不知礼仪。《礼记·曲礼》中说，为了让人们懂得"自别于禽兽"，有圣人起来"为礼以教人，使人以有礼"。"为礼以教人"，就是创制礼来教育人。礼使人自觉地区别于禽兽，走向了文明。而圣人的历史功绩正是在于"为礼"和"教人"。

上古圣王治理民众的方针，以及后世圣贤教化民众的方法，都可以最终归纳为一个"礼"字。圣王治世的目标，是建立大同世界。圣贤教民，是要让百姓懂得礼、遵守礼。

司马迁在《史记·滑稽列传》里面引孔子的话说："六艺于治一也，《礼》以节人，《乐》以发和。"这句话高度概括了中国礼乐文化的性质和作用。《论语·学而》提出"礼之用，和为贵"的社会和谐思想，在今天具有普世的价值。

我们知道，周公制礼是以民众为治国重心的，他曾说："人无于水鉴，当于民鉴。"这种以人为鉴的思想（鉴就是镜子，是用以检验自己的）对后世产生了深远的影响，唐太宗就因为注意以人为鉴，而在名相魏徵的辅佐之下开创了贞观盛世。周公制礼标志着中国在西周时代就已经出现了"人本主义"思想，走出了神话时代。

礼乐教化的"乐"是指人的心声，表达的是人的感情。按照儒家的说法，自然界的各种声响（包括动物叫声）都是属于"声"的，而人创造的乐曲则称为"音"，人能欣赏音乐，超越了

孔子是周代礼乐文化的继承者和倡导者。

天籁之声。这是人与动物的区别之一。《礼记·乐记》说"禽兽知声而不知音",而这些"音"当中能够提升人的道德,有益于人的身心健康的,就称为"乐",所以说"德音之谓乐"。这就是礼乐的"乐"。

礼乐文化的本质是尊重人,其教化作用是让社会和谐,让人快乐而有节制,有益于人的身心健康。

《左传》

《左传》也称《左氏春秋》或《春秋左传》,相传为春秋末期鲁国史官左丘明所作。《左传》是我国第一部完整的编年体史书,所记历史自鲁隐公元年(公元前722年)开始,直到鲁悼公四年(公元前464年)结束,共259年,较《春秋》多出17年。《左传》以记事为主,记载了东周及各诸侯国之间的历史事件,其中有关战争的描写有400多次,刻画历史人物1400多人。另外,与《春秋》不同的是,《左传》所记载的历史事件并不仅仅局限于各国的政治、军事及外交,还涉及经济、文化、生活及自然现象等方面。《左传》的文学性也很强,文笔生动优美,记叙细致详明。因此,《左传》既是历史名著,又是文学名著。

《左传》一方面对后人研究东周时期的历史具有极大的价值;另一方面,它对后来的史学和文学的发展也有重大意义,为后代树立了典范。《左传》常与《春秋》合刊,并被列入"十三经"。

《公羊传》

《公羊传》,又名《春秋公羊传》,传为战国时期的公羊高所作。但后人经考证,认为《公羊传》的作者应该是汉景帝时的胡毋生和公羊寿。《公羊传》原本30卷,今存28卷,所记之事自鲁隐公元年(公元前722年)开始,直到鲁哀公十四年(公元前481年)结束,主要是对《春秋》的"微言""大义"的解释。该书集中反映了秦汉时期儒家思想中的社会理论,以"尊王攘夷""大一统"等思想为理论核心,大肆宣扬"天人感应""天人合一"的思想。同时,《公羊传》也从一个侧面对《春秋》所记载历史的背景有所反映。《公羊传》对后世影响很深,被后世很多经文学家作为议政工具。汉时董仲舒提出的"罢黜百家,独尊儒术",很多部分都是引自《公羊传》。由于自汉武帝开始,各个封建王朝都是以"儒学"为"正统",因此统治者在进

《春秋公羊传》书影
董仲舒在专攻春秋公羊学时,杂糅了阴阳五行思想,使其成为儒学的一个重要组成部分。

行政治改革时,也往往从《公羊传》中寻找理论和历史依据。

《谷梁传》

《谷梁传》,又名《春秋谷梁传》《谷梁传春秋》,是一部专门对《春秋》做出解释的著作,该书出自谷梁赤。谷梁赤,字元始,鲁国人,相传为子夏弟子,以治《春秋》而名。谷梁赤开始治《春秋》之时仅为口头流传,并无文字记载。直到西汉景帝、武帝时,后人才编订成《谷梁传》。《谷梁传》与《左传》《公羊传》并称为解释《春秋》的三传。《谷梁传》全书正文共2.3万字,在阐明其观点时,采用的是问答的形式。书中提出"著以传著,疑以传疑"这一撰写历史的原则观点,即历史家应本着以史实为根本,尊重客观历史的态度撰写史书。书中所论述的观点与《公羊传》基本相同,但在一些具体问题上有所差异,《谷梁传》一书的重点是在阐述《春秋》经义,也就是进一步说明《春秋》的政治意义。《谷梁传》虽较之《公羊传》对后世的影响较小,但它也是我们研究儒家思想的重要资料。

《论语》

《论语》是记载孔子和他的弟子们言行的典籍,全书20篇508章,一万余字,现存20篇492章。一般认为,《论语》是由孔子弟子所辑录。

```
                    《论语》
        ┌──────────────┼──────────────┐
   作者 孔门弟子    时代 春秋末期    内容 孔门言行录
                    至战国初期
```

《论语》一书真实而生动地记录了孔子及其弟子的言行,应该是孔门弟子在孔子生前就开始了的记录。孔子逝世以后,弟子们继续追忆编纂成书。

传说孔子有弟子三千人,至于最后是谁把这些记录最终撰写在一起的,已经无可考证了。最后编订当在战国初期。今天的《论语》版本,是东汉末年的大学者郑玄根据几个古本作的《论语注》。今注本有杨伯峻的《论语译注》。

为最早的语录体书籍

现存《论语》共20篇,492章。其中记录孔子跟弟子或其他人谈话的约有444章。记录孔门弟子之间相互言论的有48章。内容以伦理教育为主,对中国文化影响极为深远。

孔子与《论语》

孔子是中国古代伟大的思想家、教育家。由他开创的儒家学派在历史上产生过深远影响，儒家文化一直是封建时代中华民族的主体文化。但是孔子"述而不作"，没有留下完整、系统的学术专著。两千多年间，只有一部记录了孔子及其学生的言论与事迹的语录体著作流传了下来，这就是《论语》。

此书共20篇，492章，总约一万余字。这些文字，是我们今天研究孔子思想最宝贵的材料。

对于何以书名《论语》，诸家说法不一。一般认为，"论"是"论纂"，"语"是"语言"，因此，"论语"就是把孔子及其弟子的对话"论纂"起来的意思。《论语》各篇都以每篇开始的两字或三字为篇名。如第一篇的第一章以"学而时习之，不亦说乎"为首句，于是第一篇便定名为"学而篇"；第二十篇以"尧曰"开头，因此第二十篇便称为"尧曰篇"。

孔子像

《论语》的编纂，约始于春秋末年，而成书于战国初年。

孔子其人

孔子，名丘，字仲尼，春秋时鲁国陬邑（今山东曲阜东南）人。历史上对孔子的生卒年月一直争论不休，但意见相差也不过一两年。大多学者认为是生于公元前551年，死于公元前479年，享年73岁。

孔子是殷商的苗裔。周武王灭殷商后，封殷商的微子启于宋。孔子的祖先便是宋国的宗室。后来家世衰微，失掉了贵族的地位。孔子的父亲叔梁纥，曾做过鲁国鄹地（今山东曲阜县境内）的地方长官，在孔子3岁那年就去世了。孔子从小与寡母相依为命。孔子曾说："吾少也贱，故多能鄙事。"（《子罕》）他不得不从事各种劳动，广泛地接触了下层社会。

30岁前后，孔子开始收徒讲学，创办了中国历史上第一所私学，孔子以"学而不厌，诲人不倦"的精神，培养了"贤人七十，弟子三千"。50岁时，孔子在鲁国做官，先后做过中都宰（中都的长官）、司空和大司寇（主管司法），但时间不长，终因鲁国的动乱而离开了鲁国。此后他周游列国，到过卫、曹、宋、陈、蔡等国，向各国君主宣传自己建立社会秩序、尊重人爱护人的主张，但都没有被采用。68岁，孔子又返回鲁国，开始专心于教育和整理、传授古代文化的工作。中华上古文化正是因为

孔子生平大略

少年贫贱，勤奋好学。

青年时已博学多艺，开始授徒。

中年时入朝为官，鲁国因此大治。

其道不行，周游列国，历经坎坷。

回到鲁国，整理遗产，聚徒授业。

圣人离世，光照千古。

有了孔子才流传下来、普及开来，前人说："天不生仲尼，万古长如夜。"孔子的光辉永远不会熄灭。

《论语》的内容

《论语》的内容非常丰富，涉及社会与人的各个方面，有人誉之为"东方的圣经"，并不为过。《论语》的核心内容是"仁"。它既是孔子理想中最高的政治原则，又是最高的道德准则。"仁"的根本含义则是"仁者爱人"（《颜渊》）。

"忠恕"是由"仁"派生出来的，忠恕之道的基本要求是以诚待人，推己及人。具体内容是，己立立人，己达达人；己所不欲，勿施于人（《卫灵公》）。由此中国人形成了"四海之内皆兄弟"（《颜渊》）的宽广情怀。

"仁"推广到政治就是"仁政"。孔子认为治理好国家，君主一定要重视人品、道德，要讲究信用，爱护民众，这是治国的基本原则。子曰："道千乘之国，敬事而信，节用而爱人，使民以时。"（《学而》）

《论语》中，讲到"仁"109次，讲到"礼"75次。孔子认为有了"仁"的本质还要通过"礼"的实践而达到全社会的遵守。

《孟子》

《孟子》一书虽然只有7篇34000余字，但是对中国社会、中国人有着极其深远的影响，而且早已是世界文化遗产的一部分。孟子不仅在哲学理论上发展了孔子的思想，而且建立了以"民本"为基础的政治思想体系——"仁政"学说。

《孟子》

作者 孟子及其弟子

孟子名轲,是山东人,他的先祖是鲁国贵族,后来家道衰微。孟子3岁丧父,母亲十分注重他的教育,"孟母三迁""三断机杼"都成了中国人教子的成语典故。孟子成为孔子之后影响最大的一代大儒,被后世称为"亚圣"。

时代 战国

战国时期是中国历史上分裂对抗最严重且最持久的时代之一。这一时期各诸侯国混战不休,故被后世称为"战国"。伴随着私田制和铁器的广泛运用,社会新兴阶层的崛起,战国时期的中国从政治、经济、文化、科技上迎来了变革的高峰。各诸侯国为了获取土地、财富、人口,不断进行兼并战争;辩士纵横捭阖,宿将战场争锋,杰出人物大量涌现。战国承春秋乱世,启帝秦发端,中续百家争鸣的文化潮流。孟子生活的战国时代,大国都致力于富国强兵,孟子的仁政学说被认为是迂远而不切实际的东西。

内容

《孟子》共7篇:《梁惠王》上、下;《公孙丑》上、下;《滕文公》上、下;《离娄》上、下;《万章》上、下;《告子》上、下;《尽心》上、下。孟子从性善论的角度出发,主张"仁政""王道"。《孟子》一书记述了孟子的政治思想,阐发了他把孔子"仁"的思想发展成的"仁政"学说,并建立了以"性善论"为理论基础的养性、养气、养心的哲学理论。特别是他提出的"民为贵,君为轻"的政治思想,像一把火炬,两千多年来在历史中闪耀着光辉。

孟子生平

孟子,名轲,字子舆,是鲁国贵族孟孙氏的后裔。约公元前372年,他诞生在邹国(今山东邹县一带),孟孙氏家族没落后迁居于此。孟子3岁时,父亲就死了,靠母亲织布维持生计。

孟子的家本来住在郊外靠近墓地的山边。孟母见儿子很喜欢模仿玩丧礼、祭礼的游戏,便决定迁到城里去居住。

迁到城里后,住在一个市场附近,孟子看到商贩们做生意,又玩起了讨价还价的游戏。

孟母择邻。

孟母断机。

游说诸侯,推行仁政。

孟母又把家迁到一个学堂附近，孟子就跟着读书人学习起礼仪来。

孟子8岁时，孟母省吃俭用将他送进学堂，但孟子起初学习并不努力，不能坚持用功。孟母看到这种情况，愤然用剪刀剪断织布机上的布，对孟子说："你读书没有恒心，半途而废，和这又有什么差别呢！"孟子从此刻苦攻读。

孟子年岁稍长，便到鲁国去游学，到了鲁国的国都曲阜。这时，孔子的孙子子思已经去世了，孟子便受教于子思的门人。他日夜攻读，学业迅速长进。他决心继承孔子的学说并发扬光大。

邹穆公听说孟子贤能，便请他回国，但不久孟子便发现邹穆公并不采纳他的建议，于是率领门人离开邹国，周游列国，向诸侯游说实现王道和仁政的理想。

孟子首先到了齐国。齐威王虽将孟子待为上宾，并拜他为卿，却不给他实权。孟子感到在齐国难以施展他的政治抱负，便辞去官职。齐威王再三挽留，并赠以黄金百镒，被孟子婉拒。

之后孟子先后到过宋国、梁国、滕国，又返回到齐国，但都未能实现自己的政治理想。公元前311年，孟子结束了十年游说诸侯的生活，回到邹国，专心著述，阐扬孔子的学说。公元前289年，孟子去世，终年84岁。他的学说对后世儒学影响极大，他本人也被公认为孔子学说的继承者，尊为"亚圣"。

孟子的思想及其政治主张

民为重

1. 提出以民为本的思想，主张仁政，人们是可贵的，国家社稷应该是为人民的，君主所作所为应该是为了国家社稷和人民的。孟子的这一思想在中国历史上影响极为深远，有民主思想精华的思想家们都从这里得到了理论的支持，而坚持专制的统治者如朱元璋则痛恨孟子的学说。

性善论

2. "道性善"，孟子解析心的内容为四端，即"恻隐之心""羞恶之心""辞让之心""是非之心"这仁、义、礼、智"四端"，证明人性的本善。这为儒家的人文主义思想奠定了基础。孟子以"心"论"性"，宋代的陆九渊、明代的王阳明就是在孟子论心、论性的基础上发展出了"心即理"的心学理论。

浩然之气

3. "明浩然之气"，孟子提出了一整套锻炼、修养、成就人格的学说，为两千多年以来，有志于成就事业的人指出了下功夫的途径，并鼓舞了无数的志士仁人去克服困难，建功立业。

王道

4. "黜五霸而尊三王"，孟子继承孔子学说和先圣先王的道统，发扬了周公"制礼作乐"的精神。他提出"辟杨、墨"，提出了一整套做人做事和社会生活的价值判断标准。他强调义利之辨、人兽之辨和取予之道，为中华民族建立礼乐型的教化系统做出了贡献。

孟子根据战国时期的经验，总结各国治乱兴亡的规律，提出一个富有民主性精华的著名命题——"民为贵，社稷次之，君为轻"，认为君主应以爱护人民为先，要保障人民权利，主张保国爱民，礼贤下士，提出要让人民有基本的生活保障，还要为民制产，藏富于民，而且人民有权决定君主的名义与地位。孟子这一思想在中国思想界是破天荒的。《孟子》所阐述的要勇于担当道义的思想造就了许许多多富贵不淫、威武不屈、贫贱不移的大丈夫。

《孝经》

《孝经》是儒家伦理学的经典著作。该书的作者不详，一说为孔子所作，一说为孔子的弟子曾参所作。早在西汉时期，《孝经》即被列为经典；到了唐朝，唐玄宗亲自为它作注，是十三经中唯一有皇帝注释的经典。全书以阐述儒家"孝"的伦理思想为主要内容，在唐代被尊为"经书"，是"十三经"之一。书中首先把孝归于"上天"所定的范畴，提出了"夫孝，天之经也，地之义也，人之行也"的观点。《孝经》对儒家思想中的"孝"的基本内容和要求进行了阐述，并首次将个人的"孝亲"与国家的"忠君"联系起来，而且提倡国家应对"孝"进行法治化，即以法律来维护儒家的"孝"。《孝经》中还提出"以孝治天下"的主张，从而达到使国家"长治久安"的目的。《孝经》就其本身来说，是有一定进步意义的，但随着封建社会的发展，《孝经》演变为钳制人民思想意识、麻痹人民反抗意识以及维护封建制度统治的思想工具。

孝经图卷　南宋
此画卷取材于儒家经典著作《孝经》十八章，每章一图，图文并茂。画面中人物虽小却形神兼备，体态各异，栩栩如生，笔触细腻而工整，设色浓艳，布局合理。

《大学》

```
              《大学》
    ┌───────────┼───────────┐
作者 曾参    时代 春秋末年   内容 初学入德之门
```

曾子,姓曾,名参,字子舆。他出身没落的贵族家庭,性格相当豪放。他勤奋好学,是儒学的积极推广者,是孔子之后具有承上启下作用的重要人物。

西戎、犬戎与申侯伐周,周幽王死于骊山,镐京大乱,周平王东迁洛邑。周室衰微,诸侯兼并相篡,诸侯领地动辄百里,王畿仅数里。礼崩乐坏,时局动荡,战祸不息,历时数百年。

朱熹自《礼记》中取出《大学》一篇,分经一章,传十章,并且做了注。

曾子得到了孔子的真传。

孔子之后,曾子将儒学继续发扬光大。

曾子的学生把老师阐释的"大学之道"记录下来,编成书本。但在当时,这本书没有得到应有的重视,学者们只把它收在《礼记》中。一直到了唐朝,《大学》才受到了大儒韩愈的推崇。及至宋代,朱熹还把它定为"四书"的第一部书,并特意为《大学》作章句集注。

"三纲八目"是"大学之道"的核心。"三纲"指的是明德、新民、至善;"八目"是格物、致知、诚意、正心、修身、齐家、治国、平天下。实际上,儒家学说都是围绕"大学之道"展开的,若是懂得了它,就好比抓住了一把打开儒学大门的金钥匙,到时就可以登堂入室,领略儒学经典中蕴藏的全部精义。

曾参认为,早在夏商周时代,就已经开始强调品德了,他还引用《尚书》中的《康诰》《太甲》《帝尧》来论证:"《康诰》曰:

'克明德。'《太甲》曰:'顾諟天之明命。'《帝典》曰:'克明峻德。'皆自明也。"这段话的意思,是说《尚书》中的这几句话,都是在说光明正大的美德应该得到发扬。

格物致知是"大学之道"的第一个阶梯,是要我们研究了解每一种事物,这样心中的知识才有可能推究到极点。人的心灵最为敏锐,能够认识各种事物;而天下的各种事物都有一定的道理可寻。只是对这些道理深入研究,就能让知识充实。

看得出,《大学》一书的形成和成熟,不但有孔子的智慧,也有曾子的智慧,甚至于朱熹的智慧也渗透其间。因此,也可以说《大学》是中国知识分子集体智慧的结晶。

三纲领

"大学之道,在明明德,在亲民,在止于至善。"这就是《大学》的第一句话。它讲的正是儒家学者的终极理想。儒家认为成人学习的根本有三点:

明明德

首先是要"明明德",就是要把原本人自身所具备的善良通明的品德展现出来。虽然每个人都有这样的品德,但不是每个人都能将它们展现出来。所以儒家首先要倡导彰显自身的光明的德行,以光明整个社会。

亲民

其次是要"亲民",就是要身躬力行地与周遭人相亲近,知其所难,助其所危。这是一个很广义的说法,每个儒家学者都有治国平天下的理想,所以所谓亲民,大的方面是指要亲近治下的民众,小的方面则是指要关心周遭的每个人,无论为官还是为民,都要有为民着想、关心社会的心,这样才可以创造一个和谐的社会。

止于至善

最后是要"止于至善",就是做到尽善尽美而不动摇。这是一个很高的境界。

八条目

格物：就是要求人们亲历其事，亲操其物，即物穷理，增长见识。在读书中求知，在实践中求知，而后明辨事物，穷尽事物之理。

致知：就是从推格事物之理中，求为真知。所谓知，指道德意识而言，知既至，则能明是非、善恶之辨，闻见所及，胸中了然。物格而后知至。

诚意：诚意，就是要意念诚实。好善之意发于心之自然，非有所矫饰，自然能做到不欺人，亦不自欺，要在"慎独"上下功夫，严格要求自己，修养德性。

正心：正心，就是要除去各种不安的情绪，不为物欲左右，保持心灵的安静。心得其正，则公正诚明，无所偏倚。故意诚而后心正。

修身：修身，就是要不断提高自己的品德修养。只有自身的品德端正，修养深厚，无偏见，无邪念，才能为人民所拥护。

齐家：齐家，就是要管理好自己的家庭。只有教育好自己的家庭成员，才能教化人民。

治国：治国，就是要为政以德，实行德治，施仁政于国中。君主要像保护赤子那样保护人民，以至善之德教化人民，使人民除旧布新。

平天下：平天下，就是要布仁政于天下，使天下太平。平天下最重要的是要求君主具有"絜矩之道"，即以度己之心度人的高尚崇高品质，作为人民的榜样。

六个步骤

 止
知止是知道目的和标准。人生要有方向，事业要有目标，做人要有本分。事物之优劣，人事之是非都有标准，所以无论治国、齐家、修身，都要知道目的和标准是什么。

 定
目的既明，方向明确，则心志便能确定不移了。人生最怕没有方向，心志飘移，蹉跎岁月，一事无成。

 静
心志确定下来，知道为了什么而活着、向着哪个方向去努力，就会平心静气了。浮躁归于宁静，宁静方能致远。

 安
"安"是随处而安稳。朱子释"安"字为"安，谓随处而安"。《管子·内业》曰："圣人与时变而不化，从物而不移，能正能静，然后能定。"

 虑
"虑"是思考精审。朱子《大学章句》释"虑"字为"虑，谓处事精详"。凡事需周密考再行动，方能最大限度地避免各种偏颇与失误。

 得
"得"有完成、达成的意思。朱子《大学章句》释"得"字为"得，谓得其所止"，就是最终达到当初所设定的目的和标准。

儒家心目中有一个理想的大同世界，在这个世界里，人们单纯善良，不欺互助，和谐无间。而要实现这样的大同，无疑需要每个人的努力。"明明德""亲民""止于至善"，统称为《大学》的三纲目，是儒家教育每个儒者都追求的人生终极目标。

孙中山说："我们今天要恢复民族精神，不但是要唤醒固有的道德，就是固有的知识也应该唤醒他。中国有什么固有的知识呢？就人生对于国家的观念，中国古时有很好的政治哲学。我们以为欧美的国家，近来很进步，但是说到他们的新文化，还不如我们政治哲学的完全。中国有一段最有系统的政治哲学，在外国的大政治家还没有见到，还没有说到那样清楚的，就是大学中所说的'格物、致知、诚意、正心、修身、齐家、治国、平天下'那一段话。把一个人从内发扬到外，由一个人的内部做起，推到平天下止。像这样精微开展的理论，无论外国什么政治哲学家都没有见到，都没有说出，这就是我们政治哲学的知识中独有的宝贝，是应该要保存的。这种正心、诚意、修身、齐家的道理，本属于道德的范围，今天要把它放在知识范围内来讲，才是适当。我们祖宗对于这些道德上的功夫，从前虽然是做过了的，但是自失了民族精神之后，这些知识的精神，当然也失去了。所以普通人读书，虽然常用那一段话做口头禅，但是多是习而不察，不求甚解，莫明其妙的。"

《中庸》

宋代朱熹说，《中庸》是"孔门"传授心法。《中庸》这本书，论述了人性、社会、政治、哲学，提出了具有普遍意义的中庸之道。

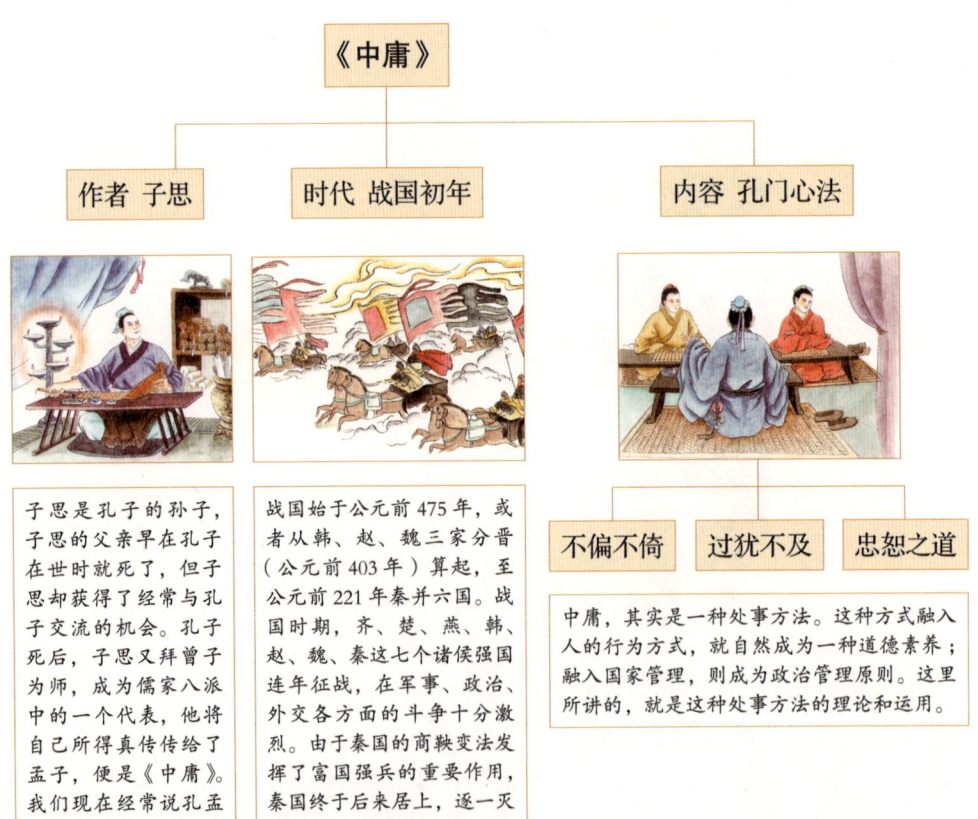

安贫守志的子思

鲁缪公曾多次邀请子思做官，子思坚持不受。为了潜心研究学问，他移居到了宋国，以免被人打扰。鲁缪公这人倒是很执着，一次被拒绝不死心，就派了使者去宋国拜见子思，还带了一份厚礼。子思二话没说，当即把人赶了出去。子思一辈子也没做官，学生求学时给他的一点见面礼就成了他唯一的生活来源，所以他一辈子住在破旧的陋巷中，过着饥寒交迫的日子，跟颜回有点像。饱受生活折磨的子思，到了62岁的时候再也支撑不下去了，离开了人世。

子思作《中庸》。

何为"中庸"？《中庸》里主要讲了什么？

所谓中庸，宋代程颐解为："不偏之谓中，不易之谓庸。"《中庸》云："喜怒哀乐之未发，谓之中；发而皆中节，谓之和。中也者，天下之大本也；和也者，天下之达道也。致中和，天地位焉，万物育焉。"这是《中庸》的核心思想，写出了天地和谐的自然天性，是宇宙的本来状态，而天地之间的人一旦拥有这样

《中庸》的要义为"中""诚""和"。

的和谐状态，就达到了很高的境界。天地万物达到一种和谐无碍的境界，人与天地合为一体，行事自在，万物欣欣向荣，人则可以得到可持续的发展。

《中庸》不长，不到一万字，却是跟《论语》《孟子》并列的经典。它主要说的是什么呢？说白了就是中庸之道，就是用中正、中和的方式做人做事。这是《中庸》最核心的东西。

"中"原意不像现在人想的"持中，中立"那么简单，它其实是有点玄机的，首先是告诉人们人的行为不要过头了、极端了，不偏不倚是为中，万事都要刚好才行。就像是一道菜，火候适中才能烧好。《中庸》里还说"喜怒哀乐之未发，谓之中"，可见它还指人的本心。人人心里都有个"礼"，喜怒哀乐变成行为的时候，这个"礼"就让行为变得恰当、自如不过分。庸如何解呢？孔子说"不易之谓庸"，庸就是稳定不变的东西。一句话，中庸就是让人的内心和行为做到协调，做事情不要过和不及。

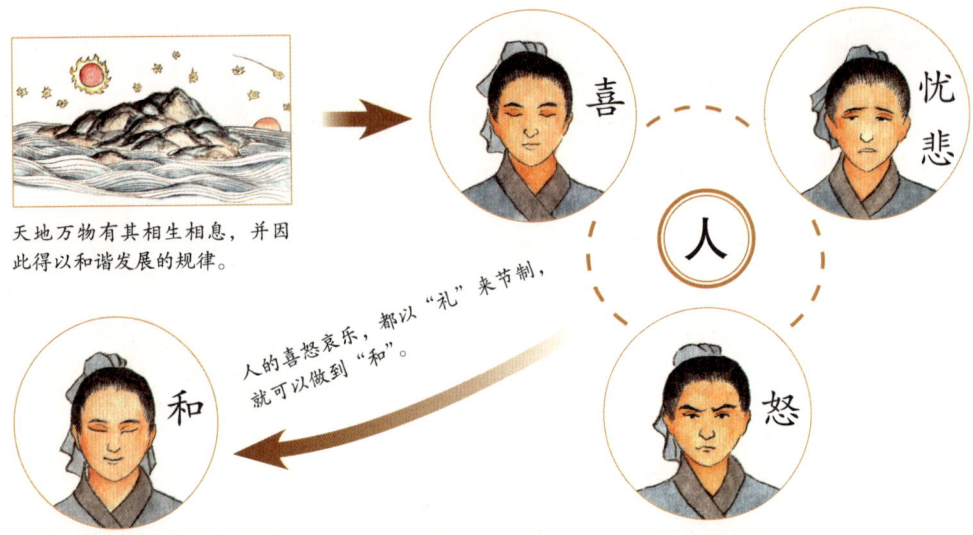

天地万物有其相生相息，并因此得以和谐发展的规律。

人的喜怒哀乐，都以"礼"来节制，就可以做到"和"。

如果说《大学》是治世哲学，那《中庸》可称得上修身哲学，如书中说"自诚明，谓之性；自明诚，谓之教。诚则明也，明则诚也"，说的是心诚跟明理的关系，如果理顺了，读书人可受益一辈子。所以，历史上的朱熹、顾炎武、曾国藩诸人，读懂了《中庸》，才达到了至善、至诚的中庸境界。

《中庸》还提出了"诚"的概念。人要想与天地并列，达到天人合一的境界，就必须"至诚"。曾子也把"诚"作为达到最高理想的必要修养，子思把诚发挥到极致。只有诚了，才能充分发挥自己固有的天性，才能参与天地化育。

高明之道，中庸不是折中主义

孔子的中庸思想长时间地被人误读了。很多人觉得中庸就是"折中主义"，做到中庸的人就表现得唯唯诺诺，软弱无能，像个"好好先生"。其实，中庸所揭示的道理，非但不是这般消极悲观的，而且还是积极乐观的。承认矛盾，重视统一，是中庸反映的道理，也是儒家思想重要的一部分。这种"无过无不及"的"恰到好处"，就是儒家道德的最高准则。

《中庸》阐释的不单是做人的道德准则，还涉及国计民生的问题，所以它才会成为人们终身受用的经典和"实学"。

《尔雅》

《尔雅》，儒学经典，也是我国第一部词典。关于其作者及成书时间，历来说法不一，今人多认为此书非成书于一时一人之手，应为秦汉学者集体编撰而成。到唐朝时，该书升格为经。《尔雅》书中首创了按内容性质分类释词的体例，有点像现在的分类编排的百科词典。今本《尔雅》含19篇，分别为释诂、释言、释训、释亲、释宫、释器、释乐、释天、释地、释丘、释山、释水、释草、释木、释虫、释鱼、释鸟、释兽、释畜，共收词4300多个，13000余字，所收的内容极其丰富。其中，释诂、释言、释训3篇主要是对古代汉字、词语的解释；后16篇则主要是对各种百科知识、器物名词的解释。《尔雅》释义简单明了，保留了许多古注古义，对后

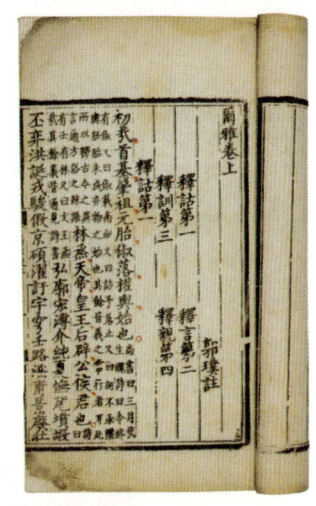

《尔雅》书影

世训诂学的发展产生了极其重大的影响。书中所收录的先秦时期的语言和文字，对我们阅读和研究先秦史籍及秦汉古书具有重要的参考价值。

《方言》

《方言》一书的全称是《輶轩使者绝代语释别国方言》，作者扬雄（公元前53—公元18年），字子云，西汉蜀郡成都（今四川成都）人。他是文学家、哲学家，又是著名语言学家。

《方言》不仅是我国语言学史上第一部对方言词汇进行比较研究的专著，在世界语言学史上也是一部开辟语言研究的新领域、独创个人实际调查的语言研究新方法的经典性著作。在《方言》尚未完全成书之时，与扬雄相识的张伯松就盛赞它是"悬诸日月不刊之书"（《扬雄答刘歆书》）。

《方言》经东晋郭璞注释之后流传至今。今本《方言》计13卷，大体轮廓可能仿《尔雅》体例，但卷内条目似乎不及《尔雅》严格有条理。其体例大致有两种：给出一词，分列各地称谓的不同，如卷八释"猪"；再有，罗列一组同义词，给出共同解释，再分别辨析各地之不同。但卷十二、十三往往以一词释一词，而没有方言词汇比较方面的内容，与前10卷大不相同。何九盈怀疑最后两卷可能原来是分作4卷的（扬雄自己说全书是15卷），且扬雄生前并没有把《方言》写完，现在的后2卷原本只是写作提纲。后扬雄因病去世，没有来得及把这两卷中有关方言的对比写进各条之下，以致最后成了未完成的书稿。

13卷的《方言》所收的词条计有675条（据周祖谟《方言校笺》统计），每一条下，作者往往先提出一个或几个同义词作为条目，然后或用一个词来解释它们，或分别说明各个词的使用地域，所以实际词目远远超过了条数。

《说文解字》

《说文解字》是中国第一部系统地分析汉字字形和考究字源的字书，也是流传最广的中文必备工具书。

《说文解字》，简称《说文》，汉朝许慎编著，是首部按部首编排的汉语字典。原书作于公元100～121年，现已失落，但其中大量内容被汉朝以后的其他书籍引用，并有北宋徐铉于雍熙三年（986年）校订完成的版本（称为"大徐本"）流传至今，宋以后的说文研究著作多以此为蓝本。原文以小篆书写，逐字解释字体来源，全书共分540部首，收字9353个，另有"重文"即异体字1163个，共10516字。

《说文解字》总结了先秦、两汉文学的成果，给我们保存了汉字的形、音、义，是研究甲骨文、金文和古音、训诂不可缺少的桥梁。特别是《说文》对字义的解释一般保存了最古的含义，对理解古书上的词义更有帮助。书中关于秦汉时期全国各地方言的介绍使其成了解中国古方言的一本参考书籍。

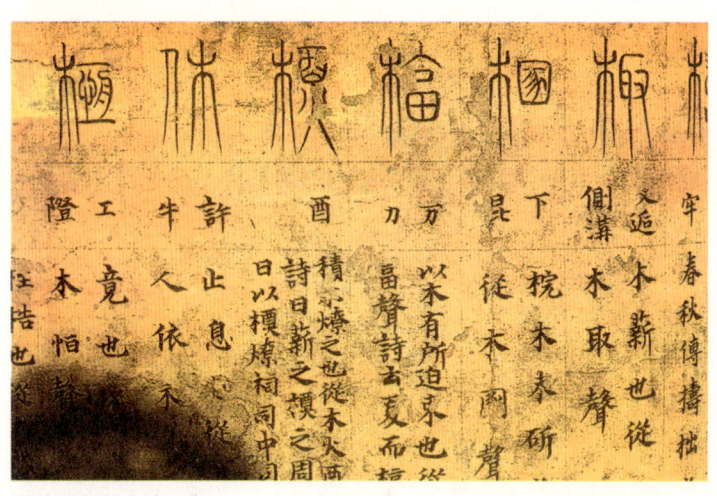

手抄说文解字帖　唐

此书保存了研究古代社会历史、文化等各方面的材料，是我们整理我国优秀的文化遗产的重要的阶梯。《说文》包括各种含义的字的解释，反映了古代的政治、经济、文化、风俗习惯，成为我们了解古代的一些历史情况和各种知识的一扇窗口。

《春秋繁露》

董仲舒（公元前179～前104年），广川（今河北景县）人，自幼博览群书，喜读先秦学说，特别是《公羊传》，世人称为"汉代孔子"。汉武帝时，他提出"罢黜百家，独尊儒术"，为汉武帝所采纳，使儒学在以后的2000多年封建社会中成为正统学说。《春秋繁露》是一本极力推崇儒家思想的哲学论著,可以看成是"罢黜百家,独尊儒术"的理论依据。书中以"春秋大一统"为主旨,推崇《公羊传》,将儒家思想和阴阳家思想结合起来,创建以"天人感应"为核心的神学化的儒学体系;认为人的身体、天性、命运都是上天安排好的,皇帝对国家的统治也是上天的旨意,即"君权神授"。另外,《春秋繁露》还将孔子神化、儒学神化,提出"三纲""性之品说"以及赤、黑、白三统循环的历史观。《春秋繁露》将儒家学说推为百家之首,使儒学思想在此后的两千多年里深入人心,为封建制度奠定了坚实的理论基础。《春秋繁露》实际上是对传统儒家学说的一种根本的歪曲,它是适应封建统治阶级需要的"儒家学说"。

《四书集注》

《四书集注》是元、明、清三代钦定的儒家经典,科举考试的标准。"四书"是《论语》《孟子》《大学》和《中庸》的合称。在我国古代,"四书"与"五经"并列,合称"四书五经"。"四书"的说法,起于南宋理学大师朱熹的《四书集注》一书。汉唐时代,经学流于琐屑,成为士人进入官场的敲门砖,不仅丧失了古经真义,也丧失了创新精神,进而为人们厌弃。北宋时期,为了对抗佛道,发扬儒学,程颐、程颢兄弟宣扬自己传承道统,直接继承孔孟"道统",吸收

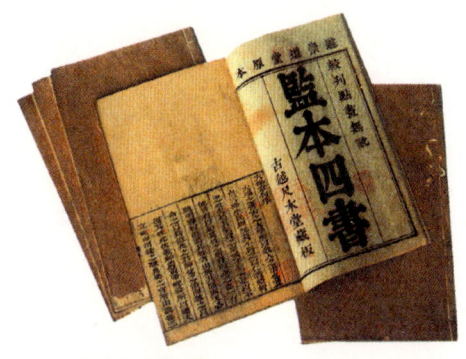

《监本四书》书影
朱熹为四书所作之注是封建社会对四书经义最权威的解释,科举考试都以朱熹的《四书集注》为准。

禅学与道学合理成分,创立理学。朱熹将理学发扬光大,成为集理学之大成的儒家大师,他把自己的思想灌入对"四书"的注释中。朱熹前后历40余年,著成《四书集注》。此书全称《四书章句集注》,又名《四子》。《大学》和《中庸》本是《礼记》中的文章,朱熹把它们分立出来,并将它们作为《四书集注》的头两篇。他认为这两篇文章是学习儒家道德的"入门法则",必须先对其进行学习。朱熹的注释一洗前代的空疏、神秘和附会,以简练平易的风格,注入理学的全新理念,体现出高度的理论性和价值的普适性,备受世人欢迎。到元仁宗时,把《四书集注》钦定为科举考试的标准,明清两代继承不移。故而,《四书集注》成为宋朝到清朝600多年间读者最多的儒家经典。

《皇清经解》

《皇清经解》,又名《学海堂经解》,是清朝高级官员、学者阮元主编的一部大型经学丛书。阮元(1764~1849年),字伯元,江苏仪征人。阮元于乾隆五十四年

（1789年）高中进士，此后在中央历任户、礼、兵、工等部侍郎，外放两湖、两广、云贵总督等职，为封疆大吏，最后官至体仁阁大学士。阮元博览群书，学识渊博，重视考据，精于经学，喜欢奖掖后进。在两广总督任上，拨付资金，启动创设学海堂，广聘学者前来任教，并启动经学丛书的选编与刊印。

　　清代是我国经学发展的"复盛时代"，名家辈出，且多有名著行世。阮元、夏修恕、阮福等人收罗清代杰出学者顾炎武、阎若璩、戴震、段玉裁、焦循等73家183种著作，汇编校勘成书，名曰《清经解》（即《皇清经解》）。从道光五年（1825年）八月开始，至道光九年（1829年）九月，将全书1400卷刻印完毕。此书集清代经学研究之大成，是对乾嘉之学的一次全面总结。《皇清经解》体例大体依作者先后为序。后来，著名学者王先谦沿用原书依例，增补嘉庆以后学者111人，209部著作，刻成《续清经解》，此书又称《皇清经解续编》。正续《经解》共收入清代学者160余人的400多种经学著作，全面反映了清代的学术成果，是中国传统文化的重要宝藏。

史 部

三通四史

　　三通指的是《通典》《通志》和《文献通考》，四史是《史记》《汉书》《后汉书》《三国志》4部史书的合称。三通四史是我国史学的典范，是历史著作中的代表作。

　　《通典》是我国第一部典章制度通史，唐朝杜佑撰。它讲述了历代典章制度的沿革变迁，上起黄帝，下到唐玄宗天宝末年。《通志》是宋朝郑樵所撰，它是继司马迁之后纪传体通史的续作，对封建时代史学的发展产生了重大影响。《文献通考》由宋元之际的马端临所撰，是记载历史典章制度的巨著，记事上起远古传说时代，下至南宋宁宗嘉定年间。

　　《史记》作者是西汉司马迁，记载了上自黄帝时代，下至汉武帝元狩元年（公元前128年）的历史，是我国第一部纪传体通史。《汉书》作者是东汉班固，记载了刘邦起义反秦，到王莽地皇四年（23年）的历史。《后汉书》作者是南朝宋范晔，是一部记载东汉历史的纪传体史书，记载了从汉光武帝到汉献帝共196年的史实。《三国志》由晋陈寿撰，南朝宋裴松之注，是一部记载魏蜀吴三国历史的纪传体史书。

二十四史

　　"二十四史"是乾隆皇帝钦定的24部纪传体正史的总称。这些史书记载了上起黄帝时代，下到明朝崇祯十七年（1644年）4000多年的历史。"二十四史"共3213卷，约4000万字，使用统一的本纪、列传的纪传体的形式编写。它们分别是：《史记》（西汉·司马迁）、《汉书》（东汉·班固）、《后汉书》（南朝宋·范晔）、《三国志》（西晋·陈寿）、《晋书》（唐·房玄龄等）、《宋书》（南朝梁·沈约）、《南齐书》（南朝梁·萧子显）、《梁书》（唐·姚思廉）、《陈书》（唐·姚思廉）、《魏书》（北齐·魏收）、《北齐书》（唐·李百药）、《周书》（唐·令狐德棻等）、《隋书》（唐·魏徵等）、《南史》（唐·李延寿）、《北史》（唐·李延寿）、《旧唐书》（后晋·刘昫等）、《新唐

序号	书名	作者	卷数	序号	书名	作者	卷数
1	史记	西汉·司马迁	130	14	南史	唐·李延寿	80
2	汉书	东汉·班固	100	15	北史	唐·李延寿	100
3	后汉书	南朝宋·范晔	120	16	旧唐书	后晋·刘昫等	200
4	三国志	西晋·陈寿	65	17	新唐书	宋·欧阳修、宋祁	225
5	晋书	唐·房玄龄等	130	18	旧五代史	宋·薛居正等	150
6	宋书	南朝梁·沈约	100	19	新五代史	宋·欧阳修	74
7	南齐书	南朝梁·萧子显	59	20	宋史	元·脱脱等	496
8	梁书	唐·姚思廉	56	21	辽史	元·脱脱等	116
9	陈书	唐·姚思廉	36	22	金史	元·脱脱等	135
10	魏书	北齐·魏收	114	23	元史	明·宋濂等	210
11	北齐书	唐·李百药	50	24	明史	清·张廷玉等	332
12	周书	唐·令狐德棻等	50	相关	新元史	民国·柯劭忞等	257
13	隋书	唐·魏徵等	85	相关	清史稿	民国·赵尔巽等	529

二十四史

书》(宋·欧阳修、宋祁)、《旧五代史》(宋·薛居正等)、《新五代史》(宋·欧阳修)、《宋史》(元·脱脱等)、《辽史》(元·脱脱等)、《金史》(元·脱脱等)、《元史》(明·宋濂等)和《明史》(清·张廷玉等)。这些史书勾勒出中国历史的主干,是中国古代史的权威读本。

《国语》

《国语》是先秦时代的古史,属于史书的"杂史"。该书的作者没有确切的记载,相传为春秋末年的鲁国史官左丘明所作。《国语》在记述历史的手法上,以时间为纵线,以并列的国家为横线,开创了我国用国别体记述历史的先河,是我国历史上最早采用国别体编写的史书。全书共21卷,分别为:《晋语》9卷、《周语》3卷、《鲁语》2卷、《楚语》2卷、《齐语》1卷、《郑语》1卷、《吴语》1卷和《越语》2卷,共计7万余字,所记历史自周穆王伐西戎开始,直到韩、赵、魏三家灭智伯结束。书中主要记载了西周末年及春秋时期西周与各国的史实,特别是对春秋时期的各国史实记载比较详细。《国语》一方面记载了当时各国的政治、军事及外交活动;另一方面记载了当时各国贵族的一些言论。

《国语》对后人研究春秋时期各国的历史有宝贵的价值,因该书可以和《左传》

互相参证,所以并称为"春秋外传"。

《战国策》

《战国策》,又名《国策》,此书是战国时期纵横家言论的汇编,是战国时期的谋士游说的活动记录。关于其作者,一直以来颇有争议,至今尚无定论。今人普遍认为该书非成于一时一人之手。《战国策》最后的整理工作是西汉刘向完成的,因为刘向认为书中内容主要是"战国时游士辅所用之国为之策谋",故取名《战国策》。《战国策》共33篇,其中,西、东周各1篇,秦5篇,齐6篇,楚、赵、魏各4篇,韩、燕各3篇,宋、卫合1篇,中山1篇。《战国策》全书的思想是肯定战国时期谋臣策士追求个人名利的利己主义人生观,以"士"的言论为主要内容。书中通过记载言论来塑造出一个个鲜活的人物形象。但《战国策》在记事时不注年月,缺少完整的结构,记言记事时也缺乏严谨,有时为了塑造某一人物形象或为加强语言的文采,有言过其实之处,甚至有虚构加工。《战国策》中记载的很多历史是其他史书没有记载或记载有误的,对于研究战国时期的历史具有宝贵的史料价值。

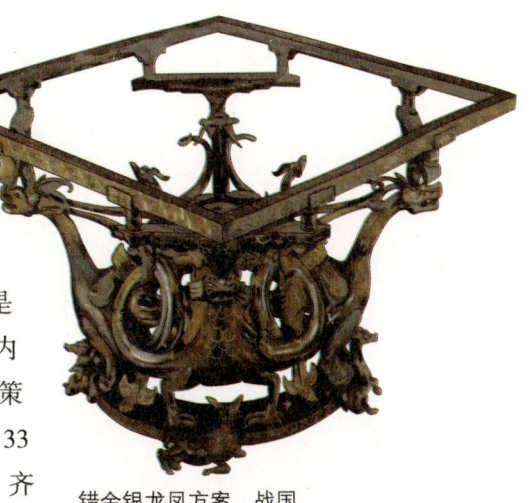

错金银龙凤方案　战国

《史记》

《史记》,又名《太史公书》,列"正史"之首,二十四史之一,中国第一部纪传体通史。其作者是西汉时期著名史学家、文学家司马迁。《史记》共130篇,含8书、10表、12本纪、30世家、70列传,共52万余字,记事上起黄帝,下至汉武帝年间,共计3000多年。《史记》以"究天人之际,通古今之变,成一家之言"为宗旨,所记载之人物众多庞杂,既有王侯将相,又有奇人义士及平民百姓;既有中原地区的人物,又有边疆少数民族的人物。《史记》不仅是一部不朽的史学巨著,也是一部杰出的文学著作。《史记》将史学与文学结合起来,语言生动,情节引人入胜,塑造人物形象鲜明,具有很高的文学价值。《史记》在我国历史上有着极其重要的地位,书中所载史实大都翔实可靠,对我们研究汉代及其以前的历史具有很高的价值。同时,它开创了我国采用纪传体手法记载历史的先河,又将史学和文学很好地结合起来,为后

《史记》的语言特点

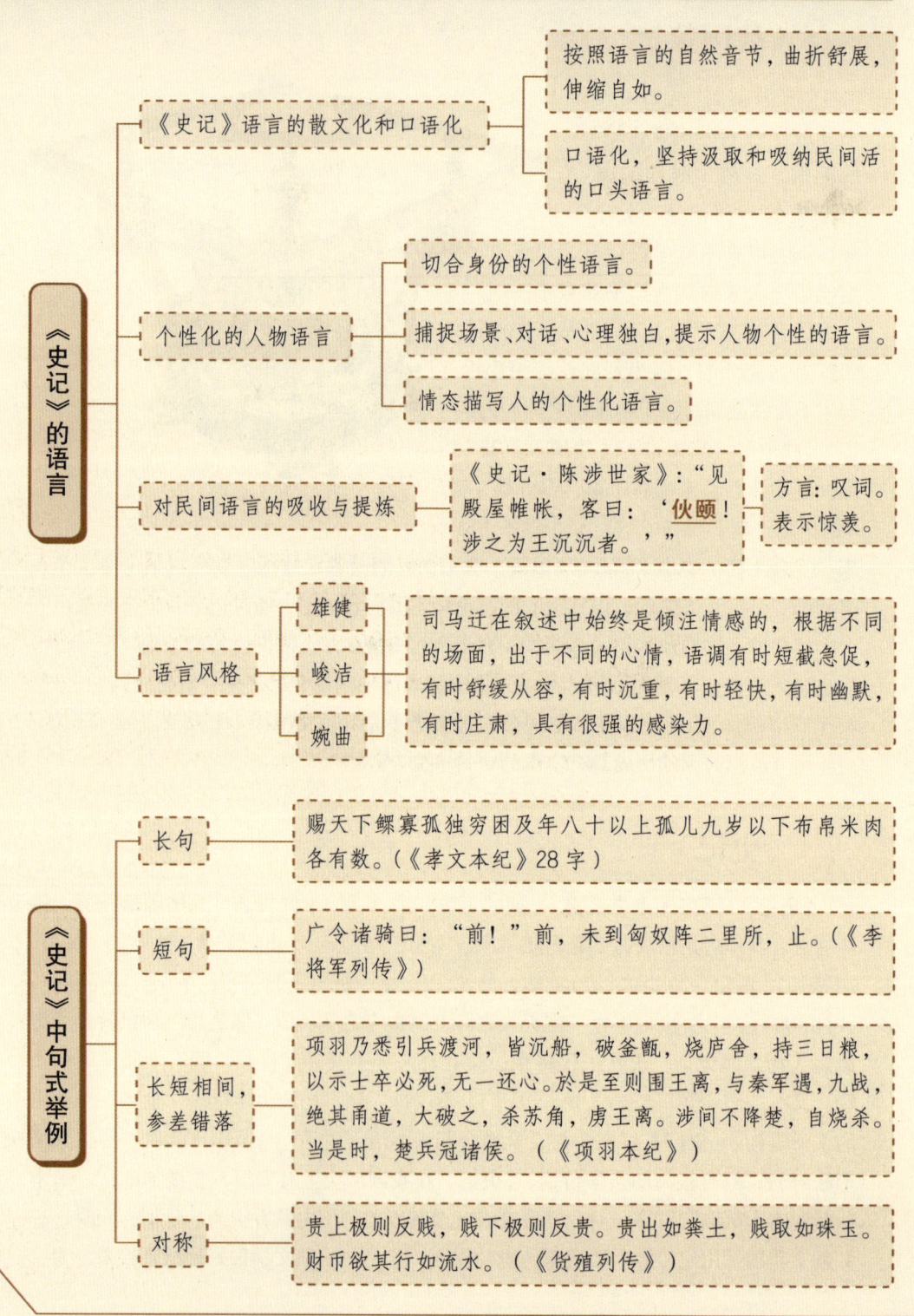

《史记》的五体结构

《史记》的五体构成

本纪：序帝王：以主宰天下政局的帝王为纲，以编年的形式，提纲挈领地记载各个时期的国家大事。

世家：记侯国：主要叙述侯王和有特殊功勋人物的历史。

列传：志人物：主要是各种不同类型、不同阶层代表性历史人物的传记。

表：系时事：以谱牒形式，用清晰简明的表格，概括排列各个历史时期的大事。

书：详制度：专门记述礼乐、军事、历法、天文、祭祀、水利、经济等社会政治制度。

项羽堪称中国最强的武将之一。

陈胜吴广起义，是秦末农民战争的一部分，沉重打击了秦朝。

五体篇数及序列义例

《本纪》十二，象岁十二月也。

《世家》三十，象一月三十日，以记世禄之家辅弼股肱之臣忠孝得失也。

《列传》七十，象一行七十二日，以记王侯将相英贤略立功名于天下，可序列也。

《表》十，象天之刚柔十日，以记封建三代终始也。

《书》八，象一岁八节，以记天地日月山川礼乐也。

五体篇数与岁时联系，象征历史的无尽运行，意思是说司马迁是把古今人物编织在五行运动的历史哲学体系中进行论述。

联络五体的互见法

互见法详此略彼，叙述史事条理分明，避免重复。

互见法集中史事，使历史事件的叙述首尾呼应。

互见法正名实，于回护之中不失历史之真。

互见法是司马迁为适应纪传五体的需要而创造的叙事方法，它的基本精神是将一人事迹、一件史事，分散在数篇之中参错互见，彼此相补，互文相足。

代史书的撰写奠定了基础，鲁迅赞之为"史家之绝唱，无韵之离骚"。

《汉书》

《汉书》是我国第一部纪传体断代史，二十四史之一。作者班固（32～92年），字孟坚，扶风安陵（今陕西咸阳东北）人，东汉著名史学家、文学家。

《汉书》共100篇，120卷，包括12帝纪、8表、10志以及70传，其体例与《史记》基本相同，只是将"书"改为"志"，取消了"世家"，将"列传"改为"传"，所记历史自汉高祖元年（公元前206年）开始，直到王莽被诛结束，共计230年。该书记事系统详细，以为汉家王朝歌功颂德为基本出发点，以儒家思想作为标准来评价历史人物。书中所记汉初至武帝中期的历史，基本取自《史记》，只是稍加改动，而记武帝之后至东汉以前的历史则为班固新作。班固死时，全书并未真正

班固像

完成，书中的部分表以及"天文志"是由班固的妹妹班昭补撰的。《汉书》在我国史学和文学史上都占有极其重要的地位。书中虽有明显的倾儒和颂德，但依然是我们研究西汉历史的重要资料。《汉书》还开创了用纪传体来写断代史的先例，对后人撰写历史影响颇深。

《后汉书》

《后汉书》纪传体史书，东汉断代史，二十四史之一。作者范晔（398～445年），字蔚宗，南朝宋时期史学家，顺阳（今河南淅川）人，出身官僚世家，分别在东晋和南朝宋做官。后来，范晔因政治不得志，转而撰写史书。445年，因政治原因被杀，今仅存所著《后汉书》。

此书所记之事自汉光武帝建武元年（25年）开始，直到汉献帝建安二十五年（220年）结束，共计196年。全书共有90卷，其中，本纪10卷，列传80卷。因范晔在编写出书的过程中被杀，因此，他所写的"志"未能收入《后汉书》。我们今天看到的《后汉书》加入了司马彪所撰的《续汉书》的8志，分为30卷，故今本为120卷。《后汉书》在"传"上，首创了《党锢》《宦者》《逸民》《方术》《文苑》《独行》以及《列女》7传，符合东汉时期的历史特点。《后汉书》在我国史学界有着极高的地位，对我国研究东汉时期的历史具有很高的参考价值。

《三国志》

《三国志》是一部纪传体国别史书，二十四史之一。作者陈寿（233～297年），字承祚，巴西安汉（今四川南充）人，蜀灭后，入晋为官。《三国志》以曹魏为正统，记载三国时期魏、蜀、吴三国的历史。在陈寿以前，虽然有写三国历史的，但大都只是局限于写某一国。而陈寿打破了这种局面，以三国形成的历史期限作为断史的依据，所记历史自东汉灵帝光和末年（184年）开始，直到西晋武帝太康元年（280年）结束，共计约97年。全书共65卷，其中《魏志》30卷、《蜀志》15卷、《吴志》20卷。在记载魏、蜀、吴三国时，该书所采用的

刘备塑像

风格各不相同。其中，《魏志》记载较详细；《蜀志》虽简明，但所记之事较多，并且叙述得体；《吴志》则比前两个差一些。《三国志》在叙事手法上以"简明扼要"为主，体例只采用纪传，这两点使《三国志》在文学性和体例完整性上存有缺陷。《三国志》所记载之史料较为翔实可靠，是研究三国历史的重要文献。

《晋书》

《晋书》是一部唐代官修的纪传体晋代史，二十四史之一。旧题为唐太宗御撰，实际上是唐太宗钦命，房玄龄等人共同编写的。《晋书》包括帝纪10卷、志20卷、

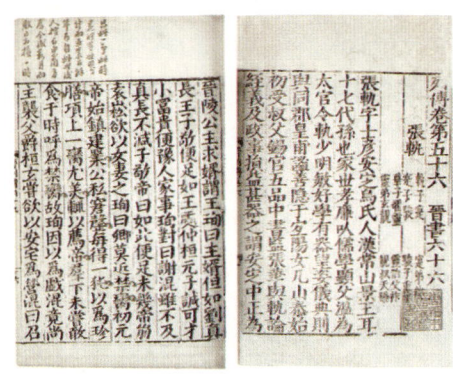

《晋书》（元末刊本）书影
《晋书》为唐代官修正史，记述了西晋和东晋的历史。此为元代末年刊刻的《晋书》。

载记30卷、列传70卷，共计130卷。书中所记历史自西晋武帝泰始元年（265年）开始，直到东晋恭帝元熙二年（420年）结束，共计156年。《晋书》中的10卷帝纪中所记的人物包括晋建立前的司马懿、司马昭和司马师，共记18人；20卷志共分10类，分别是《天文志》《地理志》《乐志》《礼志》《历律志》《刑法志》《职官志》《五行志》《舆服志》《食货志》；70列传中共收录了772人，增加了《叛逆》《忠义》《孝友》3类；30卷载记则是《晋书》首创，用于记载晋时期的

五胡十六国。《晋书》所记载的史实具有很高的价值，是我们研究魏晋历史的重要历史著作。

《宋书》

《宋书》是一部纪传体南朝宋史，二十四史之一。作者沈约（441～513年），字休文，吴兴武康（今浙江德清）人，南朝著名文学家、史学家。《宋书》所述历史，自宋武帝永初元年（420年）起，直到宋顺帝升明三年（479年）结束，共计60余年。全书共100卷，分为"本纪""志""列传"。其中，帝王本纪10卷，记载了南朝刘宋的8个皇帝；志为30卷，卷首附有"序"1篇，余下则包括《律历志》《百官志》《州郡志》《乐志》《符瑞志》和《礼志》等；列传则为60卷。《宋史》首列了《恩幸传》和《索虏传》，且在"传"的写作手法上，采用了将没有"传"的人放在有"传"之人中叙述出来的手法，具有开创性。但书中也有一定的不足，比如"志"的部分缺少刑法和食货两志，很多地方有对刘宋王朝讳忌溢美之处，使某些记载失实。《宋书》保存了很多珍贵的史料，是我们研究南北朝时期的重要历史依据。

《南齐书》

《南齐书》是一部纪传体南朝齐国史，二十四史之一。作者萧子显（487～537年），字景阳，南朝梁时期王公贵族，齐高帝之孙，豫章王之子。齐灭后，萧子显入梁为史官，著有多部史书。

《南齐书》今存本为59卷。《南齐书》记载了从齐高帝萧道成建齐，至齐和帝萧宝融被废这24年的短暂的南朝齐国史。全书共记载了齐政权的7个统治者，分8卷，又含"志"11卷。同时，书中设有《文学传》，共收录文学家10人。《南齐书》中对历史的记载基本上客观真实，但由于萧子显是南朝齐政权的贵族后裔，因此在记述历史时难免会融入个人感情色彩，有时为了美化齐政权的统治者，甚至有歪曲历史的失真之处。另外，《南齐书》中还大肆宣扬因果报应、宿命论等唯心主义思想，其中夹杂了对佛教思想的宣传。《南齐书》是最早记载有关南齐历史的史书，因其成书年代距南齐时期非常近，所以成为后人研究南齐历史的主要依据。

《梁书》

《梁书》是一本纪传体南朝梁史，二十四史之一。作者姚思廉（557～637年），本名简，思廉是他的字，吴兴武康（今浙江德清）人。其父姚察曾任梁、陈、隋三朝官员。《梁书》是姚思廉在贞观年间奉唐太宗之命，在他父亲所撰写的梁陈史书的基础上编撰而成的。

书中包括本纪6卷,列传50卷,共56卷,所记历史自南朝梁建立(502年)开始,直到梁灭亡(557年)结束,共计56年。本纪6卷中共记载了南朝梁的4位皇帝,其中梁武帝3卷,其他三帝每帝各1卷。列传50卷分《皇后传》《太子传》《诸王传》《大臣传》《良吏传》《止足传》《儒林传》《文学传》《处士传》《孝行传》《诸夷传》《侯景传》共计12类,其中《止足传》是《梁书》首创的。另外,《梁书》中的《文学传》有2卷,包括了24位南朝梁时期的文人。《梁书》文字简洁朴素,力戒追求辞藻的华丽与浮泛,在南朝诸史中是比较优秀的。

《陈书》

《陈书》是一本纪传体南朝陈史书,是二十四史中卷数最少的一部史书。《陈书》是姚思廉继承其父姚察的遗志,奉唐太宗之命编写而成的。《陈书》的内容主要是取自姚察所写南朝陈史的资料,也融汇了他人所写的史料。《陈书》中包括本纪6卷、列传30卷,共36卷,所记历史自南朝陈霸先建陈(557年)开始,直到隋灭陈(589年)结束,共计33年。其中,6卷本纪中共记载了南朝陈的5位皇帝,其中陈武帝2卷,其他4帝则是每帝各1卷;30卷列传分为《王子传》《皇后传》《宗室传》《诸臣传》《儒林传》《文学传》《孝行传》,共计7类。《陈书》比较翔实地记载了有关南朝陈的历史,但是,书中也存在很多避讳和溢美的言辞,使很多有关历史的记载存在失实之处。《陈书》一书由于内容存在为统治阶级歌功颂德的地方,因此史学界历来对它的评价不高。

历代帝王图卷·陈后主像 唐 阎立本
陈后主承父祖之业,割据江南,内惑于张孔二贵妃,外惑于群小,以至国破家灭,身为臣虏,入隋后贪求爵禄,是以隋文帝叹曰:"陈叔宝全无心肝!"

《魏书》

《魏书》,纪传体史书,北魏断代史。作者魏收(506~572年),字伯起,北齐钜鹿下曲阳(今河北平乡)人,少能文,才华卓著,先后在北魏、东魏、北齐三朝担任官职。因在北魏、东魏所任官职与文书历史有关,所以,北齐王朝命他撰写魏史。《魏书》记载了4世纪末~6世纪中叶北魏王朝100多年的历史。全书共124卷,其中本纪12卷,列传92卷,志20卷。《魏书》记述了北魏拓跋氏兴起的历程,是我国历代"正史"中第一部专记少数民族政权史事的著作,具有开创意义。《魏书》还新增了《官氏志》《释老志》两篇,说明作者在自觉地反映历史的时代特点。后人评价此书说,"追踪班马,婉而有则,繁而不芜,持论序言,钩沉致远",这是比较中肯的。

《北齐书》

《北齐书》,二十四史之一,是一部纪传体北朝齐史,原名《齐书》,后为了和萧子显的《南齐书》区别开,改名《北齐书》。作者李百药(565~648年),字重规,定州安平(今河北深州市)人。其父李德林曾任齐、周、隋三朝官员。《北齐书》是李百药在贞观元年(627年)奉唐太宗之命,在他父亲所撰写的北齐史的基础上编撰而成的。

全书包括帝本纪8卷、列传42卷,共计50卷,所记历史自北魏分裂为东西魏(534年),高洋操纵北魏政权开始,直到高氏政权被北周所灭(577年)结束,共计44年。《北齐书》在记事上比较尊重史实,书中记载了大量反映北齐政权黑暗统治的史实。另外,书中还对当时的科学技术水平有很多的记载。但是,《北齐书》贯彻了封建正统迷信思想,在写每位皇帝时都要写一些所谓的征兆,希望以此来为封建统治寻找根据。

鲜卑山
位于今内蒙古自治区呼伦春自治旗阿里镇西北约10公里处的嫩江支流甘河北岸,山上有北魏拓跋鲜卑祖先所居石室——嘎仙洞。

《周书》

《周书》,纪传体史书,北周断代史,二十四史之一。作者令狐德棻(583~666年),宜州华原(今陕西铜川耀州区)人,唐朝初期史学第一人。唐贞观三年(629年),他奉唐太宗之命编写五朝史,并和岑文本、崔仁师一起负责《周史》的撰写,唐贞观十年(636年)成书。《周书》包括本纪8卷、列传42卷,共计50卷。书中所记历史起于西魏文帝大统元年（535年），到隋文帝杨坚灭周建立隋朝（581年）结束，共计47年。《周书》本来应该是记载"北周历史"，但因为早在西魏时期，作为北周政权奠基人的宇文泰就已经操纵了西魏政权，因此，《周书》记事从西魏时期开始，并为宇文泰写了"纪"。书中有蔑视农民起义，为唐初的"功臣"歌功颂德之处。《周书》所记历史比较翔实，补充了其他史书的不足，是后世研究北周史的重要文献。

《南史》

《南史》是一部纪传体南朝史，二十四史之一，由李延寿继承其父李大师遗志而撰写，该书和《北史》一起于659年完成。全书包括本纪10卷，列传70卷，共计80卷，记载了南朝的4个政权（宋、齐、梁、陈）的兴亡史，共计170年。《南史》的10本纪包括宋本纪3卷、齐本纪2卷、梁本纪3卷、陈本纪2卷。《南史》一书的撰写材料，一部分是来自李延寿父亲所写的南朝历史稿件；另一部分则来自当时已成书的《宋书》《南齐书》《梁书》《陈书》。但是，《南史》在编写的过程中，李延寿打破了前四书"各自为政"的局面，将四朝历史融汇一起，合称"南朝史"。在记载人物时，《南史》突出门阀士族地位，采用家传形式。另外，由于《南史》成书于唐朝，因此书中的避讳和溢美之词与前四史比较起来要少得多。《南史》中很多史料对《宋书》《南齐书》《梁书》《陈书》中记载的不足和失实有补充订正的作用。

《北史》

《北史》，二十四史之一，是一部纪传体北朝史。作者李延寿，字遐龄，唐朝初年相州（今河南安阳）人。李延寿继承其父遗志，于贞观十七年（643年）开始写史，奋笔疾书16年，终于在唐显庆四年（659年）完成《南史》《北史》两部著作。《北史》包括本纪12卷，列传88卷，共计100卷，所记历史自北魏道武帝建立政权开始（386年），直到隋恭帝义宁二年（618年）结束，共计233年。书中主要记载了北魏、东魏、西魏、北齐、北周、隋这几个朝代的兴衰。《北史》的12卷本纪包括：魏本纪5卷、齐本纪3卷、周本纪2卷、隋本纪2卷。另外，在记载北魏分裂后的历史时，尊东魏为正统，对西魏历史记载很少。《北史》的很多史料印证和补充了《魏书》《北齐书》《周书》《隋书》的不足，具有很大的价值。

《南史》和《北史》打破朝代限制，全景式地展现南北朝的历史，叙事简明精当，规避了《魏书》等断代史的繁芜，深受后世读者喜爱；再加上李延寿博采杂史，文笔生动，故而具有极强的可读性。宋史学大家司马光曾评价《南史》《北史》，誉为"近世之佳史"。

《隋书》

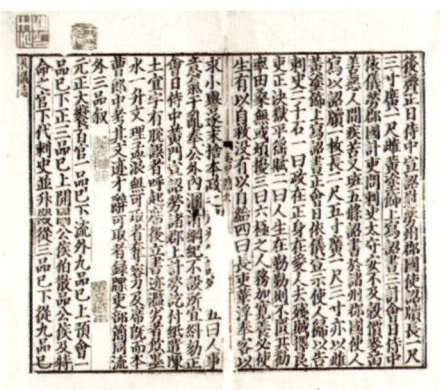

《隋书》宋刻本书影
隋朝是一个承前启后的封建王朝，在政策制度上多有创新，对后世影响很大，对此《隋书》都进行了详细辑录。

《隋书》为纪传体史书，隋朝断代史，二十四史之一。此书旧题为魏徵所撰，实际上是合众人之手共同编写。因此，此书为中国第一部官修的出自史馆的史书。《隋书》初成时包括本纪5卷、志50卷，共为55卷。后来唐太宗令长孙无忌、于志宁等编撰《五代史志》，成书后将它收入《隋书》，成为"隋志"，共计30卷。所以，《隋书》实际上是85卷。《隋书》所记历史自隋文帝开皇元年（581年）开始，直到隋恭帝义宁二年（618年）结束，共计38年。《隋书》贯串了以史为鉴的思想，编撰的目的就是让唐的统治者借鉴隋灭亡的原因，从而巩固唐的统治，因此书中着重论述了隋朝两代皇帝的功过得失，尤其重于隋炀帝的荒淫无道。与其他同类史书相比，《隋书》较少隐讳，叙事真实可靠。

《隋书》史志部分分10类30卷，分别为《律历志》《天文志》《地理志》《百官志》《刑法志》《仪礼志》《音乐志》《经籍志》《食货志》《五行志》。它保存了南北朝以来大量的典章制度，为后人研究隋代以及前几朝的政治、经济、文化制度保留了丰富的资料。其中的《经籍志》是继《汉书·艺文志》之后对我国古代书籍和学术史进行归纳总结后的一部十分重要的书，是了解唐朝以前典籍的必读目录。它将各类书籍标出经、史、子、集四大类，为我国以后的四部图书分类奠定了基础，是对中国文化的重要贡献，为后世遵用上千年。

《旧唐书》

《旧唐书》是一部纪传体唐史，二十四史之一。《旧唐书》是五代后晋的官修史书，因为它是由当时的宰相刘昫监修编纂的，所以旧时题为刘昫撰。《旧唐书》中包括本纪20卷、列传150卷、志30卷，共200卷，所记历史自唐高祖武德元年（618年）开始，直到唐哀帝天祐四年（907年）结束，共计290年。《旧唐书》初成书时题名为《唐书》，但自北宋欧阳修等编写的《唐书》问世后，就在原书的名字前加上"旧"字，以示区别。

《旧唐书》开始编写的时间因为距离唐王朝的灭亡很近，所以在搜集史料时比较方便。该书所引的资料基本是抄录唐时的文献，特别是以《国史》为主，因此在史料的可靠丰富方面，有着不可替代的价值。在记事上，《旧唐书》有着明显的特点：因为唐前期的史料比较丰富，所以对唐前期历史的记载比较详细，而唐后期历史记载则较简略。《旧唐书》出自乱世，编者众多，编写时间短暂，因而漏缺粗率之处颇多。同时，该书转抄的痕迹十分明显，烦琐芜杂，甚至还有某些人物同时并列两传的现象。

《新唐书》

《新唐书》是一部纪传体唐史，二十四史之一，原名《唐书》。因为在它成书以前，已有五代后晋时期所修的《旧唐书》，所以称为《新唐书》，用来和《旧唐书》相区别。《新唐书》的编写起因，是宋仁宗觉得《旧唐书》有很多不足之处，需要重新修订一本翔实的唐朝史书，于是下诏，命欧阳修、宋祁重修唐史。此书自宋仁宗庆历四年（1044年）开始撰写，直到嘉祐五年（1060年），历时17年完成。《新唐书》全书共225卷，包括本纪10卷、志50卷、表15卷、列传150卷，是宋代以前，体例最完备的正史。其中，本纪、志、表是由欧阳修撰写的；列传是由宋祁撰写的。书中的资料以《旧唐书》为底本，同时也吸收了很多其他史料。在体例上，《新唐书》同以前的史书相比较有所创新：在"志"中，首创了《兵志》《仪卫志》和《选举志》。但《新唐书》中也存在一些缺点，比如在记载历史事件发生的时间时有模糊之处。

欧阳修像
欧阳修参与编撰了《新唐书》。

《旧五代史》

《旧五代史》，二十四史之一，原名《梁唐晋汉周书》，后称《五代史》，是一部纪传体五代史。《旧五代史》为官修的五代历史，后欧阳修所编《新五代史》问世，为加以区别，改名为《旧五代史》。

《旧五代史》从宋太祖开宝六年（973年）开始编写，第二年即告完成。当时，宰相薛居正奉命监修，因此题名为薛居正所编。全书共150卷，记载了五代时期后梁至后周年间的50多年历史。该书的编写目的就是为了总结五代时期各个政权"短命"的原因，从而为宋朝统治者提供借鉴。《旧五代史》中包括本纪61卷、列传77卷、志12卷，其中《梁书》24卷、《唐书》50卷、《晋书》24卷、《汉书》11卷、《周书》22卷、《世袭列传》2卷、《僭伪列传》3卷、《外国列传》2卷以及《志》12卷。《旧五代史》一书保留了很多珍贵史料，尤其是它所引用五代时的历史文献今基本都已散佚，因此其文献价值更为突出。

《新五代史》

《新五代史》是一部纪传体五代史，二十四史之一，由北宋大文豪欧阳修所撰。此书是宋代以后唯一一部私家撰写的正史。这部书撰成之时名为《五代史记》，但为了和以前的官修《旧五代史》相区别，故名曰《新五代史》。《新五代史》中包括本纪12卷，列传45卷，考3卷，世家10卷，世家年谱1卷，四夷附录3卷，共74卷。这部史书所载，起于后梁开平元年（907年），迄于后周显德七年（960年），共53年的历史。作为私家著史，《新五代史》有自己独到的方面，其一：仿效孔子，采用《春秋》笔法，于字里行间褒贬人物；其二，仿效司马迁，采用通史写法，并恢复了久已不用的"世家"，记述五代时期十国的历史。欧阳修注重借史传达自己的道德观念和历史观，目的是以乱世之史惩戒"乱臣贼子"。欧阳修在书中多有评论，并俱以"呜呼"开头，故此书有"呜呼传"之戏称。由于过度重视史书的批判教育功能，书中某些记载有失实之处，故史料价值不如《旧五代史》。

五代十国兴亡表

朝代和国名	创建人	存在的年代	灭于何朝
后梁	朱温	907–923	后唐
后唐	李存勖	923–936	后晋
后晋	石敬瑭	936–947	契丹
后汉	刘知远	947–950	后周
后周	郭威	951–960	宋
吴	杨行密	902–937	南唐
南唐	徐知诰	937–975	宋
吴越	钱镠	907–978	宋
楚	马殷	927–951	南唐
闽	王审知	909–945	南唐
南汉	刘䶮	917–971	宋
前蜀	王建	907–925	后唐
后蜀	孟知祥	934–965	宋
南平	高季兴	924–963	宋
北汉	刘旻	951–979	宋

《宋史》

《宋史》是元朝官修的一部纪传体宋朝史书，二十四史之一，也是二十四史中篇幅最多的一部书。它和《金史》《辽史》一样，也是早就拟定编修，也准备了较为充足的资料，但由于"正统之争"而始终未能进行，直到元顺帝至正三年（1343年），才开始编修。此书的编写由丞相脱脱主持，于元顺帝至正五年（1345年）编修完成，历时两年半。

全书共 496 卷，包括本纪 47 卷、志 162 卷、表 32 卷、列传 255 卷。书中所载，起于宋太祖建隆元年（960 年），终于南宋赵昺祥兴二年（1279 年），共计 320 年的历史。这部史书，包含北宋和南宋的全部历史。《宋史》篇幅浩繁，但成书时间很短，其中一个重要的原因就是宋朝政府十分重视对历史的编修，当时宋政府设立的编写史书的机构也非常完善，因此保留到元朝时的史料极其丰富。《宋史》在编修过程中，很多资料都是从宋朝的史料中原文摘取的。《宋史》因为成书时间短，因此显得比较粗糙，再加上文字水平较差，历来受到很多非议。但它对我们研究宋王朝的整个历史有着极其重要的史料价值。

《辽史》

《辽史》是元代官修的纪传体辽朝史，二十四史之一。它是二十四史中成书时间较短，也是缺陷比较明显的一部。此书由元顺帝时期的宰相脱脱主持编修，成书于元顺帝至正四年（1344 年）。《辽史》全书共 116 卷，包括帝本纪 30 卷、志 32 卷、表 8 卷、列传 45 卷，另附有《国语解》1 卷。全书记载了辽朝 200 多年的历史，在"志"中，《辽史》首创了《营卫志》。《辽史》在编写时，主要参考了辽耶律俨编写的《辽实录》以及金陈大任编写的《辽史》。在编写《辽史》的同时，《宋史》和《金史》也在进行同步编写，史料可以相互印证。

契丹人

在编写思想上，该书打破了以前史书中将一方尊为正统，另一方称为叛逆的"正统修史思想"，而采用让"三国各为正统"的写史方法，消除了"正统之争"。因为有关辽朝的历史文献流传至今的很少，所以，《辽史》对我们研究辽朝的历史有很重要的参考价值。

《金史》

《金史》是元朝官修的一部纪传体金朝史书，二十四史之一。早在元世祖时期该书就已开始拟定修撰，但由于"正统之争"而未能完成。后来脱脱打破"正统"观念，该书于元顺帝至正四年（1344 年）编修完成。

《金史》所记历史自女真族的兴起开始，直到金朝灭亡结束，共计 120 余年。全书共 135 卷，包括本纪 19 卷、志 39 卷、表 4 卷、列传 73 卷，书末另附有《金国语解》一篇。其中，"志"为14类，分别为天文、历、五行、河渠、地理、祭祀、礼乐、舆服、仪卫、选举、百官、兵、刑及食货等；"表"为2类，分别为宗室和交聘。《金史》在编写过程中所引用的史料大都直接取自金朝时期的各种历史文献，因此书中记载的历史较翔实可靠。同时，《金史》是元朝官修的3部史书中评价最好的一部，是我们研究金朝历史的必备文献。

《元史》

《元史》是一部纪传体元朝史书，二十四史之一。它是在明朝建立初期，明太祖朱元璋命宋濂、王祎等编著的。该书的编撰时间起于洪武元年（1368年），最终成书于洪武三年（1370年）。《元史》全书共210卷，其中本纪47卷，共记载了元朝14位皇帝；志58卷，分天文、历、五行、河渠、地理、祭祀、礼乐、舆服、选举、百官、兵、刑及食货，共13类；表8卷，分后妃、宗室世系、诸王、诸公主、三公、宰相，共6类；列传97卷，共收录人物1200多人。《元史》成书时间距离元朝灭亡的时间很短，因此书中所引用的写史资料很多都直接借鉴元朝流传下来的文献资料，因此保留了很多珍贵史料；同时，由于参加编写的史官都经历过元朝的统治，还有很多人曾在元朝为官，因此可以作为元朝历史的见证人。但是，由于朱元璋急于成书，再加上宋濂等人并非历史学家，所以《元史》错讹漏误颇多，或人物排列失时，或为一人立两传，不一而足。所以，此书虽有很高史料价值，但因其太过草率，故后人对此书多有修补。

宋濂像

《明史》

《明史》是清朝官修的一部纪传体明朝史，题为张廷玉所做，实际上是清朝史官合作。此书为二十四史的最后一部正史。《明史》自清顺治二年（1645年）开始编修，直到雍正十三年（1735年）才编纂完成，历时90多年，是二十四史中编修时间最长、用力最深，并且得到评价较好的一部史书。《明史》全书共332卷，其中包括本纪24卷、志75卷、表13卷、列传220卷，所记历史自明太祖洪武元年（1368年）开始，直到明崇祯十七年（1644年）结束，共计270多年。全书在编写上体例严谨、叙事简洁，而且根据明王朝的特点在记事上有所创新，比如增设了《阉党传》《土司传》《流贼传》等。《明史》最大的价值有两点：一是在取材上翔实谨慎；二是在对明朝人物评价上较客观公正。但是，书中也存在避讳清朝是少数民族而统治中原、蔑视农民起义等缺点。

《清史稿》

《清史稿》是一部纪传体清朝史书，是历代正史中篇幅最大的史书。它是1914年北洋政府召集赵尔巽等60余位当时文史专家共同编修的。1912年时初稿已成，但杂乱无序，后重订，于1927年刊印，但那时此书尚未完成修订，故仿《明史稿》先例，取名为《清史稿》。《清史稿》全书共529卷，书中所记，起于努尔哈赤开国（1616年），迄于溥仪颁布退位诏书（1912年），共计296年的历史。其中，本纪25卷、志135卷、表53卷、列传316卷。书中所采资料大都是出自清代官方文献，并主要参考了清代历朝的实录以及其他一些志、传等史料，保留了很多史料。但是，此书缺陷颇多，一是参与编纂的成员过多，对全书的资料也没有系统地

清太宗皇太极

进行整理，使资料杂乱无章；二是编纂者站在清王朝的立场上，历史观存在问题。虽然存在很多弊端，但《清史稿》具有珍贵的文献价值。

《竹书纪年》

《竹书纪年》是战国时期魏国编写的一部编年体史书，出自汲郡（今河南汲县西南）魏襄王墓。该书本名为《纪年》，因它是用竹简书写而成的，所以后人把它称为《竹书纪年》。

《竹书纪年》全书共13篇，记载了夏、商、西周、春秋时的晋国以及战国时的魏国的历史，按年编次。《竹书纪年》不以儒家的"仁义道德"为指导思想，大量记载古代"放杀"的历史，比如书中记载了启杀益、太甲杀伊尹等事件。此外，书中很多事件的记载也和其他史书的记载颇有出入。比如，书中记述，自周受命直到周穆王时应该是100年，而并不是周穆王100岁等。《竹书纪年》一书，以记载王室争权夺利的斗争为核心。《竹书纪年》因其写作的思想和所记内容与正统的儒家思想大相径庭，受到后世儒家贬斥，该书的学术地位日渐下降，甚至被称为"荒诞"之书。但是，现在的历史学家对《竹书纪年》仍十分重视。

《汉纪》

《汉纪》是由东汉荀悦所著,是我国古代第一部编年体断代史书,又称《前汉纪》,所记之事自秦二世元年(公元前209年)开始,直到王莽十五年(24年)结束,共计234年。《汉纪》全书共30卷,以记载西汉王朝各代帝王为主,包括高祖、惠帝、吕后、文帝、景帝、武帝、昭帝、宣帝、元帝、成帝、哀帝、平帝等。《汉纪》的撰写目的就是通过对历史的总结,以史为鉴,巩固封建统治。作者在《汉纪》中提出撰写史书应遵循5条原则,即达道义、彰法式、通古今、著功勋、表贤能。实际上,每一条原则都是在说,写史的目的就是为封建统治者服务。《汉纪》与《汉书》相比,叙事较简单,略显逊色,但由于《汉纪》符合当时统治者的需要,深受推崇,与《汉书》齐名。同时,由于《汉纪》中所记历史有些是《汉书》中所没有的,因此具有很高的史料价值。

《后汉纪》

汉明帝刘庄像

《后汉纪》是仿照荀悦所写的《汉纪》编写的一部编年体断代史。作者袁宏(328～376年),字彦伯,陈郡阳夏(今河南太康)人,东晋时期文学家、史学家。他善作诗赋,且文章华美,史称"一时文宗"。书中以名教思想为主线,以"夫史传之兴,所以通古今而等名教"为宗旨,记载了自新莽元凤四年(17年)绿林起义,直到建安二十五年(220年),共200余年的东汉兴衰史。书中共记载了世祖、明帝、章帝、和帝、殇帝、安帝、顺帝、冲帝、质帝、桓帝、灵帝、少帝、献帝13位东汉皇帝,最后以曹丕废汉献帝,刘备于蜀中自立为帝结束。《后汉纪》撰写的目的是要编写一部较《汉纪》简明,便于后人阅读了解的东汉断代史。在取材上,《后汉纪》超出了《汉纪》,以《汉书》为底本,搜罗各家资料编写而成。《后汉纪》在我国史学界有着极其重要的地位,特别是它严肃的写作态度、广泛的取材,对后世影响颇大。

《资治通鉴》

《资治通鉴》是我国古代史书中一部规模空前的编年体通史。作者司马光(1019～1086年),字君实,号迂叟,世称涑水先生,谥号文正,陕州夏县(今山西夏县)人,北宋著名史学家和杰出的政治家。《资治通鉴》共294卷,另有《目录》

《考异》各30卷，约300多万字。《资治通鉴》所记之事，自周威烈王二十三年（公元前403年）开始，直到后周显德六年（959年）结束，共记载了从战国到五代末年共计1362年的历史。《资治通鉴》书名的意思是"鉴于往事，有资治道"，其著书宗旨是"叙国家之兴衰，著生民之休戚，使观者自择其恶得失，以为劝诫"。

《资治通鉴》书影

也就是说该书的编撰目的是为封建统治者提供历史的借鉴。全书所选史料极其丰富，在编写过程中的治史态度也十分严谨，记述历史时文笔优美，可读性很强。更重要的是，《资治通鉴》在一定程度上对封建社会的黑暗统治给予了揭露。

《资治通鉴》在我国史学界和文学界有着很高的地位，问世后得到极高的评价，被认为是撰写历史不可不读的史书。同时，后人又有很多在它基础上撰写的"续"史。宋神宗曾评价它说："前代未尝有此书，过荀悦《汉纪》远矣。"

《续资治通鉴》

《续资治通鉴》，原名《宋元编年》，是一部纪传体史书，记载了宋、辽、金、元四代历史。作者毕沅，字襄蘅，又字秋帆，号灵岩山人，江苏镇洋（今太仓）人，曾历任清政府官吏，好治学，涉猎范围非常广，一生所著作品颇丰。

这部史书共220卷，纪事接《资治通鉴》，自宋太祖建隆元年（960年）开始，到元顺帝至正二十八年（1368年）结束，共记载了400多年的历史。先前已经有人为《资治通鉴》作"续"，但成就均不高。毕沅纠集门下学者，搜罗四库馆中所藏的资料，对前人所写的"续"进行了极大的补充。该书与以往的"续《资治通鉴》"相比有很大的区别：一是全书没有评论部分，只是对史实加以记载；二是全书对辽、金的历史也有较详细的记载。《续资治通鉴》在史学界虽无法和《资治通鉴》地位平平，但被后人看成唯一能做《通鉴》续的一部书，后人将两部书合并，称为《正续资治通鉴》。

《明实录》

《明实录》，又名《大明实录》《皇明实录》。《明实录》是一部明代官修的编年体历朝史书，书中所记自明太祖朱元璋起，到明熹宗朱由校结束，共计明朝15代皇帝的历史。

全书共13部，含2911卷，包括《太祖高皇帝实录》257卷、《太宗文皇帝实录》130卷、《仁宗昭皇帝实录》10卷、《宣宗章皇帝实录》115卷、《英宗睿皇帝实录》

明世宗像

361卷、《宪宗纯皇帝实录》293卷、《孝宗敬皇帝实录》224卷、《武宗毅皇帝实录》197卷、《世宗肃皇帝实录》566卷、《穆宗庄皇帝实录》70卷、《神宗显皇帝实录》596卷、《光宗贞皇帝实录》8卷、《熹宗皇帝实录》84卷。此外，书中将"建文实录"附于《太祖实录》中，"景泰实录"附于《英宗实录》中。《明实录》中存在着大量为明王朝统治者歌功颂德之词，有时甚至歪曲历史事实，但是，它对我们研究明王朝历史仍有很高的史料价值。

《清实录》

《清实录》是一部清代官修的编年体清朝历史，记载了自清太祖努尔哈赤起到清德宗（即光绪皇帝）共计11个清朝皇帝的历史。《清实录》全书分12部，共4363卷，其中包括《满洲实录》8卷、《太祖实录》10卷、《太宗实录》65卷、《世祖实录》144卷、《圣祖实录》300卷、《世宗实录》159卷、《高宗实录》1500卷、《仁宗实录》374卷、《宣宗实录》476卷、《文宗实录》356卷、《穆宗实录》374卷、《德宗实录》597卷。其中，《满洲实录》就是后金天聪年间修成的《太祖实录》，主要介绍满洲兴起以及努尔哈赤一生的功绩。该书和《明实录》有着同样的缺点，即在编写时对清朝皇帝存在大量的溢美之词，特别是《太祖实录》《太宗实录》和《世祖实录》，更是经过多次"校订重修"，存在很多失实之处。

《通鉴纪事本末》

《通鉴纪事本末》是我国第一部纪事本末体史书。作者袁枢（1131～1205年），字机仲，南宋建州建安（今福建建瓯）人，历任南宋官吏，为人刚直不阿，著有《通鉴纪事本末》《易学索引》《易传解义》《周易辩异》等。

这部纪事本末体史书，以北宋司马光编写的《资治通鉴》为基础，书中内容完全抄录《资治通鉴》，甚至对历史的评价都是直接摘抄司马光在《资治通鉴》中对历史的评价。该书的编写目的和《资治通鉴》一样，也是为统治者提供借鉴；书中所选事件的侧重点也是以政治军事类为主。但是，此书在编写体例上，完全不同于编年体、纪传体，而是采用了以记载历史事件为中心的新写法，开创了纪事本末的新体例。全书共42卷，所收《资治通鉴》中的历史事件239件，记载了自三家分晋开始，直到周世宗征淮南结束，共计1300多年的历史。《通鉴纪事本末》在我国史学界有着很高的地位，开创了"纪事本末体"的写史体例，被称为"史学入门之书"。

《唐会要》

《唐会要》是一部会要体唐代典章制度史,也是现存我国最早的会要体史书。作者王溥(922～982年),字齐物,并州祁县(今山西祁县境内)人,熟悉各种典章制度,曾在五代后汉、后周任官吏。入宋后,王溥任宰相,著有《唐会要》《五代会要》等。

《唐会要》实际上经历了3次编写。其中,最早的一次是在唐德宗时期,苏冕编写了40卷《会要》,后至唐宣宗时又编成40卷《续会要》。王溥的《唐会要》是在总结前两部书的基础上编写而成的。全书共100卷,分13类,514目。其中,13类分别为:帝系、礼、乐、刑、封建、官制、宫殿、舆服、佛道、释惑、历象、学校、四裔。书中主要是论述唐代的政治、经济、军事以及文化制度等的发展变化。《唐会要》对后世影响很大,书中保留了很多极具价值的唐史料,对我们研究唐的制度史有很高的参考价值。

唐代握笔文吏俑

《明会典》

《明会典》是一部明代官修的以行政法为主要内容的典章制度集。其成书非出自一时一人之手,共经3次编修。第一次为明孝宗弘治十年(1497年)开始,至弘治十五年(1505年)成书,当时称《大明会典》。明武宗正德四年(1509年)重校刊行,共180卷。第二次为明世宗嘉靖二十八年(1549年)修成的《续大明会典》。最后一次为明神宗万历四年(1576年)重修,历时11年,称《重修会典》,共228卷。今人多引万历年本。

《明会典》在论述各行政机构的职掌和事例时,以六部官制为纲领,主要参考了《皇明祖训》《大诰》《洪武礼制》《宪纲》《大明律》《大明令》《大明集礼》《稽古定式》《孝慈录》《礼仪定式》《教民榜文》《军法定律》等书编修而成,对后世研究明代的典章制度具有很高的文献价值。

《大清会典》

《大清会典》是清朝官修的一部典章制度史。该书并不是出自一人一时之手,初成书时间是康熙二十九年(1690年),后来又经雍正、乾隆、嘉庆、光绪四朝重修,最后一次于光绪二十五年(1899年)完成。《大清会典》,又名《钦定大清会典》《清会典》。全书共3312卷，在编纂体例上仿照《明会典》，以六部官制为统筹纲领，分别记载政府各个行政机构的职掌和事例。其中，总理事务衙门是书中增设的。《大清会典》与《明会典》最大的区别就在于它增设了"则例"。康熙、雍正时期所修《会典》均是将实行的事例附在法典条目之下的。而自乾隆开始，编修《会典》时则是将法典条目和事例分开，另设"则例"一目。此外，《大清会典》中还包括了用来说明礼、乐、天文等方面的图示，称为"会典图"。《大清会典》是我们研究清朝典章制度的重要资料，也有人称之为"清朝宪法"。

《山海经》

《山海经》是我国古代地理名著。关于其作者和成书时间，今已无可考。一般认为，该书非出自一时一人之手，初成书时约为战国时期。

《山海经》一书内容庞杂，涉及古代山川、物产、祭祀等多方面内容，可看作上古时代的百科全书。书中主要以记载各地地理为主，所记范围非常之广，涉及我国以及东亚和中亚等地区。今本《山海经》共18卷，含39篇。其中，《五藏山经》5卷，包括中、南、西、北、东经各1卷，含26篇；《海经》8卷包括海外南、西、北、东经各1卷，海内南、西、北、东经各1卷，含8篇；《大荒经》4卷，包括东、南、西、北经各1卷，含4篇；另有《海内经》1卷1篇。《山海经》中保留了大量的远古神话，是先秦古籍中保留神话最多的一部。《山海经》包罗万象，对各地的地理、历史、文化、风俗民情、神话、物产等都有记载，是研究我国地理的宝贵资料。书中有关各地矿产的记叙，是世界上最早的有关矿物和矿物学分类的地理文献。

《水经注》

《水经注》是一部综合性地理著作。作者郦道元（约466~527年），字善长。范阳涿鹿（今河北涿州）人，北魏时期著名地理学家、散文家。博览群书，爱好游览，曾任官吏。《水经注》是他参考大量地理资料，并结合实地调研写成的。全书共40卷，书名虽为对《水经》所作之注，实际上是自成一作。《水经》一书简要记载137条主要河流的水道情况，仅1万多字，记载简略，缺乏系统性。而《水经注》约30万字，书中不仅记述了1252条河流的发源地点、流经地区、支渠分布以及河道历史上的变迁等情况，还记载了水道流经各地的山陵、城郭、农田水利、土地物产乃至于风俗习惯。《水经注》对我们研究古代的河道地理

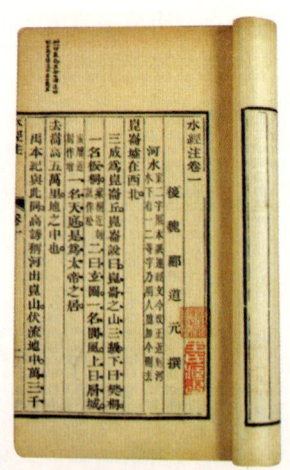

《水经注》书影

具有很高的文献价值，其山水散文的艺术成就对后世也有很大影响。

《大唐西域记》

《大唐西域记》，简称《西域记》，是玄奘根据自己的亲身经历编著的一部佛教游记著作。作者玄奘（602～664年），俗姓陈，名祎，洛州缑氏（今河南偃师县南缑氏镇）人，出生于官宦家庭，出家后法名玄奘。因玄奘的名气很大，所以人们又称他为"唐僧"，尊称为"三藏法师"。

那烂陀寺遗址

唐贞观元年（627年），玄奘为取"真经"，从长安出发，历时19年，经100多个国家，最后到达印度。回国后，经他自己口述，由辩机整理成《大唐西域记》。全书分12卷，共10万余字。书中记载的既有玄奘亲身经过的西域及天竺的110个国家，也有他听闻的28个国家，同时还有附带提及的12个国家。书中记载了玄奘在取经途中所见国家的都城、疆域、政治、历史、地理、语言、文化、物产、气候、宗教信仰以及风土人情等状况。《大唐西域记》在世界史学界有着很高的地位，是我们研究古代中亚及印度历史的重要史料。

《徐霞客游记》

《徐霞客游记》是一部地理学名著，作者徐霞客（1587～1641年），原名徐宏祖（本书弘祖，清代刻印《徐霞客游记》时，因避乾隆帝弘历讳，改"弘"为"宏"），字振之，别号为霞客，江阴（今江苏江阴）人，明代著名旅行家、地理学家。徐霞客自幼喜读古今地志，一生未入仕途，游历祖国大江南北。他被李约瑟称为"千古奇人"。

徐霞客根据30多年的实地考察，以自己的见闻编写了这部日记体游历记录。全书共计60余万字，所含内容十分丰富广泛：既有对山川河流渊源、地形地貌特征的考察，又有对岩石洞穴、奇峰瀑布的探索；既有对各种矿产、手工业、农业乃至城市建制、风土人情、民俗状况的记载，又有对各种动植物品种的比较。同时，书中还对当时处于边陲的我国西南少数民族地区的状况有所记载。全书在记写地理时，融入了作者强烈的爱国主义思想感情。《徐霞客游记》对后世影响很大，李约瑟评价道："他的游记读来并不像是17世纪的学者所写的东西，倒像是一部20世纪的野外勘察记录。"

《洛阳伽蓝记》

《洛阳伽蓝记》与《水经注》《齐民要术》并称为北魏时期3部杰作。作者杨衒之，生卒年不详，北平郡（今河北保定地区）人，精通佛教经学，北魏末期为奉朝请、秘书监，东魏时任期城郡太守、抚军府司马。因见战后洛阳由皇帝斥巨资所建之佛寺都残破不堪而有感，撰《洛阳伽蓝记》，记述北魏首都洛阳佛寺的兴衰与改革。全书按照地理次序分城内、城东、城南、城西、城北，共记载了北魏时期首都洛阳的40多所寺院，提供了关于北魏迁都洛阳40年间的佛教史料。另外，书中的《宋云、惠生使西域行记》《京师建制及郭外诸寺》两篇文章记载了宋云去天竺的情况以及印度地区的佛教情况。同时，《洛阳伽蓝记》从另一个侧面反映了当时的社会经济文化，对我们研究北魏历史有很高的史料价值，对于我们研究中印交通史也具有很高的文献价值。

造像　南北朝

《贞观政要》

《贞观政要》是一部有关唐太宗时期君臣议政内容的言论集。作者吴兢（670～749年），唐汴州浚仪（今河南开封）人。他年轻时就立志研究历史，武则天时开始担任史官，任职期间，曾撰写《则天实录》《睿宗实录》等史书，后因所修《则天实录》内容不为张说接受而被贬。晚年潜心著述，著有梁、齐、周史各10卷，陈史5卷及隋史20卷。

全书10卷40篇，8万余言，撰写时间在唐开元、天宝年间，这也是唐王朝由盛而衰的转变开始。吴兢看到当时的现状，想要向唐玄宗进谏，希望起到"亡羊补牢"的作用，于是写作此书，希望能给最高统治者以警示。《贞观政要》的内容虽是贞观年间唐太宗李世民与臣下魏徵、王珪、房玄龄、杜如晦等40余位大臣论政言论以及一些大臣的谏议和劝谏奏疏，但实际上是吴兢政治思想的体现。《贞观政要》被后世的政治家视为从政指南，同时它也是我们了解唐朝贞观年间历史的重要依据。

《史通》

《史通》是我国第一部史学评论专著。作者刘知几（661～721年），字子玄，唐徐州彭城（今江苏徐州）人。他自幼爱好文史，自武则天长安二年（702年）起，开始担任史官，中宗景龙二年（708年）辞去史官职务，私撰《史通》，以见其志。

全书共20卷，包括内篇39篇、外篇13篇。其中，内篇的《体统》《纰缪》《弛张》三篇今已失传，今本为49篇。《史通》是针对唐以前的写史所采用的主要体例——编年体和纪传体进行了总结，将采用这两种体例编写的史书称为"正史"，并对这两种体例的编写特点和得失进行评论。书中认为必须沿袭这两种体例，而以后写史的主要体例则是断代体。《史通》既论述了有关史书的体裁体例、史料采集、表述要点和作史原则，也论述了史官制度、史籍源流以及杂评史家得失。《史通》在我国史学界有着很高的地位，它具有划时代的意义，对后世史书的编写方式产生很大的影响，对我国历史学的发展有着不可估量的作用。

《通典》

《通典》是我国第一部典章制度通史。作者杜佑（735～812年），字君卿，唐京兆万年（今陕西西安）人，自唐天宝年间起入仕为官，是唐代著名的史学家、政治家。杜佑从30岁起开始编写此书，直到65岁才编成进献，历时35年。全书的编写以"实采群言，征诸人事，将施有政"为宗旨，记述唐天宝以前的历代经济、政治、礼法、兵刑等典章制度。全书共分9门，200卷，其中，食货典12卷、选举典6卷、职官典22卷、礼典100卷、乐典7卷、兵典15卷、刑法典8卷、州郡典14卷、边防典16卷。这部著作堪称古代典章制度的百科全书。在典章的记述上，有略于古而详于"今"的特点。《通典》中引用了大量的史料文献，对我们研究古代的典章制度有着极其重要的文献价值。

唐代彩绘文吏俑

《通志》

《通志》是继《史记》以后的又一部纪传体通史名著。作者郑樵（1104～1162年），字渔仲，南宋莆田人。郑樵博览群书，天文地理、经史子集无所不通，一生著作颇丰，达1000多卷，但流传下来的不多。

所谓"通志"，也就是通史的意思。在编写体例上，《通志》实际上是继承了《史记》，只是将《史记》中的"表"改为"谱""志"改为"略"。此书所记历史自上古时期开始，直到唐朝结束，但是具体断代又有所不同。书中包括本纪、世家、列传、二十略、四夷传、年谱、载记7大部分，共500多万字。《通志》中最精华的部分就是它的二十略，这二十略包括氏族略、六书略、七音略、天文略、地理略、都邑略、礼略、谥略、器服略、乐略、职官略、选举略、刑法略、食货略、艺文略、校雠略、金石略、图谱略、灾祥略、昆虫草木略。其中氏族略、校雠略、金石略、六书略、七音略、都邑略、图谱略、昆虫草木略等都是郑樵首创。对于这些创新，郑樵本人也很清楚，他在《通志·总序》中说：二十略中，礼、职官、选举、刑法、食货五略，"汉、唐诸儒所得而闻"，它们"虽本前人之典，亦非诸史之文"；其余十五略，则"汉、唐诸儒所不得而闻也"。郑樵打破了旧史传统，勇于创新，为历史编纂学做出了贡献。另外，《通志》还体现了他的著史思想，即推崇通史，反对采用断代手法写史。

《文献通考》

《文献通考》是上古到南宋时期的典章制度史。作者马端临（1245～？），字贵与，号竹洲，饶州乐平（今江西乐平）人，宋末元初杰出的史学家。《文献通考》是他历时20余年写成的。《文献通考》以《通典》为蓝本，并对它进行了补充和发展。全书共为348卷，分田赋、钱币、户口、职役、征榷、市籴、土贡、国用、选举、学校、职官、郊社、宗庙、王礼、乐、兵、刑、经籍、帝系、封建、象纬、物异、舆地、四裔，共24门，每门之下又分若干子目。其中，经籍、帝系、封建、象纬、物异是该书的首创。书中记载了自上古时期到宋宁宗期间的典章制度发展史，尤其是有关宋朝典章制度的记载更为翔实。书中还体现了作者把经济放在政治、文化之前的新的学术思想。在这部史书里，马端临采用文（文献网罗与考订）、献（前人的议论）、注（马端临的看法）相结合的手法著史，是历史学的独创。《文献通考》具有很高的文献价值。它补充了《宋史》中"志"的不足，是我们研究古代典章制度发展史的重要资料。故而，史学界将此书与杜佑的《通典》、郑樵的《通志》并称为"三通"。

《列女传》

《列女传》是古代妇女的传记。作者刘向（约公元前77～前6年），本名更生，字子政，沛（今江苏沛县）人，西汉著名学者，著有《别录》《说苑》《新序》等书。

列女仁智图卷（宋摹本） 东晋 顾恺之

《列女传》记载了自上古传说时代的有虞二妃开始，直到西汉时期的妇女。该书的撰写目的是为了讽谏当时汉成帝宠信赵飞燕姐妹而疏于朝政的情况。全书共分7卷，每卷记15人，共计105人。书中将所记妇女分为7类，分别为：母仪、贤明、仁智、贞顺、节义、辨通以及孽嬖，且每写一人，后面都附有"颂"，用来对人物进行赞扬评价。书中又有《续列女传》1卷，共计20人，但无"颂"。该书的主旨是在宣扬封建伦理道德纲常，除"孽嬖"外，其他6类都是封建伦理道德的坚决"执行者"。此外，该书也从另一个方面对我国古代妇女的生活风貌有所反映。《列女传》一书较之其他古代史籍传记影响较小，但是该书毕竟是在当时男尊女卑的社会环境中为妇女作传的，具有一定的进步意义。同时，该书也为后人写史设"妇女传"做了榜样，具有首创精神。

《蒙古秘史》

《蒙古秘史》是一部最早的有关我国蒙古族历史的史学著作，又名《脱卜赤颜》《元朝秘史》，成书于13世纪中叶的窝阔台时期。

《蒙古秘史》是一部采用畏兀儿体蒙文撰写的编年体蒙古史书。书中记载了自8世纪中叶蒙古的兴起开始，直到13世纪中叶蒙古大帝国形成结束，共计500多年的蒙古历史。全书共12章，分两部分，共282节。其中，前10章为一部分，共246节，记载了有关蒙古族起源和成吉思汗的一生事迹。书中对成吉思汗进行神化，说他统治蒙古是顺应"长生天"的意志，他所指挥的每次战争都是奉了"长生天"的旨意，反映了全书的唯心主义历史观。后两章为续集，共36节，记载了成吉思汗死后，其子窝阔台继承汗位以后的事件。此书较全面地反映了蒙古族早期的历史，是我们研究元朝初期以及蒙古帝国建立以前的历史的重要资料。

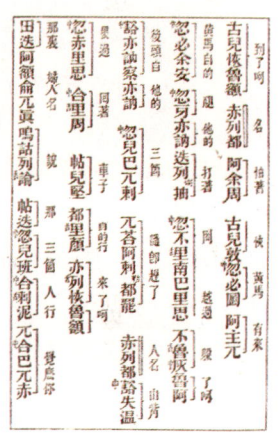

《蒙古秘史》书影
此为1908年刊行的《蒙古秘史》，左为汉字标音，右为汉字注解。

《东华录》

《东华录》是一部记载清朝前期历史的史书。作者蒋良骐（1723～1788年），字迁之、赢川，广西全州人，乾隆年间进士，博学多闻，多次任清朝官吏。乾隆三十六年（1771年），重开国史馆，蒋良骐入内供职，为纂修官。

该书的成书时间是在蒋良骐任国史馆纂修官期间，因当时的国史馆设立于京城东华门内，因此取名为"东华录"。全书共32卷，以《清实录》为参照，同时也采用了其他材料，所记历史始于后金的传说，结束于清雍正帝十三年（1735年）。该书最大的价值在于它保留了很多有关清朝前期历史的原始资料。特别值得一提的是，由于后来《清实录》被多次重修校订，很多历史事件大变容貌，而《东华录》则保留了很多未加修改的资料。全书在纪事上比较简单，后来有人仿照它的体例进行续作，但均无法超越它的水平与价值。

《大唐创业起居注》

《大唐创业起居注》是唐朝一部重要的起居注类史著。作者温大雅（约572～629年），字彦宏，并州祁（今山西祁县东南）人，曾在隋为官，李渊起兵反隋后，任大将军府记室参军，经历了李渊由起兵到称帝的整个过程。李世民即位后，温大雅受到重用，被封为黎国公。

全书共分3卷，所记之事自隋朝末年李渊在太原起兵开始，直至隋朝宇文化及发动政变，李渊称帝建立唐王朝结束，共计357天。温大雅所记史事，都是他亲身经历或是耳闻目睹的。同时，由于此书成于唐初期高祖年间，因此在撰写历史时避讳之处较少，比较真实可靠。特别是书中关于唐太宗李世民的历史记载，与后来的《旧唐书》和《新唐书》出入较大。但由于后两书成书于唐期以后，故不免对李世民多溢美之词，而《大唐创业起居注》中所记历史则比较公正客观。

唐高祖李渊像

《华阳国志》

《华阳国志》是一部历史学名著，作者常璩（约291～361年），字道将，蜀郡江原（今四川崇州市）人，曾在成汉李氏政权中任职，后来桓温灭李氏，常璩被拜为参军，于是来到建康。

《华阳国志》全书共为12卷，依次为《巴志》《汉中志》《蜀志》《南中志》《公孙述刘二牧（刘焉、刘璋）志》《刘先主志》《刘后主志》《大同（晋统一）志》《李特、雄、期、寿、势志》《后贤志》《先贤士女总赞》《序志并士女目录》。《华阳国志》以记载巴蜀地区的历史和地理为主要内容。在写作手法上，《华阳国志》将编年史、人物志以及地理志三者结合起来，记载了4世纪以前的以益州为中心的西南地区的历史地理状况，开创了后世撰写地方志的先河。《华阳国志》在我国有着重要的地位，书中记载的许多内容可对正史记载不足进行补充，是我们研究西南地区历史和地理的重要资料。

子 部

《老子》

《老子》，又名《道德经》，其作者相传是老子。老子原名李耳，字伯阳，楚国苦县（今河南鹿邑东）后乡曲仁里人，春秋时著名思想家、道家创始人。因为传说他"生而皓首"，故名老子。

全书共81章，5000多字，集中体现了老子的思想。在哲学上，《老子》认为"道"是世界的本原，提出"道生一，一生二，二生三，三生万物"的观点，认为世间万物都是由"道"演化出来的。《老子》中还含有朴素的辩证法思想，如"祸兮福之所倚，福兮祸之所伏""反者道一动""有无相生，难易相成"等观点。在政治上，老子一方面对统治阶级进行抨击，如书中提到"天之道损有余而补不足，人之道则不然，损不足而以奉有余"；另一方面，他主张清静无为、寡欲、知足，幻想人类回到"小国寡民"的原始状态。《老子》对中国的哲学产生了很大的影响，对后世的文人思想家及一些学派的思想发展也都有一定影响，特别是儒家学派。在中国哲学的发展史上，《老子》之后的唯物、唯心两派都从不同角度吸取了他的思想。

郭店楚简

郭店楚简于1993年在湖北省出土，共保存了先秦时期的儒家和道家典籍18篇。其中《老子》3篇，与今本《老子》存在一定差异。

《庄子》

《庄子》，古代著名的哲学著作。作者庄子，名周，宋国蒙（今河南商丘东北）人，战国时期著名的哲学家，道家学派代表人物。《庄子》今存33篇，分内、外、杂3部分，现今学术界普遍认为内篇为庄子所作，外篇、杂篇是其门人及其他道家学者所作。在对世界和事物的认识上，书中发展了老子的"道法自然"的思想，否定了神创论，认为凡事必须遵循事物自身的发展规律。同时，《庄子》还继承了老子的朴素辩证思想，但是由于它用相对性来否定绝对性，因此又得出了虚无主义和宿命论的唯心主义观点。在政治和学术观点上，《庄子》强烈抨击当时的统治阶级，同时也轻视当时的诸子百家，提出了"任自然"的处世观点，这种观点在当时的社会政治条件下有一定的积极作用。《庄子》一书的另一大特点就是"美"，书中大量运用诗和寓言来阐述庄子的思想，将抽象的哲学寓于生动的艺术形象中。《庄子》一书对后世哲学的发展产生了深远的影响。书中提及美的起源、本质及美感问题，为中国古代美学奠定了理论基础。鲁迅评价道："其文汪洋捭阖，仪态万方，晚周诸子之作，莫能先也。"

《管子》

《管子》一书托名为管仲所著，实为战国时期齐国稷下学者所写的著作总集，后经刘向编订为86篇。《管子》今本仅存76篇，其余的10篇仅存目录。全书共分8类，其中，"经言"9篇、"外言"8篇、"内言"7篇、"短语"17篇、"区言"5篇、"杂言"10篇、"管子解"4篇、"管子轻重"16篇。全书内容庞杂，其思想融合了法、道、名等家的思想，内容则涉及天文、历数、舆地、农业和经济等方面的知识。书中最精

《管子》书影

华的部分是提出了以"精气"为万物本原的朴素唯物主义精气说，认为天地万物并不是神创造出来的，而是由精气相互结合产生的。书中还提出了"顺天者，有其功；逆天者，有其凶"的朴素的关于物质与意识关系的唯物主义观。《管子》中的朴素唯物主义观对后世产生了深远的影响。它对中国唯物主义哲学的发展有着积极、深远、深刻的影响，对后来荀子和韩非子的唯物主义思想，乃至王充、柳宗元等的唯物思想都有很大的影响。

《墨子》

《墨子》是墨家门人记述墨子言行的书，反映了墨家的思想。墨子，名翟，鲁国（今山东西南部）人，春秋时期著名思想家、墨家学派的创始人，儒家学派的坚决反对者。《汉书·艺文志》著录《墨子》71篇，今存53篇。《墨子》中主要阐述了墨家学派以"兼爱""非攻"为思想核心的十大主张，包括"兼爱""非攻""尚贤""尚同""天志""明鬼""节用""节葬""非乐""非命"。《墨子》中还包含了墨家的认识

论、逻辑学及自然科学方面的思想。书中的认识论属于朴素唯物主义，强调"眼见为实"。在辩证逻辑方面，《墨子》广泛地用逻辑推理来论证自己的学派思想，在中国思想史上建立了第一个古代逻辑学体系。但是《墨子》中也有一些局限，比如承认鬼神的存在等。《墨子》是研究墨家学派的宝贵资料，在中国哲学和逻辑史上占有很重要的地位。

《墨子》书影
清光绪湖北崇文书刻本。总计53篇，大多为墨翟弟子及其后世门人对墨翟言行的记述。

《荀子》

　　《荀子》，古代著名的哲学著作。作者荀子，名况，字子卿，战国末期赵国（今山西南部）人，先秦时期著名思想家，战国最后一位大儒。此书又名《荀卿子》，今存20卷，是荀况晚年总结百家争鸣以及阐述自己思想的理论成果。在书中，荀子在总结前期儒家思想的基础上，充实并论述了自己的理论，强调礼在社会中作用，政治上主张"王霸"兼用。哲学思想属于唯物主义，在对自然界的认识上，该书提出了"明于天人之分"以及"天行有常，不为尧存，不为桀亡"的唯物观点。在对世界的认识上，书中提出"制名以指实"的观点，承认世界的物质第一性。《荀子》中有关逻辑思维的文章《正名》，在一定意义上突破了形式逻辑的局限，有了辩证逻辑的萌芽。书中还宣扬"性恶论"，倡导"以礼法治国"，他的这一思想后来为李斯和韩非继承和发展。此外，书中还涉及军事理论领域。《荀子》一书是先秦思想的集大成者，具有很强的系统性。书中的唯物主义观点对后世影响很大，在中国古代思想史上占有重要地位。

《韩非子》

　　《韩非子》，战国时期法家的代表著作。作者韩非，战国末期韩国人，出身贵族，荀况门人，法家代表人物。《韩非子》共55篇，分内、外两个部分，书中的重要篇目有《五蠹》《定法》《扬权》《六反》《显学》《孤愤》《说难》等，战国末期流传甚广。韩非的思想深为秦王嬴政赏识，被作为立国的指导思想。在《韩非子》中，韩非总结前期法学学派的各家思想，将其熔于一炉，提出了"法""术""势"三者合一的以法治国的主张。这一主张不仅是一套较完整的封建专制主义理论，而且在驾驭臣下、统御万民方面具有很强的操作性。在列国争雄的时代，为君主提供了切实可行的强国方案,具有巨大的实用价值。相比儒家和道家,这套方案的优越性是显而易见的。在哲学观点上,《韩非子》基本沿袭了荀子的朴素唯物主义思想。但由于《韩非子》中把矛盾的对立绝对化,倾向于实用主义,坚持"轻民"观点,因此具有很大的局限性。

《韩非子》对后世的影响极其巨大,其所提出的完整的封建专治主义的政治理论,对秦朝乃至整个封建社会都有深远影响。另一方面,《韩非子》也是研究当时法家思想及先秦历史的重要文献资料,具有极大的价值。

《列子》

《列子》成书于战国时代,但原书到了汉初流散失落了。后来,刘向对残稿进行校订整理,将其分为8篇,但对它的作者为列御寇有所怀疑。后人经过研究,也多认为该书应为他人伪托列御寇所作。《列子》中的内容大多数是民间传说、寓言和神话故事,通过讲述这些故事来说明哲理、阐发思想。在对宇宙的认识上,书中一方面认为"虚无"是宇宙生成的本体;但另一方面又否定道家的"有生于无"的说法,认为世间万物乃是"自生自化"的。书中还讨论了自然界的变化发展以及自然界与人的关系等问题。此外,书中还借寓言和故事对各种自然科学进行了讨论,如"小儿辩日""偃师造人"等。书中在某些地方含有宣扬个人享乐、消极处世等思想,虽具有一定的消极因素,但也从另一方面反映了当时之人冲破礼教名利、鬼神迷信的要求。《列子》对以后玄学的发展产生了一定的影响,书中所收的寓言和故事也广为流传。

《吕氏春秋》

《吕氏春秋》,又名《吕览》,约成书于公元前239年,是吕不韦组织门客编撰的一部先秦杂家著作。吕不韦(?~公元前235年),卫国濮阳(今河南濮阳西南)人,战国时期政治家,从政前本为商人,后来任秦相国。《吕氏春秋》共26卷,分8览、6论、12纪,开头附有《序意》1篇。《吕氏春秋》是适应当时历史趋势发展而作的,以道家思想为主,主张以"以礼治国",但也兼并儒、法各家。《吕氏春秋》最大的特点就是"杂",它兼取各家学说的长处,希望借此来指导秦国兼并六国,建立封建统一王朝,同时也为秦统一六国,"取周而代之"寻找理论依据。另外,《吕氏

吕不韦
吕不韦是秦朝相国,秦朝统一天下的功臣之一,《吕氏春秋》即为其召集门客而作。

春秋》中还记录了大量的史实、传说以及当时科学技术的状况。书中包含许多富有哲理的寓言，我们最熟悉的"刻舟求剑"就是出自此书。《吕氏春秋》对先秦思想"取其精华"，可以说是对先秦思想的总结，它对秦统一六国在理论上起到指导作用。同时，书中关于史实和传说的记载也有较高的史料价值。

《鬼谷子》

鬼谷子

《鬼谷子》一书是先秦时期纵横家学派的代表作，相传是鬼谷子在楚国的监狱中写成的，今人考证此书应该是后人托鬼谷子之名所作。鬼谷子，纵横家之鼻祖，原名王诩，春秋时期人，隐居云梦山清溪鬼谷采药修道，自号"鬼谷先生"，世称"鬼谷子"。

《鬼谷子》内容丰富，涉及政治、军事、外交等诸多领域，原书14篇，其中第13、14篇失传，今存12篇。该书的中心思想与儒家思想完全相悖：主张权力斗争、谋得政治权势，同时还阐述了有关言谈辩论的技巧，认为人应该以追逐功名利禄来实现自身的价值。《鬼谷子》被当时的纵横家学派奉为经典。由于此书反对儒家思想，因此后世的儒家学者对它的作用、意义和价值极少研究，大多数人持反对和讥讽的态度。但《鬼谷子》一书代表了我国先秦时期百家争鸣一派的思想，是我们研究战国时期纵横家思想学说的重要资料。

《公孙龙子》

《公孙龙子》，先秦名家典籍。作者公孙龙，战国时期赵国人，先秦时期哲学家、思想家，名家代表人物，曾在平原君处做门客，善辩论，曾与孔穿、邹衍等人进行过辩论。《公孙龙子》一书原有14篇，今仅存6篇，分别是：《白马论》《指物论》《坚白论》《名实论》《通变论》和《迹府篇》。

该书全面体现了公孙龙哲学思想及逻辑学观点。书中中心内容是"离坚白"的唯心主义思想、"白马非马"的形而上学思想以及以正名理论为核心的逻辑学思想。在"离坚白"思想中，公孙龙认为坚和白这两个特性是不能同时属于石头的，坚和白只不过是与石头相分离的独立存在的精神实体。而"白马非马"以及其正名理论都是公孙龙运用其逻辑思想，对事物的内涵和外延、个别与一般所进行的解释。《公孙龙子》

是研究公孙龙哲学观点和逻辑思想的重要资料，也是我们研究先秦时期诸子百家中的名家学派的主要参考文献。

《孙子兵法》

《孙子兵法》，又称《孙武兵法》，先秦兵家代表作。作者孙武，字长卿，齐国乐安（今山东惠民）人，春秋末期杰出的军事学家，因擅长用兵作战，并著有优秀军事论著《孙子兵法》而被后人尊为"兵圣"。

这部杰出的兵法是孙武根据前人及春秋时期的战争经验所编写的军事理论著作。全书共分13篇，依次为《始计》《作战》《谋攻》《军形》《兵势》《虚实》《军争》《九变》《行军》《地形》《九地》《火攻》和《用间》。《孙子兵法》从整体和全面的角度对战争的谋略、战争的方式以及战争的手段等方面进行了精辟的阐述，揭示了战争的普遍规律性，形成了比较系统的战略思想。《孙子兵法》重战慎战的思想，"先胜"的理念，"不战而屈人之兵"的策略，致人而不致

孙武塑像

于人的著名论断，对中国军事政治生活均产生巨大影响，并影响了中国人思维方式的形成。《孙子兵法》认为，对战争起决定性作用的是道（政治）、天（天气变化）、地（地理形势）、将（作战统帅）、法（军队纪律）这5个客观因素，而不是天命、鬼神，具有一定的积极意义。《孙子兵法》被后人尊为"兵经"，是了解中国古代军事理论绕不开的巨著。

《孙膑兵法》

《孙膑兵法》，战国时期兵家代表作。作者孙膑，齐国阿、鄄之间（今山东阳谷东西）人，孙武后人，因受"膑"刑，史称"孙膑"，中国古代著名军事家。《孙膑兵法》分上、下两编，共30篇。其中上编15篇，主要记载孙膑的事迹和言论；下编15篇，主要阐述孙膑的军事思想。《孙膑兵法》在继承《孙子兵法》的前提下，总结以前战争经验，结合战国中期的战争特点，提出了很多有价值的军事理论。书中认为，解决战争的方法是不能依靠和平手段的，要想制止战争，就必须通过战争的手段，只有在取得胜利的情况下，才能获得和平。在战略战术上，书中强调对战争规律的认识和掌握，主张根据客观条件的不同来使用不同的战术，作战时应主要攻击对方防守薄弱的部分。此外，书中还十分强调"人"的作用。《孙膑兵法》一书具有极高

的军事学术研究价值。书中在阐发其军事理论时,也对古时很多战争有所记载,具有很高的史料研究价值。

《黄石公三略》

《黄石公三略》一书的原作者不详,该书是托名于黄石公所写。经考证,该书的成书时间约在西汉末年。《黄石公三略》,也称《黄石公记》或《三略》。全书将所要论述的军事理论分为上、中、下三略,共计约3800余字,其中"上略"是全书的主要内容。《黄石公三略》是军事著作,但它在论述其军事思想时,并不是采取直接阐述军事问题的方法,而是从政治策略的角度论述治国之道,从另一个侧面来反映它的军事思想。《黄石公三略》的核心军事思想就是认为"民众"是决定战争胜负的关键,提出了安抚民众、收揽民心的主张。《黄石公三略》在用人上主张唯贤,在用兵上主张根据客观条件的变化而改变用兵策略。全书容各兵家之长,是我国第一部专门从战略角度论述用兵之道的兵书。《黄石公三略》在我国军事史上占有重要地位,被后世推为经典,对中国军事理论的发展产生了深远影响,北宋时期被收入"武经七书"。

黄石公

黄石公本名催广,秦末汉初的著名隐士,"商山四皓"之一。相传他曾在秦末出山授予张良兵法。《三略》即托名为他所作。

《淮南子》

《淮南子》由刘安主持集结其门下宾客编撰而成。刘安(公元前179~前122年),汉高祖刘邦之孙,自文帝起,被封为"淮南王"。他博雅好古,广纳贤才,是西汉贵族中博学多才的人物。《淮南子》在编成初期包括《内书》《中篇》《外书》三部分。但《中篇》《外书》到了东汉就已失传,所剩的《内书》,又名《鸿烈》,乃是取"广大光明"的意思。后刘向对其校订时,改称为《淮南》,后人习惯称为《淮南子》。书中思想是以道家思想为主,但又混有法家、儒家、阴阳家等各家思想,故习惯上被人们称为"杂家著作"。《淮南子》善用历史传说和神话故事说理,因此保留了一些著名神话。另外,《淮南子》在哲学上提出了"宇宙进化"和无神的唯物主义观点。在政治上，《淮南子》主张道家的"无为而治"。《淮南子》中保留的历史传说和神话故事对后人研究汉以前乃至上古时期的历史有很大的价值。它的唯物主义观点对后世的唯物主义思想的发展也产生了很大影响。

《盐铁论》

《盐铁论》是一部经济学著作。作者桓宽，字次公，汝南（今河南上蔡西南）人，官至庐江太守丞。

汉昭帝元始六年（公元前81年），汉昭帝召集民间有声望的学者60余人来京城与政府官员讨论经济政策。其中，官方代表主要是桑弘羊，民间儒生的代表则主要是鲁万生等。双方就是否对盐、铁、酒实行官营等进行了讨论。桓宽记录了双方的观点论说，并整理成书。书中记载，官方代表桑弘羊等以"重商"为思想核心，反对当时流行的重农抑商的思想。他以货币的多少来评判贫富，提出"富者何必本用农，足民何必井田也"的观点，主张"重商主义"，提倡盐铁官营，推行对外贸易，统一国家铸币。民间学者则认为商业是导致国家贫穷的根本原因，主张重农抑商，反对盐铁官营，反对使用货币，提倡藏富于民。《盐铁论》在中国的经济思想史上有很重要的地位，是研究秦汉时期经济思想的重要著作。

《论衡》

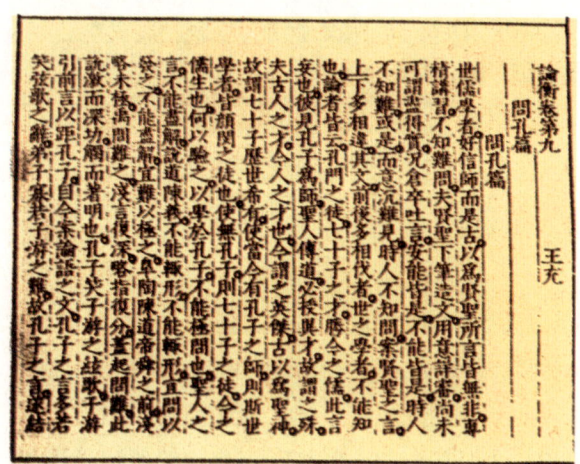

《论衡》书影

《论衡》的主要观念：1.以自然元气说，否定神学、天命。2.以自然元道观为基础，批判谶纬之学、天人感应等。3.以命定说讨论人性和社会哲学。《论衡》的主要内容：1.揭穿荒诞的迷信，排斥鬼神和禁忌。2.反对盲目的崇拜，批评夸张的记载。3.开厚古薄今之风，宣汉朝之德。

《论衡》是我国古代哲学史中的一部唯物主义哲学经典著作。作者王充（27～97年），字仲任，东汉会稽上虞（今浙江上虞）人。他一生仕途不顺，晚年著《论衡》。全书篇目共为85篇，其中《招致》一篇有目无文，所以今天实际上仅存84篇。关于书名"论衡"的意思，在书中作者有相关的解释——"《论衡》者，所以铨轻重之言，立真伪之平"，也就是说，《论衡》是对东汉及以前的各种学说、思潮加以衡量比较，评定是非曲直，从而达到批判虚妄之说的目的。

书中内容以唯物主义观点为主，批判"神创论""天人感应说"，以及"因果报应"等各种神学迷信思想。书中提出元气自然论，宣传无神论，承认历史发展，这些观点都属于唯物主义。但《论衡》中的一些思想也有陷入不变论的倾向。《论衡》是我国古代唯物主义哲学巨著，它的出现，标志着中国古代唯物主义哲学体系的建立，对后来的唯物主义哲学家及中国唯物主义的发展都产生了深远的影响。

《神灭论》

《神灭论》是我国古代唯物主义哲学的经典著作。作者范缜（约450～约515年），字子真，南朝齐、梁之际人，年幼时家贫，勤学苦续，后入仕为官。因当时佛教盛行、泛滥，于是范缜就针对佛教的"有神论"撰写出《神灭论》。全书可概括为两大部分：一部分是针对批判佛教"神不灭论"而提出的"神灭论"的哲学思想；另一部分是有感于当时佛教的"误国误民"而提出的忧国忧民的政治主张。在哲学上，《神灭论》以"形存则神存，形灭则神灭"的"形神相即"为理论基础，对佛学"神不灭"的理论基础进行了尖锐的批判，坚持唯物主义"气"一元论学说，在古代唯物主义哲学发展史上，具有质的飞跃。在政治上，《神灭论》主张励精图治，发展生产，反对统治者对百姓的横征暴敛。《神灭论》是我国古代哲学史上的不朽之作，它对"形神"关系的论述，在整个封建社会都是"前无古人，后无来者"的。

《颜氏家训》

《颜氏家训》是中国教训类的经典著作。作者颜之推（531～约595年），字介，琅琊临沂（今山东境内）人，著名文学家、教育家，曾分别于五代梁、齐时期任官，后隋朝建立，任学士。《颜氏家训》以"务先王之道，绍家世之兴"为主旨，以儒家思想为中心，宣传儒家传统的伦理道德观念，对教育子女成人成才有着重要的指导意义和实用价值。全书共为20篇，分别为"序致篇""教子篇""兄弟篇""后娶篇""治家篇""风操篇""慕贤篇""勉学篇""文章篇""名实篇""涉务篇""省事篇""止足篇""诫兵篇""养生篇""归心篇""书证篇""音辞篇""杂艺篇""终制篇"。书中除包括有关伦理道德、为人处世的问题外，还有关于颜氏教子弟文字训诂、品评文艺等方面的内容。此书内容丰富，

"孝莫辞劳转眼即为人父母，善勿忘报回头但看汝儿孙"印及印文

涉及有关当时士族生活、医学算数、文字音训等诸多方面。

《颜氏家训》对后世影响较大，被称为"古今家训，以此为祖"。书中所涉及的知识教育部分，也具有很高的参考文献价值。

《朱子语类》

朱熹像

《朱子语类》是一部记录有关朱熹及其弟子讲学问答的语录总集，又名《朱子语录》《朱子语类大全》。朱熹（1130～1200年），字元晦，宋代著名理学家。朱熹是宋代最渊博的学者，在讲学时往往妙语连珠，引人深思。他去世后，弟子黎靖德等人辑录其言论，于南宋末年刊刻行世，这便是《朱子语类》。此书虽然不是哲学专著，却全面反映了朱熹的理学思想。全书共140卷，分26个门类，分别是：理气、鬼神、性理、学、《大学》《论语》《孟子》《中庸》《易》《尚书》《诗》《孝经》《春秋》、礼、乐、孔孟周程张邵、吕伯恭、陈叶、陆氏、老氏、释氏、本朝、历代、战国汉唐诸子、杂类、论文等。《朱子语类》认为"理是世界的本原"，提出世间万物都是由理和气衍生而成的唯心主义世界观。书中把"理"作为朱熹哲学的最高范畴，同时又吸收了唯物主义哲学中"气"的思想，具有一定的合理性；在伦理道德上，书中提倡"明天理，灭人欲"，希望以此来维护封建统治。《朱子语类》是我们研究朱熹思想的重要资料。

《明儒学案》

《明儒学案》是一部明代学术思想史，也是我国第一部真正意义上的学术思想史。作者黄宗羲，字太冲，号南雷，世称梨洲先生，浙江余姚人，明末清初著名思想家、史学家。黄宗羲早年曾参加反对宦官专权的斗争，明亡后隐居，著述而终。《明儒学案》较全面地记载了明朝时期我国学术思想的演变发展历程。全书共62卷，分17个学案，共记载了明代200多名学者。其中，卷首《师说》1篇为全书总纲，记载17人，以后部分则按时代先后顺序及明代学术流派分类，涉及178人。《明儒学案》在引用资料上谨慎严密。记述时，该书在每案之前先加"序"，简述该学派的渊源及学术思想，然后再列"传"，主要是记述该学派学者的生平事迹及思想，有时还加以评论，并节选体现他流派思想的著作。《明儒学案》开创了我国学术史研究和编著的新局面，对后世影响极其深远。

《传习录》

《传习录》是一部语录和论学书信集,是王守仁哲学思想的全面体现。该书非成于一时一人之手。王守仁门人徐爱、钱德洪等人从1512年开始,陆续记录其论学谈话,整理成书,取名为《传习录》。后来,南大吉、钱德洪、谢廷杰等人又在对原书进行增删的基础上,补进王守仁论学书信,附入王守仁编的《朱子晚年定论》,辑成今本《传习录》。《传习录》的"传习"一词出自《论语》中的"传不习乎"。全书共分上、中、下3卷,其中,上卷经王守仁审阅,主要是阐述他对"格物致知"的解释以及"心即理"的新思想;中卷是王守仁的亲笔,是他晚年的成熟之作,系统阐述了他的致良知、知行合一、心物合一等思想;下卷未经王守仁本人审阅,但是比较具体地解释了有关王守仁晚年的各种思想。

王守仁像

《传习录》中宣扬的心学理论背弃了二程与朱熹的理学,在某种程度上起到了冲击圣贤偶像的作用,有利于人们思想的解放,促进了明中叶以来的学术发展和社会进步。作为一部较为纯粹的哲学著作,其所阐述的思想对后来的哲学、社会意识影响极大,在中国古代哲学史上有着重要的地位。

《艺文类聚》

《艺文类聚》是中国现存最早的一部官修类书。唐代初年,由欧阳询、裴矩、陈叔达等人奉敕编纂。《艺文类聚》共100卷,100万余字。全书分岁时、治政、产业等46部,727个子目。征引古籍1431种,分门别类,摘录汇编。先引史实,后列诗文,使"文"与"事"契合互补,变更了以往"文"自为总集,"事"自为类书的常规体制。先讲所引故事,都注出书名。所引诗文,都注出时代、作者和题目,并按不同的文体,用"诗""赋""赞"等字样标明类别。例如,"山"部的"华山",先列出与华山有关的典故与传说,再列历代以"华山"为题的诗赋,这样就大大方便了后人。所以,此书一出,其他类书都被淘汰。另外,其所征引古籍已大部亡佚,自汉代至隋代的词章名篇多赖此得以流传,因此本书历来为辑佚、校勘工作所资鉴。清代严可均辑《全上古三代秦汉三国六朝文》,主要摘录自本书。世人也多用以查检唐代以前的诗文、典故、名目及历史人物事迹等。

《太平御览》

《太平御览》是我国北宋时期编写的一部具有百科全书性质的类书,宋代四大部书之一。书名中的"太平"是宋太宗赵光义的年号,"御览"是呈送给皇帝亲自阅读的意思。它是宋太宗命李昉等13人编纂的,开始于宋太宗太平兴国二年(977年),完成于太平兴国八年(983年),用时6年多。初成时名为《太平总类》,后宋太宗将其改为《太平御览》。全书共1000卷,55部,分5363类,总字数达4700多万字,引用古今图书及各种体裁文章共达2570多种。此书编纂的目的是为帝王提供以备随时查阅的"百科知识",了解历代治乱兴衰的原因,以及各种典章制度由来。《太平御览》一书中不仅对各种实物有所记载,还保留了大量的古书资料,其中好多是今天已经失传的。但是,《太平御览》也有其不足之处。在编排时,有些类目重复出现,而且体例也有不当之处。《太平御览》对我们今天研究宋代以前的历史具有极高的史料价值,它也被称为"类书之冠"。

《永乐大典》

《永乐大典》是我国明代永乐年间编修的最大的类书著作。永乐元年(1403年)开始编修,永乐二年(1404年)初成,名为《文献大成》。永乐三年(1405年)重修,于永乐六年(1408年)最终编写完成。《永乐大典》在编排上改变了过去类书的体例,采用了"用韵以统字,用字以系事"的方法。这种编排方法已经是现代百科全书的形式了,也有人干脆把它视为世界上第一部百科全书。《永乐大典》正文共22937卷,凡例和目录16卷,装订为11095册,总字数约为3.7亿,收录了先秦时期到明朝初期的各种典籍8000余种。书中所含内容包括天文地理、科学技术、医学占卜、文学戏剧、诗歌小说等各个方面,朱棣在为《永乐大典》所写的序中称此书"上自古初,迄于当世,旁搜博采,汇聚群书,著为奥典"。《永乐大典》一书保留了很多我国古代的珍贵文献书籍,具有很高的文献价值。但成书后历经磨难,以致残缺不全,现今保存下来的部分仅为全书的百分之三四。

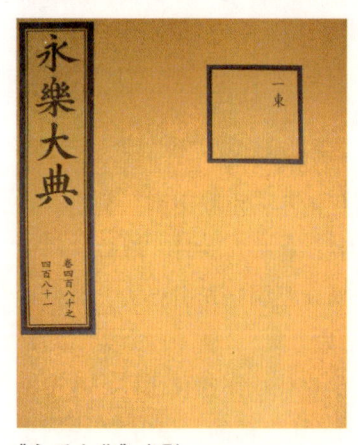

《永乐大典》书影

《菜根谭》

《菜根谭》是著名小品文著作,作者洪应明,字自诚。关于他的生平事迹,在史书上少有记载,今已无从考证。根据其他资料的记载进行推断,他可能是浙江余杭人，曾为官吏，后退世隐居。《菜根谭》成书于明万历年间，是一部处世格言集。

全书共360则，每段话字数十字至上百字不等，全面阐述了作者关于为人处世、修身养性等方面的观点。在编写上，该书没有完整的系统和严密的逻辑。书中阐述观点时，颇有随感而发、随性而至、信手拈来的感觉。书中融合了儒、道、释三家的思想——既有儒家的中庸思想的体现，又有道家清静无为观点的融合，同时还掺杂了佛教出世的思想观点，形成一种以出世之心面对在世之事的处世方法体系。该书确立的道德、原则、立场对现代社会依然有着很强的借鉴意义。在文笔上，《菜根谭》则对仗工整、优美俊秀、比喻生动、雅俗共赏。《菜根谭》一书可谓字字珠玑，其格言警句耐人寻味，发人深省。它集中了中国几千年来为人处世的智慧精华，对后世影响极其广泛和深远。它不仅在我国，乃至在海外，特别是日本，都产生了很大的影响。时至今日，它仍被广大民众所喜爱。

《齐民要术》

《齐民要术》是我国现存最早，也是最完整的一部农学著作。作者贾思勰，齐郡益都（今山东寿光南）人，北魏时期著名农学家。他的生平事迹不详，只知道他曾做过高阳郡（今山东临淄西北）太守。全书共10卷，含92

耙地图　南北朝

篇，另附《序》和《杂说》各1篇，系统地总结了我国6世纪以前的农业生产技术经验，记述了包括五谷、瓜果、蔬菜等农作物的栽培；牲畜、家禽和鱼类等的饲养；酒、酱、醋、糖等的制作方法，煮胶和造笔墨的方法等，还记述了当时中原以外的农作物。《齐民要术》所述内容包括农、林、牧、副、渔各个方面，提出了很多先进的农学思想，比如强调农业生产应注意"天时地利"、防旱保墒、选种和培植良种、轮作法及使用绿肥等。《齐民要术》保留了我国古代大量的农业生产经验，对中国乃至世界的农业发展都做出了一定的贡献。

《考工记》

《考工记》是一部我国古代手工业技术专著，关于其作者和成书时间一直无定论。今人普遍接受的观点是，《考工记》是春秋时期齐稷下学宫的学者编写的齐国官书。

我们今天看到的《考工记》是《周礼·考工记》，是由西汉时期的刘歆编入《周礼》的。西汉景帝时，因《周礼》遗失《冬官》一卷，所以将河间献王刘德所献的《考工记》编入《周礼》。

《考工记》全文7000多字，记述了我国春秋战国时期木工、金工、皮革工、染色工、玉工、陶工等6大门类、30个工种的生产工艺。其中6个工种已失传，后来又衍生出1个工种，实存25个工种。这部书不仅分别介绍了兵器、车舆、礼乐之器以及宫室等的制作、建造工艺，还介绍了许多简便、有效的检验方法，涉及冶炼学、数学、力学、声学和建筑学等方面的科学知识和经验总结。书中所记内容既包括当时的生产技术水平、工艺美术设计水平，同时还涉及当时的生产管理制度等问题。《考工记》一书是我国现存最早的有关手工业技术规范的著作，在我国科技史、工艺美术史，甚至在我国文化史上都占有重要地位。

《农政全书》

《农政全书》是我国古代大型的农业百科全书著作。作者徐光启（1562～1633年），字子先，号玄扈，上海人，明末杰出的科学家，著有《农政全书》《崇祯历书》《勾股义》等著作。《农政全书》于崇祯元年（1628年）完成初稿，后经陈子龙整理，于崇祯十二年（1639年）刊行。它是作者花费几十年心血，参考200多种文献编著而成的。全书共60卷，分12目，总计70余万字。其中，农本3卷、田制2卷、农事6卷、水利9卷、农器4卷、树艺6卷、蚕桑4卷、蚕桑广2卷、种植4卷、牧养1卷、制造1卷、荒政18卷。书中许多内容是对前代农书的摘录，但作者对其精心剪裁，并以旁注或评语的形式加入许多自己的见解和经验体会，从而构成一个完整的农学体系。

与以前的农书相比较，该书有了很大的突破和进步。首先，它摒弃了以前农书单纯探讨农业技术的思路，系统论述了屯垦、水利、备荒等各个方面的农政措施，为后来农书写作提供了新的范例。其次，它引进了西方的农业科技成果，如"泰西水法"，为中国传统农业注入了新的活力。再次，它将"数象之学"应用于农学研究，为后来的农学研究提供了新的方法。同时，该书还以大量篇幅阐述了兴修水利、开垦西北荒地、救济灾荒的建议和规划。《农政全书》不仅集中国传统农学之大成，而且影响了后来的农学写作和农业科技的发展。

《农政全书》书影

《九章算术》

《九章算术》原作者不详,又名《九章算经》,是《算经十书》中最重要的一种,是我国古代最著名的数学著作之一。《九章算术》中共收入了 246 个数学问题,采用问答的形式来阐述数学问题,并将这些问题分为 9 个部分,因此称为"九章"。全书的"九章"分别为:方田(分数四则运算)、粟米(比例运算)、衰分(比例运算)、少广(开方运算)、商功(体积计算)、均输(比例运算)、盈不足(盈亏问题)、方程(多元一次方程以及正负数的四则运算)以及勾股(用勾股定理求解)。《九章算术》中所记的很多数学上的计算方法,在当时的整个世界都具有绝对的领先地位。《九章算术》真实地反映了我国在数学领域的发展水平,表明早在东汉时期,我国的数学水平就已相当发达。《九章算术》对中国乃至整个世界数学的发展都有着极其重要的影响,它的出现,标志着中国古代数学体系的形成。

《茶经》

《茶经》是我国古代最早的专门论述茶叶的著作。作者陆羽(733~804年),字鸿渐,一名疾,字季疵,自称桑苎翁,又号东冈子、竟陵子,唐复州竟陵(今湖北天门)人。陆羽原本是一个弃儿,被僧人所收养。后来他离开寺院,曾经做过伶工。唐上元初(760 年),陆羽隐居在苕溪(今浙江湖州),闭门著书,撰成《茶经》一书,后世尊称其为"茶圣""茶祖"。全书共 3 卷,分 10 篇,7000 多字。陆羽总结了前人的研究成果,并结合自己的实践经验,对茶叶从本性到制作与加工都有了很多的新认识。《茶经》一书分别对茶的起源、茶的名称、茶的种类、茶的品质、茶的功用等茶本身的特性做了详细的论述。另外,《茶经》还分别论述了有关茶的采制方法、制茶

林榭煎茶图　明　文徵明

饮茶器具、制茶饮茶方法等有关茶叶的加工制作技术。《茶经》一书的问世使饮茶在唐朝成风，对后世针对茶的研究也产生了深远的影响。

《梦溪笔谈》

《梦溪笔谈》是我国古代最著名的笔记体科学著作之一。作者沈括（1031～1095年），字存中，钱塘（今浙江杭州）人，北宋著名科学家。沈括一生著作很多，但今大多已经失传。《梦溪笔谈》是他最有影响的著作，今得以保留下来。这部书是沈括晚年在梦溪园根据他平生的见闻和心得写成的。全书今本为26卷，又有《补笔谈》3卷，《续笔谈》11卷，共40卷，分17门，共计609条。书中所记载的科学知识

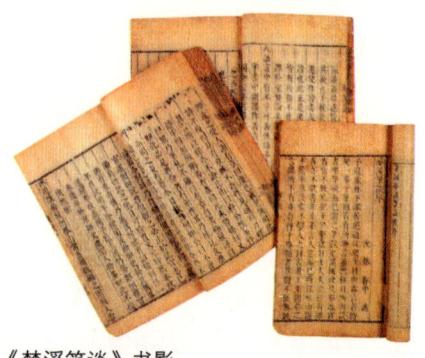

《梦溪笔谈》书影

极其庞杂丰富，包括天文、地理、地质、数学、气象、物理、化学、冶金、兵器、水利、建筑以及生物、医药学、军事、文学、史学、考古以及音乐等众多领域。在书中所记的这些知识中，既有沈括自己的科研成果，也有他对别人科学成果的记述。《梦溪笔谈》对后世影响很大，对研究当时我国的科学技术水平有很高的文献价值，著名科学史家李约瑟称赞它为"中国科技史上的里程碑"。

《天工开物》

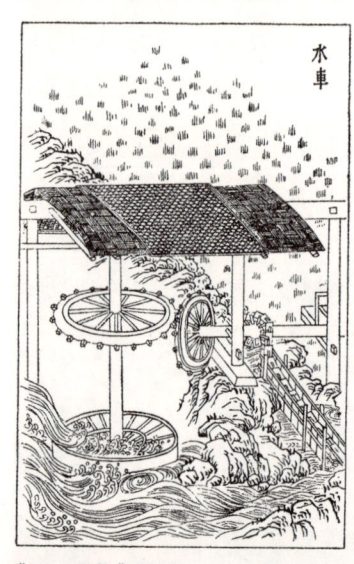

《天工开物》插图

《天工开物》一书是我国明代著名的农业手工业百科全书。作者宋应星（1587～约1666年），字长庚，江西奉新县人，明代著名科学家、思想家，中国科学技术史专家称其为"中国的狄德罗"。

该书以"贵五谷而贱金玉"为基本原则，共分3卷，18章。其中，上卷为"乃粒"（谷物）、"乃服"（纺织）、"彰施"（染色）、"粹精"（谷物加工）、"作咸"（制盐）、"甘嗜"（食糖），共6章；中卷为"陶埏"（陶瓷）、"冶铸"（金属铸造）、"舟车"（交通工具）、"锤锻"（金属加工）、"燔石"（煤石制造）、"膏液"（食油）、"杀青"（造纸），共7章；下卷为"五金"（金属冶炼）、"丹青"（矿物颜料）、"佳兵"（兵器）、"曲蘖"（酒曲）、"珠玉"（珠宝玉器），共5

章。全书记述扼要，文字简洁，所记多为作者直接观察和研究所得，可信度很高。另外，书后附121幅插图，描绘了130多种技术和工具的名称、形状、工序。《天工开物》对后世影响很大，在国内外刊行16次之多，它代表了我国明代的科学技术水平，被誉为中国17世纪工艺百科全书。

《商君书》

《商君书》，又称《商君》《商子》，是记载商鞅言论思想的资料汇编。商鞅，也叫卫鞅，战国时卫国人。商鞅本姓公孙，名鞅，因受封于商（今陕西商县东南），所以称之为商鞅，战国时期著名政治家、思想家、法家代表。他著名的政治活动是"商鞅变法"。

今本《商君书》为24篇，主要内容是阐述商鞅的政治思想和哲学思想。书中以历史发展变化的观点为指导思想，提倡推行商鞅的"废井田，开阡陌"、发展耕织、奖励军功、明定法令等变法主张，同时还对法的起源和作用也有所论述。此外，书中还记载了有关商鞅变法的一些史实，故而其成为后世研究商鞅思想的主要资料。《商君书》中以朴素辩证法的观点来解释历史现象的历史观，对荀子、韩非等进步思想家都有着深刻的影响。

《鹖冠子》

《鹖冠子》，先秦典籍。作者鹖冠子，关于其生平事迹及姓名记载均不详。传说其居深山，以鹖羽为冠，故曰鹖冠子。《鹖冠子》共3卷19篇。书中既含有哲学思想，又含有政治理论，同时还含有"用兵之术"的军事理论。在哲学思想上，《鹖冠子》倾向于道家学说，认为气是世界的本源，而道又居于气上，这种观点与老子"道"的观点十分接近。同时，书中认为气和由气构成的万物是相互矛盾的两个方面，这又继承了老子的朴素

透雕蟠螭纹铜镜　楚国

辩证法。在政治理论上，它既包含有道家、法家思想，又兼容了儒家思想，强调首先应"以礼治国"，而后用"法治"辅助，倡导以"德"教化人民。此外，书中还表现出要求实现全国统一，建立君主专制的政治思想。在军事理论上，《鹖冠子》则强调用兵应顺乎正义，出师有名。

《新书》

《新书》，又称《贾子》，由刘向编纂而成，是西汉时期的政治哲学著作。贾子，即贾谊，洛阳（今河南洛阳东）人，西汉著名思想家、政治家，自文帝起入朝参政。

在政治上,《新书》一方面主张削弱诸侯的势力,建立统一的封建君主专制国家;另一方面,总结了秦朝灭亡的历史,主张废除"繁刑严诛",提出了"以民为本""以德教民"的治国思想。在经济上,《新书》则主张重农抑商。在哲学上,《新书》吸收了《老子》的一些思想,认为世界万物的本源为"德",而"德"是产生于道的。另外,《新书》中的哲学思想还有辩证法的因素。在认识论上,该书也提出以事实为依据来判断事物的唯物主义观点。《新书》对封建王朝的发展影响非常大,其中的很多思想、主张为后世封建王朝所采用,书中的哲学思想对后世哲学也产生了深远的影响。

《潜夫论》

《潜夫论》,哲学著作。作者王符,字节信,安定临泾(今甘肃镇原)人,因见东汉王朝政治腐败,社会动荡,故终身不仕,隐居著书。王符所著的《潜夫论》对东汉末期政治腐败、民不聊生等社会现象进行了批判。全书共10卷,36篇,内容涉及历史、政治、哲学、军事、经济、法律等各方面问题。《潜夫论》的中心思想可概括为"明君治天下",也就是说只有出现"明君",才能天下太平。书中反对统治阶级奢靡浪费,主张肃清吏治、任人唯贤、体恤民情。在经济思想上,主张"重农抑商"。《潜夫论》提出的以"气"为本原的宇宙生成论,及承认历史为发展进化的观点,含有唯物主义思想。但它也有承认天命鬼神,认为明君贤臣决定历史的唯心主义思想。《潜夫论》内容丰富,涉及面极广,并且对当时社会批判也颇深,因此,它在中国思想史上占有一席之地。

《法言》

《法言》与《太玄》都是扬雄的得意之作,扬雄希望借这两本书扬名于后世。《法言》撰写的起因据作者所说,是因为他认为"传莫大于《论语》",于是模仿《论语》而创作了《法言》。该书可看作儒家学说,但其中也包含着道家思想。全书可以概括为"批儒"和"唯物"。这里所说的"批儒",并不是指批判儒学,而是针对汉武帝以来,儒生为取功名和利益而学儒以及儒学自身的腐败堕落的现象而展开的儒学自身的批判,这也是历史上第一次对儒学自身展开的批

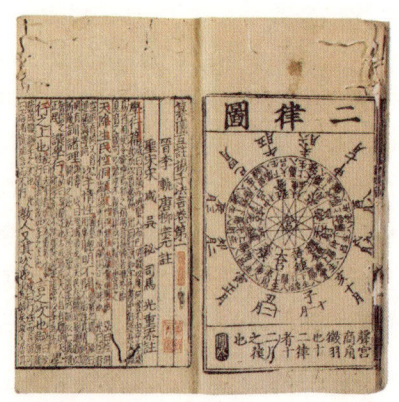

《法言》书影

判。《法言》中的"唯物"是该书的精华,书中虽以孔子的儒学为最高学说,但在对事物的认识上却是属唯物的。它认为"孔孟"的天命论是错误的,主张"事在人为"。

在人性论上，它认为"人性"是善恶一体的，最终是"为善"，还是"为恶"，主要取决于教化。另外，它还承认历史是发展变化的。《法言》中的唯物主义思想，对后世的无神论思想产生了很深的影响。

《皇极经世》

《皇极经世》是邵庸通过研习《周易》而创立编著的理学预测专著，又名《皇极经世书》。邵雍，字尧夫，北宋共城（今河南辉县）人，后人称为"百源先生"，北宋时期易学家、思想家、诗人，北宋理学五子之一，理学气象学派的创始人。《皇极经世》共12卷，其中，《元会运世》6卷、《声音律目》4卷、《观物内篇》1卷、《观物外篇》1卷。《皇极经世》融合了道教、佛教以及《周易》的思想，创立了"元、会、运、世"这一套有规律的万物生成发展的理论。它将人类社会从生到灭的一个发展周期称为一元，一元包括12会，一会包括30运，一运包括12世，一世包括30年。也就是说，人类社会经过129600年就会灭亡，然后再产生一个新的人类社会，再经过129600年，类此循环。《皇极经世》宣扬的是唯心主义的宿命观和循环论，备受宋代理学家的推崇。

《正蒙》

《正蒙》，又名《张子正蒙》，是体现张载哲学思想的重要著作。张载，字子厚，凤翔郿县（今陕西眉县）人，人称横渠先生，宋代关学学派创始人，宋明理学奠基人，北宋五子之一。所谓"蒙"，也就是蒙昧未明的意思，取自《周易》中的"蒙以养正"；"正"，乃订正之意，意为从儿童抓起；"正蒙"，也就是张载自己所说的"养其蒙使正者，圣人之功也"。书中以唯物主义的"气"一元论为中心，针对佛、道及当时的唯心主义哲学观点进行了批判。张载认为，世界的本原是"气"，有和无都是统一于"气"的，世界并非生于"心"，也非生于"无"。书中还含有很多朴素辩证思想，在对事物运动发展变化的认识上，作者提出了"一物两体"的观点，认为内因是事物运动的根本原因，事物的矛盾是对立统一的。此外，书中也含有主张加强封建宗法制度，要求人们顺应封建统治的观点。《正蒙》一书对后世唯物主义哲学的发展产生了极大的影响，但是书中有关人性论方面的论述则发展成为宋明时期唯心主义理学的重要思想理论来源。

《二程集》

《二程集》也叫《二程全书》，作者为北宋理学家程颢、程颐两兄弟。他们都是北宋时期的大儒。程颢，字伯淳，世称明道先生。程颐，字正叔，世称伊川先生，洛阳

程颢像　程颐像

（今河南境内）人。《二程全书》是后人将二程兄弟的所有著作汇总在一起的全集，其中包括遗书、外书、文集、易传、经说、粹言6种。遗书是弟子们记录的二程语录，后由朱熹加以编定；外书是遗书的辅编或续编；文集是程氏兄弟的诗文著作；易传乃是程氏兄弟研究《易经》的心得；经说是程氏兄弟对儒家经典的解读、阐述和发挥。《二程全书》提出，"理"为宇宙的本体，天地万物生成和身心性命与"理"的关系，从而奠定了以"理"为中心的唯心主义哲学体系。在书中，程颢提出了识仁、定性的哲学命题，程颐论述了性即理、主敬、体用一源等许多重要的哲学概念和命题，这些富有创见的理论，都是第一次提出，并为后世儒家沿用。所以说，他们的理论思想对宋明理学起到了奠基的作用。

《象山全集》

《象山全集》是心学的经典。作者陆九渊，字子静，号存斋、象山，世称象山先生，江西金溪人，南宋时期著名思想家、唯心主义哲学家、理学家、教育家。陆九渊是南宋"心学"的创始人，与朱熹齐名。《象山全集》一书并不是陆九渊亲自辑录的，而是后人根据他所著的作品及其讲学的文章辑录而成的。该书较全面地体现了陆九渊的"心学"理论。陆九渊以"心即理"作为自己心学理论的思想核心，认为"人皆有是心，心皆具是理，心即理也"，"心"是世间万物的本原，并提出"宇宙是吾心，吾心便是宇宙"的观点。陆九渊认为，人只需通过"反省内求"就可获得对事物的认识，根本不需要格物致知之类的实践。在人性论上，他认为"本心"是善的，也就是符合封建的伦理纲常道德，教育的目的就是要唤醒人性中的"善"。《象山全集》是宋明理学中"心学"的重要代表著作，是我们研究陆九渊及其"心学"思想的重要文献。

《册府元龟》

《册府元龟》是我国古代一部全卷大类史书，北宋四大部书之一。该书是宋真宗于景德二年（1005年），命王钦若、杨亿等18位学者参考大量史书、各家学派经书等资料，历时8年编纂而成。《册府元龟》中"册府"的意思是藏有大量图书的书库；"元龟"就是指龟，古代常用龟壳来进行占卜，这里的意思是用来借鉴；"册府元龟"的意思也就是通过汇编古代大量的历史资料，为统治者提供借鉴用书。《册府元龟》

以正式资料为主，兼收有诸子群说。全书共1000卷，分为帝王、闰位、僭伪、列国君、储宫、宗室、外戚、宰辅、将帅、台省、邦计、宪官、谏诤、词臣、国史、掌礼、学校、刑法、卿监、环卫、铨选、贡举、奉使、内臣、牧守、令长、宫臣、幕府、陪臣、总录、外臣等，共31部，分1104门，总计900多万字。《册府元龟》体例严整，考订明晰，具有很高的史料价值。

《宋元学案》

《宋元学案》是一部宋元学术思想史。它的编写历经坎坷。黄宗羲在编写完《明儒学案》后，就开始着手编写《宋元学案》，但仅完成17卷就去世。后来他的儿子黄百家继续编修，但也未完成就中途逝世。最后经全祖望编写而成，前后历时60余年。《宋元学案》共100卷，分87个学案，同时还有两个学略、两个党案，共记述了2700多名宋元学者。全书在编写体例和方法上与《明儒学案》相比有所突破和创新，在每个"学案"前增设了"序表"，将各学派的门人弟子罗列出来，同时也对各学派的学术渊源、宗旨、学风有所论述。全书在资料采集方面，严谨翔实，每处资料都注明其出处。另外，《宋元学案》在对宋元之际的各种学术思想进行评判时，融入的主观因素较少，持较公正的态度。故而，《宋元学案》是我们研究宋元时期学术思想的重要文献。

苏轼像
《宋元学案》中有《苏氏蜀学略》。

《针灸甲乙经》

《针灸甲乙经》，又名《甲乙经》《黄帝甲乙经》，是我国现存最早的针灸学专著。作者皇甫谧，字士安，自号玄晏先生，西晋安定朝那（今甘肃灵台县朝那镇）人。皇甫谧中年时患病几乎丧命，病愈后发愤习医，钻研针灸学，著《针灸甲乙经》。皇甫谧总结了西晋以前的中医针灸学的理论成就，并结合自身的临床实践经验，对古医书所存的资料进行整理编纂，终于在西晋太康三年（282年）完成了《针灸甲乙经》。全书共12卷，含128篇。根据书中所记内容可分为两部分，其中，第一部分为1~6卷，主要是介绍中医学的基本理论及针灸学基本知识，包括人体生理、经脉、穴位、诊断方法等；第二部分为7~12卷，为临床治疗部分，主要是介绍有关内科、外科、妇科、儿科等疾病的病因、病症及治疗方法，主要以内科为主。《针灸甲乙经》保留了很多古代中医学理论的珍贵资料，对后世中医针灸学的发展也产生了深远的影响。

《毛诗草木鸟兽虫鱼疏》

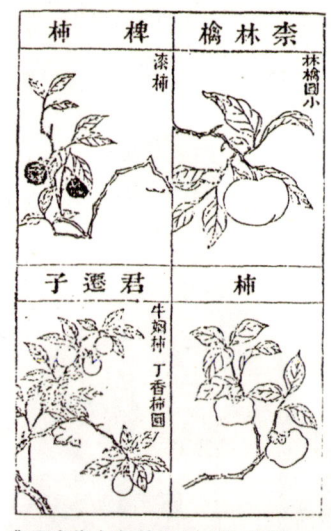

《毛诗草木鸟兽虫鱼疏》书影

《毛诗草木鸟兽虫鱼疏》是一部专门对《诗经》中所涉及的动植物进行注解的著作,为三国时期吴人陆玑所著。《诗经》是古代诗歌的总集,内容广泛,其中亦记载了丰富的动植物学知识。孔子在整理《诗经》时,就曾说学习《诗经》可以"多识鸟兽草木之名"。这给后世学者很大启发。三国时期,吴国陆玑为《诗经》中描述"草木鸟兽虫鱼"的内容进行注解,写成了这部中国最早的有关动植物的专著。

全书分上、下两卷,共记载草本植物80种、木本植物34种、鸟类23种、兽类9种、鱼类10种、虫类18种,共计动植物175种。不仅对书中所载的动物和植物注解了名称,还具体描述了它们的形态、生态及经济价值。另外,陆玑为完成此书,遍访南北,对分布各地的动、植物进行亲身观察研究,使得此书不但描述详尽真实,且具有较高的学术价值。后世对《诗经》动、植物及本草学进行的研究,多得益于此书。明代毛晋正是在陆书的基础上,编著了《毛诗草木鸟兽虫鱼疏广要》。日本学者研究本草学,也以该书为底本,足见该书的生物学价值之大。

《救荒本草》

《救荒本草》是中国现存最早的一部以救荒为目的的植物学专著,作者为明代生物学家朱橚。

明代初年,天灾频仍,灾荒严重。为此,朱橚对野生植物进行实地研究,把搜集到的可采食的植物种到自家菜园之中,以严谨的态度将其一一绘制成图,并对其详加说明,编成《救荒本草》一书。

该书分草木、米、谷、果、菜等五部,介绍植物414种。由于作者编著该书的目的是救荒,所以他在编著过程中十分注重其通俗性和实用性,不但对一些难字注音,而且深入浅出,从植物名称的由来开始说明每种植物的形态及味道等,对不常见的植物,以常见易认的植物来比拟,除指明植物可食部分外,还叙述了加工、食用方法。最为突出的是对植物特性的描述,显示出了较高的植物学成就。书中对植物各方面的专业性描写,都比以往本草书籍详尽。该书很早就传到了日本,后被译成英文传播于欧美各国。

《植物名实图考》

《植物名实图考》，清代吴其浚撰，是我国古代最大的一部区域性植物志。吴氏对植物研究很感兴趣。他每到一地，便留意观察，采集植物标本，并从古籍以及当时人的著作中广泛搜集有关记载和议论，经过多年积累，终于编成此书。

《植物名实图考》18卷，分为谷、蔬菜、山草、隰草、石草、水草、蔓草、毒草、群芳、茅草、果、木12大类，共计植物1714种，重点叙述了各种植物的形态、颜色、味性、用途和药用价值，所述植物产地涉及我国现在的19个省。吴氏着重于植物的名与实的考证，通过深入实际的研究，纠正了一些本草学家的错误。书中所附植物

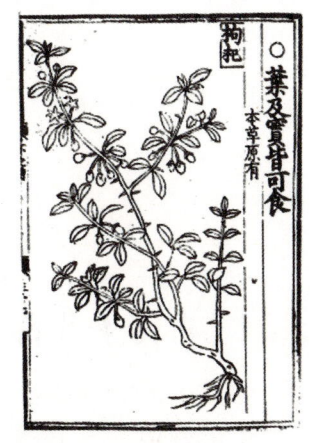

《救荒本草》书影

图绘十分精美，大多是根据植物的生长状态来绘制的，形象逼真，直至今日仍不失为植物分类研究的重要参考资料。本书不仅在本草学方面，而且在农业、林业及园艺等方面都为我们提供了非常可贵的资料，在国际上享有很高声誉，对世界植物学发展也有重要的贡献。

集 部

《古诗十九首》

《古诗十九首》是东汉文人五言诗的集锦,最早见于南朝梁萧统的《文选》。东汉后期党争激烈,政治日渐腐败,官僚垄断仕途,文人士子受到压制。面对这种社会现实,中下层文人士子或为寻求出路,或为避祸,纷纷背井离乡,因此亲戚隔绝、闺门分离。他乡"游子"的乡愁和"思妇"的闺怨也随之产生。《古诗十九首》反映了这种漂泊流离之苦和离别相思之痛,表达了祈求社会安定、渴望家室团聚的愿望。由于诗人们的回归故里与亲人团聚的愿望难以实现,这些诗大都流露出浓重的感伤之情,蕴涵着对社会的强烈不满。同时,这些诗真实地记录和反映了失意文人在仕途上碰壁后所产生的生命无常、及时行乐等颓废情绪。这种诗风对后来的婉约派诗词有一定影响。

《玉台新咏》

《玉台新咏》是一部中国古代诗歌总集,共收录诗歌769首,其中大多为两汉、三国、晋一直到南朝梁代的诗歌。卷一至卷八为五言诗,卷九为七言诗及杂言诗,卷十为五言四句的短诗。该书的序言中指出该书的宗旨是"撰录艳歌",其内容多写男女闺情,题材范围比较狭隘,故后人将其概括为"凡言情则录之""非词关闺阃者不收"。尽管如此,它亦收有不少脍炙人口的优秀作品,比如《羽林郎》《陌上桑》《孔雀东南飞》。许多诗作在主体思想和艺术手法上都达到了相当高的成就。另外,《玉台新咏》保持了大量前代诗歌,使之得以流传。书中所收录的作品大多形式华美雕饰,声律和谐优美,语言既有典丽浓艳的,也有明白晓畅的。该书所收作品,对于研究诗歌形式、体裁的演进,以及校订古籍、补其缺佚,都具有较高的文献价值。

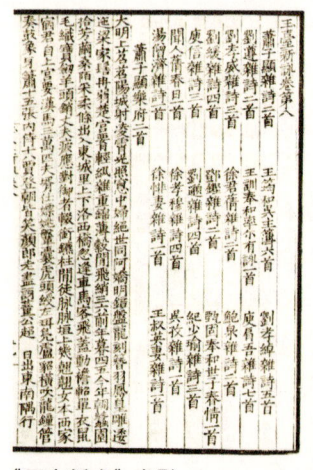

《玉台新咏》书影
《玉台新咏》选录了南梁以前的闺情诗歌,《孔雀东南飞》就始见于此书。

《文选》

《文选》是我国现存最早的诗文总集。因由南朝梁昭明太子萧统组织编选,所以又被称为《昭明文选》。《文选》共30卷,收入了先秦至梁约130家的作品514题,700多篇。从文体上大致可分为诗歌、辞赋、杂文三大类,细分可以分为赋、诗、骚、七、诏、册、令、教等38类,其中赋又有京都、郊祀、耕藉等15门,诗歌又有补亡、述德、劝励等23门。

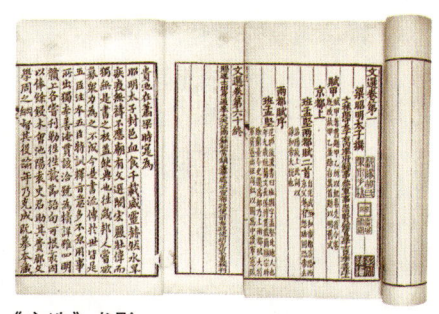

《文选》书影

《文选》问世后,为历代文人所重视,是文人的必读书。

在选录的作品中,文人们已经注意到了文学作品和学术著作的区别,所以《文选》不选六经、诸子百家中的文章。它大体上收录了先秦至南朝梁代初期的重要文学作品,保存了重要的资料,反映了各种文体的发展路径。《昭明文选》历来受到历代文人学者的重视,甚至被当成科举者的必读书,甚至有"《文选》烂,秀才半"的说法。

《文心雕龙》

《文心雕龙》是我国古代文学史上不可多得的文学理论批评专著。作者刘勰,字彦和,莒县东莞(今山东莒县)人,早年家贫,后师学于僧佑,博览群书,晚年出家,死于钟山定林寺中。《文心雕龙》全书共50篇,其中,开头的《原道》《正伟》《征圣》《辩骚》《宗经》这5篇是全书总论,称为"文之枢纽";《明诗》到《书记》等20篇则是对文体的论述;《神思》到《总术》等19篇主要是阐述文章的创作与风格,称为"创作论";《时序》到《程器》等5篇为"批评论";书末附有作者所写的《序志》,是对全书基本内容的介绍。《文心雕龙》对南朝齐梁以前的文学创作进行总结,以儒家思想为基础,中庸思想为主线,夹杂佛道思想,对文学创作从美学角度加以评述,并论述了文学创作的主客观条件及规律。

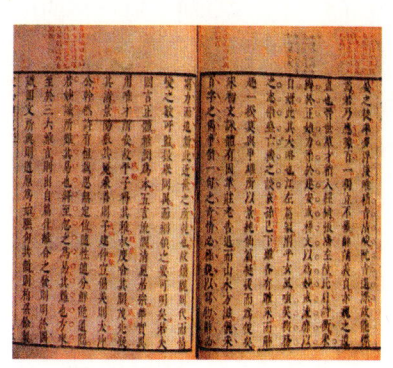

《文心雕龙》书影

《文心雕龙》的版本较多,最早的刻本是元至正本。这个本子是以后各版本的祖本。此外尚有清人黄叔琳的《文心雕龙辑注》、今人范文澜《文心雕龙注》、杨明照《文心雕龙校注》、周振甫《文心雕龙注释》。

《文心雕龙》在我国文学理论史上有着极高的地位,素来有"体大思精"之誉,鲁迅认为它可以和亚里士多德的《诗学》相媲美。

《诗品》

《诗品》是我国第一部诗歌评论专著。作者钟嵘,字仲伟,颍川长社(今河南许昌)人,南朝齐梁时期的文学批评家。《诗品》将从汉代到梁朝的122位著名的五言诗作家,分为上、中、下三品,每品一卷,全书共三卷。钟嵘按照自己的标准,把11人定为上品,39人定为中品,其余72人定为下品。除了品第之外,作者还对作品的优劣发表评论。钟嵘评论诗歌强调"风力",主张清新自然、文辞优美,反对典故堆砌,对苛求声律,空谈玄理持批判态度。书中对诗人诗作的评论十分精彩,比如说曹操"曹公古直,甚有悲凉之句";评曹植"骨气奇高,辞采华茂;情兼雅怨,体被文质;粲溢今古,卓尔不群"。但是,书中把陆机、潘岳等人列为上品,把鲍照、陶渊明列为中品,把曹操列为下品,显然有失公允。但不管怎么说,《诗品》作为我国最早的诗歌评论专著,开创意义还是巨大的,后世的各种"诗话",无不滥觞于此。

《乐府诗集》

《乐府诗集》汇集了从上古时期至唐五代的乐章和歌谣。编者郭茂倩,宋人,生平事迹不详。全书100卷,以辑录汉魏至唐的乐府诗为主。根据音乐性质的不同,所集作品分为郊庙歌辞、燕射歌辞、鼓吹曲辞、横吹曲辞、相和歌辞、清商曲辞、舞曲歌辞、琴曲歌辞、杂曲歌辞、近代曲辞、杂歌谣辞、新乐府辞等12大类。其中郊庙歌辞、燕射歌辞、鼓吹曲辞、舞曲歌辞多为宫廷祭祀、宴享朝会时所用的乐章,属于贵族文学的范畴,思想内容和艺术技巧较差。而相和歌辞、杂曲歌辞、清商曲辞、杂歌谣辞等保存了很多原汁原味的民歌,尤为珍贵。全书每一类有总序,每一曲有题解,对乐曲的起源、性质、演唱配器等均有详尽说明。其中保存了不少已失传著作的内容。《乐府诗集》是成书较早、收集历代各种乐府诗最为完备的一部重要总集,对文学史和音乐史的研究均有重要参考价值。

《孔雀东南飞》诗意图
《孔雀东南飞》是汉乐府中最杰出的篇章。

《全唐诗》

《全唐诗》由清朝康熙年间的彭定求、杨中讷、沈三曾、潘从律、徐树本、车鼎晋、汪绎、查嗣瑮、俞梅等人奉敕编纂,最后由曹寅具体负责刊刻事宜。全书共900余卷,收录2200多人的诗歌作品48900余首。它是在明代胡震亨《唐音统签》和清初的季振宜《唐诗》的基础上,旁采残碑断碣稗史杂书所载,拾遗补阙,会聚而成的诗歌总集,既包括已结集者,又含有散佚者。书中把帝王后妃作品罗列于前;其次为乐章、乐府;接着是历朝作者,按时代先后编排,附以作者小传;最后是联句、逸句、名媛、僧、道士、仙、神、鬼、怪、梦、谐谑、判、歌、谶记、语、古谚、民谣、酒令、占辞、蒙求,而以补遗、词缀于末。它不仅收集了唐代著名诗人的集子,而且包含一般作家及各类人物的作品,全面反映了唐诗的繁荣景象,不失为一部资料丰富和比较完整的唐代诗歌总集。

《唐诗别裁》

《唐诗别裁》,唐代诗歌选集,编纂者沈德潜(1673~1769年),字确士,号归愚,长洲(今苏州)人,清代著名的诗人和诗歌评论家。全书共有20卷,选诗达1900多首,囊括了唐朝各家各派的重要作品,初名《唐诗宗》,意为唐诗之集大成者。后来作者以杜甫的《戏为六绝句》之六"别裁为体亲风雅"之意改现名,表示编者已经剔出"伪本"。编者在选录诗作的时候,秉承"温柔敦厚"的诗教,反对淫靡的诗风。该书前面的凡例极为详细,论及各种体制、流派。书中的作品也都是按照诗体编排,并且对诗人均有概括性的切中肯綮的评价,另外还有按语、眉批、注释,简要精当。长期以来,《唐诗别裁》都是受人推崇的唐诗选本,对后世唐诗的编辑整理有着深远的影响。

《唐诗三百首》

《唐诗三百首》,清代乾隆年间蘅塘退士孙洙编的唐诗选集,全书选诗310首,或作6卷或8卷,基本上按五古、七古、五律、七律、五绝、七绝、乐府等诗体编排。四藤吟社的版本又增补杜甫的3首《咏怀古迹》。该书收录了77人的作品,其中既包括帝王、士大夫等贵族,也有僧侣、歌女,还有无名氏等,但大多数是唐代重要诗人,

白居易《琵琶行》诗意图　明　仇英

唐诗的繁荣

诗歌在唐代繁荣，有赖于繁荣的社会经济和稳定的政治环境；以诗赋取士的科举制度助长了文人的诗歌风气，基于建功立业的理想诗人批判地继承了我国诗歌传统不断推陈出新构成唐诗繁荣的内在原因。

自唐高宗起规定以诗赋作为进士考试的内容，唐玄宗时以诗赋取士已蔚然成风。

唐诗繁荣的原因
- 前代诗歌的广泛积累，为唐诗奠定了坚实基础。
- 唐代经济繁荣，为诗歌繁荣提供了物质条件。
- 科举考诗歌，造成了重视诗歌的社会风气。
- 唐朝政治开明，为诗歌创作提供了"源头活水"。
- 南北文风融合与民族的创造力量促进了唐诗的繁荣。

唐诗繁荣的表现

- **诗歌作品数量多**：清康熙年间编纂的《全唐诗》收录的诗人有2200余人，诗有48900多首，共900卷。
- **诗歌作品的艺术成就高**：诞生了一大批独具艺术风格、成就卓著、流传千古的伟大的诗人，留下了许多家喻户晓、妇孺皆知的名篇佳句。
- **诗歌体裁全面**：古典诗歌的体裁多样，常见的有五言、七言、杂言、歌行、乐府、绝句等，到了唐代，这些诗歌形式都得到了全面的发展。
- **诗歌的影响广泛**：上自帝王将相、王公大臣，下至平民百姓、童子妇人，都对诗歌十分爱好。

康熙四十四年（1705年）三月，康熙将编纂《全唐诗》的任务交给江宁织造曹寅，并将内府所藏季振宜《唐诗》一部发下，作为校刊底本。至次年十月，全书即编成奏上。

国学经典

唐诗的特点

唐诗标志着中国古典诗歌的高峰。唐代诗歌创作繁荣，题材丰富、风格多样、流派众多、体制齐备，作家作品量多质高。唐诗的发展大致经历了初唐、盛唐、中唐、晚唐四个阶段。

唐诗的特点

- **数量众多**：清代康熙年间编定《全唐诗》，收诗48900多首。唐代书籍主要靠手抄，8个世纪后尚有近5万首作品传世，说明这些作品经受了时代的考验。

- **作者广泛**：上自帝王将相，下至贩夫走卒和释道倡优，上自老人，下至几岁的小孩，还有外国作者。其中有个人专集传世的便有600多家（明人统计）。

- **题材多样**：政治、经济、战争、宗教、宫廷、吏治、科举、婚姻、亲情、友谊、羁旅、怀古、山水、田园、动植物等社会与自然现象的各方面唐诗都有所涉及。

- **体制完备**：乐府、古诗、绝句、律诗等在唐朝都已发展成熟，出现了大批优秀作品。楚辞体也有人写作，有些诗孕育着"词"的体裁。

- **技法娴熟**：唐诗在思想和艺术的完美结合上，取得了很高的成就，诞生了李白、杜甫等独具艺术风格、成就卓著、流传千古的伟大诗人。

送孟浩然之广陵

故人西辞黄鹤楼，烟花三月下扬州。
孤帆远影碧空尽，惟见长江天际流。

优秀的诗人总是想方设法将思想感情浓缩到一定的生活画面之中，使人通过具体可感的生活画面去感知和把握。这就是诗的意境。

并重点突出了盛唐时期的李白、王维，兼顾中唐、晚唐如杜甫、李商隐等人。诗的内容大多反映了唐代的社会生活和诗歌风貌。此书原本是为童蒙学习诗歌而编的家塾课本，因编者汲取了《千家诗》易于成诵的优点，该书雅俗共赏、流行久远。

《明诗别裁》

《明诗别裁》是沈德潜与周准合编的明诗选集，全书12卷。他们在编纂此诗集时参照已有的明诗选本，诸如《明诗选》《列朝诗集》《明诗综》等，重新选录进行编定。该集所收录作者自明初的刘基、宋濂等人始到明末陈子龙、张溥等人为止，共340人，选录其诗作1000余首。编纂者以自己所提倡的"温柔敦厚"的诗教为意图和选诗标准，强调诗的"厚人伦，匡政治"的功用，主张古体诗宗汉魏、近体诗学盛唐，推崇前、后七子，排斥公安、竟陵两派，故该集选录前后七子的作品较多，而不能很好地反映明诗的全貌，但从中可见复古派创作的特点。

《花间集》

《花间集》是中国历史上第一部词集，后蜀赵崇祚选编。全书共收温庭筠、皇甫松、韦庄、薛昭蕴、牛峤、张泌、毛文锡、牛希济、欧阳炯、和凝、孙光宪、魏承班、鹿虔扆、阎选、尹鹗、毛熙震、李洵等词人的500首词作。这些词人从晚唐到五代都有，许多不是蜀地之人，所以这部词集堪称晚唐和五代词作的总集。这部词集前面的序言是后蜀宰相欧阳炯所写，对该集做了总括性介绍："今卫尉少卿字弘基（赵崇祚）……因集近来诗客曲子词五百首，分为十卷，以炯粗预知音，辱请命题……乃命之为《花间集》……"《花间集》是按照风格流派选编的词集，"花间"暗喻男女之情，该流派撰写男女艳情、离愁别绪，词风香艳，语言艳丽，风格柔媚。虽然后世儒家对此词集评价不高，谓之格调低下，但因这些词作表达人的真情实感，故而传之久远。

《全宋词》

这是今人唐圭璋编的一部宋词总集。宋词的编辑整理其实从明末毛晋的《宋六十

《少年游·并刀如水》诗意图

名家词》就已开始,其后清代的侯文灿、秦恩复等人的词集层出不穷,晚清时候刊刻词集的风气更盛。但这些词集对于孤篇断句一概不录,不足以探求一代词作全貌。唯独唐圭璋编辑的《全宋词》旨在总辑宋代的词作,广泛搜罗采集,将宋人文集中所附、宋人词选中所选、宋人笔记中所载词作,统统采录,同时还收录类书、方志、金石、题跋、花木谱等所载之词,集中编为《全宋词》。《全宋词》比同类词集收录更为齐备,考订更为精审,并且改正了前人的不少谬误。全书共计收录两宋词人1330余家,词作约2万首。

《宋词三百首》

《宋词三百首》是一部精简的宋词选集。编者朱孝臧(1857~1931年),一名祖谋,字古微,号沤尹,又号疆村,浙江归安人。他历任侍讲学士、礼部侍郎、广东学政,后辞官游览名山大川,吟咏自遣。朱孝臧早年以诗名,终弃诗而专攻词,著有词集《疆村语业》2卷,收入《疆村遗书》。《宋词三百首》是他编辑的一部不朽的词集,共选两宋79家词人283首词,而且两宋并重。所选词人不局限于名家,只要文笔出众,即使是无名小卒亦能入选。故而,该集几乎涵盖了宋代所有著名词作家,其中选词10首以上的是:吴文英25首、周邦彦22首、姜夔17首、晏几道15首、辛弃疾12首、晏殊11首、贺铸11首、苏轼10首。作者对这些词作家按帝王、文士、女流编排,以天然浑成为主旨,尤为精粹。这部词集所选词作的难易程度有一定梯度,便于初学者理解和提高。

《元曲选》

《元曲选》又名《元人百种曲》。该书共10集,每集10卷,每卷1剧,共计100种。其中元人的有94种,元末明初的有6种。该书卷首有编者臧懋循在万历十四年(1586年)的序文2篇,并附有元陶九成、燕南芝庵、周德清、赵子昂、丹邱先生、涵虚子诸家关于戏曲的文章,以及"涵虚子杂剧目"等,内容十分翔实、丰富。它是从许多杂剧秘本和宫廷内府本相互校定精选而成;这本杂剧选集保存了现存元杂剧的2/3。编者旨在尽曲之妙,使后作者有所取舍,因此选择精细,多有整理考订。这本剧作选集科白齐全,语言通俗、通顺,便于阅读和研究。

《元曲选》插图

《全唐文》

《全唐文》，唐朝和五代的文章总集。清政府组织编修，主编董诰。当时孙星衍、阮元、法式善、徐松等许多知名学者都参与了此书的编纂，可谓阵容强大。此书从嘉庆十三年（1808年）开始，直到嘉庆十九年（1814年）修成，历时6年。全书共1000卷，收录3000多位作者，18400多篇文章，可谓卷帙浩繁。此书编排的先后次序为皇帝、后妃、宗室诸王、公主、百官、僧道、列女，每位作家下又按文体分类，并附有小传。这部总集为我们研究唐代文化提供了宝贵资料。

《古文观止》

《古文观止》是中国历代优秀散文的选集。清代的吴楚材、吴调侯编选，经过吴兴祚审定。所谓"观止"，取典《左传》，意思是尽善尽美，暗示此书所选皆是古文精华。该书以散文为主，兼取骈文，时间跨度上起先秦，下迄明末，兼收并蓄，最后收文222篇，分为12卷。该书与《文选》以后的同类作品相比，选录作品时间跨度甚大，但所选作品数量甚少，实属优中选优，宁缺毋滥。此书所选文章的体裁多样，没有派别的偏见。在编排上，此书按时代先后分为7个时期，每个时期都有重点作家作品，每篇作品都有简评。入选的文章多属久经传诵的佳作，值得反复品味。此书以选文精到，篇幅适中，题材多样而备受读者欢迎，一经问世，盛传不衰。

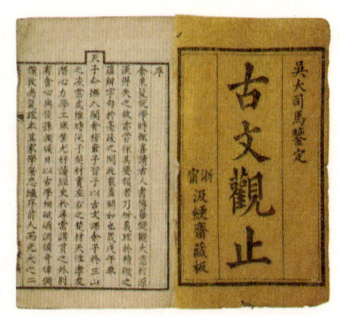

《古文观止》书影

《骈体文钞》

《骈体文钞》，骈体文选集。编者李兆洛，清代学者。姚鼐选编《古文辞类纂》以后，桐城派气势大盛，俨然以文章正宗自居。崇尚美文的李兆洛很不服气，便编纂这部《骈体文钞》，与桐城派抗衡。全书共收历代骈体文774篇，分为3编，各编又按文体分类编排。这里的"骈体文"是个广义的概念，包含所有采用偶句的文体，把先秦诸子散文也涵盖在内，其用意在于标示文章的审美价值，以别于"文以载道"的传统。

《随园诗话》

《随园诗话》是一部诗歌评论集。作者袁枚（1716~1798年），钱塘（浙江杭州）人，字子才，号简斋，晚年自称随园老人。清代著名诗文家、诗论家。该书共16卷，补遗 10 卷，书中记述了许多文坛掌故、文人逸事及亲友作品，其间议论风生，不乏真知灼见和独到的美学思想。作者不赞同沈德潜的"格调说"，推举"性灵""性情"之说。书中论诗重"真""活""新"，讲求写真性情，认为"凡诗之作者，都是性灵，不关堆垛"，所以"作诗不可以无我"。该书强调诗人作诗风格的多样化，反对食古不化。《随园诗话》较多地记述了封建士人低级庸俗的艳事，以至章学诚评道："春风花树多风蝶，都是随园虫变成。"但是，它仍然不失为继叶燮《原诗》之后清代最富有学术价值的著作。

《文苑英华》

《文苑英华》是北宋时期四大部书之一。李昉、徐铉、宋白及苏易简等 20 余人奉敕命于太平兴国七年（982 年）开始编纂，历时 5 年完成。宋真宗、宋孝宗年间又进行修订，最后经周必大、胡柯和彭叔夏复校，于嘉泰元年（1201 年）开始刻版。全书 1000 卷，选录 2200 余作家的近 2 万篇作品。上继《文选》，起自萧梁，下迄晚唐五代，按文体分赋、诗、歌行、杂文、中书制诰、翰林制诰等 39 类，类下设若干门目。校记中还附有别本的异文，可以用以辑补校勘唐人的诗文集。书中唐人作品占绝大多数，其中多数是录自当时流传不多的抄本诗文集。所以，在保存唐代文学作品资料方面，居功至伟。

《古今图书集成》

《古今图书集成》，原名《文献汇编》，是我国古代最大的一部类书。它是由清康熙年间的陈梦雷编纂的，雍正年间由蒋廷锡校订编排，于雍正四年（1726 年）成书。《古今图书集成》共 1 万卷，其中包括目录 40 卷。全书内容分为 6 编，编下分典，典下又分部，部下又分目，依次为：历象编 4 典，分别为乾象、岁功、历法、庶征；方舆编 4 典，分别为坤舆、职方、山川、边裔；明伦编 8 典，分别为皇极、宫闱、官常、家范、友谊、氏族、人事、闺媛；博物编 4 典，分别为艺术、神异、禽虫、草木；理学编 4 典，分别为经籍、学行、文学、字学；经济编 8 典，分别为选举、铨衡、食货、礼仪、乐律、戎政、祥刑、考

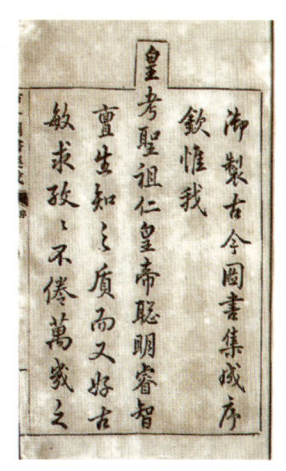
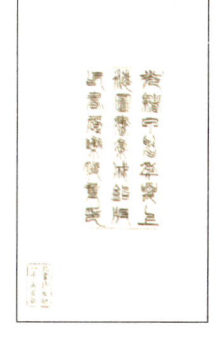

《古今图书集成》书影
《古今图书集成》是清代前期编撰的一部大型类书，此书影为雍正皇帝为其御制的序言。

工。全书编写体例完善合理，内容极其丰富，堪称古代百科全书。《古今图书集成》在学术界有着极其重要的地位，它对我们研究清初以前的历史均具有很高的史料价值。

《四库全书》

《四库全书》是我国清代官修的中国古代最大的一部丛书，清乾隆年间学者纪昀为总纂官。该书的编修开始于乾隆三十八年（1773年），直到乾隆五十八年（1793年）才最终完成，共历时20年。《四库全书》共收书3503种，36304册，79337卷。全书按经、史、子、集分部，部下又分类。其中，经部含10类，分别为易、书、诗、礼、春秋、孝经、五经总义、四书、乐、小学；史部含15类，分别为正史、编年、纪事本末、别史、杂史、诏令奏议、传记、史钞、载记、时令、地理、职官、政书、目录、史评；子部含14类，分别为儒家、兵家、法家、农家、医家、天文算法、术数、艺术、谱录、杂家、类书、小说家、释家、道家；集部含5类，分别楚辞、别集、总集、诗文评、词曲。《四库全书》编成后，分抄7部，分别收藏于文渊阁、文溯阁、文源阁、文津阁"北四阁"和文宗阁、文汇阁、文澜阁"南三阁"。《四库全书》是我国古代文化中的瑰宝，保存了大量我国古代的文献资料。但是，书中有的地方出于政治原因，对原始的文献资料有所篡改，有的原始资料甚至遭到焚毁，对中国文化造成一定程度的破坏。

《绝妙好词》

《绝妙好词》，南宋词选集，选编者周密，字公瑾，南宋词人。全书共分为7卷，收有132家的词作385首。这些作品始自张孝祥，终于仇远。该书编选甚严，但选录标准侧重于格律形式，只录清丽婉约的词作，而对忠愤激昂的词作不大热心，如辛弃疾的作品仅选3首，而姜夔的词却有13首，吴文英的词更多达16首。故清代学者焦循评曰："周密《绝妙好词》所选皆同于己者，一味轻柔圆腻而已。"他的评论还是比较公允的。而张炎则认为《阳春白雪》《花庵词选》不如此选本更为精粹，这又从侧面反映了宋末注重音律形式的"雅词"派的艺术倾向。另外，此书选录的许多名不见史传的宋末词人作品，可谓零珠碎玉，赖此以传，从中可以看出当时词坛不同风格作品并行不悖的繁荣景象，为后人研究宋词风格、流派的演变发展提供了重要参考。

《元曲三百首》

《元曲三百首》是一部元曲选集。诗、词、散曲是中国韵文文学的3个主要门类，其中散曲兴起最晚，发展历史较短，成就也逊于诗词。同时，中国文人向来轻视散曲，认为它是无用的"小道"，所以研究者很少。但作为一种韵文文体，"散曲"的概念长期以来都没有得以厘清，直到1930年，任中敏才在《散曲概论》中做出明确界定：散曲即指元代出现的新体诗歌，是继歌诗、歌词而后起的一种新歌曲；作为音乐文学的一个品类，则特指宋金以来配合时调新声用于清唱的通俗歌词，基本有小令和套数两种样式。

全书选入了元好问、关汉卿、马致远、乔吉、张可久等80多名作家及无名氏的精彩杰作300首，可以说概括了元代散曲中的精华，展示了元曲的大致风貌与发展脉络。所选元曲，兼顾曲家的代表性与曲作题材的广泛性。入选曲作，以小令为主，兼收套曲，大体按年序编排。有此一编，足以了解元曲的概貌。任中敏所辑的这个选本，在普及元曲方面，有着不可替代的作用。

《古文辞类纂》

《古文辞类纂》是古文与辞赋的选集。编者姚鼐，清代著名文学家，桐城派古文大师。所谓"类纂"，意思是分类编排。全书共收从先秦到清代774篇文章和辞赋，书按文体分为论辩、序跋、奏议、书说、赠序、诏令、传状、碑志、杂记、箴铭、颂赞、辞赋、哀祭13个类别。每个类别下，都有文字说明该文体的源流，并且，每篇文章都有点评。此书最大特色是其鲜明的倾向性，选文重在体现"桐城义法"。所谓"桐城义法"，是指桐城派古文的宗旨，"义"指为文要言之有物；"法"指言之有序。为标示"桐城义法"的传承流脉，此书重点选择先秦两汉、唐宋八大家、明朝归有光和清朝桐城派文章。南宋、元、明前期的文章一概不选。此举虽嫌偏颇，却以鲜明的特色受到人们的青睐。该书不仅对研究桐城派思想有重要价值，而且对后世有深远影响。

《全上古三代秦汉三国六朝文》

《全上古三代秦汉三国六朝文》是一部从先秦到隋朝的文的总集。编者严可均，清代学者。全书卷帙浩繁，多达746卷。这部书最大的特点就是全，凡是在古文献，甚或是小说或拓片中能找的单篇文章，广为收罗，即便是只言片语，也不遗漏。全书以时间为序编排，同一朝代又按帝王、后妃、百官、列女、外国、释道、鬼神等次序编排，每位作家都附有小传，每篇文章都注明出处，为后人研究古代文化提供

嵌贝鹿形铜镇　汉
此镇出土于河南省陕县后川。镇可以避免起身落座时折卷席角。汉镇绝大多数做成动物形，"鹿"与"禄"音同，表达了人们祈求富贵的愿望。这件卧鹿铜镇，背嵌大货贝。实用性和装饰性达到了完美的统一。

了极大的方便。

《六十种曲》

《六十种曲》，元明传奇选集。原是大藏书家毛晋汲古阁藏本，后来他请冯梦龙、凌濛初等学者重新选编校订，刊刻行世。原书为丛书，6套，每套10种。后来，这6套书同时刊印，才有了《六十种曲》之名。此书把元明时期传奇中的优秀作品收入其中，较为全面地反映了传奇文学发展的概貌，是我们了解和研究传奇的最佳读本。

《书目答问》

《书目答问》是清代一部丛书目录著作，它是张之洞任四川学政期间编写的。张之洞，字孝达、香涛，号抱冰、无竞居士，清直隶南皮（今河北南皮）人，历任清朝官吏，是晚清时期洋务派的主要代表人物。该书以"经世致用"为指导思想，以解决"应读何书，书以何本为善"为目的，以"中学为体，西学为用"为准则，共收录了具有代表性的书目2000多种。书中将所收书目按经、史、子、集、丛分类，类下所记书目皆选重要及常见版本，书后附有《别录》及《清代著述诸家姓名略》。该书较以前的丛书目录著作有所突破，它首次在经、史、子、集4目外又分"丛"目，同时，它还在书后的《清代著述诸家姓名略》对清朝的学术成就进行了总结。《书目答问》对后世影响很大，书中所用的书目分类方法被后世很多著作所采用，它也是继《四库全书》以来流传最广、影响最大的书目。

说 部

《穆天子传》

《穆天子传》又名《周王游行记》，是一部先秦古书，西晋初年出土于河南汲县战国魏墓。此书记事以日月为序，并详记巡行路线及沿途所见，所以《隋书·经籍志》把它归入史部起居注类。但后人认为此书为传闻故事，多虚构与想象，从而把它列为小说。

此书共6卷，前5卷书中详细记录了周穆王西巡，周行天下之事。书中说，周穆王从宗周出发，越过漳水，经由河宗、群玉山之地，向西到达西王母之国。在那里，周穆王受到西王母热情招待。现代学者研究，穆王的西行路线，是从镐京（今陕西西安）出发，北越太行，经河套折而向西，穿过今甘肃、青海、新疆，到达帕米尔地区的西王母之国。最后一卷记载穆王美人盛姬之死，以及返国归葬之事。书中故事常被诗人用作典故，对传奇小说和戏剧影响甚深。书中资料，虽不乏夸张成分，但也有助于了解古代各族分布、国家友好往来，以及西周时期中西交通以及文化交流情况。

《博物志》

《博物志》是一部笔记体博物学著作。作者张华（232～300年），字茂先，范阳方城（一说今河北固安，一说今河北涿州）人，西晋杰出政治家，以"博物洽闻"著称，后被人陷害而死。旧时人们将《博物志》列入小说类，今天的学者仍然有将它归入志怪类小说集的。但从书中所记载的内容来看，确实应该将它归入博物学类。《博物志》今存10卷，所记内容包罗万象，既有关于自然风光、植物动物、

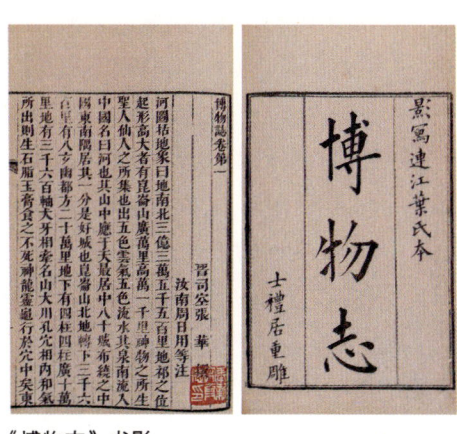

《博物志》书影

105

风土民情的介绍；也有关于神仙故事、奇闻轶事的记载，另外还包括历史人物的传记。正是因为它的内容中掺杂很多荒诞不经的传说和逸事，这也是人们将其归入为小说类的原因。《博物志》撰写所用体例开了有关博物学著作撰写体例的先河，对后世编著博物学书籍起到样本示范的作用。书中有关一些技术的记载，在一定程度上也对古代自然科学的发展起到推动作用。

《搜神记》

《搜神记》是早期的一部神怪小说集。作者干宝（约286～336年），东晋文学家，字令升，祖籍河南新蔡。《晋书·干宝传》说他有感于生死之事，"遂撰集古今神祇灵异人物变化，名为《搜神记》"。干宝认为，自己所记并非荒诞之事，他在序中自称："虽考志于载籍，收遗佚于当时，盖非一耳一目所亲闻睹也，又安敢谓无失实者哉！"此书共20卷，保存了许多古代民间的传说，堪称古代民间传说的总汇，书中众多的传说，如"干将莫邪""相思树""董永卖身""李寄斩蛇""蚕神的故事""盘瓠的故事""细腰的故事"等，大多成为后世文学的题材，并且至今仍在流传。《搜神记》代表了我国魏晋志怪小说中的最高成就，对后世有深远影响。

《世说新语》

《世说新语》，南朝志怪小说集，主编是南朝宋临川王刘义庆（403～444年）。此书也可以看作一本有关汉末、三国至两晋时期士族阶层的言行风貌和逸事琐语的杂史。汉代的刘向曾写过一部《世说》，已散失。《世说新语》原名也是《世说》，为了与刘向的著作相区别，故称《世说新书》，宋代之后改为现用名。全书原有8卷，由刘义庆门下众多文人学士在刘义庆的领导下合力编纂，并力图使全书体例与风格基本一致。后来

干莫炼剑图　清　任预

刘孝标为其作注时分成10卷，现在的版本多为3卷，分德行、言语、政事、文学、方正、雅量、识鉴、赏誉、容止等36门，记述汉末到刘宋时名士贵族的逸事，其中多有人物评论、清谈玄言和机智故事。《世说新语》是当时志怪小说的集大成之作，语言简练传神，含蓄隽永；善于抓住典型，进行概括描写；喜欢通过言行，表现人物性格。此书所记的故事与史实有所出入，但从中可以看出门阀士族的思想面貌，保存了社会、政治、思想、文学和语言等史料，具有较高参考价值。

《太平广记》

《太平广记》为北宋初年李昉、扈蒙、李穆等人奉宋太宗的旨意编纂的一部小说总集，后来被称为北宋四大部书之一。全书总共有500卷，另有目录10卷。该书在编纂过程中取材于汉代至宋初的野史、小说以及释、道两藏等，引书超过400种，而且每条援引都注明出处，只是错误较多。该书按题材分为92类，又分150余细目，其中神怪故事所占的比重最大。《太平广记》作为一部分类编纂的古代小说总集，许多已经失传的书在该书中存有佚文，诸如六朝志怪、唐代传奇就是依赖该书得以流传的。宋元以后的许多小说、戏曲也曾从这本书的故事中取材。

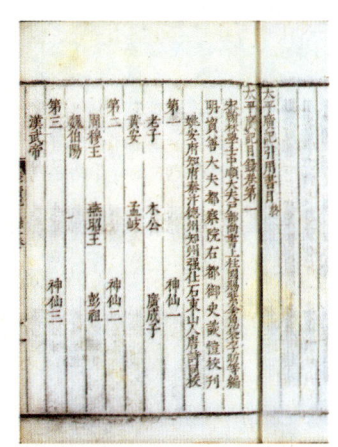

《太平广记》书影

《容斋随笔》

《容斋随笔》，洪迈的随笔集。作者洪迈（1123～1202年），南宋著名学者，字景卢，别号野处，鄱阳（今江西波阳）人，学识渊博，自经史百家以至医卜星算，皆有论述，尤其对宋代掌故更是了如指掌，撰有《容斋随笔》。该书是作者近40年的读书笔记，有《随笔》《续笔》《三笔》《四笔》《五笔》5集，共74卷。笔记的内容多涉及经史典故、诸子百家、诗文词语，其中关于史学的文章水平最高，对宋朝典章制度的记述尤为详细。此书学术价值很高，远远超过一般的笔记。《四库提要》称，"南宋说部，终当以此为首焉"。它与沈括的《梦溪笔谈》、王应麟的《困学纪闻》并传于世。

《三国演义》

《三国演义》是中国文学的四大名著之一，在明朝被列为三大奇书之一。作者罗贯中（约1330～1400年），名本，字贯中，号湖海散人，元末明初小说家，生于杭

《三国演义》故事绣像
此绣像描绘的是《三国演义》中"青梅煮酒论英雄"的故事。

州,祖籍太原。《三国演义》成书之前,已经有众多的文人墨客和无名作者以三国故事为题材,进行了大量的艺术创作。这些作品经历了漫长的流传、发展、演变过程,有的已为人民大众所耳熟能详。罗贯中在对其中的优秀作品进行归纳和梳理的基础上,依据三国正史以及民间传说、话本和各种三国戏,再融入自己的生活体验,创作了这部长篇巨著。《三国演义》着力描写了大约半个世纪的魏、蜀、吴三国的纷争和兴衰过程。《三国演义》的艺术成就是多方面的。首先,在人物刻画方面显示出惊人的技巧。全书400多个人物形象,不管是曹操、刘备、孙权这些群雄之首,还是诸葛亮、关羽、张飞、鲁肃、周瑜、张辽等谋臣勇将,无不刻画得栩栩如生。尤其是对诸葛亮、张飞和曹操的形象塑造可谓出神入化,呼之欲出。其次,对战争的描绘方面,作者把一幕幕惊心动魄的战场、瞬息变化的战斗形势,描绘得各具特色、扣人心弦,显示出战争的复杂性。书中表现出的德治仁政、圣君贤相的社会理想,一定程度上反映了人民群众的爱憎感情、道德观念和愿望。

《水浒传》

《水浒传》是中国历史上第一部描写农民起义的小说。作者施耐庵(约1296~约1371年),名子安,元末明初作家,兴化(今江苏兴化)人,原籍苏州。早年入仕途,郁郁不得志,于是弃职还乡,闭门著述,写作《水浒传》。全书围绕"官逼民反"这一中心思想展开情节,表现了一群不堪暴政欺压的绿林好汉揭竿而起,聚义水泊梁山对抗朝廷,最后在封建思想的指引下接受招安,导致起义失败的全过程。这部小说在历史上第一次从正面深刻揭示了农民起义的社会根源,即上至皇帝和蔡京、高俅一类的佞臣,下至大小官吏的昏庸无能、横行霸道、为非作歹,致使民不聊生,最终使得原已尖锐的阶级矛盾激化。这部小说的鲜明特征在于,它没有站在统治阶级的立场上,而是对封建统治者视为"盗贼草寇"的起义农民给予充分肯定。因为这部书来源于话本,其语言具有高度口语化的特点,这使得它的语言更为明快、洗练、生动、准确、富于表现力,并在人物个性化上取得了很高的艺术成就。

《西游记》

《西游记》是中国神话小说史上最优秀的作品。作者吴承恩（1501～1582年），明代小说家，号射阳山人。屡试不第，中年以后才勉强补为岁贡生，得任县丞一类的小官，后辞官回乡。晚年的吴承恩，寄兴于诗酒，最后贫病而死。《西游记》中的许多故事在民间流传已久，经过了无数民间艺人的加工和创作，由吴承恩最后完成。《西游记》全书分为3部分，第一部分写孙悟空的出身和大闹天宫，第二部分写唐僧的身世和取经的起因，第三部分写孙悟空保护唐僧到西天取经，一路上降妖捉怪，历尽苦难，取回真经的过程。这部作品生动地塑造了孙悟空蔑视皇权、敢拼敢打的英雄形象，以及恪守教条、迂腐顽固、是非不分的唐僧形象和憨厚纯朴、吃苦耐劳，但贪馋好色、嫉妒心强、斗争性不够坚定的猪八戒形象等，讴歌了反抗权威、蔑视封建等级制度的叛逆思想和正义、无畏、勇敢的斗争精神。在塑造各色神魔形象的时候，既表现他们超自然的神性和动物属性，又不偏离其社会化个性。比如孙悟空灵活多变、急躁、好动的个性是猴的特点，但这一特性与他乐观反叛的人格个性和谐地融为一体。浓郁的浪漫主义色彩是《西游记》的基本艺术特征。它模拟了一个类似人间的神仙世界，这个世界有威严不可一世的玉皇大帝、太上老君，各色佛教徒、残暴的妖魔。其实这些角色在人间都可以找到。在书中那个超自然的世界里，各色神话人物、神奇法宝和所处的环境大都有现实的基础。这使得作品既有色彩瑰丽的奇想，又不失细节的真实性。

《西游记》图册　清

明代吴承恩的《西游记》问世后，各种表现唐僧师徒取经故事的艺术题材相继涌现，如诗歌、绘画、书法、雕塑、建筑等，不仅有巨大的美学价值，而且在民俗学、社会学上也有不小成就。《西游记》图册由清代康熙时期的四大书法家之一的陈奕禧书写上简单的文字说明，图画生动传神，富有想象力，图文并茂，使故事情节经过图片与文字得到更好的体现和延伸。

《金瓶梅》

《金瓶梅》是中国第一部以家庭日常生活为素材的长篇小说。作者署名兰陵笑笑生，但这位"笑笑生"系何人，有待考证。这部作品将《水浒传》中西门庆与潘金莲的故事作为切入点,说潘金莲未被武松杀死,嫁给西门庆为妾,继而转入小说的主体部分,描写西门庆家庭内发生的一系列事件。作者将小说中3个主要女性(潘金莲、李瓶儿、庞春梅)的名字各取一字组成书名,富于特色。《金瓶梅》是以北宋末年为背景,但其中的社会面貌、思想倾向却有鲜明的晚明时代的特征。小说着重描写了富商西门庆依赖金钱的巨大力量,勾结官府恣意妄为,纵情享乐,尤其在男女之事方面永无休止地追求刺激和欢娱,表现出整个社会肌体正为一种邪恶的思想势力和社会力量所侵蚀,日益走向堕落破败。而小说最后以西门庆肆意宣泄身亡喻示了这种思想势力和社会力量在当时的社会环境中难以成长。这部小说以前所未有的写实笔触,描绘出当时活生生的社会状态,并且淋漓尽致地表现了在当时的社会状态中最为复杂的人性特征,实属难能可贵。

三言二拍

《金玉奴棒打薄情郎》年画
这个故事出自冯梦龙的《喻世明言》,主要内容是:团头金老大将女儿玉奴嫁与穷秀才莫稽,后莫稽中举得官,嫌弃玉奴门第贱卑,在上任途中将金玉奴推入江中,玉奴幸遇淮西转运使许德厚相救,向许公夫妇诉说原委,被许公认为义女,后许公以嫁女之名,将玉奴配于莫稽,莫稽欢喜异常,洞房之夜,玉奴棒打薄情郎,在许公调解下,最终夫妻和好。年画所表现的就是莫稽推妻坠江一节。

"三言"是指明代冯梦龙所编著的《喻世明言》《警世通言》和《醒世恒言》,"二拍"是指凌濛初编著的《初刻拍案惊奇》和《二刻拍案惊奇》。因"三言"和"二拍"编著年代相近,内容形式类似,所以后人将它们合称为"三言二拍"。

"三言"是我国文学史上第一部规模宏大的白话短篇小说总集,也是白话短篇小说发展历程上由民间艺人的口头艺术转为文人作家的案头文学的第一座丰碑。它是冯梦龙收集了120篇宋元和明朝的话本及拟话本,并进行了加工润色而成。它的题材广泛,内容复杂,广泛反映了晚明市民的生活面貌和思想感情。"二拍"是凌濛初根据野史笔记、文言小说、社会传闻等模仿"三言"创作而成的,共80篇。它反映了当时市民生活中追求财富和享乐的社会风气,同时也反映了资本主义萌芽时期人们渴望爱情和平等的自由主义思想。"二拍"标志着我国古代白话短篇小说实现了由集体创作到个人创作的转变。"三言二拍"在我国古代流传很广,许多故事脍炙人口,在中国文学史上也占有重要地位。

《红楼梦》

《红楼梦》是一部震古烁今的伟大文学作品。作者曹雪芹（1715～1762年），清代最杰出的文学家，名霑，字梦阮，号雪芹，又号芹圃。全书以贾宝玉、林黛玉的爱情为线索，以大观园的风月繁华为总背景，在此基础上，它通过对贾、王、史、薛四大家族兴衰荣辱的描写，展示了一幅广阔无边的社会风俗画卷，其包罗万象，囊括了中国封建社会多姿多彩的世俗人情。

林黛玉像

它再现了整个时代的风貌，堪称封建末世的百科全书。《红楼梦》成功塑造了数以百计的贵族、平民、奴隶出身的女子的悲剧形象，深刻揭露了封建大家族中的各种错综复杂的矛盾，表现了封建制度下的道德、婚姻、文化的腐朽和堕落，微妙、曲折地反映了那个社会必将走向崩溃、没落的历史趋势。全书歌颂了封建贵族中的叛逆者和违背礼教的爱情，全面而深刻地揭示了贾、林之间爱情悲剧的社会根源，批判了以贾府为代表的四大家族奢侈的用度、虚伪的礼法、长幼的淫乱、骨肉的内讧，以及他们的专横跋扈、残忍无度。对那些被压迫、被剥削的劳动人民与没有人身自由的奴婢，尤其在封建社会受压迫最深的妇女则寄予了深深的同情。这些都体现了作者的反抗精神和追求个性自由的朦胧的民主主义思想。《红楼梦》是中国成就最高的古典文学巨著，是中国古典文学的巅峰之作，是全人类的文化瑰宝。

《聊斋志异》

《聊斋志异》，中国古代最杰出的短篇小说集。作者蒲松龄（1640～1715年），字留仙，山东淄川人。屡试不第，直到晚年才援例成为贡生，使他悲愤交加。他怀着科场失意的愤懑，用毕生的心血创作了文言小说集《聊斋志异》。全书有短篇小说431篇。该书题材非常广泛，内容极其丰富，按思想内容可分为3类，其一是揭露统治者对人民的残酷压迫，反映人民的反抗斗争，如《野狗》《公孙九娘》等篇描写了清初统治者对无辜百姓的血腥屠杀；其二是揭露科举制度的腐朽，如《神女》《司文郎》《于去恶》等作品抨击了科场的行贿受贿和营私舞弊，而且言辞激烈，感情充沛；其三是反对封建礼教，赞扬真诚的爱情与婚姻，如《青凤》《婴宁》《小谢》等作品，反映了广大青年男女对美好爱情的向往和追求。这些作品通过谈狐说鬼的手法，对当时社会的腐败、黑暗进行了有力批判，在一定程度上揭露了社会矛盾，表达了人民的愿望。《聊斋志异》是一部积极浪漫主义作品，作者善于运用大量虚构情节，冲破现实的束缚，表现自己的理想。《聊斋志异》的艺术成就很高，成功地塑造了众多鲜明生动的艺术典型，情节曲折离奇，布局严谨巧妙，文笔简练，描写细腻，堪称中国古典短篇小说的高峰。

《儿女英雄传》

《儿女英雄传》初名《金玉缘》，曾名《日下新书》，是我国小说史上最早出现的一部熔侠义与言情于一炉的社会小说。作者文康，生卒年不详，姓费莫，字铁仙，号燕北闲人，满族镶红旗人，大学士勒保之孙，家世显赫。此书共计40回，描写了清朝康熙雍正年间的一桩公案。书中的主人公十三妹，其父亲遭朝廷大员纪献唐杀害，十三妹无处申冤，浪迹天涯，学得一身武艺，欲报血海深仇，途中遇到安骥与张金凤，结果还未及为父报仇，纪献唐获罪遭诛。后来经张金凤与众人的撮合，十三妹嫁给安骥。十三妹前段仗义行侠，英气外发；后段嫁为人妇，又尽显儿女情态，堪称儿女英雄之典范。《儿女英雄传》揭露了封建官场吏治的腐朽，道尽科举文化的丑态，是一部不可多得的写实侠义小说。这部小说艺术成就很高，全书故事性很强，娓娓动听；语言生动幽默，绘声绘色，问世以来一直为人们所称道。

《儒林外史》

吴敬梓像

《儒林外史》是中国古代最杰出的讽刺小说。作者吴敬梓（1701～1754年），字敏轩，号文木老人，原籍安徽全椒，后因厌烦家族内部纷争而移居南京。晚年的吴敬梓穷困潦倒，最后客死扬州，但他所著的《儒林外史》，是永垂不朽的伟大现实主义巨著。该书由许多各自独立的故事连缀而成，重点揭示封建士人的生活和心态，着力塑造两个被科举制度捏弄得既可怜又可笑的人物——周进和范进。作者在周进的故事中侧重讲述他本人发科前后命运的落差；在范进的故事中除了描述其本人的遭遇外，还描写了其周围各色人物的丑态。该书表面上描写明代的生活，但实际上展示了中国18世纪的社会风情。这部小说描写了不同类型知识分子的生活场景，对他们的心灵空虚、精神堕落以及无聊举动进行了鞭辟入里的剖析,无情地抨击了封建科举制度,预示了封建社会没落、崩溃的必然趋势。《儒林外史》以寓庄于谐的叙事文笔,将百态世象刻画得栩栩如生,代表了中国古典讽刺文学的最高成就。

《镜花缘》

《镜花缘》,带有浓厚神话色彩、浪漫迷离的中国古典长篇小说。作者李汝珍(约1763～1830年),字松石,直隶大兴(今属北京)人,科举无成,只做过几年县丞一类佐杂官职,学问广博。《镜花缘》共计100回,书中讲述了武则天时代的一个海外奇闻。小说前半部分主要写落第秀才唐敖与多九公等人出海远游,在"君子国""长人国"等海外诸"神话国家"的奇异经历,以及后来到小蓬莱求仙隐居的生活;后半部分主要写武则天时期,百名才女参加皇帝所设的女试,以及考取功名后在一起饮酒游戏、赋诗谈笑的欢快情景。作者在书中对海外诸国经历的描绘,充满了瑰丽奇幻的想象力,堪称一幅绚丽斑斓的天国彩图。这部作品幽默诙谐、活泼有趣,委婉曲折地表达了对现实社会的不满,具有一定的民主思想,同时,又蕴含着人生空幻和哀悼女子不幸命运的意识。

镜花缘图册　清　孙继芳

《官场现形记》

《官场现形记》是晚清优秀的遣责小说。作者李宝嘉(1867～1906年),著名小说家,字伯元,号宝凯,别号南亭亭长,江苏武进人。这部小说刻画了形形色色的官僚人物,将他们不择手段谋求升官发财的丑态刻画得淋漓尽致。这里的官员,既有军机大臣、总督巡抚、提督道台,也有知县典吏、管带佐杂。他们或出卖国家矿产、吞没救灾款,或借生日、办喜事大捞钱财,或让老婆拜大官的小丫头做干娘,甚至不惜把亲生女儿送给好色上司以保位升官……凡此种种,不一而足。《官场现形记》揭露了官场的种种罪恶,触及了近代社会的深层矛盾,集中暴露了封建社会崩溃时期官僚机构的腐朽与没落，惟妙惟肖地刻画了官员们的龌龊卑鄙、昏聩糊涂、腐败堕落，堪称封建末世官场的百丑图。鲁迅先生说："凡所叙述，皆迎合、钻营、蒙混、倾轧等故事，兼及士人热心于作吏，及官吏闺中之隐情。"《官场现形记》是清末谴责小说中最早的，也是最有代表性的一部。

《老残游记》

《老残游记》是晚清伟大的现实主义作品。作者刘鹗（1857～1909年），字铁云，别署鸿都百炼生，江苏丹徒人，生于封建官僚家庭，精通算术和医道，先后为河道总督吴大澂、山东巡抚张曜的幕僚，见闻颇丰，晚年著成《老残游记》一书。该书分两集，初集20回，续集9回。

全书以江湖医生老残为中心，以第一人称的口吻叙述其游历的所见所闻，揭露了封建官僚的昏庸、残暴。

《老残游记》书影

书中着力刻画了那些自诩为清官的道府官员，他们假装清廉，实则刚愎自用，残害百姓，为了个人仕途不惜用人血染红顶戴。作者揭露了"清官"之可恨，尤甚于赃官。全书在艺术描写方面也别具特色，给人耳目清新之感，如白妞说书、大明湖景致、黄河破冰等片段，尤为精彩。

蒙 学

《三字经》

  《三字经》是我国最具影响力的三大儿童启蒙读物之一。它与《千字文》《百家姓》合称为"三百千"。关于该书的作者，有多种说法，今人普遍认为，它是南宋时期的王应麟所作。《三字经》全书仅为1128字，每3个字为1组，共分376组。《三字经》在编写上十分符合韵律，读起来朗朗上口，易于背诵。书中所涉及的内容广泛丰富，包括经史子集、百家之说、历史地理、圣贤故事以及英雄事迹等很多方面。书中收录的内容通俗易懂、生动活泼，利于儿童诵读及理解。该书既具有学文识字、增广见闻的功能，同时也有灌输封建伦理道德观念，进行封建政治思想教育的作用。《三字经》一书对后世影响极其深远，一经问世，就被广泛流传。后人也多有对它进行增订或注释的，今天它已是家喻户晓的一部蒙学读物，被称为"蒙学之冠"。

窦燕山教子图轴　清　任薰

窦燕山，本名窦禹钧，五代时后周渔阳人，后居幽州，因其地属燕山，故名窦燕山。以词学闻名。持家克俭，乐善好施，高义笃行，曾建书院四十间，聚书数千卷，请名儒执教，并供给衣食。《三字经》有"窦燕山，有义方"句。其五子相继连科及第，皆成人才，时号燕山窦氏五龙。画面中屏风岿然，窦燕山捧卷斜坐榻上，身着便服，慈眉善目，方颐阔耳，须鬓飘逸，儒雅之风充溢画端。此时，他正教导身前幼子背诵诗书。幼子踌躇满志，斜视旁边专心读书论诗的兄长，羡慕之余，暗握拳头，发誓紧追兄长，成就大业。窦燕山身边书卷堆砌，身后仆人抱书而立。旁边女仆袖手而立，望着主人，现喜色。本画用笔细劲，人物神情刻画惟妙惟肖，衣纹运笔多以钉头鼠尾描，转折处劲健有力。设色古朴，构图疏密得体。

《百家姓》

关于《百家姓》作者,历来都有争议,学术界也持有很多观点。但今人普遍认为,《百家姓》应为北宋初年钱塘(杭州)的一位儒生所作。《百家姓》是我国流传时间最长、流传范围最广的蒙学读物之一,与《三字经》《千字文》齐名。在古代,《百家姓》与《三字经》《千字文》相配合,作为我国古代蒙学教育的固定教材。全书采用四言体例,句句押韵,最初成书时,共收录了411个姓,后经历代增补,今天我们看到的版本共收录了568个姓,其中单姓507个、复姓61个。《百家姓》一书的内容虽然没有文理,实用性却非常强,读起来很顺口,而且易学好记。《百家姓》对后世影响非常大,是我国古代蒙学的经典教科书。时至今日,《百家姓》依然有很大的实用意义。

《千字文》

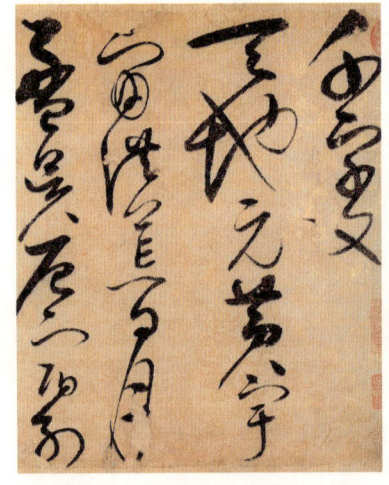

草书千字文　宋徽宗
宋徽宗疏于国事却擅长书法绘画,是历史上有名的文人皇帝。他的草书千字文在历代名人所书千字文中也堪称精品。

周兴嗣(?~521年),字思纂,南朝梁陈郡项(今河南沈丘)人。据史书记载,梁武帝选取了王羲之书写的1000字,命周兴嗣编成有内容的韵文,周兴嗣在一夜之间将它编成《千字文》。《千字文》书如其名,全书共1000字,除"洁"字重复一次外,其他各不相同。全文共250句,每句4字,是我国早期的蒙学课本。《千字文》并不是简单地把1000个字罗列堆砌起来,而是一篇内容涉及自然、社会、历史、道德等多方面的知识,条理清晰,朗朗上口,包含很深寓意的文章。全书可分为4部分:第一部分是对人类社会产生历史的介绍;第二部分则是讲人的道德修养;第三部分是介绍一些政治常识;第四部分则是作者哲学思想的体现。

《千字文》是我国最优秀的一篇训蒙教材,用1000个汉字勾画出一部完整的中国文化史的基本轮廓,代表了中国传统教育启蒙阶段的最高水平。

《千家诗》

《千家诗》由宋代的刘克庄(号后村)选编。所选的诗有五绝、五律,也有七绝、七律,总数200首左右,都是一些名家的名篇,诗句明白浅显,富有时代气息,朗朗上口,易学易懂,在旧时多作为儿童学诗的启蒙读物;而且接近生活,题材多样,咏物拟人，富有情趣。书中的诗大都立足于社会现实，来自现实生活，故易为人们尤其儿童所接受，流传极为广泛。清人瞿颢的评价是："宋刘后村克庄有分门纂类唐宋千家诗选，所录惟近体，而趣尚显易，本为初学设也。今村塾所谓千家诗者……诗仅数十家，而仍以千家为名……"然而究竟有多少呢？实际上是122家，即唐代65家，宋代52家，五代1家，明代2家，无名氏作者2家。选入诗作最多的是杜甫，共25首；然后是李白，共8首；女诗人只选了宋代朱淑真两首七绝。

《弟子规》

《弟子规》是一部蒙学经典，所谓"弟子"，不是一般的意义，而是指要做圣贤弟子，而"规"则是"夫""见"二字的合体，意思是大丈夫的见识。"弟子规"便是说，要学习圣贤经典，做圣贤弟子，成为大丈夫。《弟子规》就是其入门读本。此书原名《训蒙文》，作者李毓秀（1662～1722年），清朝康熙年间的秀才。他采用《论语·学而篇》："弟子入则孝，出则悌，谨而信，泛爱众，而亲仁，行有余力，则以学文。"把全书分为五个部分，具体列述弟子在家、出外、待人、接物与学习上应该恪守的守则规范。后贾存仁加以改编，改名《弟子规》。此书是启蒙养正，教育子弟远邪小、走正道，养成忠厚家风的必备读物。

《增广贤文》

《增广贤文》，又称《增广昔时贤文》，是我国古代一部蒙学课本。关于该书的作者和成书年代，今已无从考证。今大多数人认为此书应成于清朝时期。《增广贤文》一书主要是收录了一些为人处世和待人接物等方法原则的格言警句，其编纂目的主要是为了对人从思想道德、伦理品质等方面进行教育。全书篇幅不长，句子长短不一，基本上每句都采用对偶的形式，读起来十分富有节奏感和韵律感，朗朗上口，易于背诵。书中所收的格言警句，有很多都是民间广为流传的俗语、谚语，这样一来就很容易让下层人民接受和理解。书中很多格言警句到今天仍被广泛流传和使用，如"有意栽花花不开，无心插柳柳成荫""画虎画皮难画骨，知人知面不知心""路遥知马力，日久见人心"等。

《增广贤文》一书对后世影响很大，流传范围也非常之广，书中很多思想都是我国传统美德的体现。但是，书中也不免存在着一些封建消极糟粕思想。

《童蒙须知》

《童蒙须知》，蒙学读本，由宋代大儒朱熹编订。朱熹认为，蒙学应该易知易从者，教育子弟，应于日常生活着手，重在切实可行。所以，朱熹编订《童蒙须知》，

图解·国学知识

学堂图　唐　敦煌壁画
寺学是寺院设置的义学。这幅敦煌壁画，展现了学堂生活的一幕：老师端坐屋内，助教在院里正在体罚一名学生，厢房中的同学们纷纷向院里张望。

对儿童提出要求，分为衣服冠履、言语不趋、洒扫涓洁、读书楔子、杂细事宜等目，对儿童生活起居、读书学习、洒扫应对、道德行为等做了详细规定，以此作为养成习惯、培养道德、修养身心的入门之阶，为未来的修身齐家打下基础。

《幼学琼林》

《幼学琼林》，原名《幼学须知》，清嘉庆年间邹圣脉将原书改名为《琼林》，又名《成语考》《故事寻源》，是我国古代著名的蒙学课本。作者程登吉，字允升。程登吉生卒年及生平事迹不详，史书记载很少。这部蒙书共4卷，分33类，所含内容极其丰富，所涉领域也极其广泛，包括天文地理、历史神话、科举制度、婚丧嫁娶、衣食住行乃至鸟兽花木、处世之方等。另外，书中还收录了很多包括自然、历史、社会、伦理等方面内容的成语典故、格言警句，堪称一部供儿童阅读的"小百科全书"。全书在编写上比较科学，对所论内容的分类编排也比较合理，语言通俗易懂，而且采用骈文记写，读起来朗朗上口，易于背诵。

《幼学琼林》对后世影响极其深远，可以与《三字经》《百家姓》《千字文》等著名童蒙学著作相媲美。该书与《增广贤文》齐名，有"读了《增广》会说话，读了《幼学》行天下"之说。

古代哲学

古代哲学命题

气

"气",在中国古代哲学中是一个特别重要而又非常复杂的概念,在不同的典籍中有着不同的内涵。从根本上来讲,"气"体现的是关于物质存在和运动的哲学范畴,具体说来,中国古代学者从以下几个意义上阐释"气"这一基本概念。首先,气是运行不息而且无形可见的一种极细微的物质,是构成宇宙万物的本原或本体,如《庄子·知北游》说:"人之生,气之聚也。聚则为生,散则为死。"另见《列子·天瑞》:"夫有形者生于无形,则天地安从生?故曰有太易,有太初,有太始,有太素。太易者,未见气也;太初者,气之始也;太始者,形之始也;太素者,质之始也。气,形质具而未相离,故曰浑沦。"其次,气分为阴阳二气或五行之气,各种气之间的交互运动,推动着宇宙万物的发展与变化,如《老子》说:"万物负阴而抱阳,中气以为和。"周敦颐在《太极图说》里讲:"二气交感,化生万物。万物生生,而变化无穷焉。"气充塞于宇宙万物之间,与万物相互渗透,是万物之间相互感应的中介物质,令万物之间相互联系,相互影响,从而使万物处于和谐有序的运动之中并且相互感应而构成一个有机的整体。气也同样地存在于人体之内,是人体生命的体现,是推动和调控人体生命活动的动力源泉,人的生命状态与气密切相关,气的运动停止标志着人体生命活动的终结,如《管子·枢言》所说:"有气则生,无气则死,生者以其气。"人要保持健康的身体,则必须认真保养运行于人体中的气。气还表现了一种崇高的道德状态和人生修养境界,即孟子所言的"至大至刚,以直养而无害,则塞于天地之间"的"浩然之气"。

道

"道",在中国古代哲学中是一个表达宇宙本源与自然规律的范畴。"道"字的原本意义是指供人行走交通的路径,后来引申为一种抽象的含义,用来表达道理、道义,而作为一个哲学概念来表述,则始于老子。道家的经典著作《老子》,分为《道经》与《德经》两部分，因而又合称为《道德经》。老子超越了纷纭变幻的凭人类感性所能觉知的经验范围，而将人事运行做了一种形而上的思索和阐发，在其思想体系中，"道"是一个核心性的概念，"道"字在5000余言的《老子》一书中出现达70余次之多。概括而言，"道"在老子看来基本有两种含义：一种是作为宇宙本原的"道"，一种是作为自然规律的"道"。到了庄子那里，"道"的意涵又有了新的表述："夫道有情有信，无为无形，可传而不可受，可得而不可见；自本自根，未有天地，自古以固存；神鬼神帝，生天生地；在太极之先而不为高，在六极之下而不为深，先天地生而不为久，长于上古而不为老。"庄子认为，得"道"者可以达到一种"天地与我并生，万物与我为一"的逍遥境界，即是后来所传称的"得道成仙"。"道"，成为宇宙人生的真谛，代表着人生所能达到的最高修化。而"道"并非道家哲学的专有概念，儒家也有关于"道"的论述，例如西汉董仲舒曾说："道之大原出于天，天不变，道亦不变。"但儒家思想中的"道"基本上指的是更为实在的自然与社会的运行秩序和发展规律，并不如同道家之"道"那样的高深玄妙。唐代韩愈则用"道"来阐发自上古尧舜时期以来直至孔孟历代相延传的中国正宗的文化价值系统。宋代朱熹又将"道"表述为"天理"，指出："理也者，形而上之道也。"朱熹由此把"道"提升至本体论的范畴来阐述，从而使"道"成为儒家学说中的一个核心概念。总体而言，"道"的阐释基本体现于宇宙本体和事物运行规律这两重意义上。

太极

"太极"在中国古代哲学中是用来表述宇宙本原及其无限性的一个概念，"太"有至的意思，"极"则为极限之义，"太极"就是至于极限，无有相匹，既包括了至极之理，也包括了至大至小的时空极限。"太极"一词最早见于《易经·系辞传上》："易有太极，是生两仪，两仪生四象，四象生八卦。"其中的"太极"即为天地未开、阴阳未分之前的混沌状态。"两仪"即为太极的阴、阳二仪，其意指浩瀚宇宙间的一切事物和现象都包含着对立而相依的阴和阳两个方面，而它们之间

太极图

的这种既互相对立斗争又相互滋生依存的关系，既是事物存在的一般规律，是宇宙中万事万物的纲领和由来，也是一切事物产生与毁灭的根由所在。这其中包含着朴素的哲学辩证法，是中国古代哲学思想的光辉体现。北宋周敦颐在《太极图说》中又提出"无极而太极"的命题，太极也被理解成阐明宇宙从无极而太极，即从无到有，从无形无象的元始以至混沌初蒙，而再至万物化生的自然过程。

阴阳

"阴阳"是人们把握和描述事物的对立统一属性的哲学范畴,阴阳这一观念产生于人们对天象的观察,其最初含义是很朴素的,用来表示阳光的向背,向日为阳,背日为阴,后来则引申为气候的寒暖、方位的上下、状态的动静、性质的刚柔等普遍的两两对立的范畴。中国古代的哲学家们认为自然界中的一切现象都存在着既相互对立而又相互依存的关系,于是就用阴阳这个概念来解释自然界两种相互对立同时又相互消长的物质势力。《易经·系辞传上》中"一阴一阳之谓道",《素问·阴阳应象大论》中"阴阳者,天地之道也,万物之纲纪,变化之父母,生杀之本始",意思是说,阴阳的这种对立统一的运动规律是自然界一切事物运动变化固有的规律,世界本身就是阴阳二气相互作用互为运动的结果。周敦颐的《太极图说》中有这样的表述:"无极而太极。太极动而生阳,动极而静,静而生阴,静极复动。一动一静,互为其根。分阴分阳,两仪立焉。""(阴阳)二气交感,化生万物。万物生生,而变化无穷焉。"这是中国古代哲学中对于阴阳概念最为完备的阐述。阴阳学说,是中国古代朴素的唯物论和自发的辩证法思想,这种学说对中国古代哲学思想的发展有着极为深远的影响,并且广泛地体现于医学、音乐、数学、化学、天文学等多个领域的科学和文化知识体系建构之中。

五行

"五行",是中国古代哲学中在阴阳之外的又一个重要的基本概念,是用来表述宇宙和社会属性及其变化规律的范畴系统。同阴阳的概念一样,五行最初的含义是指5种具体的物质,即水、火、木、金、土这5种在人们生活中占有重要位置的基本物质,并且人们认为宇宙间的万物都是由这五种基本物质构成的。这同古希腊恩培多克勒的"四元素说"(水、火、土、气)类似。中国古代哲学中之所以选择用"五"这个数字,是与中华民族对"五"这个数字有一种特殊的情感偏好有关,《易经·系辞传下》曰:"天数五,地数五。"中国古人对"五"有一种带有神圣意味的崇拜之情。另外,中国的五行概念有着比古希腊的四元素说远为丰富的内涵,"五"代表着五种基本物质,而"行"则含有运行的意思,五行之间有着相生和相克的关系。具体说来,木生火、火生土、土生金、金生水、水生木;水克火、火克金、金克木、木克土、土克水。战国时期著名的阴阳家邹衍就是用五行相生相克的原理来阐释宇宙自然与人类社会的发展演变。五行的概念起源于何时并没有确凿的依据可以查考,但在《尚书·洪范》中已经有明确的阐述:"五行:一曰水,二曰火,三曰木,四曰金,五曰土。"《国语·郑语》中也有:"先王以土与金、木、水、火杂,以成百物。"五行在哲学思想中不仅指代五种基本的物质，而且延伸至事物所具有的五种基本的属性，广泛地应用于各种思想学说和知识体系中，五行与阴阳结合而形成的阴阳五行学说，是贯穿中国古代哲学思想的一项基本原理。

八卦

"八卦"中的"卦"，是一个会意字，从圭，从卜。圭，指土圭，是一种以泥做成的用于测日影的土柱；卜，为测度之意，测度的方式为在四正四隅八个方位上分别立圭，而后将观测到的日影加以记录和总结，也就形成了八卦的图像。又一说是"卦"字的右边"卜"字，是象形，表示在地上竖立杆子，右边那一点代表太阳的影子；"卦"字左边的"圭"字是尺子，用来测量影子的长度位置，所谓八卦，就是在地之八方对日影进行测量之结果的记录。两种说法对于"卦"字两部分构成的解释不尽相同，但作为"八卦"这一整体概

文王演易

念的表达则基本是一致的，即八卦表示的是对日影从八个方向进行测量的记录。通过这种长期的观察和测量，人们逐渐掌握了春夏秋冬的季节更替规律，从而用于指导农业生产和日常生活。后来八卦演化成为一套有象征意义的符号，其基本单位是爻，爻有阴阳两类，阳爻表示阳光，阴爻表示月光，用"—"代表阳爻，用"--"代表阴爻。每卦有三爻，代表天地人三才。三才的天部，意指天体运行和气象变化，即星象之学，又称天文；地部指观测日影来计算年周期的方法，从而知晓地面事物的运行状况，即地理；人部把握天文、地理和人事相结合，以便按照这些规律来从事生产和生活。用3个这样的符号，共组成8种形式，叫作八卦。八卦代表8种基本物象：乾为天，坤为地，震为雷，巽为风，艮为山，兑为泽，坎为水，离为火，总称为经卦。八个经卦两两组合，则构成六十四卦。这样八卦就成为一种哲学上的概念，用来表示宇宙、社会与人生中各种事象的运行状况。关于八卦，最早的资料来自西周的《易经》，其书记载："易有太极，是生两仪。两仪生四象，四象生八卦。"据考证，所谓太极即宇宙之原始，两仪指天地，亦可称为阴阳，四象就是四季天象，长日照的夏季称为太

阳，短日照的冬季称为太阴，春为少阳，秋为少阴。据传，八卦的创始者为伏羲，伏羲八卦，也叫先天八卦。后来周文王在伏羲八卦的基础上进行修改，形成了自己的乾坤学说。他认为先有天地，天地相交而生成万物，天即乾，地即坤，八卦其余六卦皆为乾坤之子女：震为长男，坎为中男，艮为少男，巽为长女，离为中女，兑为少女。相应于伏羲八卦，文王八卦又称为后天八卦。及至宋朝，八卦符号通常与太极图搭配出现，代表中国传统信仰的终极真理——"道"。八卦是中国古代哲学思想的重要组成部分，除了在占卜和风水中占据着基本地位之外，还广泛地影响到医学、武术、音乐、算学等多个知识领域，其带有神秘意义的博大而精微的内涵至今仍有待人们进行更深入的认识和研究。

万物类象

"万物类象"，是易学中的一项重要的理论表述。在易学中，八卦是研究象的，天地万物有万般形态，凡此形于外者皆叫作象。易学中将世上庞杂纷繁的万物进行分类，分别归类于一个卦，用八卦来拟象万物，即万物类象。一个卦所拟象的物类难以数计，而归类的依据是八卦本身的爻象及其意义，通晓了这一点就可以知道各种物类应当归属于哪一卦。换言之，"健、顺、动、入、陷、附、止、悦"这宇宙万物的8种功能属性即八类动态之象，是据象归类的本纲。如乾卦，其卦象为三阳爻，纯阳之卦，其数一，五行属金，居西北方，色白。《易经》曰："乾为天、为圆、为君、为父、为玉、为金、为寒、为冰、为大赤、为良马……为木果。"乾卦三阳爻，纯阳刚健，故为天；天体进行圆周运动，故为圆；天生万物，如君王管理万民，如父亲主管家庭，故为君，为父；纯阳爻为刚强坚固之象，所以为玉，为金，冰；阳盛则色极红，故为火红，即大赤色；马有刚健之性，故为马……树上的果实呈圆形，故为木果。总而言之，凡是具有刚健、圆形、权威、珍贵、富有、寒冷、坚硬等属性的事物都归于乾卦。

有与无

有与无，是道家关于宇宙起源和本体问题的哲学范畴。"有"指实有，为事物的存在之意；"无"指虚无，为事物的无有之意。最早提出有无范畴的是老子，他指出："天下万物生于有，有生于无。"又言："无名天地之始，有名万物之母。"也就是说，天地万物起始于"无"，"有"从"无"中生发而来，这是老子关于天地起源和万物源生的哲学观点。而后庄子言："泰初有无，无有无名。"并且说："有始也者，有未始有始也者，有未始有夫未始有始也者；有有也者，有无也者，有未始有无也者，有未始有夫未始有无也者。俄而有无也者，而未知有无之果孰有孰无也。"

这段话可以看作庄子对老子的有无论的进一步深入。宇宙生成于"无",而这"无"又从何而生的呢?庄子对这一问题的解答是,"无"并非宇宙的起点,无穷地追溯上去,"有"与"无"都是不可知的,不能够断定终极的有无。关于有无的论述在庄子这里变得更加玄奥,而这种玄而又玄的问题在相当长的时期遭受到人们的冷落,直到魏晋之际老庄之学盛起之时才又被提上案端,有无之辩成为一个流行的哲学话题。在辩难之中,形成了"贵有"与"崇无"的两派,如王弼以"崇无"论出发,主张"以无为本",而裴頠则认为"至无"是不能够生"有",因而主张"以有为本"。有无之论是中国古代哲学所特有的哲学范畴,与西方哲学中的唯心论和唯物论并没有对应关系,以西方的和当代的视角来简单地框定中国的和古代的哲学论题是十分荒谬的。

名与实

名与实,是关于事物的实质与其概念的哲学范畴。"名",指名分、概念,"实",指实际、实质。对名与实之关系的论述最初是一个政治层面的话题,孔子曾提出"正名"的说法,《论语·子路第十三》记载:"子路曰:'卫君待子而为政,子将奚先?'子曰:'必也正名乎!'"子路问孔子:卫国国君等待您去治国理政,您准备先做什么呢?孔子回答说,一定纠正名分上的用词不当吧。子路认为孔子的想法很不切实际,名分又有什么可以纠正的呢?孔子于是接着解释说:"名不正,则言不顺;言不顺,则事不成;事不成,则礼乐不兴;礼乐不兴,则刑罚不中;刑罚不中,则民无所措手足。故君子名之必可言也,言之必可行也。君子于其言,无所苟而已矣。"这里的"正名",指的是依据人的等级名分来明确其权利和责任以及一整套从于礼法的行为规范。孔子指出,概念不明确,说话就不能顺理成章,礼乐制度就不能实施,而没了礼法的尺度,定刑判罚就会失据,老百姓就会手足无措。概念明确了,社会生活才能纳入正道,秩序井然。以人为例,君、臣、父、子的概念都明确了,身当其位的个人才能各守其职分,享有相应的权利,担起相应的责任,履行相应的义务。这就是孔子对齐景公所讲的为政之道,是言"君君,臣臣,父父,子子",这4种关系所表达的实际就是名与实的问题。孔子强调的是要让行为的实际符合其所承担的名分,即追求所谓的名副其实。荀子继承了孔子的"正名"思想,提出"制名以指实",后来韩非子也主张"循名而责实"。名实之论发展到后来演变为哲学上的问题,战国时代很多学说流派都对名实关系提出了自己的见解,如墨子提倡"取实予名",即认为"名"是"实"的反映,应当依实而赋名,而庄子主张"名者实之宾","实"为主体。《尹文子·大道上》说:"形以定名,名以定事,事以验名。"惠施、公孙龙等名家则将逻辑学引入对名实问题的论说,提出了诸如"白马非马""鸡三足""规不圆"等一系列诡谲的命题,这些论点在开启人们思路的同时也带有浓重的诡辩和谬论的色彩。

动与静

动与静，是关于宇宙万物的状态及其变化的哲学范畴。关于动静关系的论述最早见于《论语·雍也第六》："子曰：'知者乐水，仁者乐山；知者动，仁者静；知者乐，仁者寿。'"孔子在此处所说的动和静指的是个人性情的分别，并没有涉及抽象意义的层面。而在《老子》中动与静则成为一种哲学范畴："重为清根，静为躁君。""躁"，即为动。老子认为"静"主宰着"动"，其书又言："夫物芸芸，各复归其根，归根曰静，静曰复，复命曰常。"这表达了静是宇宙万物的最后归宿之意。《易经·系辞传上》曰："动静有常，刚柔断矣。"是说宇宙万物的动与静都遵循着恒常的规律。北宋周敦颐在《通书》中专有《动静》一篇，系统地论述了动与静的问题，他将动和静视作宇宙生成与变化的根本原因："太极动而生阳，动极而静，静而生阴，静极复动。一动一静，互为其根。"南宋朱熹所提出的"动静互待""动静互涵""动静无端"等哲学命题亦出于此，而且已经具有明显的辩证色彩。而朱熹又说："静是太极之体，动是太极之用。"这继承了先代哲学中以静为本的观念。明末清初著名思想家王夫之对动静做了最为深刻的论述，他认为"天地之气，恒生于动，而不生于静"动是绝对的，而静是相对的，甚至认为静也是一种动，指出："动静皆动也，由动之静，亦动也。"这已经达到了现代哲学中对于动静关系的认识水平。然而为中国传统哲学多所崇奉的是"主静说"，若《礼记·乐记》所载："人生而静，天之性也。"

天理人欲

关于天理人欲的最早论述见于《礼记·乐记》："夫物之感人无穷，而人之好恶无节，则是物至而人化物也；人化物者也，灭天理而穷人欲者也。"意思是说，人受到外物的诱惑而丧失了清静寡淡的天性，从而恣心纵欲。"于是有悖逆诈伪之心，有淫佚作乱之事。是故强者胁弱，众者暴寡，知者诈愚，勇者苦怯，疾病不养，老幼孤独不得其所，此大乱之道也。"正是出于此理，先王要制订礼乐，以此来节

女色声乐皆是人欲

制人欲，达到社会的和谐。在唐代以前，儒家思想强调的是人伦和修齐治平之法，是倾向于外的，而到宋代之时，因为受到佛教和道教的影响，开始强调人的心性，思

想由侧重于外而转为侧重于内，如此，天理人欲这一话题就被重视起来，得到了深入的阐发。最早把"天理"作为哲学上的一个核心概念进行论述的是程颢。程颢认为，"天理"具有永恒性和超越性的意涵，是一种最高的宇宙范畴，之于人来讲，"天理"即作为"性"，也就是仁义礼智信等与生俱来的善端，而与之相应的人欲则是恶端。朱熹传承了程氏的天理观，指出："人之一心，天理存则人欲亡，人欲胜则天理灭，未有天理人欲夹杂者。"朱熹将天理和人欲截然对立起来，提出了著名的"存天理，灭人欲"的主张，这一论断遭到后人的极大诟病。实际上，朱熹所言的"人欲"并非指人的欲望之意，而是指超过人的生活之本然需求的奢侈的欲望，强调的是清心寡欲，而不是完全泯灭人的任何欲望。

天命

"天命"，简单地解释，就是所谓天的意志，朱熹曾这样阐述："天命，即天道之流行而赋于物者。"意思是说，天命就是施加于世间万物的天道运行的自然规律。中国古代的天命观认为，天的意志是不可违逆的，是人的力量所不能够扭转的，人的所行所为必须遵循天命。《尚书·汤誓》曰："有夏多罪，天命殛之。"《诗经·商颂·玄鸟》云："天命玄鸟，降而生商。"这些言说都体现了"受命于天"的思想底色。在夏、商、周三代，天命的观念是极为盛行的，后来董仲舒的"天人感应"理论就是以天命观为基础而创立的。在儒家学派的开创者孔子的学说中，天命亦占有重要的地位，孔子将"知天命"作为人生修养的一项重要因素，曾言："不知命，无以为君子也。"并且在讲述自我人生发展历程的时候有"五十而知天命"的说法。可以说，在整个中国古代，天命是人们思想中的一个核心概念，甚至到了现代，中国人的头脑观念中仍或隐或显地存有天命思想的遗痕。

天人合一

"天人合一"，是中国古代哲学中对于天人关系的经典命题。天人关系，是哲人所必然要面对、要思考的一个基本问题，其关键在于对"天"的理解。在原始社会人的智慧尚未开化的阶段，华夏先民将"天"视为有意志的神灵，原始巫术的基本意义就是进行天人之间的沟通，《易经》中所载伏羲发明八卦，其意图就是"以通神明之德，以类万物之情"。"天人合一"的命题建立在天人相通的基础上。发展到东周时代，在人们的社会生活中巫术的作用已经淡化，这时人们的关注重心已经由"天"转向人，"天"的神化色彩也逐渐消退，开始转向自然和人伦意义的一面。孟子将"天"视为道德的本原，认为人的心性受之于天，尽心知性而可与天地相通达。"仁义忠信，乐善不倦，此天爵也"，孟子在此即用天赐的爵位来表示人的高尚道德。"夫君子所过者化,所存者神,上下与天地同流",这是君子的道德修养所能达至的崇高境界。在庄子看来,"天"指向自然的意涵,人是自然的一部分,所以天人本来就是一体的,而天与人的分隔是人的文化造成的,所以庄子倡导"绝圣弃智",返璞归真,从而可达天人相融的本然境界。最早明确表述"天人合一"这一命题的是西汉的董仲舒,他在《春秋繁露》中提出"天人之际,合而为一"的主张。此后,"天人合一"一直都是中国传统哲学思想中的核心。

天人感应

"天人感应"是董仲舒提出的关于天与人交互感应的命题,这其中蕴含着天有意志和天人相通两个前提,就科学的观点看来,这两个前提都是靠不住的,但在古时,人们认为这两个前提是自然成立的,因而也就对"天人感应"之说产生信任。"天人感应"思想源于中国先秦哲学,到西汉时,董仲舒将这一思想发展为一套系统的神秘主义学说,其基本意涵为:人的活动与行为全都处于上天的观测之中,人若为善,天则喜悦,也会示人以祥瑞,即出现凤凰、麒麟、灵芝等吉祥之物;反之,人若为恶,天就会愤怒,从而对人施以恶兆,就会发生地震、冰雹、日食等灾异的事件。汉武帝有感于历史兴替、福祚无永,因问策于天下贤良,以求讨"大道之要,至论之极",是一种博大渊然的具有终极性的道理和谋略,而不是仅可施于一时一事的权宜之计。董仲舒连上策三篇作答,即著名的《天人三策》。在《天人三策》的首篇中,董仲舒集中论述了天人关系,说道:"国家将有失道之败,而天乃先出灾害以谴告之;不知自省,又出怪异以警惧之;尚不知变,而伤败乃至。以此见天心之仁爱人君,而欲止其乱也。"指出天子如有过失,将遭受上天的警示,也就是所谓的"天谴"。"天人感应"是一种悖于客观实际的唯心主义观念,但是在历史上产生过积极的作用。封建王朝,帝王一人独尊,但是在"君权神授"的观念控驭下,皇帝也不可恣意妄为而违背天的意志来行事,这对皇帝的行为产生了一定的约束力。历史上曾有过的皇帝下达"罪己诏"的事件以及免租减赋等益民之举,往往就与"天谴"的发生有关,这在古代史书中会找出很多相关的事例。至今,"天人感应"的思想仍然在某种程度上存在于中国人的意识理念中。

天人感应

心外无物

"心外无物"是中国明代哲学家王守仁提出的哲学理念。宋代心学的创始人陆九渊提出"心即理也"和"宇宙即是吾心,吾心即是宇宙"的重要命题,这种观念最早可追溯至孟子的"万物皆备于我"的提法。王守仁发展了陆九渊的心学思想,提出"心外无物,心外无理,心外无事"的核心观点。王守仁所说的"心",是一个内涵较为复杂的概念,它指代一种最高的本体,如"心即道,道即天",也指个人的主观意识,如"心一而已,以其全体恻怛而言谓之仁,以其得宜而言谓之义,以其条理而言谓之理"。这两种意涵往往是交杂在一起的,这比陆九渊学说中"心"的内涵要更为宽泛。"心外无物"的基本含义是,心与物同为一体,物不能离开心而存在,心也不能离开物存在。离开灵明的心,便没有天地万物;而离开了天地万物,也没有灵明的心。一方面,灵明的心是天地万物的主宰;另一方面,心无体,以天地万物感应的是非为体。客观的事物没有被心知觉,就处于虚寂的状态。如深山中的花,若未被人看见,则与心同归于寂;而若被人看见,则此花的颜色就一时明白起来。王守仁所谓的"心外无物",并不是说人的主观意识决定着客观物质的存在,而是指外界事物的存在离开了人的主观体验则没有意义,它指向的不是宇宙本原问题,而是存在与意识之关系的问题。

性善论

性善论是孟子提出的命题,到宋代时,经过程颐、张载、朱熹等学者的发扬而成为儒家正统的人性论。孟子在政治上提倡仁政,主张行王道而反霸道,在对待人和人类社会方面持有一种温柔敦厚的作风,这曾被胡适戏称为"妈妈政策"。可以说,孟子的一整套思想体系都是以性善论为基础的,孟子这样论说人性:"所以谓人皆有不忍人之心者,今人乍见孺子将入于井,皆有怵惕恻隐之心,非所以内交于孺子之父母也,非所以要誉于乡党朋友也,非恶其声而然也。由是观之,无恻隐之心,非人也;无羞恶之心,非人也;无辞让之心,非人也;无是非之心,非人也。恻隐之心,仁之端也;羞恶之心,义之端也;辞让之心,礼之端也;是非之心,智之端也。人之有是四端也,犹其有四体也。"由恻隐、羞恶、辞让、是非之心而发的仁、义、礼、智这四端,就是孟子的人性论的依据。在孟子看来,人的这些善端是与生俱来的,人的本心为善,所以言之人性本善。这就是孟子的"性善论"的基本内涵。

性恶论

性恶论,是荀子人性论观点。荀子否定了孟子的性善论,指出:"凡人有所一同。饥而欲食,寒而欲暖,劳而欲息,好利而恶害,是人之所生而有也,是无待而然者也,是禹桀之所同也。"这里所列举的饥食、寒暖、劳息、好恶等人生而有之的品性与孟子所言的恻隐、羞恶、恭敬、是非之心等善端是完全不同的,荀子进一步阐述说:"是无待而然者也,是禹桀之所同也。可以为尧禹,可以为桀跖,可以为工匠,可以为农贾,在执注错习俗之所积耳。"又言:"材性知能,君子小人一也。好荣恶辱,好利恶害,是君子小人之所同也。人之生固小人,无师无法则唯利之见耳。尧禹者,非生而具者也,夫起于变故,成乎修为,待尽而后备者也。"荀子指出,这些人生来就有能,尧、禹等贤圣之人与桀、跖等暴恶之人是一样的,人的本性是唯利是图的小人,成为君子者在于后天的修为。荀子以"性恶"为理论基础,更加强调了礼乐教化的重要性,同时也为法治提供了思想前提,提出了礼法共治的主张,即礼乐不可废,法约不可弛。

性三品说

仁善世界

"性三品"是董仲舒提出的人性论。董仲舒将阴阳的观念引入对人性的分析,如同天有阴阳一样,人也分善恶。人所具有的善的品质,体现了天的阳性,董仲舒称之为"性";人所具有的恶的品质,体现的是天的阴性,他称之为"情"。尽管"性"蕴含着善的一面,但并不等同于善,而只是意味着善的可能,他比喻说:"性比于禾,善比于米;米出禾中,而禾未可全为米也;善出性中,而性未可全为善也。"董仲舒依据人所具有的"性"和"情"的地位不同而将人性分为三品,上品为"圣人之性",是"性"主导,而"情"很少,因此不教而可为善的品性;下品为"斗筲之性",是"情"主导,而"性"缺乏,因此虽教而亦不能为善的品性;介于两者之间的为"中民之性",是"性""情"相当,是为善而亦可以为恶的品性。董仲舒的"性三品"说将先天的人性进行了有差异的类分,这与孔子所言的"性相近"和孟子所说的"人皆可以为尧舜"是迥然不同的。东汉时期的思想家王充指出,董仲舒之言本性有善有恶,说的是普遍的人的本性;孟子之言性善,说的是上等人的本性;荀子之言的性恶,说的是下等人的本性,几种言说的差异在于论说对象范畴的不同。王充的这种提法对董仲舒的"性三品"说给予了充分的肯定。到唐朝,韩愈作《原性》,对董仲舒的"性三品"说进行完善,更进一步地将"性"与"情"都分为上、中、下三品,"性"与"情"相互对应,"上品之性"发为"上品之情","中品之性"发为"中品之情","下品之性"发为"下品之情",这是一种更为精致化的"性三品"说。

道法自然

"道法自然",语出《老子》第二十五章:"人法地,地法天,天法道,道法自然。"其中的自然是指事物的本然之义。道法自然是道家哲学中的一个核心观念,其基本含义在于强调自然的崇高地位,而相应地去掉人为的力量,即所谓的绝圣弃智,返璞归真,达到一种素朴无为的自然境界。庄子曰:"夫赫胥氏之时,民居不知所为,行不知所之,含哺而熙,鼓腹而游,民能以此矣。"这句话就是对人之去除雕饰、任其真性的自然境界的一种形象的说明。道法自然的重要价值在于告诫人们要遵从自然之理,所行所为不要违背自然之性,要回归自然的人性,而弃除人性的异化。

齐善恶

"齐善恶",是道家为表达事物性质的相对性而提出的命题。《老子》第二章曰:"天下皆知美之为美,斯恶已;皆知善之为善,斯不善已。"意思是说,丑、恶是相对于美、善而言的,如果没有美、善,也就无所谓丑、恶了。庄子将这种相对主义的论调推向极致,认为世间万物的一切区分都是相对的,这些差别源于人的主观看法,而不存在客观的标准,"自其同者视之,万物皆一也"。人性也是如此,并没有明确的善恶标准,善与恶有着等同性,即所谓的"齐善恶"。

格物致知

"格物致知",是儒家哲学中关于认识论的命题,语出《礼记·大学》:"欲诚其意者,先致其知;致知在格物。物格而后知至,知至而后意诚。"但是"格物致知"在《礼记·大学》中并未做具体阐释,而且其他先秦典籍中也未见此语,这使得"格物致知"的含义没有确解,引发了后来的争论。宋代朱熹将"物"解释为"天下之物","即凡天下之物,莫不因其已知之理而益穷之,以求至乎其极。至于用力之久,而一旦豁然贯通焉,则众物之表里精粗无不到,而吾心之全体大用无不明矣"。朱熹的观点是通过究察事理从而获得知识。同时代的陆九渊则持与朱熹相反的观点,认为"格物致知"意在言格去物欲而求得天理,反对在心外去穷理求知。明代王守仁也反对朱熹的"即物穷理",认为:"先儒解格物为格天下之物,天下之物如何可格得?且谓一草一木亦皆有理,今如何去格?纵格得草木来,如何反来诚得自家意?"王守仁因此认为"致知"就是致良知,"格物"就是正物,于是将"格物致知"说成"致知格物",也就是"致吾心之良知于事事物物",然而无论是朱熹,还是陆、王,"格物致知"的意义在于个人的道德修养,而不在于对自然物理的认识上,这与清末时期以"格致"来统称物理、化学等自然科学的含义是不相同的。

伦理与修养

人伦

人伦，是儒家伦理学说的一个基本概念。伦，为条理、顺序之义，《说文解字》中言："伦，辈也。"人伦，是指儒家思想中所特别重视的人与人之间的关系，又特别指尊卑长幼之间的辈分关系。《孟子·滕文公上》说："人之有道也，饱食暖衣，逸居而无教，则近于禽兽，圣人有忧之，使契为司徒，教以人伦：父子有亲，君臣有义，夫妇有别，长幼有序，朋友有信。"可见，在孟子看来，父子、君臣、夫妇、长幼、朋友之间的人伦关系是人与禽兽之别的一个基本方面。《管子·八观》言："背人伦而禽兽行，十年而灭。"这里表达了与孟子一致的观点。《汉书·东方朔传》载："上不变天性，下不夺人伦。"宋代周密《齐东野语·巴陵本末》言："人伦睦，则天道顺。"从这些表述中可以发现，人伦已经被提高到与天性、天道同等的位置，可见人伦在中国古代社会人们思想中的重要性。"只是父亲伯叔兄弟之伦，因是圣人遗训，不敢违忤。"这句话说的是贾宝玉。贾宝玉在《红楼梦》中以性格叛逆著称，但是对于人伦大道这样的圣人遗训还是甚为尊奉的，由此可以推知人伦思想对人的强大的约束力。

礼义廉耻

"礼义廉耻"，语出《管子·牧民》："何谓'四维'？一曰礼，二曰义，三曰廉，四曰耻。"又言："国有四维，一维绝则倾，二维绝则危，三维绝则覆，四维绝则灭。"由此可观，礼义廉耻有着作为国家纲纪的崇高地位。管子解释说："礼不逾节，义不自进，廉不蔽恶，耻不从枉。故不逾节则上位安，不自进则民无巧诈，不蔽恶则行自全，不从枉则邪事不生。"意思是，礼要求人们的行为不超越一定的界限，义要求人不自矜，廉要求人们不隐瞒自己的过错，耻要求人有羞耻之心，不跟邪恶者同流合污。做到了这四点，就可以避免种种社会问题的产生。欧阳修在《新五代史·冯道传》中对管子的这一论说大加激赏："善乎，管生之能言也！礼义，治人之大法；廉耻，立人之大节。盖不廉，则无所不取；不耻，则无所不为。人而如此，则祸乱败亡，亦无所不至，况为大臣而无所不取，无所不为，则天下其有不乱，国家其有不亡者乎！"

五伦

"五伦"，指的是君臣、父子、夫妇、兄弟、朋友这5种基本的人际关系，也是儒家思想中人伦关系的基本方面。《孟子·滕文公上》说："父子有亲，君臣有义，夫妇有别，长幼有序，朋友有信。"这就是孟子对五伦的简要的阐述。《礼记·礼运》中对孟子的五伦说做了进一步的阐释，解为"十义"，即"父慈，子孝，兄良，弟悌，夫义，妇听，长惠，幼顺，君仁，臣忠"。"五伦"是儒家所倡导的人际关系的基本准则，是中国传统社会伦理思想的核心内容。

父子有亲

三纲

"三纲"，即所谓"君为臣纲，父为子纲，夫为妻纲"。"纲"的本义为提网的总绳，其比喻义为事物中占据支配和控制地位的关键成分。"三纲"的提法并非出于儒家，而是始于韩非："臣事君，子事父，妻事夫，三者顺则天下治，三者逆则天下乱，此天下之常道也。"孔子对君臣关系的看法是："君使臣以礼，臣事君以忠。"而孟子则认为："君之视臣如手足，则臣视君如腹心；君之视臣如犬马，则臣视君如国人；君之视臣如土芥，则臣视君如寇仇。"可见，孔子、孟子所言的君臣关系是相互的、双向的对等关系，而韩非所言的君臣关系以及父子关系、夫妻关系则是单向的、一方对另一方具有控驭权的服从关系。韩非将君臣完全对立起来，倡扬权术和法制的重要性，而儒家则强调亲情和仁义是维持社会关系的根本。"三纲"的正式提出者是西汉时期的董仲舒，他在《春秋繁露》中说："君臣、父子、夫妇之义，皆取自阴阳之道：君为阳，臣为阴；父为阳，子为阴；夫为阳，妻为阴。"又言："阴者阳之合，妻者夫之合，子者父之合，臣者君之合。""合"，是配合的意思，也就是被支配的一方。这也就是后来统驭中国社会思想2000余年的"王道三纲"。"三纲"虽然打着儒家的旗号，但与孔孟之学相去甚远，实则是后来君主专制社会的思想家为迎合政治需要而制订的伦理规范。

五常

礼是"五常"之一

"五常",指仁、义、礼、智、信这5种精神信念与行为规范,是儒家伦理思想的核心。"五常"的定称,出于董仲舒《天人三策》:"仁、义、礼、智、信五常之道,王者所当修饬也。"之所以将仁、义、礼、智、信称为"五常之道",是因为"常"表达的是永恒不变之义。后来,"五常"与"三纲"常常并称,成为中国传统社会的最高伦理准则,但是实际上"五常"的观念比"三纲"早很多,在孔子之前就已经是社会上广为认同的德行规范,孔子继承了华夏文化的优秀传统,并将之发扬光大,泽于后世。可以说,"五常"作为一种思想理念,有着比"三纲"更为广泛的适应范围,当今虽不再有"五常"的提法,但是仁、义、礼、智、信这些基本理念仍在相当程度上影响着中国人的思想和行为。

主敬

"主敬"是儒家思想中的一条重要的伦理规范。所谓的"丧主哀""祭主敬",也就是强调在从事丧礼和祭礼的时候,要避免徒具形式,而一定要有悲哀和敬重的心理。"敬"的对象原为天地、鬼神、祖宗等,后来扩展到人事,通过一套繁复的礼仪来表达"敬"的心理。孔子对于"敬"的精神高度重视,有过"色难"的著名表述,也就是说,子女在侍奉父母的时候一直保持怡悦的表情这一点是很难做到的,这一点恰恰正是孔子所要强调的。他曾非常感慨地说道:"今之孝者,是谓能养。至于犬马,皆能有养;不敬,何以别乎?"当今所谓的孝,也就是能够养活父母的意思罢了。可是对于犬马来说,它们也都能够得到养活;如果没有敬的态度,孝父母与养犬马又有什么区别呢?孔子的这种表述至今都有着极佳的借鉴意义。由于孔子对于"敬"的强调,"主敬"成为儒家思想的一个核心理念,宋代程颐在谈论儒家所崇奉的至为繁多的礼仪时曾说其精神可一言而蔽之:"毋不敬。"一切的礼法都以一个"敬"字为依归。

孝

孝，指的是子女对父母所应当尽到的职责和义务，包括尊敬、顺从、赡养、送终、守制等内容。在动物界中存在着"反哺"的现象，人类的孝在生物意义上来讲也是以这种"反哺"为基础的，但是人作为一种"道德动物"，这种"反哺"就具有了较之动物界的本能现象远为复杂的含义，并且升华为"孝"的概念。应当说，"孝"是全人类所共有的伦理行为，但是在中国有着尤为重要的意义。早在上古时期，孝的理念在中国人的意识中就已经相当强烈。这种理念的产生，或与原始的宗教情感有关，先民们认为祖先的在天之灵可以福佑子孙，因而对祖先产生一种敬畏的心理。比如，在中国古代的宗法制社会中，家国同构，宗统与君统合二为一，孝与忠紧密相连，这也加重了中国人孝的意识。在孝的内容中，"慎终追远"是尤为重要的一条，语出《论语·学而第一》："曾子曰：'慎终追远，民德归厚矣。'"其意为，慎重地办理父母的丧事，虔诚地祭祀远代的祖先，这样就可以令人民的品德归于忠厚。再如，孔子在解释孝的时候说："生，事之以礼；死，葬之以礼，祭之以礼。"这表明了孝不仅在于父母的生前，而且亦重于父母的身后。由于对父母葬祭格外重视，所以古代有"守制"的规矩，也就是父母亡故之后要在家守丧三年，而不得从事嫁娶、为官、交游等活动。关于此点，孔子说："子生三年，然后免于父母之怀。夫三年之丧，天下之通丧也。"守丧的礼法尤其展现出中国人在对待孝这一问题上的独特性。

舜在历山耕种
舜是一个很孝顺的人。

父慈子孝

父慈子孝，指父母对子女慈爱，而子女对父母孝顺，语出《礼记·礼运》："何谓人义？父慈，子孝，兄良，弟悌，夫义，妇听，长惠，幼顺，君仁，臣忠。"父慈子孝，是儒家伦理思想中父子关系的规范，这与后来"三纲"中所谓的"父为子纲"的提法是有差别的。"父为子纲"强调的是子对父的绝对服从，父亲处于完全的支配地位，而"父慈子孝"在重视"子孝"的同时也言明了"父慈"的一面，表达的是父子之间双向的对应关系，是对父与子的共同要求，而"父为子纲"表达的则仅仅是对于子女的要求。

身体发肤，受之父母

"身体发肤，受之父母"，语出《孝经》："身体发肤，受之父母，不敢毁伤，孝之始也；立身行道，扬名于后世，以显父母，孝之终也。"古人认为，自己的身体是父母所给的，应当倍加爱护，不敢有所损伤，这是孝道最基本的要求。曹操曾割发代首，割发之所以具有如此重要的意义，其原因就在于此。《三国演义》中描写的夏侯惇中箭后吞食眼珠之举也是基于此种理念，夏侯惇高呼的"父精母血，不可弃之"，说的也就是"身体发肤，受之父母，不敢毁伤"，当然不敢扔弃。

不孝有三，无后为大

"不孝有三，无后为大"，语出《孟子·离娄上》："不孝有三，无后为大，舜不告而娶，为无后也，君子以为犹告也。"其意为，不孝的表现有三种，其中以断绝后嗣这一点的罪过最大，舜没有禀告父母就娶妻，是怕没有后嗣，所以君子认为舜虽然没有禀告，也是相当于禀告父母了。关于"不孝有三"，《十三经注疏》中汉代经学家赵岐的解释为："于礼有不孝者三事，谓阿意曲从，陷亲不义，一不孝也；家贫亲老，不为禄仕，二不孝也；不娶无子，绝先祖祀，三不孝也。"近现代人将"不孝有三，无后为大"这一理念理解为中国人对于家族的绵延与继嗣的格外重视是不太准确的。原文中"无后为大"是指没有后德不能被后人所尊重、学习和效法。在古时，孝的内容是"生之以养"和"死之以葬"，当代不少中国人曲解了其中的内涵。

亲属关系

封建宗法社会中，凡血缘近的同姓本族和异姓外族，都算是亲属。中国宗法的特点是，第一，亲属的关系拉得远；第二，亲属的名称分得细。

父亲的父亲是祖，古时称为王父；父亲的母亲是祖母，古时称为王母。祖的父母是曾祖父、曾祖母；曾祖父的父母是高祖父、高祖母。

儿子的儿子是孙，孙的儿子是曾孙，曾孙的儿子是玄孙，玄孙的儿子是来孙，来孙的儿子是昆孙，昆孙的儿子是仍孙，仍孙的儿子是云孙。

父亲的兄是世父（伯父），父亲的弟是叔父，伯父和叔父简称为伯叔。世父的妻是世母（伯母），叔父的妻是叔母，后来叔母称为婶。伯叔的儿子（堂兄弟）是从父昆弟，又称为从兄弟，这是同祖父的兄弟。父亲的姊妹是姑。

父亲的伯叔是从祖祖父（伯祖父、叔祖父），伯祖父、叔祖父的妻是从祖祖母

（伯祖母、叔祖母），伯祖父、叔祖父的儿子是从祖父，俗称为堂伯、堂叔，这是同曾祖的伯叔。堂伯、堂叔的妻是从祖母（堂伯母、堂叔母），堂伯、堂叔的儿子是从祖昆弟，又称为再从兄弟（从堂兄弟），这是同曾祖的兄弟。

祖父的伯叔是族曾祖父，称为族曾王父；族曾祖父的妻是族曾祖母，称为族曾王母。族曾祖父的儿子是族祖父，称为族祖王父；族祖父的儿子是族父，族父的儿子是族兄弟，这是同高祖的兄弟。

兄的妻是嫂，弟的妻是弟妇。兄弟的儿子是从子，又称为侄；兄弟的女儿是从女，后来又称侄女。兄弟的孙是从孙。

姊妹的儿子是甥，后来又称为外甥。姊妹的丈夫是女婿或子婿，后来省称为婿。

父亲的姊妹的子女是中表（表兄、表弟、表姊、表妹），中表是晋代以后才有的称呼。

母亲的父亲是外祖父，古时称为外王父，母亲的母亲是外祖

子孙满堂

母，古时称为外王母。外祖父的父母是外曾王父、外曾王母。母亲的兄弟是舅，母亲的姊妹是从母，母亲的从兄弟是从舅。母亲的兄弟姊妹的子女是从母兄弟、从母姊妹，后来也称为中表。

妻又称为妇。妻的父亲是外舅（岳父），妻的母亲是外姑（岳母）。妻的姊妹是姨。

夫又称为婿。夫的父亲是舅，又称为嫜。夫的母亲是姑。连称为舅姑或姑嫜。夫的妹是小姑（中古以后的称呼）。夫的弟妇是娣妇，夫的嫂是姒妇，娣妇和姒妇简称为娣姒，又叫妯娌。

出则悌

"出则悌"，"出"是相对于父母的住处而言，由于子女与父母不在一起住，所以有"入""出"的说法，"入"，即入父宫，也就是进入父母住的地方，而"出"也就是指离开父母的住处；"悌"，是弟爱兄的意思，也引申为幼者对于长者的敬爱。"出则悌"，语出《论语·学而第一》："弟子，入则孝，出则悌，谨而信，泛爱众而亲仁。"这句话的意思是，年纪幼小的人，在父母面前要孝敬，在外时则要敬爱兄长，说话要严谨可信，要广泛地去爱众人而亲近有仁德的人。清代李毓秀所写的启蒙读物

《弟子规》中有一篇即谓"出则悌"。与"入则孝"相应,"出则悌"是儒家思想中人伦规范的另一个基本方面。

忠

忠,是中国传统社会中一项基本的道德要求。"忠"最初是指对别人尽心尽力的忠诚态度,而不是专指臣对君的道德规约和行为职责。《论语·述而第七》载:"子以四教:文、行、忠、信。"忠,就是孔子的四项基本教育内容之一。在先秦时代,并没有后来那样的忠君观念,孔子关于臣对君忠的看法是:"君使臣以礼,臣事君以忠。"也就是说不是单方面地要求臣对君的忠诚,首先提到

完璧归赵画像石

的是君要以礼待臣。孟子更说:"贼仁者谓之'贼',贼义者谓之'残'。残贼之人谓之'一夫'。闻诛一夫纣矣,未闻弑君也。"由此可见,在孟子看来,暴虐之君如纣者,实为民贼独夫,杀掉这样的暴君,是无所谓弑君的。这样的话是完全没有死忠、愚忠的色彩的。而要求臣下绝对忠于君主的始作俑者还是法家的韩非。韩非认为,根本不存在所谓的共同的国家公利,君主和臣民之间的利害完全相反,因而绝无道义可言,彼此之间纯粹是相互利用的关系。但是,韩非是以君主本位来处理君臣关系的,他倡言:"故人臣毋称尧舜之贤,毋誉汤武之伐,毋言烈士之高,尽力守法专心于事主者为忠臣。"这可以说是汉代大一统时期董仲舒的"君为臣纲"的理论渊源。自从"忠"被列入"三纲"之后,这一观念为封建统治者绝对化,皇帝作为万民之君,受命于天,受权于神,要求民众对皇帝无条件地履行忠诚,也就是所谓"君让臣死,臣不得不死"。另外,在帝制时代,皇帝往往是作为国家的代表被看待的,臣民效忠于皇帝常常与尽忠于国家是合在一起的,出于对国家的情感和职责,贤臣也要求自己尽到对皇帝的忠诚。

仁者爱人

"仁者爱人",语出《孟子·离娄下》:"君子所以异于人者,以其存心也。君子以仁存心,以礼存心。仁者爱人,有礼者敬人。爱人者,人恒爱之;敬人者,人恒敬之。"其实在《论语》中就已经有了"仁者爱人"这样的表述,只是没有在字

面上将其连接起来。"樊迟问仁。子曰:'爱人。'""仁",是儒家思想的核心理念,《汉书·艺文志》在阐述儒家学派的特点时概括说:"游文于六经之中,留意于仁义之际。"而早在孔子之前,"仁"就已经是华夏民族的一个重要的道德范畴,《尚书·商书·太甲下》中记载:"民罔常怀,怀于有仁。"也就是说,唯有仁德才是民心的常归之所。孔子将"仁"这一为世人所崇尚的理念发扬为一种至高的人生境界。在《论语》一书中,有关"仁"的表述屡屡可见,诸如:"志士仁人,无求生以害仁,有杀身以成仁。""士不可以不弘毅,任重而道远。仁以为己任,不亦重乎?死而后已,不亦远乎?""克己复礼为仁。一日克己复礼,天下归仁焉。""仁者先难而后获,可谓仁矣。"孔子对"仁"进行了多种不同角度的阐释,"仁"可以说是孔子心目中的道德极则。后来孟子继承和发展了孔子的"仁"的学说,积极倡导"仁政",提出"仁者天下无敌"的观念,将"仁"看作帝王为政的最高标准。孔孟之后,"仁"的思想更是深深地刻在中国人的头脑中,"仁"成为自我修养与评价他人的一项根本准则。

克己复礼

"克己复礼",语出《论语·颜渊第十二》:"颜渊问仁。子曰:'克己复礼为仁。一日克己复礼,天下归仁焉。为仁由己,而由人乎哉?'"这段话的意思是,颜渊向孔子请教仁的含义是什么。孔子说:"克制自己,令自己的言行思想符合礼的要求,这就是仁。一旦做到了克己复礼,那么天下的人就都会称许你是仁人。实践仁德,全靠自己,难道还能凭借别人吗?"仁,是孔子道德思想的核心理念,在不同的时候,孔子对于"仁"的内涵有着不同的

恭坐图

阐发,而在这次对颜渊的回答中说的是"克己复礼为仁",回答得干脆而肯定,可见,孔子是将"克己复礼"视作"仁"的基本要求的。之所以说"克己复礼为仁",是因为孔子强调礼治,在其思想中是有着一套严整的礼法规约的,而履行这种礼法,使自己的言行适合自己的身份、符合礼法的约定,这对于人际的和谐与社会的稳定是至关重要的。因此,"克己复礼",是儒家思想中对于人生自我修养的一项基本要求。

义

义，是中国传统的基本价值规范之一。"义"的本义是指合宜的行为表现，而这种合宜的判断标准是社会公认的准则，"义"的繁体字为"義"，在造字上含有群我关系的因素，也就是说令自己的言行符合群体的规范要求者乃称为"义"。概而言之，"义"体现着一种超乎个人利益之上的道德范畴。孔子曾言："不义而富且贵，于我如浮云。"并且有"义然后取""见得思义""见义勇为"等关于"义"的行为要求，孔子是将"义"作为自身去就取舍的准则来看待的，如有所取，必当符合义的要求而后可；若有所去，亦当首先思考是否符合义的标准。孟子发扬了孔子的义的思想，言称："生，我所欲也；义亦我所欲也。二者不可得兼，舍生而取义者也。"由此人们常将"舍生取义"与"杀身成仁"相并述，"仁""义"二字也成为儒家思想的标志，作为中国传统的核心价值理念，传承千年，根深蒂固。

礼

礼，是中国传统价值的一个核心范畴。礼最初是指祭神的宗教仪式，后来发展到人事方面，表示与人的身份地位相应的行为规范和仪式制度。《礼记·中庸》载："礼仪三百，威仪三千。"可见当时的礼仪是非常繁复的，礼制涉及人们生活的方方面面，无大无小，细至举手投足之间都有相应的礼节来规范。如此繁缛的礼仪显然只有在物质生活余裕的贵族阶级才能施行，所谓"刑不上大夫，礼不下庶人"。根据传统的说法，西周初年，周公旦制订了严密的礼乐体系，奠定了以礼为治的教化传统。孔子对周公之礼极为尊奉，将礼视作修身与治国的基础，曾对其子孔鲤言："不学礼，无以立。"并且提出著名的"克己复礼为仁"的论说。礼之所以具有如此重要的地位，是

明宪宗元宵行乐图（局部）

因为礼所反映的不仅仅是行为表面上的一套规矩，更是体现着言行规范的后面所蕴含的严肃的道德伦理基础，其严格的形式承载着重要的实质。

 智

智，是儒家的核心价值范畴之一。儒家思想中的"智"，指的并不是科学智慧，而是一种道德智慧，也就是辨别善恶、是非的能力，也就是孟子所言的人的与生俱来的"是非之心"。《论语·雍也第六》记载："樊迟问知（即智）。子曰：'务民之义，敬鬼神而远之，可谓知矣。'"孔子的解释是，致力于民众应当遵从的义德，尊敬鬼神但是并不亲近它，这就可以叫作"智"了。又，《论语·宪问第十四》记载："子曰：'君子道者三，我无能焉：仁者不忧，知者不惑，勇者不惧。'子贡曰：'夫子自道也。'"孔子在这里将"知者不惑"作为君子所具有的基本美德之一，其后孟子进一步指出，所谓"智"，就是生而有之的"是非之心"，只要尽心将这种智慧来发扬，就能够做到知性，由知性而知天，知天则意味着达到超凡脱俗的人生之境，这是"智"的最高境界，也是儒家思想中作为一种道德智慧范畴的"智"的概念的本真之义。

 信

信，是中国传统的核心价值范畴之一。信，就是诚，是无欺，是使人无疑。"信"不仅被奉为人际相处的起码准则，亦是治理国家的基本理念。孔子曾说："人而无信，不知其可也。大车无輗，小车无軏，其何以行之哉？"孔子将人没有诚信比做车没有輗、軏（輗、軏，指车辕与横木相连接的关键部位）无法立足于世。孔子在回答子贡关于政事的提问时指出"足食""足兵"与"民信"这基本的三点，又言其中最为重要的是取信于民这一点，称："民无信不立。"另外，孔子的弟子子夏也说："与朋友交，言而有信。"曾子的每日三省其身中的一项重要内容同样是"与朋友交而不信乎"。在法家的治国之术中，尤其重视对人民的守信，商鞅"南门立木"就是重信的一个明证。到了汉代，"信"这一道德准则被奉为五常之一，更是确立了至高无上的地位和影响力。

勇

勇，是儒家的重要道德范畴之一，指勇敢、果断的品格，孔子将勇看作是仁者所必备的条件，并且将勇与智和仁相并举，曰："知者不惑，仁者不忧，勇者不惧。"但是君子的勇是应当以义为前提的，"君子以义为上，君子有勇而无义为乱，小人有勇而无义为盗"。孔子又说"恶勇而无礼者"，可见，勇的品质的发扬是应当以对于礼和义的尊崇为基础的。孟子继孔子之后对勇的内涵做了更为详细的阐发，指出真正的勇

善战者，求之于势，不责于人。

是深明大义，能够通过自省而做出进退选择的"理性"之勇，是合于气节、道义，敢于担当的道德之勇，而不是逞强好胜的血气之勇、匹夫之勇。孟子以气养勇，以义配勇，崇尚"舍生取义"，其勇与"心""志""气"有着密切的关系，是一种情感与行动相统一的道德品质。孟子认为勇的培养需要立其志、养其气，从而最终形成具有"浩然之气"的理想人格。

内省

"内省"，是儒家所提倡的修养方法。《论语·颜渊第十二》载："子曰：'内省不疚，夫何忧何惧？'"也就是说，省察自己的内心，如果没有可以愧疚的事，那么有什么值得忧虑和畏惧的呢？孔子又说："见贤思齐焉，见不贤而内自省也。"这句话表明，在孔子看来，内省是一种重要的自我提升的方法。曾子所言的"吾日三省吾身"就是对内省方法的实践运用。后来，内省的修身方法一路传承，无论程朱理学，还是陆王心学，都极为强调"内省"的功夫。内省的基础是道德上的自律，这是其优点，也是其弊端。孟子说"反求诸己"，但这是建立在"性善论"的基础上的，也就是说，在确定人具备仁、义、礼、智等善端的情形下才是有效果的。孔子言："我欲仁，斯仁至矣。"这种"仁至"也是以"我欲仁"为前提的，而"欲仁"者则已经为君子，所以在某种意义上来讲，内省只可施于君子，而不能够奏效于非君子之流的。

寡欲

"寡欲"，是儒家提倡的修身方法。《孟子·尽心上》："养心莫善于寡欲。"欲望本是一种生物本能，但在人的身上却有着特殊性，一方面因为人类世界较动物的世界更为复杂,相比于动物很单纯的欲望而言,人类的欲望呈现出纷繁之状。另一方面,动物的欲望追求仅限于几种基本的生理欲望的满足,而生理欲望一般而言都是有限度的,不会产生过度膨胀的问题,人类的欲望则不然。俗语说"人为财死,鸟为食亡",这句话很好地表现出人的欲望与动物的欲望的区别。鸟为食而奔逐,人则为财而争斗,食者为一腹之欲,食量再大也是有限度的,有了一定的食物就可以满足;而财则是一种无限的欲望,人对财的追求是没有界限的,也就是说没有"满足"的可能,所以人类有贪得无厌之说,动物却不大可能出现这种情况。人类这种欲望的特殊性,决定了人常常要遭受欲望得不到满足之苦(事实上,从一定意义上来讲,人的欲望必然是永远不会获得满足的),与此同时,一些人为追逐欲望不择手段而给社会带来罪恶。这样,如何正确处理欲的问题就成为思想者所必然要认真面对的一大人生困局。思想家们常常不约而同地选择人要对自身的欲望进行限制,但是具体的提法却有所差别。与佛教的严格禁欲相比较,儒家对于人的欲望方面是很为开明的,认为饮食男女乃人之大欲,是完全应当追求和满足的,只是提倡"欲不可纵",人对自身的欲望要有所节制,这也就是儒家的"寡欲"思想。宋代理学家所提出的"存天理,灭人欲"的主张,不应简单地按字面理解为禁欲主义,这里所说的"人欲"实际上指的是超出人的基本生理欲求的过分的欲望。寡欲虽然有倡导人们安于清心素朴的生活以免去诸多的扰攘纷争的积极的一面,仍未免失之于保守,如言"美味"即是应当革去的"人欲",实在是过于严苛,另外,这种提倡如果达到有失分寸的过分化的地步,对于社会的发展前行也是有所不利的。较为正确的提倡应当是求欲而有道,也就是不应当只看一个人的欲望本身是处于一种什么样的程度,而且更要看其对欲望的追求是否是以遵守既定的道德规范与公认的行为准则并且不为害于他人为前提的。同时,应倡导对于欲望不要过分地热衷,也就是说,"寡欲"依然是人们持身的一种重要参照,只是不必机械地去一味尊奉。

养心莫善于寡欲

儒　家

🐉 大同

"大同",是儒家所提出的最高范畴的社会理想,《礼记·礼运》中记载孔子对大同世界的描绘:"大道之行也,天下为公。选贤与能,讲信修睦,故人不独亲其亲,不独子其子,使老有所终,壮有所用,幼有所长,鳏寡孤独废疾者,皆有所养。男有分,女有归。货,恶其弃于地也,不必藏于己;力,恶其不出于身也,不必为己。是故谋闭而不兴,盗窃乱贼而不作,故外户而不闭,是谓大同。"清末康有为为宣传变法改制而将孔子的大同理想与西方的近代社会制度相比附,并亲著数十万字的《大同书》来表述自己的政治理想。孙中山对大同世界的理想描述也是十分推崇,并将"天下为公"作为自己的政治格言。"大同"是孔子对人类理想社会的构想,表达了自己对"天下为公"的大同世界的向往,只是没有同时指出人类走向大同社会的可由之径。

🐉 小康

"小康",是儒家所描述的一种社会状态,《礼记·礼运》中记载孔子在讲述"大同"之后接着说道:"今大道既隐,天下为家。各亲其亲,各子其子,货力为己。大人世及以为礼,城郭沟池以为固,礼义以为纪,以正君臣,以笃父子,以睦兄弟,以和夫妇,以设制度,以立田里,以贤勇知,以功为己。故谋用是作,而兵由此起,禹汤文武成王周公,由此其选也。此六君子者,未有不谨于礼者也,以著其义,以考其信。著有过,刑仁讲让,示民有常。如有不由此者,在势者去,众以为殃,是谓小康。"在孔子看来,禹汤文武成王周公之时的社会可以称为"小康","小康"虽不及"大同",却也是一种比较好的社会风貌。康有为根据《春秋公羊传》的"三世"说,将"小康"比做"升平世",将"大同"比做"太平世",社会的发展规律是由"据乱世"走向"升平世",再进入"太平世"。

天命无常,敬德保民

"天命无常,敬德保民",是周朝所秉持的政治思想。夏、商两代的灭亡使周朝的统治者开始怀疑天命,并且认识到人民力量的重要性。《诗经·大雅·文王》中有"天命靡常"这样的句子,周朝的统治者多次强调"天命无常,唯德是辅"的政治观念,这与《尚书·汤誓》中所说的"先王有服,恪谨天命"所表达的思想是大为不同的。在"天命无常"的认识基础上,周朝统治者提出"天视自我民视,天听自我民听"的思想理念,认为"民之所欲,天必从之",由此形成了"敬德保民"的政治主张,这也成为后来民本思想的先导。

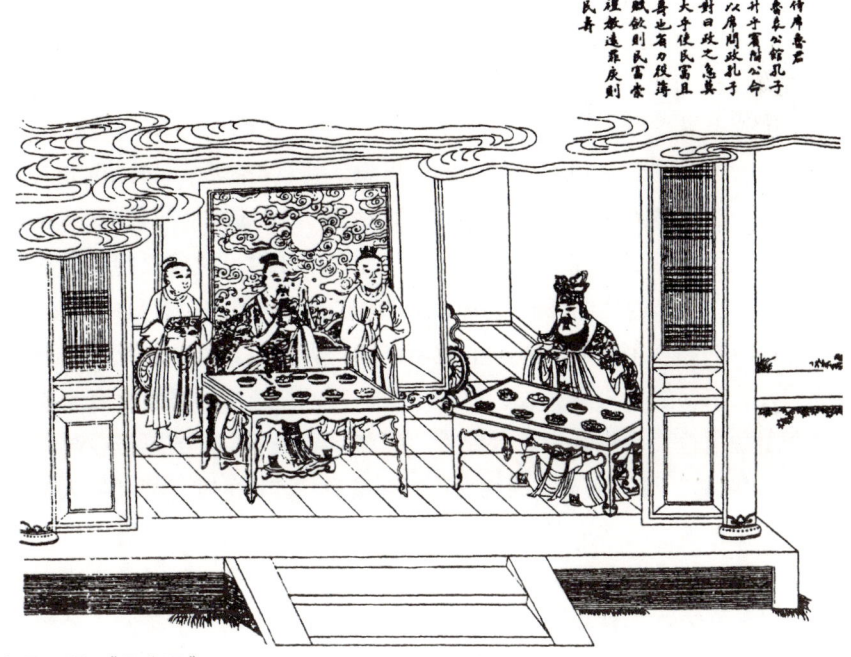

侍席鲁君　明　《圣迹图》
此图反映的是鲁哀公曾问政于孔子的故事,孔子说:"为政之急,莫大乎使民富且寿也。省力役,薄赋敛,则民富;崇礼教,远罪戾,则民寿。"这段话正体现了儒家"行仁政""崇礼教"的政治主张。

礼乐征伐自天子出

"礼乐征伐自天子出",语出《论语·季氏第十六》:"天下有道,则礼乐征伐自天子出;天下无道,则礼乐征伐自诸侯出。自诸侯出,盖十世希不失矣;自大夫出,五世希不失矣;陪臣执国命,三世希不失矣。天下有道,则政不在大夫。天下有道,则庶人不议。"这段话的意思是,天下有道的时候,礼乐的制作和战争的发动都是由天子决定的;天下无道的时候,礼乐和战争的事宜便由诸侯来决定。由诸侯来决定礼乐和战争，很少有能维持十代而不乱的；如果制作礼乐和发动战争的权力落到了大夫的手中，那就很少有能维持五代而不乱的；如果大夫的家臣把持了国政，就很少有超过三代而不发生动乱的。天下有道，国家的政权不会掌握在大夫的手中。天下有道，老百姓就不会有非议。孔子的这段话是经过对历史的考察而得出的结论，春秋时期，自齐桓公开始，"礼乐征伐自诸侯出"，而天子则失去了号令权；齐国从桓公称霸到简公为陈恒所杀，经历十代；鲁国自季友专政，到季桓子时政权让于阳虎，经历五代；而季氏的家臣阳虎、南蒯、公山弗扰等都是当身而败，未及三代。"礼乐征伐自天子出"之所以为"天下有道"的标志，是因为"自天子出"意味着政令的统一，意味着国家政治活动的清明有序，而若自诸侯出，自大夫出，乃自家臣出，则意味着纷争与混乱，意味着激烈的权力争夺，而在这种争夺的过程中必然会产生种种丑陋的事件，同时也给人民带来危害，也就是"天下无道"。

"尊尊"与"亲亲"

"尊尊"与"亲亲"，是周朝的基本政治思想，其意是尊重应当尊重的人，亲近应当亲近的人。"尊尊"与"亲亲"所体现的是一种严密的尊卑与亲疏的等级关系。周朝统治者认真地总结了商朝灭亡的教训，认为商朝在纣王时覆灭的一个基本原因就是众叛亲离，在国都遭受危险的时候，没有地方上的势力进行有效的支援。因此，周朝建立了以分封制和宗法制为基础的政治制度，周王将自己的家族成员分封到各地，成为诸侯，诸侯之下再有大夫，权力层层下递，都选择关系亲近者来担任，同时，这种受封的爵位又是世袭的。这就是"尊尊"与"亲亲"的思想在政治制度上的具体呈现。"尊尊"与"亲亲"的观念落实到最后，其目的就是要任何人都遵守由这种原则所确定的制度，各安其位，不存妄想，百姓做顺民，百官做顺臣，这样国家就会长治久安。到了春秋特别是战国时期，"尊尊"与"亲亲"的原则在相当大的程度上被打破了，官吏的任用不再唯亲是举，秦朝建立之后，世袭制也被废除，而以任命制代之。

其未得之也，患得之；既得之，患失之。

穷则变,变则通

"穷则变,变则通",语出《易经·系辞传下》:"神农氏没,黄帝、尧、舜氏作,通其变,使民不倦,神而化之,使民宜之。《易》穷则变,变则通,通则久。"其意为事理到了窘困穷境的时候就应当有所变动,变动之后即可于事通达,通达之后即可行于长久。清末梁启超在倡导维新时在《变法通议》中引用这段话说:"《易》曰:'穷则变,变则通,通则久。'伊尹曰:'用其新,去其陈,病乃不存。夜不秉烛则昧,冬不御裘则寒,渡河而乘陆车者危,易证而尝旧方者死。'""穷则变,变则通"强调的是不可拘泥于成法,行事的法则当因时而异,与时俱进,这才是成功之法。

得民心者得天下

"得民心者得天下",体现的是中国古代的一种重视人民的政治理念,周朝的时候统治者就已经形成了"敬德保民"的思想,认识到人民的支持与否是关系到国家兴衰的决定性因素。战国时代,孟子明确地提出民贵君轻的思想,《荀子·王制》中也有这样的话:"庶人安政,然后君子安位。传曰:'君者,舟也;庶人者,水也;水则载舟,水则覆舟'。""君舟民水"的思想特别被唐太宗看重,《贞观政要·论政体》记载魏徵的话:"臣又闻古语云:'君,舟也;人,水也。水能载舟,亦能覆舟。'陛下以为可畏,诚如圣旨。""得民心者得天下"的思想虽然是统治者为了维护自身利益而提出的,但是这种思想注意到民心向背是统治者能否安坐江山的关键,对于统治者制定有益于民生的政策是有着重要作用的,是具有历史进步性的思想理念。

礼治

"礼治",是一种以礼仪制度作为国家的基本政治秩序的执政理念。"礼治"的基本确立是在西周初年,周公旦在确定礼制的过程中起到了重要的作用。周初的"礼治"是以"亲亲"和"尊尊"观念为基础的,"亲亲",就是按照血缘关系

贤母图　康涛
从此图的题款"临民听狱,以庄以公。哀矜勿喜,孝慈则忠",可以推知此为贤母向即将离家仆任的儿子所做的教诲。画家以高超的笔法将贤母严肃训诫却又暗含离别伤感之态、儿媳恭顺侍立而又对丈夫依恋不舍之情、儿子恭敬聆听却踌躇难离之意,刻画得极其生动传神。

的远近来区分亲疏，再由亲疏来确定贵贱；"尊尊"，就是地位低的人要尊重地位高的人，不得有所僭越。由此，君、臣、父、子各具其名，尊卑、亲疏、高低、贵贱各有其分，依此而行，整个社会便会建立起一套严明的秩序，国家的政治生活也不会出现纷乱，这就是"礼治"的核心意涵。与"礼治"的思想内涵相配合，统治者创立了一套繁复而精微的礼仪制度，令"礼治"的形式与内容相呼应，以起到良好的实践效果。但是，"礼治"未能使国家的运行长治久安，统治者并不能借此而高枕无忧，延递至东周时期，"礼治"的规则便为礼崩乐坏的乱世局面所打破。

中和

"中和"，原为中正、平和之义，后来引申为中庸之道的思想内涵，成为一个哲学概念。《礼记·中庸》言："喜怒哀乐之未发谓之中，发而皆中节谓之和；中也者，天下之大本也，和也者，天下之达道也。致中和，天地位焉，万物育焉。"这段话的意思是，喜怒哀乐没有发作失控，叫作"中"；各种情绪表现出来而又都恰到好处，叫作"和"。"中"，是天下最大的根本；做到"和"，天下才能归于道。君子如果能将中和做到完美的程度，天地都会赋予他应有的位置，万物都会养育他。可见，"中和"是儒家所提倡的一种最为高尚的修养范畴。

君君，臣臣，父父，子子

"君君，臣臣，父父，子子"，语出《论语·颜渊第十二》："齐景公问政于孔子。孔子对曰：'君君，臣臣，父父，子子。'公曰：'善哉！信如君不君，臣不臣，父不父，子不子，虽有粟，吾得而食诸？'"这段话表达的意思是，齐景公向孔子询问治理国家的方略，孔子回答的对策是，要令做君主的像个君主的样子，为臣的要像个臣的样子，当父亲的要像个父亲的样子，而做儿子的要像个儿子的样子，也就是说，要各自都按照自己的身份行事，各就其位，名副其实。齐景公对孔子的论述非常地

臣子拜见皇帝图
图中皇帝高坐于堂上，左右有太监、仕女侍候，堂下一臣子匍匐在地上毕恭毕敬地叩头，似乎在等待皇帝的吩咐。这幅图表现了封建社会臣子对皇帝的绝对服从。

肯定，并且说如果不这样的话，即使国家有很多的粮食，自己都会吃不上的，非这样做不可，否则国家就会大乱的。孔子的这种关于君臣父子的表述被后世演化为"君为臣纲，父为子纲，夫为妻纲"的伦理准则，而其实这与孔子的原意是相去甚远的，孔子强调的是每个人都应当依照礼法来做符合自己身份的事情，而"三纲"强调的是君对臣、父对子、夫对妻的统领，两者的目的都是实现国家与社会的安定有序，但办法却是不同的。

名不正则言不顺

"名不正则言不顺"，语出《论语·子路第十三》："名不正，则言不顺；言不顺，则事不成；事不成，则礼乐不兴。礼乐不兴，则刑罚不中；刑罚不中，则民无所措手足。"孔子说这段话所要表达的是，做任何事情，都要名义正当，如果名义不正当，讲话就不能通顺，事情就做不成，礼乐制度也就无法兴办，刑罚也就不会得当，如此一来，老百姓也就会不知所措。孔子是极为重视名分的，在这里从名之不正的负面影响的角度来讲述了正名的重要意义。孔子所讲的名正，是实至而名归的"名"，通过正名所要强调的是事理的端正，名之正是行事有方的端始。前面的话从正面来讲就是，名正而可言顺，言顺而可事成，事成而礼乐可兴，礼乐兴则刑罚为中，刑罚为中则民可有所循，如此则天下治。

为政以德

"为政以德"，是儒家所倡导的治国理念，语出《论语·为政第二》："子曰：'为政以德，譬如北辰，居其所而众星共之。'"孔子说，如果君主用道德教化来治理国家，那么就会像北辰星那样，自己居于一定的方位，而众星都环绕着它。"为政以德"表现的是孔子所提倡的德治思想，这与法家所主张的法治思想是正相对立的。孔子的观点是君主如果凭借道德的力量治理国家，就可以得到臣民的拥护；而法家的观点是，君主应当依靠严酷的法治来实现对臣民的统驭和震慑，从而获得臣民对自己的服从。

宽政安民为上

宽政安民为上，是儒家所提倡的政治方略，指的是遵奉为政宽大、使人民安定的治国理念。《左传·庄公二十二年》记载："羁旅之臣，幸若获宥，及于宽政，赦其不闲于教训而免于罪戾，弛于负担，君之惠也。"这段话所表达的意思就是劝勉君主施行宽大的政治，并且认为这是君主的一种恩惠。《后汉书·王龚传》记载："畅深纳敞

相爱者比周而相誉

谏,更崇宽政,慎刑简罚,教化遂行。"说的也是对于宽政的提倡。周武王灭商之后,周公曾向武王进谏执行"使各居其宅,田其田,无变旧新,惟仁是亲"的安民政策,武王欣然采纳。宽政与安民是紧密地联系在一起的,可以说,唯有宽政,方可安民,宽政是安民的必要条件之一,而安民则是宽政的一项基本内容。

上行下效

"上行下效",语出班固《白虎通义·三教》:"教者,效也,上为之,下效之。"意思是上面的人怎么做,下面的人也跟着怎么做,一般指不好的事情,用以告诫地位高的人特别是最高的领导人物要注意自身的言行,以免给社会造成不良的影响。《战国策》中记载了莫敖子华对楚威王说的一段话:"昔者楚灵王好士细腰,故灵王之臣皆以一饭为节,胁息然后带,扶墙然后起。比期年,朝有黧黑之色。"这个典故后来被概括为"楚王好细腰"。《墨子·兼爱》中也记载了这一典故,并且明确指出:"君说之,故臣能之也。"臣下之所以能够那样做,是因为国君喜欢那样的事情。"楚王好细腰",后来比喻当权者的爱好引导着社会的潮流,东汉马廖在《上长乐宫以劝成德政疏》里也引用了这样的句子:"吴王好剑客,百姓多创瘢;楚王好细腰,宫中多饿死。"这就是"上行下效"的典型案例。

子不语怪、力、乱、神

"子不语怪、力、乱、神",语出《论语·述而第七》,意为孔子不谈论怪异、勇力、悖乱、鬼神这些内容。其中的力和乱,是孔子所不愿谈的,孔子的不谈论表达的是对这些内容的否定和摒弃,是弃而不论,表现的是孔子的价值选择;其中的怪和神,孔子之所以不谈论这些,是因为这些内容远离日常生活,或者是未经实践所证实的,自己也并不真正地了解,所以不去谈论,是存而不论,表现的是孔子求真务实的精神。

不知生，焉知死

"不知生，焉知死"，语出《论语·先进第十一》："季路问事鬼神。子曰：'未能事人，焉能事鬼？'曰：'敢问死。'曰：'未知生，焉知死？'"这段话讲的意思是，季路向孔子请教怎样来服侍鬼神，孔子说，人还不能服侍，又怎么服侍鬼神呢？季路又问关于死的话题，孔子说，生的道理还都没有弄清楚，又怎么能够知道死是怎么一回事呢？孔子的回答表明了自己重在人生、重在当世的生命价值观。

和同之辨

"和同之辨"，就是关于"和"与"同"的分辨，《论语·子路第十三》记载孔子的话："君子和而不同，小人同而不和。"这就是孔子著名的"和""同"观念。"和"指的是调和、和谐，"同"指的是顺同、同一，君子在面对问题、处理事情的时候，选择的是和谐，而且这种和谐是以坚持正确的意见为前提的；小人则恰恰相反，选择的是顺同，是没有原则的盲从，而不是以正确的道理来坚持，进行调和。

子曰："君子周而不比，小人比而不周。"

民为贵，君为轻

"民为贵，君为轻"，这是孟子提出的思想观念，语出《孟子·尽心下》："民为贵，社稷次之，君为轻。"孟子接着还说了这样的话："是故得乎丘民而为天子，得乎天子为诸侯，得乎诸侯为大夫。诸侯危社稷，则变置。牺牲既成，粢盛既洁，祭祀以时，然而旱干水溢，则变置社稷。"意思是，所以得到民众的拥护就能做天子，得到天子的信任就能做诸侯，得到诸侯的信任就能做大夫。诸侯危害了土谷之神，那就改立诸侯。祭祀用的牲畜是肥壮的，谷物是清洁的，又是按时祭祀的，然而还是干旱水涝，那就改立土谷之神。孟子"民贵君轻"的思想内涵是，人民是天下的根本，国家（社稷）是为了给人民谋求福利才建立的，而君主则是为了治理国家才设立的，归根结底，也是为了给人们带来更多的福利才会有君主这个位置的，也就是说，君主以国家为基础，而国家又以人民为基础，所以说，"民为贵，社稷次之，君为轻"。

王道与仁政

王朝至于商郊牧野,乃誓。

"王道"与"仁政",是儒家所主张的政治理念,"王道",就是圣王之道,是符合仁义准则的治国之道,而"仁政",是将仁义作为基本的政治观念治理国家,"仁政"是"王道"在政治措施上的具体实现,而"王道"则是"仁政"的思想内涵。"王道"的概念发端于孔子的仁的思想,孟子进行了明确阐述。孟子说:"仁也者,人也;合而言之,道也。"这句话言简意赅,指出了仁与道的基本关系。孟子在谒见梁惠王的时候,具体地阐述了自己的"王道"理想:"谷与鱼鳖不可胜食,材木不可胜用,是使民养生丧死无憾也。养生丧死无憾,王道之始也。五亩之宅,树之以桑,五十者可以衣帛矣;鸡豚狗彘之畜,无失其时,七十者可以食肉矣;百亩之田,勿夺其时,数口之家可以无饥矣;谨庠序之教,申之以孝悌之义,颁白者不负戴于道路矣。七十者衣帛食肉,黎民不饥不寒,然而不王者,未之有也。""王道"是孟子极力提倡的以仁义治天下的政治主张,可是在孟子所生活的时代,通行于世的却是与"王道"截然相反的"霸道"。"霸道",也就是凭借武力、刑法和权势对外征伐和对内管理的政治思想,这是法家积极主张的施政理念。战国中后期,各国政治是沿着"霸道"的方向前进的,《史记·孟子荀卿列传》说:"当世之时,秦用商君,富国强兵;楚、魏用吴起,战胜弱敌;齐宣王用孙子、田忌之徒,而诸侯东面朝齐。天下方务于合纵连横,以攻伐为贤;而孟轲乃述唐虞三代之德,是以所如者不合。"《史记·十二诸侯年表·序》还记载:"孔子明王道,干七十余君,莫能用。"这都表明当时孔孟所主张的"王道"与"仁政"的理想是屡屡碰壁,不被当时的统治者采纳。

劳心者治人,劳力者治于人

"劳心者治人,劳力者治于人",是孟子提出的思想观念,语出《孟子·滕文公上》:"然则治天下独可耕且为与?有大人之事,有小人之事。且一人之身而百工之所为备,如必自为而后用之,是率天下而路也。故曰:或劳心,或劳力。劳心者治人,劳力者治于人;治于人者食人,治人者食于人。天下之通义也。"这一段话是孟子为驳斥陈相所转述的许行的"贤者与民并耕"的观点而说的。意思是,既然是这样的道理,那么治理天下的事就能一边耕种一边来做的吗?有官吏们的事,有小民们的事。再说一个人身上（所需的用品）要靠各种工匠来替他制备，如果一定要自己制作而后使用，就会导致天下的人都疲于奔走。所以说，有些人动用心思，有些人动用体力。动用心思的人治理别人，动用体力的人被别人治理；被人治理的人养活别人，治理人的人靠别人养活。这是天下通行的道理。"劳心者治人，劳力者治于人"，因为其中体现了一种治与被治的等级观念而遭到人们的批评，其实孟子说的这句话，其本身含义是指社会上因为人们所从事的职业和岗位不同而有所分工，这是很自然的事情，强调的是"劳心"与"劳力"的职业之分，并不在强调"治人"与"治于人"的等级之分上。

使民不饥不寒

"使民不饥不寒"，是孟子的"仁政"理想中的一项基本内容，《孟子·梁惠王上》说："七十者衣帛食肉，黎民不饥不寒，然而不王者，未之有也。"孟子的观点是，如果能够做到使人民免于饥寒之苦，而同时申之以孝悌之义，进行良好的道德教化，那么这个国家还不称王于天下是不可能的。"使民不饥不寒"，现在看起来似乎是一个比较低级的社会发展标准，但是在孟子所生活的时代，农业生产力非常低下，加之频繁的战乱又对人民正常的生活和生产秩序有着相当严重的破坏，能够做到使一个国家的人民不饥不寒已经是一件很不容易的事情了，而"黎民不饥不寒"又是"申之以孝悌之义"的基础。用现代的话来讲，孟子所阐述的政治理想就是物质文明与精神文明两手抓，这是一个国家实现富强的根本途径，也是必由之路。

心之四端

"心之四端"，是孟子提出的人性观念，"恻隐之心，仁之端也；羞恶之心，义之端也；辞让之心，礼之端也；是非之心，智之端也。"孟子讲："人之有是四端也，犹其有四体也。有四端而自谓不能者，自贼者也；谓其君不能者，贼其君者也。凡有四端于我者，知皆扩而充之矣，若火之始然、泉之始达。能充之，足以保四海；不充之，不足以事父母。""心之四端"，是孟子的性善论的基本立足点，在孟子看来，恻隐、羞恶、辞让、是非这4种情性，与仁、义、礼、智这4种美德，是人与生俱来的，人只要努力地将这些善端进行扩充，就能够达到一种完善的人生修养境界，这是人能够实现自我完善的前提。

君子重义，小人重利

"君子重义，小人重利"，这是孔子所讲的君子与小人之间的区别之一，也可说是孔子的义利观，孔子的原话是："君子喻于义，小人喻于利。"也就是说，君子所看重

利有攸往

的是义，而小人看重的则是利。由此而引发，君子做事，是以义为标准的，如孔子所言："不义而富且贵，于我如浮云。"君子非义毋得，而唯义是取，为了对义的保持和维护，甚至不惜牺牲自己的生命，也就是孟子所言的"舍生取义"。而小人则不然，小人行事取舍的标准是利，非利不为，唯利是图。一个人一旦达到了唯利是图的地步，便会为所欲为，无所不为，置仁义道德与枉顾，这种理念和行为给社会所造成的危害是可想而知的。长久来看，这对其本人也是没有好处的，《左传·隐公元年》有云："多行不义必自毙，子姑待之。"自毙，就是不义的可耻下场。

忠孝如何两全

"忠"，指的是报效国家，尽忠于君主；"孝"，指的是能够很好地实现对父母的赡养和孝敬。忠孝两全，被视为一种人生理想，元代高明的《琵琶记·高堂称寿》中说："人生须要忠孝两全，方是个丈夫。"可是忠与孝时常会发生矛盾，以致有"忠孝不并"，"忠孝难两全"的说法。"忠"与"孝"是人所应当具有的两种最为基本的品德，而且二者之间又是密切相关的，在家国一体的中国传统社会，孝于父母和忠于国家两者具有一致的思想内涵，孝是忠的基础，忠则是孝的延伸，那么又为什么常常说"忠孝难两全"呢？当然，这并不是说忠和孝这两种品德难以同时存在，而是说尽忠和尽孝这两件事难以同时做好，照顾周全。因为人无分身之术，在一定的生命过程中，时间和精力都是有限的，要报效国家，则相应地照顾父母的时间就会有所减少，而要孝敬父母，则尽忠于国家就会受到影响，从社会学的角度讲，这是一种角色冲突。一种极端的情况是，如果一个人为国捐躯，就再也不能对父母尽孝了，可是在关键的时刻，如果考虑到还要尽孝于父母而怜惜自己的生命，则必然失去对国家的忠诚。对于如何做到忠孝两全，只能是辩证地来看，从积极的一面来讲，忠于国家和孝于父母两者之间实质上是统一的，所以有"尽忠于国"是"至孝于家"的说法，不宜将两者完全地对立；而从消极的一面来讲，忠与孝之难以两全，又是一种不能够消除的冲突，是一种必然的存在，人们只能是选择在具体的事务中进行一定程度的协调，做到两者之间的平衡。当然，主流的价值观仍是倡导个人当以大局为重，在特别的时刻，宁舍孝而毋失于忠。

移风易俗

"移风易俗",指的是某种行为所具有的扭转社会风气和改变人民习俗的教化作用。《荀子·乐论》说:"乐者,圣人之所乐也,而可以善民心,其感人深,其移风易俗,故先王导之以礼乐而民和睦。"又说:"故乐行而志清,礼修而行成,耳目聪明,血气和平,移风易俗,天下皆宁,美善相乐。"荀子在此表达的是礼乐教化对于形成良好的社会风气所具有的巨大作用。《吕氏春秋·先识览第四》记载了这样的事:"鲁国之法:鲁人为人臣妾于诸侯,有能赎之者,取金于府。子贡赎鲁人于诸侯而让其金。孔子曰:'赐失之矣。夫圣人之举事,可以移风易俗,而教导可施于百姓,非独适己之行也。今鲁国富者寡而贫者多。取其金则无损于行,不取其金,则不复赎人矣!'子路拯溺者,其人拜之以牛,子路受之。孔子喜曰:'鲁人必多拯溺者矣!'"这段话的意思是,鲁国有一条法律,鲁国人在国外沦为奴隶,有人能把他们赎出来的,可以到国库中报销赎金。有一次,孔子的弟子子贡(端木赐)在诸侯国赎了一个鲁国人,回国后拒绝收下国家赔偿金。孔子说:"赐呀,你采取的不是好办法。圣人所做的事,可以改变风俗习惯,影响老百姓的行为,并非个人的事情。现今,鲁国富人少而穷人多,你收取国家的补偿金,并不会损害你的行为的价值;而你不肯拿回你抵付的钱,从今以后,鲁国人就不肯再替沦为奴隶的本国同胞赎身了。"子路救起一名落水者,那人感谢他,送了一头牛,子路收下了。孔子高兴地说:"这一来鲁国人一定会勇于搭救落水的人了。"孔子强调"圣人之举事,可以移风易俗",是告诫人们

西门豹拆穿"河伯娶亲"的阴谋。

在做事的时候不要只考虑一己的范畴，而应当更广阔地想一想，自己采取这种选择的后果是什么，会给他人、社会带来什么样的影响，是对"移风易俗"作用的看重。

制天命而用之

"制天命而用之"，这是荀子提出的思想命题，语出《荀子·天论》："大天而思之，孰与物畜而制之？从天而颂之，孰与制天命而用之？"这段话的意思是，与其推崇天而思慕它，怎么比得上将天当作物质而加以控制呢？与其顺从天而歌颂它，怎么比得上掌握它的规律而利用它呢？荀子在《天论》里集中阐述了自己天人观念，指出："天行有常，不为尧存，不为桀亡。应之以治则吉，应之以乱则凶。强本而节用，则天不能贫。养备而动时，则天不能病。修道而不贰，则天不能祸。故水旱不能使之饥，寒暑不能使之疾，妖怪不能使之凶。本荒而用侈，则天不能使之富。养略而动罕，则天不能使之全。倍道而妄行，则天不能使之吉。故水旱未至而饥，寒暑未薄而疾，妖怪未至而凶。受时与治世同，而殃祸与治世异，不可以怨天，其道然也。故明于天人之分，则可谓至人矣。"又说："天不为人之恶寒也辍冬，地不为人之恶辽远也辍广，君子不为小人之匈匈也辍行。天有常道矣，地有常数矣，君子有常体矣。"在天人问题上，荀子立场鲜明地坚持天命有常、天人相分的观点，人的祸福全是因为自身的行为而得来，是与天数无关的，天人之间并不能够相互感应，人对待天的正确态度应当是知晓天所运行的规律，从而合理地利用它，让它更好地为人造福，也就是所谓的"制天命而用之"。

制名以指实

"制名以指实"，是荀子所提出的思想命题。名实问题是中国古代哲学中的一个重要范畴，各家曾有过不同的观念和主张。孔子对于"正名"相当看重，一次，子路对孔子说：卫君等待您去治理国政，您准备先做什么呢？孔子回答说："必也正名乎！"孔子认为如果自己执掌卫国的政权，首先要做的就是纠正名分上的不当，孔子是将"正名"当作一项首要的政治问题来看待的。关于"正名"，孔子还曾有过"名不正则言不顺"以及"君君、臣臣、父父、子子"等著名的表述。荀子继承了孔子"正名"的思想，主张"制名以指实，上以明贵贱，下以辨同异"。"制名以指实"，说的就是根据事情的实际来制定名分，由此做到名实相符，这样才可以明贵贱，才可以辨同异，从而实现政治的有序和社会的清明。

君权神授

"君权神授"，意即君主的权力是神所赋予的，这是对君主的一种神化。统治者宣扬自己的地位是上天所赋予的，从而强调自身统治的合法性，增强人民的认同和服从。《尚书·召诰》说："有夏服天命。"这是有关君权神授思想的最早记载，也说明，自夏朝开始，君权神授就已经成为一种有关政权的重要理念。商朝的统治者创造了一种"至上神"的观念，宣称"帝"或"上帝"是上天和人间的最高主宰，又是商王朝的宗祖神，因此，人民应当服从商王的统治。周朝统治者则用"天"代替了"帝"或"上帝"的概念，周王称为"天子"。周朝毛公鼎上面的铭文记载："丕显文武，皇天宏厌厥德，配我有周，膺受天命。"这是对"君权神授"思想的明确宣扬。到汉朝，董仲舒提出"天意""天志"的概念，并且提出了"天人相与"的命题，认为天是有意志的，是最高的人格神，是自然界和人类社会的最高主宰，天和人之间是相通的，人应当按照天的意志来行动。董仲舒以"天人相与"作为理论基础，系统地发展了君权神授的思想，强调君权的天然合理性和神圣不可侵犯性。君权神授的思想在中国古代有着非常深远的影响，历代帝王以至起义的农民领袖，无不假托天命，自称"奉天承运"，或者说"替天行道"，虚构神迹，利用谶纬迷信，把自己的活动说成是受上天的指使，从而达到神化自己及其活动的目的。陈胜和吴广在谋划起义时，先用丹砂在丝绸上写"陈胜王"，将其放在别人用网捕获的鱼的肚子里面，然后又暗中潜伏到戍卒驻地旁边丛林里的神庙中去，在晚上用竹笼罩着火装作鬼火，像狐狸一样叫喊："大楚兴，陈胜王！"这就是君权神授的迷信思想深入人心的一个鲜明的例证。

罢黜百家，独尊儒术

"罢黜百家，独尊儒术"，是董仲舒所提出的主张，汉武帝元光元年（公元前134年），召集各地贤良求问治理天下的策略，董仲舒在进策中提出："《春秋》大一统者，天地之常经，古今之通谊也。"他认为当时执政者的理念无法统一，而百姓也莫知所从的原因是"师异道，人异论，百家殊方，指意不同"，于是他倡导进行文化上的统一，尊崇孔子的学说，而罢黜其他各家的思想观点，也就是独尊儒术。董仲舒的这一建议为汉武帝所采纳，儒学自此取得中国官方正统学术的地位，并且绵续2000余年，对中国古代的意识形态和社会生活都有着极大的影响。"罢黜百家，独尊儒术"为汉武帝政治上的大一统创造了思想基础，这一方面加强了君主专制制度，另一方面对统一的民族国家的形成和巩固也产生了巨大的积极作用。

变道和改制

变道和改制，就是改变治国之道和变革政治制度，这是中国古代政治生活中的重要命题。董仲舒在《天人三策》中提出："道之大，原出于天，天不变，道亦不变。""天"，是自然界与人类社会的最高主宰，而"道"，则是依据天的旨意而运行的人类社会所应当执守的基本原理。"天"是恒定不变的，那么"道"也就不应当改变，

王安石像
北宋王安石则提出"天变不足畏",主张变法改制。

可以改变的是"制"。"道"是国家政治的根本准则,"制"则是政治生活中的一些具体的制度和措施,"制"可改,而"道"不可变,董仲舒在《春秋繁露》中说:"今所谓新王必改制者,非改其道,非变其理,受命于天,易姓更王,非继前王而王也。若一因前制,修故业,而无有所改,是与继前王而王者无以别。受命之君,天之所大显也。事父者承意,事君者仪志,事天亦然。今天大显己物,袭所代而率与同,则不显不明,非天志。故必徙居处,更称号,改正朔,易服色者,无他焉,不敢不顺天志而明自显也。若夫大纲、人伦、道理、政治、教化、习俗、文义尽如故,亦何改哉?故王者有改制之名,无易道之实。"董仲舒的这段话详细地阐明了新王有改制之名而无易道之实的政治理念,表达了自己"天不变,道亦不变"的思想观点。

大一统

"大一统",也就是尊崇一统的观念。孔子在著《春秋》的时候,开篇说:"隐公元年,春,王正月。"意思是讲,鲁隐公元年的春天,就是周王的正月。《公羊传》解释说:"何言乎'王正月'?大一统也。"唐代徐彦注疏:"王者受命,制正月以统天下,令万物无不一一皆奉之以为始,故言大一统也。"《汉书·董仲舒传》说:"《春秋》大一统者,天地之常经,古今之通谊也。"《汉书·王吉传》也说:"《春秋》所以大一统者,六合同风,九州共贯也。"可见,在春秋时期,大一统已经成为一种被社会所崇尚的观念,孔子说:"天下有道,则礼乐征伐自天子出。""礼乐征伐自天子出",就是大一统的表现,这意味着"天下有道"。周王东迁,天下诸侯各立,呈现出分崩离析的局面,但是大一统作为一种深入人心的观念并没有因此而抹去,思想界虽有"百家争鸣",在政治理念上有"王道"和"霸道"之别,但大一统这一点是各家共同秉持的观念。孟子在回答梁襄王所提出的"天下恶乎定"的问题时回答说:"定于一。"荀子所提出的"四海之内若一家"的理想,还有墨子"尚同"的主张,等等,这些都是春秋战国时期大一统思想体现。到秦始皇统一六国,实现"书同文,车同轨",再及至汉武帝"罢黜百家,独尊儒术",中国最终在文化与政治两大基本领域都确立了大一统的秩序。

清议

"清议",是东汉后期官僚、儒生与宦官进行政治斗争的产物,指的是以儒家的伦理道德为依据来臧否人物的一种舆论风尚,而为官者一旦触犯清议,便会丢官免职,被禁锢乡里，不许再入仕。当时的东汉王朝，宦官把持着朝政，这些宦官垄断了仕途，凡有选举、征辟，都要依照他们的心情和脸色来行事，这就严重地侵夺了士人们正常的仕进之途。于是，为数众多的太学生和各郡县的儒生，与官僚士大夫相联合，在朝野形成一个庞大的官僚士大夫反宦官专权的社会政治力量，从事"激扬名声，互相题拂；品核公卿，裁量执政"的活动，这也就是所谓的"清议"。在清议风潮中，形成了太学生以郭泰为首，奉司隶校尉李膺、太尉陈蕃为领袖的公开与宦官集团相对抗的政治力量。清议在当时的社会发挥了激浊扬清的积极作用。

 正始之音与清谈

"清谈"，指的是魏晋之际名士之间所崇尚的一种讨论方式，因为兴起于魏正始年间（240～249年），所以这种清谈的风气又被称为"正始之音"。清谈，又称为"清言"，之所以叫作"清谈"，是相对于俗事之谈而言的，因为清谈的内容不涉及国事与民生这样的社会实际问题，而是讨论关于本与末、有与无、动与静、一与多、体与用、言与意、自然与名教等诸多的形而上的话题。清谈的进行有一套习惯的程式，一般都有交谈的对手，借以引起争辩。通常情况下，辩论的双方分为主客，人数不限，可两人、三人或者更多。在清谈的过程中，一方表达自己对主题内容的见解，树立自己的论点，另一方则对此进行问难，推翻对方的结论，同时提出自己的观点。在相互论难的过程中，其他人也可以就讨论的主题发表赞成或反对的意见。到讨论结束时，主客双方或者协调一致，握手言和，或者虽各执一词，互不相让，但经过他人的调停，暂时结束谈论，这称为"一番"，以后还可能会有"两番""三番"等。清谈之风承袭东汉后期的"清议"，又借魏晋之际崇尚老庄的玄学的出现而兴起，作为当时上流社会所普遍喜好的风尚，既有着思想文化方面的原因，也有着社会经济方面的因素。严重脱离社会实际的清谈风气的兴起与魏晋之际士族门阀所拥有的政治与经济特权及其因此而享有的优越的社会地位有着密切的关系，魏晋之后，随着士族政治的衰微和社会环境的转变，清谈的风气也就随之消泯了。

魏晋风度

魏晋风度，指的是魏晋时期的名士们所具有的那种率真任诞、清峻通脱的行为风格。饮酒、服药、清谈和纵情山水是魏晋名士所普遍崇尚的生活方式，一部《世说新语》，可以说是魏晋风度的集中记录。魏晋风度的出现是与汉末延至魏晋之际的政治局面的混乱有着密切关系的，当时的许多名士或为当权者所杀或被杀于乱军之中，士人们没有一个安定有序的生存环境可以依托，因而转向放诞，将精神寄之于老庄，流连山水，肆意酒乡，一方面是为了全身避害，另一方面也是为了麻痹自己的思想。这

莲社图　南宋　佚名
《莲社图》描述东晋时期的高僧慧远在江西庐山虎溪东林寺结盟白莲社的故事。参加莲社的都是当时的名流，有陶渊明、谢灵运、宗炳、刘程之等人。上图表现的是谢灵运骑马而去，陶渊明因为腿病由学生与儿子架抬前往。

种不得已而为之的行为方式，因为其展现出人生中艺术的一面，又演变为一种社会所共同偏好的普遍风气。

 道统论

"道统"，指的是儒家传道的脉络和系统。孟子认为孔子的学说是承接尧、舜、禹、汤、周文王等先代圣王的，并且自命继承了孔子思想的正统。唐代韩愈作《原道》，正式提出了所谓"尧、舜、禹、汤、文、武、周公、孔、孟"关于道的传授系统的论说，称自己继承了真正的孔孟之道，是儒学的正宗。程颐在为程颢所写的《墓表》中谈到道统时认为，孟子以后，儒家的道统就失传了，直到程颢才接过这个传统。南宋朱熹将道统论进一步发展完善，他认为儒家的道统是周敦颐和程氏兄弟上接孟子的，而自己又继承了周敦颐和程氏兄弟的儒家道统。程朱理学的道统论是一个精致的理论体系，有着作为经典依据的儒学典籍、独立的历史传承谱系以及作为理论核心的哲学问题。

复性论

"复性论"，是唐代思想家李翱所提出的人性论，李翱曾写作《复性书》来阐明自己的这一理论观念。"复性"，就是恢复人本来的善性，使之"至于圣人"。李翱的复性论认为，性和情既相区别，又相联系。"性者，天之命也"，"情者，性之动也"。"性"指仁、义、礼、智、信，"情"指喜、怒、哀、惧、爱、恶、欲。性藏于内，情显于外。"情由性而生"，"（性）由情以明"，"情有善有不善，而性无不善"，但是"情本邪也，妄也"。人人皆具善性，"圣人得之而不惑"，百姓则溺于情"而不能知其本"，只有灭情才能复性。李翱指出，复性的准则是"诚"。"诚者，圣人之性也，寂然不动，广大清明，照乎天地，感而遂通天下之故，行、止、语、默、无不处于极

也。"所谓"诚",说的就是一种超然于动静之上的绝对守静的灵明透彻的精神境界。复性的步骤有两个：首先是"弗虑弗思"，使思维处于相对静止状态，即所谓"正思"；其次是"动静皆离，寂然不动"，放弃主观对虚静的追求，处于无所感知的状态，即所谓"知本无有思"。李翱认为，进入了这种境界，就可以做到"虽有情，未尝有情也"，从而实现完全的复性。

太极图说

"太极图说"，是周敦颐对太极图所做的说明，太极图形象地表达了阴阳轮转、相反相成的万物生成变化的根本原理。周敦颐精研易学，为了更好地传达太极图所蕴含的哲学理念而创作了《太极图说》。这篇文章非常简短，全文仅249字，但是十分精到地阐释了玄妙的太极理论，文中说道："无极而太极。太极动而生阳，动极而静，静而生阴，静极复动。一动一静，互为其根。分阴分阳，两仪立焉。阳变阴合，而生水火木金土。五气顺布，四时行焉。五行一阴阳也，阴阳一太极也，太极本无极也。"其要义是讲，太极是宇宙的本原，人和万物都是由于阴阳二气和水火木金土五行相互作用而产生的，五行统一于阴阳，阴阳统一于太极。《太极图说》突出强调了人的崇高价值，指出："唯人也，得其秀而最灵。"而在人中，又特别地突出了圣人的尊贵地位，

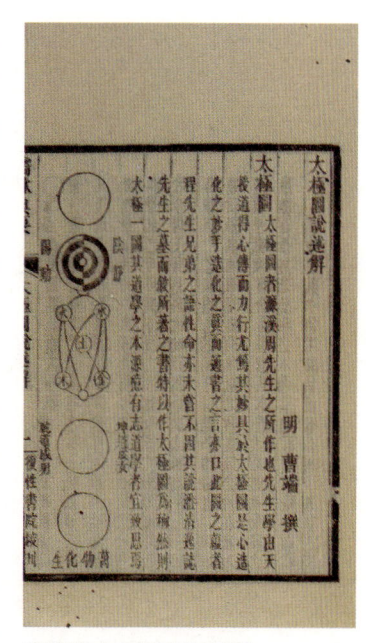

明曹端《太极图说述解》

认为"圣人定之以中正仁义，而主静，立人极焉"，还指出"立天之道，曰阴与阳；立地之道，曰柔与刚；立人之道，曰仁与义"的兼具哲学与伦理意涵的思想理念。

太虚即气

"太虚即气"，是张载（北宋哲学家，理学创始人之一）所提出的哲学命题。"太虚"一词最早见于《庄子·知北游》："是以不过乎昆仑，不游乎太虚。""太虚"在这里是指极端虚无的处所，还不是完全意义上的哲学概念，到汉初的《素问·天元纪大论》提出"太虚廖廓，肇基化之，万物资始，五运终天"的太虚化生的观点，太虚才成为一个真正的哲学概念，意涵是指空寂深远的宇宙的初始状态，也就是万物得以生成的本原。张载认为太虚是天地的始祖，天地皆从太虚之中来。"太虚无形，气之本体；其聚其散，变化之客形尔。"在张载看来，气是有形有象的，太虚则是无形无象

的，无形无象的太虚，是气的本体。气因其或聚或散的不同变化形式而有不同的存在状态：气聚则凝聚为物，气散则回归太虚。太虚是永恒的宇宙本体，而聚散变化的世界万物，则是气的存在的暂时形态，即所谓"变化之客形"，太虚是散而未聚之气，待其聚，则为气。这就是张载的"太虚即气"的思想的基本内涵。

民胞物与

"民胞物与"，语出张载《正蒙·乾称》："民，吾同胞；物，吾与也。"意即世人都是我的同胞，万物都是我的朋友。张载说："乾称父，坤称母；予兹藐焉，乃混然中处。故天地之塞，吾其体；天地之帅，吾其性。"这段话所体现的思想就是，人和万物都是天地所生，性同一源，本无阻隔，由此张载得出"民胞物与"的观点，主张爱一切人和一切物，认为"凡天下疲癃残疾，惸鳏寡，皆吾兄弟之颠连无告者也"，强调"立必俱立，知必周知，爱必兼爱，成不独成"。张载"民胞物与"的思想后来为程氏兄弟和朱熹所继承和发挥，成为宋明理学思想的重要组成部分。

万物皆是一个天理

"万物皆是一个天理"，是程颢、程颐兄弟所提出的理学观念，他们认为，"理"或"天理"是一个例外的存在，不是从事物中所抽象出来的，这唯一的"理"是永恒存在的，而且是先验地存在于一切事物之中的。"所以谓万物一体者，皆有此理"，世界必先有一个普照万物的理，然后才有被照的万物存在。天理之照物，犹如"月印万川"，也就是说，千万条河流中都映照着月亮，可是这许多条河流中的月亮却全都是那同一个月亮。这就是程氏兄弟的"天下只有一个理""万物皆是一个天理"的理学思想。

万物一体者。

理气论

理气论，是宋代理学关于理、气关系的基本理论。"理"，意为事物存在和运行的原理；"气"，意为以弥漫形态存在于宇宙之中的物质质料。气作为质料，构成了物的形体。起初，理学家认为人的精神也是一种气，是一种比一般的气更为精细的气，即"精气"。后来张载指出，人的精神和本性，是气自身所固有的，是气之灵。而二程则体会出，气中有一个理，这个理就是世界上所有事物的运行秩序的总根源，也是人的本性和精神的根源。张载认为，气不会产生，也不会消亡。二程和朱熹则认为气会消亡，而理才是不生不灭的，并且理可以产生出气。朱熹虽然强调理和气不相分离，二者不分先后，但是他认为气可以消亡，并且可以由理重新创生出来，这实际上也就承认了理和气是可以分离的，把理和气看作两种存在物。此后的理学家又修正了朱熹的理气论，认为理只是气之运动的法则，是气的功能，理和气是不能相互分离的。

明心见性

"明心见性"，本是佛教禅宗用语，指屏弃一切世俗杂念，彻悟因杂念而迷失了的本性，陆九渊将禅宗的这一修炼方法移用过来表述自己的心学思想，主张为学应当注重内省的功夫，而不必执意于向外寻求，提倡如禅宗明心见性般直契本心、了然顿悟。明心见性，这个"心"，就是自我的本心，这个本心也就是原初的善心，是没有被后来各种杂念所扰乱和遮盖的纯洁的心地；这个"性"，也就是自我的本性。是与生俱来的为善

焚香煮茗

的情性，是一种圣人之性。人要通过明心见性的过程来发扬和恢复原本善良的心性，从而进入一种崇高的道德境界。

存天理，灭人欲

"存天理，灭人欲"，这一说法的提出习惯上被归于朱熹的名下，而实际上，类似的提法早有渊源，《礼记·乐记》中说："人化物也者，灭天理而穷人欲者也，于是有悖逆诈伪之心，有淫佚作乱之事。"意思是讲，人为外物所诱惑而丧失了天理、纵容人的欲望，于是有了各种邪恶的想法和恶劣的行为。这里已将"天理"和"人欲"相对立，"天理"，也就是孟子所说的人的与生俱来仁、义、礼、智等良知，而"人欲"则是对"天理"的违背，是为所欲为的不善之举。程颐说："人心私欲，故危殆。道心天理，故精微。灭私欲则天理明矣。"这也是将"人欲"和"天理"相

对立的表述，说的也就是"存天理，灭人欲"。朱熹传承了这种思想，说道："孔子所谓'克己复礼'，《中庸》所谓'致中和'、'尊德性'、'道问学'，《大学》所谓'明明德'，《书》曰'人心惟危，道心惟微，惟精惟一，允执厥中'，圣贤千言万语，只是教人明天理，灭人欲。"朱熹实际上并非"存天理，灭人欲"的首倡者，但是他将此看作是儒家思想的精髓之所在，并且对其进行了详细的阐发，极大地提高了这一观念的影响力。值得注意的是，朱熹并非是一概反对人的任何欲望，他所说的"人欲"是指那些超出了正当要求以及违反了社会规范的欲望，是属于"非分之想"一类的欲求，只是后来人们脱离了具体的语境对字面的含义发生了误解，因而严厉地抨击朱熹对于人欲的否定。事实上，朱熹的这种倡导之于纷杂混乱的社会实际乃及乱世之中人的行为操守也并非是毫无积极意义的，但不可否认的是，朱熹的这种表述对后来的社会思想产生了很为不良的影响，以致出现了"以理杀人"的现象。"存天理，灭人欲"的错谬的根本之处不在于对"人欲"的否定，而在于将"天理"和"人欲"相对立，使"理"和"欲"之间不是相和谐的关系，而是此生彼灭的相冲突的关系。

陈朱之辩

南宋孝宗淳熙十一年（1184年）开始，陈亮与朱熹之间关于义利、王霸问题以书信往来的方式进行了持续3年之久的思想辩论，在历史上被称为"陈朱之辩"。南宋初年，理学急剧发展，但是理学的空疏之风引起了一些思想家的反感，陈亮意识到理学所影响的已不仅仅是学术风气，而且也造成了政治上的保守气氛，因此对理学极为憎恶，将其视为关系到宋朝恢复大业的一个重要的不利影响，并且将批判的矛头直接指向理学的代表人物朱熹。陈亮与朱熹争论的焦点是义利问题和王霸问题，朱熹看重行为的动机是否符合道德，以此来分析义和利、王和霸，否定陈亮所提出的"义利双行，王霸并用"的主张；而陈亮则重视行为的实际效果，试图将义和利、王和霸统一起来，后来发展为独树一帜的功利主义思想体系。

知行合一

"知行合一"是王守仁的哲学观念，明武宗正德三年（1508年），王守仁在贵阳文明书院讲学时首次提出"知行合一"的说法。王守仁所讲的"知行合一"，指的并不是实践与认识相符合的含义，这里的"知"，是一种良知，也就是指人的道德意识和思想理念，而"行"，是指人的道德践履。王守仁指出，"知"与"行"二者之间，互为表里，不可分离，知必然要表现为行，不行不能算真知。而良知，无不行，自觉的行，也就是知。在王守仁看来，知决定着行，道德意识是人之行为的指导思想，按照道德的要求去行动就是达到良知的工夫,在道德指导下产生的良知是行为的开始,符合道德要求的行为则是良知的完成。

王守仁格竹

王守仁早年笃信朱熹的学说,曾对朱熹"格物致知,即物穷理"的方法付诸实践,去"格"亭子前面的竹子,也就是对着竹子进行观察,结果苦思竭虑,坚持了7天,竹子之理没有"格"出来,自己反而病倒了。王守仁当时以为这是由于自己没有做圣贤的能力,之后方才明白,"天下之物本无可格者,其格物之功,只在身心上做",这就是"王守仁格竹"的故事。王守仁在《传习录》下卷中讲述了自己格竹的这件事,意在表明朱熹"格物致知"的理论是错误的,进而阐述了自己"致良知"的心学理论,认为求知明理的方法当是面向自我的内心,发扬自己本心的良知,将之推广到身外的万事万物。

墨竹图　元　柯九思

经世致用思潮

经世致用思潮,是清代初年由顾炎武、王夫之、黄宗羲等知名学者的提倡而掀起的一股思想潮流。经世致用,就是说要将学术理论同社会实践结合起来,运用自身所掌握的理论知识积极地致力于解决现实社会中的各种问题。南宋时期,吕祖谦、叶适、陈亮等思想家就提倡经世致用,反对当时的理学家只谈心性命理的空疏之学。清朝初年,由于明朝灭亡、清军入关的沉重打击,理学的统治地位被强烈地撼动,一批有识之士深切地感受到明朝空疏不实的学风对国家所造成的巨大灾难,因而积极提倡经世致用的真学问和以实为宗的新学风。他们以社会问题为中心,在救世济时的思想指导下,提出了解决当时社会问题的各种方案:在政治上,猛烈地批判封建专制制度,揭露专制君主的罪恶,提出了一些带有初步民主启蒙因素的主张,如黄宗羲的"公其是非于学校"、顾炎武的"庶民干政"的主张等;在经济上,针对封建的土地兼并,提出了解决土地问题的各种办法,这些办法都贯穿着"均田"的精神,表现出对农民问题的关心和同情;在教育上,激烈地批判束缚思想的科举制度和八股文,要求注重学校教育,从而培养出真正有学问有实际能力的有用人才……由于这些杰出思想家的积极号召和清朝初年特殊的社会与政治环境,一股经世致用的思想潮流应时而起。

道　家

老子之道

飞升图

"道",是老子思想理论体系的基础,是一个本原性的最高的哲学范畴,既是世界的本体,又是万物运行的根本规律。《老子》第二十五章讲:"有物混成,先天地生。寂兮寥兮,独立而不改,周行而不殆,可以为天地母。吾不知其名,强字之曰道,强为之名曰大。"这段话是说,有一个浑然一体的东西,它先于天地而存在,又独一无二;它永远不依靠外在的力量,周流运行,永不停歇,因此,它可以看作是天地产生的根本。由于不知道它应该叫作什么名字,姑且给它起个名字叫作"道",勉强再给它起个名字叫作"大"。老子又说,它统率着一切,主导着万事万物的发展,可是它做的这些又看不见,所以称之为"逝";它运行不息,遐而无所不及,又须臾不离开万物,因此称之为"远";而它运行不息,伸展遥远又返回本原,因而称之为"反"。"大""逝""远""反",是老子对"道"所具有的各种品性的表述。"大",说的是"道"涵盖一切,至高至上;"逝",说的是"道"神妙莫测,不可见其形;"远",说的是"道"运行不息,无时不存,亦无处不在;"反",说的是"道"所具有的万物归宗的本原性。

道生一,一生二,二生三,三生万物

"道生一,一生二,二生三,三生万物",语出《老子》第四十一章:"天下万物生于有,有生于无。道生一,一生二,二生三,三生万物。"这段话讲述的是,天下万物来源于有，有则来源于无，这就是"无中生有"的道理。根据这个道理，最早的那个"有"必定是从"无"中而来的，而这个原初的"无"，也就是"道"，所以说"道生一"；而一旦有了第一个"有"，那么这第一个"有"就会产生第二个"有"，这就叫作"一生二"；接着，有了第一个"有"和第二个"有"的出现，第三个"有"也就会产生出来，即"二生三"；以此类推，继之以无穷，则万物化生，也就是"三生万物"。老子这段话讲的是"道"的本源性和万物由来的原理。

天地不仁

"天地不仁"，语出《老子》第五章："天地不仁，以万物为刍狗；圣人不仁，以百姓为刍狗。"这话的意思是，天地是没有"仁"这个概念的，对待万物全都是一样的，全都像对待刍狗（祭祀时用草扎成的狗）那样来敬奉；圣明的君主也是没有"仁"这个概念的，对待百姓也都是很敬重的。"天地不仁"，是说天地无所偏向，在天地看来，万物都是一样的，没什么区别，这是一种反"仁"的思想。老子之所以反对仁，是因为仁体现出人的一种主观的倾向，人如果有了仁与非仁的观念，对待外物和处理事情的时候就会融入主观的情感，因而就会偏离自然的规律，这其实与老子"无为而治"的思想是一致的。

柔弱胜刚强

"柔弱胜刚强"，是老子所持的思想观念，语出《老子》第三十六章："将欲歙之，必固张之；将欲弱之，必固强之；将欲废之，必固举之；将欲夺之，必固与之。是谓微明，柔弱胜刚强。"老子讲的歙、张、弱、强、废、举、夺、与等，都是从反面取之的策略，也就是欲擒而故纵，体现出鲜明的辩证色彩，而"柔弱胜刚强"可以说是老子的这一思想的集中代表。《老子》第七十八章说："天下至柔，莫过于水。而攻坚强者，莫之能胜。其无以易之。弱之胜强，柔之胜刚，天下莫不知，莫能行。"老子所提出的"处下""不争""不敢为天下先"等主张，体现的思想内涵也都是柔弱胜刚强。以弱胜强，以柔克刚，可以说是老子思想中最为独到和深刻的。

无为而治

"无为而治"，是道家的基本思想，首先是由老子提出来的。老子认为天地万物都是由道化生的，而且天地万物的运动变化也都遵循着道的规律，而道所遵循的又是自然的规律，也就是"道法自然"。既然道以自然为本，那么对待事物就应该顺其自然，无为而治，让事物按照自身的必然性自由地发展，使其处于符合道的自然状态，不对

田间耕作符合自然规律。

它横加干涉,不以有为影响事物的自然进程,只有这样,事物才能正常地存在和健康地发展。老子说:"是以圣人处无为之事,行不言之教。""上德无为,而无以为;下德有为,而有以为。""为学日益,为道日损,损之又损,以至于无为。无为而无不为。"这些讲的都是"无为而治"的好处。当然,所谓"无为",并不是一无所为,不是说什么都不做,而是不妄为,不随意而为,不行违反自然规律之为。

治大国若烹小鲜

"治大国若烹小鲜",语出《老子》第六十章,意思是治理大国就如同烹制美味的小鱼一样,这是老子所崇尚的治国方法。据说上古时期的贤君汤曾向伊尹询问治国的主张,伊尹用这样的比喻来说明:"做菜既不能太咸,也不能太淡,要调好作料才行;治国就如同烹饪,既不能操之过急,也不能松弛懈怠,只有恰到好处,才能把事情办好。"老子取用了伊尹的这个说法来表达自己的政治方略,强调治理国家要依照规律循序行事,一切有条不紊,长此以往,国家必定和谐而昌盛。

绝圣去智

"绝圣去智",语出《老子》第十九章:"绝圣去智,民利百倍;绝仁弃义,民复孝慈;绝巧弃利,盗贼无有。此三者,以为文不足,故令有所属:见素抱朴,少私寡欲,绝学无忧。"这段话所表达的意思是,统治者要放弃过分睿智的做法,而应该采用无为的方法来治理国家和管理社会,这样人民就会获得更多的利益;放弃仁义道德这些说教,这样人民就会恢复孝慈的天性;抛弃巧诈和货利,这样盗贼自然也就没有了。这三者作为治理社会的法则是不够的,还要令人民的思想有所归属,要大家做到纯洁朴实,减少私欲杂念,抛弃虚浮的礼法,如此一来就没有什么可忧虑的了。总而言之,这是老子对自己所主张的"无为而治"思想的具体阐释。

小国寡民

"小国寡民"出自《老子》第八十章:"小国寡民,使民有什佰之器而不用,使民重死而不远徙。虽有舟舆,无所乘之;虽有甲兵,无所陈之,使民复结绳而用之。至治之极,甘其食,美其服,安其居,乐其俗。邻国相望,鸡犬之声相闻,民至老死不相往来。""小国寡民"是老子对自己的社会理想所做的阐述,这种社会生活状态,颇有桃花源式的意境,也是一种只能形诸书面的空想,无论在既往,还是在未来,都是不可能出现的情形。有人批判老子的这种思想表现的是一种后退的意识,而其实这是老子有感于当时社会纷争扰攘的混乱局面所提出的一种以寡欲思想出发的、人民世代安居乐业的美好愿望,不宜过分地奢求和妄评。

小国寡民反映了追求人民世代安居乐业的美好愿望。

民不畏死

"民不畏死"出自《老子》第七十四章:"民不畏死,奈何以死惧之?若使民常畏死,而为奇者,吾得执而杀之,孰敢?向使民常畏死,常有司杀者杀。夫代司杀者杀,是谓代大匠斫,夫代大匠斫者,希有不伤其手矣。"这段话的意思是,民众不畏惧死亡,又怎能用死亡来威吓他们呢?如果民众一贯都畏惧死亡,那么对个别的胆敢胡作非为的人我们抓来杀掉,还有谁敢妄动呢?就算民众一贯都畏惧死亡,那也应该由专司诛杀的人去杀。代替专司诛杀的人去杀,就像代替高明的木匠去砍伐一样。而代替高明的木匠去砍伐,很少有不会伤到手的。老子在此提倡的是一种慎用刑法的施政观念。这段话反复谈论着民众是否畏惧死亡的问题,民众到底畏不畏惧死亡呢?很显然,恋生恶死是人的一种本能(也是一切生物的本能,人也不例外),但是人不畏惧死亡的情况也是存在的。孟子曾言"所恶有甚于死者,故死有所不避也",人之所以连死亡都不怕了,是因为有比死亡让人所更不能够容忍的。对于民众来讲,统治者的过分昏庸和残暴就是比死亡都更不能忍受的事情,是谓"苛政猛于虎也"。在这种情况下,再用死亡来威慑民众也是没有效力的了,刑法即使再过严厉,都不能制服民众了,陈胜吴广在准备起义时所说的"今亡亦死,举大计亦死,等死,死国可乎"表明的也是这个道理。老子的论说是在劝诫统治者治理国家应当依靠政治的清明有序,而不可以依靠严刑峻法，使用酷刑要有章可循，谨慎从事，这样才可以令刑罚起到威慑的作用，才有利于国家的长治久安。

祸福相倚

"祸福相倚"，语出《老子》第五十八章："祸兮福之所倚，福兮祸之所伏。"祸福相倚表达的是祸与福相互依赖，相互转化的辩证观念，《淮南子·人间训》中记载的"塞翁失马，焉知非福"的典故就是对祸福相倚的具体而生动的说明。祸福相倚，告诫的是人们在面对幸福之时，不可盲目乐观，应当要敏感地意识到眼下的好景中可能存在的背反因素；面对灾祸之时，也不要盲目地悲观，应当在不幸之中看到幸运的一面，要在不利之中提取出有利的因素，使事情的发展向着对自己有益的方向转化。居安思危、有备无患等行事的法则，其思想依据也就是祸与福之间的互有依存又相为转变的关系。

上善若水

"上善若水"，语出《老子》第八章："上善若水。水善利万物，而不争；居众人之所恶，故几于道。居善地，心善渊，与善仁，言善信，政善治，事善能，动善时。夫唯不争，故无尤。"老子用水的特点来表达至善的人的品性，水具有两大优点，即"善利万物"和"不争"，而这两个方面又是统一的。因其"不争"，才可"善利万物"；而"善利万物"的一种基本的表现就是"不争"。老子指出，正是由于不争，

水，善利万物。

才会没有什么过错。在老子看来，这是一种接近于道的品性。

慎始慎终

"慎始慎终"，指做事情从开始到结束都非常谨慎，语出《老子》第六十四章："慎终如始，则无败事。"这一章对慎始慎终的道理进行了较为完整而详细的表述，老子讲："其安易持，其未兆易谋。其脆易泮，其微易散。为之于未有，治之于未乱。"情况安定时，容易把握；事情尚无迹象时，容易图谋。事物脆弱时容易化解，事物微细时容易消散。要在事情尚未发生时就处理好，要在祸乱尚未出现时就控制住。老子接着说："合抱之木，生于毫末；九层之台，起于累土；千里之行，始于足下。"并且指出："民之从事，常于几成而败之。""为山九仞，功亏一篑。"《诗经·大雅·荡》中所说的"靡不有初，鲜克有终"说的都是同样的道理。

功成身退

"功成身退"，语出《老子》第九章："持而盈之，不如其已；揣而锐之，不可长保。金玉满堂，莫之能守；富贵而骄，自遗其咎。功成名遂身退，天之道。""功成身退"说的是大功告成之后，自行隐退，而不再贪恋名位，这是合于天道的做法。《庄子·天运》中有这样的话："以富为是者，不能让禄；以显为是者，不能让名。亲权者，不能与人柄，操之则栗，舍之则悲，而一无所鉴，以窥其所不休者，是天之戮民也。"一味贪图而不知休止的人是要遭受上天的刑戮的。"飞鸟尽，良弓藏；狡兔死，走狗烹"，说的就是这个道理。勾践灭吴之后，范蠡与文种的不同结局就是一个典型的事例。

庄子的齐物论

"齐物论"是庄子的一种哲学思想，也是《庄子》一书中一篇文章的名字。关于"齐物论"的解读，基本上有两种，一种解为"齐物"之论，一种解为"齐"之"物论"。按照前一种理解，"齐物论"讲的是对万物的齐一；而按照后一种理解，"齐物论"讲的就是对于各种看待事物之观点的齐一。其实这两种理解是有着相通的一面的，虽然前一种说法的重点是齐"物"，而后一种说法的重点是齐"论"，但是这种"论"也是"物之论"，可以说是间接地齐"物"。庄子在《齐物论》中提出了"吾丧我"这一著名的表述，"吾丧我"，说的就是自己忘掉了自己，准确地讲，是自己的心神忘却了自己的形体，这是"天地与我并生，而万物与我为一"的物我皆忘的精神状态，也就是一种齐一的超然境界。庄子说："忘年忘义，振于无竟，故寓诸无竟。"意思是忘掉死生，忘掉是非，到达无穷无尽的境界，因此圣人总把自己寄托于无穷无尽的境域之中。这就是对"吾丧我"的一种讲解。庄子还讲述了自己梦蝶的故事,说道:"不知周之梦为胡蝶与,胡蝶之梦为周与?周与胡蝶,则必有分矣。此之谓物化。"物化,也就是物我之间的交合变化,因为这种变化,而万物之间浑然为一,是故"众人役役,圣人愚,参万岁而一成纯,万物尽然,而以是相蕴"。众人总是一心忙于去争辩是非,圣人却好像十分愚昧无所觉察,糅合古往今来多少变异、沉浮,自身却浑然而一不为纷杂错异所困扰,万物全都是这样,而且因为这个缘故相互蕴积于浑朴而又精纯的状态之中。

逍遥游

鱼儿在水中逍遥游。

"逍遥游",是一种没有任何束缚而自由自在的生命状态,是一种"乘天地之正,而御六气之辩,以游无穷"的高渺境界,是一种"肌肤若冰雪,绰约若处子,不食五谷,吸风饮露,乘云气,御飞龙,而游乎四海之外"的仙人之姿,是庄子所崇尚的一种绝对自由的精神修养。《逍遥游》一篇集中地表现了庄子的这一思想理念。这篇文章一开始就进行了这样的表述:"北冥有鱼,其名为鲲,鲲之大,不知其几千里也;化而为鸟,其名为鹏,鹏之背,不知其几千里也,怒而飞,其翼若垂天之云。是鸟也,海运则将徙于南冥。南冥者,天池也。"这是一种非常之恢宏深远的景象和境界。庄子在进行了一番异常生动的形象描绘后,将逍遥游的精神实质归结为:"至人无己,神人无功,圣人无名。"这是讲道德修养高尚的"至人"能够达到忘我的境界,精神世界完全超脱物外的"神人"心目中没有事业和功名,思想修养臻于完美的"圣人"从不去追求名誉和地位,只有做到了如此,才可为逍遥之游。

庄子鼓盆而歌

庄子鼓盆而歌,典出《庄子·至乐》:"庄子妻死,惠子吊之,庄子则方箕踞鼓盆而歌。惠子曰:'与人居,长子老身,死不哭亦足矣,又鼓盆而歌,不亦甚乎!'"庄子的妻子死了,惠子前往吊唁,却见到庄子像簸箕似的坐在地上一边敲着盆子一边唱歌。惠子感到很不解，责问庄子说："你的夫人跟你一同生活了这么多年，为你养育子女，操持家务，现在她不幸去世，你不伤心流泪也就罢了，竟然还敲着盆子唱歌，这岂不是太过分了吗！"庄子回答惠子说："不是这样的。当她刚刚死去的时候，我自己何尝不是很难过啊！可是细细想来，她最初是没有生命的，不仅没有生命，而且也没有形体，不仅没有形体，而且也没有气息。在若有若无、恍恍惚惚之间，变化而产生气息，又经过变化而产生形体，再经过变化而产生生命，如今又变而死去，这种变化就像春夏秋冬四季那样运行不止。现在她静静地安息在天地之间，而我却还要号啕大哭，不是太不通达于命运了吗，所以才止而不哭了。"庄子鼓盆而歌的行为，并非是不为妻子的死去而悲伤，而是对于人的生死持一种通达的态度，这是"天人合一"的思想在人的生死观上的具体表现。庄子的这种思想对后世的影响极为深远，苏轼在《赤壁赋》中说："逝者如斯，而未尝往也。盈虚者如彼，而卒莫消长也。盖将自其变者而观之，则天地曾不能以一瞬；自其不变者而观之，则物与我皆无尽也，而又何羡乎？"表达的也是庄子所怀有的那种对于生死的达观态度。

螳螂捕蝉

"螳螂捕蝉"，典出《庄子·山木》："睹一蝉，方得美荫而忘其身，螳螂执翳而搏之，见得而忘其形；异鹊从而利之，见利而忘其真。"另可见于西汉刘向编撰的《说苑》中的《正谏》一篇："园中有树，其上有蝉。蝉高居悲鸣饮露，不知螳螂在其后也；螳螂委身曲附欲取蝉，而不知黄雀在其傍也；黄雀延颈要啄螳螂，而不知弹丸在其下也。此三者皆务欲得其前利，而不顾其后之有患也。"这种情形被人概括地称为"螳螂捕蝉，黄雀在后"，常常以"螳螂捕蝉"来简称。比喻只顾眼前的利益而忽略背后的危险的盲目做法，

螳螂捕蝉，黄雀在后。

经常被用来劝导人们要有全局观念，处理事情的时候不可只看一面，尤其不可为眼前的利益所迷惑而对潜伏的祸患失去警惕。

浑沌之死

"浑沌之死"典出《庄子·应帝王》："南海之帝为倏，北海之帝为忽，中央之帝为浑沌。倏与忽时相与遇于浑沌之地，浑沌待之甚善。倏与忽谋报浑沌之德，曰：'人皆有七窍以视听食息，此独无有，尝试凿之。'日凿一窍，七日而浑沌死。"

浑沌是怎么死的呢？是因为被儵与忽日凿一窍而致死的。庄子借此要表达的是什么呢？《应帝王》这一篇是表述庄子的政治主张的，庄子在这篇文章中讲了7个故事，"浑沌之死"是其中之一，这7个故事所共同表达的政治思想就是"无为而治"。在这则故事中，儵、忽和浑沌这3个人名是带有寓言性质的，儵、忽具有短暂的含义，而浑沌则意味着自然淳朴的状态，儵与忽的做法象征着人为之政，而这种政治方法只能够起到短暂的效果，不是长久的计策，儵与忽按照自认为理所当然的想法为浑沌开凿七窍，用意虽好，结果却不佳，造成了浑沌的死，这象征着那种原初的自然淳朴的社会状态的被破坏。浑沌虽然没有七窍，但是活得好好的，可是儵与忽却偏偏认为浑沌应当有七窍，于是强而为之，这样做所得到的客观效果只能是与主观愿望恰恰相反，浑沌有了七窍，却失去了生命。为政者如果不顺应社会本然的运行规律而从自己的主观理想出发来对社会进行许多人为的干预，那么收效一定是很糟糕的。

材与不材之间

"材与不材之间"，语出《庄子·山木》："周将处乎材与不材之间。材与不材之间，似之而非也，故未免乎累。"一次，庄子在山中行走的时候看见一棵大树枝叶十分茂盛，可是伐树的人却停留在旁边而不去砍伐它。庄子问为什么不去砍这棵大树呢，伐树的人说："这树没有什么用处。"庄子于是感慨地说："这棵树就是因为不成材而能够终享天年啊！"庄子走出山来，留宿在朋友家中。朋友叫童仆杀鹅来款待他。童仆问主人："一只能叫，一只不能叫，请问杀哪一只呢？"主人说："杀那只不能叫的。"第二天，弟子问庄子："昨天遇见山中的大树，因为不成材而能终享天年，可是主人的鹅，却因为不成材而被杀掉，先生你将怎样来对待呢？"庄子说："我庄周将处于成材与不成材之间。"庄子的这种观点表达的是为人处世要把握好一种分寸，做到应时而顺变，不可拘泥于一方，应当力求达到这样一种境界："与时俱化，而无肯专为，一上一下，以和为量，浮游乎万物之祖，物物而不物于物。"人要通过这种随顺的处世原则来过一种悠然自得的生活，役使外物却不为外物所役。

忘适之适

"忘适之适"，语出《庄子·达生》："忘足，履之适也；忘要，带之适也；知忘是非，心之适也；不内变，不外从，事会之适也。始乎适而未尝不适者，忘适之适也。"这段话讲的是，忘掉了脚，便是鞋子的舒适；忘掉了腰，便是带子的舒适；知道忘掉是非，便是内心的安适；不改变内心的持守，不顺从外物的影响，便是遇事的安适。本性常为安适而从未有过不适，也就是忘掉了安适的安适。所谓"忘适之适"，就是

古代哲学

仙人图

连"适"本身都忘掉了,这是一种抛弃了所有的拘累和牵系的极度放松的心理状态,是一种与天地为一的精神境界,也是庄子所提倡的从意识层面到潜意识层面将一切都清除了的"心斋""坐忘"等人生修炼方法的一种表现。

白驹过隙

"白驹过隙",语出《庄子·知北游》:"人生天地之间,若白驹之过隙,忽然而已。"人生于天地之间,就像骏马穿过一个狭窄的通道,瞬间而过罢了。"白驹过隙",后来就被用作形容时间过得极快,而人生极为短暂。庄子在此使用这个比喻是用来讲述人在面对倏忽短暂的生命时所应秉持的达观态度。在庄子看来,世界的万物,自然而然地,全都蓬勃而生;又自然而然地,全都顺应变化而死。业已变化而生长于世间的,又会变化而死去,还在生活着的为之哀叹,人们为之感到悲悯。可是人的死亡,只是解脱了自然的束缚,毁坏了自然的约束,人的魂魄随死亡而消逝,接下来身形也将随之而去,这就是最终对道的归向。不具有形体因变化而为有了形体,具有形体再经变化而形体消失,这是人们所都知道的,那么人们为什么不能因此而对生命看得通达呢?

庖丁解牛与养生

"庖丁解牛",典出《庄子·养生主》:"庖丁为文惠君解牛,手之所触,肩之所倚,足之所履,膝之所踦,砉然响然,奏刀騞然,莫不中音。合于《桑林》之舞,乃中《经首》之会。"这段话是讲,有一个名叫丁的厨师替梁惠王宰牛,手所接触的地方,肩所靠着的地方,脚所踩着的地方,膝所顶着的地方,都发出皮骨相离声,进刀时发出的响声,这些声音没有不合乎音律的。它合乎《桑林》舞乐的节拍,又合乎《经首》乐曲的节奏。后来,"庖丁解牛"就作为一个成语用来形容经过反复的实践,掌握了事物的客观规律,做事得心应手、运用自如的情形。梁惠王对庖丁精湛的技艺十分惊叹,庖丁却对梁惠王说:"臣之所好者道也,进乎技矣。"也就是说,自己所看重

解牛要按照牛的身体结构动刀。

的是自然的规律,这已经超过了对宰牛技艺的追求。然后,庖丁向梁惠王讲述了自己多年宰牛的经历感受,由最初的眼里只有一头牛,到后来对牛的肌体结构十分精通,以至于达到了"彼节者有间,而刀刃者无厚,以无厚入有间,恢恢乎其于游刃必有余地矣"的高超境地。梁惠王听后感慨说自己学习到了养生之道。庖丁讲的是解牛,梁惠王却体悟到了养生,两者看似不相及,但是在对自然规律的认识和运用这一点上却是相通的,也就是庖丁说的"所好者道也","道"这个原理是普适于万事万物的。

只可意会

"只可意会",语出《庄子·天道》:"世之所贵道者,书也。书不过语,语有贵也。语之所贵者,意也,意有所随。意之所随者,不可以言传也,而世因贵言传书。""只可意会"常常与"不可言传"连用,用以形容只能用心去仔细地揣摩体会,而无法用语言具体地传达出来的微妙的道理。这一成语所要阐说的是,意蕴之妙,在乎一心,如果能够用语言来讲述出来的,那就不会是精妙的道理,而精妙的道理一旦用语言表述出来,也一定不是原来的模样了。《庄子·天道》中还讲述了一个轮扁斫轮的故事,轮扁用自己斫轮的实践体会指出,书上所记载的圣人之言,尽是古人之糟粕矣。当然这不是说书不好,也不是说圣人之言毫无意义,而是说一个人内心的那种精微的体验,是无法通过语言来传达,从而令他人也亲切地感知得到的,这并不是否认知识的可传承性,而是讲道理的精髓之处是必须自己通过亲身实践和用心领悟才可以真正有所认识和掌握的,才能真正地领会其中的奥妙,这不是仅靠语言的传达就可以实现的。

外化而内不化

"外化而内不化",语出《庄子·知北游》:"仲尼曰:'古之人,外化而内不化,今之人,内化而外不化。与物化者,一不化者也。安化安不化,安与之相靡,必与之莫多。'"这段话的意思是,孔子说:"古时候的人,外能够适应环境的变化而内却坚持操守,现在的人,内不能够持守而在外又不能适应环境的变化。随外物变化的人,内心必然是纯一坚定而不离散游移。对于变化与不变化都能安然听任,安闲自得地与外在环境相顺应,必然会与外物一道变化而不有所偏移。"这是庄子假托孔子之口表述的人生理念。所谓"外化",就是对于外在的社会环境要通达顺应,否则将无法在社会中安身立命;所谓"内不化",就是不要受变化万千的外部世界的影响,而要在内心有所坚持,否则将被纷繁复杂的外在世界所左右,从而丧失自我。"外化而内不化"是说,生存可以随遇而安,但是生命要有所坚持,既要随顺,又要固我,这是一种超达而坚贞的人生观。

庄周梦蝶

"庄周梦蝶",典出《庄子·齐物论》:"昔者庄周梦为胡蝶,栩栩然胡蝶也,自喻适志与!不知周也。俄然觉,则蘧蘧然周也。不知周之梦为胡蝶与,胡蝶之梦为周与?周与胡蝶则必有分矣,此之谓物化。"这段话讲述的意思是:有一天,庄周梦见自己变成了蝴蝶,一只翩翩飞舞着的蝴蝶,自己感到非常快乐,悠然得意,而不知道自己是庄周。一会儿梦醒了,惊惶不定之间却发现自己是庄周。不知是庄周做梦变成了蝴蝶呢,还是蝴蝶做梦变成了庄周呢?庄周与蝴蝶必定是有区别的,这就是物与我的交合与变化。《齐物论》是庄子阐述齐物思想的名篇,所谓"齐物"者,说的是世界万物包括人的品性,看起来是千差万别的,然而归根结底却又是齐一的,是相对而同一的。"庄周梦蝶"是庄子提出的关于齐物思想的一个重要的哲学观点,这种观点认为人不能够确切地区分真实和虚幻,万物亦真亦幻,相对而互化。在一般人看来,一个人在醒时的所见所感是真实的,梦境是幻觉,是不真实的,庄子却以为不然。醒

庄生梦蝶图　元　佚名
此图取材于"庄周梦蝶"的典故,画家将此场景置于炎夏树荫。童子倚树而眠,庄周袒胸卧木榻,鼾声正浓,笔法细利削劲,晕染有致。

庄子与惠子：一对诤友，两种学说

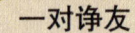
一对诤友

- 道家一代宗师
- 穷得叮当响
- 视名利如敝屣
- 喜欢深居简出

- 名家大腕人物
- 贵为相国
- 汲汲于富贵
- 不甘寂寞

庄子

惠子

虽然两人的出身与个性如此不同，却偏偏结交成了朋友，而且是一对诤友。

庄子对外界的认识，常带着观赏的态度。他往往将主观的情意发挥到外物上，产生移情同感的效用。

惠子则不同，他站在分析的立场，来分析事理意义下的实在性。因此，他会很自然地怀疑庄子的所谓"真"。

古代哲学

两种学说

鱼在水中游得多么休闲自得,这是鱼的快乐啊!

你不是鱼,怎么知道鱼是快乐的?

你本来就不是鱼,那么,你不知道鱼的快乐,是可以肯定的。

你不是我,怎么知道我不晓得鱼的快乐。

名家小释义

名家,以辩论名实问题为中心,以善辩成名。名,指称事物的名称,即"概念";"实"就是"名"所指称的事物。名家最先围绕"刑名"问题,以研究刑法概念著称;后逐渐从"刑名"研究,延伸到"形名"研究、"名实"研究。围绕"名"和"实"的关系问题,展开论辩并提出自己的见解。

自从先生(惠子)去世,我没有对手了,我没有谈论的对象了!

一生情谊

庄子与惠子在现实生活中固然有距离,在学术观念上也相对立,但在情谊上,惠子确是庄子生平唯一的契友。惠子死后,庄子再也找不到可以对谈的人了。

是一种境界,梦是另一种境界,二者是不相同的;庄周是庄周,蝴蝶是蝴蝶,二者也是不相同的,但是在庄子看来,这些都只是一种现象,是"道"之运动中的一种形态、一个阶段而已,既相分离而又互为交合的。17世纪法国哲学家笛卡尔在《形而上学的沉思》中阐述了这样的观点:人通过自己的意识感知世界,世界万物都是间接被感知的,因此外部世界有可能是真实的也有可能是虚假的。这就是怀疑论的思想基础和理论前提。"庄周梦蝶"这一典故所寓含的哲学意义与笛卡尔的这段话有着相通之处。

井底之蛙与东海之鳖

"井底之蛙与东海之鳖",典出《庄子·秋水》:"子独不闻夫坎井之蛙乎?谓东海之鳖曰:'吾乐与!出跳梁乎井干之上,入休乎缺甃之崖;赴水则接腋持颐,蹶泥则没足灭跗;还虷蟹与蝌蚪,莫吾能若也!且夫擅一壑之水,而跨跱坎井之乐,此亦至矣。夫子奚不时来入观乎?'东海之鳖左足未入,而右膝已絷矣,于是逡巡而却,告之海曰:'夫千里之远,不足以举其大;千仞之高,不足以极其深。禹之时十年九潦,而水弗为加益;汤之时八年七旱,而崖不为加损。夫不为顷久推移,不以多少进退者,此亦东海之大乐也。'于是坎井之蛙闻之,适适然惊,规规然自失也。"这段话译成白话文是:"你不曾听说过那井里的青蛙吗?青蛙对东海里的鳖说:'我真是快乐啊!跳跃玩耍于井口栏杆之上,进到井里便在井壁砖块破损之处休息。跳入水中井水漫入腋下并且托起我的下巴,踏入泥里泥水就盖住了我的脚背,回过头来看看水中的那些赤虫、小蟹和蝌蚪,没有谁能像我这样快乐的!再说我独占一坑之水、盘踞一口井的快乐,这也是极其称心如意的了。你怎么不随时来井里看看呢?'东海之鳖左脚还未能跨入井,右膝就已经被绊住。于是迟疑了一阵子之后又把脚退了出来,把大海的情况告诉给井里的青蛙,说:'千里的遥远,不足以称述它的大;千仞的高旷,不足以探究它的深。禹的时代十年里有九年水涝,可是海水不会因此而增多;汤的时代八年里有七年大旱,可是岸边的水位不会因此而下降。东海不因为时间的短暂与长久而有所改变,不因为雨量的多少而有所增减,这就是东海最大的快乐。'井里的青蛙听了这番话,一时惊惶不安,茫然不知所措。"这段话是魏牟对公孙龙说的,谈话的背景是,公孙龙自恃才学出众,能够达到"然不然,可不可;困百家之知,穷众口之辩"的水平,可是听到了庄子的言谈,却感到十分的茫然,不知道自己是哪里赶不上庄子,于是向魏牟求问。魏牟在解答公孙龙的问题之前先做了一番如此的比喻,意思是讲,你公孙龙比起庄子来,那点儿学问和见识就像坎井之蛙所知道的一口井那么小,而庄子的境界却像东海那样恢宏远廓,你怎么能够同庄子相比呢。这就是井底之蛙与东海之鳖的典故,后世常引用此语来比喻那些见识浅狭却不自知、忘乎所以的人。

濠梁观鱼之乐

"濠梁观鱼之乐",典出《庄子·秋水》:庄子与惠子游于濠梁之上。庄子曰:"鯈鱼出游从容,是鱼之乐也!"惠子曰:"子非鱼,安知鱼之乐?"庄子曰:"子非我,安知我不知鱼之乐?"惠子曰:"我非子,固不知子矣;子固非鱼也,子之不知鱼之乐,全矣。"庄子曰:请循其本。子曰'汝安知鱼乐'云者,既已知吾知之而问我。我知之濠上也。"这段话的大意是,庄子与惠子在濠水的桥上游览,庄子说:"鱼在水里从容自在地游玩,是多么快乐啊!"惠子听了不以为然,说:"你又不是鱼,怎么会知道鱼的快乐呢?"庄子反驳说:"你又不是我,怎么会知道我不知道呢?"惠子说:"我不是你,当然不知道你;可你也不是鱼啊,这也是完全可以肯定的。"庄子又说:"让我们把话从头说起。你说'你怎么会知道鱼的快乐'那样的话,是已经知道我已经知道才问我的。我告诉你我是怎么知道的,我是在濠水之上感知到的啊!""濠梁观鱼之乐"的典故体现出两方面的问题,一方面是逻辑之辩的问题,一方面是认识论的问题。在前一方面,惠子认为庄子是不能够感知到鱼的快乐的,也就是说一个主体不能够超越其本身而对另外一个主体进行感知,庄子也就以惠子的这一逻辑前提为出发点,质问惠子与他也不是同一主体,就也不知道他的所知所感,因此不可以否认他不知道鱼的快乐。其实庄子的这一辩驳带有似是而非的色彩,惠子随即也就指出了庄子的谬误之处,说自己当然不知道庄子的感受,可是同样的道理,庄子也就不会知道鱼的感受。从中可以看出,惠子所持的逻辑是一致的,就是主体之间不能够进行跨越性的感受。而庄子的逻辑则是矛盾的,他指出惠子不知道他的感受,是以一个主体不能够感知另外一个主体为前提的,而他又讲自己知道鱼的感受,这就是以一个主体可以感知另外一个主体为前提的了,所以说庄子的逻辑是矛盾的。那么,庄子接下来是怎样来应付惠子的辩驳的呢?庄子说:"让我们把话从头理一下好了。"这等于是将惠子刚才的驳斥给避开了,而另选了一个话题。庄子说,惠子问自己怎么知道鱼的快乐,其话语内涵的前提是已经承认了自己知道鱼的快乐而问自己的,然后庄子进行了回答。庄子回答的是什么呢?庄子给出的回答为自己是怎么知道鱼之乐的,也就是说讲的是自己知道的方式。那么,惠子最初的问题的本意是什么呢?很显然,惠子所提的问题原本并不是像庄子所讲的那样,是先

濠梁秋水图　南宋　李唐

已经承认了庄子知道鱼之乐，而询问所知的方式，惠子问题的原貌是一个反问句，问庄子怎么知道鱼的快乐呢，实际含义说的是庄子不知道鱼的快乐，是对知鱼之乐进行否定，而不是说先肯定了知鱼之乐，然后询问庄子是如何知鱼之乐的。当然，就惠子所问的"安知鱼之乐"这句话本身，也可以像庄子所讲的那样来理解，如果那样来理解的话，那么前面庄子最初对这个问题的回答就是答非所问了。庄子对惠子的话进行否定，是因为惠子对庄子的话进行了否定，而庄子再进行反驳，如果说是惠子肯定了庄子的话，而对其中的某一不解之处进行征询，那么庄子也就谈不上进行反驳了。很显然，惠子最初的问题在庄子最后的回辩中被曲解了。而这一典故所体现的另一个方面也就是认识论的问题，惠子与庄子所争论的焦点是，一个主体是否能够认识和感知到另一个主体的情绪感受，也就是说，认识主体之间是否能够相互理解。就一般意义而言，主体与主体之间是可以进行相互感知和理解的，但是这种认识不是直接得来的，而是通过一套程式化的外在表象而得来的，在这种跨越主体的认知感受中，有一个解码的过程，就是说，一个主体在对其他的外在主体的心理感受进行认知的时候，存在着一个通过对外在主体所表现出来的具有心理意义的征象进行破译的过程，由于人与人之间享有着一套习以为常的共同的认知编码，所以这种解码的过程是自然完成的，是不需要有意为之的。然而，就极端意义而言，主体与主体之间是不能够被完全感知和理解的，异在的主体之间的认识是不能够完全合一的，"一千个读者有一千个哈姆莱特"，说的就是这个道理。当然，庄子与惠子辩论之时可能不会想到这么多的，庄子的知鱼之乐实际上可以说是一种"以我观物"的体验方式，鱼是快乐的，是因为庄子本人在看到鱼的时候自己是快乐的，所以外物也染上了自己内心的色彩，自己怀着喜悦的心情见到鱼在水中游，就说鱼也是快乐的，至于鱼是否真的快乐，庄子是无须去考究和理会的。

窃钩者诛，窃国者侯

"窃钩者诛，窃国者侯"，语出《庄子·胠箧》："彼窃钩者诛，窃国者为诸侯，诸侯之门而仁义存焉。"这句话讲的意思是，偷窃一个钩子的人是要被诛杀的，可是盗窃了一个国家的人却做了诸侯，与偷钩子的人的区别是，诸侯是有着仁义之名的。当然，这样的仁义，显然是十分虚假的，是只说给别人听而自己并不去执行的。庄子透过社会纷繁的表象而直睹事情的真实，鲜明地揭示出统治者虚伪的面目，其力度可谓入木三分。

法家、墨家和其他

法先王

"法先王",是儒家所崇尚的政治主张,意为效法先古的圣明君王的言行和制度。"先王",一般指的是尧、舜、禹、汤、文王等,儒家的经典《尚书》中记载了这些先王的德政,这些先王的做法也成为后世君王的楷模。孔子"祖述尧舜,宪章文武",孟子"言必称尧舜",指出:"规矩,方圆之至也;圣人,人伦之至也。欲为君,尽君道;欲为臣,尽臣道。二者皆法尧舜而已矣。不以舜之所以事尧事君,不敬其君者也;不以尧之所以治民,贼其民者也。"当然,儒家所谓的"法先王",并不是说要拘泥于先王的一言一行,而是"五帝殊时,不相沿乐;三王异世,不相袭礼"。也就

黄帝像
"先王"最古老的代表是黄帝。

是说,所遵法的不是具体的形制,而是其思想精神和政治理念。"法先王"的观点对中国古代的社会思想有着非常深远的影响,形成了中国人"信古"的思想传统,历代屡屡出现的托假先贤的伪作就是一种显然的说明。

法治

"法治",即依靠法律来治理国家,是法家的基本政治主张。儒家提倡的是"德治"和"礼治",孔子说:"道之以政,齐之以刑,民免而无耻;道之以德,齐之以礼,有耻且格。"对于人民,如果用政法来引导,用刑罚来整顿,人民虽然会免于罪过,但是没有羞耻之心;如果用道德来引导,用礼仪教训来整顿,人民就会有羞耻之心,就会在心理上归服。与其用外在的法令来约束人民,孔子更加看重于人民内在的自律的作用,认为通过道德礼教的引导,发挥人民自身的向善的精神,这才是实现

政治清明有序的根本所在。法家的思想出发点则是否定人所具有的这种自律向善的品质，认为人与人之间都是依靠利益而联系的，是相互利用的关系，实现天下的治理，只能够靠外在的约束，因而提倡"法治"。我们应当看到的是，法家所倡导的"法治"，与现代的"法治"精神是有所区别的，法家虽然强调法律在国家政治中的根本作用，但是"法治"的立足点是君主专制，这种"法治"是为君主的统治服务的，制定什么样的法律，最终还是要看君主的心思，而且法律对君主并不具有约束力，所以说，法家所主张的"法治"在君主专制制度之下，只能是一种不彻底的"法治"。

公私之交，存亡之本

"公私之交，存亡之本"，意为公与私的问题关乎国家存亡的根本，语出《商君书·修权》："公私之分明，则小人不疾贤，而不肖者不妒功。故尧舜之位天下也，非私天下之利也，为天下位天下也。论贤举能而传焉，非疏父子，亲越人也，明于治乱之道也。故三王以义亲，五霸以法正诸侯，皆非私天下之利也，为天下治天下。是故擅其名，而有其功，天下乐其政，而莫之能伤也。今乱世之君臣，区区然皆擅一国之利，而管一官之重，以便其私，此国之所以危也。故公私之交，存亡之本也。"这段话讲述的意思是：只有公私的界限分明，小人才不嫉妒贤人，无能的人才不嫉妒有功的人。尧舜治理天下，并不是独占天下的利益，乃是为了天下人而治理天下，所以选拔贤能，而且把天下传给他。尧舜并不是疏远自己的儿子，亲近外人，乃是明晓治乱的道理。三王用道义来爱护天下人，五霸用法度来纠正诸侯，都不是独占天下的利益，乃是为了天下人而治理天下。因而才能取得名誉，建立功业，天下人都喜欢他们的政治，没有人能够伤害他们。现在乱世的君臣很渺小地独占一国的利益，或掌握一官的职权，从而就追求个人的私利，这就是国家危险的原因。可见公私的分界就是国家存亡的根源。"公私之交"，之所以为"存亡之本"，是因为统治者如果持政以公，做事以公众的利益为出发点，在行为取向上以国家和人民的利益为重，那么他的统治就是有益于国家和人民的，人民就会因此而得到好处，国家也会因此而富强。反之，统治者做事全是为了满足一己的私欲，一切以自身的利益得失为裁夺，那么结果必将是足一人而寡天下，人民的利益就会受到侵害，国家也就因此日益削弱。统治者为政的利益出发点的问题，也就是为公还是为私的问题，是关系到国家之兴亡的大事。

王霸

"王"与"霸"，是孟子所归纳的依统治方法的不同而区分的君主两种类型。"王"者，指的是以仁德服人的君主，例如尧、舜、禹、汤等；"霸"者，指的是以武力服人的君主，如齐桓公、晋文公、楚庄王等。王者推行的是"王道"，霸者推行的则是"霸道"。"王道"在政治方法上的体现就是仁政，用孟子的话来讲："夫仁政，必自经界始……死徙无出乡，乡田同井，出入相友，守望相助，疾病相扶持，则百姓亲睦。""养生丧死无憾，王道之始也。""谨庠序之教，申之以孝悌之义，颁白者不负戴于道路矣。老者衣帛食肉，黎民不饥不寒，然而不王者，未之有也。"孟子的仁政，是以民本思想为核心的，一方面，使人民有自己的田地和产业，在生活上有基本的保障，可以做到"养生丧死无憾"；另一方面，对人民进行礼义的教化，使得人民懂得孝悌之义，能够做到"老吾老，以及人之老；幼吾幼，以及人之幼"，如此，则必将称王于天下。霸道讲的是强力，一个国家的首要的政治问题是武力的强大，而不是百姓修睦，伸张仁义。在现实政治中，往往是霸道得天下，而王道安天下。事实上，王道与霸道也不是截然分离的，实际政治中所采取的策略常常是王霸两道相为糅合，也就是所谓"汉家自有制度，王霸道杂用之"。

法、术、势

"法""术""势"，是韩非所总结的帝王术。"法"，指的是作为国家政治之根本的法律；"术"，指的是君王统治的手段和策略；"势"，指的是君王所具有的权力和威势。韩非认真地总结了此前法家的思想，成为法家理论的集大成者，形成了一套以君王的统治为出发点，以法为本，法、术、势相辅相成的严整的政治理论体系。在韩非之前，法家人物以商鞅、申不害和慎到为代表，商鞅重视法的作用，申不害崇尚术的长处，慎到则推尊势的威力，韩非将法、术、势三者有机地结合起来。关于法，韩非提出"以法为本""以法为教""立法于君"等具有纲领性的政治主张。韩非还非常强调法的稳定性和平等性，指出："法也者，常者也。""法之所加，智者弗能辞，勇者弗敢争。刑过不避大臣，赏善不遗匹夫。"关于术，韩非指出："术者，因任而授官，循名而责实，操生杀之权，课群臣之能者也，此人主之所执也。"就是说，要根据每个人的能力给他相应的官职，按照名称来考察实际内容，要求名实相符，用自己手中的生杀大权，考察臣子的才能，这是君主所掌握的。韩非认为，术是应当隐藏起来而不露于外的，这与法不同，他说："人主之大法，非法则术也。法者，编著之图籍，设之于官府，而布之于百姓者也。术者，藏之于胸中，以偶众端，而潜御群臣者也。故法莫如显，而术不欲见。"关于势，韩非指出："君持柄以处势，故令行禁止。柄者，杀生之治也；势者，胜众之资也。"就是说，君主掌握了权柄来处理权势，所以下达的命令就能贯彻执行。权柄，是控制臣民生死的一种法定职分；威势，是制服民众的一种资本。在论述势的重要性时，韩非指出，圣人具有尧舜那样的贤德和伯夷、叔齐那样的懿行，可是如果不依靠势，也就会无法立功成名。君王能够统治天下的首要原因并不在于其能力高强、品德出众，而是因为他拥有势而位尊权重。韩非由此提出

"法势合一"的主张,声言"抱法处势则治"。依照韩非的理论,身为君主,只要将法、术、势三者加以完美地运用,则天下可运于掌。

法后王

"法后王",是荀子首先提出的政治理念,意味取法于当今圣贤的君王。荀子说:"故人道莫不有辨。辨莫大于分,分莫大于礼,礼莫大于圣王;圣王有百,吾孰法焉?曰:文久而灭,节族久而绝,守法数之有司,极礼而褫。故曰:欲观圣王之迹,则于其粲然者矣,后王是也。"这段话的意思是,对各种事物的界限加以区别没有比确定名分更重要的了,确定名分没有比遵循礼法更重要的了,遵循礼法没有比效法圣明的帝王更重要的了。可是圣明的帝王有上百个,我们效法哪一个呢?回答是:礼仪制度因为年代久远而湮没了,音乐的节奏因为年代久远而失传了,掌管礼法条文的官吏也因与制定礼法的年代相距久远而使礼法有所脱节了。所以,要想观察圣明帝王的事迹,就得观察其中清楚明白的人物,而这样的人物就是后代的君王。"法后王"是与"法先王"相对的提法,荀子并非是反对"法先王",而是批评只知"法先王"而不知"法后王"的观念,并且认为,"法后王"实际上也就是"法先王",是在新的时代对先王之道的最为合宜的遵法。荀子所言的"后王",指的是那些在时代急剧变化的历史环境中变法自强的君王,"法后王"就是要取法这些君王所施行的那些在现实政治中产生了积极有效影响的措施与方略,从而令儒家的政治理想与切实可行的制度结合起来,把外在制度的匡正作用与孔孟所倡导的自律和教化的作用结合起来,进而引导人们走向君子的人格,进而形成安定有序的社会局面。

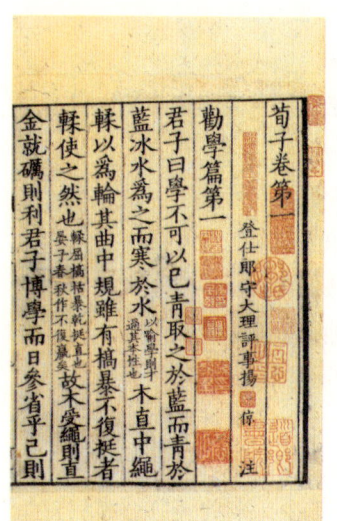

《荀子》内页

法教

"法教",即以法为教,是与"礼教"相对的政治理念,是韩非提出的。"明主之国,无书简之文,以法为教;无先王语,以吏为师。"治理国家应当废除礼仪道德等思想教育,而以当今的法令作为教育的基本内容;要消除以古非今的崇尚先王的言论,将先王所留下的典籍也一同毁灭,由官吏来充当教师的职责。

韩非的这种主张在秦始皇统一中国后得以付诸实施,始皇三十四年(公元前213年),秦相李斯进谏说:"臣请史官非秦纪者,皆烧之;非博士官所职,天下敢有藏

《诗》《书》、百家语者，悉诣守尉杂烧之；有敢偶语《诗》《书》者，弃市；以古非今者，族；吏见知不举者，与同罪；令下三十日不烧，黥为城旦；所不去者，医药、卜筮、种树之书；若欲有学法令，以吏为师。"秦始皇采纳了李斯的建议，于是有焚书坑儒之举。

"以法为教""以吏为师"的策略，体现出秦朝一统天下之初加强思想控制和强化中央集权的政治需要。从长远来讲，是特定历史时期的一种极端的政治提法，是一种应时而出的权宜之计。

自相矛盾

"自相矛盾"，指自己说话、做事前后抵触，典出《韩非子·难一》："楚人有鬻盾与矛者，誉之曰：'吾盾之坚，莫能陷也。'又誉其矛曰：'吾矛之利，于物无不陷也。'或曰：'以子之矛陷子之盾何如？'其人弗能应也。夫不可陷之盾与无不陷之矛，不可同世而立。""自相矛盾"说的是一个逻辑学问题，即矛盾律的问题，矛盾律是指两个互相矛盾或互相反对的命题不能同时为真，其中至少有一个是假命题，这样，在两个互相矛盾或互相反对的命题中就不能两个都肯定，否则，就会犯"自相矛盾"的逻辑错误。矛盾律所体现的是思维的一致性和相容性。在这个故事中，卖矛和盾的楚人前后说出了两个命题，先说他的盾坚固得没有矛能够攻得破。而后又说他的矛锐利得没有盾不能够攻破，后一个命题是对前一个命题的否定，如果肯定了后者，前者就被否定了；如果肯定了前者，则后者就被否定了。换一个角度来讲，一个命题本身不可能既是真的又是假的，这个人所说的这两个命题不可能同时为真。也就是说，如果他说的前一个命题是真的，那么后一个命题就不是真的，反之亦然。

明故、辨类、是非之理

"明故""辨类""是非之理"，是墨子的逻辑学思想的重要体现，在中国古代逻辑学史上也有着重要的意义。"明故"，指的是对原因的明确；"辨类"，指的是对类属的辨别；"是非之理"，指的是对是与非的判断。"类"与"故"，在墨子的论述中是两个具有重要逻辑学意义的概念，"类"的概念把握的是事物的关联性，"故"的概念把握的是事物的因果性。墨子以"明故"出发来"辨类"，又进而定"是非之理"，体现了论说的较强的逻辑性。举一例而言："圣人以治天下为事者也，必察乱之所自起，焉能治之，不察乱之所自起，则不能治。譬之如医之攻人之疾者然，必知疾之所自起，焉能攻之；不知疾之所自起，则弗能攻……圣人……当察乱何自起……臣子之不孝君父，所谓乱也……此何也？皆起不相爱。"这就是墨子在论辩之中对于"故"这一逻辑概念的出色运用。

兼相爱，交相利

先王有至德要道，以顺天下，民用和睦，上下无怨。

"兼相爱""交相利"，是墨子的基本思想理念。墨子认为，诸如争抢杀伐盗寇劫掠等，社会上的一切不合理的现象，都是因为人与人之间不相爱而引起的，因此提倡"兼爱"，也就是视人如己，"视人之国若视其国，视人之家若视其家，视人之身若视其身"，如此一来，则"天下之人皆相爱，强不执弱，众不劫寡，富不侮贫，贵不傲贱，诈不欺愚"，这也就实现了"交相利"，即人与人之间互惠互利，而绝无损人利己之事的存在。

非攻

"非攻"，是墨子的重要思想主张，墨子从"兼爱"观念出发，极力反对发动战争，《墨子·非攻》有这样的表述："今攻三里之城，七里之郭……杀人多必数于万，寡必数于千。"战争使百姓生活在"居处之不安，食饭之不时，饥饱之不节"的张皇无措的境地，而战争对人民生活的破坏远不止于此，"入其国家边境，芟刈其禾稼，斩其树木，堕其城郭，以湮其沟池，劲杀其万民，覆其老弱，迁其重器，卒进而柱乎斗……"这一切都是战争所带来的罪恶。墨子指出："此其为不利于人也，天下之厚害矣，而王公大人乐而行之，则此贼灭天下之万民也，岂不悖哉！"这说的是战争为天下最大的祸害，可是统治者们为了各自的利益争夺却乐于战争，不惜发动战争而置万民的生死于不顾。墨子所生活的时代正是诸侯之间的兼并战争愈演愈烈之际，战火所过之处，生灵涂炭，乐土化作废墟，墨子对战争给社会与民生所带来的巨大的破坏性有着极其强烈的心灵触动，因而痛心疾首地倡导"非攻"。这是一种和平主义的理想，但在当时的历史情境下却是不可能实现的。

尚贤与尚同

"尚贤"与"尚同"，是墨子提出的政治主张。"尚贤"，说的是用人的时候当以贤能为准。墨子指出："官无常贵，而民无终贱，有能则举之，无能则下之。"又说："不辨贫富、贵贱、远近、亲疏，贤者举而上之，不肖者抑而废之。"墨子关于"尚贤"

的论说突破了宗法等级制度的约束，显示出彻底的平等色彩，可以说是后来任人唯贤之主张的滥觞。"尚同"，说的是统一人们的思想之意，墨子认为天下之乱是因为人们的思想不同而起的，"一人一义，十人十义，百人百义"，每个人行事都有不同的准则，而彼此的思想相互冲突，这就导致了天下的混乱。墨子提出的解决办法是："选择天下贤良、圣知、辨慧之人，立为天子，使从事乎一同天下之义。"由最贤明的人做天子，用最为高尚和智慧的思想来统一天下人的思想，由此人人心理相同不二，社会的运行也就会井井有条。墨子的"尚同"的愿望是一种不可能实现的空想。

节用、节葬

"节用""节葬"，是墨子所提倡的思想主张。《墨子·节用上》曰："圣人为政一国，一国可倍也；大之为政天下，天下可倍也。其倍之非外取地也，因其国家，去其无用之费，足以倍之。圣王为政，其发令兴事，使民用财也，无不加用而为者，是故用财不费，民德不劳，其兴利矣。"墨子指出："是故古者圣王，制为节用之法曰：'凡天下群百工，轮车、鞼匏、陶、冶、梓匠，使各从事其所能。'曰：'凡足以奉给民用，则止。'诸加费不加于民利者，圣王弗为。""古者圣王制为节葬之法曰：'衣三领，足以朽肉；棺三寸，足以朽骸，掘穴深不通于泉，流不发泄则止。死者既葬，生者毋久丧用哀。'"（同前）这就是墨子对"节用""节葬"观点的具体表述，提倡统治者要节约用度，不过分地消耗民财、民力，兴事当以对人民有利为准。"节葬"是"节用"的一个重要方面，指的是办理丧事不可奢费，当适可而止，生者不必对死者过分地哀悼。

汉光武帝陵

光武帝提倡节葬，他的陵墓位于河南省孟津县铁谢村附近，陵墓封土堆高 20 米，周长 1400 米。陵园内古柏苍劲挺拔，荫郁幽静。陵前有清乾隆五十六年（1791 年）石碑一通，上刻"东汉中兴世祖光武皇帝之陵"。

非命论

"非命论"是墨子的重要思想，表达的是这样的观念：人自身的祸福是由自己的行为而导致的，并非是由天命所决定的。墨子说："存乎桀纣而天下乱，存乎汤武而天下治。天下之治也，汤武之力也；天下之乱也，桀纣之罪也。若以此观之，夫安危治乱存乎上之为政也，则夫岂可谓有命哉！"墨子进而指出，有一些人不能好好地对待亲戚和君长，嫌恶恭敬俭朴而喜好简慢粗陋，贪于饮食而懒于劳作，所以衣食财物不足，导致自身有饥寒冻馁的忧患，可是他们却不说："因为我疲沓无能，不能努力地劳作，所以才成了现在这样凄惨的景象。"而是说："我命里本来就穷的，这不是我的问题，是命的问题啊。"墨子的表述将"固命"者的荒谬披露无遗，指出其为自己的恶劣习性进行辩解的虚伪本质，指出人要对自身的遭遇负责。

慎战

"慎战"，是《孙子兵法》中的一个重要的思想理念，表达的是对战争的谨慎和看重的态度。《孙子兵法》开篇即言："兵者，国之大事，死生之地，存亡之道，不可不察也。"这就将战争摆在了能够决定国家之生死存亡的极为重要的位置上，正因为战争如此重要，所以对于战争不可不察，亦不可不慎。《孙子兵法》中还强调"主不可以怒而兴师，将不可以愠而致战"，以及"非利不动，非得不用，非危不战"，"合于利而动，不合于利而止"等，这些都是慎战思想的表达。《孙子兵法》虽然讲的是作战的艺术和战争的规律，但是绝非仅仅从具体的战术层面来考察战争，而是有着战略的高度，坚决地反对在战争问题上轻举妄动，草率而为。

不战而屈人之兵

"不战而屈人之兵"，语出《孙子兵法·谋攻第三》："是故百战百胜，非善之善者也；不战而屈人之兵，善之善者也。"屈，指的是使人屈服的意思。"不战而屈人之兵"讲的是不通过兵戎相见的战争而使对方的军队屈服，这才是战争的最高境界。在战争中，迫使对方屈服的直接手段和基本途径就是作战，然而作战则必然要给自己造成损失，虽然可制服对方，也对自身有所伤害，这样的胜利就不能称为完善的结果。而不通过直接的交手，令对方在投入战争之前就先放弃了作战的意志，从而屈服于己，既达到了作战的目的，又没有使自己受到损伤，如此才是最好的选择，是所谓善之善者也。一般而言，欲做到不战而屈人之兵，是要以己方强大的实力为基础的，当双方的实力对比

王翦征战

达到了相当程度的反差时，才会有不战而胜的效果。当然，这种强大的实力不一定是完全体现在军事方面，还有着更为丰富的内涵。

五事七计

"五事七计"，源出《孙子兵法·始计第一》："故经之以五事，校之以计，而索其情：一曰道，二曰天，三曰地，四曰将，五曰法。道者，令民与上同意者也，故可与之死，可与之生，而不畏危也；天者，阴阳、寒暑、时制也；地者，远近、险易、广狭、死生也；将者，智、信、仁、勇、严也；法者，曲制、官道、主用也。凡此五者，将莫不闻，知之者胜，不知之者不胜。故校之以计，而索其情，曰：主孰有道？将孰有能？天地孰得？法令孰行？兵众孰强？士卒孰练？赏罚孰明？吾以此知胜负矣。将听吾计，用之必胜，留之；将不听吾计，用之必败，去之。""五事"，指的是"道、天、地、将、法"，分别指政治、天时、地利、将帅素质、军事体制这5个决定战争胜负的基本方面，而"七计"是由"五事"演绎而来，是指从双方政治清明、将帅高明、天时地利、法纪严明、武器优良、士卒训练有素、赏罚公正这7个方面的有利条件各自所占的程度来分析敌我双方的对比情况，进而判断战争的胜负局势。"五事七计"较为全面地揭示了军事斗争的内在规律，是《孙子兵法》总体思想的高度概括。

贤者与民并耕

"贤者与民并耕"，是农家许行的观点，语出《孟子·滕文公上》："陈相见孟子，道许行之言曰：'滕君则诚贤君也，虽然，未闻道也。贤者与民并耕而食，饔飧而治。今也滕有仓廪府库，则是厉民而以自养也，恶得贤？'"这段话的意思为，陈相见到了孟子，转述许行的话说："滕文公倒确实是贤明的君主，虽然如此，他还不懂得贤君治国的道理。贤君与人民一起耕作养活自己，一面烧火做饭，一面治理天下。现在，滕国有堆满粮食钱财的仓库，这是劳役百姓来供养自己，哪能称得上贤明呢？"许行的主张是国君应当亲自参加生产与生活方面的劳动，与百姓同劳共苦，在工作上彼此不分。孟子听后质问道："许子是自己种了粮食才吃饭的吗？"陈相说："是这样的。"孟子又问："那么许子是自己织了布才穿衣服的吗？"陈相说："不是，但是许子穿的是粗麻编织的衣服。"孟子接着问："许子戴帽子吗？"陈相说："戴。"孟子问："戴什么样的帽子。"陈相说："戴生丝织的帽子。"孟子问："是自己织的吗？"陈相说："是用粮食换的。"孟子紧接着问："为什么不自己织呢？"陈相解释说那样的话会妨碍做农活。孟子接着又问了许子所用的其他的一些器物，结果都不是许子自己造的，而是交换得来的。孟子说："他这样用粮食来交换这些器物难道就不是农夫对于工匠的侵害吗？反过来工匠用器物来从农夫那里换取粮食就不是对农夫的侵害吗？"接下来，孟子说了这样一段著名的话："然则治天下独可耕且为与？有大人之事，有小人之事。且一人之身而百工之所为备，如必自为而后用之，是率天下而路也。故曰：或劳心，或劳力。劳心者治人，劳力者治于人；治于人者食人，治人者食于人。天下之通义也。"孟子提出的观点是，天下之人，各有分工，凡事不可尽行亲力亲为，从而以十分有力的辩驳批判了许行"贤君与民并耕"的落后观念。

白马非马

"白马非马"是著名的辩论家、名家的重要代表人物公孙龙所提出的一个辩题。据说，公孙龙有一次骑马过关，但是按照惯例，此种情况下马是不能过关的，公孙龙却坚称自己骑的是白马，而不是马，经过一番雄辩，官吏无言以对，便放公孙龙与马一同过关了。"白马非马"的论调看似荒谬，但在逻辑学上却有着重要的意义，试看公孙龙是如何展开他的"白马非马"论的。首先，公孙龙指出的是"白马"与"马"的概念内涵不同，"马"是从形体来命名的，而"白（马）"则是从颜色来命名的，因而"白马"与"马"是不相等同的；接着，公孙龙又说明"白马"与"马"的概念外延不同，如果要说"马"的话，那么黄马和黑马都可以；而如果说"白马"的话，那么黄马和黑马则不可以，假使说"白马"就是"马"的话，那样就不会有这种差异了；然后，公孙龙又从物与其属性的角度来辩论，"白马"是马的形体加上马的颜色，因此"白马"与"马"是不同的；公孙龙还采用反证法来论说自己的观点，因为"白马"不等同于"黄马"，也就区分了"黄马"与"马"，这样"黄马"就不是"马"了，那么同理，再说"白马"是"马"不就自相矛盾了吗？最后，公孙龙说，平时人们之所以把"白马"叫作马，是因为人们暂时抛开了"白"这个因素，仅取"马"这种因素来称呼的，有"马"，是仅仅就马的形体而言的，而不能将马的白色也叫作"马"，这实际上也是围绕着物的本身与其属性来做文章的。当然，不论公孙龙如何地能言善辩，

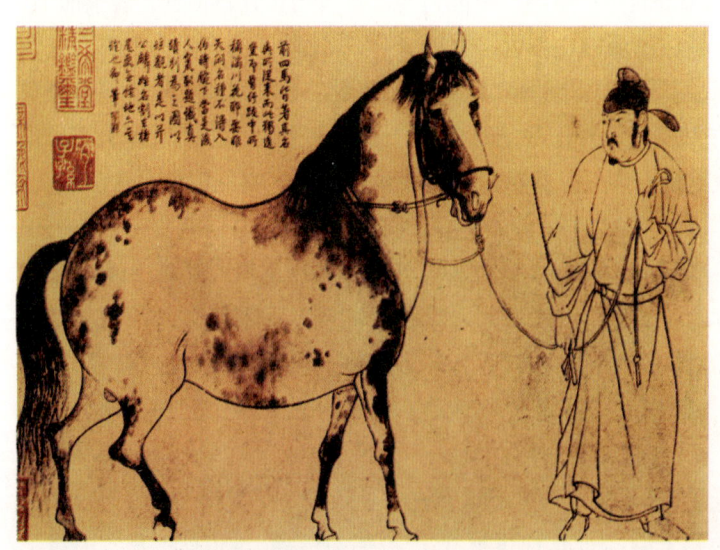

"白马非马"是中国古代一个著名辩题。

"白马非马"是一个错误的逻辑,其关键之处在于混淆了事物的个与类的关系,将事物的个别属性与其总体范畴相割裂,要知道,事物的共性存在是以其个性存在为基础的,抛却了事物的个性存在,那么也就没有了事物的共性存在,如此一来,事物将无以为名,事理也就全部混乱了。"白马非马"论所体现的是一种典型的诡辩逻辑,虽然这个论题本身是错谬的,却可以从某些方面带给人思维上的启发,这也是此论很受人们关注的原因所在。

离坚白

"离坚白"是公孙龙的另一个重要的辩题。所谓"离坚白",说的是一块白色的坚硬的石头放在人的面前,人如果用眼看知道这块石头是又白又硬的,但是人用手摸只能感觉到其"坚",而不能感觉到其"白";人用眼看只能感觉到其"白",却不能感觉到其"坚",这也就是说,"坚"与"白"并非同时存在于石头之中,两者是相分离的。"离坚白"也被称为"坚白石二"。"坚白石二"说的是"坚""白"与"石"这三者之间不能够同时存在,而只能是"坚"与"石"或者"白"与"石"两者一同存在。公孙龙的这一论题显示了单凭感性无法察知事物内部所具有的实质关系的哲学意涵,但"离坚白"的思想基础是将事物的不同方面的属性相割裂,以人的直接感官认知为事物存在的标准,不仅片面,而且具有唯心主义的色彩。

五德终始

"五德终始",又称"五德转移",是战国时期的阴阳家邹衍运用阴阳五行理论来阐释宇宙演变和历史兴衰的一套学说。"五德"指的是五行的属性,即土德、木德、金德、水德和火德。按照"五德终始"的观点,宇宙万物与五行相对应,各具其德,而天道的运行、人世的变迁、王朝的更替,等等,都是"五德转移"的结果。"五德终始"学说一方面有为当时的社会变革进行论证的目的,但另一个方面却陷入了历史循环论。"五德学说"之荒谬的根本在于,将人类社会的发展与自然界的演变相等同,将没有必然关联的事理进行牵强附会,将人事的运转都归之于天命。

合纵与连横

"合纵"与"连横",指的是战国时期列国之间为了配合自己的军事行动和捍卫自身的国家利益而根据随时变化的政治形势所采取的两种不同的外交策略。《韩非子·五蠹》言:"纵者,合众弱以攻一强也;横者,事一强以攻众弱也。"到了战国后期,由于秦国独强,实力远远超过其他各国,"合纵"主要指的是东方六国相联合以共同抵御西方强大的秦国,而"连横"则基本上是秦国所采取的外交方略,是对东方

苏秦六国封相　年画

各国"合纵"策略的瓦解,令六国之间分崩离析,从而将六国各个击破。这两种策略驰骋匹敌,相互颉颃,造就了一批叱咤风云的纵横家,张仪和苏秦是其中最为杰出的代表。东方各国之间因为有着明显的利益分歧,面对日益强大的秦国,只图取眼前的一时利益,而缺乏长远的筹算,并不能够真正地联合一心,这使得"合纵"政策始终没有得到良好的执行,结果是秦国的"连横"策略占据上风,最终六国相继覆灭,秦国结束了长达数百年的诸侯纷争,实现了天下的统一。

华夷之辨

"华夷之辨",又称为"夷夏之辨",指的是对华夏与四夷的区辨。古代华夏族群居于中原,是文明的中心,而周边则较落后,因此逐渐产生了以文明礼义为标准进行人群分辨的观念,合于华夏礼俗文明者为华,或称夏,不合者则为夷,或称蛮、戎、狄等。《春秋左传·正义》云:"有服章之美谓之华,有礼仪之大故称夏。"华夷之辨,不以民族为标准,而以文化礼义做量度,体现的是一种"文化民族主义"。

天人之学

天文历算

观象授时

观象授时，即通过观察天象来确定时间和创制历法。因为节令的测定与农业生产直接相关，所以制定准确的历法是农业社会的一件大事，而考察时序的基本途径就是观测天象，因此古人对其极为重视。《尚书·尧典》在叙述尧治理天下的具体活动时，所记载的首要一项就是派人观测天象，制定历法："乃命羲、和，钦若昊天，历象日月星辰，敬授民时……期三百有六旬有六日，以闰月定四时成岁。"这段话还表明，在尧的时期，观象授时的方法已经成熟，原始的历法在那个时期也已经形成，人们在从

登封观星台

事农业生产的时候可以不再凭直觉，或者随机行事，而是有了可靠的指导，这意味着农业生产已经进入了一个相对发达的阶段。

受天命，改正朔

正，指的是一年之首；朔，指的是一月之首。"正朔"合称，代指历法。"受天命，改正朔"，说的是每当改朝换代的时候要取用新的历法，而这种改变是秉承天意的。《礼记·大传》记载："立权度量，考文章，改正朔，易服色，殊徽号，异器械，别衣服，此其所得与民变革者也。"讲的是立朝之初新王所要进行的一系列改革内容，改正朔是其中之一。孔颖达注疏说："改正朔者，正谓年始，朔谓月初，言王者得政，示从我始，改故用新，随寅、丑、子所建也。周子，殷丑，夏寅，是改正也；周夜半，殷鸡鸣，夏平旦，是易朔也。"之所以要进行这些改革，是因为这意味着新王朝的建立是一个新的开始，也就是所谓的"革故鼎新"。夏代是以寅月为正的，也就是

当今所讲的正月；而商代是以丑月为正的，即夏历的十二月；周代又以子月为正，就是夏历的十一月；到了秦代，又改为以夏历的十月为正。汉初袭用秦代的正朔，汉武帝元封六年（公元前104年），改用太初历，取夏正，此后历代都沿用夏正，仅在武则天称帝时取用周正。

日、气、朔

日、气、朔，是中国古代历法的3种基本元素。"日"，就是一个太阳日，为24小时。"气"，指的是二十四节气，也就是从冬至开始，到下一个冬至，是一个回归年，一个回归年划为24份，称为二十四节气。其中，冬至和其后依次相隔一位的节气，如大寒、雨水、春分等叫作"中气"，相应地，小寒、立春、惊蛰等则叫作"节气"（有时为了简洁，也将中气称为"气"，而将节气称为"节"）。"气"又分作两种，按时间等分的叫"平气"，按一年中太阳所走的路程等分的叫"定气"。"气"体现了历法中阳历的成分，而"朔"则体现了历法中阴历的成分。"朔"指的是日、月的黄道经度相同的时刻，也就是阴历每月初一的时候日、月之间的位置关系所体现出来的月相。月亮绕地球运动的速度是不均匀的，太阳周年视运动的速度也是不均匀的，因此，朔出现的时间也是不相等的，但是凭借长期的观测统计，可以求得一个相对稳定的平均值，这个平均值就称为一个朔望月。根据朔望月推算出来的朔，叫"平朔"；对平朔由日、月不均匀运动所造成的偏差进行修正而得到的真实的朔，称为"定朔"。

中国古代历法自有"气""朔"以来，从春秋、战国时代到唐初，使用的是平气和平朔；从唐初到明末，使用的是平气和定朔；清代以后，使用的就是定气和定朔。

干支计时纪年

干是指天干，支是指地支。天干共10个，所以又称为"十干"，顺序为：甲、乙、丙、丁、戊、己、庚、辛、壬、癸；地支共12个，顺序为：子、丑、寅、卯、

甲子	乙丑	丙寅	丁卯	戊辰	己巳	庚午	辛未	壬申	癸酉
甲戌	乙亥	丙子	丁丑	戊寅	己卯	庚辰	辛巳	壬午	癸未
甲申	乙酉	丙戌	丁亥	戊子	己丑	庚寅	辛卯	壬辰	癸巳
甲午	乙未	丙申	丁酉	戊戌	己亥	庚子	辛丑	壬寅	癸卯
甲辰	乙巳	丙午	丁未	戊申	己酉	庚戌	辛亥	壬子	癸丑
甲寅	乙卯	丙辰	丁巳	戊午	己未	庚申	辛酉	壬戌	癸亥

辰、巳、午、未、申、酉、戌、亥。其中甲、丙、戊、庚、壬是阳干，乙、丁、己、辛、癸是阴干。子、寅、辰、午、申、戌是阳支，丑、卯、巳、未、酉、亥是阴支。

在夏历中，干支用来编排年号和日期。具体方法为以一个天干和一个地支相配，天干在前，地支在后，天干从甲开始，地支从子开始，阳干对阳支，阴干对阴支（阳干不配阴支，阴干不配阳支），60年一周期，称为"六十甲子"或"花甲子"。天干表示年、月、日、时的次序，地支用来纪月、纪时。地支纪月就是把冬至所在的月称为子月，以下依次排列。地支纪时就是把一日分为12个时段，分别以十二地支表示，称十二时辰。

古人就是以六十甲子循环来纪年、纪月、纪日、纪时。

"天文志"与"五行志"

"天文志"和"五行志"为正史之中志类的两种，开创于《汉书》，为后代史书所继承。

"天文志"是对包括星运、日食、月食等各种天文现象的记录，而在《汉书》之前，《史记》中就已经有了《天官书》，系统地总结了汉代以前的天文知识和天文事件。《汉书》中的"天文志"秉承而来，保存了上古至汉哀帝元寿年间丰富的天文资料，具有极高的史学和科学价值。此后的史家也保持了这一优秀的传统，使得历代的"天文志"一脉相承，使中国成为世界上古代天文学文献最为丰富的国家。

"五行志"记载的是各种自然灾害和奇异现象，配以五行学说进行论述，具有浓厚的迷信色彩，因而遭到猛烈的批评，可是这并不能掩盖"五行志"的宝贵价值，虽然其中的论说有相当大的一部分是虚妄的，但是这些论说都是以事实为依托的，也就是说，"五行志"保存了大量的自然科技史的原始材料，其中涉及地震、水灾、旱灾、雹灾、蝗灾、怪雨、日食、彗星、太阳黑子、陨石、奇异的生命现象、冶炼事故等十分广泛的内容，许多为后世所重视的科学现象最初都是记载于"五行志"中的。另一方面，"五行志"还具有重要的思想史价值，从一个特别的角度为人们研究各个时期的社会思想提供了宝贵的文献资料。

三垣与四象

"三垣"，即紫微垣、太微垣和天市垣，是中国古代划分星空的星官，每垣都是一个比较大的天区，内含若干小的星官（或称为星座）。紫微垣是三垣的中垣，包括北天极附近的天区，在北斗东北，居于北天中央，所以又称中宫，或紫微宫，即皇宫的意思；以北极星为中枢，有星15颗，东西排列，成屏藩形状，各星多数以官名命名。它的天区大致相当于现今国际通用的小熊、大熊、天龙、猎犬、牧夫、武仙、仙王、仙后、英仙、鹿豹等星座。太微垣是三垣的上垣，位居紫微垣之下的东北方，在北斗之南，轸宿和翼宿之北，有星10颗，以五帝座为中枢，成屏藩形状。太微即政府的意思，星名亦多用官名命名，它的天区包含室女、后发、狮子等星座。天市垣是三垣的下垣，位居紫微垣之下的东南方向，在房宿和心宿东北，有星22颗，以帝座为中枢，成屏藩形状，它的天区包括蛇夫、武仙、巨蛇、天鹰等星座。"四象"，即青龙（又称苍龙）、白虎、朱雀、玄武，分别代表东、西、南、北四个方向，用来划分天上的星区。这是古人把二十八宿中每一个方位的七个星宿联系起来加以想象而成的四种动物的形象而得来的。

二十八宿

二十八宿是中国古人认识星辰和观测天象对天上恒星的划分，类似西方的星座，又称为二十八星或二十八舍。"宿"表示日月五星所在的位置。古时候的人们根据它们的出没和中天时间定四时，安排农事活动。

二十八宿分成4组，与东、北、西、南四宫和动物命名的四象相配。它们是东宫青龙，包括角、亢、氐、房、心、尾、箕七宿；西宫白虎，包括奎、娄、胃、昴、毕、觜、参七宿；南宫朱雀，包括井、鬼、柳、星、张、翼、轸七宿。北宫玄武，包括斗、牛、女、虚、危、室、壁七宿。与它们关系密切的一些星官（意为一组星），如坟墓、离宫、附耳、伐、钺、积尸、右辖、左辖、长沙、神宫等，分别附属于房、危、室、毕、参、井、鬼、轸、尾等宿，称辅官或辅座。唐朝时，包括二十八宿和辅官在内的星共有183颗。

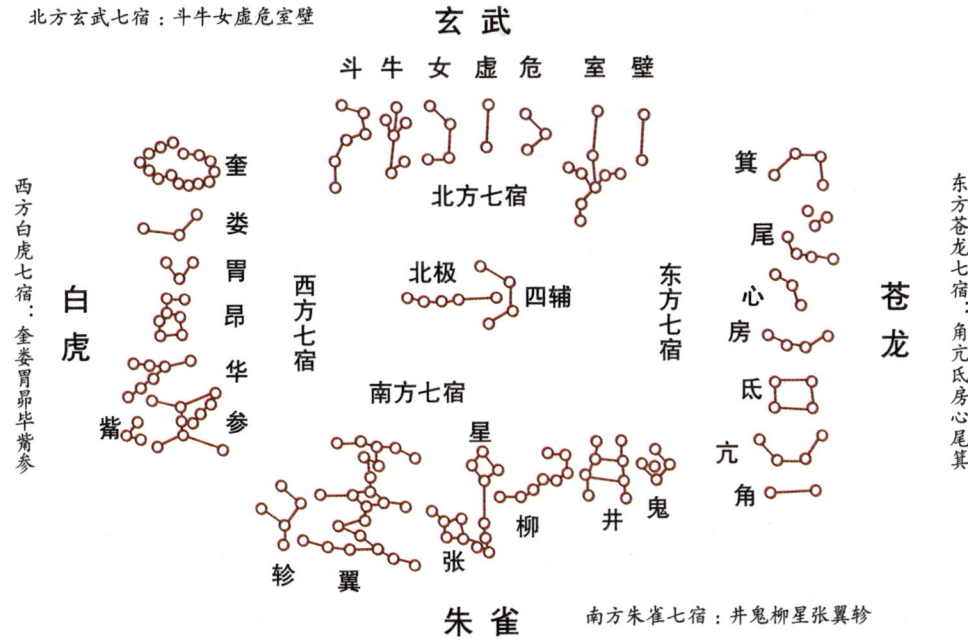

最早记录二十八宿的是春秋时期的《尚书·尧典》。现存对二十八宿最完整的记录发现于湖北随州战国古墓（葬于公元前 433 年）的漆箱盖上，它记录了二十八宿的全部名称。

 星野

星野指的是与天上的星象相对应的地面的区域。《史记·天官书》说："天则有列宿，地则有州域。"人们用天上二十八宿的方位来对照地面的区域，某个星宿对着地面的某个区域，叫作某地在某星的分野。王勃在《滕王阁序》中说："豫章故郡，洪都新府。星分翼轸，地接衡庐。""翼"和"轸"分别是南方朱雀七宿中的第六宿和第七宿，"星分翼轸"的意思就是洪州属于翼、轸二宿所对应的地面区域。李白的《蜀道难》中有"扪参历井仰胁息"的句子，其中的"参"和"井"指的是星宿，参宿是秦的分野，井宿是蜀的分野，李白由秦入蜀，所以说"扪参历井"。二十八宿是人们对于天空星区的划分，东西南北四个方向各有七宿，而又将其更为具体地分成九野。即中央钧天：角宿、亢宿、氐宿，东方苍天：房宿、心宿、尾宿，东北变天：箕宿、斗宿、牛宿，北方玄天：女宿、虚宿、危宿、室宿，西北幽天：壁宿、奎宿、娄宿，西方颢天：胃宿、昴宿、毕宿，西南朱天：觜宿、参宿、井宿，南方炎天：鬼宿、柳宿、星宿，东南阳天：张宿、翼宿、轸宿。这九野的方位分别对应于地上的方位，就构成了星野的划分，如前面提到的翼、轸二宿，属于东南阳天，洪州位于中国的东南，正与翼、轸二宿相对应，而参、井二宿则属于西南朱天，与秦、蜀地区相对应。

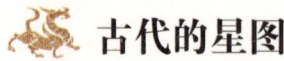 古代的星图

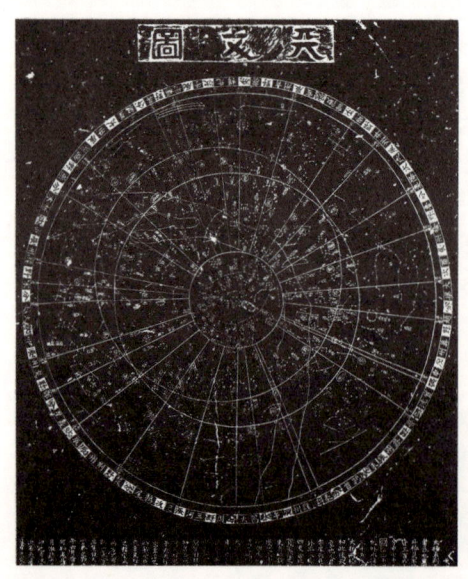

星图是观测恒星的一种形象记录，是天文学上用来认星和指示位置的一种重要工具。我国古代天文学非常先进，有绘制星图的传统。

世界上最早的星图是唐中宗时期（705～710 年）绘制的敦煌星图，上面绘有 1350 多颗星。1907 年被斯坦因盗走，现藏于英国伦敦大英博物馆。

天文图　黄裳
黄裳绘制的《天文图》被刻在石碑上，现存放于苏州，是我国古代最精准的天文图之一。其按照二十八宿绘制，将二十八宿的分野、十二宫次位置都标注得相当准确。

最早的石刻星图是从五代（907~960年）吴越王钱元瓘的墓中出土的。石刻星象图刻有二十八宿和拱极星等星宿。1247年，南宋天文学家根据北宋年间的观测结果，刻制了一幅比较齐全的石刻星图，图中共有1440颗星，以及银河和二十八宿距星的经线28条，现藏于江苏苏州市博物馆。

现在发现的最早的彗星图是1973年从湖南长沙马王堆三号汉墓中出土的一部帛书。在这部帛书中，绘制了29幅不同形状的彗星图。每幅彗星图下面都写有占卜的文字，每条占卜文字的开头都写着彗星的名称。这部帛书距今已有2200多年，是世界上最早的彗星图。

彗星、行星的运行记载

彗星，在中国古代称为星孛、蓬星、长星等，据《春秋》记载，鲁文公十四年（公元前613年）"秋七月，有星孛入于北斗"。这是世界上最早的关于彗星的记载，此星孛即哈雷彗星。

哈雷彗星的运行周期为76年，从秦王嬴政七年到清宣统二年（公元前240~1910年）的2000多年间，哈雷彗星共回归过29次，每一次中国都进行了记录，并且记录得很详切。例如《汉书·五行志》对出现于汉成帝元延元年（公元前12年）的彗星做了这样的记载："元延元年七月辛未，有星孛于东井，践五诸侯，出河戍北，行轩辕、太微，后日六度有余，晨出东方。十三日，夕见西方……南游度犯大角、摄提，至天市而按节徐行，炎入市中，旬而后西去；五十六日与苍龙俱伏。"据统计，中国古代对彗星的记载多达五百次以上，是世界上古代彗星记录资料最为完备的国家。

在古代，行星指的就是金星、木星、水星、火星和土星。中国对行星的观测也有着久远的历史，在甲骨文中就有了关于木星的记载，而到了秦汉时期，人们已经观测和推算出五大行星的运行周期。

马王堆汉墓出土的帛书《五星占》中详细地记载着从秦王嬴政元年（公元前246年）至汉吕后元年（公元前187年）这60年间木星的位置和从秦王嬴政元年至汉文帝三年（公元前177年）这70年中土星与金星的位置，还记录了五大行星的回合周期。例如，土星"日行八分，卅日而行一度……卅岁一周于天"，意思是说，土星的会合周期为377日，这比当今的测量值378.09日少1.09日；再如，帛书上记载的金星的会合期折算之后为584.4日，这比现在的精确数据只多了0.48日。总之，史籍中关于彗星和行星的记载标志着中国古代天文学卓越的成就。

黄道与黄道吉日

黄道，指的是一年当中太阳在天球（即一个假想的与地球同心的无限大半径的圆球）中的视路径，或者说是太阳在天空中穿行的视觉轨迹的大圆，从另一个角度来说,也就是地球公转轨道面在地球上的投影。平常所说的12星座,指的就是黄道十二宫,即位于黄道带上的十二个星座,人们可以根据太阳处于黄道上的何种位置来判断季节和日期。古时候,星象不仅用来推算历法,还用来预测吉凶,人们把日辰的十二地支分别与十二星宿天神相配,称为某神值日。即子日青龙、丑日明堂、寅日天刑、卯日朱雀、辰日金匮、巳日天德、午日白虎、未日玉堂、申日天牢、酉日玄武、戌日司命、亥日勾陈,其中青龙、明堂、金匮、天德、玉堂、司命这六个星宿是吉神,称其为"六黄道",其余的则为"六黑道"。当"六黄道"值日之时,诸事皆宜,不避凶忌,也就是所谓的"黄道吉日"。黄道吉日后来又泛指宜于办事的好日子。

朔望

月亮在轨道上运行到太阳、地球之间,背光的一面正对着地球时,正是农历每月初一,称为朔。朔即月球与太阳的地心黄经相同的时刻。

月亮在轨道上运行至地球背面,被太阳照亮的一面正对着地球时,正是农历每月十五或十六,称为望。望即月球与太阳的地心黄经相差180度的时刻。每月的望日来临时,月亮看起来呈现圆形,因此称为望月或满月。

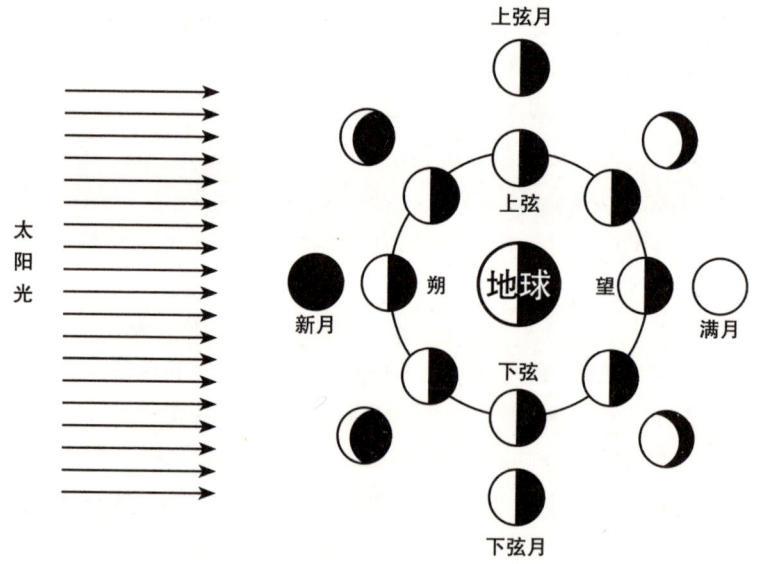

二十四节气

古人根据季节更替和气候变化的规律,把一年分为24个节气。

立春:即春季的开始。雨水:降雨开始。惊蛰:指春雷惊醒了蛰伏在土中冬眠的动物。春分:表示昼夜平分。清明:天气晴朗。谷雨:雨生百谷。立夏:夏季开始。

小满：麦类等作物籽粒开始饱满。芒种：麦类等有芒作物成熟。夏至：夏天来临。小暑：气候开始炎热。大暑：一年中最热的时候。立秋：秋季开始。处暑：暑天结束。白露：天气转凉，露凝而白。秋分：昼夜平分。寒露：露水以寒，将要结冰。霜降：开始有霜。立冬：冬季开始。小雪：开始下雪。大雪：降雪增多。冬至：冬天来临。小寒：气候开始寒冷。大寒：一年中最冷的时候。

为了便于记忆，人们编了二十四节气歌诀：春雨惊春清谷天，夏满芒夏暑相连。秋处露秋寒霜降，冬雪雪冬小大寒。

二十四节气最早出现在商朝，是中国历法的独创，几千年来对中国农业发展起了重要作用。

黄历

黄历，即黄帝历，相传为黄帝创制，为中国最早的历法。因为黄历的使用范围很广，在上古时期通行时间又很长，所以人们以后也把其他历书习称为"黄历"，并且这一称呼一直沿用下来。黄历的制定以天象观测和农时经验为基础，是一种阴阳合历，将一年分为春、夏、秋、冬四季，以子建月，也就是以阴历十一月为岁首。黄历对于指导人们的农业生产有着重要的作用，也奠定了后世历书的基础，但是在流传过程中也加入了诸如吉凶、宜忌、冲煞、方位、流年、太岁等迷信的内容，尽管在历史上曾被禁止，然而这些内容在当今的历书中依然流行。在历法中还有一个"皇历"的概念，经常与"黄历"相混淆，"皇历"指的是官方颁布的历书。唐文宗大和（又作"太和"）九年（835年），皇帝下令编制了中国最早雕版印刷的历书宣明历，并且规定今后历书必须由皇帝亲自审定，同时由官方印刷。从此，历书就被称为"皇历"。"黄历"与"皇历"的原本含义截然不同，但是由于都用作历书的代称，两者读音又相同，所以后来就被混同起来，当今提起传统历书的时候，有时写作"黄历"，有时又写为"皇历"，但是都脱离了原来的含义，变得不相区分了。

阴历与阳历

按月相周期来排定的历法，叫作太阴历，简称为阴历；以太阳的运动为依据而设置的历法，叫作太阳历，简称为阳历。阴历定月的依据是月球的运动规律：月球运行的轨道，叫作白道；太阳在地球上的周年视运动轨迹，叫作黄道。白道与黄道以五度九分而斜交，月球绕地球一周，出没于黄道两次，用时二十七日七小时四十三分十一秒半，这是月球公转一周所需的时间，天文学上称为"恒星月"。而当月球环绕地球运动的时候，地球的位置因公转也发生变动，因此，月球从朔到望，实际所需的时间是二十九日十二时四十四分二秒八，这一时间称为"朔望月"，也就是阴历的一个月。

现在通常所说的阴历指的是夏历，因与农时密切相关，所以又叫农历，但是夏历有闰月的设置，并不是一种纯粹的阴历。阳历是根据太阳直射点的运行周期而制定的，其平均历年为一个回归年，分为平年和闰年两种，闰年比平年多出一天。通常所说的阳历，即格里历，是现代国际通行的历法，因而又称为公历。阳历的一年实际上并非刚好是365日，而是365.242199174日，因此每四年设置一次闰年，这样就将年度的平均时间修正为365.25日，但仍有一定的误差，因此每一百年再减少一个闰年，而每四百年再加回一个闰年，最后修正为365.2425日，这样出现一天时间的误差大约需要3000年，可以说是已经相当精确的了。

夏历、周历和秦历

夏历，即夏朝制定和应用的历法，习惯上也称为农历、阴历，但实际上属于一种阴阳合历，因为夏历在朔望月这一方面取用的是阴历的原则，而在设置闰月以使平均历年为一个回归年这一方面则显示出阳历的成分。当今仍在使用的阴历常常被认为是夏历，而实际上取用的只是夏正，也就是一年的开始一天与夏历是一致的，至于每月的设置情况与夏历是有着一定差异的，即使称为夏历，也并非是4000年前夏朝时候历法的原初面貌的，而是经过修正和改订过的夏历。周历和秦历与夏历基本上是一致的，区别在于岁首的不同，周历以夏历的十一月为岁首，而秦历则以夏历的十月为岁首。先秦时期，几种历法并用，所以在古籍中常常会见到因所依历法不同而产生的记月的差异，这是值得注意之处。

	子月	丑月	寅月	卯月	辰月	巳月	午月	未月	申月	酉月	戌月	亥月
夏历	十一月	十二月	正月	二月	三月	四月	五月	六月	七月	八月	九月	十月
周历	正月	二月	三月	四月	五月	六月	七月	八月	九月	十月	十一月	十二月
秦历	二月	三月	四月	五月	六月	七月	八月	九月	十月	十一月	十二月	正月

太初历

太初历创制于西汉，中国第一部完整的历法，也是当时世界上最先进的历法。元封六年（公元前104年），经司马迁等人提议，汉武帝下令改定历法，将先前沿用的误差较大的颛顼历改为太初历。太初历由天文学家落下闳、邓平等人制订，这部历法规定，一年为365.2502日，一月为29.53086日，将原来的以十月为岁首改为以正月为岁首，开始采用有利于农业生产的二十四节气，以没有中气（即雨水、春分、谷雨等二十四节气中偶数位的节气）的月份为闰月，由此调整了太阳周天与阴历纪月不相合的矛盾，并且根据天象实测和多年来史官的记录，推算出135个月的日食周期。太初历在刚刚行用时，遭到一些人的反对，为了验证太初历是否符合实际的天象，朝廷组织了一次为期3年的天文观测，同时校验太初历和古六历（即黄帝历、颛顼历、夏历、殷历、周历和鲁历）的数据，结果表明，太初历更具优越性，于是得到长期沿用，直至汉章帝元和二年（85年），前后应用了189年。

授时历

元世祖至元十七年（1280年），郭守敬与王恂、杨恭懿、许衡等人编写完成授时历。

授时历通过对前代40多部天文历法著作的细致研究，推算出一年有365.2425天，与地球绕太阳一圈的时间仅差26秒，与现在实行的公历所采用的平均年的长度是一样的。书中还废除了前代采用的上元积年以及采用复杂分数表示天文资料的办法，而是精简了计算方法，大大提高了准确度。计算方法上，授时历采用3次差分的内插法来计算太阳、月亮的不均匀运动；同时，还运用了类似球面三角法的数学方法计算黄道和赤道宿度之间的转化以及太阳视赤纬的转化。

授时历是我国古代最优秀也是实际实施时间最长的一部天文历法，从元末颁布实行开始直到清朝中期，共实施了364年。

浑天仪

浑天仪是浑仪和浑象二者合一的总称，东汉张衡所创。浑仪是测量天体球面坐标的一种仪器，它模仿肉眼所见的天球形状，把仪器制成多个同心圆环，整体看犹如一个圆球，然后通过可绕中心旋转的窥管观测天体。浑象是古代用来演示天象的仪表，最早为西汉耿寿昌所创制，张衡对其进行了改进，它的构造是一个大圆球，上面刻画或镶嵌星宿、赤道、黄道、恒稳圈、恒显圈等天象标志，类似于现今的天球仪。张衡制造的浑天仪，几乎囊括了当时所有先进的天文学知识，能够把天象变化形象地演示出来，人们可以从浑天仪上面观察到日月星辰运行的现象，代表着中国古代天文学发展的卓越成就。

浑天仪

浑天仪以铜铸成，呈球形，球面上标出黄道、赤道、南极、北极，刻有二十八宿及其他星座，每天有规律地回转一周。

北斗的作用

北斗在我国是家喻户晓的七星，北斗七星是：天枢、天璇、天玑、天权、玉衡、开阳和摇光，因为这七星连在一起的形状，像是一个舀酒的斗形，所以古人就形象地

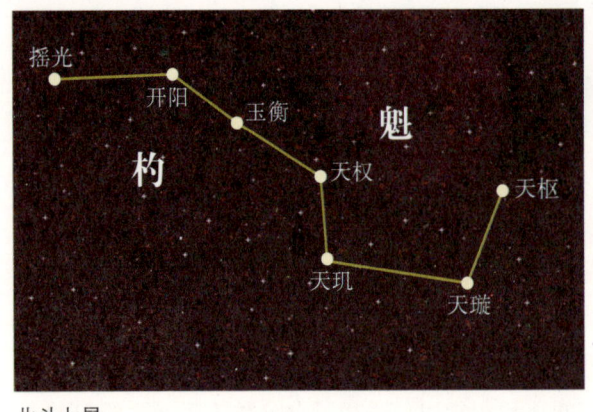

北斗七星

称它为北斗。天枢、天璇、天玑、天权四星组成斗身,古代叫魁;玉衡、开阳、摇光三星组成斗柄,古代叫杓。北斗七星属于大熊星座的一部分。

北斗最大的作用,是可以辨别方向,确定季节。可见北斗的重要性。北斗是怎么辨别方向的呢?我们只要把天璇、天枢连成一条直线,并顺势把这条直线延长大约五倍的长度,就是北极星,而北极星是北方的标志,这样北方就找到了。北斗又是怎么确定季节的呢?当季节、夜晚的时段不同时,北斗星出现在天空中的位置也不同,看起来是在围绕着北极星运转,所以初昏时北斗斗柄所指的方向,就成了古人决定季节的依据,斗柄指向东,就是春天;斗柄指向南,就是夏天;斗柄指向西,就是秋天;斗柄指向北,就是冬天。

闰年

阴历是以朔望月作为单位的历法,阳历是以太阳年作为单位的历法。古人的历法,既非纯阴历,更非纯阳历,而是阴阳合历。在古人的历法里,年分为平年和闰年。平年共有十二个月,有六个小月、六个大月,每个小月二十九天,每个大月三十天,这样全年算下来,是 354 天。而一个太阳年大约是 365 天,两者比较,前者一年大概要少掉 11 天,这样累积经过三年,就会相差一个月余的时间,所以古人每三年,就要配置一个闰月,使历年的平均长度能够大致和一个太阳年相当,这样,也方便和自然时令相配合。

三年一闰,那么按理来说,六年两闰,但六年两闰,又少了些,于是古人有时就来个五年两闰,但五年两闰,又多了些,所以后来就规定,十九年里共闰七个月。

早在殷周时代,古人就已经置闰了,当时的闰月一般放在年末,叫作"十三月",但当时置闰,并没有定制,有时一年再闰,所以甚至会有"十四月"。春秋时,一年再闰的状况就没有再发生了。汉初沿用秦制,把十月作为一年的开头,把九月作为一年的结束,所以汉初置闰,是在九月之后,叫作"后九月"。

季节与十二次

十二次是为了方便说明日月和水金木火土五星的运行、节气的变换而产生的。古人按照由西向东的顺序,把黄道附近一周天,平均分成星纪、玄枵、诹訾等十二个等分，这十二个等分，就叫十二次。

由于十二次和二十八宿都是划分黄道附近一周天的，所以十二次中的每一次，都能有二十八宿中的某些宿和它对应，成为它的标志，例如星纪的标志是斗宿和牛宿二宿，玄枵的标志是女宿、虚宿和危宿三宿。不过，由于十二次是等分的，而二十八宿各宿的大小不一，所以十二次各次起始和终止的界限，和二十八宿中宿与宿的分界，就不是完全重合的，某些宿可以跨属相邻两个次。

古人发明十二次，有什么作用呢？主要有两个方面。首先，可以用来指示四季太阳所在的位置，根据太阳的位置，说明节气的变换。其次，可以用来说明岁星每年所在的位置，根据岁星的位置，进行纪年，例如，说某年"岁在星纪"、下一年"岁在玄枵"等。

二十八星宿图

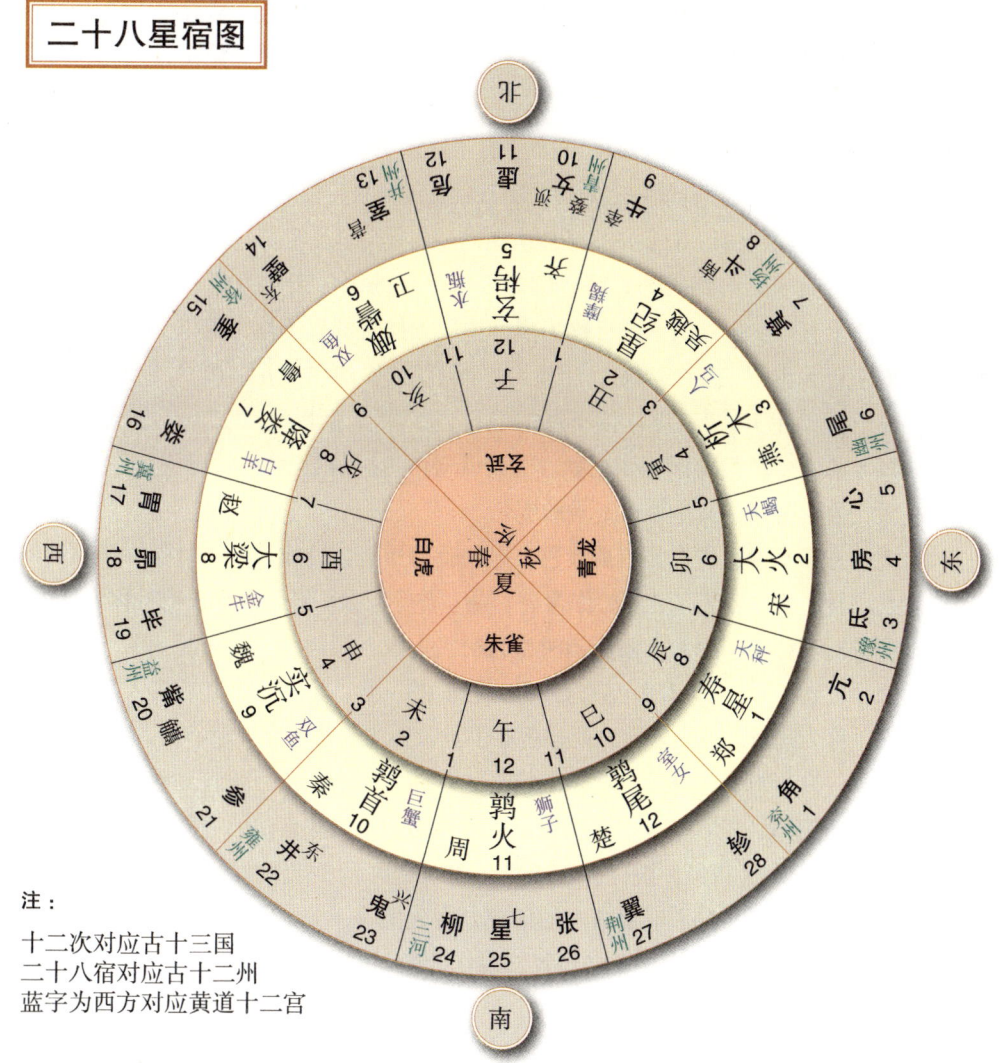

注：
十二次对应古十三国
二十八宿对应古十二州
蓝字为西方对应黄道十二宫

纪日法

古人纪日，用的是干支。干指天干，支指地支。天干有十个：甲、乙、丙、丁、戊、己、庚、辛、壬、癸。地支有十二个：子、丑、寅、卯、辰、巳、午、未、申、酉、戌、亥。十干和十二支一共可以排列组合成六十个单位，叫作六十甲子：

甲子	乙丑	丙寅	丁卯	戊辰	己巳	庚午	辛未	壬申	癸酉
甲戌	乙亥	丙子	丁丑	戊寅	己卯	庚辰	辛巳	壬午	癸未
甲申	乙酉	丙戌	丁亥	戊子	己丑	庚寅	辛卯	壬辰	癸巳
甲午	乙未	丙申	丁酉	戊戌	己亥	庚子	辛丑	壬寅	癸卯
甲辰	乙巳	丙午	丁未	戊申	己酉	庚戌	辛亥	壬子	癸丑
甲寅	乙卯	丙辰	丁巳	戊午	己未	庚申	辛酉	壬戌	癸亥

以上六十个单位，每个单位表示一日。有了这六十个单位，日子就可以记录了。例如昨日是甲子日，那么今日就是乙丑日，明日就是丙寅日，往后的日子依次顺推；甲子日的前一日，就是癸亥日，往前的日子依次逆推。六十个单位轮完一圈后，再周而复始。

古代有些日子，有特定的称呼。例如，每个月的第一天称为朔，最后一天称为晦，小月的十五日、大月的十六日称为望，望后紧挨着的日子称为既望。鲍照《玩月城西门廨中诗》说："三五二八时，千里与君同。"这里的"三五"和"二八"就是指望日，三五等于十五，"三五"指小月的望日，二八等于十六，"二八"指大月的望日。苏轼《前赤壁赋》说："壬戌之秋，七月既望。"这里则说到了"既望"。

一天之内的时间，又是怎么记录的呢？

从大的方面来说，古人是依据天色，以昼夜为单位，分成若干个时段。例如日出时称为旦、早、朝、晨等，日落时称为夕、暮、昏等。太阳升到天空正中时称为日中，将近日中的时辰称为隅中，太阳西斜时称为昃。古人一天两餐，前面的一餐，是在日出之后隅中之前，这一节时间，称为食时；后面的一餐，是在日昃之后日入之前，这一节时间，称为晡时。日入之后，就是黄昏了。黄昏之后，就是人定了。人定之后呢，就是夜半了。夜半以后，就是黎明。天将亮的时间，称为昧旦，昧旦又称昧爽。此外表示天亮的时间的，还有平旦、平明等。至于鸡鸣，是指昧旦前的一段时间。鸡鸣和昧旦先后相继出现。《诗经》说："女曰鸡鸣，士曰昧旦。"这里就说到了鸡鸣和昧旦。

从小的方面来说，随着时辰概念的形成，古人把一天分为十二个时辰，十二个时辰用十二地支表示。每个时辰正好和我们现代的两小时相等。这是能一一对照上的，例如夜半十二点（即二十四点）是子时，所以古人说夜半是子夜；凌晨两点是丑时，四点是寅时，上午六点是卯时，其他依次顺推。

近代时，近人又把古人的十二个时辰中每个时辰细分为初、正。例如原来晚上十一点和十二点都是子时，分出初、正之后，晚上十一点就是子初，夜半十二点就是子正，等等。这样，也就等于用古代的概念，把一昼夜分成和现代相等的二十四小时了。

纪月法

古人纪月，一般用的是序数，从一月开始，一直记到十一月、十二月。一年开始的第一个月份，称为正月。每个月在先秦时代，大约都是有特定的称呼的，例如，《楚辞》把正月称为孟陬，《诗经》把四月称为除，十月称为阳，《国语》把九月称为玄，等等。

"月建"是古人的另一种纪月方法。所谓"月建"，就是把十二个月份配上十二地支，一般是把冬至日所在的夏历十一月，配上十二地支中的子，叫作建子之月，由建子之月顺推，就可以记录月份了。

纪年法

古代的纪年法有好几种，有年次纪年法、年号纪年法、星岁纪年法、干支纪年法等，我们在这里，对这几种纪年法逐一作简单介绍。

年次纪年法

古代最早的纪年法，就是年次纪年法。所谓年次纪年法，是指按照王公即位的年次进行纪年，例如公元前 770 年，古人记为周平王元年、秦襄公八年等。那么公元前 769 年，就记为周平王二年、秦襄公九年等。这样，按照元、二、三的次序，依次记下去，直到王公出位或死亡为止。

1甲子	11甲戌	21甲申	31甲午	41甲辰	51甲寅
2乙丑	12乙亥	22乙酉	32乙未	42乙巳	52乙卯
3丙寅	13丙子	23丙戌	33丙申	43丙午	53丙辰
4丁卯	14丁丑	24丁亥	34丁酉	44丁未	54丁巳
5戊辰	15戊寅	25戊子	35戊戌	45戊申	55戊午
6己巳	16己卯	26己丑	36己亥	46己酉	56己未
7庚午	17庚辰	27庚寅	37庚子	47庚戌	57庚申
8辛未	18辛巳	28辛卯	38辛丑	48辛亥	58辛酉
9壬申	19壬午	29壬辰	39壬寅	49壬子	59壬戌
10癸酉	20癸未	30癸巳	40癸卯	50癸丑	60癸亥

注：表中各干支前的阿拉伯数字是该干支名在六十干支周中的序号。通常以甲子为 0 序号。
阳历年份除以 60 的余数减 3 便得该年农历干支序号数，再查上面的干支便是干支年纪。如果序号数小于、等于零则干支序号数加 60。例如，求 1991 年干支；1991÷60=33 余 11，这一年年干支序号数 =11-3=8。查干支表知该年为辛未年。又如求 1983 年干支：1983÷60=33 余 3，干支序号 =3-3=0，加上 60，查干支表知该年为癸亥。

年号纪年法

汉武帝时开始有年号。以后每个新皇帝即位，都要改年号（称为"改元"），并用年号纪年。后来日本、越南、朝鲜纪年受到中国影响，也都使用过自己的年号。现在的日本仍然使用自己的年号。年号怎么纪年呢？例如公元前140年，汉武帝立年号为"建元"，所以这一年就记为建元元年，次年就记为建元二年，依此类推。如果年号改了，便按着新的年号，重新纪年。年号被认为是帝王正统的标志，称为"奉正朔"。一个政权使用另一个政权的年号，就是标志着藩属、臣服于对方了。如在中国分裂的时期——五代十国时，吴越国使用唐、后梁、后唐、后晋、后汉、后周和北宋的年号，就都是表示臣服。地方割据势力、少数民族政权以及农民起义建立政权也常常自立年号纪年。

星岁纪年法

这是战国时出现的纪年法。星岁纪年法中的"星"指岁星，"岁"指太岁。星岁纪年法实际是岁星纪年法和太岁纪年法的合称。这里我们就不详细介绍了。

 三正

春秋战国时，有夏历、殷历和周历三种历法。三种历法有一个很大的区别，即岁首的月建不同，所以叫作三正。周历的岁首是冬至日所在的建子之月（这时是夏历十一月），殷历的岁首是建丑之月（这时是夏历十二月），夏历的岁首是建寅之月（这时是夏历正月，即后世所说的阴历正月）。比较三者，可知周历比殷历早一个月，比夏历早两个月，殷历比夏历早一个月。三正岁首的月建不同，这样一来，四季也就随之不同了。下面是三正的对照表：

月建	子	丑	寅	卯	辰	巳	午	未	申	酉	戌	亥
周历	正月	二月	三月（春）	四月	五月	六月（夏）	七月	八月	九月（秋）	十月	十一月	十二月（冬）
殷历	十二月（冬）	正月	二月	三月（春）	四月	五月	六月（夏）	七月	八月	九月（秋）	十月	十一月
夏历	十一月	十二月（冬）	正月	二月	三月（春）	四月	五月	六月（夏）	七月	八月	九月（秋）	十月（冬）

先秦古书用来纪时的历制，三正都有，并未统一，所以了解三正的差异是有必要的，能帮助我们更好地读通古书。

漏刻、日晷和圭表

漏刻、日晷和圭表，都是古代用于计量时间的工具。漏刻，"漏"指漏壶，"刻"指刻箭。人们专门制造出一种有小孔的漏壶，把水注入漏壶内，水便从壶孔中流出来，再用一个容器收集漏下来的水，在其中放置一根刻有标记的箭杆，也就是刻箭，相当于现代钟表上显示时刻的钟面。刻箭被一个竹

铜方日晷　元
郭守敬设计制造的天文仪器，现存于南京紫金山天文台。

片或木块托着浮在水面上，从容器盖中心的小孔中穿出，随着容器内收集的水逐渐增多，刻箭也逐渐地往上浮，从盖孔处看刻箭上的标记就能知道具体的时刻。后来人们发现漏壶内的水多时，流水较快，水少时则较慢，这显然会影响计量时间的精度，于是在漏壶上再加一只漏壶，水从下面漏壶流出去的同时，上面漏壶的水又同步地补充进来，使下面漏壶内的水均匀地流入箭壶，从而取得比较精确的时刻。

日晷，又称日规，原理是利用太阳投射的影子来测定和划分时刻。日晷通常由铜制的晷针和石制的圆盘状晷面组成。晷针垂直穿过晷面中心，而晷面安放在石台上，南高北低，平行于天赤道面，这样，晷针的上端正好指向北天极，下端正好指向南天极。在晷面的正反两面刻出 12 个大格，每个大格代表一个时辰。当太阳光照在日晷上时，晷针的影子就会投向晷面，太阳由东向西移动，投向晷面的晷针影子也慢慢地由西向东移动，移动着的晷针影子和晷面就分别相当于现代钟表的指针和表面。

圭表，由"圭"和"表"两个部件组成，正南正北方向平放的测定表影长度的刻板，叫作"圭"，直立于平地上测日影的标杆和石柱，叫作"表"。圭表的发明是由人们对事物在太阳光下影子的变化规律的感知而得来的。正午时的表影总是投向正北方向，而且此时的表影最短，对于一年之中各日中午的表影，又以夏至日最短，而冬至日最长，通过这种观察，人们就可以确定节气的日期和一年的长度。

一行测算子午线

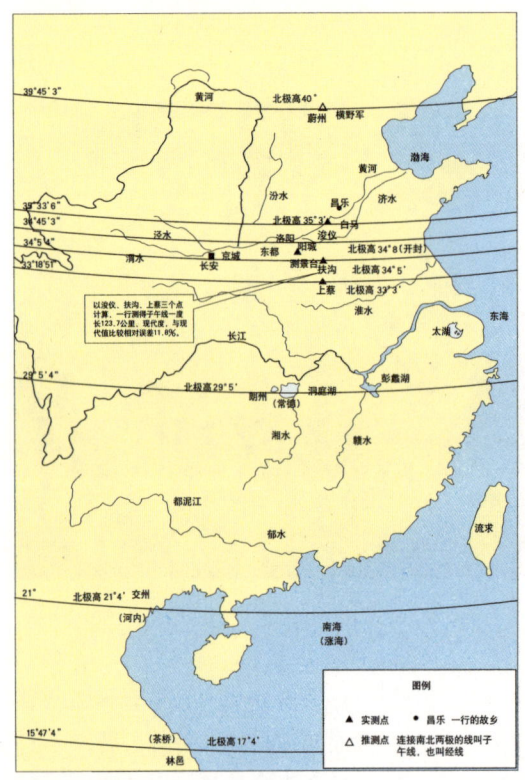

僧一行测量子午线示意图

公元724年，一行命人在河南地区测量日影长度和北极高度，并根据实测结果得知子午线1°的长度为351.27唐里，即现在的123.7公里。这是世界上第一次地面实测子午线的记录。

一行（约673～727年），唐代僧人，俗名张遂，魏州昌乐（今河南南乐）人，一说河北巨鹿人，是著名的天文学家、数学家和佛学家。开元五年（717年），唐玄宗召一行入京制定新历法。一行与机械制造师梁令瓒合作，创制出了黄道游仪和水运浑象仪，改进了观测仪器，掌握了大量的天文实测资料。一行由此发现古籍上记载的有些恒星的位置与实际不符，于是重新测定了150多颗恒星的位置，这大大提高了新历法的精度。为了使新历法适用于全国各地，一行还组织领导了规模宏大的天文地理测量，开展了实地测算子午线的工作。所谓"子午线"，指的就是人们假设的一条通过地球南北两极的经线，测定出子午线的长度，就可以测知地球的大小。一行在全国选了13个观测地点，其中最北端的观测点在今天蒙古国的乌兰巴托西南，最南端的观测点则在今天的越南中部。通过艰巨而严谨的实测工作，一行推翻了过去一直沿用的"日影千里差一寸"的错误结论，得出"三百五十一里八十步，而极差一度"的新结果，指出子午线一弧度的距离为123.7公里，而现代用精密仪器测量的结果是111.2公里，虽然两者差异是比较大的，但是作为世界上对子午线长度的第一次实地测量，一行的这一成就在中国以及世界天文学发展史上都有着重大的意义。

张衡

张衡（78～139年），字平子，南阳西鄂（今河南南阳石桥镇）人，东汉科学家、文学家。他早年发奋苦读，17岁去长安和洛阳一带游历。永元十二年（100年），出任南阳太守的主簿。永初五年（111年），任郎中和尚书侍郎，后任太史令。晚年曾任河间相、尚书等职。

张衡是一个全才,他在天文学、地震学、机械制造、数学、文学、绘画等方面都取得了极高的成就。在天文学方面,他主张浑天说,提出天犹如一个鸡蛋,地犹如蛋黄那样居于中心,认为天外有天,宇宙无限。他提出具有朴素辩证法思想的天地起源说,并且正确解释了月食现象,认为中国地区肉眼能看到的星星有2500颗,还制成了浑天仪。他在天文学方面代表作是《浑天仪图注》和《灵宪》。

在地震学方面,他制造了世界上第一台地震仪——地动仪,能准确地侦测到地震。在数学上,他的代表作是《算罔论》,算出了圆周率 $\pi \approx 3.1466$ 和 $\pi \approx 3.1623$ 两个近似值。在思想领域,他坚决反对封建迷信思想。在文学上,他创作了《东京赋》《西京赋》等。他还擅长绘画,被认为是当时六大名画家之一。

祖冲之与圆周率

祖冲之(429~500年),字文远,祖籍范阳郡遒县(在今河北涞水县),生于南京,南北朝时著名的数学家、天文学家和机械制造家。

他从小就聪明好学,青年时期就赢得了博学多才的名声。祖冲之的主要成就在数学、天文历法和机械制造三个领域。在数学方面,他取得的最大成就是推算圆周率。求算圆周率的值是数学界中一个非常困难的研究课题,古代许多数学家都为研究这个课题付出了大量心血。祖冲之在吸收前人研究成果的基础上,经过1000多次的计算,将圆周率推算到3.1415926和3.1415927之间,成为世界上最早把圆周率推算到小数点后七位的数学家。这在当时世界上非常先进,直到一千年以后,西方数学家才打破了祖冲之的纪录。因此,日本数学史家三上义夫建议将3.1415926称为"祖率",以纪念祖冲之的研究成果。

祖冲之关于圆周率的研究成果和其他重大贡献写成《缀术》一书,可惜这部数学专著现在失传了。除了数学以外,祖冲之在天文历法和机械制造方面也取得了很大成就。他曾编制了《大明历》,设计和制造了计时用的漏壶、指南车、水推磨和千里船等。

沈括

沈括(约1033~1097年),字存中,钱塘(今浙江杭州)人,北宋科学家。至和元年(1054年),沈括任海州沭阳县(今属江苏)主簿,颇有政绩。熙宁年间,王安石变法,沈括积极参与。熙宁五年(1072年),沈括任提举司天监,职掌观测天象,推算历书。王安石变法失败后,沈括被贬,晚年定居润州(今江苏镇江东)梦溪园。

沈括资质聪颖,勤于思考,在物理学、数学、天文学、地学、医学、化学、工程学等方面都做出了重要的成就和贡献。沈括研究并改革了浑仪、浮漏和影表等旧式

梦溪园内沈括纪念馆

的天文观测仪器，还制造了测日影的圭表，改进了测影方法。在《浑仪议》《浮漏议》和《景表议》等3篇论文中，沈括介绍了他的研究成果，阐发了自己的天文学见解，这3篇论文在我国天文学史上具有重要地位。晚年，沈括总结自己一生的经历和科学活动，写出了科学巨著《梦溪笔谈》和《忘怀录》等。

郭守敬

郭守敬（1231～1316年），字若思，顺德邢台（今河北邢台）人，元代天文学家、水利专家。他自幼在祖父郭荣的指导下，刻苦学习天文、数学、水利学等方面的知识。中统三年（1262年），郭守敬受到元世祖忽必烈的召见和赏识。至元十五年（1278年），郭守敬任同知太史院事，负责建造天文台。郭守敬参与制定了新历法，负责制仪和观测。经过三年努力，在至元十七年（1280年）终于编出新历，忽必烈定名为授时历。另外，郭守敬设计和监制的新天文仪器有简仪、高表、候极仪、浑天象、玲珑仪、仰仪、立运仪、证理仪、景符、窥几、日月食仪以及星晷定时仪12种，大大提高了观测精度，对我国天文研究有很大帮助。

晚年，郭守敬致力于河工水利，兼任都水监。至元二十八年（1291年），郭守敬领导开辟汇集大都附近水源的白浮堰，主持了大运河最北一段——由通州到大都积水潭的通惠河的修建工程。他根据地形地貌解决了通惠河的水源问题，而且在运河中设闸坝、斗门，解决了河水的水量和水位问题。

七月流火

"七月流火"是用来说明节气、气候的。它出自《诗经·豳风·七月》："七月流火，九月授衣。一之日觱发，二之日栗烈，无衣无褐，何以卒岁？"《辞海》这样解释"流火"："流"，指移动、落下；"火"为星名，大火星，也就是二十八宿中的心宿星。

早在3000多年前，人们使用的历法为太阴历，七月指的是阴历的八九月份，此时正值夏转秋季节。在这个季节里农民准备收割粮食,置备御寒衣物。《诗经》中所反映的是农民辛勤劳作了一季,转眼到了收获的季节,农历的七月里,时至黄昏,心宿星渐渐向西偏落下去。意在说明天气转凉了,暑气渐退,引出后面的"九月授衣"。

若要断章取义,而后的"二之日栗烈,无衣无褐,何以卒岁"就没有办法解释了。这一点孔颖达也做过相关评论:"于七月之中有西流者,是火之星也,知是将寒之渐。"因而,农历的七月里,骄阳似火的天气就不容易出现了。

在天文器械还不完善的古代,人们通过对日月星辰运行的变化、物象和气象的变化进行观察来确定农时。所以大学者顾炎武在《日知录》一书中写道:"三代以上,人人皆知天文。'七月流火',农夫之辞也。"如此一来,还在盛夏大喊"七月流火"的人,可要留下笑柄了。

闰月

翻看日历的时候我们会发现,二月的天数不像其他月份那么固定,每四年就会有一个29日,通常人们把二月里多出一天的年份称为闰年。因而阳历2月29号出生的人,若要过阳历生日,则要四年才过一次。过阴历生日的人,还会发现另一个奇特的现象,有的时候一年里,会有两个生日,这为什么呢?

其实,这是闰月造成的。中国现行阳历是根据地球自转而定的历法。在古代,人们是根据月相天体运行规律来划分月份的。在长期的生产实践中,人们发现回归年的总长度比12个朔望月构成的阴历年多将近11天,每个月平均多一天。按照这样的数值推算下去,经过若干年后,农历与阳历就会出现矛盾,甚至出现"冬夏错位"的现象。

为了使两部历法协调一致,不产生分歧,古人在参考大量天文资料的基础上,找出了回归年日数与朔望月日数的最小公倍数。根据这一数值,经过计算,采用了"十九年七闰"的方法,才使农历的岁首保持在春初,四季就与阳历基本吻合了。

农历的大月为30天,小月为29天,若要使朔日成为每个月的头一天,几个大月、几个小月相连的现象就会经常发生,因而,如何置闰就要看农历年的平均长度与回归年的长度相差多少了。秦代以前,人们习惯将闰月加在每年的最后一个月之后,称

北京古观象台

十三月。到了汉代，人们将闰月提前，置在九月后面，这样虽然得出的阴历与阳历所指相差不多，但始终没有固定的加法。直到汉武帝年间，加闰的方式才比较规范化，从冬至开始，把二十四节气中没有"中气"的月份定为闰月，称它为"闰"上个月的名称。

根据相关资料统计，每隔19个农历年，闰月的月份相同或者前后相差一个月，并且有农历三年一闰、五年两闰、十九年七闰的规律。

星期分法

我们通常把七天称为一周、一星期，或者礼拜。这一制度源于巴比伦。

早在公元前7世纪，巴比伦人就创立了星期制。他们将一个月分为四周，每周七天，由于每一天都会有一位星神掌管，所以他们建立了七星坛祭祀星神。七星坛从上到下分日、月、火、水、木、金、土七层，每一天祭祀一个星神，并且以星神的名字来命名这一天。因此，就有了七日一周期，或称为七曜星期周的说法。巴比伦人将周日到周六，分别称为日曜日、月曜日、火曜日、水曜日、木曜日、金曜日和土曜日。

4世纪的时候，巴比伦人的星期制传入中国。据记载，中国最早使用的是十天记日法。在中国古代历法中，有闰月一说，为了使阴历与阳历所记载的日期相近，人们根据月亮在天空中的运动规律，创造出加闰的办法。根据观察，人们发现从朔日到下弦，历时七天，这与巴比伦所采用的七日一星期制度恰好吻合。于是，古人便在七日一星期制度基础上，将日月和五行中的火、水、木、金、土按顺序排列，从朔日到下弦，分别以日曜日、月曜日、火曜日、水曜日、木曜日、金曜日、土曜日命名，这样就形成了有中国本土特色的星期制度。

关于七天定为一星期还有一种说法：明朝末年，基督教传入中国，据《圣经》所载，上帝用六天造了世界，第七天为休息的日子，俗称休礼拜。因而，一星期也就有了一礼拜的说法。

独特的中医学

🐉 中医

中医作为国粹已有几千年的历史，它是一个以朴素的唯物主义和自发的辩证法为指导思想，以阴阳五行学说为说理工具，以脏腑经络学说为理论核心，以辨证论治为临床特色的独特、完整的医学体系。

中医的最大特点是整体观念，也就是说，中医将人本身看作一个整体，人与自然相统一，人天相应，天人合一。中医始终将人作为一个整体看待，无论是病机、病理，还是诊断、治疗，时时处处着眼体现出这一观点。中医认为人与自然界息息相通，具有不可分割的密切联系，自然界对人体的影响无时无刻无处不在，人与自然气候、地理、环境、饮食、起居、习俗等有千丝万缕的联系，许多疾病与季节、时间、生活条件、环境、心情等有关。中医的另一特点是辨证施治。辨证是在整体观念指导下，将四诊收集的资料，根据阴阳、五行生克制化、经络、脏腑、多种辨证的规律全面分析，辨别疾病的证候，从而判断疾病的病因、部位、性质、邪正盛衰有病变趋势；施治就是根据辨证的结果，确定治疗的手段和方法。另外，中医还具有恒动观念，认为人体以及宇宙万物都是连续不断、无限永恒地运动和变化着，将物质的运动形式概括为升降出入，即认为生理活动每时每刻都在人体内部和内外交换两方面进行，人体各部分组织、器官、脏腑、气血津液通过经络周而复始地维系在一起，相互依存、相互联络；在病理过程中相互影响、互为因果，一旦这种活动停止则生命即告终结。

🐉 中医的起源

中医起源于华夏先民长期的劳动实践，到原始社会末期，中医已具雏形，但由于缺乏文字的记载，只留下了一些传说，其中最为著名的就是神农尝百草和伏羲制九针，根据这种说法，神农和伏羲分别是中药学和针灸学的开创者。灸熨、针刺和汤药是中医的三大基本治疗方法，灸熨源自人们对火的应用，针刺出自对石器的使

神农采药图

用,而汤药则产生于对食物的寻找过程,这些在初始阶段都是不自觉的偶然发现,后来则逐渐发展为一种确定的知识,形成了中医发展的源头。上古时期,人们对自然的认识还处于蒙昧阶段,因此巫术盛行,而疾病的治疗更是与巫术密切地结合在一起,所以当时巫、医为一职,而最初的中医知识也于此时形成,在甲骨文中已经有了对确定病名的记载。进入周代,就出现了专业的医师,并且医学开始分科,也建立了医政制度。到春秋战国及至秦汉时期,随着一批医学大家和医学经典著作的出现,中医进入全面成熟的阶段。

中医的理论基础

精气学说、阴阳学说和五行学说是中医的理论基础。精气学说认为气是生命的本源,人体机制的正常运行需要精气的调和,故凡为疾病,都是由人体之气的升降出入失调所致。在阴阳学说中,阴和阳分别代表着两种对立的事物或者事物对立的两面,阴阳之间对立而又统一,相互间存在着交感、制约、消长、转化等彼此依存而又斗争的关系。五行学说则认为世界上一切事物都可按其基本属性分为五类,分别以金、木、水、火、土命名,五者之间存在着相生相克的关系。这三种学说涵盖了中医学中关于人体的组织结构、生理功能、病理变化的基本观点,并且构成了对疾病的诊断和防治的最终理论依据。例如,在中医学理论中,表证、热证、实证可归属于阳证的范畴;里证、寒证、虚证可归属于阴证的范畴。再如,中医认为,金、木、水、火、土在人体中分别对应着肺、肝、肾、心、脾五脏,五行平衡、五脏调和,人体才能维持健康和气血旺盛。

四诊八纲

四诊八纲指的是中医诊断疾病的手段。四诊即望、闻、问、切四种诊察疾病的方法,是搜集临床资料的主要方法。

"望"就是观察患者的精神状态、体质情况、皮肤或其他部分的色泽,以及五官、舌苔等。"闻"一是听患者发出的声音(言语、呼吸、咳嗽等),一是闻患者的气味(呼吸、口腔、分泌物,排泄物等)。"问"就是询问患者发病经过和症状。"切"就是号脉和触诊。脉诊虽然排在最后，但它是中医诊断学中最重要、起决定性作用的一环。八纲即表、里、寒、热、虚、实、阴和阳。它是在四诊的结果的基础上概括出来的，用来明确疾病的主要矛盾或矛盾的主要方面。中医认为，人之所以得病是因为六因，即风、寒、暑、湿、燥、火，但这些都是属于外因，是致病的条件，至于发病与否，主要取决于内因，即人的身体状况。

辨证施治

辨证施治就是从患者的整体考虑进行治疗，而不是头痛医头、脚痛医脚。它既不同于对症治疗，也不同于西医的辨病治疗，它把人体的状况和疾病的发展变化规律联系起来，综合考虑进行治疗，可以说是病因疗法。

辨证的辨包括辨别与分析两方面内容。证就是对一组症状的综合与归类。辨证就是运用四诊所获得的客观资料（即证候），用中医的方法（三因、四诊、六经、八纲、脏腑、气血等等）进行辨证分析，得出人生病的原因，同时注意病情的发展趋势。施治就是在辨证的基础上，根据不同症状，采用与之相应的治疗方法和用药。辨证是施治的依据，施治是治疗的目的。辨证的主要方法有：辨病位、辨病因、辨病机。

生地、熟地
新鲜或干燥块根，鲜地黄被称为"生地黄"；蒸熟后称"熟地黄"。

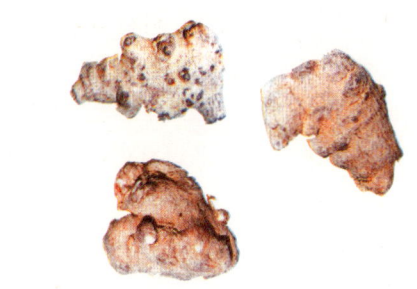

三七
化瘀止血、消肿止痛，为理血药。

邪从外来，病由内起

邪从外来，病由内起，这是中医的病因学理论。在中医看来，风、寒、暑、湿、燥、火等都是外界的致病因素，人无时无刻不在进行着与外界的物质交换，由此而引发体内的各种运动变化，即所谓的"升降出入"。正常的情况下，这种过程是平衡的，如果相关因素发生了某种反常的变化，例如气温的骤降，就会造成人体升降出入的失衡，从而导致疾病。这就是所谓的"邪从外来"。在这种失衡的情况下，并不是所有的人都会生病，可见疾病的发生还受到另外因素的影响，这就是人体自身的状况，即人体对外界致病因素的抵抗能力，只有当人体内部的防御机制遭到破坏的情况下，疾病才会发生，也就是说，病发与否最终取决于人体内部的状况，即所谓的"病由内起"。

望闻问切

切脉罗汉塑像
四川新津观音寺明代重修大雄宝殿中，有一对切脉诊病罗汉十分生动传神。病僧平伸左手微笑待诊，医僧凝神定气，圆睁双眼，全神贯注地沉浸在诊脉之中。表现中医诊脉的古代艺术品不多，遗存今日实属罕见。

望闻问切，是中医传统的四种基本诊察方法，合称"四诊"，相传最早为扁鹊总结发明。成书于汉代、托名为扁鹊所著的《难经》记载："望而知之谓之神，闻而知之谓之圣，问而知之谓之工，切脉而知之谓之巧。"又解释说："望而知之者，望见其五色，以知其病；闻而知之者，闻其五音，以别其病；问而知之者，问其所欲五味，以知其病所起所在也；切脉而知之者，诊其寸口，视其虚实，以知其病，病在何脏腑也。经言，以外知之曰圣，以内知之曰神，此之谓也。"望、闻、问、切的诊察方法在中医学中具有统领性的地位，明代徐春甫在《古今医统大全》中说："望闻问切四字，诚为医之纲领。"

辨证与辨病

辨证与辨病都是以患者的临床表现为依据来认识疾病的过程，区别在于，辨病是对疾病的辨析，以确定疾病的诊断为目的，从而为治疗提供依据；辨证则是对证候的辨析，以确定证候的原因、性质和病位为目的，据此来确立治疗方法。辨病的重点在于疾病的判断，而辨证的重点在于证候的掌握。辨证论治是传统中医的一个基本特点，主要体现于同病异治和异病同治。同病异治，就是说同一种病，发病的时间、地域不同，或所处的疾病阶段、类型不同，或患者的体质不同，导致反映出的病证不同，因而治疗也就有差异。异病同治，是说几种不同的疾病在其产生过程中，有着大致相同的病机，表现出相类似的病证，就可以采用大致相同的方法和药物来治疗。但是辨证方法只考虑疾病的阶段性和类型性，不考虑疾病的全过程，在对病情的总体认识上是有偏颇之处的，所以现代中医强调辨证与辨病相结合。

未病先防，有病防变

未病先防和有病防变体现的是中医强调的防重于治的观念。《素问·四气调神大论》中说："圣人不治已病治未病；不治已乱治未乱……夫病已成而后药之，乱已成而后治之，譬如渴而穿井，斗而铸锥，不亦晚乎。"未病先防是指在人体发生疾病之前，应当在生活中的各个方面予以注意，养成良好的生活习惯，增强体质，提高免疫力，远离致病因素，杜绝疾病的发生。有病防变是说在疾病既已发生的情况下，当及时治疗，防止出现进一步的病变，也指疾病初愈的时候要注意调养，避免病症的复发。

扶正祛邪

"扶正祛邪"是中医的重要治疗方法。"扶正"，即扶助正气，也就是提升人体对疾病的抵抗力和对环境的适应力；"祛邪"，即祛除邪气，也就是除掉致病的因素。依照中医理论，疾病的发生酝酿于人体中正气与邪气相斗争的过程，正气增长，病情就向好的方面发展；邪气增长，病情就向坏的方面发展，所以治疗就要从扶正和祛邪下手，促使正气战胜邪气，从而消除疾病，令人体变得健康。

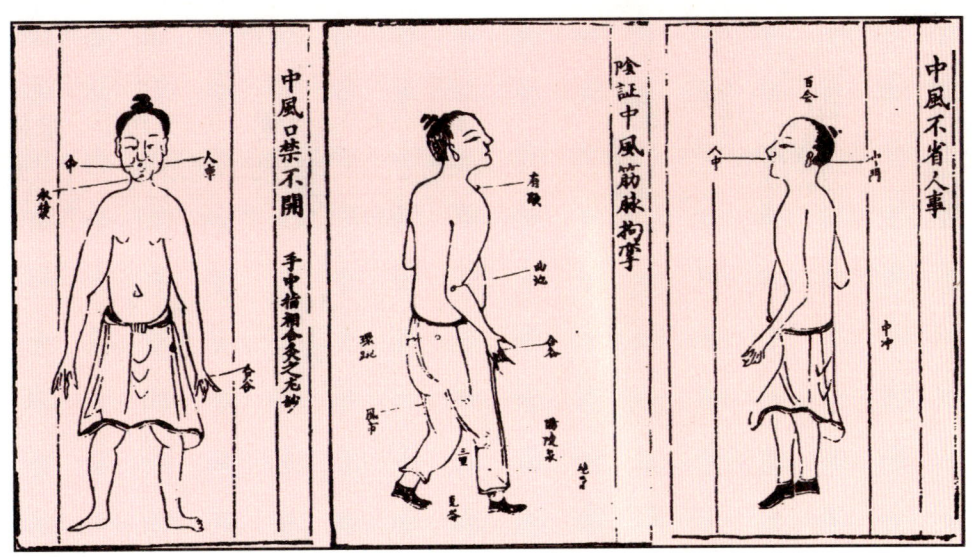

中风不省人事（右图）、阴证中风筋脉拘挛（中图）、中风口禁不开（左图）

中药与方剂

中药，即中医用药，大体可分为植物药、动物药和矿物药 3 类，又可依据加工程度而分为中成药和中药材。中药学是中华民族经过长期的精心探索而总结出来的宝贵成果,经过数千年的发展历程而不断得到丰富和完善。现存的最早的中药学著作为成书于汉代之前的《神农本草经》,书中记载了中药365种(植物药252种,动物药67种,矿物药46种),同时对每一味药的产地、性质、采集时间、入药部位和主治病症都进行了详细介绍,并且对各种药物的配合应用以及服药方法和药物的制剂类型也都做了概述。及至明代,李时珍撰写的《本草纲目》载药1892种,附方1万多个,成为古代中药学的一部集大成之作。方剂是中药学的具体应用,指的是按照中医用药规则经过适宜的选择、酌量而制成的包含药物加工与服用方法在内的药方,简称为"方"。最早记载方剂的医书是汉初的《五十二病方》。东汉张仲景的《伤寒杂病论》将理法方药融于一体,共载方剂314种,被后世誉为"经方",这表明方剂学此时已发展成熟。

人体的经络网

经络是经脉和络脉的总称,人体运行气血的纵行的干线称为经脉,而遍及全身各个部位的经脉的分支称为络脉,经脉与络脉共同构成了人体的经络网,将人体内外、脏腑和肢节联结成为一个有机的整体。经络系统以阴、阳来命名,分布于肢体内侧面的经脉为阴经,分布于肢体外侧面的经脉为阳经,一阴一阳衍化为三阴三阳,相互之间具有相对应的表里相合关系,即肢体内侧面的前、中、后,分别称为太阴、厥阴、少阴,肢体外侧面的前、中、后分别称为阳明、少阳、太阳。在人体经络网中,十二经脉和十五络脉尤为重要。十二经脉发挥着主体性的作用,其名称分别是:手太阴肺经、手厥阴心包经、手少阴心经、手阳明大肠经、手少阳三焦经、手太阳小肠经、足太阴脾经、足厥阴肝经、足少阴肾经、足阳明胃经、足少阳胆经和足太阳膀胱经。十二经脉和任、督二脉各自别出一络,加上脾之大络,共计十五条,称为十五络脉,分别以十五络所发出的腧穴命名,如手太阴之别络、足太阳之别络、任脉之别络、脾之大络等。十五络脉加强了十二经脉中表里两经的联系,补充了十二经脉循行的不足。经络理论在中医学中占有着基础性的地位,对指导中医的各种诊疗实践有着决定性的作用。

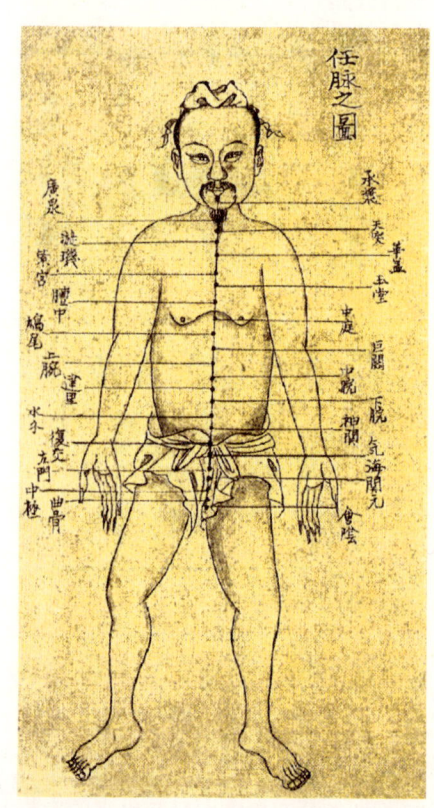

任脉图

穴位

穴位，学名为腧穴，通常也称为穴、穴道，在中医学上指人体上可以针灸的部位，多为神经末梢密集或较粗的神经纤维经过的地方。中国古人很早就发现了穴位，成书于西汉之前的《黄帝内经》就指出"气穴所发，各有处名"，并且记载了160个穴位名称。魏晋时期的皇甫谧在《针灸甲乙经》中对人体340个穴位的名称、位置及其主治功能都一一进行了详切的论述。按照中医学理论，人体穴位是经络之气输注于体表的部位，又是疾病反映于体表的部位，还是针灸、推拿、气功等疗法的施术部位。长期的实践证明，穴位具有"按之快然""驱病迅速"的神奇功效，但是穴位的实质究竟如何，人们尽管采用了种种现代的技术和理论去测定与分析，依然没有得出确论。

针灸疗法

针灸是针法和灸法的合称。针法是把毫针按一定穴位刺入患者体内，灸法是把燃烧着的艾绒、艾条等按一定穴位熏灼皮肤。针灸是中医学中重要的治疗方法，而且起源极为久远。远古时期，人们偶然发现身体表面的某个部位碰撞到一些尖硬物体的时候会有意外的疼痛减轻的现象，于是逐渐开始有意识地用一些尖利的石块来刺激身体的某些部位，以期减轻疼痛。这就是针法的由来。最

针灸画像石拓片（局部） 东汉
画像石于山东微山出土，为墓室内装饰图案。图左面有一个人面鸟身的神医，手执砭石正为病人做针刺治疗。把医者比作成鸟，正是为了象征战国名医扁鹊。

初使用的针是石制的，称为"砭石"，后来则发展为金属针，针的形制也有多个种类。灸法的发现则是人们在用火的过程中发现身体某部位的病痛经过火的烧灼、烘烤会得到缓解，于是取用兽皮或树皮来包裹烧热的石块或沙土对身体进行热熨，用点燃的树枝或干草来烘烤以治疗疾病，后来艾叶则成为灸治的主要材料，因为艾叶具有易于燃烧、气味芳香、资源丰富、易于加工贮藏等优点。针灸疗法的原理是中医特有的人体经络理论，在治疗过程中，经过诊断，确定病变属于哪一经脉、哪一脏腑，然后制定相应的配穴处方，进行针灸，以达到通经脉、调气血的目的，从而使人体阴阳归于相对平衡，脏腑功能也趋于调和，也就获得了防治疾病的效果。

中医推拿术

中医推拿，又称"按摩""按跷""导引""案""摩消"等，是依据中医理论对体表特定部位施以各种手法，有时也配合某些肢体活动以恢复或改善身体机能的方法。推拿按摩属中医学的重要组成部分，也是人类最古老的疗法之一。据《汉书·艺文志》记载，秦汉时期已经有了关于推拿按摩的专著《黄帝岐伯按摩经》十卷，虽然该书已经失传，但是在同一时期完成的《黄帝内经》一书中记录了许多关于推拿的内容。东汉张仲景在《伤寒杂病论》中最先提出"膏摩"疗法，即将配制好的膏药涂抹在患者体表，然后运用特定手法进行抚摩擦揉。这就将推拿按摩与药剂应用结合在了一起，在提高治疗效果的同时也使推拿方法的应用变得更为广泛。魏晋南北朝时期，推拿疗法进一步发展，葛洪在《肘后备急方》中首次对膏摩的理论和应用进行了系统的总结，而陶弘景则在《养性延命录》中阐发了啄齿、熨眼、按目、牵耳、梳头、摩面、擦身等成套的推拿按摩动作。隋唐时期，宫廷太医署正式设立按摩专科，此时的按摩基础理论、诊断技术和治疗方面都已发展到相当水平。至明代，按摩成为13个医学科目之一，尤为引人注目的是，这一时期形成了独有的小儿推拿体系，产生了《小儿按摩经》《小儿推拿方脉活婴秘旨全书》《小儿推拿秘诀》等专著。"推拿"这一名称也是得于此时。清代虽然未在太医院设按摩或推拿科，但没有影响这一疗法的进一步发展和更为广泛的应用。乾隆年间由太医吴谦负责编修的《医宗金鉴》中对运用推拿手法治疗骨伤疾病做了系统的总结，将摸、接、端、提、按、摩、推、拿列为"伤科八法"，确立了正骨推拿的分科。这标志着古代中医推拿术发展的最后成就。

药膳

药膳就是将某些具有药用价值的食物经过特定的烹调方法制作而成的一类特别的食品。药膳寓医于食，既将药物作为佳肴，又将食物赋以药用，从而在享用美味的同时又获得了医疗的效果。药膳营养价值和药用价值兼备，相比较服用单纯的药剂而具有明显的优点，因此有"药补不如食补"之说。远古时期，人们寻找各种可利用的植物和动物，有些动植物可供人们果腹，有些动植物可供人们治疗疾病，对于大多数动植物来说这两种作用是分开的，人们发现其中有一部分兼具食用和药用两种价值，这就是最初的药膳。"药膳"一词在史籍中最早见于《后汉书·列女传》，其中有"母亲调药膳思情笃密"的句子，早在东汉之前药膳作为一种实际应用就已经长期存在了。到汉代，则形成了非常丰富的药膳知识，东汉末年成书的《神农本草经》中记载了大枣、人参、枸杞、茯苓、生姜、杏仁、乌梅、鹿茸、蜂蜜、龙眼等多种具有药性的食

天人之学

宝玉喝莲叶汤
为清孙温绘全本《红楼梦》中插图。讲的是宝玉要喝莲叶汤，贾母自己做好，让玉钏送去。莲叶汤正是药膳中的一种。

物，这些食物已经成为配制药膳的原料。东汉名医张仲景在《伤寒杂病论》《金匮要略方论》中更是提出了大量的饮食调养方法配合药剂的治疗。至唐代，"药王"孙思邈在《备急千金要方》中设立了《食治》专篇，这标志着药膳已发展成为一个专门的学科。而后药膳的理论知识得到持续的完善，药膳的应用也从宫廷到民间，遍及千家万户。

中医十大流派

中医历史源远流长，在长期的发展过程中形成了多种流派，其中主要有10个派别。

医经学派：以研究古代医学经典的基础理论为主，古代记载的医经有七家，但是仅有《黄帝内经》流传下来，对《黄帝内经》的研究也就奠定了中医学理论的基础。医经学派的著名人物和代表作品有扁鹊和《难经》、华佗和《中藏经》、皇甫谧和《针灸甲乙经》、全元起和《内经训解》、杨上善和《太素》、王冰和《素问注释》、吴琨和《素问吴注》、张介宾和《类经》等。

经方学派："经方"即经验方，宋代以后因为张仲景的《伤寒杂病论》被尊为经典著作，所以"经方"就用来专指《伤寒杂病论》中记载的"经典方"。经方学派明清最盛，代表人物有方有执、柯琴、徐大椿、喻嘉言、张锡驹等。

伤寒学派：专门研究张仲景的《伤寒论》和《伤寒杂病论》中有关伤寒论的一部分，形成于晋代，绵延至清代，著名人物有王叔和、孙思邈、巢元方、王焘、庞安时、常器之、郭雍等。

河间学派：由金代河间人刘完素开创，以阐发火热病机为中心内容，擅长运用寒凉的治疗手法。河间学派在发展的过程中又衍生出攻邪学派和丹溪学派。

攻邪学派：以金代张从正为代表，强调"病由邪生，攻邪已病"的学术思想，在继承了河间学派善用寒凉的特点之外，又发展出了用汗、吐、下来驱邪的方法，这种方法也影响到后来的温病学派。

丹溪学派：以元代朱震亨为代表，因其家乡有一条溪流叫作丹溪，所以人们称之为丹溪先生。朱震亨是河间学派刘完素的第三代弟子，继承河间学派的同时，在医学理论上把外感火热引向内伤火热，主在阐发滋阴降火。朱震亨之后，丹溪学派中最有成就的人物为戴思恭、王履、王纶和徐彦纯。

易水学派：创始人为金代易州人张元素，以研究脏腑病机为中心，在诊断和治疗脏腑病症方面建立了较为系统的理论和方法，也为温补学派的建立奠定了基础。张元素的弟子李杲和王好古继之成为易水学派的中坚人物。

温补学派：形成于明代，薛已是此派的先导，主要人物有孙一奎、赵献可、张介宾、李中梓等。这一学派以研究脾肾及命门水火的生理特性及其病理变化为中心内容，进一步发展了易水学派的脏腑病机学说。

温病学派：由伤寒学派与河间学派所派生，以研究和治疗温热病而著称，又称为"瘟疫学派"。清代中晚期，叶天士、吴鞠通、薛生白、王孟英等温热学派的代表人物创建了卫气营血辨证和三焦辨证的理论，为中医学理论的丰富做出了重要贡献。

汇通学派：明末清初开始出现，持中西医会合融通的观点，代表者有汪昂、金正希、王学权、朱沛文、唐宗海、张锡纯等，这一学派开启了现代中西医结合的先声。

扁鹊

扁鹊，生卒年不详，约生于春秋晚期和战国早期，齐国渤海郡（今河北任丘）人。又说为齐国卢邑（今山东长清）人，姓秦，名越人，"扁鹊"本是黄帝时代的名医，因为秦越人医术高明，所以人们称誉其为"扁鹊"。扁鹊是中国历史上第一位有确切记载的名医，被认为是中医学的鼻祖。扁鹊最大的贡献是创造了望、闻、问、切的诊断方法，还广泛地应用砭刺、针灸、按摩、汤液、热熨等多种方法治疗疾病，奠定了中医临床诊断和治疗方法的基础。《史记·扁鹊仓公列传》记载："扁鹊名闻天下。过邯郸，闻贵妇人，即为带下医；过洛阳，闻周人爱老人，即为耳目痹医；来入咸阳，闻秦人爱小儿，即为小儿医，随俗为变。"扁鹊遍游各地行医，擅长各科，在邯郸为妇科医生，到洛阳为五官科医生，入咸阳则又为儿科医生。但是到秦国后，秦太医令李醯因为自己的医术不如扁鹊，而将扁鹊刺杀。扁鹊著有《内经》和《外经》，都已失佚。

扁鹊像

张仲景

张仲景（约150～219年），名机，东汉南阳（今河南南阳市）人，著名医学家，史称"医圣"。东汉末年，军阀混战，瘟疫流行，张仲景家族200多人因伤寒病死了100多人。张仲景非常难过，立志"勤求古训，博采众方"，为人民治病。他在前人的医书《素问》《九卷》《八十一难》《阴阳大论》《胎胪药录》的基础上，结合自己的医疗经验，写成了《伤寒杂病论》（伤寒指的是急性传染病，杂病指的是外科、妇科等方面的疾病）。全书除病理论证外，系统地分析了伤寒的原因、症状和处理方法，奠定了理、法、方、药的理论基础。书中还精选了300多种方剂，为中医方剂学提供了发展的依据，后世很多药方都是从它发展变化而来的。这部书还传到了日本、朝鲜、越南、蒙古等国。经后人整理校勘，《伤寒杂病论》被编为《伤寒论》和《金匮要略》。张仲景创造的六经分证、中医诊断病情的八纲（阴阳、表里、虚实、寒热）和辨证施治的原则，为中医治疗学奠定了基础。

华佗

华佗（约145～208年），字元化，沛国谯（今安徽亳州）人，东汉著名医学家。《后汉书·华佗传》说他"兼通数经，晓养性之术""精于方药"，医术高超，被人们称为"神医"。他精通内、外、妇、儿、针灸各科，尤以外科著称，他一生主要在今安徽、江苏、山东、河南一带行医。曹操患头风病，华佗以针刺法治疗，很快治愈。曹操想留他做侍医，遭到华佗的拒绝，因而被曹操杀害。

《三国志》上载有华佗治疗的20多个病例，如传染病、寄生虫病、妇产科病、小儿科病、皮肤病、内科病等。华佗首创了中药全身麻醉剂——麻沸散，并应用于腹部外科手术，这在全世界是第一例，对后世影响极大。后世的中药麻醉都是在麻沸散启发下发展起来的，在世界麻醉学和外科手术史上，也有很大影响。华佗长于养生，模仿动物动作发明了"五禽戏"，进行医疗体育锻炼。他曾把自己医疗经验写成一部医学著作，即《青囊经》，可惜失传。

刮骨疗毒图

陶弘景

陶弘景（456～536年），是丹阳秣陵（今江苏镇江市）人，字通明，晚年号华阳隐居。陶弘景经历了南朝宋、齐、梁三个朝代，曾长期隐居在永嘉楠溪和瑞安陶山，因此又被称为"山中宰相"。陶弘景兴趣广泛，不仅对天文历算、地理、兵学、铸剑有浓厚的兴趣，而且在医药、炼丹、经学、文学艺术、道教仪典等方面都研究出大量的成果，如他的著作《肘后百一方》，就是谈论中医治疗学。而在本草医学方面，他的贡献更加突出。

早在汉代，我国的第一部本草学著作《神农本草经》就已经出版。随后的几百年里，人们逐渐积累了很多用药的丰富经验，这些有用的成果都被汇集在《名医别录》中。在很多年里，《神农本草经》和《名医别录》成为医生治病救人的重要参考，但是这两本书的体例迥然不同，导致有些医疗内容啰唆重复，有些又泛泛而谈不够系统、详细。长久地潜心研究两本书后，陶弘景结合自己行医的丰富经验，把这两本书汇编成一部，这部书就是《本草经集注》。

《本草经集注》内容丰富，体例清晰，成为一部优秀的本草学著作。这本书一共记载了药物730种，按照药材的来源和它本身独有的属性，被划分成玉石、草、木、虫兽、果菜、米食和有名未用等七类。如此庞杂的内容，促使陶弘景发明了一种新型的药物分类法。这种分类法把治疗某种疾病的药物放在一起，当医生治疗某种疾病时，能迅速地找到许多相关的药物，这就是"诸病通用药"分类法。

《本草经集注》对药物的产地、采集、炮制、鉴别和贮存等有记载，这本书扩大了中医本草学的内容，直接影响了我国古代的第一部药典——唐代的《新修本草》。以后各朝代医生不断丰富发展，到了明代的《本草纲目》，终于到达本草学的一个高峰。

孙思邈

孙思邈（581～682年），京兆华原（今陕西铜川耀州区孙家塬）人，隋唐时期著名医药学家，被后人尊为"药王"。孙思邈自幼体弱多病，家人为给他看病几乎耗尽家财。因此，他从小就立志要从事医学研究。他认真阅读了《黄帝内经》《伤寒杂病论》《神农本草经》等古代医书，钻研民间方药，向经验丰富的医生学

孙真人煎药图

习。到二十多岁时，孙思邈已经成为一个有名的医生了。隋文帝、唐太宗、唐高宗都请他出来做官，但都遭到了他的拒绝。

孙思邈长期生活在民间，广泛搜集民间药方，积累了丰富的医疗经验。孙思邈不但精通内科，而且擅长外科、妇产科、儿科、五官科等，还掌握了针灸技术和渊博的药物学知识。他最早描述了下颌骨脱臼的手法复位，一直沿用到现在。在长期的医疗实践中，孙思邈深切感到过去的方药医书浩博庞杂，分类也不科学。因此他一方面阅读医书，一方面广泛搜集民间方药，编成《备急千金要方》和《千金翼方》，这两本是供家庭备用的医药卫生手册。之所以用"千金"命名，是因为孙思邈认为人命比千金还要贵重。

金元四大家

金元四大家是指刘完素、张从正、李杲和朱震亨4位医学家，他们开创了4大医学流派，对后世影响很大。

刘完素（约1110～1200年），字守真，号通元处士，河间人。在医学上，他大力提倡运气说，宣扬五运六气盛衰之理。刘完素的学说流派称"寒凉派"。著有《图解素问要旨》等。

张从正（约1156～1228年），字子和，睢州考城（今河南民权西南）人。他非常推崇刘完素，用药也多寒凉，创制了"张子和汗下吐法"。张从正的学说称"攻下法"。

李杲（约1180～1251年），字明之，号东垣先生，镇州（今河北正定）人。少时好医药，师从名医刘完素。李杲用药与张元素相同，主张以脾土为主，认为土为万物之母。他的学说流派称"补土派"。著有《伤寒会要》《脾胃论》等。

朱震亨（1281～1358年），字彦修，婺州义乌人。拜刘完素徒弟罗知悌为师，他主张"因病以制方"，反对拘泥于"局方"，主张重在滋阴。他的学说流派称"养阴派"。著有《格致余论》《局方发挥》《伤寒辨题》《本草衍义补遗》《外科精要》等。

李时珍

李时珍（约1518～1593年），字东璧，蕲州（今湖北蕲春）人，明代医药学家。出身于世医家庭，受家庭的熏陶，李时珍从小就喜爱医药，立志悬壶济世。经过刻苦学习和实践，在30岁时李时珍已经成为当地名医。后楚王聘李时珍到王府掌管良医所事务，3年后，又推荐他上京任太医院判后经举荐补太医院之阙，一年后辞职回家。在此期间，李时珍阅读了王府和太医院里大量的医书，医学水平大增。

在李时珍之前，中国医学书上记载的药物有1558种，这些药物不仅品种繁杂，而且名称混乱。医生们在行医时非常不方便，有时候还会开错药。李时珍决心把这些药物整理出来，重新编定一本药典。他深入民间，向农民、渔民、樵民、药农请教，查阅医书800多部,对药物一一鉴别和考证,纠正了古书中的许多错误,还搜集许多新药物,历时30多年,写成了《本草纲目》一书。《本草纲目》对药物进行了分类,首先为纲,其次为目,再次是药名、产地、形色、药用等。《本草纲目》对后世医学影响很大,还传至日本、朝鲜、越南等国。

《灵枢经》

《灵枢经》,又称《灵枢》《针经》《九针》,是我国现存最早、最系统的中医理论著作。约成书于战国时期,共9卷81篇。自汉魏后,由于长期抄传,《灵枢》出现不同名称的多种传本。直至南宋医学家史崧,于绍兴二十五年(1155年),将《灵枢》9卷81篇参照诸古书,重编为24卷,重新校正,并在书后附加校译及音译,镂版刊行。《灵枢》传本基本定型,取代各种传本,一再刊印,流传至今。

《灵枢经》涵盖内容十分丰富,此书以整体观念为指导,分别从阴阳五行、天人相应、五运六气、脏腑经络、病机、诊法、治则、针灸等方面,结合当时哲学和自然科学的成就,对人体生理、病理、诊断、治疗和养生的有关问题,做出了比较系统的理论概括。全面阐述了五脏六腑、精神气血津液、人体气质类型等内容,成为中医基本理论的渊薮,迄今在诊疗学上仍具有指导意义。此书对经络腧穴理论和针刺方法有更为翔实的记载,例如对针法的论述,不仅强调说明了守神、候气的重要性,而且提出了数十种针刺方法,详细介绍了针具使用、针刺部位、深浅、禁忌、针刺与四时的关系等实用内容,为后世针灸学的发展奠定了坚实的理论基础。

《黄帝内经·素问》

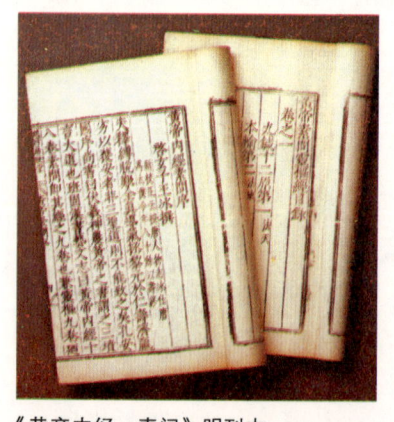

《黄帝内经·素问》明刊本
该书在实践基础上总结出脏腑学说和病因学说,奠定了中医的理论基础,是中国历史上第一部系统的医学著作。

《黄帝内经·素问》,简称《素问》。原9卷,早散失,后经修订补编为24卷,共计81篇。大约成书于战国时期,历代医学家对其不断进行一些补充、修改,到西汉才逐渐完成,所以也有人认为成书于西汉。关于本书的作者,说法不一。书名中冠有"黄帝"字样,但由于黄帝时还没有文字,所以后世猜测它可能是由当时一些不知名的医家集体完成。

《素问》涵盖内容丰富、论证科学,以人与自然统一观,阴阳学说、五行学说、脏腑经络学说为主,论述脏腑、经络、病因、病机、治则、药物及摄生、养生防病等各方面的关系,甚至涉及现代医学中关于人体发育、生理、解剖、治病原则、时间医学和预防医学等内容，集医理、医论、医方于一体，强调人体内外统一的整体观念，是中医基本理论的渊源。其中，书中提出的人体血液是在脉管内不停地流动，而且是"如环无端"的循环状态，这被世界科技史学界公认为是血液循环概念的萌芽。其他如体内各脏器的解剖结构，以及放腹水术、灌肠法、物理疗法等内容，在世界医学史上，都属于首次记载。《素问》问世后，成为当时乃至后世中医学中影响最大的经典著作。

《神农本草经》

《神农本草经》又称《神农本草》，是我国现存最早的药物学专著，是对我国早期临床用药经验的第一次系统总结，被誉为中药理论的经典著作。全书分3卷，载药365种，其中植物药252种，动物药67种，矿物药46种，分上、中、下三品，文字精练古朴。书中对每味药的产地、性质、采集时间、入药部位和主治病都有详细记载。每味药的药物性味也有详尽的描述。对各种药物怎样相互配合应用，以及简单的制剂，都做了概括。更可贵的是早在2000年前，我们的祖先通过大量的治疗实践，已经发现了许多特效药物。如麻黄可治疗哮喘、大黄可泻火、常山可以治疗疟疾，等等，这些都已被现代科学分析方法所证实。

此书作者不详。因为在我国古代，大部分药物都是植物药，所以"本草"成了它们的代名词，这部书也以"本草经"命名。汉代托古之风盛行，人们尊古薄今，为了增强人们的信任感，它借用"神农遍尝百草"的传说，定名为《神农本草经》。其成书年代有多种说法，原书早佚，现行本为后世从历代本草书中集辑而成，又因其中大部分内容反映先秦时期我国药物学的水平，所以一般均认为成书于汉代。

《肘后备急方》

《肘后备急方》，我国第一部临床急救手册。中医治疗学专著。作者东晋葛洪，将其原著《玉函方》，摘录其中可供急救医疗、实用有效的单验方及灸法汇编而成。经南朝梁陶弘景、金代杨用道补录，即现存《肘后备急方》，简称《肘后方》。今本存8卷，分51类。

该书主要记述各种急性病症或某些慢性病急性发作的治疗方药、针灸、外治等法，并略记个别病的病因、症状等。书中对于恙虫病、疥虫病之类的寄生虫病的描述，是世界医学史上出现时间最早、叙述最准确的，尤其是倡用狂犬脑组织治疗狂犬病，被认为是中国免疫思想的萌芽。

《肘后备急方》中收录了多种疾病，其中很多成为珍贵的医学资料。例如，这部书上描写的天花症状，以及对天花的危险性、传染性的描述，都十分精确，是世界上最早的记载。书中还对结核病的主要症状做了描述，并提出了结核病"死后复传及旁人"的特性，还涉及肠结核、骨关节结核等多种疾病，其论述的完备性可以说并不亚于现代医学。另外，对于流行病、传染病，书中更是提出了"疠气"的概念，否认了以往鬼神作祟的说法，这种科学的认识方法在当今来讲，也是十分有见地的。

《千金方》

《千金方》全称《备急千金要方》，简称《千金要方》或《金方》，30卷。我国古代综合性临床医学著作，唐代医学家"药王"孙思邈根据自己数十年的临床实践经验编著而成，集唐代以前诊治经验之大成，对后世医家影响极大。

该书第一卷为总论，内容包括医德、本草、制药等；再后则以临床各科辨证施治为主，计妇科2卷，儿科1卷，五官科1卷，内科15卷（内中十卷按脏腑分述），外科3卷，解毒急救2卷，食治养生2卷，脉学1卷及针灸2卷，共233门，方论5300首。

《千金要方》总结了唐代以前医学成就，书中首篇所列的《大医精诚》《大医习业》，是中医学伦理学的基础；其妇、儿科专卷的论述，奠定了宋代妇、儿科独立的基础；其治内科病提倡以脏腑寒热虚实为纲，与现代医学按系统分类有相似之处；其中将飞尸鬼疰（类似肺结核病）归入肺脏证治疗，提出霍乱因饮食而起，以及对附骨疽（骨关节结核）好发部位的描述、消渴（糖尿病）与痈疽关系的记载，均显示了相当高的认识水平；针灸孔穴主治的论述，为针灸治疗提供了准绳，"阿是穴"的选用、"同身寸"的提倡，对针灸取穴的准确性颇有帮助。因此，素为后世医学家所重视，并流传到国外，产生了一定的影响。

《本草纲目》

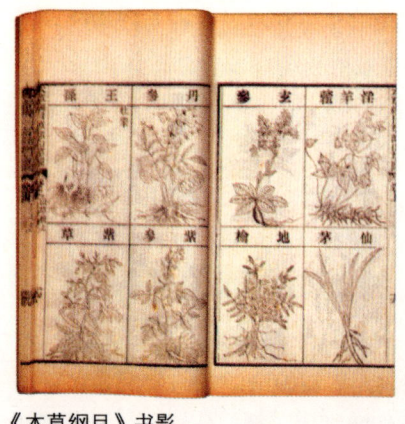

《本草纲目》书影

作为中国古代重要的药物学著作，《本草纲目》是明代伟大的医药学家李时珍为修改古代医书的错误而编。全书共52卷，190余万字，载有药物1892种，收集医方11096个，绘制精美插图1160幅。是作者在继承和总结以前本草学成就的基础上，结合作者长期学习、采访所积累的大量药学知识、经过实践和钻研，历时数十年而编成的一部巨著。分为16部60类。每种药物分列释名（确定名称）、集解（叙述产地）、正误（更正过去文献的错误）、修治（炮制方法）、气味、主治、发明（前三项指分析药物的功能）、附方（收集民间流传的药方）等项。全书收录植物药881种，附录61种，另有具名未用植物153种，共计达1000多种。占全部药物总数的58%。

《本草纲目》不仅考证了过去本草学的若干错误，提出了较为科学的药物分类方法，而且融入了先进的生物进化思想，并丰富了临床实践经验。是对几千年来祖国药物学的总结，也是我国医药宝库中的一份珍贵遗产，被誉为"东方药物巨典"，对近代科学以及医学影响甚大。

《黄帝八十一难经》

《黄帝八十一难经》简称《难经》，相传是秦越人（扁鹊）所著，成书年代大约在秦汉之际，至少也在东汉之前。这部著作以基础理论为主，又以脉诊、经络、脏腑为重点，全书以设问答疑的形式解释了81个难题，其中第一至第二十二难论脉，第二十三至第二十九难论经络，第三十至四十七难论脏腑，第四十八至第六十一难论病证，第六十二至六十八难论穴位，第六十九至第八十一难论针法，其阐述简要，辨析精微，不但推演了《内经》的微言奥旨，发挥至理，剖析疑义，垂范后学，而且有不少独到见地，如首创独取寸口和分寸关尺的三部按脉法，此法一直沿用至今，成为中医一大特色；还系统阐述了奇经八脉的循行线路和功能，弥补了《内经》中经络学说的不足；又提出了与《内经》不同的三焦、命门学说。在临床方面明确提出"伤寒有五"（伤寒、中风、湿温、热病、温病），并对五脏之积泄多有阐发，这些都对中医学的发展产生了深远的影响。宋代大诗人苏轼曾称颂此书："句句皆理，字字皆法，后世达者，神而明之。"因此，《难经》像《内经》一样被置于至尊和绝无异论的位置，至今仍被奉为中医重要的古籍之一。

《伤寒杂病论》

《伤寒杂病论》是东汉末张仲景所撰，它确立了中医学重要的理论支柱之一——辨证论治的思想。后来几经战乱散轶、编次，该书被一分为二，成为《伤寒论》和《金匮要略》二书。

《伤寒论》全书10卷，以六经辨证为纲，以方剂辨证为法，是一部论治外感热病的专著。它将外感疾病所表现出的各种规律性病证归纳为太阳、太阴、少阳、少阴、阳明、厥阴六经病症，三阳经病多属实热，三阴经病多属虚寒；每经贯串运用四诊八纲，对伤寒各阶段的辨脉、审证、治则、立方、用药规律以条文形式进行了全面的阐述，论析主次分明、条理清晰，在认识和处理疾病的方式方法上，强调运用多种诊法，综合分析；还制订出了许多简要实用的药方，如对六经病各立主证治法（"太

植物药

植物药

中药中,植物药占大多数,所以中药也称中草药。植物药主要利用植物的根、茎、叶、花、果(子)。

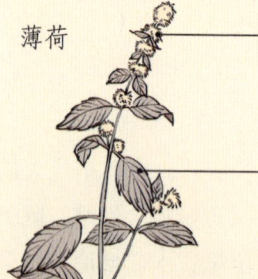
薄荷

子:【性味】味甘,性微寒,无毒。【主治】定魂魄,止惊悸。

叶:【性味】味甘,性微寒,无毒。【主治】除邪气,明目益智。

根:【性味】味甘,性微寒,无毒。【主治】补五脏,安精神。

花:【性味】味辛,性温,无毒。【主治】清头目,除风热。

叶:【性味】味辛,性温,无毒。【主治】恶气心腹胀满。

茎:【性味】味辛,性辛,无毒。【主治】主霍乱,宿食不消。

人参

五色	五气	五味	五性	五用
青(青皮)	香(五加皮)	酸(酸枣仁)	寒(知母)	升(上升、升提)
红(红花)	臭(墓头回)	苦(苦参)	凉(巴茅根)	降(下降、降逆)
黄(黄连)	臊(天麻)	甘(甘草)	温(远志)	浮(上行发散)
白(白茅根)	腥(鱼腥草)	辛(薄荷)	热(黄麻子)	沉(下行泄利)
黑(黑芝麻)	膻(淫羊藿)	咸(肉苁蓉)	平(黄精)	中(温中降逆)

生长环境不同,中药材质量也有差异,质量最好的就称为"道地药材"。例如,广东的砂仁,东北的人参,云南的茯苓,河南的地黄,江苏的薄荷,等等。

中药源自草药

植物取天地之灵气、吸日月之光华，秉受了天地之气而生，人类也是秉受天地之气而生，一本同源，漫山遍野的花花草草，许多都可作药而治病。这些治病之花草习惯上称为草药。

中药必须炮制

中药必须经过炮制之后才能入药。炮制，是指药物在使用前必要的加工处理。加工方法有纯净、切碎、水洗、火炒、蒸、煮、焯等。

中药炮制的目的

降低或者消除药物的毒副作用。如附子、巴豆有较强的毒副作用，必须炮制后才能使用。

增强药物的作用，提高疗效。如酒炒当归、川芎增加温经活血的作用。

改变药物的性能或者功效，使药物更加适合临床需要。生何首乌可润肠通便，制熟后可补肝肾。

改变药物的某些性状，便于储存、运输和制剂。如肉苁蓉易腐烂，当浸泡在盐水中加工为盐苁蓉。

纯净药材，保证药材品质和用量准确，以及消除不良气味，便于服用。

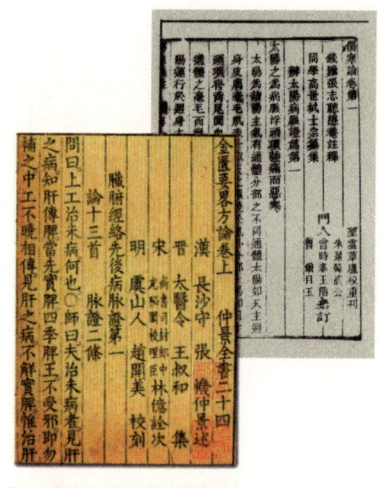

《伤寒论》与《金匮要略》内页

阳伤寒"用麻黄汤,"太阳中风"用桂枝汤,阳明经证用白虎汤,阳明腑证用承气汤,少阳病用小柴胡汤),是第一部理论与实践并重,理、法、方、药有机结合的临床医学用书。

《金匮要略》是奠定中国临床医学基础的重要古籍之一,全书共25篇,以内科为主,涉及外科和妇科,对各种杂病的因、证、脉、治均有介绍。该书诊断重视四诊合参,辨证上以脏腑、经络为重点,结合卫气营血、阴阳五行理论,看重预防和早期治疗,论述精要,治法灵活,制方严谨,颇有实用价值,尤其是该书强调了整体观念,也提醒注意治病的轻重缓急;书中述及的急救人工呼吸法,方法合理,注意事项也颇周全。

作为在临床医学方面有重大贡献的一代宗师,张仲景提倡"精究方术",他在《伤寒论》中实际立方112首,《金匮要略》立方262首,这些方剂具有药味精炼、配伍严密、主治明确、疗效确凿的特点,被后世誉为"众方之祖"或"经方",其中大部分是后世方剂学发展和变化的重要依据,至今仍被广泛用于临床。

《温病条辨》

《温病条辨》系温病学著作,全书6卷,清代吴瑭(字鞠通)受吴又可、叶天士影响,在多年临证实践基础上撰于1798年。与汉代张仲景感于宗族数百人死于伤寒而奋力钻研极其相似,吴鞠通也是因多个家人死于温病而发奋读书,精究医术,终成温病大家,创造了温病学派最高成就的。他认为温病有9种,吴又可所说的瘟疫只是其中最具传染性的一种,另外还有8种温病,可以从季节及疾病表现上加以区分,这是对于温病很完整的一种分类方法。该书建立的温热学说体系,其特点是以三焦来区分温病整个发展过程的三个阶段,以此归纳病机转变,以分辨阴阳、水火的理论为主导思想,采用三焦辨证纲领,倡导养阴保液。在温热病的病机、辨证、论治、方药等方面,均有精辟论述。这种新的归类方法,十分适用于温热病体系的辨证和治疗,并确立了由上而下的正常三焦"顺传"途径,由此决定了治则:"治上焦如羽,非轻不举;治中焦如衡,非降不安;治下焦如沤,非重不沉。""三焦辨证"是在中医理论和辨证方法上的又一创举。与张仲景的六经辨证、叶天士的卫气营血辨证虽名称不同,但实际应用时相辅相成,互为羽翼。书中还列出了清络、清营、育阴的各种治法,仅上中下三焦就载入治法238个,含方201首,如将银翘散辛凉平剂、将桑菊饮辛凉轻剂、将白虎汤辛凉重剂等,对温病用方卓有贡献。《温病条辨》的另一重大贡献,就是经精心化裁，为后人留下了许多优秀的实用方剂，像银翘散、桑菊饮、藿香正气散、清营汤、清宫汤、犀角地黄汤等，现在临床使用的方剂，十之八九出自该书。

十二段锦

"十二段锦"又称"文八段锦"，实际内容与一般所说的"八段锦"差别很大，曾被少林寺僧作为主要练功内容之一，此后逐渐被广大练功者采用。十二段锦是由十二节动作组合而成，其全部动作进行时均取坐势。"十二段锦"功法虽然简单，但健身益寿、抗老防衰的功效显著，适合于患慢性、虚弱性疾病者的调摄，有助于神经衰弱、慢性气管炎、食管炎、慢性胃炎、冠心病、肺气肿、溃疡病、胃下垂、腰肌劳损、慢性肾炎、肾虚腰痛等患者的康复。

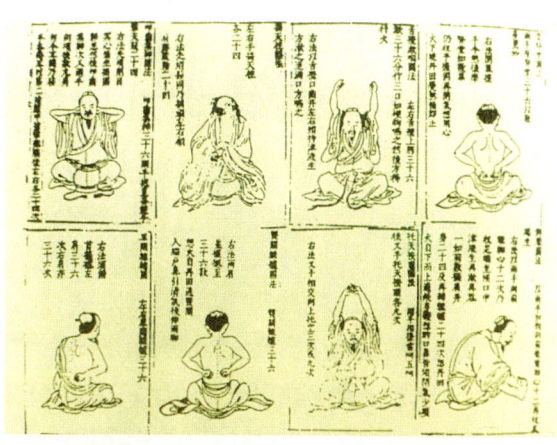

文八段锦图谱
文八段锦又称"十二段锦"，全套为坐式，与立式八段相对。包括摇天柱、舌搅漱咽、摩肾堂、单关辘轳、托天按顶、钩攀等八节的导引求式。

十二段锦总诀

闭目冥心坐，握固静思神，叩齿三十六，两手抱昆仑；
左右鸣天鼓，二十四度闻，微摆撼天柱，赤龙搅水津；
鼓漱三十六，神水满口匀，一口分三咽，龙行虎自奔；
闭气搓手热，背摩后精门，尽此一口气，想火烧脐轮；
左右辘轳转，两脚放舒伸，叉手双虚托，低头攀足频；
以候神水至，再漱再吞津，如此三度毕，神水九次吞；
咽下汩汩响，百脉自调匀，河车搬运毕，想发火烧身；
旧名八段锦，子后午前行，勤行无间断，万病化为尘。

奇经八脉

奇经八脉是除人体十二经脉以外，人体经络走向的一个类别。它包括任、督、冲、带、阴跷、阳跷、阴维、阳维八条经脉。它们与十二正经不同，既不直属脏腑，又无表里配合关系，"别道奇行"，故称奇经。

奇经八脉与十二经脉纵横交互，八脉中的督、任、冲脉皆起于小腹中，同出于会阴，其中督脉行于背正中线，任脉行于前正中线，冲脉行于腹部会于足少阴经。奇经中的带脉横行于腰部，阳跷脉行于下肢外侧及肩、头部，阴跷脉行于下肢内侧及眼，阳维脉行于下肢外侧、肩和头项，阴维脉行于下肢内侧、腹和颈部。

奇经八脉交错地循行分布于十二经之间，它的作用有两方面：其一，沟通了十二经脉之间的联系。奇经八脉将部位相近、功能相似的经脉联系起来，达到统摄有关经脉气血、协调阴阳的作用；其二，奇经八脉对十二经气血有蓄积和渗灌的调节作用。当十二经脉及脏腑气血旺盛时，奇经八脉能加以蓄积，当人体功能活动需要时，奇经八脉又能渗灌供应。

拔罐

拔罐法又名"火罐气""吸筒疗法"，古称"角法"。这是一种以杯罐做工具，借热力排去其中的空气产生负压，使吸附于皮肤，造成郁血现象的一种疗法。拔火罐与针灸一样，也是一种物理疗法，而且是物理疗法中最优秀的疗法之一。古代医家在治疗疮疡脓肿时常用它来吸血排脓，后来又扩大应用于肺痨、风湿等内科疾病。

拔罐法，是我国医学遗产之一，最早在晋、唐时代就已在民间广泛流行。在晋朝葛洪的《肘后备急方》中就有角法记载。所谓角法，是把挖空的兽角角内烧热后，吸附在皮肤上，拔除脓疮的方法。后来，角法所用的动物角，逐渐由竹筒、陶瓷所代替，并演化为近代的玻璃罐、抽气罐。

由于它简便，便于操作，不需特殊训练；并且具有行气活血、祛风散寒、消肿止痛的功效，对腰部肌肉劳损、头痛、咳嗽、气喘、腹痛等许多疾病颇具疗效，所以在民间极受欢迎。中华人民共和国成立以后，经过不断改进，拔罐疗法有了新的发展，治疗范围进一步扩大，逐渐成为现代中医治疗中的一种重要疗法。

导引

导引是古代一种养生术和健身方法，相当于现在的气功。它通过调整呼吸和活动肢体达到保健的目的。导引术起源于上古，原为古代的一种养生术，春秋战国时期就已非常流行，为当时神仙家与医家所重视。后为道教将其继承和发展，使之更为精密，将"真气"按照一定的循行途径和次序进行周流，作为炼身的重要方法，以达到调营卫、消水谷、除风邪血气、疗百病以至延年益寿的功效。1972～1974年在长沙马王堆汉墓（西汉初期诸侯家族墓地）出土的帛画，是世界现存最早的导引图谱。每图式为一人像，男、女、老、幼均有，或着衣，或裸背，均为工笔彩绘。其术式除个别人像做器械运动外，多为徒手操练。其中涉及动物姿态与华佗的五禽戏相近。导引法作为我国古代医学上一种重要的治疗方法，从医疗意义上来说，它充分发挥、调动

《导引图》帛画复原图

《导引图》长 100 厘米、宽 50 厘米。1973 年在长沙市马王堆三号墓出土。在这幅棕色绢上,用红、蓝、褐、黑色绘有 44 个不同姿势的男女,他们正在做导引术式,旁边写有该术式名称。这幅导引图形象地反映了古人与衰老、疾病做斗争的情景。

内在因素,积极地防病治病;从保健意义上来看,它可以锻炼身体,增强体质,保持朝气,焕发精神。

子午流注

子午流注是传统中医针灸法的一种操作规程。这种理论是说,人体内气血的周流出入,具有一定的时间规律,用针灸治疗时,要注意所刺激穴位的气血流行盛衰的情况,按照这个时间规律来取穴,则会起到显著的治疗效果;如果取穴不得法,则会对治疗起到反作用。

子午流注在我国历史悠久,其理论基础早在 2000 多年前的中医经典《黄帝内经》中就已奠定。在中华民族传统医学宝库中,是最具特色的宝贵理论之一。具体方法则形成于金元时期。该法是按照日时干支推算人体气血流注盛衰的时间,选取相应的五输穴和原穴进行针灸治疗的方法,为中医时辰治疗学的内容。现代子午流注抗癌疗法也来源于此理论基础,因时、因病、因人、因地准确地调整患者气血,调理脏腑气血阴阳,在特定的时间内杀灭癌细胞,恢复患者血气运行的正常时间规律,以达到治疗疾病的目的。

正骨

正骨是古代医学诊治损伤的专科,是古代医学"十三科"之一,也称为伤科或骨伤科。所谓正骨是指用摸、接、端、提、按、摩、推、拿等手法治疗骨折、脱臼等损伤，也包括同类原因导致的内脏器损伤。

元代的《世医得效方》最早提到"正骨"这个名称，在官方医疗制度中还设有"正骨兼金镞科"。到唐代就有了关于开放性骨折和关节脱位的治疗方法。清代的《医宗金鉴》一书中，对正骨这门学问做了系统总结，写成"正骨八法"，包括：手摸心会、拔伸牵引、旋转屈伸、提按端挤、摇摆触碰、夹挤分骨、折顶回旋、按摩推拿。这些手法各具特点，比国外的同类方法要早600年，是我国中医学上宝贵的文化遗产。

中药店

老字号鹤年堂

中药店一般称为"堂"，这个称呼相传与"医圣"张仲景有关。张仲景，河南南阳人，生于东汉桓帝元嘉、永兴年间，死于建安末年。曾为长沙太守，有张长沙之称。张仲景年轻的时候就博览群书，尤其喜欢医书，其同乡何颙曾称赞他："用思精而韵不高，后将为良医。"

当时朝政腐败，民不聊生，人民颠沛流离。全国各地相继暴发瘟疫，洛阳、南阳等地疫情严重："家家有僵尸之痛，室室有号泣之哀。"其中伤寒病占到70%。张仲景立志改变这种现状，在《伤寒论》中他表达了自己的理想和抱负："上以疗君亲之疾，下以救贫贱之厄，中以保身长全，以养其生。"

他刻苦钻研，认真研究了《素问》《灵枢》《难经》《阴阳大论》《胎胪药录》等古代医书，师从同宗张伯祖，尽得其真传，在医学上有很高的造诣。在长沙担任太守期间，当地疫病流行，他索性在官府大堂上给人看病，分文不取。在给病人开具的药方上，他经常在自己名字前加上"坐堂医生"几个字。

张仲景后来辞官隐居，潜心研究医学，终于写出传世医学巨著《伤寒杂病论》，被后人尊称为"医圣"。其人品和医学成就都是非常令人敬仰的，后代中医为了纪念他，也把自己开的药铺称为"堂"，时间长了就成了中药店的代名词。

行医的代名词

"悬壶济世"常用来比喻行医，古代还真有在自己诊所前"悬壶"的。那么为什么行医叫"悬壶济世"，医生为什么在自己诊所门面"悬壶"，而不是其他的东西呢？

传说历史上有个叫壶翁的隐士医生，他经常在自己诊治的地方悬挂一个壶作为行医的标识。姓名已不可考，也有人说他叫谢元，卖药从不讲价，所治过的病人都痊愈了。他甚至能事先说出病人痊愈的时间，没有不应验的。每天行医所得之钱达数万，但他都分给了贫民。

相传壶翁曾传费长房岐黄之术，据《后汉书·方术列传·费长房传》记载，费长房当时为市井小吏，他经常看到一个老翁在市场上卖药，悬挂一个壶作为标识。等到停市的时候，他就跳进壶里面，市人都没有看见，唯独费长房在楼上喝闷酒的时候偶然瞥见了。他料定此人绝非普通人，就带上酒礼前去拜访。老翁知道长房对他的神通感兴趣，就对他说："你明天来吧！"长房第二天去赴约，老翁请长房到壶中一游。只见里面异常富丽堂皇，有各种美酒和佳肴，二人饱饮后方出来。过了一段时间，壶翁又找到费长房说："我本神仙，因为犯了错才到你们这里卖药，现在事情完结，我也该回去了。你愿意和我一起走吗？如果不愿意的话，楼下准备了些酒，算是与你的告别。"长房听后，就想学道，随壶翁入深山，壶翁将一身技艺都传授给了他。长房学成后，回到家乡，能医百病，驱瘟疫，令人起死回生。

当然这只是神话传说，历史上是否真有"壶翁"尚待进一步考证。我们倾向于认为"壶翁"的存在，其人大概是东汉时期人，医术高明，"悬壶"是他诊病的标识。"壶"与"葫"同音，后世有人仿效，就在药铺门前悬挂药葫芦。久而久之，"悬壶济世"就成了行医的代名词。

医生的各种称呼

中医有很多别称，古代有"岐黄""杏林"等称呼，宋代以后人们又用"大夫""郎中"称呼医生。"大夫""郎中"本义指官名，为何用来称呼医生呢？

"大夫"，中国古代官职名，始于西周。当时朝中官员分卿、大夫、士三级，大夫能够世袭且有自己的封地。秦汉以后，中央要职有御史大夫，级别稍低的有谏议大夫、中大夫、光禄大夫等。唐宋尚有御史大夫及谏议大夫之官，至明清废。

"郎中"最初为皇帝的随从官员。战国时期开始设立，主要担任保卫、建议等职能。隋唐以后，国家实行三省六部制，各部下设司，各司长官即为"郎中"。其职能与战国秦汉有很大区别。据《明史》载，工部下设"营缮、虞衡、都水、屯田四清吏司，各郎中一人（正五品），员外郎一人（从五品），主事二人（从六品）"。

可见，这两个名称本来指官职，产生时间很早。那什么时候开始用"大夫"和"郎中"称呼医生的呢？医生最初的含义又是什么？

医生现泛指一切以行医为业的人，但最初却是指医科的学生，始见于《唐六典》："医生四十人。"唐朝学堂始开医科，招收学生。

宋朝医事制度和医学教育高度发展，掌管医疗事务的官员不断增多。当时，国家将翰林医官院的医官定为七级二十二种，如和安大夫、成和大夫、成全大夫、保安大夫等。由此，人们开始把医生称为"大夫"。五代以后，官职逐渐泛滥。人们为了表示对医生职业的尊敬，便称医生为"郎中""大夫"。

在使用地域上，存在一定的差别。"大夫"一般在北方地区使用，"郎中"在南方使用得更普遍些。从这里我们也可以看出，医生这个职业在古代是地位比较高的，曾有诗云："不为良相，则为良医。"

定心丸

我们常说"定心丸"一词，比如"给某人吃了个定心丸"，意思是做了某事让对方感到放心和心情愉快，打消顾虑。但"定心丸"的本义是什么，它是一种药物吗？

历史上确有"定心丸"，这种中成药，在明朝时还是军中必备之物。古代战争，刀光剑影，伤员众多。很多人因为难以忍受病痛的折磨而死去，还有些人因过于紧张，容易情绪失控，尤其受伤后往往会表现出过度沮丧或歇斯底里。为了安抚伤员的情绪，帮助他们治疗，随军医生发明了"定心丸"。这种药物可以使伤员的情绪得到放松，安静下来。

据明朝末年茅元仪所辑的《武备志》记载，定心丸的配方为："木香、硼砂、焰硝、甘草、沉香、雄黄、辰砂各等份，母丁洋减半。"其中的木香可解痉、抗菌；硼砂可解毒、防腐；焰硝可解毒消肿；沉香可治呕吐呃逆、胸腹胀痛；甘草可镇痛、抗惊烦；雄黄可治破伤风、惊痫；辰砂可治癫狂、惊悸、肿毒、疮疡。这几味药合炼为丸，功效可想而知。

现代也有"定心丸"，只是与古代成分存在差异。具有益气养血，宁心安神之效，用于心血不足，烦躁失眠，健忘怔忡，惊悸多梦。

可见，两种"定心丸"用途不同，其处方也不一样。最初的"定心丸"用于战争，除了"定心"外，还注重解毒、消肿和镇疼。现代药物"定心丸"则更强调宁神和静气，多用于失眠、健忘、烦躁、惊悸等症候。

蒙汗药

《水浒传》中梁山好汉个个身手不凡，但也经常使用蒙汗药来对付厉害的对手。"智取生辰纲"中，青面兽杨志等人正是被蒙汗药麻倒在地，一觉从日色当午直到二更方醒。那么古代是否真有能把人麻倒的蒙汗药，它的成分又是什么呢？

总结古代小说中关于蒙汗药的使用，大致有以下几个特点：一是药性很强，人服用后会迅速昏迷，经过一段时间方能苏醒。二是经常与酒水混合，以掩饰其颜色或苦味。三是都有解药，只要以冷水喷面或灌特制的药汤就可快速醒转。

根据以上特征，不难看出蒙汗药其实是一种麻醉剂。中国古代有华佗制"麻沸散"的记载。如《后汉书》："乃令先以酒服麻沸散，既醉无所觉，跨破腹背，抽割积聚；若在肠胃，则断截前洗，除去疾秽。"可见，麻沸散的功效已经不是轻度麻醉那么简单了。李时珍的《本草纲目》中记载了一种印度传入的曼陀罗花，有辛味，有毒，可做麻醉药，割疮、灸火先服此药后，就不觉得痛苦。

曼陀罗花

曼陀罗花又叫洋金花，其主要成分为东莨菪碱、莨菪碱、阿斯托品。此三种成分在临床上都有麻醉致幻的作用，与小说中关于蒙汗药的描绘基本吻合。洋金花自身气味辛苦，所以要用酒来调和，掩盖其味道。同时酒精本身就有麻醉作用，与洋金花配合就不容易被迅速察觉。

《桂海虞衡志》载："曼陀罗花，盗采花为末，置入饮食中，即皆醉也。据是，则蒙汗药非妄。"可见，中国古代的确存在蒙汗药。

铃医

"铃医"是中国古代民间走方医生的一种称呼，又叫"走方郎中""草泽医"。铃医自古就有，神医扁鹊和华佗都是走乡串户，为乡邻百姓治病。到了宋元时期，铃医开始盛行。

"铃医"名称的由来与江湖郎中的行为习惯有关。据说古时候铃医走方，一手持着铃铛摇动，一手举着自己的招牌，通常上面有"路顺堂"三个字和一些秘方、草药的名字。摇动铃铛是告诉乡邻谁家有了病人赶紧送出来诊治，"路顺堂"则来自古代对于药店的称呼。

铃医替人看病，多依据一些民间疗法和秘方，比如针灸、拔火罐、推拿之法，以及历代口传心授的秘方或单方。很多人只是稍微懂点医术，但对治疗某个方面的病症可能有独到之处。也有些铃医水平不高，就靠着一张嘴，靠卖药骗取钱财，因此又被称为"卖嘴郎中"，所以民间对于铃医的看法向来褒贬不一。

铃医是时代的产物。在封建社会，农村百姓很多看不起病，买不起药，又多是些跌打损伤、伤风感冒的小病症，这些病技术要求不高，于是铃医这种职业便应运而生。它的出现，满足了古代中国农村落后地区对于医疗和药物的需要，同时也使一些民间偏方和治疗手段得以传承。到了清代，名医赵学敏和铃医赵柏云合作编成《串雅内、外编》，对当时的民间医术方药经验进行了总结。赵学敏认为："顶串诸术，操技最神，而奏效甚速。""药物不取贵"，有"灵验"与"价廉"之特点。

从上面的分析来看，虽然大多数走方郎中医术不高，但有些偏方和药物却能起到出人意料的效果。所以把铃医都当成江湖骗子的做法也不可取的，否则，赵名医也不会把他所撰的民间方术命名为"串雅"了。

龙涎香

夜明砂、龙涎香都是传统中药的成分，名字听起来非常雅致。夜明砂让人联想起夜明珠、朱砂；龙涎香让人以为是一种香料，点燃时香味四溢，比麝香还香。事实上，它们都来自动物粪便。

夜明砂，又名天鼠屎、鼠法、石肝、黑砂星、檐老鼠屎，为蝙蝠科动物蝙蝠、大管鼻蝠、大耳蝠，蹄蝠科动物大马蹄蝠及菊头蝠科动物马铁菊头蝠等的粪便。具有清热明目、散血消积、软坚散结之功效，主治青盲雀目、内外障翳、瘰疬、疳积、疟疾等症。

龙涎香，抹香鲸科动物抹香鲸肠内分泌物的干燥品，其味甘、气腥、性涩，具有行气活血、散结止痛、利水通淋、理气化痰等功效，用于治疗咳喘气逆、心腹疼痛等症。

关于龙涎香的发明，一说在中国汉代，渔民在海里捞到一些白色蜡状漂流物（成品龙涎香），从几千克到几十千克不等，有一股强烈的腥臭味，但干燥后却能发出持久的香气。当地的一些官员收购后作为宝物献给皇上，在宫廷里用作香料，或作为药物。由于谁也不知道它的来历，就请宫中的炼丹术士解释。他们认为这是海里的龙在睡觉时流出的口水凝固而成，因此叫它龙涎香。也有人认为中国早在殷商和周代就已经使用龙涎香了，当时人们把龙涎、麝香和植物香料混合后做成香囊，挂在床头或身上。另一说法认为龙涎香早在公元前18世纪就已经被发现了，古巴比伦、亚述和波斯的宗教仪式中所用的香料，除植物香料如肉桂、檀香、安息香等之外，就有龙涎香。虽然龙涎香发现很早，但人们一直搞不清楚它的来历。后来，沙特阿拉伯科特拉岛的渔民解开了这个谜题。原来，大乌贼和章鱼口中有坚韧的角质颚和舌齿，不容易消化，当抹香鲸吞食它们后，这些动物的颚和舌齿在抹香鲸的胃肠内积聚刺激肠道，肠道便分泌出一种特殊的蜡状物，将残核包裹起来，慢慢地就形成了龙涎香。

古人验尸

现代社会，有专门的法医进行"开棺验尸"的工作，然后出具尸检报告，据此进行侦查或提取证据。古代科学技术并不发达，但为了破案和获得证据有时也需要进行验尸。那么，古人是如何进行验尸的呢？

在长期的实践中，人们逐渐摸索出一套行之有效的验尸方法。在中国历代关于刑讼的著作中均有记载，如五代时和凝父子编撰的《疑狱集》、宋代郑克编撰的《折狱龟鉴》、宁代和桂万荣所著《棠阴比事》、清代胡文炳编撰的《折狱龟鉴补》等，其中尤以宋慈编撰的《洗冤集录》最著名。

古代司法人员验尸，会事先准备糟醋、葱、川椒、食盐、蜡梅等。因为人死后一般皮肤会泛出青色，不容易辨认伤口。这时只要在可疑部分用水把皮肤洒湿，将葱白捣碎敷在伤口上，然后用纸蘸醋盖上约一个时辰，用水洗净，伤口则显现。如果尸体青黑，则用滴水法。水滴在伤口处，停滞不流；完好的皮肤较松软，水会自动流走。

检验尸伤或骨伤，如果看不到伤痕，先用糟醋洗敷全身，然后抬到露天处。对着太阳光用新油过的丝绸或雨伞看，就能发现伤口。阴雨天则燃起炭火，隔着照，有同样的效果。如果以上诸法都不奏效，则将

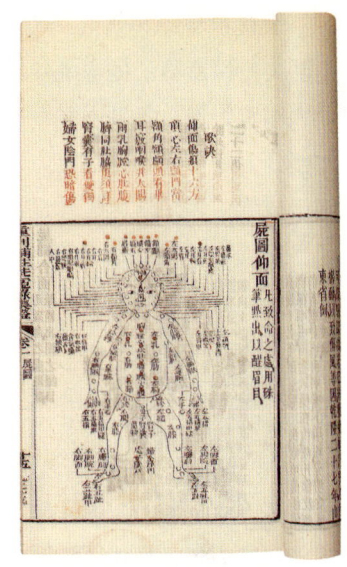

《洗冤集录》书影

白梅与葱、川椒、食盐和在一起捣碎，做成饼子放在火上炙烤。再用一张纸贴在要验看的地方，将白梅饼在上来回熨烙，伤痕就会显现出来。

法医学起源于西方，后来引入中国。而今，人们更多利用现代科学知识来进行尸检，并形成一个专门的学科分类，为案件的侦破起到了很好的帮助作用。

古代女医生

中国古代到底有没有女医生呢？有人答曰："有，稳婆是也。"想想也是，接生婆也算妇科大夫了。那一般意义上的女医生有没有呢？答案当然是肯定的。只不过中国古代男尊女卑，一些中医师又规定传男不传女，所以女医生就比较少见了，但依然有女医生的故事流传了下来。她们医术精湛、救死扶伤，深受当时百姓的爱戴。

西汉时期，山西省复县有位叫义妁的女子，是中国历史上早期著名的女医生。她从小就对学医感兴趣，十几岁就上山采药，为乡亲邻居治病，积累了相当丰富的实践经验。有一次，村里来了一个腹部膨大的人，奄奄一息。义妁认真察看后，用针灸在他腹部和腿上扎了很多针，并喂他服中药。过了一段时间，病人肿块消退，竟奇迹般痊愈了。汉武帝知道后，就召义妁进宫，专为太后看病。义妁可以说是中国历史上一位了不起的女医生。

晋代葛洪是个著名的炼丹家，著有《抱朴子》一书。他的妻子鲍姑也是一位了不起的医学家，二人夫唱妇随，在深山老林炼丹采药。在岭南一带的罗浮山，二人经常为民治病，人们尊称她为"鲍仙姑"。据说《肘后备急方》为其与丈夫合著。在越秀山下，至今还有纪念她的"鲍姑艾"和"鲍姑祠"。

宋代也有一位著名的女医生，叫张小娘子。她的医术既不是来源于祖传，也不是随夫行医所得。据说她年轻的时候曾遇到一位云游郎中向其讨水喝，张小娘子一看此人皓首银髯，气度不凡，就赶紧让到屋里，好酒好菜招待。临去时，老人传授给她很多开刀和制膏的外科秘方，并赠他一本《痈疽异方》。后来张小娘子通过不断实践，终于成为一名外科名医，经她医治的疮疡痈肿病人都是药到病除。

明代有一位叫谈允贤的女名医，其父曾担任朝中侍郎之职，祖父母也精通医道，算是医药世家。她非常喜欢学医，祖母临终的时候把秘方和制药工具都传给了她。她在妇科方面非常有名，当时一些大家闺秀得了妇科病，碍于礼教不便医治，就去找她。她的《女医杂言》流传后世。

古代人体解剖

众所周知，现代医学解剖源于西方。中国古代中医理论一直是以内科为主，外科以治疗伤疮痔疣为主，很少有人从事过人体解剖。按儒家伦理，身体发肤受之父母，私自摘去谓之"不孝"，"凌迟"更是被看作最严厉的刑罚，所以很少进行人体解剖，但并非没有。

据《汉书·外戚传》记载，16年，王莽活捉了政敌王孙庆。"使太医、尚方与巧屠共刳剥之，量度五脏，以竹筵导其脉，知所始终，云可以治病。"这次解剖手段极其残忍，参加解剖者有太医、尚方官员和熟练的屠夫，研究的项目是内脏的大小和相对位置以及血管的分布和循环规律。这种解剖的确可以在一定程度上获得"治病"的科学根据，但从人性角度上看，则应该受到谴责。

《晁氏读书志》上记载了宋徽宗崇宁年间的一件事："泗州刑贼弃市，郡守李夷行遣医家并画工往，亲决肤，摘膏肓，曲折图之，尽得纤悉。介校以古书，无少异者，比欧希范'五脏图'过之远矣！实有益医家也。"

可见，中国古代是进行过人体解剖的，但主要是针对一些罪犯。近代解剖学则源于意大利的维萨里，他于1543年出版《人体的构造》一书。其中详细描述了人体的骨骼、肌肉、血管和神经的自然形态和分布等内容，是生物学发展史上的一个里程碑。

何首乌

何首乌是传统中药名。据《本草纲目》载，何首乌，"一名野苗，二名交藤，三名夜合，四名地精，五名何首乌。本出顺州，江南诸道皆有。性温，味苦涩。苦补肾，温补肝，湿能收敛精气。养血益肝，固精益肾，健筋骨，乌髭发，为滋补良药，不寒不燥，功在地黄、天门冬诸药之上。"

关于何首乌名称的来历，向来说法颇多。一说认为春秋时有个叫"何公"的国君，因服食此药后头发变黑，故名"何首乌"。还有传说来自汉武帝时深山的一个野人，其本是秦始皇时人，因避抓壮丁而逃进深山，以一种长藤植物根茎为食。后来，他被进深山采药的一对师徒发现。当时他黑发齐腰，黑髯齐胸，双目炯

何首乌

炯有神。采药老者看到该人头发乌黑亮丽，就把那人所食药材取名"合首乌"，后讹传为"何首乌"。

最流行的说法与一个叫何田儿的人有关。他是顺州南河县人，喜欢喝酒，天生性功能障碍，所以直到58岁还未娶妻生子。有一天晚上，何田儿喝得酩酊大醉回家，倒在路上便睡着了。等到醒来的时候，看到田里有两棵树藤缠绕在一起，交会后分开，然后又缠在一起。他感到很奇怪，就挖了根回去问村里人这种植物的名字。大家也不知道，有个同乡就开玩笑说："你这么老了都还没有孩子，这个藤如此神奇，能够交合，这可是神药，你何不吃吃看？"

何田儿就把带回的树根研成末，用酒服下。这样过了两年，何田儿的所有旧病都好了，人也变得年轻了。他一共有19个子女，一直活到160多岁才去世。子女们也都服食此藤，皆长寿多子。乡亲们感到非常惊奇，就向何田儿的孙子何首乌讨要，以至于人们一见到何首乌就想起"交合藤"来。时间长了，人们就用何首乌来代指这种神奇的药物。

何首乌具有很高的医用和保健价值，具有促进造血、增强免疫功能、降血脂和抗动脉粥样硬化等功能，而且能够润肠通便，调节内分泌，滋补养颜和延缓衰老。

种痘

"天花"是一种急性传染病，现已被消灭。这种病最早可追溯到古埃及法老拉美西斯五世等人的木乃伊上，据说其脸上的疤痕就是天花所致。天花在人类历史上曾造成大量人口死亡。法国国王路易十五、英国女王玛丽二世、德皇约瑟夫一世、俄皇彼得二世等，都是因感染天花而死的。整个18世纪，欧洲死于天花的人数达1亿以上。

1795年，英国人琴纳率先发现牛痘术。他发现挤牛奶的妇女得过牛痘后就不会再生天花了。琴纳由此得到启发，认为可能是牛痘对天花产生了抗体。于是他从一个正患牛痘的挤奶女孩手上，沾了一些痘浆接种在一个8岁的未患天花的男孩手臂上，接种部位生了一个典型的牛痘。6周后琴纳再给这个男孩接种天花痘浆，结果这个男孩安然无恙，说明他对天花有免疫力。经过反复实验，琴纳最终发明了牛痘术。

牛痘术后来传入中国，由于安全方便，被广泛采用。但在之前包括欧洲在内，一直采用的是中国的"人痘术"。包括琴纳本人小时候也接种过人痘。那什么是"人痘术"呢，它最早又产生于何时？

据清代朱纯嘏《痘疹定论》记载，宋真宗时，宰相王旦一连生了几个孩子都死于天花。幼子王素出生后，为避免重蹈覆辙，专门聘请了峨眉山人称神医的道人为其接种人痘。种痘7天后，幼子便发烧出痘，12天便结疤。后来王素没患天花，活了67岁。峨眉山道人的这种人痘法被世代继承传播。《重修湖州府志》记述，清初雍正时有人目睹痘医胡美用此法施术。

种痘有很多种方法。早期是痘衣和痘浆法：痘衣法是把害天花小孩的内衣，拿给另一小孩穿上，这个小孩便会染上天花。这种方法最为原始，危险性很高。痘浆法采取痘疮的泡浆，用棉花蘸染后，塞进被接种者的鼻孔，这也是直接感染，危险性最大。后来又发明了旱苗法和水苗法：旱苗法是把痘痂研细，用银质的小管吹入被接种的鼻孔，这种方法较为安全，效果也相对可靠。水苗法则是把痘痂研细并用水调匀，用棉花蘸染塞入被接种者的鼻孔，此法更为安全，效果也优于旱苗法。

后来又发明了"熟苗"，其本质是一种减毒的疫苗，已经发生了质的改变。欧洲中世纪天花流行，中国的人痘术又是当时最领先的医术，所以，人痘术先后流传到俄罗斯、朝鲜、日本等国，又经过俄罗斯传到土耳其及欧洲。

五毒

关于"五毒"，历来说法不一。有人认为"五毒"就是5种社会丑恶现象：骗、赌、帮、烟、娼。还有人认为"五毒"是古代的五种酷刑：鞭、捶、灼、徽、缧。佛教中"贪、嗔、痴、慢、疑"这5种情绪也被称为"五毒"，认为众生只有勘破这五毒之"障"，方可修成正果。

民间传说普遍认为"五毒"就是5种毒物：青蛇、蜈蚣、蝎子、壁虎、蟾蜍，也有把蜈蚣换成蜘蛛的。以前过端午节有驱"五毒"的习俗。民谣说："端午节，天气热，五毒醒，不安宁。"于是民间多以红纸印画五种毒物，再用五根针刺于五毒之上，寓意毒物已经被杀死，这是一种古老的辟邪巫术遗俗。还有在衣饰上绣制五毒，在饼

唐代《五脏六腑图》插图

上印五毒图案，或用彩色纸把五毒剪成图像（剪纸），以避诸毒。

相对科学的说法，"五毒"是指石胆、丹砂、雄黄、石、慈石5种有毒的矿物。古代常用这5种药材混合后来治疗外伤。如《周礼·天官》说："凡疗伤，以五毒攻之。"丹砂主身体五脏百病，雄黄主鼠瘘，慈石主周痹风湿。其制作方法是把这五种药材置在坩埚之中，连续加热三天三夜，之后产生的粉末，即是"五毒"的成药。

"五毒"的成药有剧毒，但传统中医理论认为，以毒攻毒可收奇效，因此它又是疗毒和外伤的良药。现在使用的"五毒"多为贬义，形容那些违法乱纪、无恶不作的人。

医学界的代称

"杏林中人"指从事医学事业的人，"杏林之家"常用来形容一家人医术都很高。那为什么把医学界叫"杏林"呢？据说这与东汉末年的神医董奉有关，语出自《神仙传》："奉居山不种田，日为人治病，亦不取钱。重病愈者，使栽杏五株，轻者一株。如此数年，计得十万余株，郁然成林。"

董奉是东汉著名的医学家，与当时谯郡的华佗、南阳的张仲景并称"建安三神医"。他早年学医，信奉道教，民间流传着很多他治病救人的故事。交州太守杜燮（一说吴士燮）病危，僵死已经三天。董奉恰好路过，用水替他服下三粒丸药。不一会儿，病人手脚就可以动了，肤色也渐渐缓和过来，一天后即能坐起，四天后可以说话，不久完全康复。有一个县令的女儿得了怪病，多方请求名医无效，请董奉医治后就好了，于是县令便把女儿嫁给他为妻。

董奉晚年隐居庐山，替人治病从来不收取钱财，只要求治愈的重症患者栽杏树五株，轻的栽一株，四乡闻讯赶来治疗的人络绎不绝。时间长了，整个庐山南坡都栽满了杏树。等到杏子成熟的时候，董奉就把杏子分给贫穷人家或流离失所的饥民，要不就储藏起来，卖了钱赈济灾民。据说有老虎主动前来镇守杏林，以防不肖之徒偷吃，这便是"虎守杏林"的典故。董奉深受老百姓爱戴，他死后人们修建了杏坛、真人坛、报仙坛来纪念他。

董奉的高超医学技术和高尚的品德是值得后人学习的。后来，人们常用"杏林"来代指医学界，用"杏林春暖"和"誉满杏林"来比喻那些像董奉一样具有高尚医德的医生。

灵芝

灵芝为传统名贵中药，味苦，但有香味，又名灵芝草、菌灵芝、木灵芝、三秀、瑞草、仙草等，具有防病治病、益寿延年的功效。据中国第一部药物学专著《神农本草经》记载："灵芝有紫、赤、青、黄、白、黑六种。"常见为紫芝和赤芝，颜色不同,功能和主治也存在差异。青芝,明目,补肝,安神,增强记忆力。赤芝,解胸胃郁结,补中益气,使人神志清明。黄芝,益脾胃,安神。白芝,止咳益肺,安神,亦增强体力。黑芝,利水道,益肾气。紫芝坚筋骨,利关节,疗虚劳。

灵芝

灵芝为菌科植物,主要含麦角甾醇、有机酸、氨基葡萄糖、多糖类、树脂、甘露醇和多糖醇等,又含生物碱、内酯、香豆精、水溶性蛋白质和多种酶类。灵芝广泛分布在亚洲、大洋洲、非洲及美洲的热带及亚热带,少数分布于温带。中国地跨热带至寒温带,灵芝科种类多且分布广。

灵芝能够治疗多种疾病,《神农本草经》把灵芝列为上品,并举出其许多功效。现代医学证明,灵芝可以治疗慢性支气管炎、支气管哮喘、冠心病、心律失常、病毒性肝炎、神经衰弱、糖尿病等疾病,并有抗过敏的作用。

由于灵芝可以治疗多种疾病,又具有很好的医疗保健功能,食之可祛病养颜、延年益寿,所以被称为"仙草"。

稳婆

稳婆是旧时民间以替人接生为业的人,一般为中年妇女,又叫"隐婆""产婆""收生婆""接生婆""老娘婆"等。"稳婆"一词的来源,最早见于蒋一葵所著《长安客话》:"每年都要选收生婆多名,以备官府选用。"

"稳婆"作为一种职业,最早形成于东汉时期。唐宋时期,稳婆已非常普遍。由于官方选拔稳婆既要求良好的体质,还要求有良好的容貌,所以称稳婆,含有稳定、顺利、母子平安等含义。从事稳婆行当的人一般在门前都挂有"快马轻车,×氏收生"的招牌,意思是说送子娘娘马快车轻,收生婆眼明手快。

稳婆职业的兴盛,与中国传统伦理观念十分密切。在中国古代,生儿育女、传宗接代是头等大事。无论帝王将相还是平民百姓,都非常重视分娩和胎儿的顺利生产。在分娩前期,稳婆就被早早地请来,早早做好准备。接生的时候,门窗紧闭,任何人都不能随便进出。

稳婆一般随身携带刀、剪之物。如果婴儿顺利生产,就剪除脐带,收拾胞衣,并用清水洗净后穿好衣服,向主人家报喜。如果遇到难产、横生、倒产等情况,就很考验稳婆的技术和水平了。

总之,稳婆类似于现在的妇科医生。在没有现代医疗技术条件的情况下,中国民间一直有稳婆职业的存在。其存在有利于胎儿的顺利分娩,在历史上的作用值得肯定。

文 学

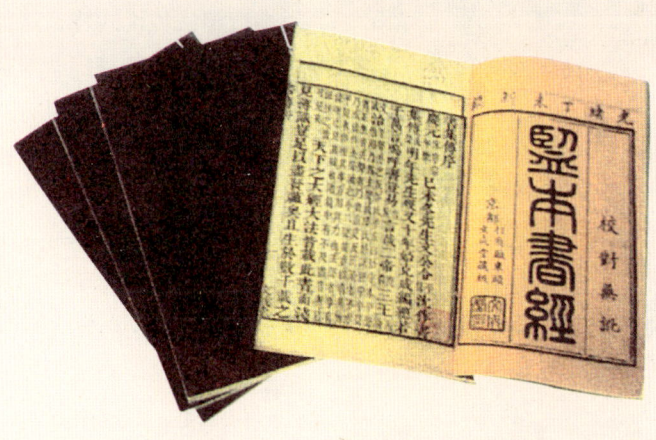

古代文体

神话传说

神话传说是在人类探索世界以及人类来源的过程中形成的一种文学式样。它题材广泛、内容丰富、形式多样，是人类关于文学最早的艺术创作。最初，人类将很多没有办法解释的现象归结为神灵掌控。一些笃信神话传说的人便将神话传说演变为一种信仰，并在此基础上，形成了一种特殊的文化形式。神话故事大都采取真实与虚构相结合的手法，以神、鬼、仙、妖、龙、凤等形象为故事主角，结合客观存在的人、事、物，加以丰富绮丽的想象，看似荒诞离奇，却或多或少与客观存在有着千丝万缕的联系。

对中国文明影响较为深远的神话传说有盘古开天、女娲造人等天地神创、人类神造神话传说式样，这类神话传说体现了人类对未知奥秘探索与自由幻想。在民间，较流行的神话传说有八仙过海、牛郎织女等人修炼成仙的神话式样，这种神话是以社会现实为底本，借助人仙角色的转变，寄予人类渴望摆脱现实枷锁的愿望。神话传说是人类在不自觉的过程中，加工

伏羲女娲图　唐

伏羲与女娲是中国古代神话中人类的始祖，传说人类是由这对兄妹结合产生的。这件出土于新疆吐鲁番的墓幡由绢制成，悬挂在墓室的顶部。图中伏羲女娲人首蛇身，以手相抱，伏羲执矩，女娲擎规，以示天地方圆。画面满布圆点代表天宇星辰，上部绘着内有三足乌的太阳，下部绘着内有玉兔、桂树、蟾蜍的月亮，表现了人类始祖遨游于日月苍穹间的情景。早期人们认为，文学起源于人类对自然和社会生活的模仿。

创作出来的，具有很高的美学价值以及历史文化价值，对于后世研究早期的人类社会具有重要的意义。这种文学式样的存在，直接推动了文化创作的产生，其虚构的艺术手法、浪漫主义的创作方法都对后世的文学创作有深远的影响。

诗

诗是我国古代文学的大宗，也是正统。最早的诗歌是与音乐舞蹈一体的，所以《尚书·舜典》说"诗言志，歌永言"。《国语》也说"诗所以合意，歌所以咏诗也"。

作为一种有韵律的文体，诗会随着节奏韵律的变化而生成不同的诗体，而诗体通常会与诗句的字数和句式相关，所以，就有了四言诗、五言诗、七言诗以及包含各种句式的杂言诗。先秦时期，我国主要的诗歌形式是以《诗经》为代表的四言诗。两汉时期，五言诗和七言诗发展起来，并成为魏晋以后的主要流行体式。南朝时期，人们发现了四声，诗歌创作开始按照音调来遣词造句，以求读来铿锵悦耳。于是，格式严整的近体诗发展起来，到隋唐时期逐渐成熟，并推动诗歌创作进入黄金时代。

作为独特的文学样式，诗歌的主要特征有4个，一是饱含丰富的想象力和情感，这是诗歌最基本、最显著的特征；二是集中反映社会生活；三是节奏鲜明、语言凝练、音调和谐，这是诗歌形式上最大的特征；四是不以句子为单位，而以行为单位。

楚辞

楚辞和《诗经》一样构成了中国诗歌的源头，出现于战国时期的楚国，具有浓郁的地域文化色彩，是继《诗经》之后出现的另一种韵文形式，古称南风、南音。

它是在楚国民歌的基础上经过加工、提炼而发展起来的，既是楚文化自身发展的产物，又是楚文化与中原文化融合的产物。由于楚国地处南方，所以楚文化始终保持着强烈的自身特征，充满了奇异瑰丽的浪漫色彩。楚辞多用长短句，章法多变，充满了奇异的想象，常常取材于楚国的神话、传说、

湘君湘夫人图

鬼神、山水等，充满了浪漫色彩。楚辞是用楚国方言来吟唱的，隋唐以后楚音失传。楚辞的代表诗人是屈原，他的代表作是《离骚》，同时也是我国古代最长的一首抒情诗，所以楚辞又被称为"骚"或"骚体"。除了屈原外，楚辞的代表人物还有宋玉、景差等。楚辞在中国诗史上占有重要的地位，开创了我国诗歌的浪漫主义流派。它打破了《诗经》以后两三个世纪的沉寂，因此后人将《诗经》与楚辞并称为"风骚"。

乐府诗

乐府诗是指汉朝的音乐管理部门——乐府搜集整理的汉朝诗歌。汉武帝时，乐府除了组织文人创作朝廷所用的诗歌外，还广泛搜集各地的民歌。据《汉书·艺文志》记载，西汉时乐府采集的民歌共有138篇，但流传至今的只有三四十篇，加上东汉民歌和文人的作品，现存汉乐府有100多篇。当时没有一部专门收集乐府的书籍，乐府诗散见于《汉书》《后汉书》《文选》和南朝《玉台新咏》等书。宋朝时，郭茂倩编的《乐府诗集》将其全部收录。

汉代的乐府诗，最大的特色是可以配乐演唱。后来，由于乐府音乐失传，乐府诗便演化为一种独立的诗体。魏晋以后的乐府诗，除了题名之外，已经和汉代乐府没有什么关系了。另外，乐府诗的句式杂乱，四言、五言、六言、七言、八言乃至杂言，种类繁多。有时，即便是同一题目，句式也不相同。

《乐府诗集》是根据音乐类别将汉乐府分为四类，其中《郊庙歌辞》是西汉文人为宗庙祭祀作的乐歌；《鼓吹曲辞》《相和歌辞》和《杂曲歌辞》基本上都是西汉民歌。《杂曲歌辞》收录的文人作品中有一些出自东汉。从内容上看，乐府诗包罗万象，有的反映富贵人家奢侈豪华的生活，如《鸡鸣》《相逢行》《长安有狭斜行》等；也有反映底层人民饥寒交迫的悲惨生活，如《东门行》《妇病行》《孤儿行》等；以爱情为题材的乐府诗占很大比重，代表作有《孔雀东南飞》《上邪》《有所思》等。乐府诗受《诗经》和《楚辞》的影响很深，并对后世的诗歌创作有深刻影响，在文学史上占有重要地位。

南北朝民歌

民歌是一种活泼自由的诗体。我国南北朝时期，不论是南方还是北方，民歌都走向繁荣，并对后世的诗歌创作产生深远影响。

南朝的民歌大部分保存在宋朝郭茂倩所编的《乐府诗集·清商曲辞》里，主要分为吴歌与西曲两类。吴歌共326首，产生的地点以建业（今江苏南京）一带为中心，时间是东晋与刘宋两代。西曲共142首，产生于荆州（今湖北江陵）一带，时代约为宋、齐、梁三代。

南朝民歌绝大部分都是情歌，反映青年男女之间坚贞的爱情，倾诉了婚姻不自由、男女不平等所造成的不幸。它的主要特点是：形式短小，大多是五言四句；抒怀深情宛曲，多用双关隐语；语言清新、自然、朴素，词语不雕琢；多采用对歌形式。代表作有《子夜歌》《拔蒲》《西洲曲》等。

北朝民歌主要保存在《乐府诗集·横吹曲辞》和《梁鼓角横吹曲》中，大约有70首。北方民歌原来大部分是北方少数民族的歌曲，后来翻译成汉语，也有一部分是直接用汉语创作的。北方民歌反映了北方社会生活的各个方面，或书写混战给人民带来的沉重灾难，或反映了残酷的阶级剥削和贫富悬殊，或赞美北方民族的尚武精神和壮丽的北国风光，也有一些反映羁旅之思和爱情婚姻的作品。北方民歌五言四句的形式较多，但也有七言四句。语言平实，质朴无华，粗犷率直，直抒胸臆，刚健豪放。代表作有《木兰诗》。

古体诗

《木兰诗》图
《木兰诗》是北朝民歌中最杰出的代表。

古体诗也叫古风，是区别于唐代以后兴起的格律诗的一种古典诗体。古体诗从形式上分，有四言古体、五言古体、六言古体、七言古体、乐府体（也叫杂体）等。四言古体的特点是通篇以四言为主（一句4个字），五言古体通篇以五言为主（一句5个字）、六言古体和七言古体以此类推，乐府体则每一句的字数不限。

与格律诗比起来，古体诗不讲究平仄，对押韵的要求也很宽松。在一首古体诗中，作者可以根据自己的需要随意转韵，因此通常在一首古体诗中可能会有不同的韵脚，很少出现一个韵脚贯穿到底的情况。此外，古体诗不但每一句字数没有限定，就是整篇的句数也不限定。古体诗不像格律诗那样对仗工整、句式新颖，但更讲求立意。

虽然古体诗对押韵没有限制，但还是有一些规律可循：在意思转折处转韵。当叙述的内容有所变化时，往往会转为其他韵部来押韵，这样一来便使得整篇诗的层次更加分明，语气也得到了加强。作者在叙述中要表示令人兴奋的感情时，往往会使用平声韵；当要表达悲怨、愤怒的感情时，往往使用仄声韵。与格律诗（格律诗除了首句入韵以外，奇数句是不能押韵的）比起来，古体诗不但偶数句可以押韵，奇数句也可以押韵。

近体诗

隋唐时期，人们将周、秦、汉、魏形式比较自由、不受格律束缚的诗体称为"古体诗"。近体诗是与古体诗相对，流行于齐梁以后的一种诗体，又称今体诗或格律诗。它根据汉语一字一音，音讲声调的特点和诗歌对音乐美、形式美、精炼美的特殊要求而产生，分为绝句（五言四句、七言四句）和律诗（五言八句、七言八句）。其中律诗还包括排律，即十句以上的律诗。它以律诗的格律为基准，讲究平仄、对仗和押韵。其基本要求主要包含有3点：除首尾两联外，中间两联一定要对仗，一般绝句不受这个要求束缚；必须讲究平仄，其平仄分布规律可以总结为"句内相间，联内相对，联间相粘"；律诗是平起还是仄起，是平收还是仄收，都要看第一句第二字和该句末一字，其特点通常是一韵到底。近体诗在中国诗歌史上有着重要的地位，是唐代以后最主要的一种诗体。

唐代是近体诗发展的黄金时代，唐代以诗歌成就彪炳千古。其发展可以分为几个阶段：初唐是唐诗繁荣的准备阶段，诗歌的内容从宫廷台阁开始转向关山大漠，诗人也从帝王贵族的文学侍从扩大到一般的文人。初唐的代表诗人是"初唐四杰"——王勃、杨炯、卢照邻和骆宾王。盛唐时期，诗歌出现了全盛局面，出现了以王维、孟浩然为代表的山水田园派诗人，以高适、岑参、王昌龄、王之涣为代表的边塞诗人，其中最著名的是李白。中唐时期，社会矛盾激化，盛唐气象不再，这一时期的代表诗人是杜甫和大历十大才子。杜甫的诗表现了战乱给人民带来的苦难，被称为"诗史"。大历十大才子的诗歌华美雅丽，偏重技巧，风格柔靡。晚唐时期，人们的生活走向平庸，感情趋于细腻，诗歌创作又出现了一个新高潮。代表人物有李商隐和杜牧。宋朝以后，近体诗继续发展，但成就已经无法与唐朝相比。

词

词是曲子词的简称，也称"长短句""填词"等，是承袭汉、魏乐府遗风，并受少数民族音乐影响而形成的一种文学体裁，盛行于北宋和南宋。

按字数分，词可以分为3类：58字以下的（包括58字）为小令，91字以上（包括91字）的为长调，介于两者之间的为中调。按阕分类，词可以分为单调（一阕），如李清照《如梦令》；双调（二阕）；三叠（三阕），如《兰陵王》；四叠（四阕），如吴文英《莺啼序》。最初的词都是配合音乐来歌唱的，有的按照词来制定曲调，有的依照旧有的曲调来填词，每个曲调都有一个名称叫调牌，调牌一般按照词的内容而定。后来人们依据固有的曲调来填词,这些用来填词的曲调叫作词牌,词的内容和曲调、词牌并没有必然的联系。现存词牌共有400多种,有的词牌有好几个不同的称谓,用得较多的词牌名如"西江月""菩萨蛮""浣溪沙""沁园春""水调歌头"等。

"无可奈何花落去,似曾相识燕归来"词意图　明　尤求

尤求,字子求,号凤丘,长洲人,移居太仓。工写山水,兼人物,学刘松年、钱舜举而精妙不及。兼长仕女,继仇英以名世,尤擅白描。此画为仕女倚柳远思,杨柳依依,燕子双飞,池沼之中,彩鸳戏水。其笔墨或工整,或粗放,或干枯,或滋润,设色或青绿,或浅绛,艳而不俗,淡而不薄,足见作者多方面的才能。

和诗不同,词在句式和声韵上有许多突破和特点。首先在句式上有如下特点:第一,词的句式从一字句到十一字句不等,所以又称"长短句",使用频率最高的是四、五、六、七字句。第二,词的开头一般都有领字,一字领的有"任、待、乍、莫、怕……",二字领的有"恰似、谁料、只今、那堪、试问……",三字领的有"最无端、君莫问、君不见……"。第三,词句中常常有叠字和叠句,叠字如"错错错,莫莫莫""寻寻觅觅、冷冷清清"等,叠句如"归去,归去""罗衣宽一半,罗衣宽一半"等。第四,词句中常用到虚词,如"耳、矣、也……"其次,除了只在文中最紧要处(如转折和结尾处等)比较讲究押韵外,一般情况下,词对平仄押韵没有严格的要求。此外,词虽然也有对仗,但没有具体的规定,相连两个句子只要字数相同就可以构成对仗,而且对仗不讲究平仄,也不避同字。

曲

金朝和元朝时期,中国产生一种带有曲调、可以演唱的抒情诗体,叫作曲。其中,在北方地区流行的叫北曲,在南方流行的叫南曲。曲是南曲和北曲的统称,我们这里所说的曲,主要是指散曲。

散曲包括小令和套数两种基本类型:小令又叫"叶儿",主要是指独立的一支曲子,字数比较少。除了单支曲子这种形式外,散曲还包括重头小令。重头小令是一种联章体(即组曲),通常由同题同调的数支小令组成,最多可达百支,用来合咏同一个事物或分别吟咏数件联系紧密的事物,以此来加强艺术感染力。例如,张可久的〔中吕·卖花声〕《四时乐兴》,以四支同题同调的小令分别吟咏春、夏、秋、冬,构成一支内容相连的组曲。联章体中的小令虽然都同题同调,首尾句法相同,内容相连,但每首小令可以单独成韵,仍然是完整独立的小令形态。

套数又叫"散套""套曲""大令",它由同一宫调的若干支曲子相连而成,每个曲子同押一部韵,在结尾处还有尾声。套曲的字数比较多,篇幅较长,适合表达比较复杂的内容,表现手法既可以叙事,也可以抒情,还可以叙事和抒情兼而有之。

散曲虽然是继诗、词之后出现的新诗体,但作为一种独立的体裁,它具有不同于传统诗、词的独特的艺术个性和表现手法,主要表现在3个方面。(1)它大量运用衬字,使得句式更加灵活多变,艺术感染力更强。例如,关汉卿的套数《不伏老》中,"我是一粒铜豌豆"一句,因增加了衬字而变成了"我是个蒸不烂煮不熟捶不扁炒不爆响当当的一粒铜豌豆",这样一来,就将"铜豌豆"泼辣豪放的性格表现得淋漓尽致。(2)大量运用口语,使语言俗化。散曲中虽然也不乏典雅的一面,但更倾向于以俗为美。它大量运用俗语、少数民族的语言、戏谑调侃的语言、唠叨琐屑的语言、方言、谜语等,生活气息非常浓厚。(3)感情表达更加酣畅淋漓,含义更加坦率直白。

 文

诗与文是中国古代文学中的两大基本类别,都是文学之正宗。南北朝时期,《文选》和《文心雕龙》中,把一切文体都视为"文",这里的"文"是广义的概念。但是后来,人们逐步将诗歌类文体从"文"中独立出来,形成"诗文"并立的分类方法,这里的"文"便是狭义的概念。故而,除去诗、词、曲之外的所有文章形式,都是"文",其中最有价值的是先秦诸子之文,以及隋唐以后的"古文"。

从最早的《尚书》《周易》等书可知,文可以有韵,也可以无韵;可以讲平仄,也可以不讲平仄。隋唐以后,文学界通常把有韵的叫作"骈文",无韵的叫作"古文"。古文另一种分类方法是按功能划分,其中最具代表性的是清代文学家姚鼐在《古文辞类纂》中的划分,其中说:"其类十三,曰:论辩类,序跋类,奏议类,书说类,赠序类,诏令类,传状类,碑志类,杂记类,箴铭类,颂赞类,辞赋类,哀祭类。"显然,这种文体划分标准便是古人所说的"为用",即按文章的功能划分。

赋

赋是在汉代兴盛的一种兼有韵文和散文的重要文体,有大赋和小赋之分。大赋多写宫廷的盛况和帝王的生活,小赋多数是抒情作品。

赋这种文体出现在战国时期,儒学大师荀子曾作《赋篇》,这意味着"赋"作为独立文体开始出现。此后,屈原、宋玉等人以这样的文体进行文学创作,后人把他们的作品称为"屈原赋"或"宋玉赋"。

阿房宫图

　　赋的繁荣是在汉朝。汉赋的发展经历了四个时期。一是创始期，这时期枚乘的《七发》既奠定了汉代大赋的基础，也开创了辞赋中的"七"体，基本上形成了汉赋的体制。二是全盛期，重要的代表作家是司马相如，其主要代表作有《子虚赋》《上林赋》，此外，东方朔、枚皋等人的成就也突出，这时期汉赋的基本形式和格调已经确立。三是模拟期，重要的代表作家有班固，其代表作《京都赋》，此外还有扬雄等，这一时期的体制和风格有所变化，反映社会黑暗、讥讽时事、抒情咏物的短篇小赋开始兴起。四是转变期，小赋盛行，内容已由描写宫殿和游猎盛况转为抒发个人情怀，表现手法以由叙述转为议论说理为主，篇幅上由鸿篇巨制转为短篇。这一时期最重要的代表作家是张衡，其代表作《二京赋》成为汉代散体大赋的绝响。

　　汉赋的特点是：内容多写京都的繁华和帝王的游乐，以此来粉饰太平，歌功颂德；文章前有序言，正文韵、散结合，其中散文用于记叙，韵文用于描写，韵脚根据需要经常转换，语言多用四六字句，且极力铺陈，喜欢堆砌生僻字词和形容词，篇幅较长，情节通常由假设的两个人以一问一答的方式来展开。汉赋，尤其是大赋，尽管在内容和艺术有着许多缺点，但仍然在文学史上有着一定的地位。它丰富了文学词汇，在锤炼词句和描写技巧等方面也都取得了一定的成就，此外，它促进了文学观念的形成。

骈文

　　骈文是魏晋以后产生的一种文体，又称"骈体文""骈俪文""骈偶文"。因常用四字、六字句，也称"四六文"或"骈四俪六"。

它是与散文相对而言的，特点是以四六句式为主，讲究对仗，句式两两相对，好像两匹马并驾齐驱，所以被称为骈体。在声韵上，讲究对仗的工整和声律的铿锵；在修辞上，注重形式，喜欢用华丽的辞藻和用典。骈文因为形式，常常束缚内容的表达，但如果运用得好，能增强文章的艺术效果。

南北朝是骈文发展的全盛时期，其中有很多骈文内容深刻。如鲍照的《芜城赋》，通过广陵昔盛今衰的对比，揭露和谴责了统治阶级的骄奢淫逸，抒发了世间万物和人生变化无常的感慨。孔稚的《北山移文》辛辣地讽刺了人在江湖、心在庙堂的假隐士们的表面清高、内心功利的心理。流亡北方的庾信在《哀江南赋》中描写了自己的身世，谴责了梁朝君臣的昏庸无能给人民带来的沉重灾难，表达了对故国的怀念。

唐朝以后，骈文的形式日益完善，出现了通篇四、六句式的骈文。直至清末，骈文仍很流行。

古文

古文是与骈文相对而言的一种文体，其奇句单行、不讲对偶声律，是一种散体文。先秦两汉的散文，以散行单句为主，不受格式拘束，质朴自由，有利于反映现实生活、表达思想。而魏晋南北朝以来，骈文盛行，堆砌辞藻，言之无物，从而流于浮华。早在北朝时期，苏绰便站出来反对

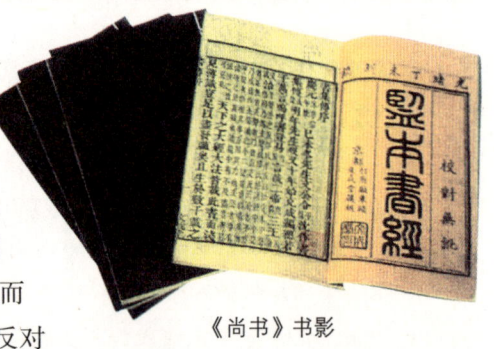

《尚书》书影

骈文，倡导学习先秦文章，仿《尚书》文体作《大诰》，被当时的人称为"古文"。到中唐时期，这种变革文风的努力经韩愈、柳宗元等人的大力提倡，形成一场声势浩大的古文运动。这场漫长的古文运动，结束了骈文的统治，使古文成为唐朝以后各朝的主流文体。韩愈、柳宗元主张恢复先秦散文内容充实、长短自由、朴质流畅的传统，提倡"文以载道"，反对六朝空洞浮荡的文风。他们既是理论的倡导者，也是实践者，韩柳二人创作出大量清新流畅、形式自由、思想充实的散文，引领时代风潮，吸引了大批追随者。这种名为复古，实际包含革新精神的变革，为宋朝的大文学家欧阳修、苏轼、王安石等人继承和发扬，并最终扭转了古文的发展方向，对后世产生了深远的影响。

八股文

八股文又叫制艺、制义、时艺、时文（相对于古文而言）、八比文等，是明清科举考试所采用的一种专门文体。它要求文章必须有四段对偶排比的文字，共有八股，所以称为八股文。"股"是对偶的意思。

它的特点主要有：（1）题目必须用"五经""四书"中的原文。（2）内容必须以程朱学派的注释为准。（3）体裁结构有固定的格式，全文分为破题、承题、起讲、入手、起股、中股、后股、束股（大结）八部分。另外，八股文的字数也有规定。明初制度：乡试、会试，要求用"五经"义一道，字数500，"四书"义一道，字数300。清朝康熙时要求550字，乾隆要求700字。八股文通常禁用诗赋中夸张华丽的词语，不许引证古史，不许比喻。在明清两代，八股文成为所有官私学校的必修课。不会写八股文，就无法通过科举考试，也就无法做官。明清时期许多有识之士对八股文深恶痛绝，所以八股文最终被废弃，也是历史的必然。

明代小品文

小品文是一种寓有抒情意味和讽刺性的短小散文。它起源于秦汉，盛行于晚明。明朝万历年间，以三袁为首的"公安派"反对当时文坛上的复古运动，提倡"性灵说"，主张书写身边事，心中情，短小隽奇，活泼自由的散文，这类散文被称为小品文。小品文题材广泛，有的描写风景，有的杂记琐事，"并非全是吟风弄月。其中有不平，有讽刺，有攻击，有破坏"。小品文的兴盛，

西湖美景
张岱《西湖梦寻》描述了西湖的美景。

不仅是散文发展的结果，也是"公安""竟陵"等文学流派进行文学革新的产物。它的主要作家有三袁、张岱、徐宏祖、王思任、祁彪佳等。

晚明小品文作家中取得成就最高的是张岱。他的作品吸取了"公安"和"竟陵"两派之长，语言清新简洁，形象生动，描写细致，风格自然清丽，题材广泛，内容包括风景名胜、戏曲杂技、世情风俗等，堪称晚明社会生活的画卷。他的散文集有《陶庵梦忆》《琅嬛文集》《西湖梦寻》等。明朝小品文和唐诗、宋词、元曲一样，成为一代文学成就的标志。

小说

小说是一种文体名称，追溯小说的历史渊源，应该是先秦的"说"。战国时期的"说"，具有一定的故事性，而西汉刘向所辑的《说苑》，可以视为中国最早的小说集。在汉代，小说作为一种文体得到社会认可，并且也存在"小说家"这一职业。

汉代著名学者桓谭说："若其小说家，合丛残小语，近取譬论，以作短书，治身理家有可观之辞。"班固不仅把"小说家"列为九流十家之一，还认为小说是"盖出于稗官，街谈巷语、道听途说者之所造"，认为小说乃是小知、小道。也就是说，小说的形式短小，内容贴近生活。与现代人的小说观念不同，古代的小说作者和读者，都把小说当成实录，而非虚构的故事。即便是荒诞不经的志怪小说，古人也是把其中内容当真的。

古代的小说，种类驳杂，很难用现在的小说概念来概括。关于小说的归类，古人有把它列为史部的，也有把它列入子部的，但基本上都把它视为"稗官为史之支流"，把它看作历史的附庸。明代胡应麟在《少室山房笔丛》中将小说分为"志怪、传奇、杂录、丛谈、辨订、箴规"6大类。前三类勉强可以称得上小说，后三类则乖离甚远。

总之，古代的小说重在记述故事，这些故事有虚构的，也有真实的；篇幅或长或短，结构不甚讲究；目的在于传奇、感化或警世。

变文

变文是把佛教经文转变为通俗易懂的故事的一种文体，盛行于唐代。变文的特点是韵文和散文相结合，韵文用来吟唱，散文用来说白，说白和吟唱转换时，通常有一个常用的过渡语作提示，如"……处若为陈说"，"……时有言语"等。

变文的内容按照题材分，主要有4大类。一是宣传佛教故事的变文，如《八相变》《破魔变文》《降魔变文》等。这类变文是通过一边讲一边唱以故事的形式来宣传佛教的基本教义，它与讲经文不同，不是直接对着经文照本宣科，而是选取佛经故事中最精彩的部分加以渲染发挥，较少受经文的限制。二是讲历史故事的变文，如《伍子胥变文》《李陵变文》《王昭君变文》等。这类变文大多选取一个历史人物，再撷取逸闻趣事和民间传说加以铺陈，多寄托了对故国眷恋和乡土思念之情，所以在内忧外患的晚唐非常盛行。三是讲民间传说的变文，如《刘家太子变文》《舜子至孝变文》等。这类变文虽假托了某位历史人物，但所讲的故事并没有任何历史依据。四是取材于当时社会上的重大事件和人物的变文，如《张淮深变文》《张议潮变文》等。这类变文大多是民间艺人通过说唱的形式，热情讴歌了英雄人物英勇抵御外族侵扰的英雄事迹。

唐传奇

唐传奇指的是唐代流行的文言小说，唐传奇的出现标志着中国文言小说进入成熟阶段。唐传奇的发展经历了3个阶段：

第一阶段是初唐、盛唐时期的发展期。这一时期还处于从六朝志怪小说向传奇转变时期，不仅数量少，而且艺术成就也不高，但已经有了一些新的发展迹象。这一时期的代表作是《梁四公记》和《游仙窟》。

第二阶段是中唐兴盛期。这一时期许多文人都投身于传奇的创作，借用诗歌、散文、辞赋等其他文学题材的艺术表现技巧，极大提高了传奇的地位，扩大了传奇的影响。这一时期曾参与创作传奇的有元稹、白居易、白行简、陈鸿、李绅、韩愈、柳宗元，代表作家有元稹、白行简、蒋防，代表作分别为《莺莺传》《李娃传》《霍小玉传》。现存的中唐时期的传奇有近40种，涉及爱情、历史、政治、神仙、豪侠等方面，

风尘三侠　年画

历史题材的有《长恨歌传》，还有一些借梦幻、寓言讽刺社会的作品，如《枕中记》《南柯太守传》等。其中以爱情为题材的作品成就最高，代表作有《离魂记》《任氏传》《柳毅传》等。

第三阶段是晚唐衰退期。这一时期传奇虽然衰退，但仍出现了很多优秀的作家和作品，如袁郊的《甘泽谣》、皇甫枚的《三水小牍》、薛用弱的《集异记》、李复言的《续玄怪录》等。这一时期传奇最主要的特点就是以豪侠为内容的作品大量涌现，代表作有《聂隐娘传》《昆仑奴》《虬髯客传》等。

唐传奇的篇幅一般都不长，短的只有几百字，长的也不超过一万字，大部分保存在宋朝所编的《太平广记》中。

笔记小说

笔记小说是一种带有散文化倾向的小说创作形式，它兼有"笔记"和"小说"特征。它起源很早，在先秦时期就已经出现了一些片段，中间又经过汉晋唐宋，到了明清时期开始繁荣。魏晋时期的笔记小说有干宝的《搜神记》、刘义庆的《世说新语》，唐宋时期的笔记小说有李昉的《太平广记》，明清时期的笔记小说有蒲松龄的《聊斋志异》和纪晓岚的《阅微草堂笔记》。最早提到"笔记小说"之名的是宋朝史绳祖的《学斋占毕》。

从内容上分，笔记小说可以分为志怪小说和逸事小说两大类型。志怪小说有《搜神记》《聊斋志异》《阅微草堂笔记》；逸事小说有《世说新语》等。

笔记小说吸取了民间文学的丰富营养，故事情节、人物都是虚构、夸张、变形的，但却从整体和宏观上高度反映了生活的本质。今保存下来的笔记小说大约有3000种，是我国一笔巨大的文化遗产。

六朝志怪和志人小说

六朝时期的小说主要分为志怪和志人两大类。志怪写的是神仙方术、妖魔鬼怪等，志人则记录的是一些名人的闲闻逸事。

志怪小说盛行的根本原因是当时各类宗教思想盛行，由此产生了许多神仙方术、佛法灵异的故事，成为志怪小说的素材，甚至有些志怪小说的作者就是佛教徒。志怪小说主要可以分为三类：（1）地理博物，如《神异经》《博物志》。（2）鬼神怪异，如《列异传》《搜神记》。（3）佛法灵异，如《冥祥记》《冤魂志》。

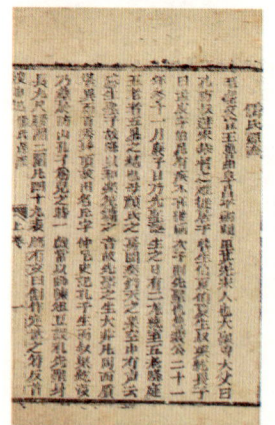

《搜神记》书影

魏晋南北朝志怪小说的代表作是干宝的《搜神记》、张华的《博物志》、王嘉的《拾遗记》、吴均的《续齐谐记》等，其中名篇有《三王墓》《韩凭妻》《弘氏》《董永》等。

志人小说的兴盛和当时士人之间崇尚清谈和品评人物的风气有很大关系。志人小说也可以分为三类：（1）笑话。代表作有邯郸淳的《笑林》。（2）野史。东晋的道士葛洪委托刘歆所著的《西京杂记》，记述西汉的人物逸事，带有怪异色彩。（3）逸闻逸事。这是志人小说的主要部分，作品最多，有裴启《语林》、郭澄子《郭子》、沈约《俗说》、殷芸《小说》、刘义庆《世说新语》等，其中刘义庆的《世说新语》成就最大，影响最广，是志人小说的代表作。

六朝小说的篇幅都非常短小，叙事也很简单，一般只有故事梗概，没有想象、描写等艺术加工，还不是成熟的小说。但它为后世的小说提供了丰富的写作经验和素材，是中国小说史上不可缺少的一环。

话本小说

宋元话本小说是在说唱文学的基础上发展起来的。宋代都市繁荣，经济发达，市民阶层不断发展壮大，市井文化兴旺。其中有一种叫"说话"（即说书）的技艺，深受人们喜爱。说话人讲故事的底本就叫"话本"，下层文人将话本润色加工，刻印出版，就成了话本小说。

话本小说的内容主要有"小说""讲史""合生"和"讲经"4种，在这4种中又以"小说"和"讲史"最受欢迎。"小说"就是短篇白话小说，其中爱情故事和公案故事最受欢迎。爱情故事又往往突出女性对爱情的主动追求，如《碾玉观音》《闹樊楼多情周胜仙》。在礼法森严的封建社会，男女之间自由恋爱是一种对礼法的挑战、追求自由的大胆行动，这些故事有反封建的积极意义。宋元时代，政治黑暗，官吏腐败，产生了大量的公案故事，表现了人民对现状的强烈不满、对保护自身生存权利的深切渴望和对清明政治的期盼。其中的代表作有《错斩崔宁》《简帖和尚》《三现身包龙图断冤》等。讲史又称评话，主要讲的是前朝的盛衰灭亡。代表作有《三国志平话》《武王伐纣平话》《五代史平话》等。

宋元话本小说有一定的体制，大体由入话（头回）、正话、结尾三部分构成。入话常以一首或几首诗词"起兴"，与故事的发生地点或故事的主人公相联系，以吸引听众。正话，是话本的主体，故事情节曲折，人物形象鲜明，细节丰富。正话之后，常常以一首诗或以"话本说彻，权做散场"之类套话作结。

宋元话本小说的语言是口语化的语言，与文言文形成了显著区别，中间夹杂着大量的俚语和市井口语，生动明快，深受人民欢迎。

宋元话本小说对后代的通俗小说、戏剧、曲艺等都产生了很大的影响。《水浒》《金瓶梅》《西游记》等都是沿着这个方向演进的。

章回小说

章回小说是中国古典小说的重要形式，它是在宋元话本的基础上发展起来的。从话本到章回小说，这个过程经历了从萌芽到成熟的漫长时期。话本中有一类讲述历代兴亡和战争的故事，由于历史故事通常篇幅很长，说书人不能从头到尾一次讲完，必须连续讲许多次，每讲一次就相当于章回小说中的"一回"。每次讲之前，说书人必须要用一个概括性的题目向听众揭示主要内容，这就是章回小说中"回目"的起源。

元末明初时，出现了一批章回小说，如《三国志通俗演义》《水浒传》等。这些小说比起话本中的讲史故事有了很大的发展，其中的人物和故事的核心虽然还是历史的，但内容更多是由后人虚构的。而且篇幅更长，分成若干卷，每卷又分成若干节，每节前面还有一个目录。明代中叶以后，章回小说的发展已经趋于成熟，出现了《西游记》《金瓶梅》等伟大著作。其故事情节更加复杂，描写更加细腻，内容已经脱离了"讲史"，只是体裁上还保留着"讲史"的痕迹。这时章回小说已经不分节了，而是分成许多回。进入清朝以来，章回小说达于繁盛，题材除了明朝的讲史、神魔、人情三大类以外，又加入了讽刺、武侠、谴责、狭邪等多种题材。此时最著名的章回力作有《红楼梦》《儒林外史》《三侠五义》《儿女英雄传》《官场现形记》《二十年目睹之怪现状》《老残游记》《镜花缘》等。

比起现代的小说来，章回小说具有独特的形式和特点。（1）它继承了话本的形式：正文前面都有一个"楔子"来引入正文；文中经常使用"话说""且说""看官"等字眼；文中经常穿插一些诗词和韵文。（2）分回目。章回小说根据故事情节的发展分成若干回，每回有一个标题，每回的正文只围绕一个中心内容讲述。（3）制造悬念气氛。每回开头以及故事之间的衔接处，总是使用"话说""且说"做过渡，每回结尾处，往往以"欲知后事如何，且听下回分解"做结语，以此勾起读者的阅读欲望。

神魔小说

西游记图册　清

神魔小说是明清之际的一种小说体裁，又称志怪小说。明代中期以后，通俗小说主要分作两类，一类讲述现实世情，一类讲神怪斗争，鲁迅在《中国小说史略》中将后者命名为神魔小说。神魔小说同样起源于宋元之际的平话，第一本神魔小说《西游记》便是吴承恩在宋元平话的基础上加工整理而成的。因此书风行一时，获巨大成功，其后作家纷纷效仿，产生了《封神演义》《东游记》《三宝太监下洋记》《镜花缘》等众多神魔小说。这类小说一般是依托历史事件，或依托流行的神怪故事，也有少数是文人纯粹凭想象写出来的，如《镜花缘》。神魔小说大多没有复杂的思想和严肃的主题，主要着力讲述神魔鬼怪之间的斗争，有很强的娱乐性，即使有一些讽喻现实的意图，普通读者也因为被故事所吸引而很难领会。总体上，除《西游记》《镜花缘》等少数经典，大多神魔小说写得比较粗糙，缺乏艺术创造。

世情小说

世情小说是明清时期的一种小说。世情小说因写世态人情，也称"人情小说"。世情小说的出现，是我国小说史上的重大转变，关于此，也可以借助中国第一本世情小说《金瓶梅》来说明。首先，《金瓶梅》乃是第一本不再依托于以前的民间艺人的集体创作，而是由文人独立构思并创作的一本小说，这标志着小说真正成为一门独立的艺术。其次，《金瓶梅》乃是第一本将目光从帝王将相、才子佳人身上转移到普通人身上来的小说，其开创了中国小说的现实主义传统，使得小说艺术的思想性得到大大提高。《金瓶梅》的这两个特征基本代表了世情小说的特征。《金瓶梅》之后，世情小说得到迅速发展,成为通俗小说的一大主潮。明清两代的世情小说,或主要写情爱婚姻,或主要叙家庭纠纷,或广阔地描绘社会生活,或专注于讥刺儒林、官场、青楼,内容丰富,色彩斑斓。世情小说产生了一大批经典之作,如《三言二拍》《儒林外史》《官场现形记》《红楼梦》等。

才子佳人小说

才子佳人小说是流行于明末清初的一类小说。因中国自古流行"文人政治",不同于西方女性眼中理想的男人是尚武的"白马王子",中国女性理想的男人在很长时间里一直都是尚文的"才子"。直到现代产生"郎才女貌"的说法后,这个"才"才不再局限于文学才能。因此,中国古人拥有浓厚的"才子佳人"情结。元杂剧《西厢记》和《牡丹亭》之所以千古流行,一些批评家认为是因为其"反封建",而实际上恐怕与人们的"才子佳人"情结有关。明末清初,历史演义和神魔小说流行风刮过之后,才子佳人小说开始登上流行舞台。《双美奇缘》《好逑传》《玉娇梨》《平山冷燕》等大批才子佳人小说相继诞生。这种小说基本上都有一个固定的套路,先是一个落魄才子巧遇一个家境优裕的佳人,这佳人慧眼识珠,与之一见倾心,两人彼此赠诗,并私订终身。其间也总有一个"坏人"从中作梗,几经曲折,最终才子金榜题名,皇帝赐婚,有情人终成眷属。对于这种死板的套路,曹雪芹曾在《红楼梦》中借那块"补天石"之口讽刺其"千人一面,千部一腔"。并且这类小说的语言也往往比较蹩脚。尽管如此,可能因人们天性对美好爱情的向往,对这类书却十分青睐。清代人曾评选过"十才子书",其中一半都属于才子佳人小说。

《西厢记·惊梦》插图 清 任薰

公案小说

公案小说的主要内容就是狱讼,它是中国近代小说的一个流派。清末,产生了大量的公案小说,风靡一时,比较著名的有《施公案》《彭公案》等。后来公案小说又与侠义小说合流,形成侠义公案小说。

先秦两汉法律文献中的案例与史书中的清官循吏的传记以及魏晋南北朝志怪小

说中的神鬼与狱讼故事,可以看作是公案小说的萌芽。晚唐五代的笔记(传奇)小说中的公案故事,表明公案小说已经成形。宋朝时期,公案作品便大量产生,艺术上也日趋完美,标志着公案小说已经成熟。在众多的公案小说中,最为脍炙人口的,首推《龙图公案》(《包公案》),其次是《施公案》《彭公案》。《龙图公案》主要讲的是清官包拯,辅以众侠士;《施公案》以施仕纶为主,辅以黄天霸;《彭公案》以彭鹏(彭玉麟)为主,辅以黄三泰、欧阳德。

公案小说的主要思想倾向是:赞扬忠臣清官,铲除奸恶,匡扶社稷,宣扬"尽忠"思想,鼓吹"奴才"哲学和变节行为。

诗话与词话

诗话和词话指的是对诗词的评论,是一种文学理论。我国古代对文学的评论出现得很早。如《西京杂记》中记载的关于司马相如论作赋,扬雄评论司马相如的赋、《世说新语·文学》中关于谢安评论《诗经》的诗句、《南齐书·文学传论》中对王粲、曹植、鲍照等人的诗歌的评论,都可以看作早期的文学评论和诗话。

唐朝时期的诗人写了大量的论诗诗,如杜甫的《戏为六绝句》等,李白、白居易等人的论诗诗,以及当时的《诗式》《诗格》,都是诗话的雏形。诗话正式出现是在宋朝,第一部诗话是欧阳修的《六一诗话》。现存的宋人诗话共有130多种。早期诗话的内容多为谈论诗人诗作的一些琐事,很少触及诗歌的创作或理论问题。直到张戒的《岁寒堂诗话》等,才开始讨论诗歌创作和理论问题,对后世产生了重大影响。明清时期,诗话数量更多、成就更高。

在诗话出现的同时,词话也随之出现,并逐渐发展起来。比较著名的词话有况周颐的《蕙风词话》、陈廷焯的《白雨斋词话》、王国维的《人间词话》等。

《苏幕遮》诗意图

谴责小说

谴责小说是中国旧小说的一个流派。晚清时期，经过中日甲午战争失败、戊戌变法失败、八国联军入侵等一系列巨大的变故，内忧外患日益严重，社会更加黑暗，政治更加腐败，一些小说家们对社会现状深为不满，口诛笔伐，写了大量讽刺社会黑暗面和抨击时政的小说。鲁迅在《中国小说史略》中将这类小说的特点概括为"揭发伏藏，显其弊恶，而于时政，严加纠弹，或更扩充，并及风俗"，将它们称为"谴责小说"。

比较著名的谴责小说有李宝嘉的《官场现形记》、吴趼人的《二十年目睹之怪现状》、刘鹗的《老残游记》和曾朴的《孽海花》。这类小说的题材和内容，涉及社会生活的各个方面，如官场、商界、华工、女界、战争等，其中写官场最为普遍。

为了适应报刊连载的需要，谴责小说缺乏完整的构思和写作时间，因此结构不够严密，没有贯穿始终的中心人物，多是许多短篇连缀成的长篇。在表现手法上，作者有时为了迎合读者求一时之快的心理，往往描写得言过其实，缺乏含蓄，它所反映出的只是一种变形的社会形态。

评点

评点是古人研读文章的一种重要方法，也是中国古代文学批评的常用形式。评点时，评论者在阅读文本，把握文本整体与局部关系的基础上，对文章的内容以及写作方法等方面，进行评论分析。作为阅读者的阅读笔录，评点通常具有一定的对话性，这种对话是读者与文本、与作者、与文本的其他读者之间的对话。评点被标注在不同的位置，其称呼也不同。一般，标注在书眉上的评点被称为"眉批"；在内文中下评语的叫"行批"；在文末下评语的叫"总批"。

文学流派

建安风骨

建安是东汉汉献帝的年号。建安时期的文学作品以风骨遒劲、刚健有力、鲜明爽朗著称,被称为"建安风骨"。建安文学的作家有"三曹"(曹操、曹丕、曹植)和"建安七子"(王粲、孔融、陈琳、徐干、应玚、阮瑀、刘桢)等。"三曹"是当时的文坛领袖,成就最高。

建安七子图

建安诗人经过汉末的大动乱,他们的诗歌的特点是因事而发,具有鲜明的时代特征,悲壮慷慨,或感伤离乱,或悲悯人民,或慨叹人生,或强烈希望建功立业。曹植是曹操的第三子,建安文学的集大成者。他的诗将抒情和叙事有机结合起来,既描写了复杂的事件,又描写了曲折的心理变化,代表作有《白马篇》《赠白马王彪》《洛神赋》等。王粲是"建安七子"中成就最高的诗人,他的《七哀诗》以亲身体验的事实为题材,具体描写了汉末战乱给国家、人民造成的深重苦难。

建安文学是文学史上的一个辉煌的时代,它独特的文学风格成为后世文学所推崇和效法的典范。

玄言诗

玄言诗是一种以玄学为旨趣的诗歌。魏晋之际,因政治黑暗,名士动辄遭戮,文人多脱儒入道,寄情于老庄玄学。流风所及,在诗坛也形成了玄言诗派,其特点便是以诗的形式来演绎老庄的人生哲理。如竹林七贤之一的嵇康的"……目送归鸿,手挥五弦。俯仰自得,游心太玄",可以说是玄言诗的雏形。典型的玄言诗形成于西晋末年,并盛行于东晋,其代表诗人为孙绰、许询、谢安、王羲之等人。其中孙绰的《秋月》乃是玄言诗中的佳作:"疏林积凉风,虚岫结凝霄。湛露洒庭林,密叶辞荣条。抚叶悲先落,攀松羡后凋。"当年王羲之等人在兰亭举行一次千古盛会,除了留下那篇千古传诵的《兰亭序》外,还留下了一组典型的玄言诗。如王羲之的次子王凝之诗曰:"庄浪濠津,巢步颖湄。冥心真寄,千载同归。"另外谢安、许询等也当场作有玄言诗作。总体上,除少数玄言诗能够熔情景于一炉,别有一番玄趣之外,大部分玄言诗往往"理过其辞,淡乎寡味"(《诗品序》),艺术成就不高。东晋后期,玄言诗便逐渐消失,不过在其后的山水、田园诗中仍留有余韵。

田园诗

以描绘田园风光,反映农村生活,展示隐逸情怀为风格的诗歌流派。中国田园诗派的鼻祖是东晋诗人陶渊明。

陶渊明出身贵族,但到他这一代,已经家道中落。出身高贵的他,再加上当时道家玄学的熏陶,不能容忍官场黑暗与庸俗,辞官归隐。归隐之时,他创作《归去来辞》,后又创作了《归园田居》《移居》《怀古田舍》等一批田园诗。诸如"采菊东篱下,悠然见南山"之类的诗句,充分表现了诗人对功名利禄的鄙视,对黑暗官场的极端憎恶和与之彻底决裂的决心,表达了诗人对淳朴的田园生活的热爱,对劳动人民的友好感情和对理想世界的追求与向往,从而开创田园诗派。

陶渊明的诗,诗风平淡自然,备受后人推崇,影响深远。到了唐朝,陶渊明的诗风为孟浩然、王维等人继承,并形成田园诗派。比如,孟浩然《过故人庄》中,"绿树村边合,青山郭外斜。开轩面场圃,把酒话桑麻",质朴无华,浑然天成,清淡优美,清晰地体现了陶诗风格。由于士大夫与农民的天然疏离,反映隐逸志趣的诗作不少,但像陶诗这么亲切的并不多。发展到宋代,范成大成为田园诗的旗帜,把田园诗推向又一个高峰。

山水诗

在《诗经》和《楚辞》中就已经出现了许多描写山水景物的诗句,但那只是作为衬托或比兴的媒介,不是一种独立的题材。中国文学史上第一首山水诗是曹操的《观沧海》。到了魏晋南北朝时期,山水诗开始繁荣起来。

魏晋时期,尤其是南渡之后,社会动荡,政治黑暗,玄学盛行。很多士大夫逃避现实,以山水为乐土,在山水间过着优哉游哉的生活,从中寻找人生的哲理与乐趣。

溪山春晓图卷　北宋　惠崇

在山水诗产生和发展的过程中，谢灵运对当时和后世影响最大。

谢灵运出身南朝士族，才华横溢，但仕途坎坷。为了摆脱烦恼，谢灵运常常四处游览，寄情于山水。他的山水诗一般先写出游，再写见闻，最后谈玄或发感慨，犹如一篇游记。他的诗句工整精练，意境清新自然，其中不少佳句都经过一番苦心琢磨和精心雕琢，每首诗犹如一幅赏心悦目的山水画。谢灵运的山水诗极大地开拓了诗的境界，确立了山水诗的地位，从此山水诗成为中国诗歌的一个重要流派。

南北朝时期的谢朓、何逊也是有名的山水诗人，他们与谢灵运一道，把山水诗推向成熟。到了唐朝，山水诗蔚为大观，李白、王维、孟浩然、杜甫等都是山水诗高手，他们以卓越的诗才，为后人留下大量的山水诗佳作。

宫体诗

宫体诗产生于南朝梁陈之际，影响直到初唐。这种以描写女性美和宫廷生活为主要内容的诗歌，是当时统治阶级荒淫腐朽生活在文学上的反映，情调流于轻艳，诗风比较柔靡。

自古以来，中国不乏描绘女性美的诗歌，但是，到了齐梁时候，部分作家对男女之情开始进行露骨的描绘，出现了"艳情诗"。梁简文帝萧纲酷爱文学，做太子的时候，在东宫聚集一大批文士诗人，专写男女之情，极力吟咏女人的体态、睡态、肌肤或女人的衣着用具等，还有假托女子的口吻写伤春、杜撰思妇对塞外征人的相思之情。这些诗作刻画精细，韵律流畅，缠绵婉转，形成一个鲜明的诗歌流派。不仅如此，萧纲更是命文士徐陵收集古今艳诗，汇编成《玉台新咏》，引导宫体诗的创作。

他本人更是宣称,"立身先须谨慎,文章且须放荡",公然鼓吹"轻靡绮艳"的诗风,极大促进了宫体诗的发展。宫体诗虽然还有一些咏物诗,但都有宫廷、宫女的影子,无法跳出宫廷范围。

宫体诗的主要诗人有萧纲、萧绎,以及他们的侍从文人徐摛、庾肩吾、徐陵等,另外还有陈后主及其侍从文人。代表作有萧纲的《咏内人昼眠》《美人晨妆》等。

在宫体诗中,五言八句和四句的形式逐渐得到确认,对仗日益工稳,声韵更加和谐,它在艺术形式方面的积累,对于唐诗的发展起到了很大的推动作用。

边塞诗

边塞诗指的是唐代以描绘边塞风光、反映戍边将士生活的诗歌。它起源于汉魏六朝,到盛唐全面成熟,形成了边塞诗派。该派代表诗人有高适、岑参、王昌龄、李颀等。比较著名的边塞诗有高适的《燕歌行》、岑参的《走马川行奉送出师西征》、王昌龄的《出塞》等。唐代的边塞诗可以分为初、盛、中、晚4个时期。由于国力强弱和对外战争中的胜负不同,初、盛唐边塞诗中多抒发昂扬奋发、立功边塞的情怀,中唐前期尚有盛唐余响,中唐后期和晚唐只有对昔日盛况的追慕和对现实凄凉的哀叹。边塞诗不仅描绘了壮阔苍凉、绚丽多彩的边塞风光,而且抒写了投笔从戎的豪情壮志以及征人离妇的思想感情。对战争的态度,有歌颂、有批评,也有诅咒和谴责,思想上往往达到一定高度。边塞诗情辞慷慨、意境雄浑,多采用七言歌行和七言绝句的形式。

持戈骑兵画像砖　唐

边塞诗人主要分为两类:有边塞生活经历和军旅生活体验的诗人和利用间接的材料,翻新一些乐府旧题进行新创作的诗人。前者的诗作中更贴近边塞生活,艺术特色也更鲜明,成就也较高。

新乐府运动

新乐府运动是出现于中唐时期的新诗潮。西汉设置乐府,掌宫廷和朝会音乐。由乐府采集和创作的诗歌称为"乐府"。起初乐府诗大部分采自民间,具有通俗易懂、反映现实和可以入乐几个特点。不过六朝之际及唐初,乐府诗基本上成了文人"嘲风雪，弄花草"的诗体。鉴于此，杜甫参照乐府诗的格式，写了《兵车行》《哀江头》等针砭现实的名篇，此为新乐府诗的发端。其后，元结、韦应物、戴叔伦等人也有新乐府题作。到唐宪宗时期，张籍、王建、元稹、白居易等人彼此唱和，将新乐府运动推向了高潮。尤其元稹、白居易作为当时的才子，有大量新乐府诗作，影响巨大。白居易还提出了"文章合为时而著，歌诗合为事而作"的一整套理论，并首次使用了"新乐府"一词，故被视为新乐府运动的代表人物。新乐府诗作不再像前人那样借助乐府旧题，而是自创新题，按照乐府诗格式创作反映现实的诗作，所以又称"新题乐府"。如李绅的《悯农》诗："春种一粒粟，秋收万颗子。四海无闲田，农夫犹饿死"便是典型的新乐府诗作。新乐府对当时政治及后世诗歌艺术均产生重大影响。

简单地说，新乐府诗使文学担负起了新闻媒介的作用，某种程度上也是对文学本身的损伤，但在当时来说意义是积极的。

花间派

花间派是晚唐五代时期的一个词派。五代十国时期，中原成了群雄逐鹿的猎场，而蜀中地区却相对稳定，经济繁荣，许多文人纷纷避难于此。前后偏安于西蜀的两个小政权自度无力量统一天下，便干脆沉湎于独立王国的安闲之中，歌舞升平，自得其乐。在这种背景下，以娱乐为主的词便流行起来。后蜀宫廷文人赵崇祚选录唐末五代词人18家作品500首编成《花间集》，其中除温庭筠、皇甫松、和凝、孙光宪外，其余全部是蜀中文人。这些人的词风大体相近，多写男女艳情、离愁别恨，婉转低回，香艳柔软，类似于六朝时期的"艳诗"。后世将集中

南唐文会图　北宋　佚名
这幅图描绘了南唐后主李煜和三位文士在庭院聚会的情形。院前有荷塘，院后有芭蕉，左右有丛竹老树，环境清幽，富有自然的意趣。李煜振笔疾书，其他三人静静围观，奴婢则直立以待。李煜的艺术才能是多方面的，他的书法崇尚瘦硬，骨力道劲，人称"铁钩锁""金错刀""撮襟书"。

所选词人及其他有类似词风的词人称为"花间派"。

花间派的代表作家是温庭筠和韦庄,其中,温词香艳华美,韦词则疏淡明秀,两人也代表了花间派的两种主要风格。总体上,花间派词作的文字富艳精工,艺术成就较高,但在思想上格调不高,尤其是一些笔触描写男女燕私时十分露骨,极不符合孔老夫子的"诗言志"的诗教,被后世骂作是"桑间濮上之音"(即黄色歌曲)。正因为此,对于北宋的欧阳修、晏殊等正统文人偶有的一些花间词作,后世读者竟不相信是出于他们之手,而猜测是别人的伪作。

西昆体

西昆体是中国北宋初年一个追求辞藻华美、对仗工整的诗歌流派。宋真宗景德二年(1055年),杨亿、刘筠、钱惟演等人奉诏在宫廷藏书的秘阁内编纂《册府元龟》。他们于修书之余,往来唱和,最后杨亿将这些诗编成一集,定名为《西昆酬唱集》。该集子出来后,在当时产生很大影响,学子纷纷效仿,称之为西昆体。

西昆体主要是宗法晚唐李商隐的艺术风格,崇尚精巧繁缛的诗风,追求巧妙的用典、对仗的工整、音节的和婉,以及像李商隐无题诗那样的隐约朦胧感。西昆体的出现,应该说是对宋初几十年乃至晚唐白体诗流于浅近、粗鄙化的一种反动,重新重视起诗的格律、修辞、寓意,增强了诗歌语言的凝练和诗意的深幽,具有一定的艺术价值。不过,因西昆体作家大多社会地位较高,生活优越,多是宫廷宴游之作,内容狭窄,且脱离真情实感,过于着力于模仿,故而遭人非议。欧阳修、梅尧臣等开创新诗风后,西昆体乃告衰歇。总体上,其对宋代诗歌有着深刻的影响,是宋诗形成自身特色的第一步。

江西诗派

江西诗派是基本代表宋诗艺术特征的诗派。北宋后期,"苏门四学士"之一的黄庭坚在诗坛上独树一帜,追随与效法者颇多,逐渐形成了一个以黄庭坚为中心的诗歌流派。宋徽宗时,吕本中撰《江西诗社宗派图》,中列陈师道、潘大临、杨符等25人,认为这些人的诗风与黄庭坚一脉相承。因黄庭坚为江西人,故称之为江西诗派。虽然这些人的诗各有风格,但在创作方法和诗歌见解方面有共同之处。黄庭坚因推崇杜诗韩文"无一字无来处"的创作方法,提倡化用前人词语、典故的"点铁成金"法和师承前人构思和意境的"脱胎换骨"法。他不仅提出理论,并且写有大量优秀作品。这种诗作,对文化功底要求很高,才学便成了写诗的基础。这也是有宋一代诗歌的基本特点,比如黄庭坚、欧阳修、王安石、苏轼等诗坛领袖均为大学者。到南宋时期,江西诗派影响更大,杨万里、姜夔、陆游等大诗人都深受其影响。又因此派诗人多学习杜甫,故宋末方回又提出了"一祖三宗"的说法,即尊杜甫为"祖",黄庭坚、陈师道和陈与义为"宗"。

不过这种将诗歌学问化的做法,导致许多记忆力不佳的诗人往往靠翻书来拼凑典故,而过多的典故也使读者读起来异常费神。因此有不少人对此表示不满,南宋的严羽曾言:"诗有别材,非关书也;诗有别趣,非关理也。"虽如此,这种写者费劲、读者费神的诗歌在古代文人中一直都比较盛行,尤其以博学相矜的清代诗人,更是推崇这种"无一字无来处"的作诗法。

婉约派

此去经年,应是良辰好景虛设。

婉约派为宋词风格流派之一。婉约一词最早见于《国语·吴语》:"故婉约其词,以从逸王之志。"先秦、魏晋六朝时期,婉约常被人们用来形容文学辞章。词,本是合乐演唱的,最初是为了达到娱宾遣兴的目的,其内容不外乎离别愁绪、闺情绮怨等内容。因而,词逐渐形成了香软、柔媚等婉转柔美的风调。而婉约派作为词的一种风格流派,被明确提出来,一般认为始于明人张綎。清人王士祯在《花草蒙拾》中写道:"张南湖论词派有二:一曰婉约,二曰豪放。"婉约词的主要特点是:内容注重儿女风情,结构深思缜密,韵律婉转和谐,语言清丽圆润。婉约派的代表人物有李煜、柳永、晏殊、欧阳修、秦观、周邦彦、李清照等人,其中,李煜、柳永、晏殊、李清照被并称为婉约派四大旗帜,他们的词分别以愁宗、情长、别恨、闺语见长。

豪放派

豪放派与婉约派并称为宋词两大流派。它是与婉约派文风相对的一个文学流派,代表人物有苏轼、辛弃疾。豪放派词题材广泛、视角鲜明、语言旷达、气势雄浑,思想豪放不羁,词文不拘音律格调。豪放派从形成到鼎盛共经历了3个阶段:初步形成,以范仲淹的《渔家傲·塞下秋来风景异》为开端。它引导了豪放派词风的主体方向;发展成形,是以苏轼词的豪壮为基调,逐渐在词坛形成一股劲风;鼎盛,继苏轼之后，辛弃疾等词人将鸿鹄之志以及边塞慨叹融入词中，雄浑激荡的词风统霸文坛。在此之后，豪放派继承者因慨叹国衰、情难却等原因，词中渐渐融合了沉郁、典雅等古朴诗风，逐渐形成了豪放、清秀隽永的温婉手法相结合的刚柔相济的词风，其代表人物主要有刘克庄、黄机、戴复古、刘辰翁等。

永嘉四灵

"永嘉四灵"指南宋中叶浙江永嘉（今温州）的四个诗人，分别是徐照（字灵晖）、赵师秀（号灵秀）、翁卷（字灵舒）、徐玑（号灵渊）。因字或号中均有一"灵"字，诗风又相近，故名。他们的诗风，主要学习晚唐贾岛、姚合，标榜野逸清瘦，并融入了山水、田园诗的韵致，表现出归隐田园、寄情泉石的淡泊境界。另外，其在语言上则刻意求工，忌用典，尚白描。如翁卷的《乡村四月》："绿遍山原白满州，子规声里雨如烟。乡村四月闲人少，才了蚕桑又插田。"便是"四灵"诗的典型。"永嘉四灵"因为打破了江西诗派过于倚重学问的藩篱而在南宋诗坛上独树一帜，加上其迎合了南宋中叶大量无由入仕的民间文人的心境，在当时引起广泛共鸣，但其有境界狭小、寄情偏狭之弊。

台阁体

台阁体是明朝永乐至成化年间的一个文学流派。其代表人物号称"三杨"，即杨士奇、杨荣、杨溥。三人均为"台阁重臣"，故其诗文（主要为诗歌，也包括散文）被称为"台阁体"。台阁体的出现，被后人认为是诗文创作的一种倒退，其在内容上要么是粉饰太平、歌功颂德献媚皇帝之作，要么是宴乐唱和之作，毫无生气；而在艺术上，其立意平庸，既没有对自我情感的精致剖析，又没有对社会的关怀。不过因其风格雍容典雅，加上"三杨"官位显赫，作品又时时流露出一种富贵气度，故追慕效仿者颇多，竟致形成一个流派。

另外，台阁体的形成也与程朱理学所要求的"雅正平和"地表达情感及明前期（尤其永乐后）平静的政治环境下官员们心

敬斋箴帖　明　沈度
沈度为明代台阁体书法的代表人物。

态悠然、志得意满的心理有关。台阁体文人多追慕宋人,成就却去宋甚远。台阁体在明前期统治文坛几十年后,在饱受抨击之下退出文坛。

公安派和竟陵派

公安派和竟陵派是一前一后出现于明末的两个反传统的诗文流派。其中,公安派因其代表人物袁宗道、袁宏道和袁中道三兄弟籍贯为湖北公安而得名。明代自弘治以来,文坛为"前后七子"所把持,他们倡言"文必秦汉,诗必盛唐""大历以后书勿读"的复古论调。万历时,"异端"思想家李贽质疑复古论调,提出"童心"说,震动极大,但其最后被迫害致死。与李贽有过交往的袁氏三兄弟则变"童心"说为"独抒性灵,不拘格套",推行类似的文学主张。并写下了不少随性而灵巧的诗作,不过许多诗作也流于浅俚。值得称道的是其所写的一系列短小、轻灵、隽永的小品文,开创了我国散文写作的新领域。但在复古主义占上风的清代,公安派作品未受到青睐。直到近代,因周作人、林语堂的提倡,公安派作品才在读书界热起来。

竟陵派的出现稍晚于公安派,因其代表人物钟惺、谭元春为竟陵人而得名。竟陵派同样抨击"前后七子"的复古论调,并继承了公安派的"性灵"说,但同时鉴于公安派诗作俚俗、浮浅的缺陷,而倡导"幽深孤峭",刻意追求字意深奥,求新求奇,最终形成了艰涩隐晦的风格。竟陵派较有成就的代表人物是刘侗,他的《帝京景物略》成为竟陵体语言风格代表作品之一。

江左三大家

吴伟业像

江左三大家指的是明末清初的三个著名诗人,分别是钱谦益、吴伟业、龚鼎孳。因三人机关都属江左地区,故称。三人均为明朝旧臣而又仕清。其中,龚鼎孳(1615～1673年)成就和影响均不如钱、吴。钱氏崇宋诗,吴氏尊唐诗,两人各立门户,影响深远。

钱谦益(1582～1664年)字受之,号牧斋,晚号蒙叟、东涧老人,常熟(今属江苏)人。其学问渊博,在史学、诗文方面均负盛名,传说名妓柳如是因慕其才而嫁与他。在诗作上,其初学盛唐,后广泛学习唐宋各家,最终熔唐宋诗于一炉。其诗沉郁炫丽,才华雄健。其诗作有《初学集》《有学集》《投笔集》等,因其晚年诗歌多抒发反清复明之愿,乾隆时,其诗文集遭到禁毁。

吴伟业（1609～1672年），字骏公，号梅村，江南太仓（今属江苏）人。其诗歌多以哀时伤事为题材，富有时代感。风格上则华丽藻饰，缠绵凄恻。明亡后则更显得婉转苍凉，感人至深。其于明亡后所做的七言歌行深受白居易影响，所做讽刺吴三桂降清的《圆圆曲》，讲述田妃、公主遭遇的《永和宫词》《萧史青门曲》，写艺人的飘零沦落的《楚两生行》《听女道士卞玉京弹琴歌》内容深婉，语言华丽，气势磅礴，有"诗史"之称。

唐诗派

唐诗派是对明清时代推崇唐诗的诗派的称谓。中国古典诗歌至唐代达到极盛，至宋，风格一变，成另一番韵致。南宋末年的严羽在其诗歌品评著作《沧浪诗话》中推崇唐诗，认为唐诗妙处在于"气象"和"情趣"，而宋"以文字为诗，以议论为诗，以才学为诗"，去唐诗甚远。宋元人虽然推崇唐诗，但唐诗真正被奉为典范，则是在明代。明中期，以李梦阳、何景明、王世贞、李攀龙为首的"前后七子"，提出"诗必盛唐"的说法，认为"诗自中唐以后，皆不足观"。"前后七子"皆是当时负有盛名的文人，尤其李、何、王、李四人作为当时的文坛领袖，其影响非比寻常。清代时，又有以王士祯、沈德潜为代表的唐诗派。不过，虽然唐诗派崇拜唐诗，其作品也有不少佳作，但总体上还是与唐诗有一定距离。其主要的贡献在于通过对唐诗进行分析、鉴赏和宣扬，使得唐诗不再局限于文坛，而是家喻户晓、妇孺皆知。

宋诗派

宋诗派为清代一个推崇宋诗的诗派。鲁迅曾言："一切好诗，到唐已经做完。"但宋人却将诗风一转，又开辟出一个崭新的天地。南宋后期尊崇唐诗的严羽在《沧浪诗话》中对比唐诗优越于宋诗之时，曾分析："本朝人尚理，唐人尚意兴。"他认为宋朝人利用诗歌议论，乃是呈露才学，为诗作的末路。其后便形成了一个以唐诗为尊的唐诗派，清代的唐诗派人物著名代表沈德潜甚至认为"宋诗近腐"。在唐诗派将宋诗的特点作为一种缺点进行评点的同时，有读者，尤其是那些饱学之士却认为宋诗的特点并非缺点，而是一种风格。认为唐诗胜在意趣，而宋诗则自有一种理趣。尤其到清代时，因崇尚博学，延及诗坛，形成了推崇宋

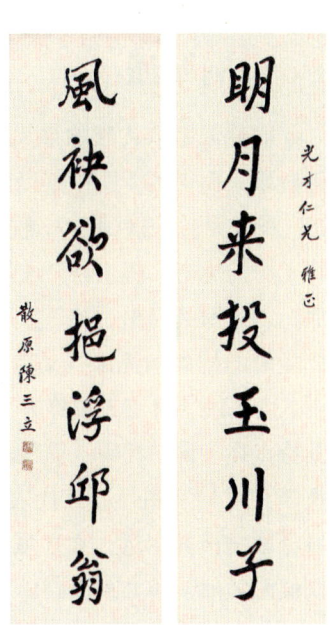

宋诗派代表人物陈三立书法作品

诗的宋诗派。直至近代，宋诗派仍然在诗坛占有优势地位，著名的"同光体"诗人便是宋诗派的中坚。另外，钱锺书认为，虽然"诗分唐宋"，但并非严格以朝代为界限，而是指两种风格。如唐人也有作讲究理趣的宋诗，宋人也作讲究情趣的唐诗。

常州词派

常州词派，清代最有影响的词派之一，因其创立者为常州人张惠言，故名。词作为诗的一种变体，发端于唐代，两宋时达到极盛，元明时期，跌入低谷。直到明末清初，词坛再度热闹，出现了推崇姜夔、张炎清空淳雅的浙西派和推崇辛弃疾、苏轼奔放豪迈的阳羡派。不过因清初文网严密，文人噤若寒蝉，豪放不起来，浙西派称霸词坛。后浙西派逐渐枯寂，沦为专务雕琢章句、恪守声律的"小道"。嘉庆后，文网渐开，继承豪放一脉的常州词派崛起。张惠言作为常州词派的发起者，其首先致力于在理论上给予词以与诗并列的尊崇地位，而非仅仅是"诗余"。其次，他则强调词并非仅仅是文人"言情"的小玩意，而是与诗同样具有"言志"功能的"大道"。为证明此，他还特地编撰了一本《词选》，以证明自己的观点。在《词选》中，张对诸多词作进行挖掘，其微言大义的解读，有些说得通，有些则牵强附会。如他曾将温庭筠的著名"艳词"《菩萨蛮》解释为"感士不遇"之意。后来的王国维曾对此类穿凿附会表示了自己的讥讽。不过在当时，响应者却甚多，并形成常州词派。稍晚的常州词派的另一位代表人物周济进一步发挥张惠言的观点，并提出了"词史"一说，以与"诗史"并尊。常州词派对清词发展影响甚大，近代谭献、王鹏运、朱孝臧、况周颐这四大词家，也是常州词派的后劲。

桐城派

桐城派是清代影响最大的古文流派，因其代表人物方苞、刘大櫆、姚鼐均系安徽桐城人而得名。明中期以后，因反对复古论调的公安派、竟陵派的出现，"文以载道"的文学传统遭到极大挑战。清初，先是名满天下的朝廷重臣方苞，对古文写作进行了新的思考，提出将"文""道"统一的"义法"说，被认为是桐城派的始祖。此后，刘大櫆又提出"神气""音节""字句"理论，进一步补充了方苞的"义法"说。乾隆时的姚鼐则提出"义理、考据、词章"合一的完整理论，乃是桐城派的集大成者。方、刘、姚三人被尊为"桐城三祖"。桐城派文章以文学的眼光看，没什么文采，其特点在于词句精练，简明达意，条理清晰，只求"清真雅正"，不求文采飞扬，偏重于文章的实用性。其代表作有方苞的《狱中杂记》，姚鼐的《登泰山记》等。桐城派影响极其深远，在地域上早就超出桐城，遍及全国。身为湖南人的曾国藩便是桐城派领袖，西方小说翻译家林纾也曾是桐城派中坚。时间上则自康熙直延至清末，

戴名世故里
位于安徽桐城。

甚至在新文化运动前夕,北京大学国文系还为桐城派所称霸。直到新文化运动开始,白话文兴起,桐城派才宣告消亡。其作家之多、播布地域之广、绵延时间之久,文学史所罕见。

诗界革命

诗界革命是清朝戊戌变法前后资产阶级倡导的诗歌改良运动。早期的倡导者是夏曾佑、谭嗣同、梁启超3人。他们力图开辟诗歌语言的新源泉,目的是表现资产阶级新思想。戊戌维新运动失败后,梁启超逃亡国外,把主要精力用在文化宣传和推进文学改良上。1899年,梁启超正式提出"诗界革命"的口号,倡导"新意境""新语句"和"以古人风格入之"的新诗写作风格。

在"诗界革命"中,黄遵宪取得的成就最大,被称为"诗界革命"的一面旗帜。黄遵宪(1848~1905年),字公度,号人境庐主人,广东嘉应州(今梅县)人。他曾在日本和欧美做过20多年的外交官,是戊戌维新运动的积极参加者。在诗歌创作方面,他提出"我手写我口"的创作原则,强调写诗要反映现实生活,能表达自己的真情实感。黄遵宪的诗作题材非常广泛,包括政治、战争、异乡风俗等,用艺术手段生动地展现了中国近代社会的变迁。他的代表作有《冯将军歌》《台湾行》《哀旅顺》等。

"诗界革命"冲击了长期统治诗坛的拟古主义、形式主义倾向,反映了当时的诗人咏唱新时代和新思想的强烈要求。

文 论

诗言志

天下有道则见，无道则隐。

诗言志是中国传统诗学的基本观念。最早在《尚书·尧典》中有："诗言志，歌永言。"上古时代，诗、歌一体，"诗言志"的意思便是歌词传达意义，这是其本义。后来孔子将上古时代的诗歌汇编成《诗经》，认为"诗三百，一言以蔽之，思无邪"。这使得诗歌"纯洁"化。又言："《诗》三百篇，大抵圣贤发奋之所为作也。"这又使得诗歌"崇高"化。如此，便在道德方向、写作目的上为诗歌做了一个模糊的界定。汉代，随着儒家思想正统地位的确立，孔子的观点被进一步发挥而具体化，如汉儒所作的《诗大化》言："诗者，志之所在也，在心为志，发言为诗。"又说："先王以是经夫妇，成孝敬，厚人伦，美教化，移风俗。"

如此，诗歌的政治和伦理内涵便进一步明确了，即诗应该用于表达政治抱负和道德情怀，这也成了历代诗论"开山的纲领"。魏晋时代，陆机又提出了"诗缘情"的主张，认为诗歌同时还应该表达个人情感，虽然也得到不少人的认同，并且许多诗歌事实上也是表达情感的，但在人们心目中，"诗言志"一直是处于一种正统地位的。

诗缘情

诗缘情是传统诗学的基本观念。自孔子以下，"诗言志"的诗论被不断发挥，成为诗歌写作的基本命题。魏晋时，陆机在《文赋》言："诗缘情而绮靡，赋体物而浏亮。"其本义在于对比诗与赋的区别，认为诗重在抒情，而赋重在状物。但后来却有人将陆机的"诗缘情"单独提出来，作为对抗"诗言志"的另一种诗论，认为诗歌的重点不在"言志"，而在表达个人情感。

"诗缘情"提出后，成为中国诗学的重要理论之一。不过，现代学者周作人等人则认为"言志"与"缘情"本是一回事，只是有人错误地将其割裂了，他还举《毛诗序》中的"在心为志，发言为诗，情动于中而发于言"为例。

事实上，不管"诗缘情"是包含在了"诗言志"之内，还是在其外独立存在，都不是问题的关键。关键是，诗歌作为一种文学样式，必然是既能表达治国平天下的远大抱负，又可表达诗人个人的七情六欲。历史上众多的诗人的写作实践都证明了这一点。

诗可以观

诗可以观，是儒家关于诗歌功能的一种表述。此语最早是孔子在《论语·阳货》中所言："小子何莫学夫诗，诗可以兴，可以观，可以群，可以怨。"这里，孔子就诗的功能做了一系列的表述。其中，"诗可以观"意为"观风俗之盛衰"，即王者通过诗歌来了解民间情况与政治得失，其强调的是诗反映社会现实的功能。

事实上，上古时代的诗歌与后来的诗歌有所不同，后世的诗歌更强调"美"，而上古时代的诗歌更强调"真"，因此诗人创作时，常常是纪实，而非虚构。其类似于现在的"报告文学"，新闻性很强，《诗经》中的许多作品都证明了这一点。

为了使诗更好地起到"观"的目的，早期设置有专门的"采诗之官"，平时在民间走街串巷地"采风"，目的便是供"王者所以观风俗，知得失，自考正也"。孔子的这种诗观得到了后来的儒家人士的继承，不过随着社会的发展，诗歌的艺术性逐渐增强，其"可以观"的功能受到一定削弱，但仍然是诗歌的一个大的传统。如杜甫的"三吏""三别"便是这种传统的反映，而白居易还专门发起过恢复诗歌"可以观"功能的"新乐府运动"。

赋、比、兴

赋、比、兴是《诗经》中的三种主要表现手法。关于赋、比、兴的意思，主要有两种解释。一种是以汉代郑玄为代表，其将赋、比、兴与政治教化、美刺讽谏联系起来，该种解释因脱离艺术形象本身而去刻意寻求诗歌的微言大义而追随者甚少。另一种解释则是将赋、比、兴释为单纯的艺术手法，其中以朱熹的解释流传度最广，其认为："赋者，敷陈其事而直言之也"；"比者，以彼物比此物也"；"兴者，先言他物以引起所咏之词也"。

《诗经》诗意图

通过"赋",往往能够通过语言的铺陈造成一种气势,起到强调、渲染的作用;而"比",则是将本体事物比做更生动具体的物体而便于人们想象和理解;"兴",则强调的是一种隐喻和象征,其因为能够增强诗文的深刻性而成为我国诗歌表现手法的基本准则,对后代的诗歌发展影响深远。总体上,赋、比、兴手法是我国诗歌创作过程中基本的艺术思维与表现手法。对其的研究则是我国诗歌理论的一个重要命题。

美刺

美刺是汉代经学家关于诗歌社会功能的一种说法。"美"意为歌颂,"刺"意为讽刺。最典型的持这种观点的是《毛诗序》,其认为"美"即"美盛德之形容,以其成功告于神明者也";"刺"即"下以风刺上"。汉儒对于《诗经》的解释基本上以此为标准,清人程廷祚曾在《诗论》中指出:"汉儒言诗,不过美刺二端。"如《大雅·云汉》则是"美周宣王也";《卫风·木瓜》被认为是"美齐桓公也";《小雅·鸳鸯》是"刺幽王也";《邶风·雄雉》是"刺卫宣公也"。其中,一些明明是男女之间的情歌的诗篇也被汉儒们牵强附会地认为是暗含了"美刺"。汉儒将《诗经》解释为赞美和讽刺的两大主题的做法,有利于统治者控制言论,故在相当长的时间里,"美刺"都被认为是诗歌创作的正统原则。直到南宋,朱熹才首次在理论上明确反对将《诗经》简单化为"美刺"的观点,认为古人作诗与今人一样,也是出于抒发性情的需要而已。不过,在实践上,诗人们早已摆脱了"美刺"的镣铐,不然,光彩夺目的唐诗也就不会出现了。

诗教

诗教是中国古代诗歌理论用语,本指《诗经》使人"温柔敦厚"的教育作用,后来也泛指诗歌的教育宗旨和功能。孔子是"诗教"的最早提出者和积极倡导者,其在《礼记·经解》中言:"入其国,其教可知也。其为人也,温柔敦厚,《诗》教也。"意思是,到了一个国家,其教化便可以知道了,如果那里的人温柔敦厚,这便是《诗经》教化的结果。相传正是为通过《诗经》施教,孔子"去其重,取可施于礼义",

编纂了《诗经》。汉代时，汉儒为弘扬孔子的诗教传统，将《诗经》列为儒家五经之一，并对其进行了进一步的详细解析，使之蕴涵了道德和礼义的内涵，并延展出一个人的社会、政治、人生等方面的意义。此后，诗教也便成了中国一种源远流长的教育传统。古代读书人不仅熟读《诗经》，而且作诗也成了其基本技能。没有深厚的诗教传统，唐诗宋词的繁荣是不可想象的。

温柔敦厚

"温柔敦厚"本为儒家的传统诗教，语出《礼记·经解》："入其国，其教可知也。其为人也，温柔敦厚，《诗》教也。"这本来说的是《诗经》对人的教化作用。据汉儒分析，之所以能有此教化作用，正是因为《诗经》本身的风格乃是"哀而不伤，怨而不怒"，即使讽刺君王，也是"发乎情，止乎礼仪"，故而不失其温柔敦厚，后来被引申为诗歌创作的一个原则。如白居易发起的"新乐府运动"所提倡的诗歌创作便是这样一种"怨而不怒"的风格。白居易本人所写的讽喻诗，正是"本之于温柔敦厚"，"上以补察时政，下以泄导人情"，虽然直刺统治者，却得到统治者的认可。在封建时代，因温柔敦厚的风格既能为统治者起到"谏言"的作用，同时又不过于尖锐，这种折中主义的做法因使统治者和文人之间找到了一个妥协点，所以长期影响着古代诗人的创作。同时，温柔敦厚也被用来指一种含蓄、委婉的艺术风格。

知人论世

"知人论世"为中国古代文学批评的一种观念。《孟子·万章下》言："颂其诗，读其书，不知其人，可乎？是以论其世也，是尚友也。"对于孟子这句话的解释有两种，现代学者朱自清将其解释为孟子将"颂（诵）诗""读书""知人论世"作为三种并列使自己得到提高的方法。而另一种解释则认为是孟子将了解"其人"与"其世"作为理解其诗文的前提，即要理解一个人的诗文，首先要了解作者的生平和其时代背景。清代章学诚在《文史通义·文德》中言："不知古人之世，不可妄论古人之辞也。知其世矣，不知古人之身处，亦不可以遽论其文也。"进一步将"论世"与"知人"的重要性进行了排列，即"论世"第一，"知人"第二。这种以"知人论世"为理解诗文前提的观点对后世批评学家影响很大，已经成了文学批评的一个基本模式，历代学者都以考证作者生平和时代背景为文学批评的前提。

文以载道

文以载道，中国古典文学创作的基本观念之一。最早提出这种说法的乃是北宋理学家周敦颐，其在《通书·文辞》中称："文所有载道也，轮辕饰而人弗庸，徒饰也，况虚车乎？"这里将作文而不承载一定的道，比做没有任何目的的空车。其字面意思是写文章应该表达一定的思想，而实质的意思则是写文章应该表达儒家之道，即儒家的传统伦理道德。

事实上，周敦颐并非最早提出这种观点的人，在宋代之前，便有人提出了"明道""宗经""征圣"等主张，只是周敦颐提出了"文以载道"这个更明确而响亮的口号。此后，随着理学成为宋代官学，"文以载道"便成了文章写作的普遍原则。人们认为，写文章时，"道"才是目的，文只是手段，作文的目的便是"载道"。人们一度将这个"道"理解得很狭隘，甚至排斥文章的艺术追求，视之为"玩文丧志"。不过多数时候，人们对于"道"的理解还是比较宽泛的，并非一定要局限于孔孟之道。总体上，"文以载道"与"诗言志"共同构成了古代文人诗文创作的基本观念。

文气

文气，传统文论的基本概念和术语。此概念来自先秦哲学概念"气"，当时人们认为，宇宙之间存在一种构成万物的本源的"自然之气"。这种"气"是生命活力的原动力，是一种体现精神的抽象物，其无形而无所不在。曹丕后来首次运用这种"气"论来论述文章。他在《典论·论文》中说："文以气为主，气之清浊有体，不可力强而致。"曹丕所说的"文气"实际上指的是作文的天赋个性和才能，其不可强求，且不能传授。此后，"文气"便成了传统文论的一个常见术语，并进一步派生"逸气""骨气""灵气""神气"等说法。历代作家对"文气"都十分重视，唐代韩愈言："气盛，则言之短长与声之高下皆宜。"北宋苏辙言："文者，气之所形。"明代归有光言："文章，天地之元气。得之者，其气直与天地同流。"清曾国藩则言："为文全在气盛。"正是因为"文气"的重要作用，古代还普遍存在一种"养气"说，刘勰在《文心雕龙》中专门写有《养气》一篇，认为作者应该"调畅其气"。苏辙认为"文不可以学而能，气可以养而致"。至于其具体培养方法，韩愈、"三苏"、公安派文人等均有独特见解。

韩愈像

文质

文质，中国传统文论的基本概念和术语。最早使用这个概念的是孔子，其在《论语·雍也》中言："质胜文则野，文胜质则史，文质彬彬，然后君子。"孔子在这里论述的是人，而非文章。"文"指的是一个人的外在举止言谈，"质"指的是一个人的内在涵养。孔子认为一个人应该外在举止和内在涵养相统一才能称得上是君子。魏晋之际，"文质"的概念被文人们运用到文论中，一种说法以其形容语言风格的华美或质朴，并在此基础上形成了"尚文""尚质"观点间的对立；另一种说法则以"文""质"分别指代文章的形式和内容。

在古代，"质"一直居于主导地位，而"文"则居于从属地位。《文心雕龙》言："文附质，质待文。"唐宋以后，人们普遍以"文""道"替代了"文""质"的概念。而其观点基本上没变，虽然一度有人提出"文道合一"的概念，但总体上，主流的观点仍将"道"视为本，而将"文"视为末，甚至北宋的程颐提出了"玩文丧志""作文害道"的极端说法。

风骨

风骨，传统文论的基本概念和术语。"风骨"一词最早出现于汉末，流行于魏晋，本是用来品评人物。如《宋书·武帝纪》称刘裕"风骨奇特"，《南史·蔡撙传》称蔡撙"风骨鲠正"等。后来南朝文人将"风骨"引入文论中用以指文章的风力劲骨，刘勰在《文心雕龙》中作《风骨》一篇，对其进行了专门的论述。刘勰认为，所谓"风"，指文章的情志，要有感动人的力量，写得鲜明而有生气，骏快爽朗；"骨"，则指文章要文辞精练，辞义相称，有条理，挺拔有力。"风骨"便是整体上要求文章有气有劲，气韵生动，风格俊朗。而与刘勰同一时代的谢赫则将"风骨"引入画论，其在《古画品录》中认为"风骨"在画作具体体现为"气韵生动"与"骨法用笔"，认为画得生动而有气韵，笔力雄健，线条挺拔，便可谓有"风骨"。另外，对于"风骨"还存在其他一些不同的解释，总体上，"风骨"指的是一种鲜明、生动、凝练、雄健有力的艺术风格。

意境

意境，传统诗学的基本概念与术语。"意"指诗人的主观意志，"境"则指自然景物，"意境"指抒情性诗作中呈现的那种情景交融、虚实相生、活跃着生命律动的韵味无穷的诗意空间。"意境"作为诗论术语，最早出现于唐代王昌龄所写的诗论《诗格》中。王昌龄在文中提出"诗有三境"，分别为物境、情境、意境。这里的意境事实上偏重于"意"，意思是"意"的境界，而非强调"意""境"之间的关系。中唐以后，"意境"则开始强调"意""境"之间的契合关系。如权德舆所说的"意与境合"，司空图提出的"思与境偕"均指的是诗人的主观之"意"与自然之"境"之间的某种契合。经南宋的姜夔，明清之际的朱存爵、叶燮、王夫之等人的进一步发挥，到近代

一切景语皆情语

学者王国维，对"意境"提出了更为系统的说法。其在《人间词话》中更提出"境界"一说，将"意"与"境"一元化为一种"情景合一"的艺术"境界"。其认为"一切景语皆情语"，将"意境"表述为情景浑然一体的一种美学意蕴。王国维在《宋元戏曲史》中言："文章之妙，亦一言以蔽之，曰：有意境而已。"对于何为意境，其进一步解释："写情则沁人心脾，写景则在人耳目，述事则如其口出。"

选学

选学是指研究《昭明文选》的学问。《昭明文选》简称《文选》，是中国现存的最早的诗文总集，由南朝梁武帝的长子萧统组织文人编选。萧统死后谥"昭明"，故名。《文选》共有60卷，分为赋、诗、骚、诏、册、令、碑文、序等总38类。所选内容注重文学性，讲究辞藻，多为历代大家作品。《文选》自问世后，受到文人重视，先是萧统的侄子萧该作《文选音》，对《文选》语词做了音义解释，隋唐时期的曹宪、许淹、李善、公孙罗等人又撰《文选音义》，并批注《文选》，逐渐形成了"选学"。唐朝时，选学一度与"五经"并驾齐驱，士子大多精读《文选》。北宋时，民间尚传言曰：文选烂、秀才半。直至元、明、清，有关《文选》的研究亦未尝中辍。时至今天，"选学"所研究的内容主要是《昭明文选》包含的文学观念及文体分类思想，梳理《文选》成学的文献依据，并进而研究其在文学史、学术史、文化史等方面的价值。

红学

红学指研究与《红楼梦》相关问题的学问。《红楼梦》作为中国古典小说的集大成之作，一经问世，便有人产生了对其进行更深层次解读的好奇，红学随之诞生。事实上，小说在写作的过程中出现的"脂砚斋评"便属于红学。而红学作为一门正式学问则始于民国时期，与之相随的是小说摆脱"末流"的地位以及西方文艺理论的传入。

红学研究的内容，大体可分为几个方面，一是对《红楼梦》本身主题、人物、艺

大观园图

术手法及其在文学史上的影响等的研究；二是对《红楼梦》作者生平、思想的研究；三是对《红楼梦》版本、章回等的研究，等等。就红学研究者而言，可分为旧红学与新红学两拨。其中旧红学，指的是"五四"时期以前，有关《红楼梦》的评点、评论、题咏、索引、考证等。旧红学主要采用圈点、加评语等形式评点《红楼梦》，或者以历史上或传闻中的人和事，去比附《红楼梦》中的人物和故事。而新红学则以胡适、周汝昌等为代表的考证派，主要是通过考证作者家世、生平史料和各种版本等进行研究。另外，王国维写了《红楼梦评论》一书，运用西方哲学对《红楼梦》进行全面评论，在红学界独树一帜，影响颇大。

杰出文学家

屈原

屈原生于约公元前340年,是中国文学史上第一位爱国主义诗人,楚辞文体的开创者,也是浪漫主义诗人的杰出代表。刘勰在《文心雕龙·辨骚》中,曾给予屈原"衣被词人,非一代也"的评价,旨在说明屈原在中国文学史上的突出贡献。其流传下来的作品共有23篇,其中《九歌》11篇,《九章》9篇,《离骚》《天问》《招魂》各一篇。屈原是战国末期著名的政治家、文学家。他一生深思高举,却换来潦倒流放,投汨罗江而死的悲剧命运。在其代表作《离骚》中,屈原将自己为国尽忠、流放潦倒、品质高洁、亡国苦痛等情感融洒在字里行间,不仅创造了"香草美人"的文学传统,还彰显了屈原文学创作中的个性光辉。屈原是个注重现实的诗人,但是他的很多作品又和神话有密切联系,在现实与神话相结合的形式中,通过自由奔放的语言,将现实社会中的种种矛盾凸显出来,从而揭露当时楚国政治上的黑暗面。在政治上,他是爱国爱民、坚持真理的;在精神人格上,他是宁死不屈、品质高尚的;在文学上,他是不拘一格、开拓创新的。就屈原的文学影响来说,他的很多作品都是后世作家汲取养料、提高水平的参考范本。尤其是楚辞文体的创立,直接影响了汉赋的形成,它与《诗经》被称为浪漫主义与现实主义两大优良流派的源头。

临李龙眠九歌图(局部)

贾谊

贾谊(公元前200～前168年),西汉初年著名政论家、文学家。洛阳人,世称贾生。贾谊自小博览群书,18岁即名闻郡里。21岁时被汉文帝召为博士,乃当时最年轻的博士。汉文帝对其十分赏识,欲拜其为公卿,但因大臣们的嫉妒和反对而作罢。后贾谊因遭朝臣诋毁,被贬为长沙王太傅。后被召回长安,任文帝子梁怀王太傅。梁怀王坠马而死后,贾谊深感歉疚,忧伤而死,年仅33岁。

贾谊的思想以儒家为主,也杂有法家及黄老成分。早年曾为《左传》做过注释,但失传。另外,其对道家思想也有一定研究,青年时写过《道德论》《道术》等论著。贾谊见诸后世的成就主要在文学方面,散文和辞赋非常有名。众所周知的便是政论文《过秦论》,以高度概括的笔墨铺陈史实,并以夸张的手法进行渲染,文章雄辩滔滔,极富气势,具有战国纵横家的遗风。另外,其政论文《论积贮疏》《陈政事疏》及辞赋《吊屈原赋》《鵩鸟赋》都非常著名。贾谊的作品被刘向辑为《新书》,又名《贾子》。

司马相如

司马相如(约公元前179～前127年),西汉大辞赋家。字长卿,蜀郡成都人,本名司马长卿,因崇敬战国蔺相如,改名相如。少好读书、击剑,曾为景帝武骑常侍,因景帝不好辞赋,辞官,游于梁孝王门下。后回蜀,其间与才女卓文君私奔,留下千古美谈。汉武帝后来看到司马相如的《子虚赋》,大为赞赏,召其入宫,司马相如由此成为宫廷辞赋家。

王车架千乘,选徒万乘。

汉代,赋这种文体大盛,涌现出了枚乘、扬雄等一批善于写赋的作家,而司马相如则是最典型的代表。除《子虚赋》外,司马相如还作有《上林赋》《美人赋》《长门赋》等。其中,《子虚赋》《上林赋》内容相连,以子虚和乌有先生争相夸耀本国的故事为基本构架,极尽铺叙、夸张、想象、排比之能事,气势恢宏,典故堆砌,文字华彩,从各个方面体现了散体大赋特点,奠定了散体大赋的体制,在我国文学史上占有重要地位。以《长门赋》为代表的骚体赋对我国宫怨文学有不小的影响。因其文学影响，司马相如被认为是与司马迁齐名的重要作家。鲁迅在《汉文学史纲要》中言："武帝时文人，赋莫若司马相如，文莫若司马迁。"

扬雄

扬雄（公元前53～18年），汉赋代表作家，与司马相如并称"扬马"。字子云，西汉蜀郡成都人。扬雄少时口吃，不善言谈，默而好深湛之思。其家贫而好学，博览群书，不慕富贵。扬雄早年酷爱辞赋，尤其仰慕同乡作家司马相如，曾模仿其作品著有《甘泉赋》《羽猎赋》等。40多岁时，扬雄被推荐成为汉成帝的文学侍从，期间写了一系列描写天子祭祀、田猎的赋作。扬雄的辞赋在当时颇负盛名，但其后来却认为这是"童子雕虫篆刻"，"壮夫不为"，并不再写赋，而埋头于撰写时人并不懂的学术著作，以求传之后世。扬雄仿《易经》写《太玄》一书，阐发了自己的哲学思想；仿《论语》写《法言》一书，在书中他主张文学应当宗经、征圣，以儒家著作为典范，这对刘勰的《文心雕龙》颇有影响。扬雄还著有语言学著作《方言》，是研究西汉语言的重要资料。因扬雄的重要影响，《三字经》中将其与老子、庄子、荀子、文中子（王通）并列为"五子"。

曹操

曹操（155～220年），东汉末年政治家、文学家。字孟德，沛国谯（今安徽亳州）人。曹操出身汉官宦世家，在镇压汉末农民起义黄巾军的过程中崭露头角，并一步步扫灭北方群雄，为建立魏打下基础，曹操死后，其子曹丕称帝，追谥曹操为魏武帝。

曹操不仅是杰出的政治军事家，而且在文学上卓有成绩。其"外定武功，内兴文学"，延揽天下文士，对建安文学的繁荣起了重要作用。曹操与其子曹丕、曹植被称为"三曹"，乃是建安文学的代表人物，史称"建安风骨"。曹操的文学成就主要体现在诗歌方面。相传曹操"登高必

碣石

此碣石位于辽宁省绥中县万家镇，北距海岸450米，为石英花岗岩。当年，曹操为统一北方，征伐辽东，路经此地，一时感慨万千，高吟："东临碣石，以观沧海，水何澹澹，山岛竦峙。树木丛生，百草丰茂。秋风萧瑟，洪波涌起。日月之行，若出其中。星汉灿烂，若出其里。幸甚至哉，歌以咏志。"是为四言诗绝顶之作，苍凉恢宏，气度非凡。

赋",诗作现存20多首,都是以乐府歌辞形式写成。其虽用乐府旧体,却不袭用古人辞意,而是自己缘事因性而作,一类是反映汉末动乱和民生疾苦,如《苦寒行》《蒿里行》等。这类诗因摹写现实真切而有"汉末史诗"的美誉。一类是抒发其政治抱负与进取精神的,如《短歌行》《观沧海》等。这类诗慷慨激越,深沉雄浑,也是诗中佳作。另有一类乃是游仙诗,艺术成就不高。除诗歌外,曹操的散文也一改汉儒文章迂阔空泛的习气,真率自然,文笔简约,颇有特色,鲁迅称之为"改造文章的祖师"。

曹植

曹植(192~232年),三国时魏国诗人,文学家。曹植是曹操第三子,因曾被封为陈王,谥号"思",世称陈思王。曹植自幼聪慧,才思敏捷,被曹操所器重,曾一度考虑废曹丕的太子位而传王位于曹植,但因群臣强调"立长"原则而作罢。也正因为此,曹操死后,曹植为继位的曹丕所恨,差点将其杀害,终生被排斥在主流政治之外。

曹植的文学成就乃是"建安文学"中最高的,《诗品》称之为"建安之杰"。总体上,曹植的创作可以曹丕称帝为界分作两个阶段。第一个阶段,其作为优游宴乐生活的贵族王子,所写诗作大多是意气风发、文采绚丽的风格,代表作有《白马篇》《箜篌引》等。而第二个阶段,随着曹丕称帝后,其在政治上处处受到排挤与打击,对社会与人生有了新的认识,作品数量增多,且思想更加深刻,艺术上也更给成熟,代表作有《杂诗》6首、《七哀诗》《赠白马王彪》等。钟嵘在《诗品》中称赞曹植的诗"骨气奇高,词彩华茂"。曹植的诗歌在文学史上具有深远影响,尤其其作为第一个大力写五言诗的人,对五言诗的发展起到重要作用。

阮籍

阮籍(210~263年),三国魏诗人。字嗣宗,陈留尉氏(今属河南)人,是"建安七子"之一阮瑀的儿子。阮籍生在司马氏与曹氏政治角力的黑暗时代,采取的是疏离政治、放浪形骸的姿态,因与嵇康、刘伶等7人整天聚在一起喝酒,世称他们为"竹林七贤"。阮籍思想上崇尚老庄之学,对政治失望的同时转而寻求人生的终极关怀。据说其经常驾车出游,不由路径,直到无路处,则痛哭而返。阮籍在文学上的成就主要体现在诗作《咏怀》82首。这些诗作中最突出的思想便是表现诗人内心的孤独和苦闷,寄托了作者希望超越黑暗的现实走向理想的自由世界的愿望。另一个重要方面便是揭露了政治黑暗、世道衰败的现实以及世俗之人的虚伪。在艺术风格上多用比兴手法,形成了含蓄蕴藉,隐约曲折的风格。钟嵘在《诗品》中称阮诗"厥旨渊放,归趣难求"。除诗歌外,阮籍还长于散文和辞赋,其中以《大人先生传》最为有名。阮籍对于后世文学家影响相当大,陶渊明、李白、陈子昂、曹雪芹等著名作家均受其影响。

陶渊明

陶渊明（约365～427年），我国第一个田园诗人。生于东晋浔阳柴桑（今江西九江），字元亮，号五柳先生，入刘宋后改名潜。陶渊明出身没落名门，其曾祖父陶侃乃是东晋开国元勋，至陶渊明而没落。陶渊明喜欢读书，性嗜酒，却因家贫不能常得。思想上，陶渊明深受道家人生观影响，生性洒脱，以逍遥自在为乐。30岁时，为生活所迫，陶渊明出仕做了几年小官，后因不肯"为五斗米，折腰向乡里小儿"辞官隐去。

在文学成就上，陶渊明被认为是魏晋南北朝最负盛名的作家，而且是屈原之后李白之前对中国文学影响最大的诗人。其所作诗歌现存120首，辞赋3篇，散文8篇，其中以诗歌成就最高。陶渊明的诗歌题材较丰富，其中最能代表其创作成就的，是田园诗。在诗中，陶渊明将田园自然生活描写成一个与现实黑暗世界对立的理想世界，寄寓了作者美好的人生理想。另外，其散文《桃花源记》更鲜明地寄托了作者的这种理想。陶渊明的这种"世外桃源"思想为文人们在政治官场之外，营造出了一个虽不存在却令人神往的精神乌托邦，对后世文人产生了深远影响。

陶渊明饮酒图　元　钱选

谢灵运

谢灵运（385～433年），我国第一个山水诗人。其祖籍陈郡阳夏（今河南太康），乃东晋名将谢玄之孙，18岁袭爵康乐公，世称谢康公、谢康乐。谢灵运聪颖博学，热衷政治。入宋后，降爵为康乐侯，本欲参与时政机要，但宋文帝对他"唯以文义见接，每侍上宴，谈赏而已"。在朝不得志，一度隐居会稽始宁（今浙江上虞），宋文帝时，出任临川内史，后被诬谋反遭杀。

谢灵运在文学上的成就在于开创了中国山水诗流派。其诗作大部分为山水诗，多作于其任永嘉太守以后。利用细腻的笔调、敏锐的审美直觉及精巧的语言对其所到的永嘉、会稽、彭蠡等地的自然景物和山水名胜进行了描绘，辞章绚丽，意境新奇，给人清新之感。在文学史上，谢灵运第一个将自然景物作为独立客观的审美和描写对象，写作了大量的山水诗，故被尊为山水诗的鼻祖。谢灵运的山水诗很大程度上扭转了魏晋以来的玄言诗风，对永明新诗体及后世山水诗的发展，均产生了深远影响。

陈子昂

陈子昂（约661～702年），唐代文学家，初唐诗文革新人物之一。字伯玉，梓州射洪（今属四川）人。陈子昂出身富裕家庭，轻财好施，慷慨任侠。同时博览群书，24岁时举进士，一度得武则天赏识。官至右拾遗，直言敢谏，后曾两次从军出征西北边塞和燕京一带，但均不受重用。因在朝廷10多年的政治生涯不得志，陈子昂38岁辞官回乡，被权臣武三思指使射洪县令予以加害，冤死狱中。

陈子昂在政治上提倡改革，在文学上具有强烈的革新精神。针对六朝乃至唐初以来浮艳而形式主义的诗风，其力主恢复汉魏风骨，认为诗歌应该像建安时代那样，既要有针砭现实的"兴寄"，又要有充实的思想和刚健的"风骨"，以实现形式与内容的完美统一。而他自己的诗作也正体现了这种主张，其代表作《感遇》诗38首，《蓟丘览古赠卢居士藏用》7首和《登幽州台歌》，风格朴质而明朗，格调苍凉激越，标志着初唐诗风的转变。尤其《登幽州台歌》以其辽阔苍茫的时空境界，慨然独立的主体形象，孤高悲凉的情感格调，堪称震惊千古的佳作。

初唐四杰

初唐时期文学家代表是"初唐四杰"：王勃、杨炯、卢照邻和骆宾王。

王勃（约650～676年），字子安，绛州龙门（今山西河津）人。当时流行以风花雪月为题材的宫体诗，注重形式主义。王勃首先反对诗坛上的这种不正之风，得到了卢照邻等人的支持。王勃现存诗80多首，多为五言律诗和绝句，代表作有《送杜少府之任蜀州》，著有《王子安集》。

杨炯（653～693年），华阴（今属陕西）人，武后时为盈川令，所以世称杨盈川。他以边塞诗著名，代表作有《从军行》《出塞》《战城南》等，气势轩昂，风格豪迈，感情饱满，意象醒目。今存诗33首，其中以五律居多，有《杨盈川集》。

卢照邻（约632～695年），字升之，自号幽忧子，幽州范阳（今河北涿州）人。

落霞孤鹜图　明　唐伯虎

此画是唐伯虎根据唐代王勃《滕王阁序》中的名句"落霞与孤鹜齐飞，秋水共长天一色"绘制而成的。画幅自题诗："画栋珠帘烟水中，落霞孤鹜渺无踪。千年想见王南海，曾借龙王一阵风。"诗中流露出对王勃少年得志的钦慕和向往。

他的诗意境清迥，以韵致取胜。代表作《长安古意》词句清丽，委婉顿挫，借古讽今，意味悠长，是初唐长篇歌行的名篇。今存《卢升之集》《幽忧子集》。

骆宾王（约619～687年），字观光，义乌（今浙江义乌）人。早年有神童之称，他的诗题材较为广泛，擅长七言歌行，笔力雄健，代表作《帝京篇》，当时的人们认为是"绝唱"。徐敬业发兵反对武后时，他曾作檄文《代徐敬业传檄天下文》，义正词严，气势磅礴，连武后都夸他的文采。有《骆宾王集》存世。

孟浩然

孟浩然（689～740年），唐代著名山水田园诗人。字浩然，湖北襄阳人，故世称孟襄阳。孟浩然是古代归隐得比较彻底的一个文人，40岁之前一直在家种菜养竹，闭门读书。开元十六年（728年），到长安应进士，但未能登第。后张九龄任宰相时，孟浩然曾入其幕府，不久即归隐鹿门。不过，虽归隐山林，孟浩然名声却在外，李白、王维、杜甫、王昌龄等人都与其关系甚好。

在文学上，孟浩然的主要成就在山水田园诗方面。其中，以山水诗数量最多。内容一则是孟浩然游历南北各地时对于当地山水的描写，一则是隐居期间对于襄阳的自然风光所做的描绘。在艺术特色上，其山水诗着力追求一个"清"字，往往以清淡平和的语言描绘清幽绝俗的意境，语言洒脱，风格平易，韵致高远。而田园诗数量相对少一些，但因特色鲜明而颇受称道，最脍炙人口的便是《过故人庄》。总体上，孟浩然继承了陶渊明、谢灵运的山水田园诗传统，乃是唐代的第一个山水田园诗人，被誉为"盛唐之音"的第一声。孟浩然与略晚的王维乃是唐代山水田园诗人的代表，因其一生经历简单，其诗不如王诗境界广阔，故虽年长却排王后，世称"王孟"。

王维

王维（701～761年），盛唐时期著名诗人。字摩诘，祖籍山西祁县，因崇敬并精通佛学，有"诗佛"的外号。王维少有才名，15岁至京城应试，即受到王公贵族青睐，21岁即中进士，官至尚书右丞，故世称"王右丞"。张九龄任宰相时，王维受到器重，后张九龄遭贬，李林甫出任宰相，唐朝进入由盛而衰的转折点，王维在京城南蓝田山麓的别墅里，过起了半官半隐的生活。

在诗歌成就上，在唐朝的诗人排行榜中，除李白、杜甫稳占前两把交椅外，第三名的人选人们往往是在王维与白居易间争论，无有定论。王维在诗歌上的成就是多方面的，无论边塞、山水诗、律诗还是绝句等都有脍炙人口的佳篇，而其成就最高的乃是山水田园诗。陶渊明、谢灵运开创山水田园诗派后，唐代诗人多有继承此派的，而以王维和孟浩然成就最高，并称"王孟"。王维继承和发展了谢灵运的山水诗传统，并对陶渊明田园诗的清新自然也有所借鉴，使山水田园诗的成就达到了一个高峰，在中国诗歌史上占有重要的位置。另外，王维还擅长音律与绘画，享有"诗中有画，画中有诗"的美誉。

李白

李白（701～762年），字太白，号青莲居士，绵州昌隆（今四川江油）人，祖籍陇西成纪（今甘肃天水市秦安县），出生于唐朝安西都护府碎叶城（今吉尔吉斯斯坦托克马克城），5岁时随父亲迁到四川绵州青莲乡。

李白"一生好入名山游"，20岁时游遍了巴蜀的名山胜水，25岁时开始漫游全国，足迹遍及山东、山西、河南、河北、湖南、江苏、浙江、安徽等地，写下了大量的优秀诗篇。742年，受唐玄宗的赏识被召入宫，供奉翰林。但李白不愿向权贵低头，两年后辞官离京，又开始了长达十多年的漫游生活。"安史之乱"爆发后，李白应邀进入永王李璘幕府。后被流放到夜郎，中途遇赦。762年，病逝于安徽当涂。

李白是继屈原之后我国古代最杰出的浪漫主义诗人，被誉为"诗仙"，与杜甫并称"李杜"，今存诗900多首。李白一生关心国事，不满黑暗现实，希望能建功立业，同时他又受老庄和道教的影响，又有"出世""求仙"的思想。他的诗歌豪迈瑰丽，既有丰富奇特的想象，又有对当时政治黑暗的抨击，还有对民生疾苦的反映和同情。

李白《把酒问月》诗意图　明　杜堇

此图依据李白诗意绘制而成，左为图，右为原诗。人物用白描法，笔法细劲秀逸，形象生动传神。杜堇，本姓陆，字惧男，号古狂、青霞亭长，江苏丹徒人，明成化、弘治年间的著名画家。山水取法南宋四家，用笔遒劲；人物师李公麟，流畅疾利，追踪晋唐。

李白的诗受屈原和汉魏六朝的乐府民歌影响最深,擅长形式自由的古诗和绝句。他的诗语言浑然天成,不屑雕饰,清新隽永。写景则气势磅礴,想象奇特,抒情则感情奔放,变化多端。代表作有《黄鹤楼送孟浩然之广陵》《望庐山瀑布》《望天门山》《早发白帝城》等。著有《李太白全集》。

王昌龄与岑参

唐代疆域辽阔,经济繁荣,军事强盛,人民尤其是文人的民族自尊心和自豪感空前高涨,世人多具有积极乐观的情调和浪漫的气质,对从军边塞、建功立业充满向往,因此一种讴歌边塞生活的边塞诗派逐渐兴盛起来。王昌龄和岑参便是边塞诗人的杰出代表。

王昌龄(698~756年),字少伯,京兆长安(今陕西西安)人。开元十五年(727年)中进士,曾任江宁丞,后贬为龙标尉,世称王江宁、王龙标。"安史之乱"后在北返途中为亳州刺史闾丘晓所杀。王昌龄的诗作在内容上以边塞、闺情宫怨和送别3类体裁最多。其边塞诗以他多年的边塞游历为基础,气势雄浑,格调高昂,乃边塞诗中的上品。王昌龄的闺情宫怨诗或格调哀怨,或清新优美,颇受推崇。一度获"诗家天子王江宁"的美誉,尤其对七绝用力最深,被后世称为"七绝圣手"。

岑参(约715~770年),南阳(今属河南)人,出身官僚家庭,曾祖父、伯祖父、伯父都官至宰相,至岑参时家道中落。岑参30岁中进士,授兵曹参军,曾两度在边关任职。后由杜甫等推荐任右补阙,最后官至嘉州(今四川乐山市)刺史,世称岑嘉州。以后罢官,客死成都旅舍。6年的边塞生涯为他的边塞诗打下牢固的现实基础,其边塞诗气势雄伟,想象丰富,色彩瑰丽,热情奔放,乃是边塞诗中的上乘之作。岑参与另一位著名边塞诗人高适并称"高岑"。

杜甫

杜甫(712~770年),字子美,襄阳(今属湖北)人,生于河南巩县(今巩义市)。因在长安城南少陵居住过,曾任检校工部员外郎,后世称之为杜少陵、杜工部。

杜甫出生于官宦世家,祖父是诗人杜审言。他从小受过良好的教育,深受儒家思想的影响,渴望报效国家,建功立业。731~745年,杜甫开始在全国漫游,北到燕赵,南到吴越,期间曾与李白相遇,两人结为好友。杜甫曾两次考科举,但均不第,困居长安10年。后经过多次奔走,才得到右卫率府参军的小官。"安史之乱"后,杜甫只身投奔唐肃宗,被任命为左拾遗、工部员外郎,后被贬为华州司功参军。不久他弃官而去,全家定居成都。晚年漂泊在四川、湖南、湖北一带。770年,病死于一条破船上。

杜甫的诗现存1400多首,他的诗被称为"诗史",很多重大的历史事件在他的

杜甫诗意图　明　项圣谟

此图取意于杜甫诗句"千家山郭静朝晖，日日江楼坐翠微"。项圣谟(1597～1658年)，字逸，后字孔彰，号易庵，别号胥山樵、存存居士、烟波钓徒、狂吟客等，秀水(今浙江嘉兴)人，明清之交著名的画家。

诗中都有反映。另外他的诗还可弥补史书记载的不足。杜甫多年游历和长期生活在社会底层，再加上仕途坎坷，他对社会的黑暗、政治的腐朽、人民的困苦生活有着深刻的了解，对人民深切同情，大胆地揭露了当时尖锐的社会矛盾。他的诗歌沉郁顿挫、忧思悲慨，语言精练，形象生动，抒情诗多寄情于景，情景交融。杜甫的代表作有《兵车行》《丽人行》《前出塞》《后出塞》《自京赴奉先县咏怀五百字》《三吏》《三别》等。他的《忆昔》一诗，常被史学家用来说明开元盛世的社会风貌。有《杜工部集》。

韩愈

　　韩愈（768～824年），中唐著名文学家。字退之，邓州南阳（今河南孟州）人，因祖籍在昌黎（今属河北），世称"韩昌黎"。其年少时孤贫而发愤，25岁中进士，29岁正式登上仕途。早年仕途比较坎坷，屡遭贬黜，晚年历任吏部侍郎等高职，政治上较有作为。韩愈在文学上的成就主要是在散文方面，苏轼称其"文起八代之衰"。

　　韩愈与自己的政敌柳宗元一起倡导"古文"，形成了声势浩大的古文运动。最后"古文"逐渐替代了"今文"（骈文），并流传千年之久。在提出理论的同时，韩愈本人用古文写了大量的哲学、政治、文学论文和一些杂文。在语言上，韩愈"惟陈言之务去"，善于活用前人成语，创造了一种适时通用的文学语言。在风格上，其文雄健豪放，波澜壮阔，酣畅淋漓。

　　韩愈的散文对后世产生了深远影响，后人将其列为"唐宋八大家"之首，又将他与杜甫并提，有"杜诗韩文"之称。除散文外，韩愈作为诗人也被认为是中唐诗人中的翘楚，他还开创了"说理诗派"的诗风，对宋代诗歌风格的转变起到了先导作用。

白居易

　　白居易（772～846年），字乐天，号香山居士，生于郑州新郑，出身官宦家庭。29岁中进士及第，与元稹并称"元白"。810年，任京兆府户曹参军，负责草拟诏书，

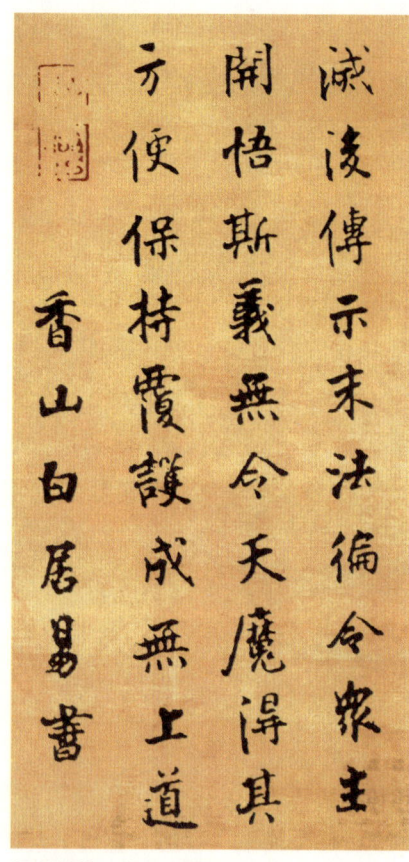

楞严经帖　唐　白居易

后遭排挤，被贬为江州司马。822年后，先后任杭州刺史、苏州刺史。在职期间，为官清廉，关心人民疾苦，深得民心。58岁时定居洛阳，常与刘禹锡唱和，时称"刘白"。

白居易是中唐最杰出的现实主义诗人之一，现存近3000首诗歌，主要可以分成讽喻、闲适、感伤和杂律四大类，其中讽喻诗成就最高，主要有《新乐府》50首，《秦中吟》10首。这些诗叙事完整，情节生动，人物传神，广泛反映了中唐时期社会生活的各个方面，着重描写了社会的黑暗、政治的腐败和人民的苦难，言辞激烈，毫无顾忌。如《卖炭翁》中揭露了宦官对人民巧取豪夺的罪恶行径——"宫市"；《买花》揭示了当时巨大的贫富差距。

白居易的感伤诗以《长恨歌》和《琵琶行》最具代表性。《长恨歌》写的是唐玄宗和杨贵妃的婚姻爱情故事，诗中既有对唐玄宗重色误国的讽刺，又有对他和杨贵妃之间的爱情的感伤和同情。《琵琶行》则借琵琶女的不幸身世来抒发自己怀才不遇和"同是天涯沦落人"的遭际之感。这两首诗叙事曲折，写情入微，声韵流畅，流传很广。

另外，白居易和元稹、张籍、李绅等人一起，掀起了"新乐府运动"，在中国文学史上影响很大。有《白乐天集》。

刘禹锡

刘禹锡（772～842年），中唐著名诗人。字梦得，洛阳人，出身书香门第，自称是中山靖王之后。其少有才学，21岁即擢进士第，官至监察御史。刘禹锡在政治上提倡革新，曾是王叔文派政治革新活动的中心人物之一。后来永贞革新失败，被贬，之后政治上一直不怎么得志，以诗作自娱。现存800余首，其中以咏史怀古的作品成就最高。其咏史怀古诗往往语言平易简洁，意象精当新颖，并恰切自然地注入诗人阅尽沧桑变化之后的沉思与感慨，具有一种深远的历史与人生沧桑感，耐人回味。如《石头城》："山围故国周遭在，潮打空城寂寞回。淮水东边旧时月，夜深还过女墙来。"另外，《西塞山怀古》《乌衣巷》《蜀先主庙》等都是千古名篇。刘禹锡的诗既不同于元、白的平易浅俗，也异于韩、孟的深刻奇崛，而是在两大诗派之外别开新局。

其诗格意奇高，风情俊爽，骨力刚劲，往往溢出一股豪迈之气，故作者有"诗豪"之誉。

柳宗元

柳宗元（773～819年），中唐著名文学家。字子厚，祖籍河东解县（今山西永济），故称柳河东。其出身官宦家庭，少有才名，20岁中进士，入仕后积极参与王叔文集团进行政治革新。后革新派被宦官和藩镇势力所挫败，柳宗元被贬到南方边远地区，最后死于柳州（今属广西）刺史任上。柳宗元在文学上是个多面手，在诗歌、辞赋、散文、游记、寓言、小说、杂文以及

柳侯祠

文学理论诸方面，都做出了突出的贡献。尤其在散文方面成就最高，其与韩愈共同发起"古文运动"，并身体力行用古文写作。《封建论》等政论文，论说性强，笔锋犀利，讽刺辛辣；《永州八记》《小石潭记》等山水游记独具一格，是我国古代山水游记名作；另外，《黔之驴》《永某氏之鼠》等寓言小说，立意奇特，现已成成语。柳宗元凭其散文成就与韩愈并称"韩柳"。而在诗作上，柳宗元也以简淡深远的风格受到推崇，苏轼称其诗"外枯而中膏，似淡而实美"。柳宗元在诗文上与刘禹锡并称"刘柳"，与王维、孟浩然、韦应物并称"王孟韦柳"。

郊寒岛瘦

郊寒岛瘦指中唐两位著名诗人孟郊和贾岛。二人同以苦吟著称，平生遭际大体相当，诗风也相似，先是苏轼评其二人为"郊寒岛瘦"，后人遂沿用此说。另外，"郊寒岛瘦"也指二人诗作中所体现出来的狭隘的格局，穷愁的情绪和苦吟的精神。

孟郊（751～814年），字东野，湖州武康（今浙江德清）人。其屡试不第，直到46岁方才得中进士，50岁始做官。虽一生穷困潦倒，但生性孤傲，不同流合污，张籍私谥其为贞曜先生。孟郊的诗作不管在内容上还是在艺术态度上，均以"苦吟"著称。他的作品多为"瘦坐形欲折，腹饥心将崩""借车载家具，家具少于车"等表现生活穷困和不幸遭遇以及自己从中所获得的体验的类型。而在艺术上，刻意追求奇险超俗的字句，乃至强令自己不出门以求好的字句，故有"诗囚"之称。

贾岛（779～843年），字浪（阆）仙，幽州范阳（今北京附近）人。早年因科

举落第而出家,法名无本,后在韩愈的劝说下,还俗并考中进士。其在政治上没有什么作为,在诗歌上颇有成就。贾岛与孟郊一样是个喜欢"苦吟"的诗人,喜欢刻意锤炼字句,曾自言"两句三年得,一吟双泪流"。故多有佳句,如"秋风生渭水,落叶满长安""长江人钓月,狂野火烧风"等。其诗作与韩愈、孟郊注重故地不同,而是致力于创作近体,多以五律抒写清苦生活和荒凉冷僻的景物,并以瘦硬苦涩的风格取胜。其诗在晚唐形成流派,影响颇大。

李贺

李贺(790~816年),中唐著名诗人。字长吉,福昌(今河南宜阳)人,世称李长吉。李贺为唐宗室郑王李亮后裔,虽家道中落,但志向远大,勤奋苦读,得到韩愈赏识。其进士第时,遭小人毁谤,说他父名晋肃,当避父讳,不得举进士,结果竟导致其一生无缘仕途。入仕不成,将精力用于写诗,外出背一破囊,得句即写投囊中,暮归足成诗篇。27岁因病早逝。

李贺在艺术创造上对屈原的奇诡变幻、鲍照的险峻夸饰及李白的想落天外均有所借鉴吸收,同时又着力于锤炼字句,苦心孤诣,最终在唐朝诗坛别开生面,自成一家。

李贺的诗最大的特点便是想象丰富奇特、语言瑰丽奇峭,善于以出人意表的构思、奇异瑰丽的意境、新颖华美的语言创造出别具一格的诗歌形式,人称"长吉体"。如"女娲炼石补天处,石破天惊逗秋雨""黑云压城城欲摧,甲光向日金鳞开"等。另外,李贺经常借助荒坟野草、牛鬼蛇神等奇异的形象,表达怨恨悲愁情绪和荒诞虚幻的意境。如"嗷嗷鬼母哭秋郊""秋坟鬼唱鲍家诗"等,故有"诗鬼"之称。

杜牧

杜牧(803~约852年),晚唐杰出诗人。字牧之,号樊川居士,京兆万年(今陕西西安)人。因晚年居长安南樊川别墅,故后世称"杜樊川"。杜牧出身名门,其祖父杜佑乃唐三朝宰相兼大学问家。借助深厚家学,杜牧23岁时便以《阿房宫赋》才名在外,26岁考中进士,历任多地刺史,

杜牧《江南春》诗意图

最后官至中书舍人（掌诏书起草，参与机密）。因身处唐朝内忧外患不断的时期，杜牧渴望济世安国，重视军事，写有不少军事论文，还曾注释《孙子兵法》，终因诸帝才庸，宦官专政等原因，抱负未酬。

在文学上，杜牧在诗、赋、古文方面都堪称名家，尤其作为诗人乃是晚唐诗人中之翘楚，与李商隐并称与李白、杜甫相应的"小李杜"。其诗作在风格上给人以高华俊爽之感，语言上则以文辞清丽、情韵跌宕见长，尤以奇绝著称。如著名咏史诗《过华清宫绝句》："长安回望绣成堆，山顶千门次第开。一骑红尘妃子笑，无人知是荔枝来。"以典型事例加以形象化描绘，深切历史要害。其《赤壁》《乌江亭》等则以精到独特的见解评论史事，达到文学与历史的高度统一。后人对杜牧多有模仿，但均未能达到其高度。另外，其纪行咏物、写景抒情之作也以意象生动、寄寓悠远广受赞誉。

李商隐

李商隐（约812～858年），晚唐杰出诗人。字义山，号玉溪生、樊南生，原籍怀州河内（今河南沁阳），自祖父起迁居郑州荥阳。李商隐远祖乃是唐开国功臣，并被赐姓李，至李商隐已经没落。李商隐18岁时已具才名，被郑州节度使令狐楚所赏识，召为幕僚。26岁时中进士，因令狐楚已病逝，又为在今甘肃任节度使的王茂元所看重，召为幕僚兼女婿。无奈令狐楚与王茂元乃是唐末"牛李党争"中的政敌，宣宗时，令狐楚子令狐绹任宰相，李商隐遭其排挤，辗转于各藩镇充当幕僚，潦倒终生。

在文学上，李商隐被视为晚唐最杰出的诗人之一。晚唐时，诗歌在前辈的光芒照耀下有大不如前的趋势，而李商隐却又将唐诗推向了又一次高峰，与杜牧齐名，两人并称"小李杜"。李商隐的诗歌对杜甫七律的沉郁顿挫、齐梁诗的华丽浓艳及李贺诗的诡异幻想均有所借鉴，并融会贯通，形成了深情、缠绵、绮丽、精巧的风格。在其留下的近600首诗作中，最有特色也最受后人推崇的是凄迷朦胧难以理解却又充满美感的无题诗。如著名的《锦瑟》："锦瑟无端五十弦，一弦一柱思华年。庄生晓梦迷蝴蝶，望帝春心托杜鹃。沧海月明珠有泪，蓝田日暖玉生烟。此情可待成追忆，只是当时已惘然。"后人或猜以爱情，或猜以友情，或认为别有寄托，千百年众说纷纭。而这巨大的想象空间也正是其魅力所在，充满古典主义之美。另外其诗还有多用典故的特点，有人赞赏的同时，也有人认为未免失之晦涩，如鲁迅曾言："玉溪生清词丽句，何敢比肩，而用典太多，则为我所不满。"

李煜

李煜（937～978年），初字重光，号钟隐，徐州人，南唐后主。北宋建隆二年（961年）在金陵（今南京）即位，在位15年，在政治上无所作为。北宋开宝八年

乐舞女群俑　唐

（975年），宋兵攻克金陵，李煜成为亡国之君，被押到汴京，过了3年屈辱的囚徒生活。北宋太平兴国三年（978年），宋太宗恼恨他写"故国不堪回首月明中"之句，将他毒死，葬在洛阳邙山。

李煜虽然政治无能，但却多才多艺，工书法，善绘画，精音律，今存词30多首，是晚唐五代词人中成就最高的词人之一。李煜的词的主要艺术风格是多用口语和白描，不加修饰和辞藻，感情纯真而缺少节制，艺术感染力很强。他的词可以分为前后两种风格。前期的词描写了自己沉醉于纸醉金迷的宫廷享乐生活和男女之间的情爱之中，题材狭窄，主要是南朝宫体诗和花间词的继续，但已显示出了他的非凡才华。这一时期的代表作有《玉楼春》《喜迁莺》《一斛珠》《长相思》《清平乐》等。后期的词写于亡国之后，地位的巨大落差，给他带来了无穷的屈辱和痛苦，使李煜的思想产生了巨大的震撼。他的词开始写亡国之痛和对故国的深切怀念，以及对昔日帝王生活的眷恋，感情至深，充满了伤感和绝望，凄凉悲惨，意境深远，格调低沉。这一时期的代表作有《虞美人》《浪淘沙》《乌夜啼》。

唐宋八大家

唐宋八大家指的是唐代和北宋的八位著名散文作家：唐代的韩愈、柳宗元，北宋的欧阳修、苏洵、苏轼、苏辙、王安石和曾巩。唐宋八大家的文章不但震撼了当时的文坛，而且成为后世散文的楷模。明代古文家茅坤将他们8个人的作品合编为《唐宋八大家文钞》。由于这8位作家文学观点接近，而且都在散文创作上取得了很高的成就，因而"唐宋八大家"一提出，就被人们普遍接受，成为文学史上的专有名词。

南北朝以后，对仗工整，辞藻华丽，但内容空洞的骈文开始流行。有许多有识之士呼吁改革文风，但成效不大。到了唐朝中期，韩愈、柳宗元等人发起了声势浩大的"古文运动"。所谓"古文"，是针对骈文说的，指的是先秦两汉的散文。韩愈和柳宗元提出了一整套的古文写作理论，并创作了很多优秀的文章，如韩愈的《师说》《进学解》《杂说》等,柳宗元的《捕蛇者说》《小石潭记》等。韩柳二人的古文运动直接影响了他们的朋友和学生,得到了他们的响应和追随,散文创作被推到了一个新的高度,沉重打击了骈文。

但到了北宋初期,骈文又开始泛滥。欧阳修继承韩愈、柳宗元古文运动的精神,联合同辈的苏洵,学生苏辙、苏轼、王安石、曾巩,再次大力倡导古文运动。他们也创作了一大批优秀的散文,如欧阳修的《五代史伶官传序》《醉翁亭记》,王安石的《答司马谏议书》《读孟尝君传》《游褒禅山记》,苏洵的《六国论》,苏轼的《石钟山记》《赤壁赋》,曾巩的《墨池记》等。唐宋八大家发起的古文运动,是中国古代散文发展史上的一座重要的里程碑。

柳永

柳永(约987~约1053年),北宋婉约派代表词作家。字耆卿,原名三变,崇安(今属福建)人。其出身仕宦世家,幼时聪慧,擅长音律歌词。青年时到京城参加科举,却迷恋于烟花之地,因未被录取,愤而作《鹤冲天》,称"忍把浮名,换了浅斟低唱",认为自己为青楼写词,也不失为"白衣卿相"。本来只是一时气话,谁知被宋仁宗得知,第二年科举时文章本已过关,宋仁宗却将他黜落,并批示:"且去浅斟低唱,何要浮名?"柳永听说,愤而自称"奉旨填词柳三变",辗转于各地青楼,靠给妓女写词过活。51岁上,柳永得中进士,做了2年官,又干起老行当,死后妓女凑钱将其安葬,并每年上坟,成为千古佳话。

柳永凭其词作在文学史上占有一席之地。今存词200多首,其对于都市繁华、男女艳情、羁旅之怀等体裁均有涉及。风格上,柳词清新婉约,细腻独到,与李清照、晏殊、李煜共同被称为婉约派四大旗帜。代表作有《雨霖铃》。柳永作为我国第一位专力于写词的作家,对于词的发展起到了重要作用。其改制、创作了许多新词调,并极大地扩大了词的题材范围,突破了晚唐至宋初以来词的狭隘,为苏轼词的"无意不可入,无事不可言"奠定了基础。另外,柳永对于词的表现手法也多有贡献,并且用民间口语写作大量"俚词"。

残月晓风杨柳岸　清　任预
画题取自柳永的《雨霖铃》。红袖无言,默对残灯;游子怅惘,遥望楚天。

晏殊、晏几道

晏殊（991～1055年）、晏几道（1030～1106年）父子二人，北宋初年，抚州临川（今属江西）人，其词作相映生辉，闻名于当世，后世词话家称之为"二晏"，或"大小晏"。二人词作，均承南唐传统，但在"赡丽"之中有沉着的内容，并不流于轻倩、浮浅。

晏殊，字同叔，是北宋前期婉约派词人之一。自幼以神童闻名，14岁时就因才华横溢而被朝廷赐为进士，仕途顺畅，官至宰相，故其词作多表达出一种悠闲雍容的气度，于平静之中给人留下余韵。如《浣溪沙》："一曲新词酒一杯，去年天气旧亭台。夕阳西下几时回？无可奈何花落去，似曾相识燕归来。小园香径独徘徊。"

晏几道，字叔原，号小山。其父亲去世后，家道中落，故他的词一改父亲的雍容闲适，而是形成哀感缠绵的风格，多怀往事，抒写哀愁，笔调饱含感伤，伤情深沉真挚，词风接近李煜。如《菩萨蛮》："相逢欲话相思苦，浅情肯信相思否，还恐漫相思，浅情人不知。忆曾携手处，月满窗前路，长到月来时，不眠犹待伊。"甚至有人认为其成就超过其父，现存其词集《小山词》。

欧阳修

醉翁亭

欧阳修（1007～1072年），北宋中期文坛领袖。字永叔，自号醉翁，晚年号六一居士，吉安永丰（今属江西）人。欧阳修幼年丧父，由寡母亲自课读。家贫，但读书刻苦，23岁即中进士，30岁已以文章名闻天下。早年欧阳修因支持范仲淹的"庆历新政"被两次贬到地方上做官，47岁方奉诏回京，官至宰相。神宗时，王安石任宰相，推行变法，欧阳修与其政见不和，辞官还乡。

欧阳修在经学、史学、诗文等方面均有突出成就。曾参与《新唐书》的撰写工作，并独自撰写《新五代史》。其诗歌对李白、杜甫均有借鉴，成就斐然，并写有我国第一本正规的诗话《六一诗话》。欧阳修最大的成就在于散文方面。宋初文坛沿五代余风，崇尚片偶雕琢之文。欧阳修力主古文，并通过嘉祐二年（1057年）主持科举的机会，录取以古文写作的苏轼、苏辙、曾巩等人，一举扭转北宋文风，成为领导文坛新潮流的盟主。其一生写散文500余篇，政论、史论、记事、抒情文等各题兼备，大都内容充实，气势旺盛，深入浅出，精练流畅。后人论文，多以韩、柳、欧、苏为典范，其中的"欧"，就是欧阳修。"论大道似韩愈，论事似陆贽，记事似司马迁，诗赋似李白"，这是苏轼对欧阳修的评价。

王安石

王安石（1021～1086年），北宋文学家。字介甫，号半山，封荆国公，世称王荆公。王安石生于江西临川一个地方官家庭，自幼聪慧，据说对书籍过目不忘。22岁中进士，在江南各地任地方官。神宗继位后，面对宋王朝积贫积弱的烂摊子，任用王安石为宰相，进行变法。王安石主要在增加政府财政与整顿军事方面进行了变革，但因变法宣传力度不够，推行不彻底，利弊兼有，在当时乃至后世一直褒贬不一。神宗去世后，王安石隐居江宁，司马光为相，尽废新法，王安石在复杂的心情中逝世。

在文学上，王安石在诗文方面均有卓越成就。其文学创作多和政治活动密切联系起来，所作文多为书、表、记、序等体式的论说文，以阐述政治见解与主张。其文结构严谨，条理清晰，说理透彻，语言朴素精练，具有较强的概括性。这对于巩固由欧阳修等人发起的北宋诗文革新运动的成果起了积极的作用。王安石也因此被列为"唐宋八大家"之一。另外，在诗歌创作上，王安石诗作情感充沛，想象丰富，用字工稳，对当代和后世都有影响，被称为"王荆公体"。

苏轼

苏轼（1037～1101年），字子瞻，一字和仲，号东坡居士，北宋眉州眉山（今属四川）人，文学家苏洵之子。

苏轼受父亲的影响，自幼勤奋好学，21岁中进士，曾担任主簿、通判等地方官。在政治上，他属于旧党，反对王安石变法，结果遭到贬斥。旧党上台后，他被召回京任职，但他又反对旧党全盘否定变法内容，自请外调，先后担任过杭州等地的地方官。在担任地方官期间，苏轼勤政爱民，

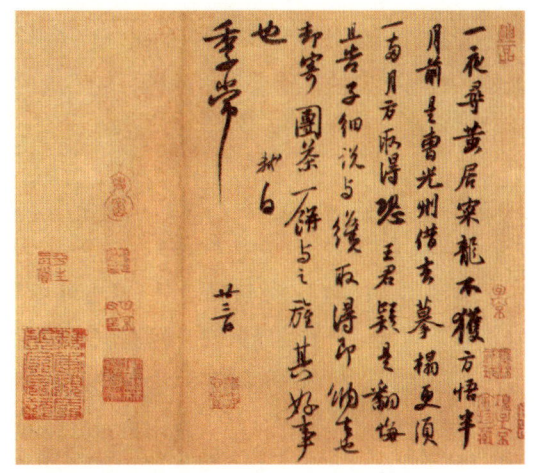

致季常尺牍　北宋　苏轼
苏轼在书法上造诣很高，为宋四家之一。

为人民做了不少好事。1101年,苏轼病死在常州,追谥文忠。

在苏轼以前,词的题材非常狭窄,主要是描写男女情爱和离愁别绪之类。苏轼对词进行了全面改革,扩大了词的表现功能,开拓了词的意境,将传统上表现女性化的柔情之词、爱情之词表现为男性化的豪情之词、性情之词。他的词里,既有对"故垒西边,人道是、三国周郎赤壁"的古战场的描写,又有"雄姿英发""羽扇纶巾"等对古代英雄的描写,还有"会挽雕弓如满月,西北望,射天狼"的壮志豪情,有"笔头千字,胸中万卷,致君尧舜"的书生意气,也有"不知天上宫阙,今昔是何年"的神思异想。苏轼开创了词的豪放一派,他的词意境深远,豪迈奔放,与辛弃疾并称"苏辛",对后世影响很大。

苏轼的散文与欧阳修并称"欧苏",他的诗与黄庭坚并称"苏黄"。他还开创了湖州画派,并且是北宋四大书法家之一。苏轼是中国文化史上罕见的全才,有《东坡七集》《东坡乐府》等。

周邦彦

周邦彦(1056~1121年),北宋婉约派词作集大成作家。字美成,号清真居士,钱塘(今浙江杭州)人。少年时期个性比较疏散,但喜欢读书,读太学时因写文称赞新法而被神宗提拔为太学正,徽宗时担任宫廷音乐机构主管官员等官职。周邦彦被认为是"负一代词名"的词人,在宋代影响甚大。其词承继并融合柳永、秦观等人特点,在艺术上善于铺叙,形成曲折回环、开阖动荡、抑扬顿挫之势。加之妙于剪裁,精巧工丽的语言特色,形成了浑厚、典雅、缜密的艺术风格,被认为是婉约词派的集大成者。因其词音律严整,格调精工,多创新调,又被认为是格律派的创始人,开南宋姜夔、吴文英格律词派先河,影响极大。不过其词题材多为男女恋情、咏物怀古、羁旅行役,内容比较窄,境界不高。王国维在《人间词话》言:"美成深远之致,不及欧、秦,唯言情体物,穷极工巧,故不失为第一流之作者,但恨创调之才多,创意之才少耳。"

李清照

李清照(1084~约1155年),自号易安居士,齐州章丘(今山东章丘)人,出身官僚学者家庭。18岁时,与情投意合的赵明诚结婚。婚后夫妇二人经常诗词酬唱,收集金石古玩,生活美满幸福。金兵南侵后,李清照南渡,经历了国破、家亡、夫死等一系列悲惨遭遇,孤独一人在南方过着颠沛流离的生活。

李清照多才多艺,尤其擅长写词。她的词以南渡为界限,可以分为两个阶段。在前期,闺房绣户和对丈夫的思念是李清照生活的全部,美满的婚姻是李清照的人生理想。她这一时期的词主要描写的是少女少妇的悠闲生活和对丈夫的爱,还有一些对自然风光的描写。这一时期的代表作有《如梦令·昨夜雨疏风骤》《凤凰台上忆吹箫》《一剪梅》《醉花阴》。语言活泼清新,格调明快,情思悠长,情感真切,言辞浅显但意味悠长。后期的词比前期更加愁思深重,多是一些哀叹身世、孤苦无依之作,同时也流露出对中原的思念之情。语言低沉忧伤,词境灰冷凝重。这一时期的代表作有《武陵春》《声声慢》等。

除了词,李清照还写了一些感时的咏史诗,如《浯溪中兴颂诗和张文潜》,借古讽今,主张吸取唐朝"安史之乱"的教训。《夏日绝句》中的"至今思项羽,不肯过江东",表达了李清照对南宋君臣苟安东南、不思收复中原表示强烈的愤慨。

千秋绝艳图之李清照

 陆游

陆游(1125～1210年),南宋诗人。字务观,号放翁,越州山阴(今浙江绍兴)人。陆游自幼好学,青年时代曾向曾几学诗,他的诗受屈原、陶渊明、李白、杜甫等人的影响很大。29岁时,赴南宋都城临安(今杭州)考试,名列第一。但因为他"喜论恢复",结果被除名。直到秦桧死后,才被起用。先后任夔州、蜀州、嘉州、荣州通判、知州等小官。因上书谏劝朝廷减轻赋税而被罢免,此后长期居住在农村。1210年病逝。

他的诗现存约9000多首,内容非常丰富,几乎涵盖了当时社会生活的各个方面。他的诗歌创作可以分为3个时期:(1)中年入蜀以前。这一时期存诗最少,约200首左右。(2)入蜀以后到罢官东归,将近20年。这一时期存诗2400多首,是他诗歌创作的成熟期,奠定了他在中国文学史上的地位。(3)东归以后到去世,时间为20年,存诗约6500多首。在陆游诗歌创作的3个时期中,爱国主义精神贯穿始终,第二时期尤为强烈,他的诗或抒发收复失地的壮志豪情,或深切同情沦于外族统治的中原父老,或表示对南宋朝廷投降主义政策的强烈不满和壮志难酬的悲哀。直到临死前,他还留下了一首《示儿》诗,表达自己因山河破碎、国土沦陷而死不瞑目,感人至深。陆游的代表作有《关山月》《书愤》《金错刀》《农家叹》《黄州》《长歌行》等。陆游的词纤丽、雄快,代表作有《诉衷情·当年万里觅封侯》《卜算子·驿外断桥边》等。

辛弃疾

辛弃疾(1140～1207年),字幼安,号稼轩,历城(今山东济南)人。1161年,金海陵王完颜亮发动侵宋战争,金统治区的人民纷纷起义,辛弃疾加入耿京起义军。次年,耿京被害,辛弃疾俘获凶手后,率大军归宋,任江阴军签判。辛弃疾在担任地方官期间,重视农业生产,积极训练军队,表现了非凡的政治才能和军事才能。他屡次上书要求南宋政府北伐抗金,结果遭到了南宋统治阶级投降派的排斥和忌恨,辛弃疾为此被罢职闲居20年之久。晚年时曾被短暂起用,但不久又遭贬斥,最后含恨而终。

辛弃疾是南宋伟大的爱国词人,他把满腔爱国激情和南渡以来的无限义愤,全部融入词中。他继承和发展了苏轼豪放词风,他的词慷慨激昂,纵横驰骋,既善于用典,也善于白描,提高了词的表现力,开拓了词的意境,成为南宋最杰出词人之一。人称他的词"色笑如花,肝肠如火"。辛词多方面反映了当时尖锐的社会矛盾和南宋统治阶级的内部矛盾,描写了错综复杂、动荡不安的社会现实,表现了非凡的英雄气概和积极主张抗金,收复失地,统一全国的热忱。除此以外,辛弃疾还写了很多描写农村田园生活和隐逸情趣的词,如《西江月·夜行黄沙道中》《浣溪沙·常山道中即事》等,语言平常清新。他的代表作有《永遇乐·京口北固亭怀古》《水龙吟·登建康赏心亭》《破阵子·为陈同甫赋壮词以寄之》《菩萨蛮·书江西造口壁》等。今存词600多首,有《稼轩长短句》。

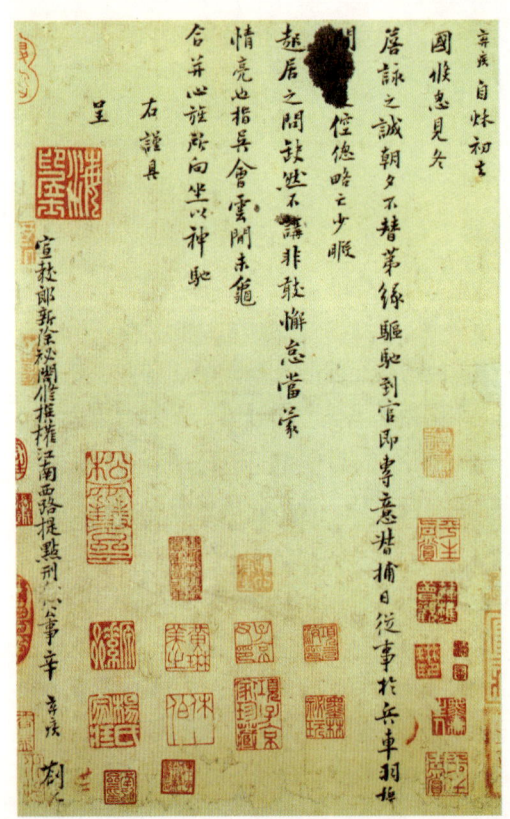

辛弃疾手书

姜夔

姜夔（1155～1221年），南宋婉约派词作家。字尧章，号白石道人，又号石帚，饶州鄱阳（今江西鄱阳）人。出身书宦门第，自小谙熟诗词音乐，但其父早亡，后陷入孤贫。成年后屡试不第，终生未仕，漂泊于江湖之间，以诗词、音乐及书法与人交往，借此谋取生计。

姜夔的词作今存80多首，多为记游、咏物、抒写个人身世或表现离别相思之作，也有少量感慨时事之作。其词感情饱满，语言工妙，格律严密，风格清幽冷峻，有以瘦硬清刚之笔调矫婉约词柔媚无力之意，代表作《扬州慢》《疏影》等。姜夔的词另一个重要特点是注重音乐性，这一点上承周邦彦，下开吴文英、张炎一派，是格律派的代表作家，对后世影响较大。晚年受辛弃疾影响，词风有所转变，写有《永遇乐》《汉宫春》等豪放风格的词作。

元好问

元好问（1190～1257年），金末元初的北方文坛盟主。字裕之，号遗山，世称遗山先生，山西秀容（今山西忻州）人。出身于一个世代书香的官宦人家，据说祖先原为北魏皇室鲜卑族拓跋氏。自小聪慧，有神童之称，青年时得中进士，历任金朝内乡令、南阳令、行尚书省左司员外郎等官职，后金为元所灭，不仕。

元好问是宋金对峙时期北方文学的主要代表、文坛盟主，又是金元之际承前启后的重要作家。元好问在诗、词、文等诸方面均

小红低唱我吹箫

有突出成就，今存其诗1000多首，词300余首。其诗奇崛而绝雕琢，巧缛而不绮丽，主要成就在于丧乱诗的思想价值和山水诗的审美价值；其词以苏、辛为典范，兼有豪放、婉约诸种风格，被称为金代词坛第一人；其文则继承唐宋大家传统，清新雄健，长短随意，众体悉备；其还著有笔记小说集《续夷坚志》，艺术上的成就也颇为可观。另外，元好问还是一位高明的文艺理论家，著有《论诗三首》《论诗三十首》等诗论。

元曲四大家

元曲四大家包括关汉卿、马致远、郑光祖和白朴。

关汉卿，生卒年不详。号已斋叟，大都（今北京）人，或说祁州（在今河北）、解州（在今山西）人。关汉卿一生编写了67部杂剧，现存18部，代表作有《窦娥冤》《救风尘》《望江亭》《拜月亭》《鲁斋郎》《单刀会》《调风月》等。关汉卿的杂剧充满着浓郁的时代气息，具有强烈的现实性和昂扬的战斗精神，反映的生活面十分广阔，被后人列为四大家之首。

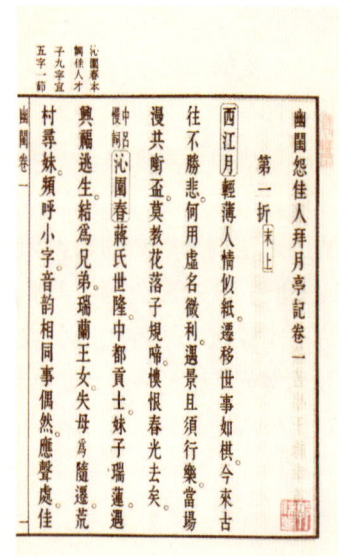

《拜月亭》书影

马致远（约1250～约1324年），号东篱，一说千里，大都（今北京）人。曾任江浙行省官吏，后归隐山林。一生著有杂剧15部，今仅存《破幽梦孤雁汉宫秋》《江州司马青衫泪》《西华山陈抟高卧》《吕洞宾三醉岳阳楼》《马丹阳三度任风子》《半夜雷轰荐福碑》和《邯郸道省悟黄粱梦》（合著）7部。代表作《汉宫秋》。

郑光祖，生卒年不详，字德辉，平阳襄陵（今山西临汾附近）人。曾任杭州路吏。他的杂剧著作很多，但流传至今的只有8部，代表作为《倩女离魂》。他的剧作词曲优美，贴切自然，备受后世剧作家的推崇。

白朴（1226～1306年），字太素，号兰谷，今山西河曲人。一生作杂剧16部，今仅存《唐明皇秋夜梧桐雨》《裴少俊墙头马上》和《董月英花月东墙记》3部，代表作为《梧桐雨》。

前后七子

"前后七子"，指代明朝中叶的诗文流派。"前七子"指李梦阳、何景明、王九思、徐祯卿、康海、边贡、王廷相7人，其中以李、何为首，活跃于弘治、正德间。该说法最早见于《明史·李梦阳传》,为区别后来出现的"后七子",故名。7人皆为进士,多负气节,不满明中叶腐败的政治和庸弱的士气,强烈反对当时流行的台阁体诗文和"缓冗沓,千篇一律"的八股习气。其文学主张是"文必秦汉、诗必盛唐",旨在通过复古拯救萎靡不振的诗风。"前七子"在文坛崛起后,其复古主张迅速流行,成为文学思想的主流。"后七子"指李攀龙、王世贞、谢榛、宗臣、梁有誉、徐中行、吴国伦,其中以李、王为首,活跃于嘉靖、隆庆间。"后七子"继承了"前七子"的复古主张,并且更加绝对,"谓文自西京、诗自天宝而下,俱无足观","无一语作汉以后,亦无一字不出汉以前"。"后七子"称霸文坛的时间更长,影响也更大,将复古运动推向了高潮。总体而言,"前后七子"称霸了自弘治以后的明朝文坛,甚至影响直抵清代。其作品对改变明朝过于萎靡的文风起到了重要作用,但创造性显得不足,不过也有少数好作品,如李梦阳的《秋望》、宗臣的《报刘一丈书》等。

徐渭

徐渭(1521~1593年),明代文坛的怪杰。初字文清,后改字文长,号天池山人等。徐渭出生于浙江绍兴一个没落官僚世家,少有才名,但科举却屡试不第。37岁时,应浙江总督胡宗宪之邀,入为幕僚,在抗倭战斗中曾以奇计破倭寇。后权相严嵩倒台,胡宗宪因与其结交而下狱,徐渭的政治生涯结束。徐渭生性狂放不羁,又深受王阳明的心学影响,故心高气傲,不拘礼法,常有惊世骇俗之举。曾因精神失常杀死妻子,下狱7年。晚年拒绝结交上门的权贵,借酒浇愁,酒醉后又多次自残。

在艺术上,徐渭才气横溢,在诗文、戏剧、书画方面均卓然成家。与其同时代的公安派领袖袁宏道称其诗文"一扫近代芜秽之习","无往而不奇",并尊之为明代第一。徐渭的戏剧则受到汤显祖的赞誉,称其为"词坛飞将",杂剧《四声猿》《歌代啸》等都是上乘之作。另外,徐渭的书法、绘画也受到当时及后人的推崇。对于自己的各种才能,徐渭曾

徐渭作品

自言:"吾书第一,诗次之,文次之,画又次之。"

汤显祖

汤显祖(1550~1616年),明末戏曲家。字义仍,号海若、清远道人,江西临川人。其出身书香门第,少有才名,14岁中秀才,21岁中举,却因拒绝权相张居正的延揽而屡次举进士不第。直到张居正死后,他才得中进士,其时已34岁。汤显祖在政治上一直不得志,历任南京教育和祭祀的主管官员。明朝以北京为京师,以南京为留都,虽然两京机构设置相同,但南京官员实际上没什么权力。后汤显祖因上书弹劾先后执政的张居正和申时行而被贬,成了从九品的小官,后又当了几年知县。48岁时,对政治倦怠的汤显祖辞官回家进行创作。

汤显祖在明代文坛名声并不显赫,《明史·文苑传》中并没有他的名字。其主要才气都用在了传奇(南曲)的创作上,传世之作有《牡丹亭》《邯郸记》《紫钗记》《南柯记》。因4部戏剧都与"梦"有关,故世称"临川四梦"。其中,以《牡丹亭》最负盛名,据说其一问世,"家传户诵,几令《西厢》减价"。汤显祖在中国和世界文学史上都有着重要的地位。

《牡丹亭》年画 清

南洪北孔

南洪指的是洪昇,北孔指的是孔尚任。洪昇(1645~1704年),中国清代戏曲作家、诗人。字昉思,号稗畦、稗村,又号南屏樵者。浙江杭州人,生于官宦家庭。从小聪明好学,18岁时开始创作《沉香亭》,后改名《舞霓裳》,23岁时又将《舞霓裳》改为《长生殿》。27岁时《长生殿》问世,上演后引起轰动。后因违禁演出《长生殿》,被捕下狱,后被逐出北京。从此洪昇过着郁郁寡欢的生活,终因酒后溺水而死。洪昇一生创作了《长生殿》《回文锦》等9部传奇和杂剧《四婵娟》。诗集有《啸月楼集》《稗畦集》《稗畦续集》。词集有《诗词》和《啸月词》。

孔尚任(1648~1718年),清代著名戏曲家。字聘之,又字季重,号东塘,别号岸堂,自称云亭山人。兖州曲阜(今山东曲阜)人,孔子六十四代孙。青年时在石门山隐居读书。康熙二十三年(1684年),康熙经过曲阜,孔尚任被荐去讲《论语》,

受到康熙的赏识,被任命国子监博士。他曾先后到过扬州等地治河。在此期间,他凭吊南明的历史遗迹,结识明朝遗民。回到北京后,孔尚任用了十年时间写成了反映南明亡国的戏剧《桃花扇》,上演后大受欢迎。但由于戏剧的内容触犯了清廷的忌讳,结果被罢官回乡。孔尚任除了代表作《桃花扇》之外,还有《石门山集》《湖海集》《岸堂集》《出山异数记》等。

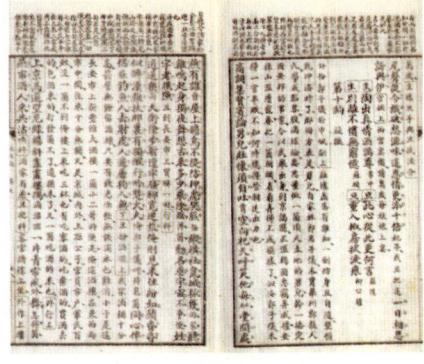

《长生殿》书影

李渔与《闲情偶寄》

清代杰出的戏曲理论家李渔(1610～1680年)的贡献,就在于他以自己多年写剧和率家庭戏班从事实际演出的经验为基础,参照前人的成果,建立了一套完整的戏曲理论体系——《闲情偶寄》,其深度和广度都达到了中国古典戏曲理论的高峰,为戏曲理论批评史乃至中国文学批评史竖立了一块里程碑。

《闲情偶寄》在康熙十年(1671年)刊刻,全书包括词曲、演习、声容、居室、器玩、饮馔、种植、颐养8部,但涉及戏曲理论的只有《词曲部》《演习部》《声容部》,故后人裁篇别出,辑为《李笠翁曲话》。这些内容全面广泛地论述了戏曲创作中的结构、语言、题材等问题,并且论述极为精辟。比如,他提出的"结构第一"命题,就含有命意、构思和布局几方面的论述。他把结构放在首位,依次为"词采第二""音律第三""宾白第四""科诨第五""格局第六"。李渔还针对当时戏曲舞台上的弊病,提出"立主脑""减头绪""密针线"等一整套理论。"立主脑",也就是现在说的主题。他说:"古人作文一篇,定有一篇之主脑。主脑非他,即作者立言之本意也。"从而他又提出一部戏要有一主脑人物、一主脑事件,以中心线索为戏剧矛盾的基础。

李渔的戏曲理论的可贵之处在于他结合舞台实际经验要求,而且着眼比较全面,从而系统地总结了填词和演习等主要方面的理论。李渔是元、明以来戏曲理论的集大成者,为中国戏曲理论批评的发展做出了巨大的贡献。

蒲松龄

蒲松龄(1640～1715年),清代小说家。字留仙,又字剑臣,号柳泉居士,世称聊斋先生。出身于山东淄博一个中小地主兼商人家庭,19岁应童子试,接连考取县、府、道三个第一,名震一时。但之后再也未能"晋级",直到71岁才获荣誉性的

李渔的戏曲理论

《闲情偶寄》中价值最高者，首推论及戏曲理论的部分，包括词曲、演习及声容的某些章节。在这些部分中，李渔联系元明以来的戏曲创作实践，结合自己的创作体会，并吸取前代理论批评家的真知灼见，对中国古代戏曲理论做了较系统的总结，从而构造出一个结构完整、内容丰富、具有民族特色的戏曲理论体系。

总结昆曲艺术的教学和舞台演出的经验，论及了戏曲演出中应注意的一些问题，如如何选择和改造剧本、如何教授演员唱曲道白以及演员服饰装扮和音乐伴奏等，并提出演戏不能落于俗套，推陈出新等。

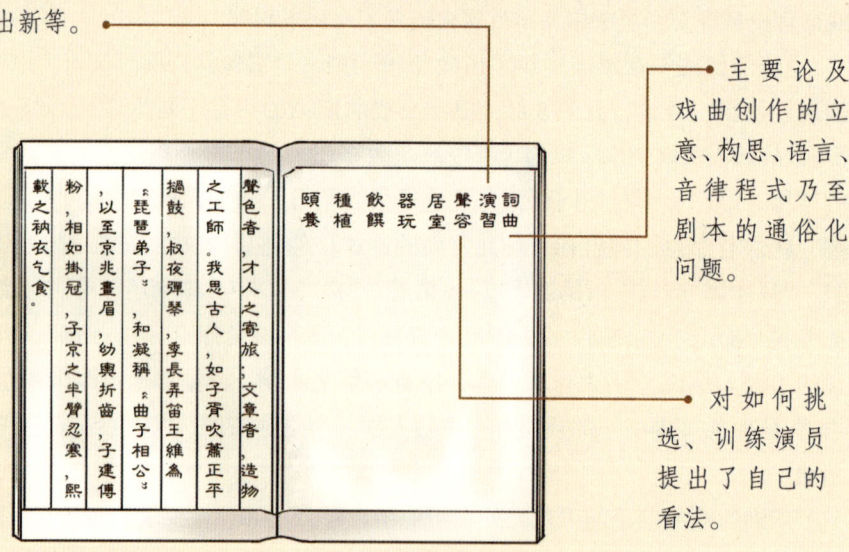

主要论及戏曲创作的立意、构思、语言、音律程式乃至剧本的通俗化问题。

对如何挑选、训练演员提出了自己的看法。

总体而言，李渔的戏曲理论称得上是中国古代戏曲史上的一座丰碑，有些见解在今天仍不失其重要的参考价值。

李渔的戏曲理论

李渔特别重视戏曲结构,他突破习惯看法,把结构问题提到了首重的位置,认为结构是否妥善完整,关系到剧作的成败优劣,不能等闲视之。

立主脑是李渔结构论的主干。主脑,就是体现作者立言之本意的主要人物和主要情节。

历来剧作家的一个重要任务,是把生活真实和艺术虚构辩证地统一起来。对此,李渔用姓名事实,必须有本和传奇无实,大半寓言相结合的办法予以解决。

有本,是有所选择有所剪裁,达到既出寻常视听之外,又在人情物理之中。

李渔反对把别人的作品改头换面、东拼西凑,认为拼凑出来的不是新剧,而是老僧碎补之衲衣、医士合成之汤药,缺少艺术感染力。

李渔指出,传统剧目也不能简单照搬,上演时也要随时更变,变旧为新。

李渔改变视宾白为末着的习惯看法,指出有最得意之曲文,即当有最得意之宾白,剧作家要把宾白当文章作,字字俱费推敲,不能随口出之即是。

李渔主张戏曲语言应努力做到雅俗共赏,既通俗浅显,又富有艺术魅力。要把人物的内心活动和个性特征惟妙惟肖地表现出来。

李渔指导演员排戏

岁贡生头衔。一生除做过几年幕僚外，大部分时间设帐教书。

蒲松龄的不朽名声主要来自其短篇小说集《聊斋志异》。据说蒲松龄曾设茶烟于道旁，"见行者过，必强与语，搜奇说异"。他在《聊斋志异》自序中言："才非干宝，雅好搜神；情类黄州，喜人谈鬼。闻则命笔，遂以成篇。"中国本来有记录怪异的传统，如晋人干宝的《搜神记》、宋代又有《太平广记》等。但多只记录故事的梗概，蒲松龄则首次以写传奇的方式记录志怪，极尽渲染之能事，将那些鬼怪狐仙的故事讲得细微曲折，引人入胜，故《聊斋志异》被当作一本千古奇书。被称为"作家们的作家"的阿根廷作家博尔赫斯就对《聊斋志异》赞赏不已。蒲松龄可能不会想到，其一生不得志，死后却获得如此显赫的名声。

《聊斋志异·促织》插图

吴敬梓

吴敬梓（1701～1754年），字敏轩，号粒民，因曾移居南京秦淮河畔，故又自称"秦淮寓客"，安徽全椒人。出身官僚家庭，曾祖父曾是顺治年间探花，至其父吴霖起，家道开始衰落。吴霖起为人正直，不慕名利，吴敬梓深受其影响，并在少年时期跟随其宦游大江南北，对社会有所了解。吴霖起死后，族人为争夺财产而发生了激烈的争夺。经历此变故，吴敬梓看清了世人的真面目，对虚伪的人际关系深感厌恶。因其生性豪爽，"遇贫即施"，不到10年，产业荡尽。族人骂他为败类，他更体会到世态炎凉。此前，他曾参加过几次科举，一直未能中举，至此，他更进一步厌倦功名，鄙弃世俗。33岁时，举家迁往南京，以卖文为生。因其有一定才名，加之之前曾经富贵，在与社会各色人物的广泛接触过程中，其对于世间尤其是儒林的虚伪有了清晰的认识，费20年心血著成《儒林外史》。该小说对儒林和科举制度进行了尖锐的讽刺，并旁及封建人伦关系、官僚制度，奠定了我国古典讽刺小说的基础。另外，吴敬梓还创作了大量的诗歌、散文和史学研究著作，有《文木山房诗文集》12卷，今存4卷。

曹雪芹

曹雪芹（1715～1763年），名霑，字梦阮，号雪芹、芹圃、芹溪。祖籍辽宁，先祖乃是汉族，后被编入满族正白旗。其高祖曹振彦因"从龙入关"，立下军功，成为内务府官员，曹家发达起来。后曹雪芹的曾祖母又当了康熙的奶妈，祖父曹寅则做了康熙的伴读。康熙登基后，曹雪芹的曾祖父曹玺被任命为江宁织造，父死传子。江宁织造虽官职不高，实际上却是皇帝派驻江南的特使，康熙6次南巡，4次住在曹府，其恩宠可见一斑。《红楼梦》中的所说的"江南的甄家"4次接驾便映射此事。后来康熙一死，新继位的雍正皇帝便以"亏空甚多"等理由将曹雪芹的父亲曹頫革职，并抄没家产，曹家搬回北京。曹雪芹的后半生居住在北京西郊，过着"举家食粥"的艰难日子。正是在这种前半生的富贵与后半生的凄凉的巨大反差之中，曹雪芹看破人间炎凉，产生了创作冲动。其"披阅十载，增删五次"，创作出优秀的古典小说《红楼梦》。

怡红夜宴图　清

《红楼梦》一问世便受到广泛关注，并且后来还非常罕见地发展出了一门专门研究《红楼梦》的"红学"。但在古代，小说是不入流的，故《红楼梦》虽然有名，但曹雪芹在生前和死后相当长时间内都是寂寞的，《清史稿·文苑传》中并没有他的名字。故此，曹雪芹的身世相当程度上是一个谜。据说曹雪芹生性豪放不羁，崇拜阮籍，故取字梦阮（籍）。曹雪芹还是一位诗人，其诗立意新奇，风格近于唐代诗人李贺。另因自胡适以来，"红学界"已经达成共识，《红楼梦》乃是曹雪芹的"自序传"，故读《红楼梦》，或许才是了解曹雪芹的最佳途径。

刘鹗

刘鹗（1857～1909年），晚清文学家、金石专家，原名孟鹏，字云博，后更名为鹗，字铁云，笔名洪都百炼生，江苏丹徒人。自幼聪颖，对数学、医学等都有研究。在金石方面，他搜罗龟甲，著有《铁云藏龟》一书，是研究甲骨文的重要文献。就目前所见的资料来看，《老残游记》是他唯一的一部小说创作。这部作品在中国的小说史上占有重要的地位，为清末四大谴责小说之一。此外，《〈老残游记〉初编自序》《〈老残游记〉二编自序》以及《老残游记》初编卷一至卷十七的评语，是重要的小说理论资料。就作品来看，《老残游记》以江湖医生老残的游历为线索，反映了晚清的某些社会现实。"棋局已残，吾人将老，欲不哭泣也得乎？"《老残游记》的世界可以说是中国近代社会的缩影。

 吴趼人

吴趼人（1867～1910年）晚清小说家，名沃尧，原名宝震，字小允，又字茧人，后改为趼人，广东南海人。出生于官僚地主家庭，一生致力于小说创作和报刊编辑。在理论上重视小说的趣味性和移情作用，提倡"寓教育于闲谈"，反对枯燥呆板的说教。他还认为既是小说，也是正史的"辅翼"，具有重要的社会作用。在小说技巧上，他强调作品立意与摹绘的传神。其作品主要有长篇小说《二十年目睹之怪现状》《痛史》《九命奇冤》等12种，还有短篇小说5种。其中《二十年目睹之怪现状》是清末四大谴责小说之一，也是作者的代表作品。这是一部带有自传性质的小说，通过九死一生（作者的影子）在20年中所见的无数怪现状，描绘了一幅晚清社会的百相图，在我国的文学史上占有重要的地位。

史 学

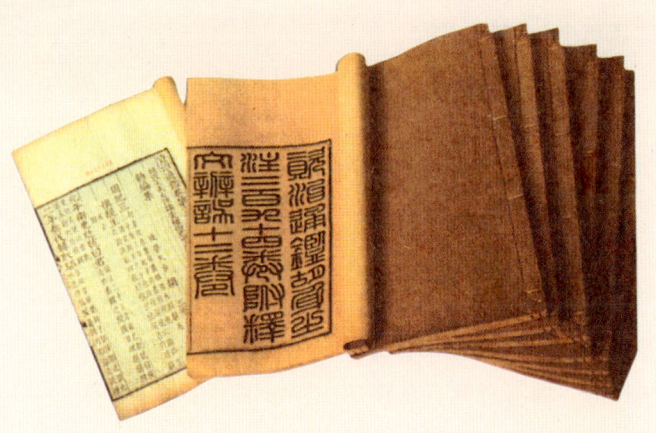

史书的体裁

正史

正史,就是被官方认定为正宗和正统的史书,最早将正史作为史籍类名的是《隋书·经籍志》。正史有确定的范畴,宋代时有十七史,就是《史记》《汉书》《后汉书》《三国志》《晋书》《宋书》《南齐书》《梁书》《陈书》《魏书》《北齐书》《周书》《隋书》《南史》《北史》《新唐书》《新五代史》;

萧子显著《南齐书》。

到明代,增加了《宋史》《辽史》《金史》和《元史》,成为二十一史;清代又增加《旧唐书》《旧五代史》和《明史》,遂成二十四史,二十四史是正史最为通行的说法;民国时,增列《新元史》,而有的地方则是将《清史稿》列入,于是又有二十五史之称,如果将这两部书都加进去,就是二十六史。在唐代以前,正史一般为私人撰写,如《史记》为司马迁所著,《汉书》为班固所著,《后汉书》为范晔所著,《三国志》为陈寿所著。自唐代以后,正史就开始由官方组织编写,如《晋书》,由房玄龄、褚遂良、许敬宗监修,编者共有21人;再如《隋书》,先由魏徵监修,后由长孙无忌接续,编写者则有孔颖达、许敬宗、于志宁、颜师古等一大批知名的学者;唐代以后的正史中,私修的仅有欧阳修的《新五代史》等很少数的几部。官修的正史往往由当朝宰相担任主编,因为其中涉及的一些敏感的政治问题宰相依凭自己的身份可以进行裁夺。虽然正史中难免存有部分曲笔和隐讳,但是它的权威性仍是其他史书所无法比拟的。正史的撰写所依据的资料是最原始的,也是最全面的,而且正史的编撰者一般是当时第一流的学者和史学家,所以在历史研究中,正史占有基本性的地位。

别史

别史，指的是官定的正史之外有体例、有系统、有组织的史书。"别史"之称最早由南宋的陈振孙在《直斋书录解题》中提出，别史与正史区分的标志就是是否经过官方的命定，例如，在清朝乾隆皇帝钦定二十四史之前，《旧唐书》和《旧五代史》只能算别史，而经过乾隆的谕旨，这两部书则跻身于正史之列。至于别史与杂史的区别，张之洞在《书目答问》中说："关系一朝大政者入别史，私家记录中多碎事者入杂史。"正史的体裁均为纪传体，而别史的题材则较为多样，如《续汉书》为纪传体，《资治通鉴》为编年体，《通典》为典志体，《宋史纪事本末》为纪事本末体，《明实录》为实录体，《唐会要》为会要体等。

杂史

杂史的提法，最早见于《隋书·经籍志》。杂史之杂，体现于两个方面，在形式上，杂史的体例不像正史和别史那么严谨，往往不同于正史和别史常用的纪传、编年、典志等体例；在内容上，杂史不限于以一朝一代或者某一历史阶段的政治大事为主，而是涉及非常广泛，包括学术史、科技史、方域史、地理志等多种具有专属领域的史著。杂史或者因为在体例上和内容上都较为随便，有着更大的灵活性，从而记录了许多不见于正史和别史的珍贵资料，或者因为有着专攻的对象，而比正史和别史中相关方面的内容记载、讲述得更加细致，由此体现出自身独特的价值。《国语》《战国策》《竹书纪年》《逸周书》《越绝书》《吴越春秋》《列女传》《大唐西域记》《明儒学案》《大清一统志》等都是非常著名的杂史。

野史

野史是一种习惯的称谓，并非史籍中正式的分类，一般指私家所撰的涉及史实记录的笔记、史传、杂录等。野史的内容，大多为作者耳闻目睹或者道听途说的逸闻趣事，往往不见于正宗的史籍，虽然野史的记载充斥着相当多的讹误和谬传，但是这并不能掩盖其所反映出的历史真实的一面，其中蕴藏着大量正规史书中难以见到的方方面面的社会生活的细节，可以为后人了解历史提供另一种角度的观照，因而自有其不凡的价值。鲁迅就非常看重野史，甚至认为若要正确地了解中国历史的真相，是非得读一读历代的野史不可的。

纪传体

纪传体，是以人物传记为中心来反映历史情景的史书体裁，首创于司马迁的《史记》。司马迁将先秦时期的史书所具的各种体裁融于一书，分作"本纪""表""书""世家""列传"5个部分，其中"本纪""世家"和"列传"构成书的主体，"本纪"以历代帝王为中心，是全书的总纲，"世家"记载的是诸侯和一部分虽然不是诸侯但在历史上有着特殊地位和特殊影响的人物（如孔子、陈胜），"列传"又分为专传和类传，记载历代名人、三教九流的事迹，并且涉及民族关系和中外关系方面的内容。班固作《汉书》，沿用了《史记》的体例，而又有所改造，将"本纪"改称为"纪"，取消"世家"，将"列传"改称为"传"，将"书"改称为"志"，于是形成了"纪""传""表""志"为历代正史所遵循的史书体例。

编年体

编年体，是一种以时间为线索的史书体裁。相传孔子编写的《春秋》就是鲁国的一部编年史。编年体可谓起源很早，而且历代延续，是许多重要的别史所采用的体例，如最为著名的《资治通鉴》。编年体具有时间连续的优点，给人一种清晰的历史时序感，但是也容易造成

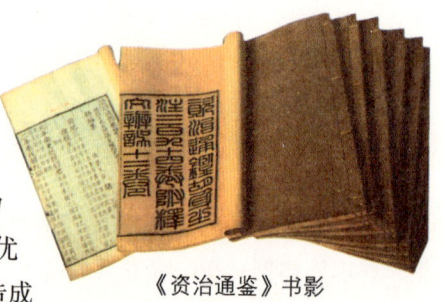

《资治通鉴》书影

对一些具有前后相续性质的历史事件的分割，并且因此对相关事件的原委也难以叙述得较为完整，而这方面正是纪传体的长处所在，所以历代正史采用的不是编年体，而是纪传体。当然，纪传体也有缺点，可以说编年体与纪传体在优缺方面恰为互补。

纪事本末体

纪事本末体，是一种以历史事件为纲的史书体例，首创于南宋袁枢的《通鉴纪事本末》。《通鉴纪事本末》，就是将《资治通鉴》中分年记载的一个体系的事迹集中在一起，自成一个单元，以显事情的本末。这样一来，就消除了《资治通鉴》原书中记事不连贯的缺点，而体现出鲜明的条理性，这也就是纪事本末体的优长之处。袁枢撰写《通鉴纪事本末》，在内容上并没有进行增改和修订，可是他所创造的这种新的史书体裁问世之后却备受欢迎，此后，纪事本末体的史书蔚为大观，基本上各代的历史都有与其相对应的纪事本末体的史书出现。

典志体

典志体，是以典章制度为中心的史书体裁。司马迁创作的《史记》中有"八书"，其中就有典章制度方面的记录；班固著的《汉书》中有"十志"，记载的内容与《史记》中的八书基本上是相对应的。东汉以后，出现了典章制度的专史，如应劭的《汉

官仪》、丘仲孚的《皇典》、何胤的《政礼》等。唐代前期出现了很多典志方面的书籍，如李林甫的《唐六典》、王颜威的《唐典》、刘秩的《政典》等。但这些都是关于某一朝代的典章制度的记叙，从单独的某部书中并不能窥知历代典章制度的发展和演变的情况。中唐时期杜佑在刘秩《政典》的基础上进行扩展，编成了一部上起黄帝、下至唐代宗的典章制度的通史——《通典》，这是典志体正式创立的标志。南宋郑樵又编纂

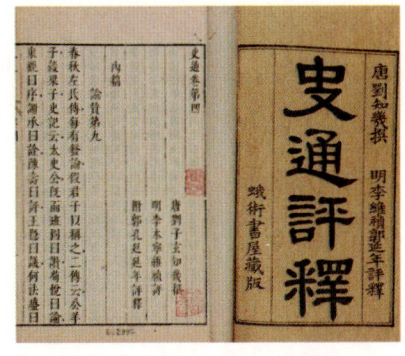

《史通评释》书影

了一部纪传体的《通史》，后改名为《通志》。尽管《通志》并非典章制度的专史，但是其中作者用力最多也是最受人看重的精华部分是反映历代典章制度的"二十略"，因而史学家们将其与《通典》和《文献通考》这两部专史合称为"三通"。《文献通考》是元代马端临所撰写的又一部通史式的典章制度的专史，其创新之处在于采取了"文"（历史资料）、"献"（史家评论）、"注"（编者注解）三结合的方法。清朝乾隆年间组织学者续编"三通"，纂成"续三通"，而后又有《清通典》《清通志》和《清文献通考》这"清三通"，共成为"九通"，再加上民国时刘锦藻编写的《清朝续文献通考》，就是学界习惯称谓的"十通"。

会要体

会要体是典志史书的一种题材，"会要"就是会聚朝廷典章制度之要的意思。会要体创始于唐德宗年间苏冕编纂的《会要》，《会要》记载了唐高祖到唐代宗这一段历史时期的典章制度。唐宣宗时，崔铉等人又奉诏编写《续会要》，续增了唐德宗到唐宣宗时期的相关内容。北宋初年，王溥在这两部会要的基础上，编成《唐会要》，后来又编写了《五代会要》，使得会要体史书趋于完善。宋代以后，官方都要组织学者编纂当朝的会要，如《宋会要》（原本已佚，清代学者徐松从《永乐大典》中辑录出《宋会要辑稿》）、《元经世大典》《明会典》《清会典》等。另外，一些学者又私自编写了此前历代的会要，如南宋徐天麟的《西汉会要》和《东汉会要》、明代董说的《七国考》、清代姚彦渠的《春秋会要》、孙楷的《秦会要》，等等。会要体史书，基本上是以15个左右的门类再具分为300余个子目，记载政治、经济、军事、外交、法律、教育、礼乐、文化等各方面的制度及其沿革情况，兼有工具书和资料汇编的功能。

学案体

学案体，是一种记述学术源流的史书体裁，是继编年体、纪传体、纪事本末体、典志体等主要史书体裁之后出现的又一新的史书体例，始创于明末清初，黄宗

《明儒学案》书影

羲撰写的《明儒学案》即为学案体的代表作品。学案体例大致为：每学案前先设一表，详细地列举该学派的师友弟子，标明学派的渊源及其传授系统；每一案主均立小传，叙述其生平概况及学术宗旨；对案主的学术论著，均一一注明出处，并且材料的采选非常广泛；案主小传后，另有附录，记载其趣闻逸事；还附有时人及后学的相关评论，备录其短长得失，以供后来的学者自行做出判断。学案体史书是学术思想史的专著，为学者研究学术思想的沿革提供了翔实可靠的文献资料。

起居注

起居注，是由史官撰写的关于皇帝的日常言行与生活的记录。《汉书·艺文志》记载："古之王者，世有史官，君举必书，所以慎言行，昭法式也。左史记言，右史记事，事为《春秋》，言为《尚书》。"这段话可以看作是对起居注的说明。完善的起居注始于汉武帝时期，到北魏时，正式设立专官，称"起居注令史"，专门负责撰写皇帝的起居注，后代沿袭了这一制度。起居注并不是严格意义上的史著，但却是最原始的历史资料。皇帝驾崩之后，就由史官根据起居注来撰写实录，实录写成，起居注就被焚毁，也即是说起居注是不予保存和流传的，在当时，起居注是绝密的，甚至连皇帝也见不到，这是为了保证起居注的真实性。可是宋代以后，皇帝本人开始过目起居注，相应地，史官的笔讳也就多了起来，从而影响到起居注的本真价值。

方志

方志，又称地方志，是记载地方情况的史书，因为内容专对地方，所以记叙详备，是深入了解地方历史的重要资料。先秦时期的《尚书·禹贡》和《山海经》就具有方志的特点。汉代以后，方志开始大量出现，既有官修，也有私修的。方志依记载范围的不同，可以分为记述全国各地的总志、省志、府志、州志、县志等，另外也有专门记载一处山川，或名胜，或寺庙等更为专一的方志。

实录

实录，是历朝皇帝的编年大事记。史官在皇帝死后，会根据起居注、时政记等资料，按时间顺序编写这位皇帝的"实录"。实录出现于南北朝时期，《隋书·经籍志》著录有《梁武帝实录》《梁元帝实录》等，现存最早的一部完整的实录是唐代韩愈编纂的《顺宗实录》。唐代开始，为前君纂写实录成为定制，但是明代以前的历代皇帝的实录大多都已佚失。因为实录只有抄本存于宫中，并不刊刻，也不公布，现在流传下来的较为完整的只有《明实录》和《清实录》。但是由于皇帝的顾忌较多，故所谓的实录也有诸多的不实之处，例如，永乐时期就曾多次修改《明太祖实录》，以为朱棣的篡位进行讳饰。当然，尽管如此，实录中所记载的历史资料仍是相当宝贵的，而且一些正史中的很多内容就是依照实录写成的。

类书

类书是分类编排各种资料以供检索的工具书，类似于后来的"百科全书"。魏文帝曹丕使诸儒撰集的《皇览》被认作是类书之祖，但是此书早已佚失。南北朝时期，编纂类书开始风行，出现了《古今注》《集林》《四部要略》《类苑》《北堂书钞》等一批类书，这些类书大多也都没有流传下来。唐代开始，官方组织编写类书成为一种惯例，如唐代有《艺文类聚》《初学记》，宋代有《太平御览》《太平广记》《册府元龟》，明代有《永乐大典》，清代有《古今图书集成》。这些官修的类书大多编纂于一个朝代立国之初并逐渐走向兴盛的时期。《永乐大典》是历史上规模最大的一部

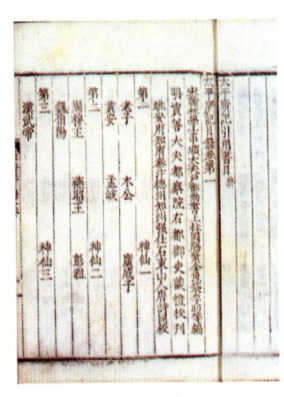

《太平广记》书影

类书，可惜的是在清末八国联军入侵的时候被洗劫焚毁，仅余下少量残卷，另有部分残卷散佚于多个国家。现存的最大的一部类书是清代康熙年间编成的《古今图书集成》。类书与丛书不同，并不是对书籍的全部内容的辑录，而是分门别类地选取其中相关的部分内容辑入，但是有的资料在类书中体现得较为完整，使得从中提取已经佚失的书籍成为一种可能。乾隆年间编纂《四库全书》时就从《永乐大典》中辑录了多部佚书，后《永乐大典》被毁劫，这次辑录工作算是意义重大。

丛书

丛书，就是各种书籍的汇集和丛编。编刻丛书始于南宋后期，现在已知最早的丛书是宋宁宗嘉泰元年（1201年）俞鼎孙及其兄俞经编辑的《儒学警悟》，收有宋代的著作六种，但是此丛书在当时并没有刻本，宋度宗咸淳九年（1273年）左圭辑刊的《百川学海》是中国最早刻印的丛书。明代的时候，"丛书"的名称正式出现，而编刻丛书的高峰是清代，乾隆年间官修的《四库全书》是一部规模最大的丛书，同一时期私家汇刻的丛书也非常之多。丛书的编辑，一方面给学者的学习和研究提供了方便，一方面也使许多古籍得以保存和流传，不至佚失。1959年，上海图书馆编写的《中国丛书综录》，成为读者使用丛书的得力助手。

属辞比事

属辞比事，直接的含义就是连缀文辞，排比史事，后来也泛指撰文记事，出处为《礼记·经解》："属辞比事，《春秋》教也。""属辞比事"是春秋学中一个非常重要的概念，但是早期对此的理解并不复杂，宋代以后，"属辞比事"的提法被人们重视起来，这一概念也被赋予了多重含义，基本上分为写作方法和史学研究两个方面。在写作方法上，指仅仅列叙历史事实而不表述自己的意见，以此为指导来进行史书的写作；在史学研究上，指运用分析与综合的方法，通过详审《春秋》所记之事，从而探明史实以求大义的史学观念。

董狐笔和太史简

"董狐笔"就是董狐所采用的尊重历史本然而不迫从曲改地撰写史书的方法和态度。董狐是春秋时晋国的史官，当时晋灵公昏庸无道，权臣赵盾屡谏而无效，反而引起晋灵公的杀心。赵盾为躲避祸患而潜逃，还未出国境就接到消息说晋灵公被其族弟赵穿所杀，于是迅即返回。他对董狐所记的"赵盾弑其君"表示异议，但是董狐认为赵盾身为正卿，在还没有走出国境的时候就依然是晋灵公的臣下，就应当起兵讨伐弑君者，而赵盾却没有这样做，因此是应当承担弑君之名的。

董狐这种不屈从于威权而信笔直录的著史精神深为后人称道，与此相类的还有齐国太史兄弟的事迹。春秋时齐庄公与大臣崔杼的妻子私通，崔杼知道后设计杀死了齐庄公，自己由此专断朝政，但是对弑君之事却很有顾虑，担心被著于史籍而留下骂名。于是威诱掌管记史的太史伯，但是太史伯固而不易，秉笔直书"齐崔杼弑其君"，崔杼怒而杀掉太史伯；太史伯之弟太史仲继为此职，不改原书，崔杼将太史仲也杀掉；仲之弟太史叔继之如故，崔杼再杀之；叔之弟太史季仍然坚持直书崔杼之罪，崔杼知道史官不可强迫，终于没有再行杀戮。齐国的另一个史官南史氏听说太史兄弟相继被杀害，就抱着竹简匆忙赶来，要前赴后继，接替太史兄弟将崔杼的罪状载于史册，见太史季已经据实记载，方才返回。南宋文天祥在《正气歌》中写道："在齐太史简，在晋董狐笔。""太史简"与"董狐笔"，并称为秉笔直书的良史之楷模。

春秋笔法

春秋笔法，又称"春秋笔削"，指寓褒贬于曲折的文笔之中而不直接表明自己态度的写作方法，出自《史记·孔子世家》："孔子在位听讼，文辞有可与人共者，弗独有也。至于为《春秋》，笔则笔，削则削，子夏之徒不能赞一词。弟子受春秋，孔子曰：'后世知丘者以《春秋》，而罪丘者亦以《春秋》。'"这段话的意思是，孔子在司寇职位上审理诉讼案件时，判词若有可以和别人相同的地方，就不独自决断。至于撰作《春秋》，他认为应当写的就写，应当删的就删，即使是子夏之流的高足弟子也不能改动一字一句。弟子们听受《春秋》时，孔子说："后代了解我的凭这部《春秋》，而怪罪我的也凭这部《春秋》。"《左传·成公四十年》讲述春秋笔法时说，《春秋》的记述，用词细密而意思显明，记载史实而含蓄深远，婉转而顺理成章，穷尽而无所歪曲，警诫邪恶而褒奖良善。其中"惩恶而劝善"是孔子采取春秋笔法的一个基本意图，出于这种目的，在行笔之中也就难免有所避讳，有些事情并非采用直录的方式，这被称为曲笔，至于那种不直接表现作者自己的态度而将其寓于简洁的叙述之中的手法被称为微言大义。

成一家之言

"成一家之言"意为开创独成一家的学术思想，语出司马迁《报任安书》："亦欲以究天人之际，通古今之变，成一家之言。"这代表了司马迁的学术理想，同时也是他的人生理想之所在。《左传·襄公二十四年》曰："太上有立德，其次有立功，其次有立言。虽久不废，此之谓不朽。""立言"作为"三不朽"之一，是中国古代的知识分子所最为看重的人生内容。

立德，立功，立言，此谓三不朽。

曹丕在《典论·论文》中说："盖文章，经国之大业，不朽之盛事。年寿有时而尽，荣乐止乎其身，二者必至之常期，未若文章之无穷。"司马迁自谓"所以隐忍苟活，幽于粪土之中而不辞者，恨私心有所不尽，鄙陋没世而文采不表于后世也"，其意也正在于此。秉持着这种理想，司马迁忍辱负重，付出巨大的艰辛，做了前所未有的开创性工作，撰写了中国第一部纪传体通史——被鲁迅称誉为"史家之绝唱，无韵之离骚"的《史记》。

六家二体

"六家二体"是刘知几在《史通》中对史籍的源流及其体裁所做的归纳，"六家"和"二体"两篇在该书中居于统领性的地位，是刘知几史学理论的基础组成部分。关于"六家"，刘知几说："古往今来，质文递变，诸史之作，不恒厥体。权而为论，其流有六：一曰《尚书》家，二曰《春秋》家，三曰《左传》家，四曰《国语》家，五曰《史记》家，六曰《汉书》家。"就这"六家"的代表意义而言，《尚书》旨在"疏通知远"，《春秋》要在"属辞比事"，《左传》和《国语》旨在述说经义，《国语》又在《左传》之外"稽其逸文，纂其别说"，《史记》"鸠集国史，采访家人，上起黄帝，下穷汉武，纪、传以统君臣，书、表以谱年爵"，创立了纪传体，《汉书》的特点是言简意赅，包举一代，成为后世正史的范本。关于"二体"，刘知几说："考兹六家，商榷千载，盖史之流品，亦穷之于此矣。而朴散淳销，时移世异，《尚书》等四家，其体旧废，所可祖述者，唯左氏及《汉书》二家而已。"这就是说，"六家"当中，真正流传于后世者，只有《左传》和《汉书》这两家，指的也就是《左传》的编年体和《汉书》的纪传体，"六家"重在史籍的内容和旨意，"二体"则是纯粹就史书的体裁而言的。

五志三科

"五志三科"是刘知几在《史通》中所阐述的关于史书的选材原则的观点。"五志"是由创作《汉纪》的东汉史学家荀悦提出的，所谓"五志"，就是"达道义""彰法式""通古今""著功勋"和"表贤能"。东晋的干宝将"五志"进一步阐释为"体国经野之言则书之，用兵征伐之权则书之，忠臣烈士孝子贞妇之节则书之，文诰专对之辞则书之，才力技艺殊异则书之"。刘知几对史书写作内容取舍的态度是"采二家之所议，征五志之所取"，而又提出"三科"，即"叙沿革""明罪恶"和"旌怪异"。他对"三科"的解释是："礼仪用舍、节文升降则书之，君臣邪僻、国家丧乱则书之，幽明感应、祸福萌兆则书之。""五志三科"的意义在于突出史书写作中道义和伦理成分的含量，从而强调史书彰善惩恶的作用。

彰善瘅恶

彰善瘅恶，语出《尚书·毕命》："彰善瘅恶，树之风声。"就是说表扬好的一面，斥责恶的一面，从而建树起良好的风气。彰善瘅恶被认为是史书所具有的一项重要功用,《周书卷三十八·列传第三十》说:"古者人君立史官,非但记事而已,盖所为鉴诫也。彰善瘅恶,以树风声。故南史抗节,表崔杼之罪;董狐书法,明赵盾之愆,是知执笔于朝,其来久矣。"这里举出南史和董狐的例子,用意就在表明史书应当发挥鉴诫作用的观点是自古皆然的。

直书与曲笔

直书和曲笔是撰写史书的两种笔法,直书就是忠于事实,依照真实情况直接记录;曲笔说的是对历史事实有所取舍,或者进行曲意修饰的写作方法。直书被认为是良史所应当坚持的基本精神,刘知几在《史通》中强调直书的重要意义时说:"况史之为务,申以劝诫,树之风声。其有贼臣逆子,淫君乱主,苟直书其事,不掩其瑕,则秽迹彰于一朝,恶名被于千载。言之若是,吁可畏乎!"虽然如此,但是出于各种主动或被动的原因,实际上史籍从总体上来看是不可能完全采取直书方式的,曲笔的情况是大量存在的。当然,也不能一概而论,认为曲笔的做法一无是处,其实在某些时候史家采取曲笔不仅是可以理解的,甚至也是值得称道的,刘知几虽然强调直书的精神,但对于曲笔也是没有给予完全否定的,只是这种笔法切记不可滥用。

史才三长

"史才三长"即学、才、识,这是刘知几在《史通》中所提出的史家应当具备的三种基本素质。"学",是指史家应该掌握广博的知识,特别是要占有丰富的文献资料;"才",是指史家驾驭文献资料的能力和进行文字表述的能力;"识",是指史家应当具有对历史独立的见解与观点和秉笔直书、忠于史实的坚贞品质与献身精神。

史家对历史应具独立的见解。

博采与善择

博采与善择,是指在撰写史书的过程中对文献资料进行处理的两个基本的方面,博采说的是搜集资料要广泛,善择说的是选用资料要审慎。长期以来,人们撰史所依据的文献资料的基本范畴是古代经典、正史、官方案牍等,唐代刘知几打破了这一传统观念,将资料的搜集范围大大地扩展了,凡逸事、琐言、郡书、家史、别传、杂记等各种野史、杂史资料几乎无所不及,乃至对于当时刚刚兴起的金石文献也进行采猎。有了博采的基础,善择就是关键的一步,因为广泛搜罗来的资料相当驳杂,质量优劣不一,真伪亦相混淆,这就需要非常精湛的甄选功夫才可以令这些资料最佳地为己所用,同时在最大程度上免除资料过于繁杂的负面影响。

史学三要

"史学三要"指的是义、事和文,为清代学者章学诚在《文史通义·史德》中提出:"史所贵者义也,而所具者事也,所凭者文也。""义"指历史观点,"事"指历史事实,"文"指著史的文笔。在章学诚看来,具备"义、事、文"方可称为"史学",三者之中以"义"为主,而"事"与"文"则是求"义"的根据和技巧。"义"是史家主观的见解,而撰写史籍是一定要以客观事实为遵照的,关于二者如何得到统一,章学诚说:"能具史识者,必知史德。德者何?谓著书者之心术也。"所谓心术,就是史家应当不以主观的偏见代替客观的史实,这是"欲为良史"的基本条件。

六经皆史

六经指《诗经》《尚书》《礼记》《乐经》《易经》《春秋》。

"六经皆史"是章学诚所提出的史学命题,他在《文史通义》中说:"古人未尝离事而言理,六经皆先王之政典也。"并进一步指出:"三代学术,知有史而不知有经,切人事也;后人贵经术,以其即三代之史耳;近儒谈经,似于人事之外别有所谓义理矣。"章学诚认为,六经都是先王的政典,记述古代的典章制度,具有史籍的性质,也正因为这一点六经才为后人所重视。"六经皆史"观点的起因是章学诚意欲令学术切合于当时人事的经世致用的思想。这个命题的提出,不仅将史学的产生上溯到六经之前,而且扩大了古史的范围,对先秦史学的研究产生了积极的影响。

文化艺术

音乐舞蹈

古琴

琴又称瑶琴、玉琴、绿绮，现代一般称为古琴、七弦琴。琴历来被认为是高雅的艺术，古人常以"琴、棋、书、画"并称，把它看作君子必备的文化修养，因此我国文人多擅弹琴，如孔子、嵇康、欧阳修等。

琴在我国至少已有3000多年的历史，现在考古发现的最早实物，是湖北随州出土的战国初期的10弦古琴和湖南长沙马王堆出土的7弦汉琴。琴的全身为扁长共鸣箱，面板多用梧桐木制作。琴头有承弦的岳山，琴尾有承弦的龙龈和护琴的焦尾，整个显得宽头窄尾。在面板的外侧有13个圆点状的徽，它是音位和泛音的标志，一般由贝壳制成。琴上有7弦，古代用丝弦制成。琴的声音清脆悦耳，表现力强。传说伯牙志在山水的时候琴声能"峨峨兮若泰山，洋洋兮若江河"，遇雨心悲的时候还能"为霖雨之操，更造崩山之音"，琴的表现力可见一斑。琴有独奏、琴箫合奏、琴歌、雅乐合奏4种传统的演奏形式。著名的琴曲有《流水》《酒狂》《广陵散》等。

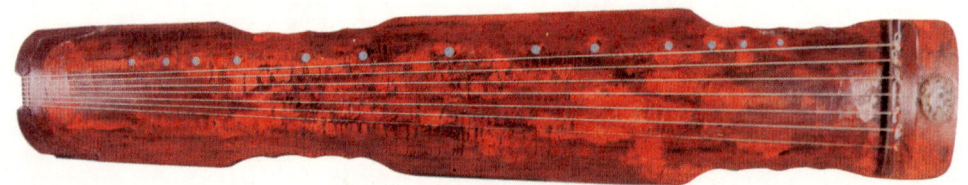

鸣凤琴（正面）　北宋

编钟

编钟又叫歌钟，是中国古代一种重要的打击乐器，是钟的一种，由若干个大小不一的钟按照音阶有序地排列悬挂在木架上而构成的，每个钟的音高各不相同。编钟的历史能够上溯到3500年前的商代，但当时编钟较为简单，多见的是三枚一套。后来整套编钟的数量开始不断增加，形成较大的规模。

文化艺术

古代的编钟是帝王和贵族专用的乐器，是等级与地位的象征，多用于宫廷演奏。每逢重大事件如征战、朝见或祭祀等活动时进行演奏。在1978年从湖北随州市西郊曾侯乙墓出土了一套曾侯乙编钟。这套编钟的音域可以达到5个八度，音阶结构基本上与现代的C大调七声音阶接近。它规模宏大，制作精美，整套共65件，其中有19件钮钟，45件甬钟以及一件钟，总重达2500多千克。全套钟保存完好，可随意拆卸。钟上有大量关于音乐知识的篆体铭文，这些铭文是研究先秦音乐史的珍贵文字资料。经专家演奏测试，曾侯乙编钟的音响已构成倍低、低、中、高4个色彩区，能演奏任何音阶的乐曲，同时能够胜任采用和声、复调以及转调手法的乐曲，称得上是音乐奇迹。编钟是中国古代音乐艺术和青铜铸造工艺的完美结合，令世人无法不为中国古代音乐辉煌的成就而惊叹。

编钟　战国

磬

磬是我国古代的一种石制打击乐器，通常悬挂在架子上，演奏时用木槌敲击，可发出悦耳动听的鸣响。磬的历史非常悠久，出现年代可追溯到母系氏族社会，也叫作"石""鸣球"等。当时的人们常常会在猎取劳动成果后，敲击石头，以其清脆悦耳的声音来烘托气氛。这就是磬最初的原型。磬出现以后，被广泛用于历代统治者的各种宫廷场合的音乐中。

磬拥有非常古朴的造型和精美的外观，制作精美。按照它的使用场所和演奏方式，可分为特磬和编磬两种。特磬专门用于皇帝祭祀时演奏，编磬由若干个磬编成一组而成，挂在木架上进行演奏，主要在宫廷音乐中使用。寺庙中也使用磬。在出土曾侯乙编钟的曾侯乙墓中，出土了有古代楚文化特点的编磬32枚。这套完整的编磬是用石灰石、青石和玉石制成的，悬挂在青铜磬架上，共分两层，具有清脆响亮的音色。相关部门曾经制作出曾侯乙编磬的复制品，严格按照原件的规格和形制进行制作，验证了编磬动听的音色。磬是中国音乐史上独特的一种乐器，古老而优美。

箜篌

箜篌历史悠久,是中国古老的弹拨乐器,又称"坎侯"。早在春秋战国时期,就已经出现了箜篌的雏形。盛唐时期,箜篌的演奏技艺随着经济文化的飞速发展达到了相当高的水平。古代的箜篌既是宫廷乐队使用的乐器,也是深受民间喜爱的乐器,一度广为流传。箜篌还曾经传入日本、朝鲜等邻国,并受到人们的喜爱。在日本奈良东大寺的寺院中,至今还保存着2架我国唐代的箜篌残品。中国古代流传的箜篌主要分为卧式箜篌和立式竖箜篌2种,后来又出现了雁柱箜篌。竖箜篌的形状像半截弓背,在向上弯曲的曲木上设曲形共鸣槽,整体结构中还有脚柱和肋木支撑着20多条弦。演奏时演奏者将箜篌竖抱于怀,从两面用双手的拇指和食指同时弹奏,这个弹奏姿势,唐人称为"擘箜篌"。新型的雁柱箜篌是仿照古代立式竖箜篌的基本造型,在其基础上改进研制而成。其外形近似于西洋竖琴,不同的是它有两排琴弦,每排有36根弦,每根弦都

箜篌图

是由"人"字形的弦柱支撑,看上去,这种箜篌的形态比较像天空中飞翔的雁阵队形,所以得名为"雁柱箜篌"。箜篌拥有宽广的音域和柔美的音色,表现力丰富,既能演奏旋律,也能很好地演奏和弦。

古筝

古筝是中国一种具有优美音色和丰富表现力的民族拨弦乐器。它有着悠久的历史,早在战国时期,古筝就在秦国流行,所以它又被称为"秦筝"。古筝的流传甚广,从岭南至内蒙古,几乎遍及整个中国。最初的古筝是从战国时期一种竹制的五弦乐器演变而来,秦汉时期,五弦发展为12弦,隋唐时期为13弦,元明时期为14弦,清代时期为16弦。后经改良,由17、19弦不等而发展到21～25弦,筝弦也由原来的丝弦改为钢丝弦等。这样,古筝的音域和表现力得到很大提高,深受人们欢迎。它既可用作独奏、重奏、合奏,也可用作戏曲、曲艺和舞蹈等的伴奏。古筝的音色清越、高洁、典雅,委婉动听,具有一种幽远的独特神韵。轻拂宛如行云流水,重扫势若山

崩海啸。它既能细致微妙地刻画人们的内心感情，也能描绘激动人心的壮观场面；无论是如泣如诉，还是慷慨激昂，或是激越高歌与浅声吟唱它都可以表现得淋漓尽致。左手的揉、按、点等手法尤能体现古筝的音韵特色。

古筝在长期的流传过程中，与当地戏曲、说唱和民间音乐相融汇，形成了各种具有浓郁地方风格的流派。传统的筝乐被分成南北两派，其中以陕西、山东、河南和客家筝曲最为著名。《渔舟唱晚》和《汉宫秋月》是古筝中的名曲。

笛子

笛是中国最古老的乐器之一，早在8000年前的远古时期，我国就已经出现了用鸟禽肢骨制成的竖吹骨笛。横笛大概在汉朝时出现，相传是在汉武帝时张骞从西域传入，当时叫作"横吹"，是鼓吹乐的重要乐器，以竹制成。秦汉后，笛子成为竖吹的箫和横吹的笛的共同名称，这种状况一直延续到唐代。宋元时期，笛成为词曲和曲艺伴奏的重要乐器。

笛子的声音具有悠扬、婉转的特点，容易给人以一种缠绵思乡的感觉。唐代诗人李白曾经写过这样的诗句："谁家玉笛暗飞声，散入春风满洛城。此夜曲中闻折柳，何人不起故园情。"李益也有诗云："回乐峰前沙似雪，受降城外月如霜。不知何处吹芦管（芦笛），一夜征人尽望乡。"充分显示了笛声动人的艺术魅力。

笛的品种有很多，其中使用最为普遍的是曲笛和梆笛。曲笛又叫苏笛，以伴奏昆曲和盛产于苏州而得名。曲笛管身粗长，音色柔和，善于表现江南的柔婉情致。梆笛以伴奏梆子类戏曲得名，管身细短，音色明亮，善于表现北方的刚健气质。

琵琶

琵琶是我国历史悠久的一种常用弹拨乐器。秦朝时，在民间流传着一种圆形的、带有长柄的乐器。弹奏这种乐器主要有两种方法：向前弹叫"批"，向后挑起叫"把"，当时人们就把它叫作"批把"，后来改称为琵琶。当时的琵琶形状为直颈，圆形音箱，音位和弦数不固定。南北朝时，从西域地区传入一种曲项琵琶，其形状为曲颈，梨形音箱，有四柱四弦。人们就把它和我国的琵琶结合起来，制成了一种新式曲项琵琶。到了唐代，琵琶从制作到演奏上都得到了很大的发展。琵琶构造方面的改变是把原来的4个音位增至16个，同时把琵琶颈部加宽，下部共鸣箱变窄。在演奏方

螺钿琵琶　唐
其背面嵌螺钿花纹，面板装有捍拨，上绘一白象，四人骑坐奏乐。

法上改横抱演奏为竖抱演奏，改拨子演奏为手指直接演奏。此后，琵琶的制作和演奏技法不断得到改进，最后形成如今的四相十三品和六相二十四品两种琵琶。

琵琶音域广阔、演奏技巧丰富繁多，具有丰富的音乐表现力。适合琵琶演奏的曲风有多种，基本上有文曲、武曲、大曲3种。文曲以抒情为主，曲调柔美，代表曲目如《春江花月夜》《汉宫秋月》等。武曲则风格豪放，《十面埋伏》《霸王卸甲》等都是其代表作。大曲的曲调以活跃、欢畅为主。

二胡

二胡是唐代由西域胡人传过来的弦乐器，来自北方的奚部落，因此又称"胡琴"。后来，胡琴发展出了二胡、中胡、京胡、坠胡、板胡等十几个品种，二胡就是其中比较重要的一种。二胡基本上都是木质的，整体由琴杆、琴筒、琴轴等基本部件构成。二胡的琴筒有圆形、六角形等多种形状，琴筒的一端蒙有蛇皮或蟒皮，另一端则设置雕花的音窗。在乐队中，二胡作用很大，它既能独奏，也适合合奏。既能演奏风格细腻深沉、柔美抒情的乐曲，也能够演奏风格欢快活泼的乐曲，有非常丰富的表现力和艺术感染力。无锡民间艺人阿炳创作的《二泉映月》，是我国著名的二胡曲，这首乐曲饱含着作者悲伤的命运和内心的疾苦和希望，具有强烈的艺术感染力。

箫

"黄河远上白云间，一片孤城万仞山。羌笛何须怨杨柳，春风不度玉门关。"这是著名诗人王之涣的《出塞》，也是唐代七绝的压卷之作。诗中幽怨的羌笛，就是现在人们所说的箫。箫原称"洞箫"，是我国古老的吹奏乐器之一。箫和笛一样，都是源于远古时期的骨哨。因此很长一段时间人们把箫称为笛，直到唐代，两者才开始分离，横吹为笛，竖吹为箫。箫的音量较小、音色轻柔，比笛声更有一股缠绵不尽的幽怨之意，因此箫比较适于独奏和重奏。著名的独奏曲目有《鹧鸪飞》《妆台秋思》《柳摇金》等，另有琴箫合奏曲《梅花三弄》《平沙落雁》等。

吹箫图轴　明　唐寅
图中女子高挽发髻，复戴以碧冠，面容白皙却现愁容。其双手捏箫，唇未启而意先生，二目凝视前方，忧郁神情甚浓，令人如闻箫声，随之更容。

六代乐舞

宫廷雅乐在周朝的代表作当数"六代之乐":《云门》《咸池》《大韶》《大夏》《大濩》《大武》。由于它们都是歌舞乐三位一体,又称为"六舞"。

第一代乐舞:《云门》,歌颂黄帝的丰功伟绩,以黄帝所在氏族的图腾为云彩而得名。第二代乐舞:《咸池》,亦称《大咸》,表现了祭奠祖先和祈求祖先保佑的内容。之所以叫《咸池》,是因为在神话传说中,咸池是日落之地,也是祖先亡灵栖息的地方。第三代乐舞:《大韶》,简称《韶》,因以排箫为主要伴奏乐器,又名《箫韶》,传说是舜时代的宗教性乐舞,该乐舞有九次变化,歌也有九段,在后世又被称为《九歌》。它是远古时期最为著名的乐舞,孔子在齐国听《韶》乐之后"三月不知肉味",并赞叹道,"韶尽美矣,又尽善也","尽善尽美"成语由此得来。

第四代乐舞:夏时的《大夏》,主要歌颂大禹治水的功绩。这个乐舞也有九段,用伴奏,又称为"夏九成。"第五代乐舞:《大濩》是赞颂商代君王成汤伐桀的功绩。"濩"在殷墟甲骨文卜辞中本是指用音乐舞蹈形式祭祀祖先的巫术活动,后来将这类巫术活动中表演的音乐舞蹈专称为"乐"。《大濩》表演时场面壮观、气势宏大,集商朝乐舞之大成。第六代乐舞:周朝的《大武》,歌颂周武王讨伐商纣的胜利。《大武》是这一时期宫廷歌舞的最高典范,在表演时,舞分六场,乐也分六章。这些歌曲的唱词,被收集在《诗经》的《周颂》中。

六代之乐是当时宫廷最具权威性的祭祀礼乐,也是"乐教"的经典教材。周朝的"大司乐",就是专门设立的音乐教育机构的总长官。下面有高、中、下三级乐官和乐工,等级分明,职责明确,构成了一个系统地管理和排演礼乐、教习礼乐的机构。

诗乐

诗乐就是《诗经》所用的音乐。《诗经》不仅奠定了中国古代文学现实主义的基础,而且在当时都是歌曲,是中国古代最珍贵的艺术遗产之一。

《诗经》中"风"(国风)是"民俗歌谣之诗";"大雅"是"会朝之乐,受厘陈戒之辞";"小雅"是"燕飨之乐";"颂"是"宗庙之乐歌"。风有十五国风,是各地的民歌,文学成就最高。雅分大雅、小雅,多为贵族祭祀、朝会、燕飨之诗歌,小雅中也有部分民歌。颂是宗庙祭祀时用的诗歌。《诗经》中的歌曲,在周朝非常流行。这些歌曲有歌唱的、合奏的,也有单项乐器演奏的。有些用乐器所奏曲目("笙诗")没有歌词,所以在《诗经》中只有篇名,称为"佚诗"。《诗经》中的歌曲是周朝贵族教育的主要科目,称诗、书、礼、乐"四术"。它在当时的社会生活中,占有很重要的地位。可惜的是由于时代久远,《诗经》的乐曲没有传留下来。后来,《诗经》被儒家奉为经典,成为"六经"之一。

雅乐

"雅乐"就是"优雅的音乐"的意思,是中国古代的宫廷音乐,用于祭祀天地、祭祀祖先、朝贺、宴享等各种仪式典礼中。西周建立后,周公制礼作乐,其中一部分就是雅乐。周朝把礼、乐、刑、政并列,行政、法律、礼仪和雅乐构成了西周奴隶主贵族统治的支柱。《周礼》所记载的周朝的各种贵族礼仪中与雅乐有关的有:郊社(祭天地神明的祭典)、尝禘(贵族祭其祖先的祭典)、食飨(政治上外交上的宴会等,包括大飨、燕礼、大射、养老等)、乡射(乡里官僚和奴隶主们比射的集会)、王师大献(战争胜利时举行的凯旋庆典)、行军田役(用于军事演习性质的狩猎)。它的主要目的是使参加典礼的贵族受到教育和感化。雅乐的歌词大都载于《诗经》中的"大雅""小雅"和"颂"中。雅乐的主要乐器是编钟和编磬,其他乐器还有特钟、特磬、柷、敔、古琴、搏拊、埙等。随着周朝的衰落和社会的发展,民间的俗乐逐渐取代了雅乐。

歌乐图 宋

楚声

楚声又称"楚调"或"南音",指的是春秋战国秦汉时期楚地的音乐,也泛指长江中游、汉水流域至徐、淮间的音乐。"南音"一词始见于《左传》及《吕氏春秋》。现存的记载楚声歌词的有《接舆歌》《沧浪歌》《子文歌》《楚人歌》等。

楚声的音乐形式,是楚词中的"少歌""倡"等歌曲结构用语,即插入歌曲中间部分的小段或单句。战国和两汉时期是楚声的极盛时期。当时楚国的流行歌曲有《下里巴人》《阳阿》《薤露》等。以屈原的《九歌》为代表的楚辞作品都是模仿楚国民间

以屈原的《九歌》为代表的楚辞作品都是模仿楚国民间乐舞歌唱的形式而作的。

乐舞歌唱的形式而作的。汉高祖刘邦和他手下的许多大臣都是楚国人，非常喜欢楚声，在全国范围内大力提倡。刘邦的《大风歌》就是楚声。当时楚声不仅在汉朝宫廷，在民间也十分流行。六朝时，楚声还保存在琴曲中。唐朝以后，楚声失传。

燕乐

燕乐起初只是一种宴请宾客时专用的宫廷音乐，在周朝不受重视，一直到隋唐时期，它的地位才逐渐变得显要，并且最终取代雅乐，成为盛行一时的宫廷音乐。

燕乐主要是供人欣赏的，强调娱乐性和艺术性，因此隋唐燕乐大力吸收民间音乐，融合少数民族以及外来俗乐，形成了一种多元的宫廷新音乐。在隋朝初年，燕乐按音乐来源和乐队编制分为七种，即"七部乐"，到隋炀帝的时候又增加为九部。唐太宗时改为十部乐，包括燕乐（杂用中外音乐）、清商伎（传统音乐）、西凉伎、天竺伎、高（句）丽伎、龟兹伎、安国伎、疏勒伎、康国伎、高昌伎。到唐玄宗时，又根据表演形式将十部乐改为坐部伎、立部伎两大类。坐部伎在室内坐奏，人数较少，音响清雅细腻，注重个人技巧；立部伎在室外立奏，人数较多，场面宏大、气氛热烈，有时还加入百戏等。在当时的宫廷音乐中，坐部伎地位最高，立部伎次之，雅乐地位最低。著名诗人白居易曾在《立部伎》中说："笙歌一声众侧耳，鼓笛万曲无人听。立部贱，坐部贵，坐部退为立部伎，击鼓吹笙和杂戏。立部又退何所任，始就乐悬操雅音。"可见在中唐时期，燕乐已经完全取代了雅乐的地位，成为宫廷音乐中绝对的主角。

唐代燕乐最突出的艺术成就是歌舞大曲。它是一种综合器乐、歌唱和舞蹈的多段结构的大型乐舞，由"散序""中序"和"破"三部分组成。其中散序由器乐演奏，无拍无歌，节奏自由；中序入拍歌唱，多为抒情慢板，由器乐伴奏；破是乐舞的高潮，以舞蹈为主，节奏逐步加快，最后在热烈的气氛中结束。著名的大曲有《绿腰》《凉州》《玉树后庭花》《霓裳羽衣曲》《破阵乐》《水调》等。

尽善尽美

孔子闻《韶》图

尽善尽美是孔子的音乐观。孔子的思想核心是"仁",提倡"仁"的音乐。孔子认为,尽善尽美的音乐就是"仁"的音乐。这个标准来自于孔子对《韶》乐的评价:"《韶》尽美矣,又尽善也;谓《武》尽美矣,未尽善也。"孔安国注言道:"《韶》,舜乐名也,谓以圣德受禅,故尽善也。《武》,武王乐也,以征伐取天下,故曰未尽善也。"意思是舜因为具有美德而受禅即位,故歌颂他的《韶》乐尽美也尽善。周武王则是征伐商纣,以武力夺天下,故歌颂他武功的《武》尽美却未尽善。可见孔子评价音乐的标准有两个,一个是音乐表现内容的"善",一个是音乐艺术形式的"美"。而"善"在两者中又居于主要地位,这充分体现了儒家的音乐为政治服务的思想。此外,从孔子的这句话我们还可以看出儒家重视音乐内容与形式的统一,也就是要和谐。

乐与政通

我国古代的音乐理论丰富多彩,如孔子的"尽善尽美",师旷的"乐与政通",以及墨子的"非乐"等。但这些音乐理论十分零碎,没有形成各自成熟的体系。直到西汉《礼记·乐记》的出现,我国才开始有了比较系统的音乐理论和比较完善的音乐论著。

《乐记》开首就说:"凡音之起,由人心生也。人心之动,物使之然也。"指出音乐的形成是"物动心感",认为音乐是主观受到客观影响的结果,并突出了音乐是表现人们内心感情的,具有唯物论因素。《乐记》还指出音乐表达的是人们的真情实感,"夫乐者乐也,人情之所不免也""乐也者,情之不可变者也""唯乐不可以为伪",强调音乐是真情的流露。在《乐本篇》中对"物动心感"的这一观点又做了进一步论述:"乐者,音之所由生也,其本在人心之感于物也。是故其哀心感者,其声噍以杀;其乐心感者,其声啴以缓;其喜心感者,其声发以散;其怒心感者,其声粗以厉。"指出喜怒哀乐几种心情在音乐上具有不同的表现。正因为音乐这种情感化的特征,音乐可以反映民风民情。"是故治世之音安以乐，其政和；乱世之音怨以怒，其政乖；亡国之音哀以思，其民困。声音之道，与政通矣。"这就是贯穿全文的重要思想"乐与政通"。

《乐记》作为儒家音乐思想的总结，继承和发扬了孔子等人的观点，认为音乐"可以善民心，其感人深，其移风易俗易"，具有教化人民的作用，因此《乐记》竭力提倡雅颂之声（雅乐），而反对郑卫之音（俗乐）。这种突出音乐教化作用的音乐观对后世影响很大。

声无哀乐

《礼记·乐记》之后，我国出现了一部独树一帜的音乐论著，它的观点与正统的儒家音乐思想背道而驰，反映了道家对音乐的影响。这就是著名的《声无哀乐论》，作者是三国魏晋时著名文学家、音乐家嵇康。

嵇康是魏晋名士，政治上他不与当权者合作，常常抨击时政；思想上他受老庄影响，提出了著名的"越名教而任自然"，反对儒家礼教的虚伪，崇尚自然之道，思想十分叛逆。这篇《声无哀乐论》就是他的叛逆思想在音乐理论上的表现。文章约7000字，作者假设一位论敌"秦客"（儒家）和"东野主人"（作者）就"声无哀乐"的命题进行八次辩难，有针对性地批驳儒家传统乐论，进而阐述自己的音乐思想。

文章开首秦客就提出正统的儒家音乐观点，认为音乐和社会风气有着密切的联系，音乐能表现人的哀乐。但嵇康却说："心之与声，明为二物。"即音乐是外界的客观事物，哀乐是人内心的主观感情，两者没有因果关系。嵇康认为音乐的本体是"和"，是"大小、单复、高埤、善恶（美丑）"的总和，并且"声音自当以善恶为主，则无关于哀乐；哀乐自当以情感而后发，则无系于声音"。意思是音乐只有美与不美，与人的哀乐无关；人的哀乐是有所感而后表露，与声音无关。

但是嵇康也没有否认音乐对人的情感起着诱导的作用。他认为人的哀乐是由于受到客观世界的影响才产生的，而音乐可以使之表现出来，使人感觉兴奋或安静，精神集中或分散。嵇康还指出人心所存在的感情不同，对音乐的理解会相异，被音乐激发的情绪也不同。基于上述观点，嵇康认为音乐并不能起到移风易俗的作用，驳斥了儒家将音乐与政治等同，无视音乐艺术性的观点，在当时确实具有振聋发聩的作用，并由此开启了中国音乐除儒家音乐观念之外的另一股潮流。

二十四况

《溪山琴况》是《乐记》《声无哀乐论》之后的我国又一部重要音乐美学论著。一般认为，《乐记》是儒家音乐思想的代表，重音乐的社会作用；《声无哀乐论》是老庄道家思想的代表，注重音乐的审美特征；而作于明末清初的《溪山琴况》，则吸收和融合了儒道释三家思想，是古代音乐美学的集大成之作。

《溪山琴况》是一部全面系统的琴学论著，作者是著名琴家徐上瀛。徐上瀛名琠，别号青山，是著名的古琴流派虞山派的传人。他不仅琴艺精湛，而且善于总结前人琴学理论。他在《溪山琴况》中提出了琴乐审美的二十四况，即"和、静、清、远、古、澹、恬、逸、雅、丽、亮、采、洁、润、圆、坚、宏、细、溜、健、轻、重、迟、速"。这24个字，不仅是对古琴审美特征的概括，而且几乎适用于所有的中国音乐。这二十四况大致可分为两类，前九况主要表示一种风格，后十五况则是对琴音音质音色的特定要求。

二十四况中，"和"最重要，《琴况》开首就说琴："其所首重者，和也。""和"就是中和，讲节制，有分寸。这之后的"静""清""澹"等诸况都与之联系，体现了儒道释三家思想在音乐上的融合。

五声和七音

八音指用金、石、土、革、丝、木、匏、竹等八种材料制作的乐器。

东汉学者郑玄在《史记·乐书·集解》中指出："宫、商、角、徵、羽，杂比曰音，单出曰声。""宫""商""角""徵""羽"，这几个字相当于今天简谱中的"1、2、3、5、6"。中国传统采用的音阶，就是用这5个字表示的5声音阶，以及以此为基础的七声音阶。这5个音叫作正音，七声音阶中，除了这5个音外，再加上2个偏音。传统的七声音阶有3种，最常见的叫作正声音阶，也叫作"雅乐音阶"或"古音阶"，是由五个正音和"变徵""变宫"两声组成。"变徵"相当于简谱中的4，"变宫"相当于简谱中的7。"变"在中国传统音乐理论中的意思是"低"。"变徵""变宫"就是比"徵""宫"低半个音的音。另外两种如下：一种是五个正音和"清角""变宫"的"下徵音阶"，也叫"清乐音阶"或"新音阶"；还有一种叫作"清商音阶"或"燕乐音阶"，由五个正音加"清角"与"清羽"构成。"清"在中国传统音乐理论中表示"高"，"清角"比"角"高半个音，"清羽"比"羽"高半个音。

"宫商角徵羽"来源于何时，现在还没有定论，但在春秋时各种典籍已记载了，所以可以推断它们的出现不迟于春秋，甚至可推到西周或者商代。

六律

所谓律，本来是指用来定音的竹管子。据说古人确定乐音的高低，是通过用十二个长度不等的律管，吹出十二个高度不同的标准音，这十二个高度不同的标准音，就称为十二律。十二律的名称是黄钟、大吕、太簇、夹钟、姑洗、仲吕、蕤宾、林钟、夷则、南吕、无射、应钟。十二律中的每一律，都有自己固定的音高，现在都可以和现代西方音乐对照。

古人在十二律的基础上，又有阳律、阴律的概念。奇数的六律是阳律，叫作六律，即黄钟、太簇、姑洗、蕤宾、夷则、无射；偶数的六律是阴律，叫作六吕，即大吕、夹钟、仲吕、林钟、南吕、应钟。六吕和六律合起来，叫作律吕。古人所说的"六律"，通常是指包括了阴律和阳律的十二律。

乐调

一般而言，古人以宫作为音阶的第一级音。但其他各音，实际上也可以作为音阶的第一级音，音阶的第一级音不同，调式自然也就不同了。如果以宫作为音阶的第一级音，乐调就是宫调式；以商作为音阶的第一级音，乐调就是商调式；以角作为音阶的第一级音，乐调就是角调式，其他依此类推。有五音，便有五种不同的调式，有七音，便有七种不同的调式，这就是乐调。

音乐

词典上对音乐的解释为：用有组织的乐音来表达人们思想感情、反映现实生活的一种艺术。分为声乐和器乐两大部门。可见，音乐是"音"和"乐"两部分的合成。据出土文物显示，作为一门古老的艺术形式，音乐的历史可以追溯到新石器时代。当时的音乐是以歌、舞、乐相结合的形式存在的。氏族中关于"三人操牛尾，投足以歌八阕"的记载便是说的这种"音乐"形式。还有《云门》《大夏》《韶》《琴操》等，都是古代的"音乐"。只是人们并不以"音乐"来称呼它。

散乐图　五代
图中伎乐服饰华丽，体态丰腴，高盘发髻，各种乐器握于手中，神态各不相同，为研究当时音乐、服饰文化的实物资料。

将"音乐"合起来用以指代各式各样的乐曲，始见于《吕氏春秋·大乐》中。书中这样说道："音乐之所由来者远矣。"后来，有人将英文的"music"翻译成了汉语"音乐"一词，"音乐"这个称呼才被人们更广泛地使用开来。

如今的音乐形式多种多样，其基本要素包括节奏、曲调、和声、力度、速度、调式、曲式、旋律等。

《韶》乐

《论语·述而》中记载："子在齐闻《韶》，三月不知肉味，曰：'不图为乐之至于斯也！'"这段话是说孔子在齐国的时候，曾经和太师讨论音乐。闻听《韶》乐，孔子被深深地吸引，以至三个月尝不出肉是什么滋味。那么这种《韶》音究竟是种什么样的音乐让孔夫子如此着迷呢？

据史料记载，孔子不仅治学严谨，在音乐方面也颇有造诣。孔子访问东周洛邑的时候，曾跟周敬王的大夫苌弘学习过一段时间的音乐。学习期间，俩人经常讨论音乐。有一日，他们谈到了音乐中的高雅之曲——《韶》乐。孔子说道："尽管我很喜欢音乐，但是却不是十分精通。我知道《韶》乐和《武》乐都很高雅，是流行于诸侯国宫廷的一种音乐。只是不知道，这两种音乐的区别在哪里？"苌弘解释道："依我对音乐的理解，《韶》音曲调优雅宏大，是种和谐之乐；《武》乐则侧重表现豪放壮阔。这是两者乐风上的不同。"孔子听了，感叹道："《韶》乐、《武》乐各有所长。《韶》乐尽善又尽美；《武》乐尽美不尽善啊。"

后来，孔子游历到了齐国，有机会欣赏到了《韶》乐。就是在这段时间里，孔子对《韶》乐的痴迷达到了"三月不知肉味"的程度。

说起这种让孔子痴迷的音乐，要追溯到5000多年前的舜帝时代。据《竹书纪年》记载："有虞氏舜作《大韶》之乐。"可见，《韶》乐是舜创作的一种乐曲。舜创作这种乐曲的目的是为了歌颂尧的功德。

《武》舞表现了武王征诸不享的诛伐之事。

知音

俗话说"千金易得，知音难觅"。词典里对"知音"的解释为：原指通晓音律，后来以此代指彼此了解、情投意合的人。那么，"知音"这个词是怎么来的呢？

古有诗云："摔碎瑶琴凤尾寒，子期不在对谁弹！春风满面皆朋友，欲觅知音难上难。"该诗说的便是"知音"一词的由来。

俞伯牙是春秋战国时期有名的音乐家。他不仅精通音律，更弹得一手好琴。然而纵使他琴艺高超，却始终曲高和寡，没有几个人能够听懂他的琴曲。有一次，俞伯牙因公务来到汉阳江口。黄昏时分，俞伯牙命船夫停船靠岸，调琴弹奏起来。伴着朦胧夜色，草场间传出悠扬曲调。弹琴间隙，俞伯牙听见草丛中有声响，便命书童前去查探。待书童回来，身边又跟了一个人。俞伯牙询问方知，此人名叫钟子期，是附近古娄子村的樵夫。砍柴回家途中，他听到有人弹琴，便隐匿在草丛中欣赏起来。

俞伯牙觉得此人是在说大话，一个樵夫，怎能懂得他琴中表达的情感，便想试探试探他。于是，俞伯牙转弦弹奏了一支表达泰山雄险的曲子。站在一旁的钟子期屏息凝神，表情随着俞伯牙的琴曲不断变幻。一曲弹罢，钟子期叹道："妙曲，高山巍峨，雄险非常。"俞伯牙听后，不禁对钟子期刮目相看。随即调整琴弦又弹一曲，钟子期面容平静，如沐春风，悠然说道："潺潺溪流，东流到海。由微波荡漾，到波涛澎湃。"俞伯牙听罢激动不已，终于找到了能听懂自己琴曲的人了。于是，他邀请钟子期来到自己船中。两人把酒言欢，畅谈琴曲，并结为兄弟，相约来年此时此地再相聚。

第二年，俞伯牙守信而来，却不见钟子期的身影。经过打听才知道，早在几个月前，钟子期就去世了。当地人说，他为了遵守和俞伯牙的约定，特意告诉家人将他葬在江边。俞伯牙听后，心痛不已。他来到钟子期坟前，弹奏起《高山流水》。弹罢摔琴长叹："知音不在，还有谁能懂我琴音。"

战国时的《列子·汤问》，详细记载了这段佳话。后人在俞伯牙和钟子期相遇的地方筑起了伯牙台，以纪念他们"以琴觅知音，摔琴祭友人"的感人故事。"知音"也成了知心朋友的代名词。

靡靡之音

《论语》中记载："颜渊问为邦，子曰：'行夏之时，乘殷之辂，服周之冕，乐则《韶》《武》，放郑声，远佞人。郑声淫，佞人殆。'"孔子所推崇的音乐为古韵《韶》《武》之类，而他最厌恶的，就是当时流行的郑乐。他称这种音乐为"淫声""靡靡之音"。那么，这种音乐究竟是什么样的音乐呢？

"靡靡"意为柔弱,萎靡不振、颓唐。"靡靡之音"指的是软绵绵、萎靡不振的音乐。现指颓废淫荡或低级趣味的乐曲。

据《韩非子》记载,"靡靡之音"起源于商代。商纣王荒淫无度,不但终日泡在酒池肉林中,日日还要笙歌曼舞。当时弹奏乐曲的乐师都绞尽脑汁翻新花样,唯恐因不能令纣王满意而身首异处。

据说,当时有位专门收集、整理乐曲的乐师,名为师延,由于常年与音乐为伴,又经过钻研苦练,弹得一手好乐器。纣王听说了,便命人将师延带到宫中为其演奏。师延以高雅音乐见长,纣王所喜爱的类型,根本不是师延所好。因而,一连几天,师延都没能让纣王满意。纣王下了最后通牒,如果师延还不能弹奏出令其高兴的曲子,就要被处死。迫于无奈,师延改变了曲风。结合所搜集来的音乐,创出了一种让人听了就会心生柔情蜜意的乐曲。纣王听了,十分高兴,便整日陶醉其中,连酒池肉林都引不起他的兴趣了。没过多久,武王伐纣,商灭亡。《史记·殷本纪》中将师延创作的这种音乐称为"北里之舞,靡靡之乐"。后来,人们便把那些消磨人意志的歌舞通称为"靡靡之音"。

三分损益法

三分损益法,是中国古代制定音律时所用的生律法,最早见于《管子》:"凡将起五音,凡首,先主一而三之,四开以合九九,以是生黄钟小素之首以成宫;三分而益之以一,为百有八,为徵;不无有三分而去其乘,适足以生商;有三分而复于其所,以是生羽;有三分去其乘,适足以是成角。"这段话的意思是,凡是要起奏五音声调,先确立一弦而对其进行三等分,经过四次三等分的推演以合九九八十一之数(即三的四次方),由此产生黄钟小素的音调,这个作为基准音的声调就是宫声;三除八十一而将其一份加在八十一上,得一百零八,就是徵声;不再用三除而令一百零八减去其三分之一,得数七十二,由此而成为商声;再用三除七十二,并加在它的原数上,得到九十六,就是羽声;对九十六进行三分再减去其三分之一,得数六十四,就产生角声。简单地说,三分损益法就是根据某一标准音的管长或弦长,依照三分之一的长度比例进行加减,从而推算出其余一系列音律的管长或弦长。三分损益包含"三分损一"和"三分益一"两层含义。三分损一是指将原有长度作三等分而减去一份,而三分益一则是指将原有长度作三等分而增添一份。两种方法交替、连续运用,各音律就相应而生。

十二平均律

十二平均律,也叫作"十二等程律",是目前世界上通用的一种音乐律制,它把一组音分成12个半音音程,相邻两律之间的振动数之比完全相等。它是我国明代著名音乐理论家和数学家朱载堉创造出来的,他在乐理著作《律学新说》中,首次对十二平均律的理论进行了详细阐述,并在他的数学著作《嘉量算经》中,对十二平均律的数学演算进行了详细记述,这是他留给我们的珍贵文化遗产。

十二平均律用发音体的长度计算音高,假定黄钟的正律是1尺,通过计算得知低八度的音高弦长为2尺,然后对2开12次方,能够得到频率公比数,这个公比自乘12次后,就能够得到十二律中各律的音高,黄钟正好是各律的还原起点。通过这种方法,人们首次解决了十二律自由旋宫转调的难题,可谓是对世界音乐理论的重大贡献。

十二平均律还包括对乐音标准音高的阐述和相关法则和规律,借由这个原理,才能更为方便顺利地制造键盘乐器。钢琴键盘上的88个黑白键,就利用了这个原理。该理论的出现早于西方音乐家大约1个世纪。

工尺谱

工尺谱是中国古代的一种记谱形式,以"工、尺"等字来对不同的音高符号命名是我国古代特有的记谱方法,是在管乐器的指法记号基础上演变而成的,大约诞生于隋唐。随着时代与音乐的变化和发展,也随着地区和乐种的不同,其记谱符号以及记写方式也不尽相同。明代中期以后,昆腔的流行

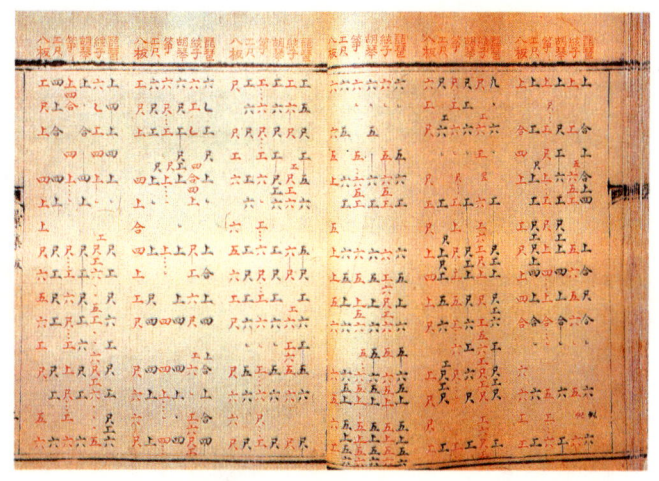

清人编的器乐合奏曲谱

带动了记谱法的推广和统一,工尺谱就在此过程中逐渐成为应用最广的一种谱式。

工尺谱的音高分别以上、尺、工、凡、六、五、乙代表现在音阶的1、2、3、4、5、6、7。其节奏符号,古代将其称为"板眼"。一般而言,板代表的是强拍,眼代表的是弱拍,板和眼基本上可以分为散板、流水板、一板一眼、一板三眼等多种形式。

清代乾嘉年间,出现了用工尺谱记写的管弦乐合奏总谱,这就是《弦索备考》。这部谱集共收入13首乐曲,又叫作"弦索十三套"。每首曲子都能用箫、笛、提琴等乐器进行演奏,它们各部工尺谱的音高、调号、节奏符号基本相同于常用工尺谱。这部乐谱的出现对全面记录民间音乐有很重要的意义,它是古代音乐人的心血结晶,更是中华民族音乐宝库中的珍贵财富。

李延年

　　李延年,生卒年不详,是汉朝著名的宫廷乐师。年轻时曾因触犯刑律而被处以腐刑,在宫中当管狗的太监,但后来却由于"性知音,善歌舞",而受武帝的器重。李延年歌声动人,曾经在汉武帝面前赞美他的妹妹:"北方有佳人,绝世而独立,一顾倾人城,再顾倾人国,宁不知倾城与倾国,佳人难再得。"结果他的妹妹因此而受宠,被封为夫人,李延年也被封为掌管乐府的协律都尉,成为当时炙手可热的人物。不幸李夫人早逝,李家逐渐失宠,李延年也由于家人连累被杀。

　　李延年具有多方面的才能,除唱歌外,他还善于编曲创作,史称他"每为新声变曲,闻者莫不感动"。他曾经为司马相如等著名文人所写的19首郊祀歌词作曲,用于宫廷祭祀乐舞。他还对外来音乐进行加工创作,将张骞从西域带回的《摩柯兜勒》一曲改编为"新声二十八解",用作仪仗队的军乐,为我国音乐的发展做出了卓越贡献。

赵飞燕

　　赵飞燕(公元前45~前1年),原名宜主,本为长安宫人,家庭贫困,出生后父母将其遗弃,三天后见她还没有死去,才将其抚养起来。长大一些后,她被送到阳阿公主家做歌舞伎,逐渐显示出惊人的才艺,又因身轻如燕,而得号"飞燕"。一次,汉成帝造访阳阿公主,见到赵飞燕,十分欣赏,遂纳入宫中,先封为婕妤,再立为皇后,极其宠幸。赵飞燕姿容秀丽,身材轻盈,舞技出众,是中国古代最为知名的舞蹈家之一。传说她表演的一种舞蹈,手如拈花颤动,身形似风轻移,曼妙之极,堪称绝世而独立。对此,李白在赞美杨贵妃的《清平调》中曾写道:"借问汉宫谁得似,可怜飞燕倚新妆。"绥和二年(公元前7年),汉成帝暴卒。太子刘欣即位,是为汉哀帝,赵飞燕被尊为皇太后。虽然赵飞燕曾经为祸后宫的恶劣行径备受群臣指斥,但是哀帝念及赵飞燕有恩于己,遂没有追究。六年后,哀帝驾崩,平帝即位。是时外戚王莽专权,下诏废其为庶人,赵飞燕随即自尽。

赵飞燕歌舞图
史传赵飞燕体态轻盈、舞步曼妙,能做掌上之舞。

万宝常

隋唐时期由于音乐的全面繁荣，著名的音乐家多不胜数。其中著名的宫廷乐工万宝常（？～595年），是当时不能不提的重要音乐家。万宝常原是南朝人，后因父亲触犯北齐法规，不满10岁的万宝常被"配为乐户"，一辈子只能当个地位低下的乐工。后来他师从音乐家祖珽，成为一个"妙达钟律，遍工八音"的音乐大家。万宝常曾撰写过《乐谱》64卷，并提出了有名的八十四调理论，即一个音律有7个音阶，每个音阶上建立一个调，所以成为7个调。那么"十二律"即可得"八十四个音阶调式"。这一理论在隋朝并不受重视，直到唐朝，才被音乐界关注研究。万宝常的学说，为我国的音乐理论做出了突出贡献。此外，万宝常还使用水尺定音律，以代替传统的"管口校律"来调整乐器声音。

可惜万宝常生于乱世，一生经历四朝，并由于才能出众受到忌恨，终生未得重用。晚年他贫病交加，临死前将自己的著作付之一炬，这真是我国音乐界的一大损失。

李龟年

唐朝宫廷人才济济，李龟年（生卒年不详）是唐玄宗最为赏识的乐人之一。他和他的兄弟李彭年、李鹤年都以音乐闻名，其中又以李龟年最为有才。他能歌善舞，精通多种乐器，还善于作曲。王公贵族经常请他到府上表演，动辄以千金相赠。结果李氏兄弟在洛阳建造的宅第，规模甚至超过了公侯府第。"安史之乱"后，李龟年流落到江南，境遇十分凄惨。一次诗人杜甫偶然听到他的歌声，感叹不已，于是写下了著

宫中乐舞俑 唐
这组乐舞俑均跪坐或盘坐，手中分别持箜篌、拍板、横笛、排笙、琵琶、箫等乐器，作演奏状。唐代宫廷的表演艺术融会了中外许多民族的乐舞，新编乐舞极为活跃。

名的《江南逢李龟年》:"岐王宅里寻常见,崔九堂前几度闻。正值江南好风景,落花时节又逢君。"

唐玄宗

唐玄宗(685~762年)是一位具有卓越政治才干的君主,著名的"开元盛世"就是由他开创的。更难得的是,他还多才多艺。《新唐书·礼乐志》中说他通晓音律,酷爱法曲,在坐部伎中挑选300人,组成了一个新的音乐机构——梨园。如果有人在演奏时发生错误,他必能察觉,并亲自纠正。唐玄宗精通多种乐器,尤擅羯鼓,曾被大臣誉为"头如青山峰,手如白雨点"。此外,唐玄宗还能创作乐曲,如《紫云回》《龙池乐》《凌波仙》《得宝子》等。他根据印度《婆罗门曲》改编的歌舞大曲《霓裳羽衣曲》,被誉为中国歌舞音乐一颗璀璨的明珠。作为一位帝王音乐家,唐玄宗对唐代音乐的影响不可估量。正是由于他的积极倡导,唐代音乐才得以与各民族音乐文化进行融合。应该说唐代音乐的繁荣,唐玄宗功不可没。

杨贵妃

杨贵妃(719~756年),名玉环,出家时道号为"太真",祖籍弘农华阴(今属陕西),后迁居蒲州永乐(今山西永济)。父杨玄琰任蜀州司户,故其出生于成都。开元二十二年(734年),杨玉环成为唐玄宗之子李瑁的王妃,即寿王妃。5年之后,玄宗初次见到杨玉环,深为她的美艳所迷,于是以为窦太后荐福的名义令杨玉环出家为道,5年之后守戒期满,诏令还俗,接入宫中,而后玄宗又将杨玉环册封为贵妃。

杨贵妃不仅具有倾国之姿,尚有绝人之艺,是唐代十分出色的宫廷音乐家和歌舞家,艺术才华在后宫之中实属罕见。《旧唐书·杨贵妃传》记载:"太真姿质丰艳,善歌舞,通音律,智算过人,每倩盼承迎,动如上意。"

作为才华卓著的舞蹈家,她最擅长表演《霓裳羽衣舞》。据说,唐玄宗创作《霓裳羽衣曲》后,杨贵妃略略一看,便依韵而舞,舞姿翩跹,宛如天女散花,表现了一种缥缈神奇的意境,令玄宗兴奋不已。在对《霓裳羽衣曲》的配舞中,杨玉环既吸收了传统舞蹈的表现手法,又融合了西域舞艺的回旋动作,使整个舞蹈绰约多姿,飘忽轻柔,与乐曲达到了完美契合,成为唐代乐舞中的精品。杨贵妃起舞,唐玄宗曾亲自为其伴奏,观毕赞叹说,"方知回雪流风,可以回天转地",可见杨玉环的舞艺之精湛。

杨玉环还精通胡旋舞,身段飘摇,翻跃如风,令人眼花缭乱。白居易的诗中说"中有太真外禄山,二人最道能胡旋"。安禄山是当时的胡旋舞高手,虽然身材肥胖,可是跳起胡旋舞,却可以飞快地旋转,令人目不暇接。后来安禄山发动叛乱,杨玉环命丧马嵬坡。

《乐律全书》

明朝著名的音乐家朱载堉是明代开国皇帝朱元璋的九世孙,明宗室郑恭王朱厚烷的儿子。他早年学习天文、算术,后来在历学和数学方面取得了很大的成就。同时,朱载堉还具有非凡的音乐才华。嘉靖年间,朱载堉由于家庭遭遇变故,被迫离开王府,在一间土屋里独居了19年,一心钻研音乐、数学和历学,并写成了集乐律、乐谱、乐经、舞谱、数学和历学为一身的综合性巨著《乐律全书》。

《乐律全书》书影

《乐律全书》中的《律吕精义》内外两篇,详细地阐述了他所创造的新法密率。新法密率也叫"十二平均律",是一种将音乐中的八度音程均分为12个半音的中国古代律制。它在理论上解决了历代在旋宫问题上存在的矛盾,是音乐史上最早用等比级数音律系统阐明十二平均律的科学巨著。直到100多年后,德国音乐家威尔克迈斯特才提出相同的理论。

朱载堉在音乐上的另一成就是发明了校正律管(即用于定律的标准器)管口的方法——"异径管律",它对解决管乐器的"管口校正"具有重要的意义。此外,朱载堉还改编了不少戏曲史料和民间曲调,在乐器的制作上也取得了一定的成就。

《高山流水》

《高山流水》大概是我国起源最早、影响最大的一首琴曲,取材于"伯牙鼓琴遇知音"的故事。文献如《列子·汤问》《吕氏春秋·本味》中对此事都有记载,且经常为世人引用。故事说的是春秋战国时期的俞伯牙善于弹琴,而钟子期善听。伯牙弹琴志在高山,子期就说:"妙啊,就像雄伟的泰山一样!"伯牙志在流水,钟子期就说:"妙啊,就像烟波浩渺的江河一样!"每次伯牙弹奏,子期必能洞悉其心意,因此被伯牙视为知音。后钟子期不幸去世,俞伯牙非常悲痛,于是破琴绝弦,不再弹琴。

这个故事对后世的知音观念影响很大,更重要的是,它直接孕育了《高山流水》这首不朽的千古绝唱。不过现存的《高山流水》已经一分为二,变为《高山》和《流水》。在明清以后多种琴谱中,以清代唐彝铭所编《天闻阁琴谱》中所收川派琴家张孔山改编的《流水》最有名。他增加了以"滚、拂、绰、注"手法作流水声的第六段,成为最流行的谱本,后琴家多据此演奏。除琴曲外,《高山流水》还有筝曲。它同样取材于"伯牙鼓琴遇知音"的故事,只是风格与琴曲迥然不同。

《阳关三叠》

《阳关三叠》是唐代著名的歌曲，又称《阳关曲》《渭城曲》。歌词根据唐代著名诗人王维诗《送元二使安西》谱写而来："渭城朝雨浥轻尘，客舍青青柳色新；劝君更尽一杯酒，西出阳关无故人。"因为歌词要反复咏唱三遍，所以又称为《阳关三叠》。

《阳关三叠》传至后代，有多种曲谱和唱法，现存最早的谱本是明代初年龚稽古所编《浙音释字琴谱》（1491年）。另有其他琴歌谱共30多种，它们在曲式结构上有些差别，曲调则大同小异，都是简单纯朴，带着一丝挥之不去的淡淡离愁，并用反复的咏叹深化对友人的依依惜别之情，因此成为历来送别友人的经典曲目，而"阳关"也因此曲成为送友酬唱的代名词。流传至今的《阳关三叠》琴歌，出自清末张鹤所编《琴学入门》，全曲3大段，即3次迭唱。每次迭唱除原诗外，加入若干词句。《阳关三叠》除作为歌曲演唱外，亦经常作器乐演奏，其中以琴曲、筝曲、二胡曲较有影响。

《梅花三弄》

《梅花三弄》，又名《梅花引》《玉妃引》，我国著名的古琴曲。明代朱权的《神奇秘谱》中记载，《梅花三弄》最早是东晋桓伊所奏的笛曲《梅花落》："桓伊出笛吹三弄梅花之调，高妙绝伦，后人入于琴。"在唐诗中也有对笛曲《梅花落》的描述，后改为琴曲。《梅花三弄》表现的主题因时代而有所不同。南朝至唐的笛曲《梅花落》大都表现离愁别绪，明清时的琴曲《梅花三弄》表现的是梅花傲雪凌霜、坚贞不屈的节操与品质。"梅为花之最清，琴为声之最清，以最清之声写最清之物，宜其有凌霜

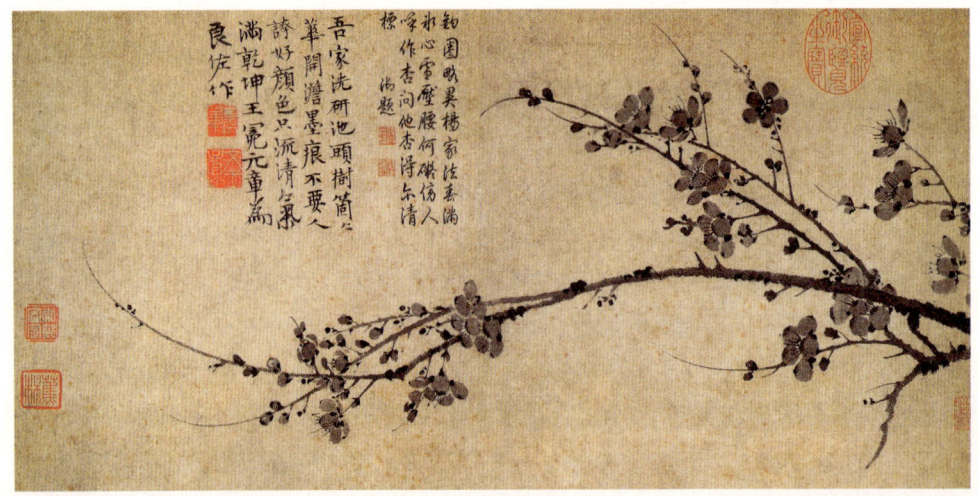

墨梅图　元　王冕

此图绘春之梅，枝干似横空出世，逶迤而来。枝头蓓蕾初绽，疏落有致。作者用重墨绘枝，蜿蜒于整个画面，舒展挺秀。淡墨涂花瓣，浓墨点花蕊，既显梅花清新丽质，又与枝干造成一种峭拔之势。

音韵也。""三弄之意,则取泛音三段,同弦异征云尔。"后一句的意思是《梅花三弄》的结构采用循环再现的手法,重复整段主题三次,每次重复都采用泛音奏法,故称为"三弄"。

《秦王破阵乐》

《秦王破阵乐》,属武舞类,由唐初乐歌《破阵乐》发展而来,为唐朝宫廷乐舞,是最著名的歌舞大曲之一,最初用于宴享,后来用于祭祀。据《旧唐书·音乐志》记载,唐高祖武德三年(620年),秦王李世民击破叛将刘武周,解除了唐朝的危局,河东(今山西永济)士庶歌舞于道,军人利用军中旧曲填唱新词,欢庆胜利,遂有"秦王破阵"之曲流传于世。李世民即位后,诏魏徵等增撰歌词7首,令吕才协律度曲,定为《秦王破阵乐》。贞观七年(633年),李世民又亲制《破阵舞图》,对舞蹈进行加工:左圆、右方、先偏、后伍、鱼丽、鹅贯、箕张、翼舒,交错屈伸,首尾回互,往来刺击,以象战阵之形,舞凡三变,每变为四阵,计十二阵,与歌节相应,共用乐工120(又说为128)人,戎装演习,擂鼓呐喊,声震百里,气壮山河,而后又调用马军2000人入场,景象极为壮观。

敦煌莫高窟217窟北壁"未生怨"壁画中有一习武的画面,共10人,一方5人执矛,一方5人执盾,作搏斗姿态,似为《破阵乐》或与此相类似的舞蹈。

后来,唐高宗时的《神功破阵乐》和唐玄宗时的《小破阵乐》,都是在《秦王破阵乐》的基础上改编而成的。《秦王破阵乐》不仅在国内流行了300年之久,而且还传播到了印度和日本。这支乐谱后来在国内失传,但却在日本保存下了琵琶谱、五弦琵琶谱、筝谱、笙篥谱、笛谱等多种谱本。

《霓裳羽衣曲》

《霓裳羽衣曲》是唐代最负盛名的歌舞大曲之一,对于它的创作来历,众说纷纭。比较可信的是《霓裳羽衣曲》是由唐玄宗吸收西凉都督杨敬述所献的印度《婆罗门曲》创作而成。但是在歌舞的结构方面则遵循中原传统的相和大曲、清商大曲的三段式,分为散序、中序、曲破三个部分。因此《霓裳羽衣曲》是中外音乐相交融的结晶。

此曲的音乐以古老的《长安鼓乐》为素材，舞蹈则以敦煌壁画飞天的舞姿为借鉴，采用唐大曲结构形式精心排演而成。《霓裳羽衣曲》是女子舞蹈，表演者穿着孔雀毛的翠衣和淡彩色或者月白色的纱裙，肩着霞帔，头戴着"步摇冠"，身上佩戴许多珠翠，宛如美丽典雅的仙子。在表演舞蹈之前，先是一段"散序"，乐队的金、石、丝、竹等乐器次序发音，以独奏、轮奏等方式，演一段悠扬动听的旋律。在接着的"中序"的慢拍子中，装饰华美的舞者才开始上场。中序的节奏舒缓，舞姿主要是轻盈的旋转、流畅的行进和突然的回身，尤其是柔软清婉的"小垂手"舞姿，行动轻灵又迅急，衣裙像浮云般飘起，宛若仙子踏云而来。到"曲破"之后，节奏就加快了，急剧的舞蹈动作使身上环佩璎珞叮当碰撞，这时，还有整齐的合唱，富有表情的说白，极富感染力。最后是"尾声"，节拍又慢下来，最后在一个拖长的音阶中终结。《霓裳羽衣》的演出方式并不完全固定，杨玉环表演过独舞形式的，也有双人舞形式的，后来也有用百名宫女组成的大型舞队表演成群舞。

《春江花月夜》

春江花月夜图　现当代　任率英

《春江花月夜》又名《夕阳箫鼓》《浔阳琵琶》《浔阳夜月》。它主要描绘的是月夜春江的迷人景色，赞颂了江南水乡的优美风姿。

它原是一首著名的琵琶传统大套文曲，明清时广为流传。乐谱最早见于鞠士林的手抄本，1895年李芳园在编辑《南北派十三套大曲琵琶新谱》时收入此曲，曲名《浔阳琵琶》。后人将此曲改为丝竹合奏，并根据《琵琶记》中的"春江花朝秋月夜"改名为《春江花月夜》。改编后的乐曲用二胡、琵琶、古筝、洞箫、钟、鼓等乐器演奏。全曲中没有一件乐器是从头演奏到底，但又一气呵成，毫无断线之感。全曲分为10段，按照中国古典标题音乐的传统，每段都有一个小标题。它们分别是江楼钟鼓、月上东山、风回曲水、花影层叠、水深云际、渔歌唱晚、回澜拍岸、桡鸣远濑、欸乃归舟和尾声。《春江花月夜》旋律古朴、典雅，节奏平稳、舒展，意境深远，具有很强的艺术感染力。

《胡笳十八拍》

《胡笳十八拍》原是一首琴歌，相传为汉魏时期著名的女诗人蔡文姬所作，是由18首歌曲组合的声乐套曲，由琴伴唱。"拍"在突厥语中即为"首"。"笳"则是中国古代北方民族的一种吹奏乐器，有点像笛子。起"胡笳"之名，想必是由于琴音融入了胡笳哀声的缘故。

今存曲谱有2种：一是明代《琴适》中与歌词配合的琴歌；二是清初《澄鉴堂琴谱》及其后各谱所载的独奏曲。后者影响尤大，全曲共18

文姬归汉图　明　仇英

段，运用宫、徵、羽3种调式，音乐的对比与发展层次分明，前十来拍主要倾诉作者对故乡的思念；后几拍则抒发作者惜别稚子的隐痛与悲怨。全曲始终萦绕着一种缠绵悱恻、凄婉哀怨的思念之情，让人听了不禁肝肠寸断。李颀的《听董大弹胡笳》诗中云："蔡女昔造胡笳声，一弹一十有八拍，胡人落泪沾边草，汉使断肠对客归。"形象地说明了此曲非同一般的艺术感染力。

《汉宫秋月》

《汉宫秋月》是中国十大古曲之一，原为清代崇明派的琵琶曲，后来被改编为多种版本，现在流传的演奏形式在琵琶曲之外还有二胡曲、筝曲、江南丝竹等。乐曲得名于元代马致远的杂剧《汉宫秋》，《汉宫秋》讲述的是王昭君出塞和亲的事迹，《后汉书·南匈奴传》记载："昭君入宫数岁，不得见御，积悲怨，乃请掖庭令求行。"这支乐曲表达的就是古代宫女所怀有的那种深居宫中寂寞清冷而又无可奈何的哀怨悲愁的情绪，曲调细腻、幽雅、隽永、悲咽，一咏三叹，情景兼备，具有很强的艺术感染力。

《渔樵问答》

《渔樵问答》是一首古琴曲，为中国十大古曲之一，曲谱最早见于明代萧鸾撰写的《杏庄太音续谱》，其中记有这样的评语："古今兴废有若反掌，青山绿水则固无恙。千载得失是非，尽付渔樵一话而已。"这支琴曲表达的是隐逸之士对不为凡尘俗事所羁绊的渔樵生活的向往。清代陈世骥在《琴学初津》中说："《渔樵问答》曲意深长，神情洒脱，而山之巍巍，水之洋洋，斧伐之丁丁，橹歌之矣乃，隐隐现于指下。迨至问答之段，令人有山林之想。"乐曲正是采用渔者和樵者问答的方式，以上升的曲调表示问句，下降的曲调表示答句，通过飘逸而优美的旋律，精确而形象地渲染出渔夫樵夫在青山绿水间怡然自乐的情趣和悠然自得的神态。

《广陵散》

《广陵散》又名《广陵止息》，东汉末至三国时已流行。"散"有散乐之意，是指有别于宫廷雅乐的民间音乐。对于它的内容取材，一直有两种说法。一是战国时聂政刺韩相的史实，见于《战国策》和《史记·刺客列传》，说的是韩国大臣严仲子与宰相侠累有仇。严仲子认为聂政是个勇士，遂请其刺杀韩相侠累。于是聂政只身前往韩国，刺杀了韩相侠累，然后自毁容貌，屠肠身亡，体现了一种"士为知己者死"的高尚情操。另外一种说法就是《广陵散》是《聂政刺韩王曲》的异名。东汉蔡邕的《琴操》中是这样说的：聂政的父亲奉命为韩王铸剑，因为误了期限，结果被韩王所杀。聂政为父报仇行刺失败，但他知道韩王好乐后，遂自毁容貌潜入深山，苦心学艺10余年。在学成之后，他进宫为韩王弹琴，然后趁机从琴腹内抽出匕首，刺死韩王，然后自杀。

这两种说法虽然略有不同，但都说明了《广陵散》讲的是一个有关刺客的悲壮故事，因此全曲始终贯注着一股慷慨不平的激烈之气。现存的曲谱主要有三种：明朱权《神奇秘谱》本；明汪芝《西麓堂琴统》甲、乙两种谱本。其中以《神奇秘谱》本最为完整。全曲共分45段，每段都有与之相应的小标题，如取韩、发怒、冲冠、投剑等。全曲反复表现沉郁悲愤和慷慨激昂两种情感，具有震撼人心的力量。在追求中和之美的古典音乐作品中，富有战斗精神的《广陵散》显得独树一帜。

《平沙落雁》

秋高气爽，风静沙平。

著名古琴曲，又名《雁落平沙》，作者不详。这首琴曲最早的记载是明代《古音正宗》，后有多种琴谱流传。对于本曲的曲意，各种琴谱的解题不尽相同。《古音正宗》中说此曲："盖取其秋高气爽，风静沙平，云程万里，天际飞鸣。借鸿鹄之远志，写逸士之心胸也……通体节奏凡三起三落。初弹似鸿雁来宾，极云霄之缥缈，序雁行以和鸣，倏隐倏显，若往若来。其欲落也，回环顾盼，空际盘旋；其将落也，息声斜掠，绕洲三匝；其既落也，此呼彼应，三五成群，飞鸣宿食，得所适情：子母随而雌雄让，亦能品焉。"全曲委婉流畅，隽永清新，至今深受人们喜爱。

《十面埋伏》

《十面埋伏》是中国古代琵琶曲，作者不详。这是一首历史题材的大型琵琶曲，描写了公元前202年楚汉两军在垓下最后决战的情景。汉军用十面埋伏的阵法击败楚军，最终迫使项羽霸王别姬、乌江自刎，汉军大获全胜。

关于《十面埋伏》产生的时间，至今没有定论。唐代白居易曾写过《琵琶行》，诗中有"银瓶乍破水浆迸，铁骑突出刀枪鸣。曲终收拨当心划，四弦一声如裂帛"的诗句，可以看出当时白居易曾听到过表现激烈战斗场面的琵琶曲。明末清初人王猷定所著《四照堂集·汤琵琶传》中记载了当时著名音乐家汤琵琶演奏《楚汉》的情景，与《十面埋伏》在情节及主题上是一致的。可见早在16世纪以前，此曲已在民间流传。但是，它的曲谱最早见于1818年华秋苹所编《琵琶谱》，分13段：开门放炮、吹打、点将、排阵、埋伏、小战、呐喊、大战、败阵、乌江、争功、凯歌、回营。这首著名的琵琶古曲，描绘了战前的准备、激烈的战斗场面，以及悲壮惨烈的结局。整首乐曲具有壮丽辉煌的风格，气势雄伟，曲风激昂，使人心潮澎湃。

戏 曲

戏曲

戏曲是中国传统戏剧的名称，包含了文学、音乐、舞蹈、美术、武术、杂技等各种因素。"戏曲"一词最早出现在元人陶宗仪的《南村辍耕录》中，当时指的是宋元杂剧。近代学者王国维扩大了戏曲的范围，使之成为包括宋元南戏、元明清杂剧、明清传奇以及京剧和所有地方戏在内的传统戏剧的统称。它们虽然名目各异，但有共同特色，即说唱结合，既有"戏"，又有"曲"，以曲为主。

早在原始社会歌舞已有萌芽，经过漫长的发展，不断地丰富革新，逐渐形成了完整的戏曲艺术体系。戏曲的渊源来自民间歌舞、说唱和滑稽戏3种不同艺术形式。发展成熟的中国戏曲，形成自己的特点，那就是集歌舞唱于一体，有较为固定的结构形式，角色逐渐脸谱化，情节相对简单化。这种高度艺术化的音乐歌舞形式能给欣赏者带来巨大的审美享受，但同时也制造了传播与接受的机遇。

戏曲的发展经历了先是下层民间艺人、书会才人的创作，再经文人作家的加工和由剧作家独立创作。历史上著名的戏剧家有关汉卿、王实甫、徐渭、汤显祖、李玉、李渔、洪昇、孔尚任等。这些作家，创作出许多优秀剧目，久演不衰，成为中国文化中的宝贵财富。

诸宫调

诸宫调是中国宋元时期盛行的一种大型说唱艺术。它的特点是有说有唱，以唱为主。歌唱部分是用多种宫调的多种不同曲调组成，所以称为"诸宫调"，又称"诸般宫调"。由于其曲调丰富，能说唱长篇故事，表现复杂的故事情节，所以广受人民喜爱，流传时间很长。

据北宋王灼的《碧鸡漫志》记载，诸宫调是北宋神宗年间孔三传首创。他把唐、宋词调，唐、宋大曲，宋代唱赚的缠令和当时北方流行的地方俗曲，按声律高低归入不同的宫调，来进行说唱。北宋末年是诸宫调的鼎盛时期。南宋建立后，诸宫调也随之传到了南方，逐渐演变成了南诸宫调，伴奏乐器主要是笛子；而传入金燕京等地的诸宫调则演变成了北诸宫调，伴奏乐器主要是琵琶和筝。诸宫调由杂剧艺人来演唱，诸宫调与戏剧关系密切，但不是戏剧，只是一种类似大鼓书的说唱艺术。

宋末元初，到处都是四处流动的诸宫调戏班。但到了元朝末年，诸宫调逐渐衰落。明清时期，诸宫调演变为弹唱词。保存到现在的诸宫调作品有《双渐苏卿诸宫调》《西厢记诸宫调》《刘知远诸宫调》等。

南戏

南戏大约诞生于北宋末年，是我国历史上最早出现的戏剧，也叫作"南曲戏文"，在当时的杂剧、唱赚、宋词等基础上发展而成的，曾经在南方民间广为流传。

早期南戏的戏剧结构比较简单，没有"折""出"之分，一个完整的剧本就是从头一直演到最后。舞台上最初也没有幕布，时间和空间的转换，完全靠唱、念、舞以及表演者的情态和观众的想象等来体现。南戏的创作者大多是爱好艺术创作的民间艺人，作品语言非常通俗，具有浓厚的民间色彩。我国现存的南戏早期剧本《张协状元》已完全具备戏剧的基本特征。该剧对剧中主人公的不幸遭遇进行交错对比描写，将生、旦与净、丑互相穿插，围绕故事和谐而综合地运用了独唱、宾白、科介等多种表现手段，清楚地体现了早期南戏戏剧结构、音乐形式和演出情况，是戏曲史上难得的资料。元末明初时期的南戏创作达到了高峰，当时出现了一系列的经典剧目，比如"五大南戏"《荆钗记》《白兔记》《拜月亭记》《杀狗记》《琵琶记》。

杂剧

唱、云、科是元杂剧表演艺术的核心，唱即演唱，主要由一个角色从头唱到尾；云又叫宾白，有诗对宾白、教语宾白和类似顺口溜的宾白等几种形式；科大体上来说包括身段、武术、歌舞等。在表演形式上，元杂剧继承了宋金杂剧的特色，由上、下门出入，确立了中国

洪洞明应王殿元杂剧壁画（摹本）

画高411厘米，宽311厘米。画上横额为"大行散乐忠都秀在此作场"，并注明是泰定元年（1324年）。画面是演出的舞台，靠后有大幅台幔，上有绘画两幅。左面是一壮士执剑，作砍杀状；右面是青龙张牙舞爪，作抗拒状。其用途是隔开前后排。台上十人，前后各五人，其中七人为化装的剧中人物，其余三人是鼓、笛、拍板的伴奏者。可见当时时兴演奏者同台的风气。

元杂剧

元杂剧的分类（按内容）

揭露社会黑暗，反映人民疾苦。

《窦娥冤》

如《鲁斋郎》《陈州粜米》《窦娥冤》等，大胆抨击元代的专制统治和政治。

表现英雄主义，歌颂人民的反抗斗争。

《救风尘》

正面歌颂人民起义英雄，如《双献功》《李逵负荆》等。表现各种弱小人物的反抗斗争，如《救风尘》，写妓女赵盼儿智斗花花太岁等。

描写爱情婚姻，反映妇女问题。

《西厢记》

如被誉为"四大爱情剧"的《西厢记》《拜月亭》《墙头马上》《倩女离魂》等。

歌颂忠良，鞭挞奸佞。

《赵氏孤儿》

如《吴天塔》《东窗事犯》《赵氏孤儿》等，鞭挞奸佞，歌颂正义。这类作品寄寓理想，也有一定的现实意义。

元杂剧厅堂演出图

元杂剧,又称北杂剧,是元代用北曲演唱的汉族戏曲形式。形成于宋末,繁盛于元大德年间(13世纪后半期~14世纪)。其内容主要以揭露社会黑暗,反映人民疾苦为主,现实主义与浪漫主义相结合,主线明确,人物鲜明。元杂剧作品吸收了大量的民间语言并使之与文学语言融为一体,形成通俗流畅、质朴直率、生动活泼的特色。这是我国文学创作从文言向白话发展的一个显著变化。

元杂剧的形式要求

题目正名:在剧本的开头或结尾,用两句话或者四句话,标明剧情提要,确定剧本名称。如《窦娥冤》的题目正名为两句:"秉鉴持衡廉访法,感天动地窦娥冤。"

四折一楔子:
四折,每个剧本一般由四折戏组成。一本四折的形式并不是一成不变的,如《赵氏孤儿》五折、《秋千记》六折。一折不等于现代戏剧的一场,而是以唱完一套曲子为标准。也就是说,一本杂剧要唱完四套曲子,而且由主角一人唱曲。

楔子,为了交代情节或贯穿线索,在剧之首或折与折之间,加上一小段独立的戏。安排在第一折之前的称为开场楔子,用来交代人物和故事的前因,以引出正戏,相当于开场戏;置于在各折之间的称为过场楔子,起着承上启下的作用,相当于过场戏。楔子只用一两支曲调,不必如折那样必用一套曲调。

元杂剧四大悲剧

- 关汉卿《窦娥冤》
- 马致远《汉宫秋》
- 白朴《梧桐雨》
- 纪君祥《赵氏孤儿》

元杂剧四大爱情剧

- 关汉卿《拜月亭》
- 王实甫《西厢记》
- 白朴《墙头马上》
- 郑光祖《倩女离魂》

戏曲独有的上下场的连场形式；在角色分行上，元杂剧扩充了宋金杂剧的基础，形成了旦、末、净、外、杂等各行；在面部化妆和表演服饰上，元杂剧在宋金杂剧的基础上也有所发展。

元杂剧的形成是中国戏曲发展到成熟阶段的重要标志，它的代表剧目有：关汉卿的《窦娥冤》《救风尘》，王实甫的《西厢记》，马致远的《汉宫秋》，白朴的《梧桐雨》等等。

京剧

京剧《霸王别姬》

京剧是发源于19世纪中期的北京的一种综合性的戏曲表演艺术，是在继承昆曲、京调、弋阳腔等剧种的语言、音乐、舞蹈等艺术元素的基础上，又吸收各地民间艺术逐渐发展起来的。所以说，京剧是戏曲艺术的集大成者。

在唱腔方面，京剧的曲调极其丰富，除西皮、二黄以外，还有昆曲、吹腔、四平调、高拨子、南梆子、民间小调、小曲等，以西皮、二黄为主。一般来说，西皮善于表现活泼、欢乐，而二黄则以表现悲哀咏叹为主。两种唱腔都有很多板式，构成优美的唱腔。

在表演方面，京剧更具戏剧化，形成了不同于其他艺术门类的表演艺术风格。京剧表演艺术中程式化的东西，塑造人物形象上的行当分类，诸如生、旦、净、末、丑各类型人物的唱、念、坐、打以及喜、怒、哀、乐各种不同的表演模式，都是继承发展传统的戏剧艺术表现手法的基础上产生的。

京剧乐队由弦乐、管乐、弹拨乐和打击乐组成。京剧的乐器非常丰富，大约有二十几种之多，如单皮鼓（小鼓）、板（檀板、拍板）、堂鼓（同鼓）、大堂鼓（南堂鼓）、大锣、小锣、铙、汤锣、京胡、二胡、小三弦、月琴、笛、笙、唢呐等。

京剧产生之后，曾经在清廷内得到空前发展。清末民初，京剧艺术达到鼎盛，产生了一批不朽的艺术家和杰出作品，名扬海内外，被誉为中国的国粹艺术。

昆曲

昆曲是我国传统文化艺术中的珍品，是我国传统戏曲中最古老的剧种之一，已经有六七百年历史。它起源于元朝末年的昆山地区，又叫作"昆剧"，是由元代末年的顾坚创立的，最初叫昆山腔。

明朝嘉靖年间，戏曲音乐家魏良辅对昆山腔进行改进，立足南曲，吸取北曲长处，促成了集南北曲优点于一体的"水磨调"的形成，这就是昆曲。后来，昆曲不断传播，成为传奇剧本的标准唱腔，并最终发展成为全国性剧种。到清朝乾隆年间，昆曲达到鼎盛。原本以苏州的吴语语音演唱的昆曲因广泛传播，难免带上流传地的特色，故而流派众多。

昆曲音乐的结构属于联曲体结构，也可以称为"曲牌体"。昆曲常用的曲牌有上千种，包括唐宋时期的词调、词牌、民歌等在内，可谓是采众家之长。昆曲的创作是以南曲为基础的，同时也使用北曲的套数，常常使用"犯调""借宫""集曲"等方法。昆曲主要以笛子为伴奏乐器，以笙箫、唢呐、琵琶等作为辅助。昆曲字正、腔清、板纯，唱腔极富韵律感，抒情性强，表演优美细腻，歌舞结合巧妙。

在长期的演出实践中，昆曲积累了大量优秀演唱剧目。其中脍炙人口的有王世贞所写的《鸣凤记》、汤显祖所写的《牡丹亭》《紫钗记》等。

四大徽班进京

徽班进京是京剧发展的标志性事件。清朝乾隆五十五年（1790年），为了庆祝乾隆80岁的寿辰，当时在扬州的三庆班在高朗亭的带领下赴北京演出，开启徽班进京的历程。嘉庆年间，扬州的四喜、和春、春台三个徽班陆续进京，与早先进京的三庆班被合称为"四大徽班"。四大徽班进京后，不断吸收各地方剧种从剧目到表演方法等各种优点，对自己的戏曲艺术进行充实和改进，艺术表现力因而不断增强。徽班中的三庆班的声腔和剧目极为丰富，但主要唱"二簧"声腔，其戏曲水平和吸引力远

徽班进京　清
清代乾隆年间活跃于北京剧坛的四个著名安徽戏班（三庆、四喜、和春、春台）同时适应北京观众多方面的需要和发挥各班演员的特长，逐渐形成了四大徽班各自不同的艺术风格，表现为三庆的轴子（指三庆班以连演整本大戏见长）、四喜的曲子（指四喜班以演唱昆曲戏著称）、和春的把子（指以擅演武戏取胜）、春台的孩子（指以童伶出色），出现了"四徽班各擅胜场"的局面。嘉庆、道光年间，汉调（又称楚调）艺人进京，参加徽班演出。徽班又兼习楚调之长，为融合二黄、西皮、昆、秦诸腔向京剧演变奠定了基础。因此"四大徽班"进京，被视为京剧诞生的前奏，在京剧发展史上具有重要意义。清末，"四大徽班"相继散落。

远超过在当时盛行一时的秦腔，致使很多原本服务于秦腔的演员转入徽班，秦腔和徽班从此有了融合。其他三大徽班进京的结果是击垮了多年来盛行的昆剧，昆剧演员也因为失业而逐渐转入徽班。清代道光年间，湖北戏曲班子也有很多较为优秀的成员进京，他们将汉调和西皮调带到京城，就此形成了与徽班的二黄相融合的"皮黄戏"。"皮黄戏"具有"京音"特色，北京味浓郁，后来这种形式的戏曲传到上海，被上海人叫作"京戏"或"京剧"。这就是京剧的正式得名。

同光十三绝

"同光十三绝"指的是清同治、光绪年间，京剧舞台上享有盛名的13位演员。画师沈容圃绘制他们的剧装画像，这幅画传世以后，他们被称为"同光十三绝"。这13位京剧演员分别是程长庚（老生，饰《群英会》之鲁肃）、张胜奎（老生，饰《一捧雪》之莫成）、卢胜奎（老生，饰《战北原》之诸葛亮）、杨月楼（武生，饰《四郎探母》之杨延辉）、谭鑫培（老生，饰《恶虎村》之黄天霸）、徐小香（小生，饰《群英会》之周瑜）、梅巧玲（花旦，饰《雁门关》之萧太后，梅兰芳的祖父）、时小福（青衣，饰《桑园会》之罗敷）、余紫云（青衣花旦，饰《彩楼配》之王宝钏）、朱莲芬（旦，饰《玉簪记》之陈妙常）、郝兰田（老旦，饰《行路训子》之康氏）、刘赶三（丑角，饰《探亲家》之乡下妈妈）、杨鸣玉（丑角，饰《思志诚》之闵天亮）。

"同光十三绝"所饰演的角色包括老生、武老生、武生、小生、青衣、花旦、老旦、丑角，他们以自己杰出的艺术成就，对京剧艺术的进步做出卓越贡献。

同光十三绝

生旦净末丑

生旦净末丑是京剧里的5个主要行当，又称角色。生行，简称"生"。生行分为须生（老生）、红生、小生、武生等。须生（老生）：扮演中年以上的剧中人，因口戴胡子故名。红生：扮演勾红脸的须生。小生：扮演翎子生（带雉翎的大将、王侯等）、纱帽生（官生）、扇子生（书生）、穷生（穷酸文人）等。武生：指戏中的武打角色。

旦行简称"旦",分青衣、花旦、老旦、武旦、刀马旦等。旦角全为女性。青衣：扮演贤妻良母型角色。花旦：扮演皇后、公主、贵夫人等角色。武旦、刀马旦：扮演武功见长的女性。老旦：扮演中老年妇女。

净行,简称"净",亦叫花脸。净行又分为以唱为主的铜锤花脸与黑头花脸,以工架为主的架子花脸（如大将、和尚、绿林好汉等）及武花脸与摔打花脸等。

末行,简称"末",多为中年以上的男性,专司引戏职能,如打头出场者,反其意而称为"末"。

丑行简称"丑",主要饰演丑角,又分文丑、武丑。文丑又分为方巾丑（文人、儒生）；武丑,专演跌、打、翻、扑等武技角色。

唱念做打

京剧表演艺术是一种高度程式化、戏剧化的综合的歌舞表演形式,唱、念、做、打是其中最为基本的四种艺术手段。唱念做打是京剧演员,以及所有戏曲演员所必备的四种基本功。

唱包括咬字、归韵、喷口、润腔等各种发音技巧以及吐字发声的规律,演员学习唱功必须学会喊嗓、吊嗓,以扩大音域和音量,提高演唱技巧,以及根据人物特点用唱来表现人物的精神和内心。

念白基本上有韵白和散白两类之分,是一种经过艺术提炼的语言,节奏感和音乐性很强。念白常常用来作为唱的辅助手段,以表达戏剧中人物的性格和内心,是京剧艺术很重要的表演手段。

做功是一种经过规范的、舞蹈化的

民国《四进士》戏画

《四进士》故事见于鼓词《紫金镯》,讲述明代嘉靖年间,新科进士毛朋、顾读、田伦、刘题四人沉浮官场的故事。图画中为杨素贞在公堂受审的情形。她痛诉冤情,不禁泪湿衣襟,为表现这种冤悲的心情,她用长袖作拭泪状。堂上大人前倾身子,右手指向杨,表明他在询问和倾听。

包括手、眼、身、步在内的形体动作,演员必须灵活运用以突出剧中人物的性格等各方面的特点,从而更好地塑造艺术形象。

打是将传统的武术经过艺术加工变为舞蹈化的动作,是生活中格斗动作经艺术化提炼的结果。基本分为把子功和毯子功两种。这对演员的武打功底要求很高,常常出现高难度动作,有利于深刻展示人物内心,以及提高舞台魅力。

脸谱

脸谱是中国戏曲艺术的重要组成部分，也是最重要的特征之一，它又称"花脸"，主要用于净、丑角色所扮演的各种人物，生、旦角色很少采用。

戏曲脸谱分为净角脸谱和丑角脸谱两类，从历史上来看，丑角脸谱出现得较早，而净角脸谱是在戏曲成熟以后，由民间艺人逐步创作出来的。最早的净角脸谱出现于元代，当时元杂剧中出现了一些性格豪放、粗犷、严正的正面角色，但是当时没有适合于表现他们性格和精神的化妆形式，于是戏曲艺术家们就根据剧本的描写，创作出了净角脸谱的雏形。后来，随着戏曲的不断发展，戏剧角色的不断增多，为更好地突出角色的性格特点，戏曲脸谱也随之精致、多样起来。戏曲脸谱有各种谱式名目，谱式是对构图相近的一类脸谱的概括性称谓，早先的戏曲脸谱的形式比较单一，整个面部基本都涂一种颜色，只是在眉眼的位置上做重点化妆，直到清朝初期才开始出现多种样式的谱式。以京剧为例，基本谱式有以下几种：

整脸：脸上只涂一种颜色，或红或黑或白。红脸用白笔或者黑笔画眉，用黑笔画眼及表情纹；黑脸则用白笔画眉；白脸用黑笔画眼、鼻及表情纹。红脸和黑脸主要用于正面角色，如包拯、关公、赵匡胤等，白脸则用于那些外表光鲜、内心险恶的奸臣角色，如严嵩、潘洪等。

三块瓦脸：也称三块窝脸，脸即用黑笔把眉、眼、鼻"三窝"高度夸张地勾画出来，给人一种浓眉大眼、竖眉立目的感觉，包括老三块窝脸和花三块窝脸。

十字门脸：脑门涂白，两腮涂粉红，有小灰色小圆眉子，特点是自脑门到鼻子尖画有黑色立柱纹，同两个黑眼窝合起来像一个"十"字。主要用于老年正面角色，如高旺、姚期等。

花十字脸：是在保持十字门脸基本形式的前提下，在细部进行细致的刻画，主要用于牛皋、项羽、张飞等粗鲁豪放的角色。

六分脸：即脑门涂白，眼窝以下涂一种颜色，黑色、红色或者紫色，上下比例为四比六。主要用于老年正面角色，黑色六分脸也可以用于壮年角色。

元宝脸：即眉眼以下部分画脸，脑门不涂或者涂淡红色，主要用于社会下层的人物。

碎花脸：与整脸恰恰相反，是所有谱式中色彩、构图最复杂的一种，主要用于凶猛、怪异的角色。

歪脸：特点是颜色、构图不对称，用于表现相貌反常、丑陋的角色。

梨园行

唐朝是音乐最为繁荣的时代，与此相称的是音乐机构的高度成熟。当时最著名的音乐机构当数梨园。

熟悉戏曲的人都知道,梨园其实就是戏曲界的别称,著名诗人白居易在《长恨歌》中就曾写过这样的诗句:"椒房青娥红颜老,梨园子弟白发新。"可见这个名称从唐朝起就已经存在了,那时它是一种宫廷设立的音乐机构,意义远没有现在宽泛。不过由于梨园的巨大影响力,它的意义逐渐扩大,人们把从事歌舞表演的行业叫作"梨园行",从事歌舞、戏曲、曲艺表演的演员叫"梨园弟子"。

说起梨园,不能不提起唐玄宗。《新唐书·礼乐志》载:"玄宗既知音律,又酷爱法曲,选坐部伎子弟三百,教于梨园。声有误者,帝必觉而正之,号皇帝梨园弟子。"从这可知,梨园是唐玄宗为了培养优秀的宫廷乐工演奏法曲所设,因设于宫廷禁苑果木园圃"梨园"而得名。梨园的主要职责是教习法曲和训练乐器演奏人员,由于皇帝经常亲自参与教习,这些乐人也被称为"皇帝梨园弟子"。除宫中梨园,在长安和洛阳的太常寺内还分别设有"太常梨园别教院"和"梨园新院",前者主要演奏新创作的歌舞大曲,后者演奏民间音乐。

秦腔

秦腔是发源于古代陕西、甘肃等地的民间小曲,成长壮大于历史文化名城西安,历经各朝各代的艺术家反复锤炼、创造,而逐渐形成。古时陕西、甘肃一带属秦国,所以称之为"秦腔"。因为早期秦腔演出时,常用枣木梆子敲击伴奏,故又名"梆子腔"。秦腔成形后,流传全国各地,因其一整套成熟、完整的表演体系,对各地的剧种产生了不同程度的影响,并直接影响了梆子腔剧种的发展,成为梆子腔剧种的始祖。

秦腔《三滴血》场景雕塑
《三滴血》为秦腔"易俗社"作家范紫东所写,叙述了五台县令晋信书,不查实情,以滴血之法判嗣,拆散父子,造成冤案的故事,嘲讽了迷信教条和封建道学的虚伪。

秦腔的表演技艺朴实、粗犷、豪放,富有夸张性,生活气息浓厚,技巧丰富。其身段和特技有:趟马、吐火、喷火、担子功、翎子功、水袖功、扇子功、鞭扫灯花、顶灯、咬牙、耍火棍、跌扑、髯口、跷工、獠牙、帽翅功等。秦腔的唱腔分为欢音和苦音两类,欢音善于表现轻快活泼、喜悦的感情,而苦音则长于表现悲愤、凄凉的感情,丰富多彩的唱腔能够很好地表现各种感情。秦腔的主要伴奏乐器为板胡。秦腔的角色分类有"十三门二十八类"之说，即角色分为四生、六净、二旦、一丑等13门，而这13门又可细分为28类。各门各类都有其特色，都有著名的演员、著名的戏剧段落。

秦腔的传统剧目数以万计，其中以取材于"三国""杨家将""说岳"等英雄传奇或者悲剧故事的剧目居多，剧目无论在数量还是题材的广度都居全国300余种戏剧之首。其中经常演出的曲目有《春秋笔》《八义图》《紫霞宫》《玉虎坠》《和氏璧》《麟骨床》等。

川剧

川剧是起源于四川，长期流行于四川、云南、贵州等几个西南省份，是人们喜闻乐见的一种地方戏剧。

明末清初，陆续有大批各地移民进入四川，以及各省在四川的会馆纷纷建立，全国各地的南腔北调也相继被移植到四川各地，这些剧种在长期的发展过程中，相互融合、相互借鉴，又结合当地的风俗、方言以及各种民间戏曲，逐步形成了一种具有四川特色的剧种，就是川剧。

川剧的声腔主要由昆曲、高腔、胡琴、弹戏以及灯腔等5种声腔组成，其中除灯腔发源于四川本地以外，其他4种腔调都来自外地。这5种声腔再加上为这5种声腔伴奏的各种乐器，形成了形式多样、曲牌丰富而又风格迥异的川剧音乐形式。

高腔，是川剧中最重要的一种腔调。川剧高腔拥有众多的曲牌数量，剧目广、题材多、适应性强，兼有南曲和北曲中高亢激越、婉转抒情的特点。川剧中的昆曲来源于江苏的昆曲，川剧艺术家利用昆曲长于歌舞的特点，往往将昆曲中的单个曲牌融入其他唱腔中演出，形成独具特色的川剧昆腔，简称"川昆"。胡琴是西皮和二黄的统称，因为二者的主要伴奏乐器都为"小胡琴"，所以这样统称。川剧胡琴来源于湖北汉调和安徽徽调，吸收了陕西汉中二黄和四川扬琴唱腔中的优秀部分发展而成，其中川剧西皮腔善于表现激昂、高亢或者欢快的感情，而川剧二黄则长于表现沉郁、悲凉的感情。川剧的弹戏来源于陕西的秦腔，属于梆子系统，故俗称"川梆子"。川剧弹戏以盖板胡琴为主要伴奏乐器，用梆子敲击节奏。曲调有善于表现喜感情的"甜平"和善于表现悲感情的"苦平"两种。灯腔，来源于四川本地，是川剧唱腔中最具本地特色的一种。灯腔是由四川传统的灯会歌舞演化过来的，乐曲短小、节奏明快、轻松活泼，所演的多数是民间小戏，唱的也都是民间小曲，具有浓厚的生活气息。另外，川剧中还有许多具有浪漫主义色彩的表演特技，如吐火、藏刀、顶油灯等，其中影响最大、最具特色和最常见的是变脸，演员往往能在极短的时间内变换出十多张面孔，表现角色情绪和心理的突然变化，极具观赏性。

豫剧

豫剧，原名"河南梆子""河南高调"等，流行于河南、陕西、甘肃、山西等地，是我国最重要的地方剧种之一。豫剧发源于陕西的梆子腔，即所谓的秦腔。清朝初期，秦腔传入河南，入乡随俗，开始用河南口音演唱，吸收了河南本地的民间小调等民间艺术形式的精华，并受到了昆曲、弋阳腔、皮黄腔等外省剧种的影响，在乾隆年间正式形成具有河南特色的剧种。乾隆嘉庆年间，豫剧迅速发展壮大，成为河南省重要的剧种。

豫剧的音乐分为四大流派，分别是：以开封为中心的"祥福调"，以商丘为中心的"豫东调"，流传于洛阳的唱法"豫西调"，流传于河南东南部沙河流域的唱法"沙河调"等。其中影响最大的是豫东调和豫西调。豫剧的各种流派虽然有诸多不同，但是共性大于个性，作为统一的一个剧种，豫剧具有以下特点：首先，豫剧注重唱功，演出中常有大段的唱词，相对来说动作少一些；其次，豫剧具有较大的自由性，唱词、说白、动作等都没有固定的模式，演员可以根据自己的理解，做一些创造；再次，豫剧与民间艺术结合紧密，常常把杂技、武术等技艺的动作融合到舞台表演中来，显得粗犷火爆；最后，豫剧的唱词通俗易懂，好学好唱。

豫剧的角色行当分为"四生四旦四花脸"，即老生、红生（大、小红脸）、小生等四生；老旦、小旦、正旦、帅旦等四旦；黑脸、大花脸、二花脸、三花脸等四花脸。豫剧的伴奏乐器分文武戏，文戏用三弦、板胡、月琴伴奏，武戏用板鼓、堂鼓、大锣、小锣、手镲、梆子、手板等伴奏。

豫剧的传统剧目有 600 多个，其中经典曲目有《对花枪》《三上轿》《提寇》《铡美案》《十二寡妇征西》《花木兰从军》等。

粤剧

粤剧是中国南方的重要剧种，流行于广东、广西以及港澳台地区。东南亚、北美、大洋洲等有广东籍华人聚集的地区，也常有粤剧演出。

明末清初，江浙地区的昆曲班子，江西的弋阳腔班子陆续到广东地区演出，引起了广东人民的关注，受到他们的影响，广东本地人创建了自己的戏剧班子，称为"本地班"。本地班的唱腔吸收昆曲及弋阳腔的部分优点，融合本地歌舞戏曲的特点，念白全用本地方言，形成了独具一格的广腔。清朝嘉庆、道光年间，随着弋阳腔、昆腔的衰落和梆子戏的传入，本地班开始以梆子为主要唱腔，后来安徽徽班的影响日益扩大，本地班又吸取了徽班的部分特点，发展成为以"梆簧"（即梆子、二黄）为基本唱腔，同时又保留了昆腔、弋阳腔部分曲目的"粤剧"。清朝咸丰年间，本地班响应太平天国起义，组织武装与清兵搏斗，被清朝残酷镇压，使粤剧遭封杀长达 15 年之久。粤剧中的精品剧目有《平贵别窑》《赵子龙催归》《凤仪亭》《罗成写书》《西河会》《山乡风云》等。

古典十大悲剧

中国古典十大悲剧是：《窦娥冤》（杂剧，元朝关汉卿）、《汉宫秋》（杂剧，元朝马致远）、《赵氏孤儿》（杂剧，元朝纪君祥）、《琵琶记》（南戏，明朝高则诚）、《精忠旗》（传奇，明朝冯梦龙）、《娇红记》（杂剧，明朝孟称舜）、《清忠谱》（传奇，清朝李玉）、《长生殿》（传奇，清朝洪昇）、《桃花扇》（传奇，清朝孔尚任）和《雷峰塔》（传奇，清朝方成培）。

千百年来，这些悲剧一直在舞台上上演，经久不衰，深受广大人民喜爱。鲜明的人物形象、感天动地的故事情节，打动了一代又一代人。在文化普及率很低的时代，人们从这些故事中得到了教育和熏陶，深化了对现实生活的认识，鼓舞自己的生活热情，提高了道德情操。中国古典十大悲剧是中国戏剧的代表，是中国文化艺术珍品。

古典十大喜剧

中国古典十大喜剧是：《救风尘》（杂剧，元朝关汉卿）、《西厢记》（杂剧，元朝王实甫）、《看钱奴》（杂剧，元朝郑廷玉）、《墙头马上》（杂剧，元朝白朴）、《李逵负荆》（杂剧，元朝康进元）、《幽闺记》（传奇，元朝施君美）、《中山狼》（杂剧，明朝康海）、《绿牡丹》（传奇，明朝吴炳）、《玉簪记》（传奇，明朝高廉）和《风筝误》（传奇，清朝李渔）。

这些喜剧深受人们喜爱，它们那深邃的思想、纷繁复杂的主题和扑朔迷离的情节倾倒了无数观众。剧中人物敢爱敢恨，幽默机智，同腐朽势力斗智斗勇的故事，使人们认清了封建统治者的虚伪本质，鼓舞了人们同封建统治者斗争的勇气和信心。十大喜剧因其优美的文辞和精湛的音乐，具有极高的艺术价值，成为中国文学艺术库藏中的璀璨瑰宝，彪炳百代。

《西厢记·长亭送别》瓷板画
《西厢记》的剧情虽然没有脱离传统的"私订终身后花园，落难公子中状元"的模式，但其语言却纯熟优美。作者善于运用古典诗词酝酿气氛，炼字造句，创造了诗一般的意境，形成剧本优雅的风格。此幅绘《西厢记》故事长亭送别一幕，用工笔勾描更宜表现绵长细腻的感情。

《窦娥冤》

《窦娥冤》，元代关汉卿作。关汉卿，号已斋（一作一斋）、已斋叟，汉族，解州（今山西运城）人。一生创作的杂剧有六十多种，是我国戏剧的创始人，与马致远、郑光祖、白朴并称为"元曲四大家"。《窦娥冤》是关汉卿的代表作，也是我国古代悲剧的代表作。全名《感天动地窦娥冤》，全剧为四折一楔子，

《窦娥冤》 年画
《窦娥冤》是取材于元代社会现实的一部作品，是我国古代一个著名的悲剧，窦娥是封建社会里开始觉醒的被压迫阶级一个成功的悲剧典型。几百年来，这部剧作不仅成为我国戏曲舞台的保留剧目，而且被译成多种文字流传国外。

它的故事渊源于《列女传》中的《东海孝妇》。剧情说楚州贫儒窦天章因无钱进京赶考，无奈之下将幼女窦娥卖给蔡婆家为童养媳。窦娥婚后丈夫去世，婆媳相依为命。蔡婆外出讨债时遇到流氓张驴儿父子，被其胁迫。张驴儿企图霸占窦娥，见她不从便想毒死蔡婆以要挟窦娥，不料误毙其父。张驴儿诬告窦娥杀人，官府严刑逼讯婆媳二人，窦娥为救蔡婆自认杀人，被判斩刑。窦娥在临刑之时指天为誓，死后将血溅白绫、六月降雪、大旱三年，以明己冤，后来果然都一一应验。三年后窦天章任廉访使至楚州，窦娥鬼魂诉冤，于是重审此案，为窦娥申冤。作品成功地塑造了"窦娥"这个被压迫、被剥削、被损害、善良、坚强、反抗的妇女形象。戏曲语言既本色又当行，具有"入耳消融"的特点，没有艰深晦涩的毛病。关剧在词曲念白的安排上也恰到好处，曲白相生，自然熨帖，不愧是当时戏曲家中一位"总编修师首"的人物。

《琵琶记》

《琵琶记》，元末南戏，高明撰。高明，字则诚，号菜根道人，今浙江瑞安人。全剧四十二出。《琵琶记》是根据早期的宋元南戏《赵贞女蔡二郎》改编的。原剧写蔡二郎（即汉代著名文士蔡邕）考中状元后抛弃双亲和妻子，入赘相府，最终被雷劈死的故事。《琵琶记》把人物形象和故事的结局进行重大改造，把蔡伯喈变为一个"全忠全孝"的书生，强调了封建伦理的重要性，希望通过戏曲起到教化作用。《琵琶记》

的人物很有个性,其主要人物已成为艺术典型。赵五娘是全剧中最为光辉的人物,贤孝妇形象光彩照人。丈夫进京赶考,她独自一人在家侍奉公婆,承担起家庭的全部重担。饥荒年间,她把少得可怜的粮食留给公婆,自己却在背后偷偷吃糠。公婆死了,无钱买棺材,她剪下头发,沿街叫卖。无钱请人埋葬公婆,她就用麻裙包土筑坟墓。然后描容上路,进京寻夫。在极度艰难的环境中,她含辛茹苦,任劳任怨,自我牺牲,尽心尽力承担起生活重担。全剧典雅、完整、生动、浓郁,显示了文人的细腻目光和酣畅手法。它是高度发达的中国抒情文学与戏剧艺术的结合。《琵琶记》被誉为传奇之祖,是我国古代戏曲中一部经典名著。

《西厢记》

《西厢记》,全名《崔莺莺待月西厢记》。作者王实甫,元代著名杂剧作家。故事最早起源于唐代元稹的传奇小说《莺莺传》,董解元的《西厢记诸宫调》是王实甫创作的《西厢记》的直接蓝本。全剧五本二十一折,突破了杂剧创作一剧四折的体例。此剧一上舞台就惊倒四座,博得男女青年的喜爱,被誉为"《西厢记》天下夺魁"。剧中叙述了书生张珙游于蒲州,寄宿普救寺。适逢崔相国夫人携女莺莺扶相国灵柩回家乡安葬,途经普救寺,借宿于此。张生游殿,与莺莺相遇,两人一见倾心。在婢女红娘的帮助下,两人在西厢约会,莺莺以身相许。后两人来往之事被老夫人发现,出于无奈,只得答应了张生与莺莺的婚事。但老夫人又以崔家三代不招白衣秀士为由,逼张生赴京应试,待张生应试及第后,才允许他与莺莺成亲。后张生高中皇榜,归来求亲,有情人终成眷属。剧本歌颂了以爱情为基础的结合,否定封建社会传统的联姻方式,正面提出了"愿天下有情的都成了眷属"的主张,具有鲜明的反封建礼教和封建婚姻制度的主题。几百年来,它曾深深地激励过无数青年男女。对后来以爱情为题材的小说、戏剧创作影响很大,《牡丹亭》《红楼梦》都不同程度地从它那里吸取了反封建的民主精神。

听琴 今人王叔晖绘《西厢记》剧情

《西厢记》因为其曲文的无比优美和抒情性被视为一部诗剧,其"愿天下有情的都成了眷属"更寄托了人们的美好愿望。

《牡丹亭》

《牡丹亭》，全名《牡丹亭还魂记》，也称《还魂梦》或《牡丹亭梦》。作者汤显祖，字义仍，号若士，江西临川人。《牡丹亭》是他创作的"玉茗堂四梦"（或称"临川四梦"）（其他为《紫钗记》《邯郸记》和《南柯记》）中最得意之作。全剧五十五出，据明人小说《杜丽娘慕色还魂》改编而成。戏剧写了南安太守杜宝的女儿杜丽娘，冲破约束，私自游园，触景生情，梦中与书生柳梦梅幽会，从此一病不起，怀春而死。杜宝升官离任，在女儿的墓地建造了梅花观。柳生进京赴试，借住观中。他在园内拾得杜丽娘的自画像，情有所钟，百般呼唤，终于和画中人的阴灵幽会。柳生掘墓开棺，杜丽娘起死回生，两人结成夫妇，同往临安。杜丽娘的教师陈最良往临安向杜宝告发柳生盗墓之罪。柳生在临安应试后，恰逢金兵南侵，延迟放榜。安抚使杜宝在淮安被围。柳生受杜丽娘嘱托，送家信传报还魂的喜讯，反被囚禁。金兵退却后，柳生高中状元。杜宝升任同平章军国大事，拒不承认婚事，强迫女儿离异。纠纷闹到皇帝面前，杜丽娘和柳梦梅二人终成眷属。杜丽娘这一人物形象，为中国文学人物画廊提供了一个光辉的形象，她性格中最大的特点是在追求爱情过程中表现出来的坚定执着。她为情而死，为情而生。《牡丹亭》是我国戏曲史上浪漫主义的杰作，特别突出了情（欲）与理（礼）的冲突，强调了情的客观性与合理性；洋溢着追求个人幸福、呼唤个性解放、反对封建制度的浪漫主义理想。沈德符《顾曲杂言》说："《牡丹亭梦》一出，家传户诵，几令《西厢》减价。"其艺术成就也是非常卓越的。

《长生殿》

《长生殿》，清初洪昇作。初名《沉香亭》，继称《舞霓裳》，最后定名为《长生殿》。取材自唐代诗人白居易的长诗《长恨歌》和元代剧作家白朴的剧作《梧桐雨》。全剧共五十出。剧本写唐明皇宠爱贵妃杨玉环，终日与杨贵妃游宴玩乐，不理朝政，朝中大权由杨贵妃的哥哥杨国忠把持。七月七日，杨贵妃与唐明皇在长生殿上情意绵绵，盟誓世世代代结为夫妻。不久，安禄山因与杨国忠争权，发兵叛乱。唐明皇带杨贵妃逃离长安，官军将杨国忠杀死，又逼唐明皇将杨贵妃缢死。安禄山叛乱平息后，唐明皇日夜思念杨贵妃。后来，道士杨通幽运用法术架起一座仙桥，让明皇飞升到月宫，与杨贵妃相会，实现了他们在长生殿上立下的"生生死死共为夫妻"的盟誓。剧本从多方面反映社会矛盾，将百姓的困苦和宫廷的奢华生活做了对比，爱憎分明。同时又表现出对唐玄宗和杨玉环之间爱情的同情。清宫内廷常演此剧，北京的聚和班、内聚班等班社都以演此剧而闻名。其中片段被各种戏剧剧种改编，梅兰芳的京剧《贵妃醉酒》也是改编自《长生殿》。

《桃花扇》

《桃花扇》，清初孔尚任作。《桃花扇》是孔尚任十多年苦心经营，三易其稿写出的一部传奇剧本。全剧共有四十出。剧本写明代末年曾经是明朝改革派的"东林党人"逃难到南京，重新组织"复社"，和曾经专权的太监魏忠贤余党阮大铖进行斗争。其中复社中坚侯方域邂逅秦淮歌妓李香君，两人陷入爱河。阮大铖匿名托人赠送丰厚妆奁以拉拢侯方域，被李香君知晓坚决退回。阮大铖怀恨在心。弘光皇帝即位后，起用阮大铖，他趁机陷害侯方域，迫使其投奔史可法，并强将李香君许配他人。李香君坚决不从，欲自尽未遂，血溅诗扇。侯方域的朋友杨龙友，利用血点在扇中画出一树桃花。南明灭亡后，李香君出家。扬州陷落后，侯方域逃回寻找李香君，最后也出家学道。全剧穿插当时的历史事件，如南明君臣花天酒地，四镇带兵打内战，史可法守扬州，城破后投河自尽等。《桃花扇》是一部最接近历史真实的历史剧，重大事件均属真实，只在一些细节上做了艺术加工。以男女情事来写国家兴亡，是此剧的一大特色。《桃花扇》形象地刻画出明朝灭亡前统治阶层腐化堕落的状态，康熙皇帝专门派内侍向孔尚任索要剧本，看到其中描述南明皇帝耽于声色的情节，常皱眉顿足说："弘光弘光，虽欲不亡，其可得乎！"

《桃花扇》插图　同治年间彩绘本

《桃花扇》借明末复社文人侯方域与秦淮名妓李香君的爱情故事来反映南明弘光王朝覆亡的历史。侯方域与李香君的爱情故事中，穿插了许多明末的历史故事，如左良玉等四镇的跋扈，马士英与阮大铖迎立福王，李自成攻陷北京，清兵南下，史可法沉江等。

冷板凳

生活中，人们常称那些不被重视的人为坐冷板凳。那么，这个"冷板凳"究竟是种什么凳子？为什么人一坐上去就要受冷落呢？

"冷板凳"一词源于梨园行。在戏曲行当里，有演戏的，还有伴奏的。通常演员在台上演，伴奏者坐在下场门侧，被幕布遮掩着，观众基本上看不到敲锣打鼓的人。整个戏曲跌宕起伏，除了靠演员的唱念做打之外，锣鼓起到了不可忽视的烘托渲染作用。如果场上只有演员清唱，显然气氛不够热闹。因而，人们以锣鼓班坐的长条板凳来指代敲锣鼓的人缺场，将冷场的清唱称为"冷板凳"。

后来，人们取"冷板凳"的引申义，将那些受冷落、不受重视的人称为"坐冷板凳"。

跑龙套

文艺圈里，经常提到"跑龙套"一词。词典中对"跑龙套"的解释为：原指戏曲中拿着旗子做兵卒的角色，后比喻在人手下做无关紧要的事。其实，"跑龙套"一词源于"龙套"。所谓的"龙套"指的是戏曲表演上的一种戏服。这种戏服上绣有龙纹，且为套头装。穿这种衣服的演员通常没有台词，只是在台上走走过场，因而得名"跑龙套"。

沈从文曾写过一篇名为《跑龙套》的文章，文中说："跑龙套在戏台上像是个无固定任务角色，姓名通常不上海报，虽然每一出戏文中大将或寨主出场，他都得前台露面打几个转，而且要严肃认真，不言不笑，凡事照规矩行动，随后才毕恭毕敬地分站两旁。"

在曲艺界里，除了有主要演员和次要演员外，还需要一些陪衬烘托场面。而出演烘托场面的人物通常就被称为"跑龙套"。最早，充当跑龙套的人，多由戏班里的新人担任，四人组成一个单位，叫作堂。像这类的"跑龙套"大都是侍从衙役，主要的演出活动是呐喊助威。如果戏曲所表现的是战争场面，那么这些"跑龙套"的便要从主角们的刀枪剑戟下来回穿梭，以表示兵丁冲锋陷阵，"跑龙套"的时而还要摇旗呐喊增添声势。通常，"跑龙套"手里拿着门枪旗、红门旗、飞虎旗，或风旗、水旗、火旗、云牌等。所以有些曲目里，打旗的演员也被称为"跑龙套的"。

新人们通过"跑龙套"这一过程，不仅熟练了基本功，还增强了表演技能。当新人们将这些杂技练到炉火纯青的地步之后，他们开始饰演锣、伞、报之类的带有少量台词的角色。随着艺龄及演技的增长，他们才有可能成为配角，甚至是主角。

如今，人们已经很少严格划分"跑龙套"和正式演员之间的区别了。在拍戏人手不够时，很多演员都会临时客串一下"跑龙套"的。这个角色虽然看着不起眼，但是在整个故事情节中，却起着不可忽视的烘托作用。

戏曲角色

在中国戏曲发展早期，戏曲角色的名称一直在变化。直到元代，角色的名称才基本固定，大体分为生、旦、净、末、丑五类。随着戏曲文化的进一步发展，末角逐渐被划归到生角中。所以，如今的戏曲行里，多以生、旦、净、丑来划分角色类型。那么，人们为什么要用生、旦、净、末、丑这样的字眼来命名角色呢？

关于戏剧角色名称的由来，历来说法不一，其中最主要的观点有两种。第一种观点认为，生、旦、净、末、丑的划分源于古印度梵剧。人们取元代的《青楼集》为证："院本始作，凡五人：一曰副净……一曰副末……一曰引戏……一曰末泥……一

京剧《霸王别姬》项羽脸谱

在京剧中项羽的脸谱俗称霸王脸、无双脸，因为这种脸谱为霸王专用，绝无重复。在两眉与眉梁之间勾成一钢叉形状，以象征项羽的威猛，因此又称钢叉脸。项羽眉间勾画相连的长寿形，在脸谱中称此中眉为万字眉。京剧和皮黄戏中的项羽都是以黑色为主，只是脸谱程式有所差别。《霸王别姬》里西楚霸王项羽的脸谱为哭脸，用以表现这位陷入四面楚歌的末路英雄。

曰装孤，杂剧则有旦，末。旦本女人为之，名妆旦色；末本男子为之，名末尼。"据文献考证，这些角色名称确与古印度梵剧中的角色有一脉相承之处。

另一种观点是从中国传统文化的角度评析生、旦、净、末、丑名称的由来。这种观点较前一种观点，更受曲艺界的推崇。这种观点认为，戏曲中角色名是角色反意的用法。

通常扮演生角的人为男性。根据年龄角色，又分为老生、小生、武生、红生等。整场演出中，生角是关键。因而，要求生角做到唱腔唱词纯熟，能够灵活演出。于是，人们反"熟"的意思将其命名为生。

旦是女性演员的称呼。根据年龄身份分为青衣、花旦、刀马旦等。人们认为，傍晚时分才是女性活动的时刻，而且女为阴。所以便将与阳相对的阴命名为"旦"，用以代指女角。

净是花脸角色。这类角色主要以各色油彩的脸谱彰显人物性格或相貌的与众不同。所以，人们反"脸不干净"之意，将其命名为净角。饰演净角的为男性演员，按唱功和表演，又分为正净和副净。

扮演丑角的人，通常是灵活聪明之人。整部戏的诙谐气氛要靠这个角色烘托。他们的扮相比较怪异。人们取丑之意称呼这个角色。其中丑角又分为文丑、武丑。

已划归为生角的末角大都是些中年男子扮演，又名"末泥""末尼色"。是戏曲演出中，最先出场的引戏演员，所以人们反"首"出场称他们为"末"角。

压轴戏

所谓的"压轴戏"并非字面上所指的最后一个演出的节目，它是京剧中的术语。在京剧形成今天这种表演形式之前，一场戏通常是由5出戏构成的。当时的京剧一般在下午一两点钟的时候鸣锣开演，直到午夜散场。在长时间的演出中，为了吸引观众，迎合观众生活规律，戏曲演员将整场演出分成了5大块。

鸣锣开唱便算"开锣戏"，唱了一两个小时之后，观众明显有些困乏。演员就会抖出些提神的剧目，给观众缓解一下疲劳。这出叫"早轴子"。到了傍晚时分，在观众有些饥肠辘辘，准备回家吃晚饭的时候，戏班子便抬出一场闹戏，暖暖场，这个环节叫"中轴子"。待到大家吃饱喝足，戏班子便开始整场演出的正戏部分，精彩的节目也开始登台亮相了。到倒数第二场的时候，吊了观众一天的胃口，该是表演精彩绝活的时候了，这场戏中，一般会请出班子里的名角出场。所以，整部戏里，前后几出戏都是为倒数第二场名角儿演出做铺垫的，因而倒数第二场被称为"压轴戏"。也唯有这一场，最让观众叫好。整部戏曲唱到这个时候，夜深了，戏也渐渐接近尾声了。最后，为了表示感谢，戏班通常会安排一场"送客戏"，称为"大轴子"。这场热闹的武戏结束后，观众也就散了。

随着京剧的不断发展，这样的演出形式渐渐被一整部完整情节的戏曲曲目替代。但是"压轴戏"这个戏曲术语却被人们保留下来，并在其他领域广泛使用起来。人们借助于戏曲中"压轴戏"，表示最精彩的演出部分。

独角戏

"独角戏"又称"滑稽戏"，有时也写作"独脚戏"，是用上海方言表演的传统戏。最初，"独角戏"戏如其名，是只有一个人的演出。独角戏有两种表演形式：外部独角戏和内心独角戏。

外部独角戏指的是演员虚拟人物场景，对观众说话，以幽默诙谐的语言、滑稽的表演和观众互动。内心独角戏则指的是演员一个人自说自话，自我剖析的一种表演形式。现如今，这种"独角戏"成为娱乐脱口秀的前戏。在节目之前，来段"独角戏"起到抛砖引玉、开启下文的作用。

后来，这种独角戏吸收了小热昏、文明戏等戏曲的艺术形式，渐渐演变成一人身兼数职，扮演多种角色，或有很多人参与的戏曲表演形式。1920年前后，上海文明戏艺人王无能以"独角戏"之名挂牌演出。随后，"独角戏"在大江南北红火起来，两人、三人的"独角戏"表演形式相继出现。20世纪30年代，"独角戏"进入了繁盛时代，出现了诸如江笑笑的"笑笑剧团"之类的"独角戏"团体。同时也出现了很多"独角戏"名演员，如姚慕双、周柏春等。

现如今，"独角戏"日臻成熟。它是地方戏曲中，深受百姓喜爱的一个戏种。简单的道具、夸张的动作、多样的形式、诙谐的语言和滑稽的表演等，已经成为"独角戏"的标志。尽管很多曲目都已经被翻演了很多次，百姓仍然看得津津有味，乐在其中。其中《哭妙根笃爷》《宁波空城计》《七十二家房客》便是最为经典的几部曲目。

叫板

生活中，人们喜欢把向人发出挑战称为"叫板"。那么，"叫板"这个词是从何而来，人们为什么要用"叫板"来表达这个意思呢？

《顾误录》中解释说："板，古拍也。"在古代乐曲中，板和鼓是打拍子常用的工具。板所打出来的是强拍，鼓打出来的是次强拍或弱拍。根据这种打拍方式，中国传统戏曲中，又提出了"板式"一说。所谓的"板式"是指戏曲音乐的节拍和节奏形式。其中包含板眼和下板形式两层含义。"板眼"指的是强拍、次强拍和弱拍相结合的节拍形式，又分为一板一眼（二拍子）、一板三眼（四拍子）等形式；"下板形式"指的是节奏的形式。以戏曲唱腔为例，字随板出的叫"应头板"，后半出字的叫"腰板"等。根据节拍节奏的强弱舒缓，又将板式分为叫板、起板、转板、留板、歇板、砸板等。

"叫板"作为戏曲中的术语，指的是演员以一定的唱腔示意司鼓下面的唱段是什么节奏的板式。叫板通常用在戏曲中的慢板、二六板、箭板、滚板等板式中。它的曲调以散板为主。为了能够使表演更加艺术，演员在道白的最后一句上运用叫板的方法，或以语气示意，或用动作唱腔示意，司鼓铜器便会转奏出下一唱段的板式。就是因为这样，人们才会将"叫板"引出下文、挑出新板式的意义引申为挑衅或挑战。

砸锅

生活中，事儿没办好叫"砸锅"。人们为什么这么说，"砸锅"最初指的是什么，它是因何而来？

"砸锅"一词源于戏曲行业，是戏曲界的行话。在戏曲表演中，经常出现不同剧种的演员同台演出的现象，人们称这种现象为"两下锅"或"三下锅"。这里的"两"和"三"指的是两种、三种；"锅"自然指的是戏曲。"两下锅""三下锅"指的就是不同剧种同台演出的表演形式。采取这种演出方式，并不是说各种戏曲杂糅在一出戏中演出，而是各戏种独立出演，保持自身戏曲风格，同台不同戏。

在戏曲发展过程中，"两下锅""三下锅"的现象比较常见。通过这种形式，曲艺艺人们可以相互吸收借鉴其他戏曲流派的表演长处，完善自身戏曲的不足。因而，"两下锅""三下锅"被视为戏曲界技艺交流合作的一项重要手段。

不同于上述表演形式，戏曲界还有另外一种"两下锅"。它是将两种戏剧风格融为一场戏剧中，即同一出戏剧中，前半场用一种曲风演出，后半场用另一种曲风演出。像这样的"两下锅"比较有名的戏曲有：京派名家梅葆玖与豫剧名家马金凤合演的《穆桂英挂帅》；京剧艺术家杨春霞与昆派艺术家蔡正仁合演的《桃花扇》；京派李宏图和汉剧李仙花合演的《蝴蝶梦》等。这种演出形式并不常见。由此，戏曲术语中又衍生出了"钻锅"一词。指的是曲艺演员临时替代别的演员出演其他戏种角色。

随着曲艺被广大国人接受，戏曲行业的一些行话也在大众中流传开来。"砸锅"开始指戏剧演出不成功，戏曲演员被观众喝倒彩，后渐渐引申为做事情失败。如今，人们早已经淡化了它在戏曲中的内涵，而专指事情办砸。

绘画与雕塑

传神论

中国画和西方绘画最大的区别就在于,后者努力的目标,是精心细致地再现事物的原貌(其现代派的"变形"只是变形而已),前者则力图传达出事物的内在神韵。比如画人物,西洋画讲究在三维空间(上下、左右、前后)中描绘出人物的真实影像,其创作往往凭借科学的人体解剖,以具体深入的形象刻画为胜,有时甚至毛发毕现。中国画呢,它不是忽视人物的外形描绘,但相比起外貌写真来,它更强调表现人物内在的精神风貌,就是所谓"传神",这是中国画的画家们一直坚守的艺术表现原则。

早在4世纪,东晋大画家顾恺之就提出了"以形写神"说。他曾讲到,楼台亭榭等建筑静物画起来费时间,但画好比较容易;而画人物最难了,难就难在要"迁想妙得",就是要用思想去捕捉表现对象的心理活动,以巧妙地传达出人物的精神风貌。据记载,顾恺之画成人物后,常常几年都不点眼睛。有人问原因,他回答说:"四体妍蚩,本无关于妙处。传神写照,正在阿堵中。""阿堵"为六朝人口语,相当于现代汉语里的"这个",此处指眼睛。顾恺之的意思是说,表现人物时,身体四肢的美好与丑陋都无关紧要,只有画好这眼睛才能传达出人物的内在神韵。可见,中国画的画家对人物传神是多么重视!

到了现代,有了照相技术,摄什么是什么,可是要传达对象的内在之美与独特神韵,还是要靠绘画艺术,中国绘画尤其讲究神韵。

气韵说

南北朝时期,我国古典文艺批评空前繁荣,此时生活在南齐的谢赫,全面系统地总结了古代绘画的创作实践,提出了品评画作优劣的"六法"。这"六法"最大的贡献,就是将"气韵生动"创立为观赏、衡量中国画好坏的首要标准。

所谓"气韵生动",是讲绘画作品要有生气、有神气而不呆板,要能表现出描写对象的精神特质。这好比是看一个人,从中国画的审美标准出发,就要先看气质风韵，而不只是看形体。

"气韵生动"是作品精神的自然流露。"气"是思想观念、感情和想象，"韵"是个性与情调。它要求艺术家无论画人物、山水、花鸟，都要表现出它们的精神之美。

一幅画只有气韵生动，才能焕发出感人的生命力量。比如齐白石笔下的一头牛，就绝不是动物的简单再现，而是他心里能与之对话且充满个性活力的牛。据廖静文回忆，徐悲鸿有一次给白石老人送去新鲜的桃子，老人十分高兴，一定要让捧桃人走前面，并恭敬地说："桃子先走！"老先生礼待桃子如一令人尊敬的生命，他笔下的桃子自然就有了鲜活的生命力，让人十分喜爱。

看一幅画作，首先看它的整体气韵，这就是懂画了。懂画，就是会欣赏；会欣赏，学画才能成为高手。

"外师造化，中得心源"

中国画的名画家，往往要刻一方印印在画作上，内书"师造化"几个字。这里的"造化"是指大自然。"师造化"不是简单地描绘大自然，而是以大自然为师，领悟大自然的气质与内在精神；然后艺术家再以心中最美好、最真实、最感动的激情，对这大自然加以重新创造。这样的作品才能感动万古千秋的世人。

上述创作过程，唐代画家张璪曾以"外师造化，中得心源"来概括。这八个字言简意赅，向我们阐明了在中国画的艺术实践中，创作主体与被表现客体、画家主观创造与自然物象之间的辩证关系。

这一点，在一些艺术大师的创作中体现得非常典型。如黄宾虹画山水画时，一般都要仔细体会所表现山水的精神，以深入领悟其神韵，揣摩其内在结构。这就是"外师造化"。因为大自然千变万化，画作就是要表现其变化的形态与永恒的内在美。但这表现又离不开画家丰富的心灵。画家内心越丰富，画作就越有美的内涵。这就是"中得心源"。

所以，我们欣赏黄宾虹的画作，那些高山大泽远远看去可谓浑厚华滋、气象万千；可贴近画作审视，眼前却只是一些笔墨点线，似乎"什么都没有"（李可染语）。这就是国画大师实践"外师造化，中得心源"这一辩证艺术观得到的艺术境界——他抓住的不是山水的简单外形，而是其神气精髓。在西方，塞尚的油画创作也有同此相似的情况，即表面不求形似，却更为逼近艺术的本质。

"诗中有画，画中有诗"

北宋大文豪苏轼，在评论唐朝著名诗人与画家王维（字摩诘）的作品时，曾说过这样一段名言："味摩诘之诗，诗中有画；观摩诘之画，画中有诗。"这句话点出了诗歌与绘画创作互相渗透、彼此融合、相得益彰的内在联系。事实上，中国的诗歌也好，绘画也好，其创作都是相通的——它们均以抒情寄兴为主，其过程均须品察万物，然后再通过思维活动把作者的感情色彩"形象化"，把物象"意象化"。北宋的张舜民讲"诗是无形画，画是有形诗"。后来经过苏东坡的提倡，"诗情画意"便成了品评中国画意境美的一个重要美学原则。

所谓"诗情画意"，就是要融诗心、诗境于画境，做到画有诗意。只有做到这一点，画作才具有意境美，才达到了比较高的艺术境界。除此以外，中国画还很讲究绘画与诗文、书法、篆刻的完美结合，这在元代以后的文人画中非常普遍。

在这些艺术追求的带动下，历代画家都十分注重自己的文化修养。他们讲究"宏道""人品"，追求"古意""士气""逸气"，将自己的艺术之根深深植于中华文化的丰厚土壤之中。因为只有做到这一点，其画作才会既有艺术美又有文化美。

在绘画史上，思想有深度、学问渊博、修养高的人往往更容易达到中国画创作的高水平。赵孟頫、董其昌都是如此。"扬州八怪"之一的金农，50多岁才学画，可是由于他在学问、书法、金石等方面的修养极高，出手即不凡，绘画创作很快就达到了高超境界。

需要一提的是，欣赏画作的能力也直接来源于文化艺术修养。苏东坡曾说，观马要看其神骏之气。中国画的上品佳作一般都具有很深的文化内涵，我们要想真正欣赏它、读懂它，既要明白其文化背景，又要知道其艺术源流。

柳宗元《江雪》示意图
千山鸟飞绝，万径人踪灭。孤舟蓑笠翁，独钓寒江雪。

丹青

人们常把绘画称为"丹青"。《汉书·苏武传》载："竹帛所载，丹青所画。"最初，"丹青"指的是古代绘画中常用的两种颜料。丹，指的是朱砂；青，指的是青䨼。因这两种颜料不易褪色，所以备受画者的喜爱。

汉代的陆贾在《新语》中说道："民弃本趋末，伎巧横出……丹青玄黄琦玮之色，以穷耳目之好，极工匠之巧。"意思说，绘画中，人们广泛使用"丹青"这两种颜料。最初，"丹青"仅指代红、青两种颜色。后来，绘画中的所有色彩都被泛称为"丹青"。因而，由各种色彩绘出的图画，便被人们通称为"丹青"。一些杰出画家、绘画高手也被称为"丹青手""丹青妙手"。

"中国画"又名"国画"。在绘画艺术史上，中国画的起源可以追溯到5000多年前仰韶文化中的"鹳鱼石斧图"。但是以"中国画"一称享誉世界，则要从清代与西洋画相对的画作说起。《颐园论画》中说："西洋画工细求酷肖。"也就是说，西洋画重写实，尤以素描和油画驰名。

与西洋画不同，中国画更重意境和神韵。中国画按使用材料和表现方法，主要分为工笔、写意和兼工带写三种，具体可分为水墨画、重彩、浅绛、工笔、写意、白描等；按题材又可分为人物画、山水画、花鸟画、动物画等。按照画幅大小和形状及折叠方式，可以分为横向的长卷、横批，纵向展开的条幅、中堂，仅有一尺见方的册页、斗方，画在折扇、团扇等扇子上的扇面等。中国画重点强调点、线、面的结合，工笔画重视线条细致逼真，形神兼备；写意画重视整体的意境，比较重视对浓淡光影的表现，追求神似。

总体而言，中国画体现出中国独特的风韵，或干净简练，或华丽繁复，有着与西洋画截然不同的审美情趣和艺术造诣。

写真

杜甫的《丹青引赠曹将军霸》中写道："将军善画盖有神，偶逢佳士亦写真。"这里所说的写真，指的是曹将军的肖像画。那么，人们为什么要把中国的肖像画称为"写真"呢？如今我们所说的"写真"，与杜甫诗中所说的写真是一个含义吗？

古时，肖像画又叫写真。它还有写照、传神、写貌、写像、影像、追影、写生、容像、像人、祖先影像、禅宗祖师像、顶相、仪像、寿影、喜神、揭帛、代图、接白、帝王影像、圣容、衣冠像、云身、小像、行乐图、家庆图等别称。在中国传统绘画题材中，人物、山水、花鸟是三大类别，肖像画便是人物画别中的一个分支。

据湖南长沙马王堆西汉墓出土的帛画显示，早在汉代，我国的肖像画艺术水平便已经达到了一定的高度。作为人物形象的描绘，肖像画要求做到形神统一。在以绘画技巧描摹人物外部特征的同时，还要求将人物内在的性格特点、情态特征表现出来。可以说，一幅肖像画是个人外在形象、内在精神的全面真实展示。因而，人们将其命名为"写真""传神"等。

东晋画家顾恺之曾经说过："传神写照，正在阿堵之中。"说的便是肖像画表现人物的关键所在便是传神逼真。明代以后，受西方肖像画绘画风格影响，我国还出现了一个新的绘画派别——写真派。他们以画家曾鲸为代表,专以写真为题材。

现如今,"写真"的含义被人们扩大化,甚至有了贬低之意。其含义和古代的肖像画之"影像"的别称含义颇为相似,但是却不单单指代肖像那么简单了。其中包括了"摄影""照片"的内涵。

中国画

中国画这个概念,广义上指运用中国的传统绘画工具(笔、墨、纸、砚、颜料等)所绘的画,简称"国画"。中国画按题材又可分为人物画、山水画、花鸟画、动物画等;按使用材料和表现方法,主要分为工笔、写意和兼工带写三种;按照画幅大小和形状及折叠方式,可以分为横向的长卷、横批,纵向展开的条幅、中堂,仅有一尺左右见方的册页、斗方,画在折扇、团扇等扇子上的扇面。

中国画在创作上重在传达出物象的神态情韵和画家的主观感受,造型上讲求"妙在似与不似之间"和"不似之似",对那些能体现出神情特征的部分往往会采取夸张甚至变形的手法加以刻画,而不是追求实际的"相像"。在构图上,中国画讲求经营,重视虚与实、疏与密的配合与平衡,力求打破时空的限制,构造出一种画家心目中的景象。中国画善用水墨,创造出极为丰富的笔法和墨法,同时墨还可以与色相互结合,形成墨色互补的多样性。以这

华封三祝图 清 郑板桥

些独特的笔墨技巧,如点、线、面作为状物传情的表现手段,描绘对象的形貌、骨法、质地、光暗及情态神韵,传情达意,具有独立的审美价值。中国画,特别是中国文人画,讲求诗、书、画、印的有机结合。画面上题写的诗文跋语,既是画面的有机组成部分,同时还能表达画家对社会、人生及艺术的思考和认识,在深化主题的同时,提升画作的文化品位。

中国画在观察认识、形象塑造和表现手法上,与西方绘画相比,有着迥异风格和独特的艺术趣味。中国画对客观事物的观察、体认、再现,以及借物传情的艺术构想,渗透着画家的社会意识,使绘画具有相应的认识作用、教育作用和高度的审美价值,体现出中国人独特的思维方式、哲学观念和审美情趣。

人物画

人物画是以人物活动为主要描写对象的绘画,它是中国画的三大画科之一。早在周代,就已经出现了以劝善戒恶为目的的历史人物壁画。

按题材分类,人物画可分为历史人物画、宗教人物画和现实人物画3种。按艺术手法可分为有工笔重彩、写意、白描、泼墨等多种。按画面人物的多少,一般分为群像画和肖像画。群像画以突出人物活动为主,肖像画以描绘人物形象的酷肖为主。各种人物画所表现的侧重点虽有所不同,但都要求形神兼备,人物形象要符合人物的形体、比例、场景透视原理等,更重要的是传达人物的性格、气质和神态。人物画通常要求人物显得逼真传神、气韵生动,常常把人物安排在一定的场景中。描绘重点是人物的面部,同时处理好人物之间、人物与环境之间的关系,以求画面整体的统一。战国楚墓出土的《人物龙凤图》与《人物驭龙图》帛画,是表现战国时期神话人物的经典作品,也是目前最早的独幅人物画作品。我们公认的著名古代人物画有东晋顾恺之的《洛神赋图》《女史箴图》,唐代韩滉的《文苑图》,五代南唐顾闳中的《韩熙载夜宴图》,北宋李公麟的《维摩诘像》等。

山水画

山水画是中国三大画种之一。它所表达的是古人对自然的崇拜和热爱,表达了天人合一的境界和追求,一定程度上反映作者对自然的思考以及对人生社会的认识,在用写实或艺术的手法表现自然之美的同时,也间接反映当时的社会生活状态。在技法上,山水画有水墨山水、青绿山水、金碧山水、浅绛山水、淡彩山水、没骨山水等形式。在题材和内容上,名山大川、田野村居、城市园林、寺观舟桥、历史名胜等皆可入画。

晋代,山水画从人物画中分离出来,成为独立的画科;隋唐的李思训、王维等

潇湘图　五代　董源

人完善了山水画的画理、画法、章法，中国山水画的传统就此形成。五代以及北宋时期，山水画大兴，荆浩、关仝、李成、董源、巨然、范宽、米芾等人以水墨山水闻名，王希孟、赵伯驹等人以青绿山水闻名，山水画在这时发展到高峰。山水画的技法基本上有"勾""皴""染""点"四个步骤，首先用墨线勾出山石的大致轮廓，再用各种皴法画出山石明暗向背，然后用淡墨渲染，加强山石的立体感，最后用浓墨或鲜明的颜色，点出石上青苔或远山的树木。

现存最早的山水画名作是隋代展子虔所画的卷轴画《游春图》，此画绢本设色，现为北京故宫博物院藏品。

花鸟画

花鸟画是中国绘画的三大画种之一，它的描绘对象包括花卉、竹石、虫鸟、游鱼等。早在原始时代的陶器上，就出现了简单的鸟鱼图案，这算是我国最早的花鸟画。东晋、南朝宋时，花鸟画成为独立的画种，唐代趋于成熟。经过长期发展，花鸟画总体上形成了写实为基础，寄托情感和寓意为归依的传统。画家通常以花鸟来表现人的精神和气节韵致，以及对现实的种种寄托，具有强烈的抒情性。同时也间接表现社会生活，反映时代精神。按艺术手法，花鸟画可分为工笔和写意等多种；按照用墨用色的不同，可分为水墨花鸟画、泼墨花鸟画、设色花鸟画、白描花鸟画及没骨花鸟画等。

在构图上，花鸟画突出主体，善于剪裁，常常通过枝叶来进行对画作整体的布局安排和调整，讲究虚实相对，相互呼应。此外，配合对画作内容进行解说或烘托的诗文，也是花鸟画的一大特点。五代到宋朝，中国花鸟画达于繁盛。南宋及元代相继出现了水墨写意"四君子画"（梅、兰、菊、竹），与此同时兴起了以线描为主要手段的白描花卉。明朝后期，徐渭以草书入画，开创了强烈抒写个性的先河。到清初朱耷，这种表达个性的花鸟画达到高峰水平。数千年的积淀，使得花鸟画成为世界美术史上独特而优雅的存在。

文人画

文人画，也称"士大夫甲意画"。是我国传统绘画的风格流派之一，画中带有浓烈的文人情趣，流露着浓烈的文人思想。早在魏晋南北朝时期，文人画的某些创作思想和艺术实践就出现了，但"文人画"作为一个正式的名称，是由明末画家董其昌提出来的。

书卷气或称"诗卷气"是文人画评画的一个标准，也就是说，文人画讲究在画作中体现出诗意。文人画的作品大都以山水、古木、竹石、花鸟等作为题材，以水墨

枯木怪石图　北宋　苏轼
苏轼在绘画上倡导"士大夫画",主张"画以适吾意",此图以旋转笔锋绘一怪石,几簇焦墨细竹,右侧一枯之木,情境怪异。

或淡设色写意为表现手法。在墨和色彩的选择和使用上,文人画比较重视水墨的表现力,讲究墨分五色,善于通过墨浓淡干湿的不同变化,描绘不同的物象,抒发不同的情感,寄寓作者的情怀。文人画独特的创作思想和绘画风格是中国画的宝贵经验和传统,以特有的"雅"而独树一帜。

文人画的代表人物有唐代王维,元朝倪云林,明代董其昌,清代八大山人、吴昌硕等。文人画讲究诗情画意,"画中有诗,诗中有画"是文人画一致的追求,画中往往还有题诗,诗画合璧,体现出浓郁的画家雅趣与文人才情,具有极高的审美价值。

笔法

笔墨是中国画的最大特色,从广义上讲,笔墨指利用笔墨达到的效果,诸如色彩、章法、意境、品位等都要通过笔墨来实现;从狭义上讲,笔墨专指用笔用墨的技巧。这里我们先说说笔法。

中国画用笔分为中锋、侧锋、逆锋、拖笔等。中锋也叫正锋,方法是将笔管垂直,用笔时笔尖在墨线中间,中锋的线没有明显粗细变化,显得连贯一致;侧锋是指行笔时笔尖不垂直于纸,笔尖在墨线一边,侧锋笔墨容易产生飞白效果,线条有切削感;顺锋是指笔按照由左向右、由上向下的走势运行;逆锋是将笔向笔锋方向逆行,适于画树干山石时使用,线条显得苍老滞涩;拖笔是指执笔时稍稍放松,引着笔管拖行,线条显得轻柔飘逸。笔锋的运用还有:"提按""转折""滑涩""虚实""顿""戳""揉"等方法。中国画的笔法主要体现在对线的运用上。"以线造型"是中国画的基本原则。经常利用毛笔线条的粗细、长短、浓淡、刚柔、疏密等变化,来表现物体的形态和画面的节奏韵律。关于运笔方法,黄宾虹曾提出"五笔"之说,"五笔"即"平、圆、留、重、变"。要求用笔画线时注意粗、细、曲、直、刚、柔、轻、重的变化和对比，从而做到画人物"传神写照"；画山水刚柔相济，有质有韵。中国画的笔法必须服从客观形象造型的要求，笔法不同，画作的风格就不同；对象不同，使用的笔法也应该不同。同时，笔法必须接受画家思想感情的指挥，画家个性感情的不同，自然会运用不同的笔法，产生不同的艺术效果。

墨法

中国画的墨法，主要是运用墨色变化的技巧。中国画素有"五墨六彩"的说法，五墨是指墨的浓度，即焦、浓、重、淡、清。六彩是指墨的变化，即黑白、干湿、浓淡。用墨是中国画的基本技法，处理好笔与墨、墨与色的关系，是技法中的关键问题。还可以通过笔中墨与水的比例、含墨水的多少、蘸墨方法以及行笔速度等，变换出各种不同的笔墨效果。中国画用墨，主要在于运用墨色变化的技巧，以墨代色，让不同的墨色在纸面上体现出来，更巧妙的是让一支笔中产生各种墨色的变化。

中国画用墨的技巧随着时代的不断发展和历代画家的总结而日趋成熟，逐渐产生了泼墨法、积墨法和破墨法等多种表现手法。积墨法是先画一遍或浓或淡的墨，干了之后，再画一层，让墨色积叠起来，画面苍润浑厚。泼墨法是用笔蘸满墨色，大片涂抹，像泼出去一样，不重复，画面淋漓湿润，多用于作大写意画时使用。破墨法又分为浓破淡、以淡破浓、干破湿、湿破干四种。具体操作是先画出墨色，在墨未干的时候，再在上面施加墨、色，可使墨色呈现出湿润、丰富、浓厚而变化莫测的效果。画家作画的时候，往往将三种方法融合在一起。此外，还有焦墨法、宿墨法、用矾法等。

水墨写意

写意俗称"粗笔"，是与"工笔"相对的一种绘画技法，可分为"大写意"和"小写意"两种。通过简练概括、放纵恣肆的笔墨，着重表现描绘对象的意态神韵。它出现于工笔人物画成熟之后，是由宋代的梁楷创造的。明代中期，水墨写意画迅速发展，泼墨大写意画非常流行，出现了很多名家，如人称"青藤白阳"的徐渭和陈淳，就是当时

窠石平远图　北宋　郭熙

成就突出的两位画家。

徐渭是明代著名的书画家,是当时最有成就的写意画大师。他的写意花鸟,用笔豪放,笔墨淋漓,注重内心情绪的抒发,如《墨葡萄图》等。他独创的水墨写意画的新风,对后世产生了极大的影响。陈淳擅长泼墨大写意的花鸟画,他的作品不讲究描画对象外表的形象,而是追求画面的生动,在淡墨运用方面有一种特殊效果,如《红梨诗画图》等,其人物画寥寥数笔,令人回味,山水画水墨淋漓。

工笔

工笔,又称"细笔",与写意相对,为细致写实的中国画技法,特点是注重线条美,造型严谨,一丝不苟。工笔的技法又可分为描、分、染、罩。描,即白描,就是先分别用浓墨、淡墨描出底稿;分,即用墨色上色,用清水分晕开来,以表现出画面的层次;染和分的程序一样,但用的不是墨色,而是用彩色来分晕画面;罩,指的是整体上色。

中国的工笔画起于战国,到两宋走向成熟。工笔画是中国画中追求形似的画种,关注细节,注重写实,图人状物"尽其精微",力求"取神得形,以线立形,以形达意",获取神态与形体的完美统一。历代工笔画名家有唐代的周昉、张萱,五代宋朝的黄筌、赵佶,明代的仇英等人。著名作品有《簪花仕女图》《虢国夫人游春图》等。

白描

罗汉图 明 丁云鹏
明代画家丁云鹏善白描,酷似李公麟,丝发之间而眉睫意态毕具。

白描,指中国画中单用墨色线条勾描形象而不施彩色的画法。白描可分为单勾和复勾两种。单勾即用线一次勾成,或用一色墨,或根据不同对象用浓淡两种墨;复勾则仅以淡墨勾成,再根据情况进行复勾,其线条并非是依原路刻板地复迭,要求流畅自然,以达到加强画面质感和浓淡变化的效果,使得物象更具神采。由于物象的形、神、光、色等都要通过线条来表现，所以白描画法有着较高的难度，但是其具有朴素简洁、概括明确的特点，因而常用于人物画和花鸟画，顾恺之、李公麟等都是中国古代著名的白描大师。

十八描

"十八描"，指中国画中衣服褶纹的18种描法，分别为：（1）高古游丝描：为工笔画法，线条细而均匀，多为圆转曲线，顿笔为小圆头状。（2）琴弦描：比高古游丝描略粗，用颤笔中锋，线中有停停顿顿的变化，多为直线，有写意味道。（3）铁线描：比琴弦描粗些，用笔中锋，转折处方硬似铁丝弄弯的形态，顿笔也是圆头。（4）混描：基本上是一种写意画法，先用浓墨皴衣纹，墨未干时，间以浓墨，讲求"浓破淡"的墨法变化。（5）曹衣出水描：来自西域画家曹仲达，其画佛像衣纹下垂、繁密，贴身如出水状，故称"曹衣出水"，受印度犍陀罗艺术的影响，用笔细而下垂，成圆弧状，讲求线条之间的疏密变化。（6）钉头鼠尾描：行笔方折多，转笔时线条加粗，收笔尖而细。（7）橛头钉描：是一种写意笔法，用秃笔，侧锋入笔，线条粗而有力，顿头大而方。（8）蚂蝗描：顿头大，行笔曲折柔软，但很有力。（9）折芦描：多为直线，用笔粗，而转折多为直角，折时顿头方而大。（10）橄榄描：顿头大如同橄榄，行笔稍细，粗细变化大。（11）枣核描：顿头如同枣核状，线条行笔中亦有枣核状的用笔变化。（12）柳叶描：用笔两头细，中间粗。（13）竹叶描：与柳叶描类似，有时不相区分。（14）战笔水纹描：如山水画水纹之画法，表现薄而褶多的衣纹。（15）减笔描：大写意笔法，极为简练，用笔粗而一气呵成，一笔中有墨色变化。（16）枯柴描：水墨画笔法，用笔粗，水分少，类似皴法，笔势往往逆锋横卧。（17）蚯蚓描：用篆书笔法，线条圆转有力，粗细均匀，曲折多而柔软。（18）行云流水描：表现软而弯转的衣纹。

用色

中国画历来十分讲究色彩的运用。早在南齐谢赫的《画品》中，就把"随类赋彩"作为"六法"之一。这种以区分物象种类并赋予不同色彩的理论，即是中国画用色的基础。此外，用色还十分重视环境对物象的影响，随着环境的不断改变，物象的色彩也相应发生变化。南朝萧绎是中国画论中提出色调冷暖、色与光关系的先驱之一。他在《山水松石格》中说"炎绯寒碧、暖日凉星……高墨犹绿、下墨犹赭"，意思是说绯红色看来让人感到炎热，碧绿则使人感到寒意。高处的墨色犹如翠绿的颜色，下面的墨色则与赭石色的土地颜色近似。他用简单的句子概括了冷暖色调使人产生的感觉不同和景物高下、远近对色彩的影响。

中国画用色有勾线重彩填色、水墨淡彩、淡彩与重彩结合3种方法，设色的具体方法包括干染、湿染、平染、分染、罩染、碰染、衬染、用水、用胶、用矾等。

色学原理中，红、黄、蓝为三原色。中国画调色也是在原色与原色之间互相调配，可调成间色，间色与间色相调配成为复色。曙红、藤黄、花青是中国画色彩中的基本三原色。由于中国画讲究用墨，而赭石能在墨与色之间起到调节作用，所以赭石是应用最多的颜料之一。此外，其色彩丰富性还体现在基色的配比不同所产生的相应变化上。如用三分花青与七分藤黄，就可调配成嫩绿，当改变配比时，还可以产生草绿、新绿、老绿等多种绿色。加入墨色后，又能产生不同色调的墨绿等。总体而言，中国画的色彩要求是体现出大气、典雅、稳重的特色，表现干净而和谐的美。

构图与透视

赤壁图　南宋　李嵩

中国画的构图，又称章法，即合理安排景物所在位置，画面形象不能任意罗列、填塞，必须按照事物的客观规律加以安排。同时需要注意景物的大小、深浅、虚实等多种对立统一的关系，不能过分拘泥于章法，按照客观事物的自然形态，结合主观意识自由创作。

中国画的作画要领，通常是作画之前，首先要确定好表现的内容和作品的主题，考虑主宾远近的取势，然后根据画面需要，进一步考虑留白、气势、色彩、题词、用印等细节安排。同时还要注意自身所处的位置和视点移动，将所得视觉形象巧妙地取舍、综合，使之形成一种意境，达到突出主题、表达情感的最佳效果。书法中有计白当黑的说法，中国画上很注意对空白的利用和表现。每一处空白，都是精心布置，看似无意，其实有意。在中国画上，我们常常能见到不同的留白，这些空白有的是严守真实的画面空间和布白，有的是打破真实，依据画家的构图需要而平列的空间和布白，这样做的结果就是能够让描画对象按照艺术的需要拉长或缩短形象，或者变换位置，从而呈现出最佳视觉效果。

在透视方面，中国画焦点透视法和散点透视法都有，但最常用和常见的还是散点透视法，多视点的散点透视法在中国画中最为主流，又称"移步换影"。如《清明上河图》的长卷，既有俯视的图景，又不乏仰视和平视的图景，它把街市、人物、桥梁、船只等都合理地安排和表现在一个画面上。中国画透视的方法还有一种是"以大观小"，也就是把辽阔的景物缩到极小的空间内，让人能够一目了然地看到景物或人物群体的全貌，同时尽量缩小作画对象透视上的大小差别，使物象超越空间的约束。

题款与印章

自元代以后,多数中国画都形成了画面、题款、印章并举的形式,成为中国画的传统形式。题款,也称落款、款识、题画、题字等。凡在书画上标上姓名、年月、诗文等都称为题款。它对构图起着稳定平衡作用,能弥补绘画构图的不足,是整幅作品的重要组成部分,同时还能增添诗情画意,补充画者想要表达的内容。

具体而言,在画面上题写诗文,叫"题",题画文字,有题画赞、题画记、题画跋、题画诗(词)等。在画上标志年月、签署名号、盖章等,叫作"款"。款文也可以记写籍贯、年龄等,若为他人作画,往往要写上受赠者的称谓。题款对款文的文采和书法的水平都有很高要求,字体不限,但是必须和画的内容、风格和意境相配合。

中国画的印章有姓氏章、姓名章、名章、字号章、年代章、收藏章、闲章之分,印章的书体有大篆、小篆、隶书、草书、行书之分,印章的字体与形式也必须和画相谐。所有形式的章,其位置和内容都有相应的要求,不能随便,但唯独闲章的位置可以较为灵活,内容也可以活泼,警句、诗词、成语、短句等都可以,但正所谓"闲章不闲",它并非可有可无。在一些古画名画上,我们常能见到繁多的收藏章,有的甚至在空白处盖满了收藏章,元代钱选的《浮玉山居图》流传到清末时,画上已经有300余方印章,作为鉴别真伪的依据,它们起了巨大的作用。

虎头三绝顾恺之

顾恺之,东晋著名画家,字长康,小字虎头,晋陵无锡(今江苏无锡)人。顾恺之多才多艺,工诗赋、书法,尤擅绘画,尝有"才绝、画绝、痴绝"之称。他的画多是人物肖像及神仙、佛像、禽兽、山水等。顾恺之人物画的特色是"传神",也就是能画出人物的精神,使画中的人物看起来栩栩如生。

洛神赋图　东晋　顾恺之

顾恺之的代表作有《洛神赋图》《女史箴图》等，皆为后代摹本。《洛神赋图》取材于曹植的名篇《洛神赋》。画卷从曹子建和他的随从在洛水看到洛神起，到洛神离去为止，全卷交织着欢乐、哀怨、怅惘的感情。图中，曹子建依依难舍，怅然沉思，而宓妃回眸顾盼，含情脉脉，可以说达到了"悟通神化"的地步。《女史箴图》线条非常纤细，若"春蚕吐丝"。

顾恺之的画对后世影响深远，其笔法如春蚕吐丝，线条似行云流水，轻盈流畅，遒劲爽利，称为"铁线描"。顾恺之与南朝陆探微、梁代张僧繇，并称"六朝三杰"。世人曾这样评价三人的作品："像人之美，张得其肉，陆得其骨，顾得其神，神妙无方，以顾为最。"顾恺之还著有《论画》《魏晋胜流画赞》等绘画理论作品，提出并阐发了"以形写神""迁想妙得"的理论观点，对中国画的发展产生重大影响。由于他在绘画方面的卓越成就，国画界尊崇他为画祖。

阎立本兄弟

提到唐代书画，不能不提阎立本兄弟。唐代的评论家张彦远曾说："阎则六法该备，万象不失。"他所说的阎实际上是指阎立本、阎立德兄弟，在这弟兄二人中，阎立本得到的评价更高。

阎立本是唐朝著名的画家和书法大家，无论书画，均得美名。他的画的特点是极其形似，取材甚广，宗教人物、山水、动物无不涉足，他最为擅长的是人物画。著名代表作有《步辇图》《历代帝王图》等，其中《历代帝王图》是中国古典绘画中最重要的作品之一。这幅画描绘了自汉到隋的13位帝王形象，画中用精细的笔法表现出了各位帝王各自的性格特征，其中寓含着作者或褒或贬的强烈的感情色彩。阎立本所画的宫女，形象多曲眉丰颊，线条优美而且神采如生。阎立本的画作描法富于变化，有粗有细，有松有紧，极富表现力。

阎立德不仅是画家，还是当时优秀的建筑师。他曾受命营造唐高祖陵，负责监督建造翠微、玉华两宫，此外还参与营建昭陵，也曾主持修筑唐长安城外郭和城楼等。阎立德在工艺美术和绘画方面都造诣颇深，曾担任御用服装设计师，主持设计帝后所用服饰。他的绘画才能方面，以人物、树石、禽兽见长。

画圣吴道子

吴道子，原名吴道玄，画史尊称吴生，阳翟（今河南禹县）人。幼年家境贫寒，起初为民间画工，年轻时就已经小有名气了。后来漫游洛阳，开始从事壁画创作，名声更显。当时人将张旭草书、裴旻舞剑、吴道子作画称为"三绝"。开元年间被唐玄宗召入宫中，以后一直为宫廷服务。

天王送子图　唐　吴道子

吴道子擅长画佛道、神鬼、人物、山水、鸟兽、草木、楼阁等，尤其是佛道、人物。吴道子的一生，主要从事宗教壁画的创作。他曾于长安、洛阳两地寺观中绘制了300多幅壁画，而且没有雷同，其中以《地狱变相》最为著名。他的山水画也很著名。唐玄宗曾派他去画四川的山水，他没有打一张草稿，回来一气呵成。他的画具有独特风格，所画人物衣褶飘飞，潇洒秀逸，被人们称为"吴带当风"。《天王送子图》是吴道子的代表作。这幅画描写的是佛祖释迦牟尼降生以后，他的父亲净饭王和母亲摩耶夫人抱着他去大自在天神庙朝拜，诸神向他行礼的故事。现存的是宋人李公麟的临摹本。

唐代仕女画

仕女画是人物画的一种，指古典绘画中表现妇女生活题材的作品。现在泛指用古典仕女画手法描绘妇女形象的绘画形式。仕女画最早始于战国。仕女画的特点，大都以工笔重彩为主要表现形式，并富于浓烈的装饰性。唐朝仕女画的内容主要是表现贵族妇女的游乐生活场景以及宫廷女性的美丽容颜，在艺术手法上，唐朝仕女画比前朝有了很大进步，不仅色彩搭配和谐，用笔也更趋精细，而且画中人物形象更加生动，并能表现出人物的不同气质。唐朝仕女画对我国人物画的发展、完善起了很大的推动作用。

张萱是唐朝初期杰出的仕女画画家，他的作品多以贵族女性游乐生活为题材。他画仕女喜欢以朱色晕染女性耳根，线条精细劲健，色彩富丽匀净。他作品中的女性形象代表着唐代仕女画的典型风貌，是周昉仕女画的先导。张萱仕女画的代表作是《捣练图》与《虢国夫人游春图》。

周昉是继张萱后以描绘贵族妇女形象著称的画家。他的仕女画有"画仕女，为古

簪花仕女图　唐　周昉

今之绝冠"的美誉。他开始多模拟张萱的创作手法,后来走上了自我创作的道路,形成了自己的风格特色。他的仕女画色彩柔丽,线条秀美均细,人物体态多追求丰腴之形,这也正和唐朝以胖为美的社会潮流相符。由于周昉身处唐朝由盛而衰的转折时代,因而其笔下的女性形象仿佛沉湎在一种百无聊赖的心态之中,怅然若失,动作迟缓。他的代表作是《簪花仕女图》,该作品以精细的笔法刻画了几个贵族妇女的生活情节,她们虽然步履从容,但在眉宇之间却流露出淡淡的、莫名的哀思。

唐朝的青绿山水

中国的山水画,有青绿、浅绛、水墨等基本表现形式。所谓青绿山水,是指在绘画材料上以细致的线条勾勒出树木、山石等物的结构,然后用颜料加以渲染,最后再以石绿、石青敷添,形成一种富丽堂皇的艺术效果。

唐朝的青绿山水是由李思训、李昭道父子在隋朝青绿山水画的基础上开创的。唐朝青绿山水主要有3个特点:(1)青绿勾填技法的大量运用。山石树林有勾有皴,整个画面图案多填以青绿色为主的厚重色彩。(2)构图上,摆脱了魏晋时期作为人物画背景的"人大于山"的处理方式,而以山水为主,人物只作点景出现,从而收到了"远近山水,咫尺千里"的画面效果。(3)笔法精细,画面较为华丽工整。

李思训作画多用大青绿着色,并用螺青苦绿皴染,所画山水,有用夹笔,以石绿添缀。在设色方面,金碧辉煌是他独到的手法。其代表作是《江帆楼阁图》。李思训的儿子李昭道在继承其父画技的基础上,将青绿山水的画法又推进了一步。其代表作是《明皇幸蜀图》,此画为青绿设色,细笔勾染,山间树木苍郁,一队骑旅自右侧山间穿出,向远处的栈道行进,前方有一骑者身着红衣正待过桥,可能为唐明皇,他的嫔妃则身着胡装,头戴帷帽。画中山势突兀,白云萦绕,山石有勾勒无皴法,设色全为青绿。这幅画是反映唐代山水画面貌的重要传世作品。

唐初的青绿山水是初唐时期最有影响的山水画派,在我国绘画史上被多数人认为是北派山水的一种。

文化艺术

展子虔和《游春图》

展子虔，隋朝著名画家，渤海（今属山东）人，人物、车马、楼阁、山水等，都是他的长项，但最擅长的还是人像。据说他画的人物描法细致，生动逼真；画马则站立者有走动之势，伏卧者呈起跃之状；画山水，则有方寸中尽显天地的气概。《游春图》解决了以往山水画"人比山大，水不容泛"的问题，准确地把握住了山、水、人物、舟车的比例关系，大大促进了山水画的发展。

在中国美术史上，展子虔影响最大的是他的山水画。他尤其善于表现自然山水的深远空间感，能充分表现出山水的美和气势。在我国目前存世的山水卷轴画中，展子虔的《游春图》是人们迄今发现的年代最早、保存最完整的一幅。展子虔的《游春图》，描绘的是贵族们游春时的情景。图中展现了水天相接的情形，上有青山叠翠，湖水融融，也有士人策马山径或驻足湖边，还有美丽的仕女泛舟水上，令人感到熏风和煦，水面上微波粼粼，岸上桃杏绽开，绿草如茵，美不胜收。整个画面显得场景阔大、视野辽远，这就是画史中所说的"咫尺千里"。展子虔在山水画上所达到的成就及绘画方法在当时无人能及，开创了青绿山水派，被唐代李思训、李昭道所仿效学习。展子虔被后世誉为"唐画之祖"。

游春图　隋　展子虔

荆关北派山水

荆关是五代时期北方两位著名山水画家荆浩和关仝的简称。五代时期，中原地区虽然战乱不断，但这并没有使绘画创作陷入停顿。山水画在此间发生了很大变化，从选材到技法，都有了一个飞跃，山水被作为环境艺术加以描绘。荆浩和关仝开创了北方山水画派，这在中国山水画发展史上具有里程碑的意义。此派善于描写雄伟壮美的全景式山水，作品气势雄伟，风格峻拔。作为中国山水画重要技法之一的"皴法"，在"荆关"时期也得到了很大发展。水墨和水墨着色的山水画自此已发展成熟。

荆浩，生卒年不详，字浩然，河南沁水（今济源）人。唐末隐居太行山洪谷，自号洪谷子。他通晓经史，能诗善文，对中国山水画的发展贡献非常大。他将"水晕墨

397

章"的画法进一步发展，使之趋向成熟。他在前朝山水画的基础上，通过"远取其势，近取其质"的表现手法，创造出了气势磅礴的山水画，这为全景式北方山水画的形成奠定了基础。荆浩的代表作是《匡庐图》，这幅作品是我国北宋以前具有山水全景模式的典型作品。

关仝，生卒年不详，长安（今陕西西安）人。工画山水，曾拜荆浩为师，后自成一家，他的作品，被称为"关家山水"。他与荆浩同为北方山水画派创始者，并称为荆关。关仝的山水作品笔画简单，气势雄伟，富有生活气息，布境兼"高远"与"平远"两法。关仝作品画出了山川的雄奇，表现出大石耸立，屹然万仞的峭拔气势。他画树，往往是树木有枝无干，用笔简劲老辣，极富于墨韵。《关山行旅图》是他的代表作。

荆关开创的北方山水画派对山水画的发展产生了重大影响。自他们后，我国山水画有了南北之分。

江南画派

江南画派，指的是以中国五代南唐画家董源和他的学生巨然和尚为代表的南方山水流派。董源，字叔达，江南钟陵（今江西进贤西北）人，曾任南唐后苑副使，后苑在宫廷的北面，因此称董北苑。他的山水水墨取法王维，着色则学李思训，善用明暗透视画法，画江南风景。他的《潇湘图》展现的是远山茂林，江水行船，沙滩平坡，是有代表性的江南风光。而他的《龙宿效民图》，描绘的是草木茂盛的丘陵，给人以空气湿润，山水空蒙之感。他的《落照图》，用笔很少，近视看不真切，远看却山川、村落俱佳，显出一派逼真的夕照景象，这种明暗透视化的方法比西洋要早了将近千年。董源创"披麻皴"画法，对后世画家产生了巨大的影响。

巨然和尚是董源的学生，江宁（今南京）人，开元寺僧，擅长山水，师法董源的水墨风格，但又有所发展，擅画江南山水的"淡墨轻岚"之景。他的名作《烟岚晓景》壁画，为当时民众所称赏，《秋山问道图》更是为世人所推崇。巨然以杰出绘画成就，得以与董源并称"董巨"。董源和巨然，是南方山水画派的始祖。

黄家富贵

"黄家"指的是五代后蜀画家黄筌及其两个儿子，他们都曾是宫廷画师，擅画珍禽异兽，以富贵华丽的绘画风格著称。

黄筌，四川成都人，擅画花鸟，自成一派。黄筌最擅所谓的"钩填法"，也就是用勾勒法作画，以细淡的墨线勾画出轮廓，然后填色。画面显得富丽工巧。黄筌的画作多富有富贵吉祥的寓意，题材多来自宫廷中的异卉珍禽，动物往往表现得羽毛丰满，形象生动。其长子黄居宝也以画闻名，由于他们的风格特别迎合宫廷喜好，因此形成一种特别的风格，人称"黄家富贵"。黄筌作品多，但传世甚少。他的《写生珍禽图》虽只是提供描摹的样稿，却也法度严谨，尽显技巧。

写生珍禽图　五代　黄筌

黄居寀，字伯鸾，是黄筌的次子。曾为宋朝画院的"待诏"，他的画法巩固和发扬了黄体的画风。总的来说，黄家画法是先用极细的墨线勾出轮廓，然后填彩，最大的特点就是墨线不露在画面上。这种"勾勒填彩，旨趣浓艳"的画风，成为宋代初期画院的标准，因此可以说，黄筌父子对宋代院体画产生了权威性的影响。"黄氏体制"在宫廷的统领地位一直持续到熙宁时代才逐渐被新的画风所改变。黄居寀的传世作品《山鹧棘雀图》，富贵华丽，现珍藏于中国台湾。

徐熙野逸

徐熙，钟陵（今江西南昌）人，五代南唐画家。他出身名门，爱好闲散游荡，自称"江南布衣"。善画花鸟，尤其是山野平常花鸟，竹子、蔬果、水鸟、野鱼等，皆是他作画的对象。他特别喜欢观察，每遇到景物，必定停留细看，因此其作品极富活泼生动的意味。他的作品具有平淡而文雅、朴素而洁净的野趣，再加上他的画主要以墨色为主、杂彩为辅，因此被人称为"野逸"。

徐熙的画法和唐代以来流行的晕淡赋色大不相同，他创造了一种崭新的落墨表现方法，也就是先用墨描写花卉的枝叶蕊萼，再为其着色。无论是从题材上说，还是从画法技巧上说，他的画都表现出他作为江南处士的审美趣味和超凡的异样情怀，风格独特，因而有"徐熙野逸"之说。一般说来，他所引导的是民间流行的野逸画风。徐熙与黄筌被后人并号"黄徐"，同时成为历代花鸟画的宗师，并分别引领了五代、两宋花鸟画的两大流派，他们的作品总体上代表了五代花鸟画的新水平，在中国画史上具有重要的历史地位。徐熙的作品已佚，而今人们能见到的《玉堂富贵图》《雪竹图》《雏鸽药苗图》都是仿作，我们只能从中领略他的绘画风格和画法。他淡雅俊逸，具有清新之气的画风在北宋后期影响较大，在很大程度上对画院花鸟画风的改革起到积极的推动作用。

《韩熙载夜宴图》

风华绝代的词人南唐后主李煜，从他父亲李璟手中接过来的就是一个无可奈何的帝位，当时北宋对南唐已经形成了强敌压境之势，南唐皇帝已经在北宋的威慑之下生活了。生于深宫之中，长于妇人之手的李后主，多才多情，有一颗赤子之心。他天真烂漫，有极高的文学修养与天赋，作为词人，堪称绝代。他的传世词作不多，篇篇都是流传千古的绝唱。但是作为君主，他确实无力也无奈，亡国后他写的词道出了他的心声："问君能有几多愁？恰似一江春水向东流。"

这种无可奈何的忧愁，在他在位时就日益加深。他想到了颇有政治抱负的中书侍郎韩熙载，能不能有办法抵御北宋？听说韩熙载沉溺于声色之中，夜夜笙歌，就派大画家顾闳中夜间前去观察韩熙载。顾闳中以其大画家惊人的目识心记的能力，默记下了韩熙载在郁闷中征歌逐舞过夜生活的实况，创作了这卷传世杰作《韩熙载夜宴图》。看图中韩熙载的心情非常忧郁，愁如春水，只能任其东流！

此图以情节的进展分段，画的每段中心人物都是韩熙载，全卷宛如一首纪事诗，叙述夜宴的全过程。第一段是听琵琶。长髯、戴高巾、坐在床上的人，就是韩熙载，身边穿绯袍的是状元郎粲。

这幅五代名作的绘画技巧在表现范围和表现力上比唐代又有发展。画中的韩熙载等人，更换了几次衣服，一认便能识出，画中没有画夜色，而有夜里的气氛。画面色彩浓郁，与五代时《花间词》靡丽哀婉的格调可以并读。

韩熙载夜宴图　五代　顾闳中

书画皇帝

书画皇帝指的是宋徽宗赵佶。宋徽宗是宋神宗之子。他是北宋最昏庸无道的皇帝，在位期间重用"六贼"，最终导致大规模农民起义和金兵入侵。他被金兵俘虏，后死于五国城（今黑龙江依兰）。

文化艺术

芙蓉锦鸡图　北宋　赵佶
一枝芙蓉从左侧伸出，长枝冉冉，花朵娇艳，花枝上栖一锦鸡，体态优美，羽色鲜丽，花枝因受重而微微弯垂。右上角两只彩蝶正追逐嬉戏，翩翩起舞。画面生动活泼，形神兼备。尤其是锦鸡受蝴蝶吸引回颈观望的姿态，更是刻画得细致传神，呼之欲出。画幅左下角一丛秋菊迎风而舞，婀娜多姿。整幅画主次分明，疏密相间，一派生机盎然之气。

宋徽宗虽然治国无能，但多才多艺，爱好书画。他擅长画山水、人物、花鸟等，不蹈前人之辙，自具风韵。尤其是花鸟描绘工细入微，富丽典雅，造型生动，形神兼备。他还精于书法，创造了瘦金书体，笔画劲挺秀丽，笔势劲逸，风格独特，非常富有艺术魅力。传世画作有《芙蓉锦鸡图》《池塘晚秋》等，书法有墨迹《夏日帖》等。除了自己创作外，他还非常重视画院，大力扩充画院，提高画家的待遇和地位。宋徽宗时代的画院在组织形式上是最完备的，为历代画院的典范。他还下令将宫中收藏的历代书画进行评比，编成《宣和睿览集》，并编纂《宣和书谱》和《宣和画谱》，对后世颇有影响。

米氏云山

米派是我国古代山水画流派之一。由宋代著名书法家米芾所创，他的儿子米友仁加以发展，形成在当时影响很大的特色画派。米芾父子在绘画界被称为"大米""小米"，或合称"二米"。他们在中国书画史上占有非常重要的地位。

米芾打破了传统的山水画用笔多以线条为主的常规，以卧笔横点成块面，被叫作"落茄法"。这种画法的特点是用水墨点染的方法，描绘烟云掩映的山川景色，米芾称其为"墨戏"，体现一种烟雨云雾、迷茫奇幻的景趣，显得亦真亦幻，美妙独特，世人将这种风格称为"米氏云山"。米友仁的山水画传承了父亲的画法，更可喜的是青出于蓝而胜于蓝。他的作品云烟缭绕，林泉点缀，看似草草，实含法度。米派的大写意风格，对后世影响很大，南宋的牧溪，元代的高克恭、方林义等人都是米派弟子。如今珍藏在故宫博物院的米友仁的《潇湘奇观图》，为纸本，墨笔，纵19.7厘米，横285.7厘米。所描绘的是瑰丽的潇湘景色，山峦连绵，烟云渺茫；画中一改青绿山水画的"线勾填彩"画法，而是点画水墨，纵横落点，虚实结合，尽情渲染；连山头的点子皴，也改为"淡墨细点"。米氏云山在中国绘画史上独特而亮丽，是父子画家的代表和典范。

张择端和《清明上河图》

《清明上河图》是北宋画家张择端的传世名作。张择端,字正道,东武(今山东诸城)人,生卒年月不详,北宋末年画家。他自幼好学,宋徽宗时供职翰林图画院,专事绘画。

《清明上河图》是进献给宋徽宗的贡品,长525厘米,宽25.5厘米,其中共有人物1643个,牲畜208头,房舍122座,轿子8顶,舟船25只,树木124棵。它主要描绘了北宋都城东京(今开封)的繁华景象。全图分为3个段落:首段描绘的是汴京郊野的风光,中段描绘的是繁忙的汴河码头,后段描绘的是汴梁城市区繁华的街道。画中汴河两岸店铺林立,市民熙来攘往,运载东南粮米财货的漕船通过汴河桥洞,一队远道而来的骆驼商队穿过城门。市区城楼高耸,街巷纵横,店铺鳞次栉比,行人摩肩接踵。茶坊、酒肆、脚店、肉铺、寺观、公廨等人头攒动,热闹非凡。《清明上河图》是一幅描绘北宋汴京社会经济生活风俗的不朽画卷。另外需要特别指出的是,"清明"并非指清明节,而是太平盛世的意思。画作描绘的是秋天。现收藏于北京故宫博物院。

马一角、夏半边

马一角是马远的外号,字遥父,号钦山。原籍河中(今山西永济)人。他擅长山水,取法李唐但有个人风格,下笔遒劲却不失严谨,设色清润,山石枝叶楼阁都有特色,画阁楼时常常使用界尺,而加衬染,《踏歌图》《水图》等是其代表作。

夏半边是夏圭的外号,字禹玉,钱塘(今浙江杭州)人。是宁宗朝的画院待诏,长于山水人物,山水尤其出色,取法李唐,善用个性十足的"拖泥带水皴",画作显得简劲苍老而墨气明润,他画台阁时不用界尺,而是随手为之。他的《西湖柳艇图》

清明上河图(局部) 北宋 张择端

《长江万里图》《江城图》《风雨图》等画作，均显出他精练概括的本领。

马远、夏圭并称"马夏"。他们两人的山水画各有自己的独特风格，却又不乏共性，那就是他们的画面上往往留下很大的空白，但这些空白绝对不是画面的缺失，而是为了表达一些意境，以及为构图需要而留的。他们的构图方法，被称为"边角之景"，"马一角"和"夏半边"就是由此得名的。他们的画作在表现内容上，追求高度的完整与单纯，在表现手法上，又追求绝对的简洁，这种艺术表现手法为后世不断效仿。

赵孟頫

赵孟頫，字子昂，号松雪，吴兴（今浙江湖州）人，宋朝宗室，元朝著名文学家、画家、书法家。宋亡后，入仕元廷，封魏国公。赵孟頫博学多才，精通音律、书画。在绘画上，他山水、人物、花鸟、竹石、鞍马无所不能，工笔、写意、青绿、水墨无所不精。赵孟頫的山水画取法董源、李成，人物、鞍马画师法唐人和李公麟。在绘画理论上，他提倡复古，主张崇尚唐人，"画贵有古意，若无古意，虽工无益"，反对南宋院体中柔媚纤巧画风。倡导"书画同源"，强调以书法用笔入画，并主张师法自然，提出"到处云山是吾师"的口号。他的理论和创作对元、明、清三代都有极大影响。他的画作被当时的人称为"有唐人之致去其纤，有北宋人之雄去其犷"，从而开创了元代新画风，被称为"元人冠冕"。赵孟頫一生创作了大量的各种题材的绘画，传世画作有《鹊华秋色图》《红衣罗汉图》《秋郊饮马图》《江村渔乐图》。

元四家

"元四家"是黄公望、王蒙、倪瓒和吴镇4位元代山水画家的合称。他们都生活在元末，虽然每个人社会地位不尽相同，但不得意的遭遇是相似的。他们四人都是江浙一带人，在艺术上受到赵孟頫的影响，擅长水墨山水竹石等，并结合书法诗文，

是典型的文人画风格。他们的画作使中国山水画的笔墨技巧达到了一个新的高峰，成为元代山水画的主流，对明清山水画产生了巨大的影响。"元四家"的作品非常注重笔墨技巧，讲究意境神韵，使山水画的美学价值得到很大提高。在作品中，他们都流露出对没落王朝的怀恋情结，同时也受到当时文人消极避世思想的影响，他们的作品大多偏于淡远、萧疏、幽深，比较脱离现实。黄公望的画作山川深厚，草木华滋；王蒙的画作千岩万壑，连环重叠；吴镇的山水苍茫沉郁；倪瓒的山水具有一种荒凉空寂、疏简消沉的趣味。他们的代表作分别有：黄公望的《富春山居图》，王蒙的《青卞隐居图》《夏日山居图》，倪瓒的《渔庄秋霁图》《紫芝山房图》，吴镇的《江岸望山图》。

《富春山居图》

黄公望以造化为师，形成平淡天真、萧散简远的艺术风貌，下图山的线条看似简淡自然，实则有精严的韵律。可见他的绘画已达到纯任自然的境界。请看黄公望是怎样在自然生活中进行创作的：

黄公望画《富春山居图》的时候已近80岁，用了三四年的时间才将这幅画作完成。《富春山居图》表现了秋初之时富春江两岸的景色。画面上层峦叠嶂，松石挺秀，在云木掩映的山间，有江流、村落、亭台、渔舟、小桥、飞泉，使人恍若置身其间，特别是赋予了连绵浩渺的江南山水以一种富有韵律感的深远意境。笔简而意豪，神采烂漫。明代著名画家董其昌称赞道："展之得三丈许，应接不暇。"还曾说他在长安看这画时，顿时觉得"心脾俱畅"，无怪乎后人喻此图为"画中兰亭"。

富春山居图（局部） 元 黄公望

浙派

浙派是中国山水画的风格流派之一，形成于明代前期，流行于明代中期。浙派山水画的风格，综合借鉴了南宋李唐、刘松年、马远等人的绘画风格，行笔奔放，墨色淋漓酣畅，画面的动感强烈，自成一派，影响巨大。浙派画家中的杰出代表是浙派的创始人戴进。

戴进,字文进,号静庵,是明代影响深远的一位画家。他精通山水、人物、走兽,风格独特,用笔流畅,气势壮阔,常用铁线描和兰叶描的手法作画。戴进的画风曾经风靡一时,作品被人们认为是经典的艺术,很多人都对他的风格进行学习和模仿。他的代表作品有《春山积翠图》《风雨归舟图》等。此外,浙派盟主吴伟也是一个令人称道的画家,他的画作特色是用笔雄健豪放,潇洒自如,代表作品有《溪山渔艇图》《长江万里图》等。在戴进和吴伟之后的张路、蒋嵩、汪肇等浙派画家,在吴伟的基础上,风格也逐渐趋向简约豪放。浙派以其精湛的功力和创新的面貌,兴盛于明初,并影响了之后中国画坛100多年。

吴门画派

在吴门画派中,最著名的有沈周、文徵明、唐寅、仇英,后人称他们为"吴门四家"。

沈周和文徵明的作品都具有传统的文人画风格,其作品题材丰富,尤以山水画为胜,大都描写江南秀丽的风景和文人生活,注重笔墨,讲究诗书画的结合。文徵明的作品有《绿荫清话图》《松下高士图》等。唐寅和仇英均为职业画家,创作内容丰富,技法全面,功底深厚,他们的作品都有很高的趣味性,深受人们喜爱。他们所描绘物象精细真实,强调意境,雅俗共赏。唐寅的山水画笔墨细秀,风格清逸,如《骑驴思归图》《山路松声图》等。人物画多为仕女和历史故事,造型准确,色彩艳丽。仇英擅长青绿山水和工笔人物画,传世作品有《桃源仙境图》《观榜图》《松溪横笛图》等。

吴门四家在山水画方面的成就对南宋院体绘画是新的突破,他们在人物画和花卉画方面各自有特点和成就。除仇英之外,吴门四家的另外三人非常重视将

桃源仙境图　明　仇英
仇英擅画山水人物,作品工整妍丽,是"吴门四家"之一。此图近处绘三位高士临流而坐,一位正在抚琴,余二者侧耳倾听、手舞足蹈。一僮垂手侍立,一僮捧卷渡桥。桥下溪水流淌、山坡上杂树丛生、青葱蓊郁。山间云雾缭绕,亭台楼阁层层叠叠,悬崖上一亭宏敞险峻。上段松树丛生,水阁中一人凭栏远眺,一派世外桃源景色。整幅画为青绿大设色,用笔工致细腻,布局极具匠心。

诗、书、画有机结合，这一做法促使了文人画更臻完美、更加普及，对明代后期直至清初画坛产生了非常有力的影响。

唐寅

　　唐寅，字伯虎，又字子畏，号六如居士，明代画家，吴县（今江苏苏州）人。他是吴门画派的代表人物，与沈周、文徵明、仇英并称明代四大家（吴门四家）。他出生于一个商人家庭，从小聪明好学，诗文书画，无一不精。29岁时，他考中应天府（今南京）乡试第一名解元，名声大振，自诩为"江南第一才子"。但在第二年的会试中，因好友科举舞弊案的牵连，被捕入狱，从此功名断绝。出狱后，唐伯虎性情大变，从此绝意仕途，潜心书画，终成一代大家。唐伯虎擅长画山水、人物、花鸟等。他的山水画师法周臣、李唐、刘松年，风格秀逸清俊，笔墨细秀，布局疏朗。人物画师承唐代传统，多以仕女和历史故事为题材，色彩或艳丽或清雅，线条清细，体态优美。花鸟画洒脱随意，格调秀逸，长于水墨写意。传世画作有《骑驴思归图》《山路松声图》《事茗图》《王蜀宫妓图》《秋风纨扇图》等。

《王蜀宫妓图》

　　《王蜀宫妓图》取材于五代前蜀后主王衍的宫廷生活，精心描绘了四个盛装宫妓的神情状貌，并题诗云："莲花冠子道人在，日侍君王宴紫微。花柳不知人已去，年年斗绿与争绯。"

　　此图属工笔重彩，图中绘宫妓四人，皆柳眼樱唇，下巴尖俏，衣着华贵，云髻高耸，青丝如墨，头饰花冠，互相对语。人物衣饰线条流畅，服饰上的花纹都刻画得十分精细。宫妓的服饰在颜色上对比强烈，产生了生动的艺术效果。人物面部描绘用传统的"三白法"，既表现出宫妓施朱粉"盛妆"的化妆效果，又烘托

王蜀宫妓图　明　唐寅
此图取材于五代前蜀后主王衍的宫廷生活，描绘宫中四位宫妓的形象。图中人物均盛装打扮，在设色上妍丽明洁，富于变幻和节奏感，如画面正中一正一背两女子，一着淡黄衣衫，一穿花青大褂，色彩对比强烈，产生了醒目的艺术效果。同时，作者采用"三白"法，即以白粉烘染人物额、鼻、颊，突出了宫妓们弱不禁风的情态。全图线条如春蚕吐丝，精秀细劲，流转自然，是唐寅仕女画的代表作之一。

出她们弱不禁风的娇媚情态，晕染细腻，生动传神。作者描绘西蜀宫廷的富贵生活，借以讽喻富贵表象下糜烂荒颓的实质，画上题跋云："蜀后主每于宫中裹小巾，命宫妓衣道衣，冠莲花冠，日寻花柳以侍酣宴，蜀之谣已溢耳矣。而主之不挹注之，竟至滥斛，俾后想摇头之，令不无扼腕。"

在明代建立以来人物画不振的情势下，唐寅的人物画成绩不俗，这幅画尤其表现了他上追唐宋又自创新风的高超水平。

青藤白阳

徐渭与陈道复并称"青藤白阳"。徐渭，明代著名剧作家、文学家、画家。字文清，号天池山人，别号田丹水、天池渔隐、天池生、金回山人、青藤老人、白鹇山人、山阴布衣等。晚年号青藤道士，有时署名田水月。徐渭最擅花鸟，山水、人物、水墨写意成就次之。徐渭的写意花卉惊世骇俗，用笔狂放而不重形似，自成一家。传世名作《杂花图》，画面气势豪放，非常漂亮，展示了他高度的绘画技巧。正所谓"无法中有法"，"乱而不乱"。此外，徐渭在戏曲创作方面也留下了美名，其杂剧《四声猿》是中国戏曲史上的一颗明珠。总而言之，他的诗文书画处处弥漫着一股郁勃的不平之气和苍茫之感。

陈道复，明代著名的花鸟画家。初名淳，后改字复甫，号白阳山人。他长于山水，仿效米友仁和高克恭，在花鸟画方面，学习沈周和文徵明。他的淡色或水墨大写意，对明清以来的画家影响很大。陈道复的画风非常清雅，笔法自然而细腻，无论是笔墨的运用还是线条的运用，都有很好的节奏感，给人以灵动之感。他的花卉画使得沈周所开创的意笔写生体系更为完善，开拓了花卉画的新境。中年以后，陈道复的笔墨变得放纵，书、画都显出鲜明的个性。他的传世作品有《葵石图》《花卉》和《罨画山图》等。

南陈北崔

"南陈北崔"指的是明朝后期两位以人物画著称于世的画家陈洪绶和崔子忠。陈洪绶，字章侯，号老莲、悔迟、老迟。诸暨（今浙江诸暨）人。崇祯朝为监生，清军入关后出家为僧。他是一位全面型画家，人物、山水、花鸟及梅竹四大类都有涉足，尤其擅长人物画。他的人物画包括故事画、宗教画、高士画、仕女画及肖像画（木刻插画）等，经常为文学作品创作插图。陈洪绶不拘守成法，大胆突破前人成规，有独创精神，自成一家，艺术效果具有奇傲古拙气势，被人们称为"高古奇骇"。有《荷花鸳鸯图》《升庵簪花图》《婴戏图》《西厢记》传世。

崔子忠，初名丹，字开予，更名后，字道田，号北海、青蚓，山东莱阳人。他曾拜董其昌为师，擅长画人物、仕女、肖像，师法顾恺之、陆探微、阎立本、吴道子等。崔子忠所画的人物面目奇古，线条细劲，格调高古，境界奇异。传世名画有《云中玉女图》等。

松江派

松江派是明末的山水画流派之一，以顾正谊为创始人，董其昌为其最著名的代表。松江派有3个支派：以顾正谊为首的称"华亭派"，以赵左为首的称"苏松派"，以沈士充为首的称"云间派"。因为他们都是松江府人（今上海松江，古称华亭），画风亦互有影响，所以概称为"松江派"。松江派山水画的典型风格是逸润苍郁，骨气灵秀，其中成就最高的董其昌是晚明最为杰出、也是影响最大的书画家，他的画作追求平淡天真的格调，讲究笔致墨韵，用笔洗练，墨色清淡，层次分明，古雅秀润。明末朱谋垔编著的《画史绘要》评价说："董其昌山水树石，烟云流润，神气俱足，而出于儒雅之笔，风流蕴藉，为本朝第一。"

四僧

松径夕阳图　清　石涛

"四僧"是指清初的4位画家：石涛、朱耷、弘仁、髡残。他们都出生于明朝末年。清初，他们和当时的一些知识分子一样，誓不仕清。于是，他们削发为僧，避世山野林间，以绘画抒发愤慨和忧愁，因而被人称为在野"四僧"。他们虽然在野，但他们在绘画上所取得的成就，对清初画坛仍产生了重大影响。

"四僧"在创作上都崇尚自然，反对泥古不化；豪放、磊落是他们共有的画风；多利用传统艺术形式，面向自然、面对人生，强调抒发情感，表达真实感受；他们也重视笔墨情趣，并寻找自己的绘画空间，抚慰受到伤害的心灵。

石涛是扬州画派的先驱，善画山水，兼工人物、兰竹。他绘画讲求独创，构图新奇，尤擅长截取法。运笔恣肆，粗细刚柔并用，泼墨挥洒，不拘小节，作品意境多苍莽新奇。石涛在绘画艺术上的独特成就，对清一代画家影响很大。朱耷以画花鸟画闻名，继承徐渭的传统，发展了泼墨写意画法。作品往往借物抒情，以象征、寓意和夸张的手法，塑造奇特的形象，抒发厌恶世俗生活和国亡家破的痛苦内心。他的画对后来的"扬州八怪"和近现代大写意花鸟画影响很大。弘仁擅长山水，喜欢模仿倪云林。他的作品笔墨秀逸，布局奇兀，近景大岩壁立，远山缥缈朦胧，掩映生姿，当时极有声誉。他的设色山水和墨笔山水长卷，均为精绝之作。髡残擅绘人物、花卉，尤其精于山水。他的山水画，笔法厚重、苍劲有力；善用雄健的秃笔和泼墨，层层皴擦勾染，笔墨交融，厚重而不呆板，秃笔而不干枯；山石多用解索皴和披麻皴，并以浓墨点苔，显得山川湿厚，草木华郁。

八大山人

八大山人，姓朱，名耷，明宁献王朱权九世孙，弋阳王孙，世居江西南昌。清初曾参加抗清斗争，失败后，隐姓埋名，为避祸，于23岁落发为僧，法名传綮，字刃庵，中年又用过雪个、个山、驴屋、人屋等号。他取名"朱耷"，"耷"乃"大耳为驴"的意思。晚年还俗结婚，靠笔砚养家糊口，从59岁用"八大山人"号，一直到去世。

八大山人有深厚的家学渊源，又受明末流行的董其昌画风的影响。笔墨精微、气韵醇厚，笔法得董其昌、黄公望、倪瓒之妙，把他们的秀逸优雅化成了奇逸苍茫。在花鸟画上，他创造性地发展了大写意花鸟画法。他精研明代前期的林良、吕纪，明中期的沈周、文徵明、陈淳，明后期的徐渭等各家画法，以他高超的眼界、高深的学养，熔各家精华为一炉，以自己极其鲜明的艺术风貌，把水墨写意花鸟画的抒情能力，发挥到空前的高度，他把花鸟画"缘物抒情"的传统推到极致。

八大山人毕生推崇董其昌，这是非常有意思的现象。生活优越的董其昌努力集合文人画中优雅的笔墨趣味，终身都在做书画贵族化的事情，而身为旧王孙的真正的贵族八大山人，在落入国破家亡的危难境地之后，悲愤无声，却呈现了凝练蕴藉、博大精深的艺术风格。高深的学养，高贵的真情，会聚一起，如深埋高山峻岭的浑金朴玉，琢成面世，便发出惊人的光芒。

八大山人不但善于画大写意花鸟，他的山水画也萧散淡泊、气韵高古，经常把我们带到宇宙八荒的空间和终古无尽的时间里边去。像他这样深植于历史和文明的人，面对大自然的美景，自会有不同寻常的感动。

《荷花翠鸟图》呈现的是一种平和清静的气氛，构图疏密有致，有开合，能平衡，下面是清爽通透的空间，上面丰富的墨色写出了茂盛荷叶的苍绿，双鸟，上有呼、下回首相应，留下了无穷韵味与想象空间。

在画法上，八大山人学习了宋、元、明一些大家的笔意，在师法前人时注重创造。例如对董其昌，取其秀逸之长，避其柔媚之短，从而形成自己笔墨苍劲古拙而又超逸华滋的独特风格。

历来多有论者往往过多强调了八大山人的冷、倔、怪，实则八大山人的高深不可企及之处是他的作品温润、蕴藉、冲和，没有丝毫燥气。

八大山人喜欢荷花，也画得最好，长卷一展，如一片荷塘尽收眼底，他画的荷，叶叶生动，有擎天作盖的、有临风而立的、有横逸斜出的。笔墨出神入化，浓墨活、淡墨更活。叶子画得如此之好，花则更妙。正如宗白华评八大山人说，他的画是最超越自然而又最切近自然，是最心灵化的艺术，而同时又是自然本身。

 扬州八怪

扬州八怪是指清康乾年间活跃在扬州的一批大艺术家，他们有大致相同的画风、趣味以及文艺思想和命运。八怪究竟是哪几位画家，历来说法不一，现在一般是指汪士慎、黄慎、金农、高翔、李鱓、郑燮、李方膺和罗聘8人。扬州八怪对官场的黑暗、富商的巧取豪夺深感痛恨，对劳动人民的疾苦怀以深切的同情，在生活上大都历经坎坷，最后走上了以卖画为生的道路。他们虽然卖画，却是以画寄情，在书画艺术上有更高的追求，不愿流入一般画工的行列。

扬州八怪在艺术观上，最突出的一点是重视个性表现，建立自己的"门户"；在题材选择和内容含意上大胆创新，将百姓日常生活用品纳入绘画题材之中，同时扩大花鸟画的范围，多以梅、兰、竹、松、石为描写对象。在绘画风格上，扬州八怪主要继承了徐渭、石涛等人的水墨写意画技巧，他们学习前人，但又不拘泥于那些前辈的技艺，进一步发挥了水墨特长，以简练的手法塑造物象，不拘于某些具体环节的形似。笔墨上，纵横驰骋，随意挥洒，力求神似，直抒胸臆。在内容含意上，他们除了表现一般的孤高、绝俗等思想外，还运用象征、联想、隐喻、夸张等手法，并通过在画上题写诗文，赋予作品深刻的社会内容和独特的表现形式。如郑燮的《墨竹》，看此画，读竹旁之诗，使人不由得联想到当时的灾荒、饥馑，充分体现了画家那颗仁慈、爱民之心。再如李鱓的《鸡》，此画以象征、隐喻手法劝人行善。扬州八怪的绘画技艺和风格特色虽然只流行于扬州及相邻地区，但它在继承和发展水墨写意画上，产生了巨大的推动作用。

赵之谦

赵之谦，会稽（今浙江绍兴）人，初字益甫，号冷君，后改字㧑叔，号铁三，又号憨寮、悲庵、无闷、梅庵等，所居曰"二金蝶堂""苦兼室"，清咸丰年间举人，三次参加会试皆未中，后来曾担任江西鄱阳、奉新和南城知县。赵之谦自幼博闻强识，工于诗文，尤其擅长书法，初时效法颜真卿，后取法北朝碑刻，所作楷书笔致婉转圆通，人称"魏底颜面"，篆书则在邓石如的基础上赋予魏碑笔意，亦能以魏碑

体势作行草书，融真、草、隶、篆于一体，奇倔雄强，超然脱俗，自成一格；亦善绘画，人物、山水俱佳，花卉写意笔墨独标；篆刻方面也卓然成家，博取秦诏、汉镜、汉铭文、钱币文、瓦当文和碑版文字等入印，一扫旧习，章法多变而意境清新，风格苍秀雄浑，显示出独特的风貌。赵之谦还将诗、书、画、篆有机地融合起来，并且做到推陈出新，成就斐然，精神风骨尤其为人所重，堪称独步一代的艺术大师。

吴昌硕

　　吴昌硕，浙江安吉人。我国近代金石、书、画大师，"海派"代表人物。写意花卉最为擅长，深受徐渭和朱耷影响，在绘画中融入书法、篆刻的运刀和章法，画风独特。善用篆笔画梅、兰，笔墨酣畅，富有情趣；喜用狂草画葡萄，笔力老辣，气势雄强。在构图格局上他喜欢用"之"和"女"型；在用色方面，爱用浓色，尤爱西洋红。到了晚年，吴昌硕尤爱画牡丹。他笔下的牡丹花开烂漫，色彩多选用鲜艳的胭脂红，再配以茂密的枝叶，显得生气蓬勃。吴昌硕的篆刻先从浙派入手，后受到吴让之、邓石如、钱松等人的影响。31岁以后往来江浙，阅历大量金石碑版、玺印、字画。定居上海后，诗、书、画、印并进，晚年形成独特风格，终成一代宗师。代表作有《紫藤图》《墨荷图》《松石图》《牡丹图》《桃实图》等。

墨荷幽香　近代　吴昌硕

岭南画派

　　岭南绘画是现代中国画的流派之一，指清末民初的广东画派，以岭南三杰为代表，主张吸取古今中外特别是西方绘画艺术之长以改造传统国画，使之发展为现代化、民族化、大众化的艺术，目的是改变中国人的心灵，在国内外都有影响。

岭南画派的创始人高剑父,与高奇峰、陈树人并称为"岭南三杰",他们师出同源,信奉相同的艺术原则,但风格不同,各有千秋。高剑父要求学生"青出于蓝而胜于蓝"。岭南画派的第二代的画家关山月、黎雄才、赵少昂等,也都有各不相同的风格。再后来,杨之光、陈金章、梁世雄、林墉、王玉珏等画家,也各有长处。岭南画派倡导美学教育,特地在广州、上海等地创建了《时事画报》《真相画报》及审美书馆。

岭南画派的绘画题材多选木棉、奔马、雄鹰、苍松,其中南方风物较多。通过画面形象反映时代精神,在技法上则追求师法自然,吸取西欧水彩画的光影特色的同时又追求东方古画拙朴的神韵,因而作品赋色和谐,清新明快,晕染柔净,具有浓厚馥郁的岭南风情。

岭南画派的最大艺术特点在于创新,主张写实,博取诸家之长,发扬国画的优良传统,在中国画史上是鲜亮的一笔。

海上画派

海上画派,通常是指 19 世纪中叶~20 世纪初期,一群活跃于上海地区的画家。海派画家集中在清末民初的上海,因为地域之便,他们有机会不断接触外界的新鲜事物,这为艺术的发展提供了丰厚的土壤。海派画家以传统文化为基础开拓了新的画风。这些画家性格迥异,画风多样,代表人物有"海上三任"、虚谷、吴昌硕等。

"海上三任"指的是名扬中外的晚清上海著名画家任熊、任薰和任颐。其中任颐在艺术上成就最高、影响最大。任熊,海上画派早期的领袖人物之一,人物、花卉、山水无不擅长,特别以肖像画著称。他的笔法清新活泼,画作很有装饰趣味,深受当时人们喜爱。代表作品有《自画像》等。任薰是任熊的弟弟,特别善画花鸟,用笔风格劲挺,他的人物画画风与任熊非常相近。任颐,浙江萧山人。专工人

钟馗图　任颐

物、花鸟，常以风土人情和民间传说入画，画中融汇了艺术与现实。他的人物画题材广泛，具有非常独特的风韵，很注重写生。山水也是他所擅长的题材。他的通景屏《群仙祝寿图》是近代绘画中少见的佳作，特点是构思奇妙，人物形象生动，精美之程度令人惊叹。任颐以他自身中西贯通的极高绘画素养，最终成为晚清画坛上最杰出的画家之一。画僧虚谷的山水画《观潮图》《日长山静图》等作品，笔法冷峻，风格洒脱清秀；吴昌硕作为海派的中坚人物，将书法、篆刻融入绘画创作当中，韵味独特。

总而言之，海上画派艺术特点是题材以花鸟画为多，其次人物，再次山水，在笔法墨法的应用上，简逸明快，追求意境。习惯于借古喻今，借物寓意，讲究内涵充实。他们的画作兼有商业价值和欣赏收藏价值。

最早的中国绘画

我们今天所见到的最早的绘画，不是纸上的，也不是布上的，而是岩石上的。那时候还没有发明纸，也没有布，那是在几万年以前，我们的先民们主要靠狩猎和采集食物生活。他们对于风雨、水土、鸟兽、植物等自然景物的直接知识日益丰富，但是无法解释，因而在面临生死或遭遇洪水、地震或捕获不到动物时，往往陷入困惑和恐惧，无法用自然力去对付自然力，就只好求助超自然的神力——他们有表达的冲动，他们希望通过一场集体的祈求来获得神的保佑，让自己生得富足，死得心安。先民们相信，通过把一种令人敬畏的动物或植物作为本群体的图腾能让大家都得到护佑。有很多岩画表现的就是这种图腾崇拜。被认为是能和自然之神沟通的专管祈神、祭祀的巫师就是我们现在说的魔法师。在原始绘画中他们往往是面目奇特、常常没有耳朵的神秘形象。面对茫茫的宇宙，无所不在的自然的力量，身处原野和山谷的洪荒，先民们用自己的劳作和想象创造生活的幸福。岩画中表现狩猎、采集食物，是为了祈祷生存；男女交媾、夸大的性器官是祈求生息繁衍、种族延续。

在5世纪，北魏地理学家郦道元写出了传世地理学名著《水经注》，他在书里告诉人们，在北方山中，"山石之上，自然有文，尽若虎马之状，粲然成著，类似图焉"。那时候，他只是发现了山上一种好像自然形成的图像花纹，像虎、像马，煌煌然十分可观。他虽然没有说清楚这是什么，但是他却是全世界最早记载岩画的人。以后直到20世纪初，才有黄仲琴教授研究这种现代考古学称为"岩画"的象形图像。

现在著名的岩画点广西宁明县的"花山"，其实就是取"画山"的意思。

20世纪50年代以后，中国开始大量发现岩画，主要有内蒙古阴山岩画、新疆阿尔泰岩画、天山岩画、甘肃黑山岩画等。专家们展开研究，不断取得新的成果。阴山岩画内容丰富、形象生动，画出了北方狩猎民族的社会生活。西南地区以沧源岩画、左江岩画和花江岩画等为代表。东南岩画以江苏连云港将军崖岩画、福建仙字潭石刻等为代表。从总体上看，北方多画动物，表现狩猎与游牧生活，西南、东南方多画人物，表现农耕生活。

全世界都有岩画的遗迹。有人生存过的地方，大多都有岩画的留存。岩画可以说是整个人类最原始的艺术语言，虽然在创作时不是为了艺术，只是为了实用。在我国，一直到了近代，一些少数民族还保持着刻绘岩画的传统，先民的文化生活方式在那些地方保留了下来。

流丽的彩陶

历史上谈到中华文明的起源，有人文始祖黄帝创造中华文明之说：制衣冠、造舟车、养蚕桑、创文字、定算数……也包括了图形，描画出人物和五岳，创造了绘画。这个时期是距现在 5000～10000 年的新石器时代。

这时候，先民们已经定居下来，由食物的采集者变成了食物的生产者。过去的几十万、上百万年，过着流浪生活的狩猎者随身携带的东西有限，得以聚族而居的人们发明了制作陶器的方法。陶器可以贮存谷物，煮熟食物，存放水，甚至还用来安葬人。

先民们聚集生活的黄河上、中游地区是彩陶最繁盛的地区，1921 年在河南省渑池县仰韶村首先发现 6000 年以前的文化遗存，考古学上称之为仰韶文化，仰韶文化中的彩陶见证了当时中国绘画的艺术水平。

仰韶文化分为两种类型，一种称为半坡型，一种称为庙底沟型，都是以出土地点命名的。半坡型彩陶以动物的形象和纹样居多，尤其是鱼最多，这可以想见当时渔猎经济中人与鱼的亲密程度。专家们说鱼纹的含义是图腾，是祈求捕鱼多多，是希望生殖繁盛，此言不虚，在以后几千年中，鱼确实也被中国人视为是子孙绵绵、富富有余的象征。

人面纹也属半坡型彩陶的特色，而且经常是和鱼纹画在一起，这可能表示这个民族和鱼的亲密关系。人面有神秘的变形，像是在施一种魔法。当年主持发掘半坡文化的考古学家石兴邦就说这含有巫觋意义。

我们来看马家窑文化中这一著名的"舞蹈彩盆"。盆内画有手拉手跳舞的人们，每组五个人，一共画了三组。遥想那远古的黄河边上，在一个喜庆的夜晚，围绕着篝火，人们载歌载舞。透过篝火，一排舞动的身影生动活泼、纯朴而天真。他们跳的是简单而热烈的图腾歌舞，有节奏的歌舞声随着黄河水一波一波传来。千万年过

彩陶豆　新石器时代

去了，直到现在，有些少数民族部落还保留着这种类型的原始歌舞。

公元前3000年～前2000年，仰韶文化的中心逐渐往西北转移，到了今天的甘肃、青海一带，在那里又产生了马家窑文化。这是上古游牧民族羌人生活的地方，所以马家窑文化的创造者应该是羌人。

青铜器之美

自公元前21世纪起到前221年秦统一六国，这将近20个世纪的时间里，中国经历了夏、商、周三个朝代，历史上称为"三代"，连同与周朝相交织的春秋战国时期，也称"先秦"。"三代"是中国的青铜器时代，青铜文明极其辉煌。这个时代的中国，创造出了世界上最精美的青铜器。商周青铜器纹饰精严威重，造型、纹饰形变到有一种惊肃瑰丽之美，这让人们联想到当时以天命构建的礼制的神圣与威严。周代自春秋中期以后周王室衰弱下去，各诸侯国互相争霸，天下礼崩乐坏，青铜器的礼器大为减少，日用的器皿多了起来。战国的青铜器错彩镂金、精巧繁富，纹饰图形生动有神，有一种华丽之

龙虎纹铜尊　商

美。天命的威严让位给了人世的精彩。著名的四川成都百花潭出土的射礼采桑宴乐攻战纹壶更是呈现了当时社会的生活气息。顺艺术之流看去，这正是开了汉代画像石艺术的先河。

商周青铜器上最主要的纹饰是饕餮纹。《吕氏春秋》里这样说："周鼎著饕餮，有首无身，食人未咽，害及其身，以言报更也。"这种奇异狞厉的神兽纹饰大量用于国家礼器，可能是先人借助神话，让人间的政教权力获得合法的威严。

青铜器的整体美，可以用威重、精美、瑰丽来形容。直到今天，如果我们要在一个厅堂，一个广场营造威重、壮丽的气氛，复制一件青铜器是个好办法，它是重器，镇得住大场面，至今仍不失其礼器的尊严。

从青铜器也可以看出中国绘画的意象特点。就青铜器常见的纹饰夔龙来说，对比一下，龙，西方是根据恐龙化石和巨型爬行怪兽的形象，努力复原恐龙的原形画出来的，是那样的凶恶、丑怪、恐怖！而中国的龙是集众兽之美，表现出的是威严、壮丽、神圣。

青铜器作为国家贵重的礼器，是中华文明进程中一个时代的美术（包含了绘画）的代表之一，表明了中国绘画不以具象的美为最高标准，而以内含的善为最高境界，所以，有学者也称青铜器为中国艺术之源。

秦汉帛画

帛画，是画在丝织的帛上的。我们现在考古发掘出来的帛画都是古代丧礼用的"铭旌"，是为死者的灵魂升天引路用的，入葬时覆盖在灵柩之上。帛画起源于战国中期的楚国，到东汉就消失了。因它源于楚国，所以帛画充满着楚文化"琦玮谲诡"的浪漫主义色彩。

1972年从湖南长沙马王堆一号汉墓出土了汉文帝时期的帛画，使我们看到了汉代帛画描绘精妙华美的艺术特点。这幅"非衣"帛画，构图严谨，纵横一体，大体中轴对称，局部不对称，主次分明，疏密繁简错落有致。线描细劲如游丝，着色厚重而典雅。以朱砂、青绿、银粉等石色的精妙使用，使得帛画至今还鲜艳夺目，而且代表了汉代艺术总体色调热烈而沉着、华丽而厚重的特点。从这幅帛画我们看到了非常瑰丽的艺术想象，天上、人间、过去、未来、神与人、灵与兽，传说与现实，浑然一体，贯通三界，跨越时空，天人合一，人神和谐，构建成一个井然有序的想象中的世界。我们从这里看到了帛画作者高超的艺术组织能力。

这幅帛画呈"T"字形，从上而下分三级描绘了天上、人间、地下的景象。上部分是天界，右角是经日与金乌，左角是新月、玉兔与蟾蜍，正中是人首蛇身的天国主宰烛龙（一说是人类始祖女娲）。新月下有一女子飞升，一说是"嫦娥奔月"，一说是"死者灵魂升天"。下面有双龙相对腾起，两位兽首人身的司铎骑在异兽上振铎作响、鸿雁飞、群鹤舞，天界里万灵欢悦、祥云缥缈、气象万千。

人物龙凤图　战国楚

帛画中部，是人间世界，只见衣着华丽的墓主——一位老年贵妇，拄杖前行，前有仙吏跪迎，后有侍女随侍，这里还原墓主在世的生活，可谓是栩栩如生。她将这样升入天界。玉璧有巨龙交缠，帐幔、流苏、悬磬下有列鼎，这是祭飨的场面。

最下段是地下部分。一个裸体的力士，作马步下蹲，双手向上托着象征大地的白色扁平物，站在两条交缠着的水族动物身上。水族动物旁边，有神怪、大龟、鸱鸮等。

汉代画像石与画像砖

画像石指的是在石料上雕刻图像的石刻艺术。它盛行于西汉至唐，多见于墓室、祠堂、石碑、石阙、门楣、棺椁上。画像石的内容十分丰富，有历史故事、乐舞杂技、车骑出行、建筑、生产劳动等，具有很高的历史和艺术价值。山东嘉祥武翟山下的东汉武氏祠内的画像石上有历史故事、烈女故事、孝义故事、神话传说等，多达25种。其中一幅刻画了荆轲刺秦王的故事，柱子右侧是惊慌逃跑的秦王，左侧是怒发

盐场图 汉

冲冠、奋力投出匕首的荆轲，秦王脚下是早已吓瘫的秦舞阳，让人看了有一种惊心动魄之感。

画像砖起源于战国时期，盛行于两汉，多在墓室中构成壁画，有的也装饰在宫殿中。画像砖的画面内容非常丰富，有表现劳动生产内容的，如播种、收割、舂米、酿造、放牧等；有表现社会风俗的，如宴乐、杂技、舞蹈、驯兽等；有神话故事，如西王母、月宫等；还有达官贵人乘车马出行和狩猎的。所以画像砖不仅是美术作品，也是记录当时生产生活的资料。

永乐宫壁画

永乐宫壁画坐落于山西平陆县黄河北岸的永乐镇，属于元代道教宫观壁画。根据壁画上留存的题记，我们可以知道此壁画由洛阳马君祥父子等人绘制，于元泰定二年（1325年）完成。永乐宫壁画总体面积共约873平方米，规模宏伟，画面壮丽而又灿烂辉煌，是世界罕见的艺术瑰宝。永乐宫壁画历经风雨却依然保持着清晰的面貌，这在我国古代壁画中是非常难得的。

永乐宫的主殿是三清殿，殿内四壁描绘的都是道教神仙朝元的盛况，画面叫作《朝元图》。在这幅画上，会聚了众多人物，场面壮阔，群像的神态刻画严谨工致，极其细致，画师的线条简练严谨、流畅刚劲，整幅壁画上除主神的衣服色彩采用绯红和堆金沥粉外，其他人物的衣服色彩均以青绿为主，生动表现了人们理想中神仙人物的庄严和清静。除三清殿主殿以外，其他的大殿如无极门、纯阳殿、重阳殿的殿内也绘有大量壁画，创作的时间晚于三清殿壁画，这些画中的主题内容全部以当时的现实生

活为背景,包罗万象。永乐宫壁画的规模宏大,描绘人物众多,画面上所表现的神话故事想象力丰富,表现出画师的功力和高超的艺术欣赏力,令人肃然起敬。永乐宫壁画,称得上是现存古代道教壁画的最佳作品之一。

大足石刻

大足石刻位于重庆大足区、潼南区、铜梁区、璧山区境内,是摩崖造像的石窟艺术的总称。其中佛、儒、道教造像并陈,主要是佛教造像。大足石刻的规模和艺术造诣,以及历史文化蕴涵,都可以和敦煌莫高窟、云冈石窟、龙门石窟媲美。大足石刻始建于唐永徽年间,历经晚唐、五代,至两宋时最为兴盛,绵延修建增补至明清。大足石刻现存石刻造像70多处,总计约有10万多躯,最为著名的是宝顶山和北山摩崖石刻。由于地处偏远,大足石刻幸免遭到战争与人为毁坏,保存较为完好,极具文物研究和欣赏价值。

大足石刻

大足石刻北山石刻有"转轮经藏窟",此处的石刻造像整体布局协调,造型优雅,雕刻刀法精细,特别是窟中的普贤菩萨,有"东方维纳斯"的美誉,令人难忘。宝顶山的石刻气势磅礴,带有佛教的世俗化、民族化、生活化特征。南山石刻集中展示了中国道教造像的特色,三清古洞聚集了中国宋代最为精美的雕刻。大足石刻,还伴随造像出土大量的经文、傍题、颂词、记事等石刻铭文15万余字,不仅是宝贵的研究资料,同时也是金石佳品。大足石刻可以看成是佛教、道教和儒家艺术的教科书,"凡佛典所载,无不备列","神的人化与人的神化"在大足石刻中达到高度统一。

秦始皇陵兵马俑

秦始皇兵马俑是秦始皇陵墓里随葬的陶塑作品。1974年,当地打井的农民先是发现了最大的一号坑,后经考古学家钻探又先后发现二、三号坑。3个坑内共发掘出陶俑7000多件,战车100多乘,兵器10万多件。其中一号坑面积最大,达14260平方米,坑内有各类人俑6000多件,列队而立;二号坑内总有1000多件兵、马俑,是

文化艺术

始皇兵马俑　秦

以战车、骑兵为主要组成的混列兵种阵列；三号坑乃是作为指挥场所的小坑，仅有60多个兵马俑。所有兵马俑均仿照真人真马的尺寸，其中的兵俑身高在1.75～1.85米，根据装束、发式的不同可以分为将军俑、武士俑、车士俑等。这些兵马俑形象逼真，神态生动，排成方队之后，气势恢宏，让人强烈地感受到当年吞并六国、逐匈奴七百里的大秦帝国军队的威武之势。

秦兵马俑不是由单一的模具脱制而成的，而是模拟真人真马制成的群塑，整体气势雄壮。兵马俑的脸形、发型、体态乃至神态都不相同，比如将军俑身着铠甲，形体高大健壮，体态勇武；跪射俑的神态丰富而复杂，形神兼备。兵马俑的工艺之精湛令人叹为观止，再加上车马上的装饰都是和当时真实生活相同，给人以身临其境之感，也成为研究秦史的绝佳实物资料。秦兵马俑的出现，展示了我国秦代雕塑的高超水平，同时为我们研究秦代军事和文化等各方面提供了借鉴。

书法与篆刻

中国书法

上尊号碑　三国
此系魏国的官体碑文。魏始受禅于汉时，相国华歆率领群臣为曹丕呈上尊号，立此碑以记。

书法是指文字的书写艺术，特指以毛笔表现汉字而形成的艺术形式。经过长达数千年的发展，书法艺术形成了篆书、隶书、草书、楷书、行书等书体。

书法包括用笔、结构、章法、墨法等艺术表现手段。用笔包括书写时的笔法、笔力、笔势、笔意等艺术技巧。笔法是指起笔、收笔、圆笔、方笔、中锋、侧锋、露锋、藏锋、提按、转折等用笔的方法；笔力指笔画所蕴含的内在力量；笔势指用笔时所形成的气势；笔意指笔画线条所表现的情感、意趣。书法的结构又称结字、结体或间架，是从美观角度对字的笔画进行组合的艺术技巧，它受文字的结构规律和作者的审美情趣影响，表现形式有虚实、疏密、欹侧、匀称、和谐、聚散、呼应等。章法是通过字与字、行与行之间的合理安排使作品看上去完美和谐的艺术技巧，在各种书法中最注重章法的是草书和行书。用墨是指用不同笔、墨、纸组合产生不同的效果的技法，方法有：浓墨、淡墨、干墨、渴墨、湿墨、枯墨、涨墨等。

书法是中国独特的艺术形式，是世界艺术史上独树一帜的巨大创造，体现了中国人独特的哲学思想和审美情趣。它源远流长，在几千年的发展史上，形成许多著名的书法流派，产生了灿若群星的书法家，留下了难以尽数的书法珍品，这些珍贵的文化艺术遗产，不仅有巨大的审美价值，也有着巨大的文化和历史价值。

书体

书体是指书法的基本字体，主要有篆书、隶书、草书、楷书、行书等。篆书包括商代甲骨文、周代金文、战国篆书和秦代小篆，秦代小篆是其代表。小篆是在大篆（籀文）的基础上发展简化而成，特点是结体圆长，笔画粗细匀称，不露锋芒，线条美观。代表作有秦李斯所书《泰山刻石》《琅琊台刻石》等。隶书又名佐书、史书，盛行于汉代。隶书的特点是左右舒展，笔画波磔，是一种具有装饰趣味的字体。代表作是汉朝的一些碑刻，如《张迁碑》《史晨碑》和一些简牍作品。历代隶书名家有唐代史惟则、韩择木，清代金农、邓石如等。楷书又称正书、真书，是隶书的变体，盛行于唐代。它的特点是形体方正，笔画有严格的法度。代表作有《颜勤礼碑》《神策军碑》等。楷书名家有曹魏的钟繇，唐代欧阳询、颜真卿、柳公权等。草书的特点是狂放，用笔大起大落、连绵不断、一气呵成。名家有唐代张旭和怀素，代表作《肚痛帖》《自叙帖》等。行书又称行押书，特点是简易、流畅，活泼自然。名家有晋代王羲之，宋朝的苏轼、米芾，元朝的赵孟頫等，代表作是《兰亭序》《祭侄文稿》和《黄州寒食帖》。

章草

章草是一种隶书的草写。它是从秦代的草隶中演化出来的新书体。西汉元帝时史游整理后编写了《急就章》，使这一新书体规律化，这就有了章草书体的范本。它的笔画特点圆转如篆，点捺如隶。一字之内笔画间有牵丝萦带，但是字个个独立。

历史上草书名家都精通章草，章草上通隶书、简牍，下开今草，学习它可以两通。

"目不寓章草，落笔多荒唐。"这是《章草草诀》中的话，说的是实情。章草奠定了草书的基本规范，如果不经过章草学习，很容易把规范草书写成潦草之书。

章草书法特点：章草省掉隶书的蚕头却保留了雁尾，这雁尾用重笔挑出。

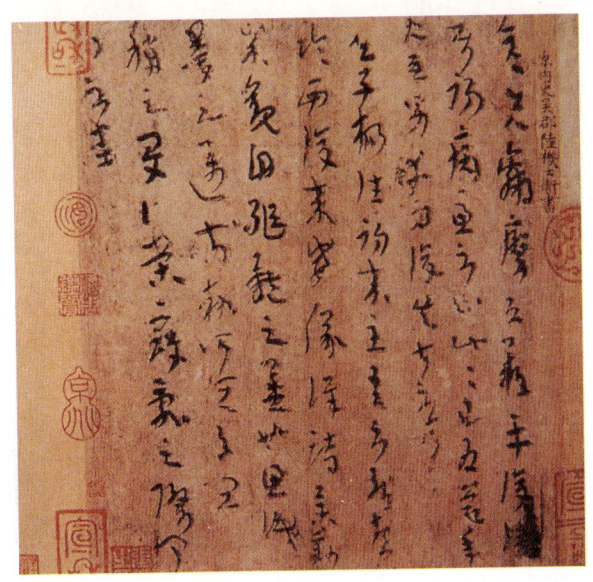

平复帖　西晋　陆机

隶书和分书

隶书相传为秦末程邈在狱中所整理。隶书是把小篆删繁就简，笔画由圆转变为方折，线条出现波磔的字体。出现于先秦，成熟于东汉。我们现在学习的汉隶著名碑刻大都是东汉晚期的，如《孔庙碑》《华山庙碑》《礼器碑》《张迁碑》《乙瑛碑》等。

分书又称"八分书"，历来解释纷纭，比较公认的说法是，隶书的字形像"八"字分布，所以称隶书为"八分书"，又称分书。

隶书继承了篆书的曲线美，创新出了隶书特有的"波磔"笔画的线条美。

隶书是与汉代其他文化艺术同步的，它的最主要特点是：大气，厚重，生动，而且不乏精致。汉代是隶书艺术的高峰，已形成了丰富多彩的风格，大致可分为遒劲凝练、飘逸秀丽、工整精严、端庄博雅、古朴厚重、奇逸恣肆等。

魏碑

魏碑，狭义地说是北魏时期的书体，其实一般指的是广义，即指北朝碑刻，包括了魏、齐、周三朝，直至隋统一南北之前。这是一种隶书过渡到楷书时的书体，属于楷书范畴。它出现于当时的北方，多民族融合、汉文化与少数民族文化交流、佛教盛行，造像记发达，从体裁上还包括碑碣、摩崖、墓志。

魏碑书法质朴雄强，粗犷自然，存隶书的雄厚之气，比唐楷多质朴之姿，有鲜明的艺术特色，康有为对之推崇备至："魏碑有'十美'：'古今之中，唯南碑与魏碑为可宗。可宗为何？曰有十美：一曰魄力雄强，二曰气象浑穆，三曰笔法跳越，四曰点画峻厚，五曰意态奇逸，六曰精神飞动，七曰兴趣酣足，八曰骨法洞达，九曰结构天成，十曰血肉丰美，是十美者，唯魏碑南碑有之。'"

张猛龙碑　北魏

楷书

楷书又称正书，或称真书，是在减省隶书的基础上发展而成的，是隶书的变体，其特点是形体方正，笔画平直，可作楷模，故名。始于东汉，盛行于东晋并一直沿用至今。

魏晋之间，凡工楷书者，都称为善于隶书。《晋书·王羲之传》："（王）善隶书，为古今之冠。"《晋书·李充传》："充善楷书，妙参钟（繇）索（靖），世咸重之。"初期"楷书"，仍残留极少的隶笔，结体略宽，横画长而直画短。魏晋钟繇的《宣示表》《荐季直表》仍存隶书的遗意，然已备尽楷法，公认为正书之祖，其书可为楷书的代表作。

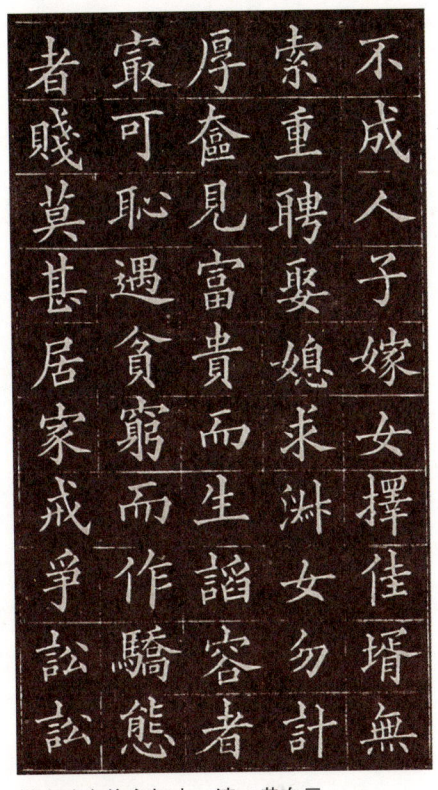

楷书治家格言拓本　清　黄自元

草书

草书有章草、今草、狂草之分。章草最早形成于汉代。当时通行的是草隶，即草率的隶书，又名"隶草""古草"，其后发展成为"章草"。正如刘熙载《艺概·书概》所说："解散隶体，简略书之，此犹未离乎隶也。""章则劲骨天纵，草则变化无方。"至汉末，张伯英（芝）把章草里面的隶书笔意省去，将上下字体之间的笔势连带、偏旁连接，从而创造出了"今草"。唐代的张旭、怀素在"今草"的基础上，写得更加狂放不羁，称"狂草"。欣赏草书时要注意：

1. 观气象，草书是最能体现人的气质、情感及精神风貌的书体，以有高情逸韵为上、潦草粗俗为下。宋代米芾曰："草书不入晋人格，辄结成下品。"可为参考。

2. 观笔墨，草书是典型的线条艺术。不论中锋、侧锋、方笔、圆笔，都要内含情致，外具形质。墨法则要浓淡润枯，五色焕发，俱见神采。

历来人们形容草书佳作都说是"笔走龙蛇"，美术上称为蛇形线，那么蛇形线有什么样的艺术魅力呢？英国画家荷加斯通过各种线条类型的美学研究，认为蛇形线赋予美以最大的魔力……蛇形线是一种弯曲的并朝着不同方向盘绕的线条，能使眼睛得到满足，引导眼睛去追逐其无限多样的变化……这不仅使想象得以自由，从而使眼睛看着舒服……它是动人心目的线条。

宋体字

关于宋体字的起源，大致有两种说法。一说它是由甲骨文，到秦始皇"书同文"，最终由书法家们集汉字特点，简化汉字结构而成的字体；二说它是应雕版印刷术的需要，而发明出来的印刷字体。

在第二种说法中，有人认为它是在宋徽宗独创的字体"瘦金体"基础上发展而来的。"瘦金体"也称"瘦筋体"，又有"鹤体"的雅称。瘦金体字形瘦长，又挺拔傲立。书写柔缓又强劲顿挫。横带收锋，竖有顿笔，撇捺甩出锋利不飘。整个字体看下来，柔中带刚，刚柔相济，是宋徽宗时期御用文书的专用字体。

据说，瘦金体最终衍生成宋体字与宋朝宰相秦桧有关。秦桧因写得一手娟秀字体，又极尽迎合奉承之能事，而深得宋徽宗的喜爱。在处理文牍过程中秦桧发现，各地呈上来的公文字体五花八门，阅读起来极为不便，于是他便有心规范字体。为了讨徽宗欢心，秦桧在模仿徽宗瘦金体字的基础上，取汉字精简笔画，创造出来了一种新的字体形式，时人称之为"秦体"。后来，秦桧因陷害忠良而成为千古罪人。人们便以朝代名称，将"秦体"字更名为"宋体"。

关于这种说法，文献中并没有明确记载。但是据汉字学家考证，如今我们所用的宋体、仿宋体，从字形到笔锋上，都和瘦金体一脉相承。

行书

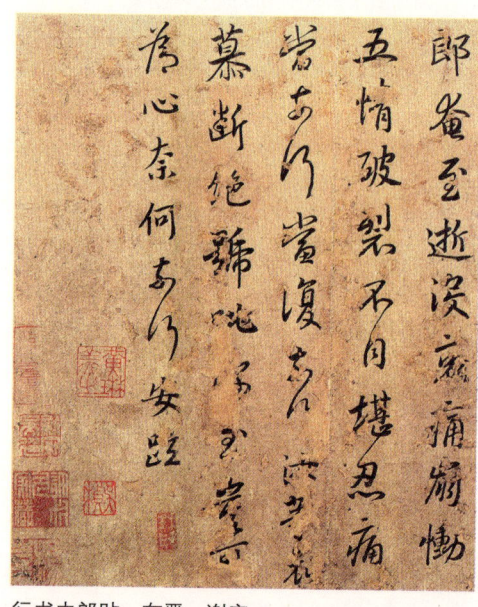

行书中郎贴　东晋　谢安

行书出现在汉末，是介于楷书、草书之间的一种字体，是楷书的草化。它不像楷书的书写速度太慢也不像草书的难于辨认，笔势不像草书那样潦草，也不要求楷书那样端正。行书点画常常强调游丝引带，写起来如行云流水。楷书稍加连贯，点画略带呼应，就是行书。写起来比楷书快，又比草书容易识读，所以行书是应用最广的书体。东晋以后历代书家都擅长行书。行书，如同人的行走，从容自得，自由自在；又如行云流水，不激不厉，有一种流动的美；又如音乐中如歌的行板，悠扬婉转，韵味久远。唐代张怀瓘在《书议》中说得好：

"夫行书,非草非真,离方遁圆,在乎季孟之间。兼真者,谓之真行;带草者,谓之行草。子敬之法,非草非行,流便于草,开张于行,草又处其中间。无藉因循,宁拘制则,挺然秀出,务于简易;情驰神纵,超逸优游,临事制宜,从意适便。有若风行雨散,润色开花,笔法体势之中,最为风流者也。"

晋人的行书是历代书法家所仰慕学习的经典。前人论为"书以晋人为最工,亦以晋人为最盛,晋之书亦犹唐之诗、宋之词、元之曲,皆所谓一代之尚也。"晋人书法又以王羲之、王献之父子为代表。王羲之的行书方圆兼备、刚柔相济,达到了中和之美的极致,而且又天真烂漫、尽合自然之美,极尽变化之能事。以后的唐代颜真卿用裹锋,参以篆书笔意,行书郁勃遒劲;李邕以纵横之势写峻健之书;五代杨凝式在刚健厚重中见灵动逸气;宋代苏东坡丰腴而雄健,神采焕发;米芾字有八面,沉着痛快;他们的行书都是以二王为基础的。元以后书家在前人的基础上,或在极熟上见功力、或在能生上出变化,形成自家行书的不同面貌。

王羲之与《兰亭序》

王羲之,字逸少,琅琊临沂(今山东临沂)人,著名书法家,被后代尊为"书圣"。王羲之出身声威显赫的东晋士族,曾经官至右军将军和会稽内史,所以又常被人们称为王右军、王会稽。王羲之是个书法的多面手,行草楷隶等各种书体都写得很好,他的楷书学习的是钟繇的笔法,草

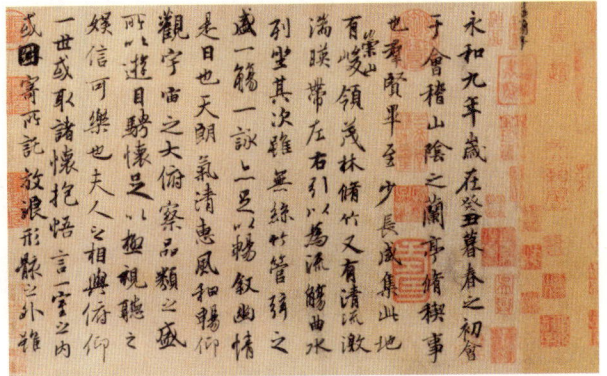

《兰亭集序》帖　东晋　王羲之

书学的是张芝,也曾学习过李斯、蔡邕等人的书法,可谓是博采众长。王羲之的书法圆转凝重,创立出有婉媚风格的今体书风,突破了隶书笔意,有"龙跳天门,虎卧凤阙"的美誉,给人以安静优雅的美感。《晋书·王羲之传》评价他说:"尤善隶书,为古今之冠,论者称其笔势,以为飘若浮云,矫若惊龙。"据史料记载,他的书法作品有楷书《乐毅帖》《黄庭经》,草书作品有《十七帖》,行书作品有《姨母帖》《快雪时晴帖》《丧乱帖》等。其中他的行书《兰亭序》最具有代表性,被赞誉为"天下第一行书"。

东晋穆帝永和九年(353年)三月三日,阳光明媚,王羲之与谢安、孙绰等41人在山阴(今浙江绍兴)兰亭饮酒唱歌,赋诗唱和。最后,有人提议将众人当日所做的37首诗,汇编成集,这便是《兰亭集》。之后,大家又推举王羲之写一篇《兰

亭集序》。王羲之酒意正浓，于是提笔在纸上畅意挥毫，一气呵成，这就是名噪天下的《兰亭序》。序中记叙了兰亭周围山水之美和聚会时的欢乐之情，同时抒发了王羲之对好景不长，生死无常的感慨。此帖共28行，342字，章法、结构、笔法都很完美。《兰亭序》用笔以中锋为主，从而使其字形有骨气奇高之彩，侧笔优美，曲折有致，有时蕴藉含蓄，有时锋芒毕露。尤其是章法，从头至尾，俯仰开合，疏朗多姿，笔迹似断实连，气韵生动。结体欹侧变幻，错落有致，曲尽其态，尤其是帖中20个"之"字，每字各具情态，无一雷同。《兰亭序》充分体现了王羲之作品飘若浮云、游若惊龙的风格特征。同时他的气度、风神、襟怀、情愫，在这件作品中也得到了充分表现。王羲之的《兰亭序》不仅在当时名冠天下，也是后来众多书法家临摹、学习时最常用的版本。

"平安三帖"

《平安帖》是向对方报告平安的消息，且对对方不能参加朋友聚会而表遗憾。《何如帖》是向对方问好的信函。《奉橘帖》是因奉送对方柑橘300枚而致函。

此三帖风格较近，因系家常信件，心平气和，书法温文尔雅。用笔中锋，或逆锋而入，或凌空而下，提笔如小舟沂急流，按笔如凌空坠巨石，结体雍容典雅、遒劲秀逸，布局疏密得宜，富于节奏感。虽然笔势雄强但是不激不厉，有平和庄静之美。全帖结字严谨，富于变化，虚实相间，骨力内涵。转折处方圆兼用，变化多端，如"当、赖、百、得"几个字的转折，个个不同，耐人寻味。

《伯远帖》

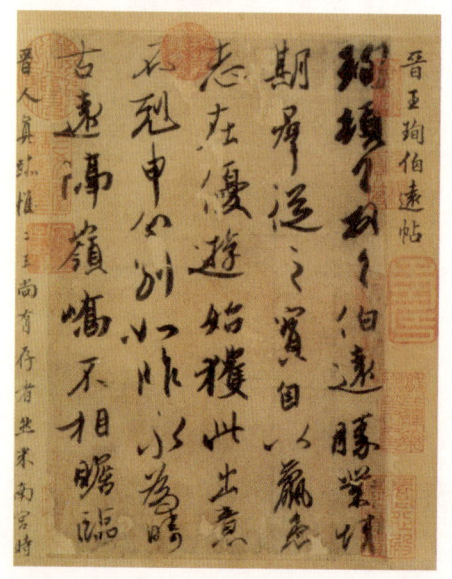

伯远帖　晋　王珣

清乾隆帝将《伯远帖》列入"三希"之一。王珣，字元琳，琅琊临沂（今山东临沂）人，小名法护，王洽之子，王导之孙，而王导是西晋豪门士族之首，执政时号为"仲父"，晋元帝曾经邀请他同升御座。当时人称："王与马，共天下。"马是司马氏。官至尚书令。王珣出身于这样的名门望族，三世均以书法著称，王献之是其族兄弟。

王珣所书《伯远帖》，用笔洒脱自然，峭劲秀丽，潇洒古淡，转折处变化多端；结字近扁方，略带横势。全篇随其本字之形，顺其自然之态，而又通篇和悦，自然一体，有如天成。看笔画，处处平中见奇；章法是"字里金生，行间玉润"。每个字都有动态表情，或顾、或盼、或瞻望、或俯视、或回望。字里行间有金子般的精美，宝玉一样玉的温润。每行字距有远有近，有疏有密，行间素地黑白相间得宜，气脉贯通。一切优秀的书法作品，都少不了气脉，正因为它们有连续不断的气脉，一字字、一行行，才能累累如贯珠，圆润流转而又璀璨夺目。

明董其昌跋此帖云："珣书潇洒古淡，长安所见墨迹，此为尤物。"王肯堂亦跋此帖："笔法遒逸，古色照人。"

孙过庭与《书谱》

孙过庭，字虔礼，富阳人，唐朝书法家、书学理论家。他是唐高宗、武则天时人，不过官职低微。孙过庭博学多才，既是书法大家，也是文章名家。他擅长各种书体，行书学习"二王"，得其精妙，峻拔刚断，笔势坚劲；草书更为有名，以善于用笔著名，隽拔刚折，尚异好奇。他善于临摹古帖，仿写王羲之、王献之墨迹，足以以假乱真。唐代大诗人陈子昂对孙氏的书法造诣推崇备至，在《祭率府孙录事文》中说："元常既殁，墨妙不传，君之遗翰，旷代同仙。"

孙过庭还是一位杰出的书法理论家，他著有《书谱》一书，对书法艺术的"笔墨利病""推阐几尽"。认为古今书法在审美趣味上是不断变化的，具体而言便是"古质今妍"，主张学书要"趋变适时"，顺应时代。孙过庭特别重视书法的抒情性，主张书法要"达其情性，形其哀乐"。他反对当时把书法当作秘诀的保守态度，提倡切磋与交流。另外，孙过庭还在《书谱》中对运笔之法进行阐述，所以，唐宋书家也称《书谱》为《运笔论》。《书谱》既是文字宏丽、见解精辟、议论精绝的书法理论；也是姿态横生，妙趣无穷的手书真迹，被后人视为书论双璧。《书谱》通篇以圆笔为基础，方圆兼备，开合有度，既含蓄蕴藉，令人回味，又妍美达情，神采飞扬；运笔不乏珠圆玉润，兼有生辣险绝，真可谓"穷变态于毫端，合情调于纸上"。宋高宗说："《书谱》匪特文词华美，且草法兼备。"今人评曰："文茂、形美、韵胜、力遒、穷变。"实为不可多得的珍品。

颠张醉素

"颠张"指唐朝书法家张旭，他的草书特点是激情勃发，如狂如颠。"醉素"指张旭的学生怀素和尚，他的草书特点是圆转飞动、空灵剔透。张旭、怀素是唐代草书书法家中最具创新意识和成就的，他们对传统书法既有继承又有创新，将传统的草书进行了一定程度的创新，两人的书法都臻于化境。他们在书法上的创造，使书法完全摆脱了实用性而成为一种纯粹艺术。

张旭，字伯高，生卒年不详，吴郡吴（今江苏苏州）人。曾担任过长史的职务，因此有"张长史"之名。张旭为人风流狂放，据说他写字前必先喝酒，醉后挥毫，有时甚至用头发蘸墨书写，书法连绵回绕，起伏跌宕，变化无穷，因此被人叫作"张颠"。张旭的草书灵感多来自生活与自然，比如他曾经从公孙大娘的舞剑过程中领悟到书法的新途径，这种擅长触类旁通的学习精神使得他最终在草书上取得了很高的成就，被后人尊称为"草圣"。他的传世草书有《肚痛帖》《古诗四帖》等。

怀素，俗姓钱，字藏真，永州零陵（今湖南永州）人，自幼出家为僧，是张旭的学生。他擅长草书，喜好饮酒，人称醉僧。每次喝醉后，就挥笔狂书，"运笔迅速，如骤雨旋风，飞动圆转，随手万变，而法度具备"。他的草书在张旭的基础上又有新的发展，灵动飘逸，变化多端，具有创造性风格。怀素与张旭合称"颠张醉素"，对后世草书影响很大。有《自叙帖》《藏真帖》《苦笋帖》《论书帖》《食鱼帖》《律公帖》《小草千字文》等传世。

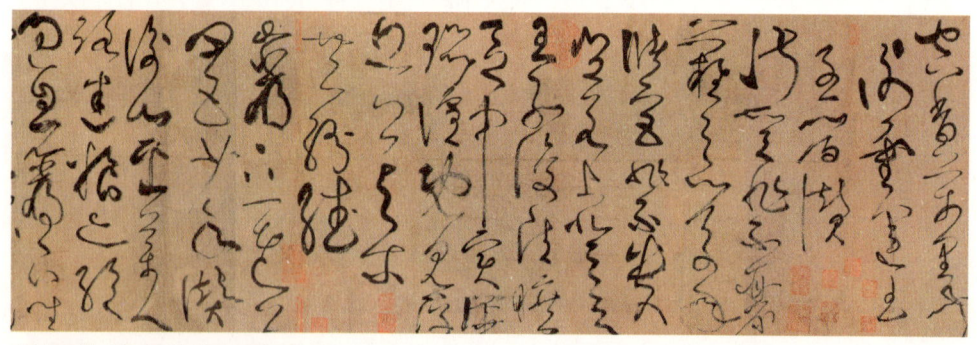

古诗四帖（局部） 唐 张旭

颜筋柳骨

"颜筋"，指的是唐朝颜真卿的书法，特点是筋力丰满，气派雍容堂正；"柳骨"指的是唐朝柳公权的书法，其特点是骨力劲健。

颜真卿，字清臣，琅琊临沂（今山东临沂）人。曾任监察御史、殿中侍御史、平原太守、御史大夫。颜真卿自幼学书，曾得到张旭亲授，并集众家之长，融会贯通，形成独特风格。他行楷书俱佳，但以楷书最佳，他的楷书端庄雄伟，气势开张，结体方正茂密，笔力雄强圆厚，笔画横轻竖重；行书则气韵舒和。总的来说，他的书法蕴涵古法，却又不被古法拘束，在唐朝的书法上独树一帜，称为"颜体"。颜真卿创造出极具大唐风度的书体，是盛唐书法创新的代表人物，是书法史上继二王之后成就最高、影响最大的书法家，同时也以高尚出众的人格名垂千古。他的代表作有《多宝塔碑》《颜勤礼碑》《麻姑仙坛记》《祭侄文稿》《湖州帖》等。《多宝

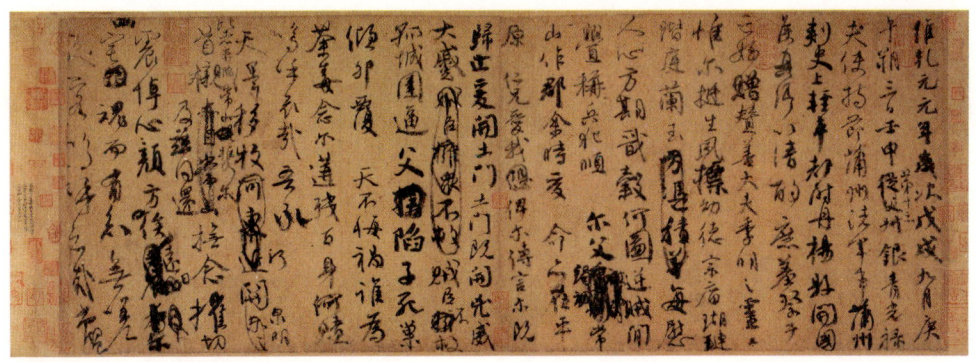

祭侄文稿　唐　颜真卿

塔碑》是颜真卿的成名作，它是由岑勋撰文，徐浩题额和史华刻字，现收藏于西安碑林，书写风格颇有二王、欧、虞、褚的遗风，整篇结构严密，点画圆整，端庄秀丽。

　　柳公权，字诚悬，京兆华原（今陕西铜川耀州区）人，是唐代与颜真卿齐名的大书法家，并称"颜柳"。曾任翰林院书诏学士、太子太保。他擅长楷书，先学王羲之，后学颜真卿，博众家之长。最终，他在晋人劲媚的书法特点和颜书的雍容雄浑风格之间独辟蹊径，自成一体。他的书法结体紧密，笔画锋棱分明，偏重骨力，书风遒媚劲健，在书法史上影响很大。世人常将其书法与颜真卿相对比，称之为"颜筋柳骨"。他的代表作有《玄秘塔碑》《神策军碑》《金刚经》等。《神策军碑》整体布局平稳匀整，特点是左紧右舒，历来被作为最好的临写范本之一；《玄秘塔碑》的原碑现存陕西西安碑林，这是柳公权传世书法中最为著名的一篇，在楷书中堪称模范。

《玄秘塔碑》

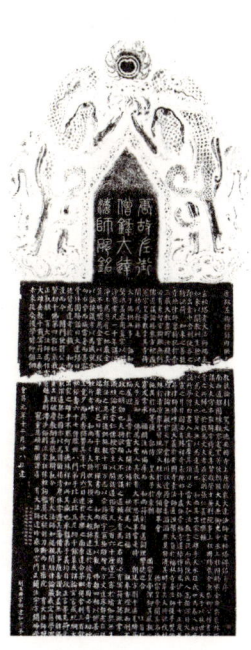

　　此碑用笔吸取北碑方笔雄强之势和颜真卿圆笔遒润之法。笔法利落，引筋入骨，寓圆厚于清刚，是此碑最大特色。其书结体严谨，恪守法度，用笔劲健，点画方整，结体谨严而疏朗，章法上行间茂密，为唐楷代表作之一。柳体用笔是"方圆并用"的，如"玄"字的首头用"圆笔"，"宇"字的首点用"方笔"。圆笔：起笔裹锋，不使笔锋散形，收笔一回锋即可，点画呈圆形。方笔：起笔要逆锋，比圆笔多一个转折，就是有两个转折，点画外形呈现出棱角，清刚的风格就形成了。

玄秘塔碑　唐　柳公权
此碑刻于唐会昌元年（841年），蟠首方座，高386厘米，宽120厘米。28行，每行54字。现藏于陕西碑林博物馆。

宋四家

"宋四家"指的是苏轼、黄庭坚、米芾和蔡襄4个最能代表宋代书法成就的书法家。

苏轼，著名文学家、书画家。他的书法继承"二王"传统，但又注意创新。他擅长行书和楷书，其字初看平淡无奇，细看却有浩荡之风，笔法有风骨，变化灵活，代表作品有《前赤壁赋》《后赤壁赋》以及《黄州寒食诗帖》等。

黄庭坚，北宋诗人、书法家。他兼擅行书和草书。以侧险的笔法取势，字形瘦劲，其代表作有《松风阁诗》《黄州寒食诗跋》《花气熏人帖》等。

米芾，是一位独具个性的书法家，其作品遵循法度，但又有潇洒奔放的态势，作品呈现出淋漓痛快的风格，传世作品包括《苕溪诗卷》《蜀素帖》等。其中《蜀素帖》是米芾的著名佳作，此书用笔纵横挥洒，方圆兼备，刚柔相济，藏锋处微露锋芒，露锋处亦显含蓄，长短粗细，体态万千，充分体现了他"刷字"的独特风格。章法上，紧凑的点画与大片的空白强烈对比，粗重的笔画与细柔的线条交互出现，流畅的笔势与涩滞的笔触相生相济，动静达到了完美结合。结字也俯仰斜正，变化极大，并以侧欹为主，表现了动态的美感。另外，由于丝绸织品不易受墨而出现了较多的枯笔，这恰使得通篇墨色有浓有淡，更精彩动人。

蔡襄，在宋代书法发展史上起到过关键性作用。浑厚端庄、淳淡婉美、气息温雅是他书法的最大特点。他的传世代表作有《自书诗帖》《谢赐御书诗》《蒙惠帖》等，此外还有碑刻珍品《万安桥记》《昼锦堂记》等。

《黄州寒食诗帖》

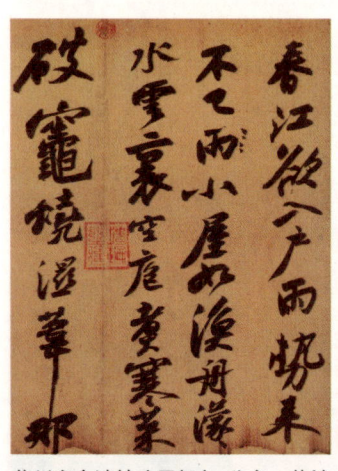

黄州寒食诗帖（局部） 北宋 苏轼

《黄州寒食诗帖》的内容为作者自作诗，诗作是苏轼罹难文字狱后被贬黄州，生活困顿潦倒的真实写照。该帖为手卷形式，其用笔如行云流水，一气呵成。可谓"端庄杂流丽，刚健复婀娜"，故有"苏书第一"之称。

诗文全篇洋溢着起伏的情绪。诗写得苍凉惆怅，书法也正是在这种心情和境况下有感而出的。通篇起伏跌宕，迅疾而稳健，痛快淋漓，苏轼将诗句中的心境情感变化，寓于点画线条的变化中，或正锋，或侧锋，转换多变，顺手断连，浑然天成。其结字亦奇，或大或小，或疏或密，有轻有重，有宽有窄，参差错落,恣肆奇崛,变化万千。难怪黄庭坚为之折服,叹曰:"东坡此诗似李太白,犹恐太白有未到处。此书兼颜鲁公、杨少师、李西台笔意,试使东坡复为之,未必及此。"董其昌也有跋语赞云:"余生平见东坡先生真迹不下三十余卷,必以此为甲观"。《黄州寒食诗帖》是苏轼书法作品中的上品,在书法史上影响很大,元朝鲜于枢把它称为继王羲之《兰亭序》、颜真卿《祭侄稿》之后的"天下第三行书"。

董其昌

　　董其昌,晚明杰出书画家、书画理论家和收藏家,"华亭派"的主要代表,人称董华亭。字玄宰,号思白、香光居士,上海松江人,曾经官至南京礼部尚书。

　　董其昌的书法成就中,行草的造诣最高。董其昌的书法融晋、唐、宋、元名家风格为一体,用墨讲究,用笔精到。其书力追古法,笔画显得非常古朴,自成风格,飘逸潇洒,大气空灵。董其昌的书法,精于"六体"和"八法",可谓集大成于一身,在当时声名远播。清代中期,康熙、乾隆都推崇董其昌的书法,将其视为正宗而常常临摹欣赏,引得当时出现了满朝皆学董书的疯狂热潮。作为一位书画理论家,他虽然没有留下书论专著,但我们能从他众多题跋中看到他的书法主张。他以韵、法、意的概念对晋、唐、宋三代书法的审美取向进行评论,这是书法理论史上的创见。董其昌的传世书画作品很多,代表作有《白居易琵琶行》《三世诰命》《草书诗册》《烟江叠嶂图跋》《倪宽赞》《前后赤壁赋册》等。

石鼓文

　　石鼓文,也称猎碣,是中国最早的石刻文字。唐朝时候,人们在陕西凤翔发现了战国时代石刻文,冠之以"石刻之祖"的名号。石鼓文所记录的是描述秦国国君游猎的10首四言诗,分别刻在10个鼓形的石头上,所以人们将它们叫作石鼓文。

　　具体而言,石鼓文的字体基本上为大篆,这种字体比甲骨文、金文的笔画更为简化,但比起小篆来,它的

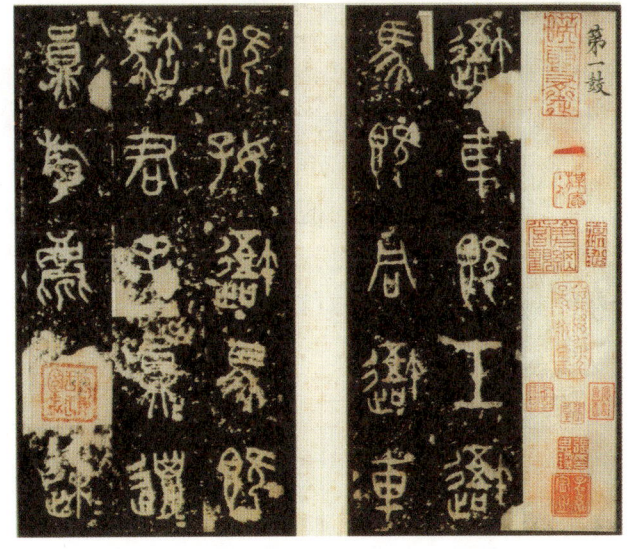

石鼓文

笔画和结体要复杂一些，可以说它是由大篆向小篆演变而又尚未定型的过渡性字体。从书法上看，石鼓文横竖折笔之处的特点是圆中寓方，转折处竖画内收，下行则逐步向下舒展开来。细看石鼓文的用笔起止，均为藏锋，笔画圆融浑劲，字体结体严谨，用笔匀称而适中。石鼓文书法具有较高的艺术水平，不愧为"篆法之祖"。石鼓文名声远播，是我国书法史上承前启后的宝典，和历代书法家研习篆书的重要范本。比如，我国清代著名的篆书家杨沂孙、吴昌硕就曾经研习石鼓文，并深受影响，他们在石鼓文的基础上不断发展，逐渐形成了自家特有的风格。

石鼓文现藏于故宫博物院，但由于年代久远，损毁严重，许多字迹已漫漶不可识辨。目前流传下来的石鼓文最著名的拓本是明代安国藏的《先锋》《中权》《后劲》等，这些均为北宋拓本，现存于日本。

汉魏碑刻

碑刻是一种石刻艺术品，它是古代人们用于记事、铭记、造像、装饰等的物凭。它不仅包括石碑、石棺，还包括石制的门柱、门楣、画像石等。它们记录了古代社会政治、经济、社会生活、文化、艺术、民族往来、宗教活动等方面的情况。汉魏碑刻主要以墓碑为主，书体几乎都是隶书，其内容主要有记录逝者的生平事迹，描绘生活中的一些琐事，纪念一些有重大意义的事件或节日。汉魏碑刻风格多种多样，既有结体方正，转折整齐，用笔沉郁雄厚，古朴豪强的风格；也有细腻清秀，结体内敛，端庄秀丽的风格；还有点画俯仰，错落有致，典雅华美的风格。

西汉时期较为有名的碑刻有北陛石、五凤刻石、王陵塞石等。其中五凤刻石尤为著名，它是鲁孝王修建宫室完毕时而做的具有纪念性质的碑刻，所以又名"鲁孝王刻石"。此碑体式方整，笔画丰富，风格端正。东汉时期碑刻较多，著名的有朴厚劲媚、方劲沉着、力气雄健的《张迁碑》；法度森严、瘦劲刚健、气韵静穆、典雅秀丽的《礼器碑》；娟秀清丽、结体匀称、舒展超逸、风致翩翩的《曹全碑》；丰美多姿、神采飞逸、疏密匀适、气韵灵动的《史晨碑》；结体宽阔、笔画肥厚的《衡方碑》，等等。曹魏时期著名碑刻有《孔羡碑》《上尊号碑》《范式碑》等，它们大多书写方整，气度庄严。此外，曹魏时期还有一些风格端庄秀丽，具有自然意趣的碑刻，如《黄初残碑》《鲍捐神坐》等。汉魏碑刻既是一种风格独特的书法作品，同时它也展现了我国书法演变的历史。

大盂鼎

大盂鼎，又称"盂鼎"，它是现存西周青铜器中的重器之一，也是西周康王时期著名的青铜器之一。它是在清道光年间从陕西岐山县出土的，曾经数度流离，几经辗转，新中国成立后，被收藏者捐献给国家，如今珍藏于中国历史博物馆。大盂鼎为西周大型鼎器，立耳、圆腹、三柱足、腹下略鼓，高 101.9 厘米，口径 77.8 厘米，有 153.3 公斤重。鼎身的口沿下有饕餮纹带的装饰，底下的三足上，则有兽面纹的装饰，此外还有扉棱纹饰。大鼎体现出精良高超的制作工艺，整体造型流露出雄伟凝重的万端威仪，堪为世间珍宝。大盂鼎的内壁有长达 291 字的铭文，记述的内容是康王向盂叙述周文王和周武王的立国经验，任命盂来管理兵戎，并赐美酒、命服、车马和奴隶的事情。这段铭文是珍贵的历史资料，为史学家研究周朝的奴隶制度提供了依据。铭文整体布局严谨，用笔方圆兼备，有端庄凝重的风格，艺术味道浓厚，是西周青铜器中非常罕见的艺术精品。

大盂鼎是西周早期金文书法的代表作品，也是中国珍贵的文物。所谓大盂鼎，是与小盂鼎相对而言的，它们同时出土，但遗憾的是小盂鼎原器已失，仅存铭文拓本。

《墙盘铭》

《墙盘铭》是西周中期青铜器铭文比较长的。铭文为史官墙的手笔，有史料价值。史墙用近三百字的篇幅记述了西周文、武、成、康、昭、穆六王的重要史迹以及自己的家世。其书笔画圆润遒美，结体均衡，通篇风格端庄静穆，在端庄中又有活泼灵动之感，章法齐整，行气贯通，显得婉丽和谐，是共王时代金文的佳作。

一篇书法艺术，不仅有每个字的美，还要有整体的感人气象，如果通篇气象体现了一个时代的精神，那就可称为经典，《墙盘铭》就是这样的经典。

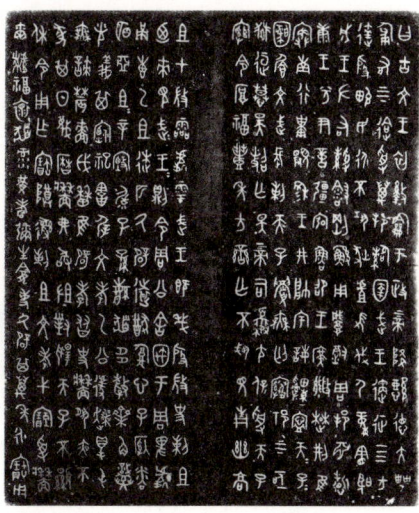

墙盘铭文

《散氏盘铭》

《散氏盘铭》厚重质朴，结字寓奇于正，蕴巧于拙，字里行间洋溢着壮实豪迈的气象。全篇气韵生机勃勃，体势错落摇曳如珊瑚碧树交相辉映。章法潇潇洒洒，在自然而然中达到浑然天成的艺术境界。其风格雄奇健美，而又给人一种自由活泼的艺术感受。在众多金文中，此铭文书法极富个性，能体现出书写者的情趣。线条浑圆有力且有稚拙之趣。结体开阔却更显出茂密蓬勃的生机。

在周代金文中，《散氏盘铭》得到书法界的高度重视。近世很多大书画家都坚持临写它，如刘海粟在 90 多岁的时候还在摩写《散氏盘铭》，他的书画浑厚朴茂的风格明显得益于此。

《毛公鼎铭》

《毛公鼎铭》是西周宣王时金文，498 字，是先秦青铜器中铭文最长的鸿篇巨制。内容记天下四方动乱，周王命毛公忠心辅佐国事，并赐予他大量物品，毛公为感谢周王，特铸鼎记其事。铭文书法精严细密，圆劲遒美，结体劲健，井然有序，通篇布局有若群鹤游天，蛟龙戏海，气势流贯磅礴，神采绚丽飞动。正

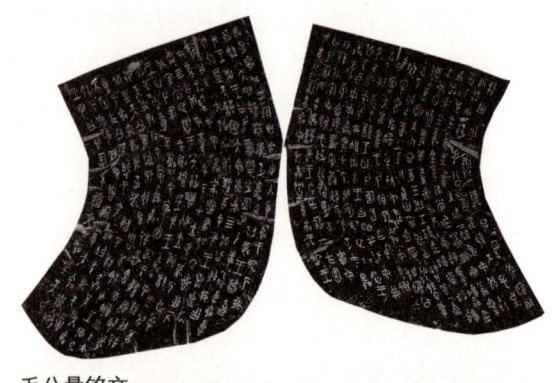

毛公鼎铭文

如郭沫若所赞："铭全体气势颇为宏大，泱泱然存周宗主之风烈。"全文笔画圆匀均衡，首尾如一，不露锋芒，是为金文书法的经典。

清李瑞清说："毛公鼎为周庙堂文字，其文则尚书也。学书不学毛公鼎，犹儒生不读《尚书》也。"

秦书八体

书法史上所谓"秦书八体"是：(1) 大篆，即籀书，是西周时期一种文体；(2) 小篆；(3) 刻符，是官方常用于军事调度的符信，刻于金银、铜、玉上，剖分为两半，彼此各持一半；(4) 虫书，是在书写幡旗和刻在青铜器上的象征性的虫、鱼、鸟图画文字，其实是装饰性的金文美术字；(5) 摹印，是制印的一种书体；(6) 署书，是题写门上匾额用的书体，亦称"榜书"；(7) 殳书，殳为兵器，这类书体是刻在干戈上的字体；(8) 隶书，是在秦篆的基础上，为书写公文方便，人们创造的一种今文。

《琅琊台刻石》

《琅琊台刻石》刻于秦始皇二十八年（公元前 219 年），经历 2000 多年的风雨，此石已经风化剥蚀严重；唯西面 13 行 86 字清晰。文为小篆，系秦代原石，极为珍贵。作为体现出秦王朝大一统风范的典型的小篆石刻，其书刻严谨，气魄宏大，有雄视天下的气概，书风庄严，这是最经典的传世小篆作品，真正的秦代石刻，传为李斯所书。

在肃穆神秘而又多姿多彩的金文之后，小篆以一种全新的庄严面貌走上了历史舞台。

《峄山刻石》

《峄山刻石》传说被魏太武帝所推倒，又被烈火烧毁，唐代时有木刻翻板。杜甫有"峄山之碑野火焚，枣木传刻肥失真"的诗句，可惜唐木刻本也失传了，我们也不知道肥成什么样。宋淳化四年（993年）郑文宝据南唐徐铉摹本重刻于长安，世称《长安本》。清杨守敬跋《长安本》说："笔画圆劲，古意毕臻，以《泰山》29字及《琅邪台碑》校之，形神俱肖，所谓下真迹一等。"《峄山刻石》用笔婉转流畅，均匀端正，实为李阳冰、徐铉篆书的先导。

如果说《峄山刻石》毁于野火真是遗憾，那么，战国烽火所毁的各国文物更可痛惜，看着这整齐如一的秦风小篆，想想那周代金文的郁郁文采、楚文化的瑰丽雄奇，丰富多彩的先秦文化更值得我们追寻！

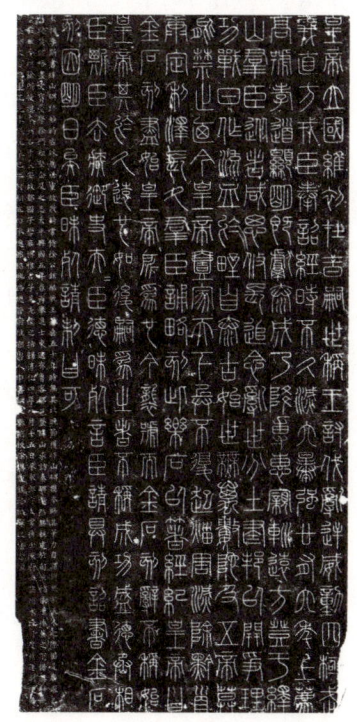

峄山刻石　秦
始皇统一全国后的十余年中，共进行了五次远途巡行，这是第二次巡行途中留下的刻石，相传为丞相李斯手书，内容歌颂始皇帝的丰功伟绩，是秦代篆书极品。

《泰山刻石》

《泰山刻石》现在仅存29个字，对于它的真伪，近世以来颇有争论，多数学者认为它虽然历经辗转，但历史清楚，当系真品。

这是秦始皇东巡时为"颂秦德而立"，据说是李斯所书，文字显示出秦统一天下以后，"书同文"所产生的极为规范的风格，字体平正，笔线均匀流畅，字呈长方形，端庄有致，字形的结构与黄金律暗合。而且它直接继承了石鼓文的雄浑朴厚的艺术特点，用笔劲健，风格大气，这是标准的小篆书法，为后世留下了极为珍贵的典范。

秦诏版

秦始皇兼并六国，统一天下以后，诏令全国统一度量衡制度，在统一制造的度量衡器上都刻上相关诏书，或者镶嵌上刻有诏书的铜诏版，这就是秦诏版。

这组书法是凿刻出来的，所以笔线刚劲方折；竖有行，横无列，每行多弯曲，其书法字体大小不一，或二字仅占一字之格，或一字独占二字之格，极富情趣。其结字亦奇正间出，不拘成法，用笔长短疏密，任意安排，有"如水在方圆之妙"，具有一种自然适意的朴素质实之美。

与庄严肃穆的纪念碑式的刻石小篆不同，这些刻在诏版、铜量和权上的小篆完全是用于公示的应用文，所以通篇字写得质朴大方，不拘泥于形式，从这里我们似乎可以看出秦代行政风格中务实的一面。

礼器碑

礼器碑，全称汉鲁相韩敕造孔庙礼器碑，也叫韩敕碑，刻制于东汉永寿二年（156年），现被山东曲阜孔庙所保存。这块碑四面都有刻字且均为隶书。碑阳面有16行字，每行36字，碑后、碑阴及碑的两侧都有题名。从书法艺术上讲，这是一件非常具有艺术性和专业性的作品，是公认的隶书的规范。

礼器碑上所刻的书法显得端庄工整，字体大小匀称、符合规矩、严谨端正、风格肃穆。笔法以方笔为主，然而方中寓圆，横向笔画显得绵延不绝，中部显得略高，整体呈现出雍容宽厚的特点。在细节上，字的点画提按幅度较大，细画看起来坚如钢丝。笔道瘦劲而不失刚健，显得非常富丽典雅，体现出汉隶鲜明的厚重风格。其中，碑的后半部以及碑阴所刻的内容是最精彩的部分，艺术价值极高，被认为是汉碑中的经典之作。礼器碑的书法艺术和刻工可以说是已经达到了登峰造极的艺术境界。虽是刻写，但纯化了书写的意味，尽显汉代墨迹自信爽快的韵味。此碑的文字书法对唐代楷书的形成产生了巨大的影响，在中国书法史上占有重要地位，具有深远的影响。

史晨碑

史晨碑

史晨碑现存于山东曲阜孔庙，全称"鲁相史晨祀飨孔子庙碑"。由于该碑前后两面都刻有碑文，前面的叫"史晨前碑"，后面的叫"史晨后碑"，因此又称"史晨前后碑"。

"史晨前碑"刻于东汉建宁二年（169年）三月，碑高七尺，宽三尺四寸，碑文用隶书写成，共有17行文字，每行36字。"史晨后碑"于汉建宁元年（168年）四月刻成，高宽尺寸同前碑一样。碑文也是由隶书写成，共有14行，每行36字。前后碑字体如出一人之手，相传为蔡邕所刻写。前碑记载鲁相史晨祭祀孔子的情况，后碑记载孔庙祀孔之事。"史晨碑"为著名汉碑之一。碑字结体方整秀润，紧密有序；线条圆融，有曲有直，劲健有力，点画匀称整齐，圆中有方，变化极为自然；笔势中敛，波挑左右开张，神采飞逸；行笔圆浑淳厚，有端庄肃穆的美感，其挑脚虽已流入汉末方棱的风气，但仍有姿致而不板滞。整体章法疏密匀适，行伍整齐，和谐统一，给人以一丝不苟、端庄典雅的美感。"史晨碑"上的隶书为汉隶成熟期方整平正一路书法的典型，深得后人赞扬。明代郭宗昌称其"可为百代模楷，亦非后世可及"。清代的万经在他的《分隶偶存》中说"史晨碑"："修饬紧密，矩度森然，步伍整齐，凛不可犯。"方朔也说"史晨碑"书法具有宏深、沉古而遒厚的风格特点，是八分（即隶书）正宗。

曹全碑

曹全碑，全称汉郃阳令曹全碑。东汉中平二年（185年）刻，碑在陕西西安碑林。此碑书法风格属秀丽一格，平和简静，内清刚而外俊美，有人说它如少女簪花，十分文静秀雅可爱，又有人说它如雅人高士，潇洒自如，风流自赏。其笔画圆润而精气内含，从容飘逸如行云流水，风神颇为俊逸。其结构匀整，秀美多姿，间有狭长之笔，变动灵活，饶有篆意。所有的线条都是中锋用笔，显得十分精美，在美学上属于优美的范畴。此碑在众多以厚重雄强为特点的汉隶中显得分外引人注目，历来极负盛名，被人们视为临习汉隶的上乘范本。

张迁碑

"张迁碑"，全称为"汉故谷城长荡阴令张君表颂"，亦称"张迁表颂"，汉灵帝中平三年（186年）立碑于山东东平县，现陈列于山东泰山岱庙碑廊。此碑高2.7米、宽1.15米。碑文记载了张迁的政绩，是张迁旧部韦荫等人为追念他的功德而立，碑文用隶书写成。碑正面15行，满行42字，共567字，刻有捐钱人姓名和钱数。碑背面3列，上2列各19行，下列3行，共323字，刻立碑官吏41人名及出资钱数。碑额为篆书2行12字："汉故谷城长荡阴令张君表颂"。

"张迁碑"是东汉隶书成熟时期的作品，书法造诣极高。此碑自出土以来，为历代金石、书法家所推崇。在众多的汉代碑刻中，此碑以古朴、厚重、典雅取胜，字里行间流露出率真之意，具有民间朴质之风，格调峻实稳重，堪称神品。它起笔方折宽厚，转角方圆兼备，运笔遒劲而曲折有力，落笔稳健。与东汉其他碑刻相比另具一番气象。它的线条粗细相间，对比鲜明，且能随结构的变化而变化。粗

张迁碑

线条粗犷有力，厚实奔放；细线条含蓄深沉，内敛雄浑。其字体结构扁平匀称，端庄大方。每个字的各个组成部分相互之间非常和谐，讲究相互交错穿插，变化极为丰富。结体上已显露其对空间构筑的关注，如"兴"字的左右对称、"铭"字的左疏右密，等等。在隶书的形成过程中，笔法由圆变方，"张迁碑"可谓是汉隶方笔系统的代表作。同时，"张迁碑"在结构、笔画、结体上的一些特色，孕育和开启了后世楷、行、草书新书体之先河。

乙瑛碑

乙瑛碑与礼器碑、史晨碑并称孔庙三碑，在东汉隶书已经达到极成熟的水平的阶段，是最具代表性的作品之一，在隶书名碑中，是最有法度可循的。因其肃穆端庄、文雅大方，清代书家万经曾以"冠裳佩玉"的君子作喻，令人肃然起敬。翁方纲评其"骨肉匀适，情文流畅，汉隶之最可师法者"。

碑文结体端庄，起伏顿挫铿然有致，用笔有方有圆，笔画俊美生动，长笔画多曲成弧线，雁尾波笔动态优美生动。

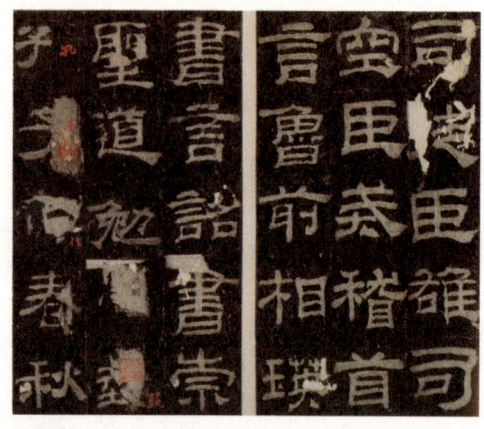

乙瑛碑
世人爱习此碑的很多。但学习此碑要注意：既不要过于纤巧，也不要过于呆板，恐伤于靡丽或甜俗。取其妙而去其俗，方能得法。

张猛龙碑

张猛龙碑刻于北魏时期，现立于山东曲阜孔庙。碑额方笔大字"魏鲁郡太守张府君清颂之碑"，方峻劲挺，气势超群。此碑在书法上开隋唐楷书之先河，用笔以方为主，兼以圆笔，结体取纵势，略有欹侧，中宫紧密，非常严谨，字形偏长，横笔坚实，起落有致；左低右高，左紧右松，正中见奇，纵敛适度，刚峻险劲，精妙之极，深为后世书家所推崇。清人王瓘称其"书体雄秀俊伟，在元魏石中，固应首屈一指"，康有为更是说它"如周公制礼，事事皆美善"。

《张玄墓志》

在极具超逸风格的北魏书法中，《张玄墓志》堪称精品，在规范之极的点画、结构之外，字里行间还蕴含着一种俊逸优美的奇趣。毫无柔媚之态，反显得清劲峻洁，遒厚精古。在用笔上能随心所欲地使用中锋、侧锋，笔画自然，丰富多变，有轻有重，结构茂密而有疏朗之致，笔断而意连，韵味深厚。结体法隶书，横笔平而不板，竖笔直而不僵。字体以横势为主，宽绰雍容，有奇有正。清包世臣曾对其评价道："此碑有定法而出之自在，故多变态。"

《淳化阁帖》

《淳化阁帖》编刻于淳化三年（992年），宋太宗下令编纂而成，是中国历史上首部大型名家书法集帖，又叫作《淳化秘阁法帖》，简称《阁帖》。这个书帖总共10卷，作为我国最早的一部丛帖，它被誉为"法帖之祖"。历来备受人们喜爱，并深深影响了后世的书法。《淳化阁帖》收录的书法墨迹、作品，代表了中国先秦至隋唐1000多年书法的最高成就。这部法帖中，共收103位作者的420篇作品，包括帝王、臣子和著名书法家等。集帖的第一卷收录了先秦到唐朝共19位帝王的书法作品，其中有东晋明帝司马绍的《墓次帖》，还有康帝司马岳的《陆女郎帖》，还有哀帝司马丕的《中书帖》等。本帖的第二、三、四卷收录的是历代名臣书法作品；第五卷收录的则是古代诸家法帖；第六、七、八卷，收录的是王羲之的书法作品墨迹；第九、十卷，收录的是王献之的书法墨迹。据说，此帖在宋代是木版刻印。由于收录者的鉴赏能力有限，因此所收录的作品真假优劣版本杂陈，而且错乱失序。

流传下来的摹本中，都以摹刻、翻刻居多，在这其中，较为著名的版本是顾从义本、潘允亮本等，因为这个集帖，先人的书法作品才得以流传千古。

《三希堂法帖》

《三希堂法帖》，全名《三希堂石渠宝笈法帖》。它始刻于清乾隆十二年（1747年），完成于乾隆十五年（1750年）。乾隆十七年（1752年），宫廷再次组织人员，精心挑选出历代的名人法书，集合成为五卷，将其摹刻在石上，使这本法帖最终完成。

这部法帖总共收集了从魏晋钟繇开始，直到明代董其昌等在内的130多位书法名家的书法真迹，总篇目有340多种，这已经成为书法爱好者学习书法和练习的"圣经"，它代表的是中国书法艺术的最高成就，同时具有很高的书法艺术价值和历史研究价值。《三希堂法帖》在历代官私所刻丛帖中是规模最大的一种。它卷帙宏大，卷数多达37卷。选编者都是重量级人物，由乾隆皇帝亲自编选并挑选编

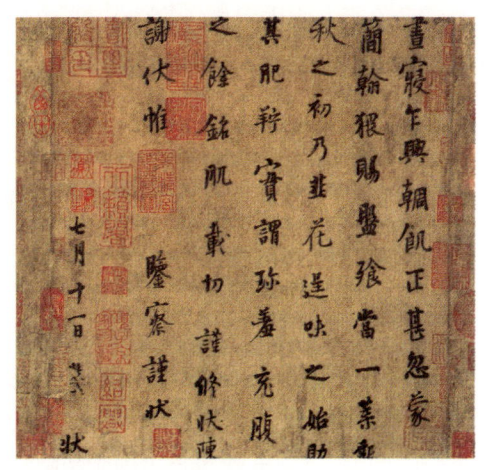

韭花帖　五代　杨凝式
《三希堂法帖》精选历代名人法书。

刻者，入选作品都是各个时代最著名的书画家的墨宝，有梁师正、蒋溥、嵇璜、汪由敦、董邦达等人的作品。它是中国书法艺术宝库中的珍宝。

"永字八法"

"永字八法"是前人总结书法书写规范和用笔的一种方法。据说是张旭提出的，也有人说是蔡邕或王羲之提出的。"永字八法"就是"永"字的8个笔画，它包含了中国汉字最基本的几种笔画。相传东晋大书法家王羲之曾经花了几年的时间，专门写"永"字，认为写好它，就能写好所有的字。

"永字八法"的第一画是点，称为"侧"，意思是以侧锋落笔，势足收锋；第二画是横，称为"勒"，要逆锋落纸，缓行争勒；第三画是直，称为"努"，须中锋落笔，直中有曲；第四画是钩，称为"趯"，要顿笔停锋，突然提笔，力集于笔尖；第五画是仰横，称为"策"，发笔舒展，结笔有力，需轻抬而进；第六画是长撇，称为"掠"，起笔有力，必须快而准，出锋干净利落；第七画是短撇，称为"啄"，左撇用力，如同鸟啄食般的力道和气势；第八画是捺，称为"磔"，落笔要轻，徐徐而有力。"永字八法"是中国书法笔画的根基，初学者练好这些基本笔画后，便可以掌握汉字书写的精要。因此，"永字八法"经常被人们当成"书法"的代名词。

中国印章

中国印章，又称"图章"。随着时代的推移和使用者的不同，中国印章也有不同的称呼。秦以前印章被称为"玺"。秦统一六国后，皇帝所用的专称"玺"，多以玉做成，故后世有"玉玺"之称，而一般人所用的印章称为"印"。至汉代，皇帝、皇后等人所用印章仍称为"玺"，民间所用的印章则称为"现章""印信"等。唐代称印章为"宝"。宋元以来先后把印章称为"记""朱记""关防""图章""花押"等。

古代印章主要分为两类：官印和私印。此外还有殉葬用印、辟邪印等。印章的形制主要有一面印、两面印、多面印，等等。印章的制作方法主要包括拔蜡、翻砂、凿印（用刀凿刻的）、铸印（用铜浇筑的）4种方法。印章的制作材料，古代多用铜、银、金、玉、琉璃等为印材，后有牙、角、木、水晶等，元代以后盛行石章。刻印印章的文字主要用篆书，秦汉多用大篆，宋元以来多用小篆，近代以来也有用楷书、行书、隶书入印的。印章上镌刻成凸状的印文，称为"阳文"或"朱文"；刻成凹状的印文，称"阴文"或"白文"。刻在印章顶端的文字称为"顶款"。印章文字的布局遵循"分朱布白"的规则，讲求虚实疏密适度、和谐。印章上除了镌刻文字外，还有刻图案的。印章的产生和使用虽然有很长的历史，但把印章作为一种书法艺术品来欣赏和创作却是从宋元开始的。宋元以前的印章主要以实用为主，明清以来印章艺术逐渐演化成为篆刻艺术。

文房四宝

中国书法的材料和工具是由笔、墨、纸、砚构成的，因而人们通常把它们称为"文房四宝"，意思就是说它们是文人书房中必备的四件宝贝。

笔，主要是指毛笔。毛笔的最早使用者是秦代的蒙恬。毛笔的种类甚多，现在所使用的主要有紫毫、狼毫、羊毫及兼毫4种。"紫毫笔"，就是取野兔脊背之毫制成，因色呈黑紫而得名。"狼毫"，就字面意思而言，是指以狼毫制成的笔。古代也确实有用狼毫制成的毛笔，但今天所称的狼毫，是用黄鼠之毫做成的。"羊毫"，是指以青羊或黄羊之须或尾毫制成的毛笔。"兼毫"，是指合两种以上之毫制成，依其混合比例命名，如三紫七羊、五紫五羊等。

墨，分为天然墨、半天然墨和人工墨。天然墨、半天然墨主要是指石墨，多在汉代以前使用；人工墨主要是指松烟墨和油烟墨，它们出现在汉代，至今仍在使用。松烟墨是用松枝烧烟加工制成，其特点是颜色乌黑，无光泽；油烟墨是用桐油或添烧烟加工制成，其特点是色泽黑亮，有光泽。在墨锭当中，泛出青紫光的最好，黑色的次之，泛出红黄光或有白色的为最劣。

纸，是我国古代四大发明之一。根据造纸的材料和吸墨功能的强弱，纸可以分为两大类。以木头为材料制成的纸，吸墨较强，以宣纸类为代表，如彷宣、玉版宣。由于宣纸较为昂贵，后来又出现了毛边纸、元书纸与棉纸等。用竹子制成的纸吸墨性较弱，以笺纸类为主，如澄心堂纸、泥金笺，还有今天的洋纸。

文房四宝

砚，是磨墨用的工具。根据制砚材料的不同，砚可以分为石砚、陶砚、砖砚、铜砚、玉砚等种类，最常用的还是石砚。从古至今，最负盛名的砚是广东产的端砚和安徽产的歙砚。

篆刻

篆刻又称为"玺印""印"或"印章"等，是用篆书刻成的印章，是一种特有的传统艺术和实用艺术品。篆刻艺术是书法、章法、刀法三者完美的结合。在一方印中，既有书法笔意，又有绘画构图，还有刀法雕刻，可谓"方寸之间，气象万千"。篆刻在2000多年中出现了两个高度发展的阶段。一是战国、秦汉、魏晋六朝时期，

私印　西晋

西晋时，玄学成为主流，这些私印体现了当时嗜爱清奇的风尚，字体修长潇洒，如玉树临风。

被称为"古代篆刻艺术时期"，其用料主要为玉石、金、牙、角等。这一时期尤以汉代玺印为代表。汉印结体简化，笔画平整方直，并以鸟虫书入印，装饰性很强。汉代铸印庄重雄浑，凿印健拔奇肆，成为后世篆刻艺术的重要渊源。

二是明清时期，这一时期篆刻艺术大放异彩。明代中叶，印章由实用品，或书画艺术的附属品，发展为一门独立的篆刻艺术。自从明篆刻家文彭之后，篆刻艺术繁荣起来，形成了徽派、浙派、皖派等很多篆刻流派，出现了何震、程邃、丁敬、邓石如、黄牧甫、赵之谦、吴昌硕等篆刻艺术家。

篆刻家文彭

文彭，字寿承，号三桥，别号渔阳子或三桥居士，著名书画家文徵明的长子。文彭曾经担任南京国子监博士之职，因此也被世人称为文国博。他是一个艺术上的全才，能书擅画，尤其善写墨竹，其风骨直追宋代文同。他的山水画也别有韵味，很有他父亲的画风。但是，作为一个彪炳千古的杰出艺术家，文彭最大的贡献在篆刻。

早期，中国篆刻主要在于实用，宋元时期，虽有了艺术化的苗头，但并未发展起来，到了明中叶，文彭提出一系列的篆刻理论，并积极实践，引导时风，从而使篆刻成为一门与书法、绘画并立的独立艺术。

文彭在篆刻艺术史上的贡献主要在下几个方面：第一，他主张改革时弊，提出"复古出新"的理论，追求高雅古朴，力主恢复秦汉古印简括、空灵、平正、端庄的自然古朴的风格。第二，在具体的方法上，又提出以"六书为准则"的主张，把印章中的"刀"与书法中的"笔"结合起来，意义重大。第三，实践上，文彭继承汉印传统，"直接秦汉之脉"，结字秀丽典雅，简洁圆润，古朴自然；刀法明快自如，既体现笔意，又颇见刀味；章法安排也颇具匠心，并开创了在印侧用双刀法刻边款的先例。第四，治印运用新材。文彭首创以青田冻石为印材进行刻印，使石质印材被广泛使用。总之，文彭的理论和实践，丰富了篆刻艺术的观赏内容和审美标准。由于文彭的影响，篆刻艺术"一时靡漫，畅开风气"，文人治印，风气大盛。文彭也以精湛的技艺和独特风格，开创了印学史上第一个流派"吴门派"。故而，他被奉为文人篆刻流派的开山鼻祖。

徽派篆刻

明代初期，徽州印坛充斥着极为庸俗怪异的风气，经常有篆刻者擅自杜撰篡改篆字形义，使得篆刻艺术和作品极为混乱，作品芜杂。到了明中叶，著名篆刻家何震认为，作篆治印的关键在于用笔运刀的方法，建议篆刻章法要整齐、活泼。他本人能娴熟地把握刀与石的性能，做到刀随意动、意指刀达。他的篆刻作品刀法猛利，气势宽宏，具有汉印的雄健风貌。此外他还注重刀法与书法、内容与风格的和谐统一，一改当时的怪异风格，使人耳目一新。何震的创新很快得到社会认可，人们开始追捧研习。由此，何震开创徽派篆刻。

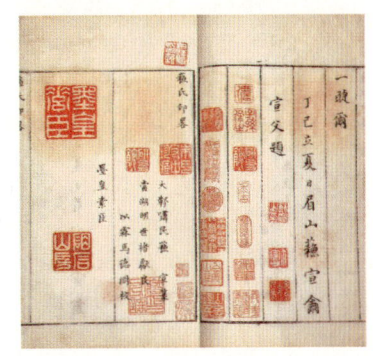

苏宣《苏氏印略》

何震的篆刻风格流风甚远，后世徽派篆刻名家辈出，其中苏宣的典雅雄健、金光先的浑朴静穆、汪关的平和清丽、朱简的生涩刚劲、江臣的秀劲苍润、胡正言的端重工稳，但都不失徽派的崇古思想，注重学养并追求雅逸平和的审美意趣。清代中期，徽州人程邃、汪肇龙、巴慰祖、胡唐，继承了前辈篆刻家的诸多优点，并在掌握众家之长的基础上，不断创新，自成一体，人称"歙四子"。晚清时期，黟县黄士陵崛起，并以其深厚的金石学修养，再创新意。

浙派篆刻

浙派篆刻又叫作"浙江印派"，是中国历史上著名的篆刻流派之一。清代乾隆年间，浙派篆刻崛起于中国印坛，与徽派一起成为清代时期主要的两大流派。它有深厚的传统基础和完整精湛的技法，蕴含着巨大的艺术能量。

丁敬是浙派篆刻的创始人，著有《武林金石录》。他最为擅长篆隶，创造了"古拗峭折"的篆刻风格。他的篆刻艺术在广泛撷取秦汉印章、元明诸家精华的基础上，去除了明人书坛上的不良习气，是入古出新的创举。此外，他在运用篆法、刀法等方面做出了重要的贡献。他的作品篆法去繁就简，参以隶法；在印文体势方面，则体现出平方正直和方圆互参的风格，颇显出简古平淡的韵味，高古含蓄，最得汉印精神。这种苍劲质朴、古拙浑厚的风格引领了浙派篆刻的形成，也成为浙派篆刻的主要面目。丁敬稍后，蒋仁、黄易、奚冈、陈豫钟、陈鸿寿、赵之琛、钱松等篆刻名家崛起，因他们与丁敬都是杭州人，篆刻风格相近，所以人们把他们合称为"西泠八家"。再后来，凡是在篆刻艺术上继承这种风格的篆刻家都被称为"浙派"。浙派在篆刻史上传承200多年，影响深远。